Hagen Keller

Ottonische Königsherrschaft

Hagen Keller

Ottonische Königsherrschaft

Organisation und Legitimation königlicher Macht

Wissenschaftliche Buchgesellschaft

Die Deutsche Bibliothek – CIP-Einheitsaufnahme
Ein Titeldatensatz für diese Publikation ist bei
Der Deutschen Bibliothek erhältlich.

Gedruckt auf säurefreiem und alterungsbeständigem Papier
Printed in Germany

Besuchen Sie uns im Internet: www.wbg-darmstadt.de

ISBN 3-534-15998-5

Inhalt

Vorwort von Gerd Althoff 7

Zum Charakter der 'Staatlichkeit' zwischen karolingischer Reichsreform und hochmittelalterlichem Herrschaftsausbau 11

Grundlagen ottonischer Königsherrschaft 22

Die Idee der Gerechtigkeit und die Praxis königlicher Rechtswahrung im Reich der Ottonen 34

Reichsstruktur und Herrschaftsauffassung in ottonisch-frühsalischer Zeit 51

Widukinds Bericht über die Aachener Wahl und Krönung Ottos I. . . 91

Ottonische Herrschersiegel. Beobachtungen und Fragen zu Gestalt und Aussage und zur Funktion im historischen Kontext 131

Herrscherbild und Herrschaftslegitimation. Zur Deutung der ottonischen Denkmäler 167

Anmerkungen 185

Nachweis der Erstveröffentlichungen 311

Register 313
- Personen 313
- Orte 317

Vorwort

Aufsätze Hagen Kellers zur Ottonenzeit in einem Band zu vereinen, macht aus mehreren Gründen guten Sinn. Zum einen ist die Zeit der sächsischen Herrscher von der Forschung der letzten Jahrzehnte einer umfassenden Neubewertung unterzogen worden. Dies geschah naturgemäß in Diskussionen und Auseinandersetzungen; angesichts des vielstimmigen Chors der Diskutanden ist es jedoch nicht einfach, die Stimmen herauszuhören, denen entscheidende Impulse zu verdanken sind. Der vorliegende Band bietet die Stimme eines Protagonisten der Neubewertung. Zum zweiten eröffnet der Wiederabdruck der Aufsätze aus zwei Jahrzehnten die Chance, an wesentlichen Punkten den geistigen Prozeß nachzuvollziehen, der eine Neubewertung des 10. Jahrhunderts bewirkte. In den Arbeiten Kellers ist exemplarisch zu verfolgen, wie neue Beobachtungen zur In-Frage-Stellung bisheriger Lehrmeinungen und zu neuen Fragen führten. Bedingungen historischer Erkenntnis werden so einsichtig; die Prozeßhaftigkeit und prinzipielle Unabgeschlossenheit des Vorgangs konkret nachvollziehbar. Zum dritten ist die Ottonenzeit nicht zuletzt durch die erfolgreiche Ausstellung in Magdeburg 2001 wieder ins Bewußtsein einer breiteren Öffentlichkeit gerückt. Wieder stellt man die Frage: Was haben uns die Ottonen heute noch zu sagen? Angesichts vergangener nationaler Instrumentalisierungen dürfte es von Vorteil sein, das Verständnis dieser Zeit mit Hilfe von Beiträgen zu erarbeiten, die bewußt auch Perspektiven der Zeitgenossen reflektieren und so auch das Ferne und Fremdartige des 10. Jahrhunderts thematisieren. Genau dies aber hat Hagen Keller immer getan und damit zusammenhängend die Ursachen wie die Konsequenzen einer nationalen Vereinnahmung der Ottonen herausgearbeitet, die im 19. und 20. Jahrhundert gerade in Deutschland intensiv betrieben wurde, ohne daß man das Anachronistische derartiger Vereinnahmung bemerkt hätte.

Es ist hier natürlich nicht der Raum, die Forschungssituation genauer darzustellen, von der die Arbeiten Kellers ihren Ausgangspunkt nahmen. Hervorzuheben sind jedoch die Forschungen des 'Freiburger Arbeitskreises', von Kellers Lehrer Gerd Tellenbach initiiert. Dort wurden prosopographische, adels- und sozialgeschichtliche Studien nicht zuletzt zum 10. Jahrhundert vorgelegt und die verfassungsgeschichtliche Blickrichtung der deutschen Mediävistik um neue Perspektiven bereichert. Herausgefordert wurden diese Bemühungen durch die Diskussion des Charakters der mittelalterlichen Staatlichkeit, wie sie seit den dreißiger Jahren namentlich durch Arbeiten Otto Brunners und Theodor Mayers eingeleitet worden war, und im plakativen Begriff vom mittelalterlichen 'Personenverbandsstaat' programmatischen Ausdruck gefunden hatte. Beeinflußt waren die Forschungen gewiß aber auch von den Diskussionen um die 'Entstehung' des deutschen Reiches, die nicht zuletzt zu einer neuerlichen Durchleuchtung des Kräfteverhältnisses von Königtum, Adel und Kirche gerade im 9., 10. und 11. Jahrhundert durch den Freiburger Arbeitskreis führten. Daß Keller die Verhältnisse nördlich und südlich der Alpen analysierte, öffnete den Blick für grundlegende Tendenzen und regionale Besonderheiten in der Entwicklung der nachkarolingischen Herrschaftsstrukturen.

Der älteste der hier versammelten Aufsätze über die 'Reichsstruktur und Herrschaftsauffassung in ottonisch-frühsalischer Zeit' (Nr. 4) zielt auf die grundsätzliche Frage des Verhältnisses von Königtum, Adel und Kirche, beantwortet sie aber auf der Basis neuer Fragestellungen. Eine systematische Untersuchung der Ausstellungsorte wie der Empfänger von Königsurkunden erbrachte das Ergebnis, daß noch in der späten Ottonenzeit ottonische Könige herrscherliche Handlungen, wie sie die Ausstellung von Urkunden darstellt, so gut wie nie in den süddeutschen Herzogtümern Bayern und Schwaben vornahmen, sie durchreisten diese Herzogtümer, wenn es sich, wie bei Italienzügen, nicht vermeiden ließ, eher wie Gäste und nahmen die herrscherlichen Tätigkeiten erst wieder auf, wenn sie etwa den Mittelrhein mit seinen berühmten Königspfalzen erreicht hatten. Mit diesen Befunden war der Weg geöffnet für ein neues Verständnis der Extensivität ottonischer Herrschaft; der Wandel in der Zeit um 1000 ließ hervortreten, daß das Aufkommen des Begriffs *Regnum teutonicum*, deutsches Königreich, mit realen Veränderungen der Herrschaftspraxis korrespondierte. Man kann diesen Aufsatz und seine Ergebnisse als Initialzündung ansehen, grundsätzlich und in Auseinandersetzung mit bisherigen Lehrmeinungen nach den 'Grundlagen der ottonischen Königsherrschaft' zu fragen, wie Keller es kurz danach auf dem Festkolloquium zum 80. Geburtstag von Gerd Tellenbach tat (Nr. 2).

Nicht die materiellen Substrate von Königsherrschaft, die Königshöfe und -pfalzen, die Einnahmen, Tribute oder sonstige Leistungen der Beherrschten stellte Keller als Charakteristikum ottonischer Herrschaft in den Vordergrund, sondern ihre Begründung und Grundlage in Personenbeziehungen direkter Art. So war der Akzent vom 'Staat' endgültig auf die ‚Personenverbände' gelegt, auf denen Königsherrschaft im 10. Jahrhundert beruhte, mit denen sie sich aber auch auseinanderzusetzen hatte, ohne hier einen prinzipiellen Vorrang auf Grund des Königsamtes reklamieren zu können. Die 'polyzentrische Struktur der Herrschaftsordnung' des 10. Jahrhunderts bestimmt seit diesem Aufsatz die Perspektive der Mediävisten auf das 10. Jahrhundert. Noch einen zweiten neuen Akzent setzte Keller in dieser Arbeit: Er wies auf den vielstimmigen Chor unterschiedlicher Quellen und Gattungen hin, in denen die sakrale Legitimierung des Herrschers mit seiner Bindung an die Postulate christlicher Herrscherethtik verknüpft wurde. Das war natürlich nicht gänzlich neu, doch die Zusammenschau von Herrscherliturgie, Herrschaftszeichen, Herrscherbildern und von Beschreibungen herrscherlicher Handlungen in der Historiographie ergab erst als Summe das kohärente Bild, das dem ottonischen Herrscher Legitimation verlieh – aber nur so lange, wie er den Anforderungen gerecht wurde, die an eine Herrschaft von Gottes Gnaden gestellt wurden. Diese grundlegende Einsicht ist in mehreren Aufsätzen entfaltet worden, die bestimmte Überlieferungsarten diskutierten.

Von besonderer Bedeutung ist gewiß jener Beitrag, der am Beispiel von 'Widukinds Bericht über die Aachener Wahl und Krönung Ottos des Großen' (Nr. 5) den Stellenwert der Historiographie des 10. Jahrhunderts für unsere Kenntnisse dieser Zeit auslotet. Er wurde geschrieben in einer Zeit, als Ansätze zu einer radikalen Erinnerungs- und Überlieferungskritik jedwede Möglichkeit hinwegzufegen drohten, über die Geschichte des frühen 10. Jahrhunderts konsensfähige Aussagen zu machen. Der Beitrag bietet einen verläßlichen Haltepunkt in dieser immer noch anhaltenden Diskussion. Gewiß ist Widukind kein Protokollant des historischen Geschehens, sondern ein wertender und gestaltender Beobachter. Gerade seine Wertungen und Gestaltungen aber bezeugen die mehrfache Gebundenheit ottonischer Herrschaft.

Die angesprochene grundsätzliche Gebundenheit ottonischer Königsherrschaft zeigen, wie die Historiographie, auch Herrscherbilder (Nr. 7), wenn man sie nicht einfach als Herrschaftspropaganda interpretiert, sondern ihre Botschaft aus dem liturgischen Überlieferungskontext heraus zu deuten versteht. Auch wenn Keller dem Wandel des Herrscherbildes auf den ottonischen Königs- und Kaisersiegeln nachspürt, geht es um Charakter und Legitimation des Königtums, wobei ein nicht unwesentliches Ergebnis dieser Bemühungen war, daß die Urkundenausfertigung nun in neuer Weise als komplexer Kommunikationsvorgang begriffen und dargestellt wurde. Untersucht man dagegen die königliche Verpflichtung zur *iustitia* (Nr. 3), eine christliche Kardinaltugend, so erschließt sich herrscherliches Handeln in Konflikten, seine Bezogenheit auf *clementia* und *misericordia*, jene typischen ottonischen Königstugenden, auf die die Herrscher nicht in allen Zeiten des Mittelalters in dem Maße verpflichtet waren wie im 10. Jahrhundert. Hagen Keller hat daher auch die Wandlungsprozesse von der Karolinger- bis zur Stauferzeit, die alles andere als gradlinig verliefen, in einem eigenen Beitrag thematisiert und den unterschiedlichen 'Charakter der Staatlichkeit' (Nr. 1) markiert, den die Epochen der Karolinger, Ottonen, Salier und Staufer aufweisen.

Was sich zum 10. Jahrhundert hin auf den ersten Blick als Rücknahme staatlicher Strukturen, als archaisch darstellt, hat aber ein Herrschaftsgebilde von erstaunlicher Dauer und Stabilität entstehen lassen. Personal begründete, durch Gott legitimierte und auf dem Konsens der Getreuen ruhende Herrschaft kann man als Mangelerscheinung auffassen, wie jener Kalif von Cordoba, der dem Gesandten Ottos des Großen die Schwäche seines Herrn vorhielt. Der Herrscher aber, der 'Schenken, Vergeben, Belohnen' (Annales Quedlinburgenses a. 1000) als wesentliche Aufgaben seines Amtes ansieht, ist nicht einfach kraftlos. Er schöpft seine Dignität und Autorität vielmehr sowohl aus dem Konsens seiner Helfer als aus einer transzendentalen Ordnung, als deren Sachwalter er auftritt. Diese doppelte Basis ottonischer Herrschaft rücken die Arbeiten Kellers ins rechte Licht – und das heißt, ganz in den Vordergrund.

Für die redaktionellen Arbeiten zur Erstellung der Textvorlagen stellten sich uneigennützig zahlreiche Mitarbeiter und Hilfskräfte des Lehrstuhls Keller zur Verfügung. Herzlich gedankt sei Stefan Ast, Hartmut Beyer, Manuela Blickberndt, Monika Fahrendorf, Tobias Hertel, Jenny Oesterle, Christina Oppel, Dr. Thomas Scharff, Thorsten Schottke und Dr. Beate Weifenbach, deren Einsatz das Erscheinen des Bandes erst möglich machte.

Der Wissenschaftlichen Buchgesellschaft ist gleichermaßen für die Bereitschaft zu danken, dieses Buch in ihr Programm aufzunehmen, wie für die zügige Drucklegung.

Münster im Dezember 2001 — Gerd Althoff

Zum Charakter der 'Staatlichkeit' zwischen karolingischer Reichsreform und hochmittelalterlichem Herrschaftsausbau

Das Problem, das hier erörtert werden soll, ergibt sich aus der Konfrontation zweier Grundtatsachen der staatlichen Entwicklung im Abendland. Auf der einen Seite haben sich vom späten 9. bis zum 11. Jahrhundert die Reiche herausgebildet und als dauerhafte Einheiten gegeneinander abgegrenzt, welche die politische Karte Europas bis in die Neuzeit hinein bestimmen[1]. Es handelt sich um einen gemeineuropäischen Prozeß, zu dessen Illustration ich lediglich an die Debatte um die Entstehung des deutschen Reiches, an das 1987 in Frankreich begangene Millennium der Thronbesteigung Hugo Capets oder an die 1000-Jahr-Feier des polnischen Staates im Jahr 1963 erinnern will. Auf der anderen Seite scheint gerade die Zeit vom späten 9. bis ins 11. Jahrhundert eine historische Phase darzustellen, in der sich die politische Ordnung mit unseren verfassungsrechtlichen Kategorien nur unvollkommen beschreiben läßt. Das alte – nur noch selten gebrauchte, aber nie ausdrücklich widerlegte – Klischee von der 'feudalen Auflösung' des karolingischen Staates kann das Gemeinte am besten illustrieren. Ein Blick in noch immer gängige Rechts- und Verfassungsgeschichten lehrt, daß man zunächst Reichsordnung und Herrschaftsorganisation für die hochkarolingische Zeit beschreibt und dann bei der durch Königtum, Territorien und städtische Gemeinden bestimmten Ordnung des Hoch- und Spätmittelalters den nächsten systematischen Schwerpunkt setzt[2]. Die Zeit zwischen dem 9. und 12. Jahrhundert wird in mehr summarischen Übergängen behandelt, in denen teils Sondererscheinungen wie das ottonische Reichskirchensystem oder die Gottesfriedensbewegung zur Sprache kommen, teils die begrifflich schwer zu fassenden Wandlungen karolingischer Institutionen wie etwa der Grafschaft oder der Vogtei.

Das heißt also: Gerade die Epoche, in der sich eine dauerhafte, auch im welthistorischen Vergleich bemerkenswerte Konsolidierung nicht nur einzelner Reiche, sondern eines ganzen Gefüges von Reichen vollzieht, ist in unseren Kategorien politischer Verfassung, soweit sie sich am Begriff der 'Staatlichkeit' im institutionellen Sinne orientieren, nicht wirklich greifbar. Aus diesem Dilemma hilft weder die Metapher, daß „im Mittelalter die Staatsgewalt nicht nach Funktionen, sondern nach Objekten geteilt" war, noch der Begriff des „Personenverbandsstaates" heraus[3]; denn beide Bilder erklären ja gerade das nicht, was es zu erklären gilt: die rasche und dauerhafte Festigung von Reichen als Generationen und Dynastien überdauernde Einheiten, obwohl deren inneres Ordnungsgefüge als so labil erscheint. Auch das Lehnswesen als das wohl wichtigste rechtlich-institutionelle Strukturprinzip des politischen Gefüges vermag allenfalls Teilaspekte des Stabilisierungsprozesses einsichtig zu machen[4]. Wenn wir aber die Konsolidierung nach innen und die Anerkennung von außen nicht auf benennbare rechtlich-institutionelle Faktoren zurückführen können, dann haben wir mit unserem begrifflichen Instrumentarium ein wesentliches Strukturprinzip der Reiche wohl noch nicht erfaßt. Daraus kann nur gefolgert werden, daß wir neu nachdenken müssen über die Angemessenheit der Kategorien, in denen wir das komplexe Gefüge beschreiben, welches das Analogon bildet zu dem, was wir in bezug auf andere Epochen 'Staat' nennen[5]. Den Prüfstein für den Erklärungswert unseres Begriffsapparates und seiner Konnotationen stellen dabei Fälle dar, die sich in solchen Kategorien nicht erklären lassen, obwohl sie für das politische Ordnungsgefüge der damaligen Zeit signifikant zu sein scheinen. Ist die zu beobachtende Konsolidierung vielleicht durch Faktoren bedingt oder wenigstens mitbedingt, die außerhalb dessen liegen, was man im Sinne der späteren europäischen Entwicklung als 'staatlich' bezeichnen darf?

Die angesprochene Problematik soll hier am Beispiel des ottonischen Reiches erörtert werden, wobei mit 'ottonisch' in bezug auf die Herrscherdynastien 'ottonisch-frühsalisch' gemeint ist. Letztlich geht es um eine Periode, die von der sogenannten Auflösung des Karolingerreiches bis zum Ausbruch des 'Investiturstreits' reicht[6]. Angesichts des Forschungsstandes kann ein neues, schon voll ausgeführtes Bild noch nicht entworfen werden. Die Ergebnisse der jüngeren und jüngsten Forschung lassen sich immer weniger harmonisierend in die gewohnten Erklärungsmuster integrieren. Ungeklärte Fragen und neue Beobachtungen zwingen dazu, mit geschärftem Problembewußtsein in die für Historiker immer wieder neu zu beginnende Auseinandersetzung mit den Quellen einzutreten. Zur Kennzeichnung des Forschungs- und Diskussionsstandes sei auf das bisherige Fragestellungen und neue Perspektiven verbindende Resümee verwiesen, das der 1985 erschienene Band mit Vorträgen zum 80. Geburtstag von Gerd Tellenbach bietet[7]. Im folgenden wird versucht, noch ein Stück weiter in Bereiche einzudringen, in denen die Orientierung mit den bisherigen Hilfen schwierig wird.

Die Frage, ob es so etwas wie ein 'Geburtsdatum' des 'Deutschen Staates' und damit den 'Beginn der deutschen Geschichte' gegeben hat und ob, wenn überhaupt, ein solches Datum auf 887, 911, 919, 936 oder noch später anzusetzen ist, soll uns hier nicht beschäftigen[8]. Ausgangspunkt unserer Erörterungen ist vielmehr das Faktum, daß das ottonische Reich – sogar in der Verbindung mit dem 'römisch' verstandenen Kaisertum[9] – eine Kontinuität bis weit über das Mittelalter hinaus erlangte. Schon im 10. Jahrhundert hat es sich Symbole seiner Transpersonalität in Form von Reichsinsignien geschaffen[10], unter denen die 'Reichskrone', auf Königtum und Kaiserwürde zugleich bezogen, eine besondere Bedeutung gewann[11]; damals wurde die Tradition eines festen Krönungsortes begründet und das Ritual der Krönung sowie in Ansätzen wohl auch bereits das der zeremoniellen Wahlhandlung, der Kur, fixiert[12]. Die Konsolidierung betrifft nicht nur den Kern des Reiches, das Königtum, sondern auch seinen äußeren Bestand[13]. Von kleineren Korrekturen abgesehen, blieben die Hoheitsgrenzen im Westen bis zum Westfälischen Frieden so, wie sie unter Heinrich I. festgelegt worden waren, obwohl beispielsweise durch die Doppelvasallität der Grafen von Flandern konkrete Machtgebilde sie seit der Salierzeit überlagerten[14]. Das italische und das burgundische Reich bewahrten ihre Grenzen gegenüber dem Regnum Teutonicum, obwohl ein Herrscher als Kaiser sie alle drei regierte, ja obwohl beispielsweise die Veroneser Mark den Herzögen von Bayern bzw. Kärnten oder die Grafschaft Chiavenna dem Herzog von Schwaben unterstellt wurde (ohne daß, dies sei angesichts mancher falschen kartographischen Darstellung betont, die Gebiete deshalb aus dem Verband des italischen Reiches herausgelöst wurden[15]). Während der ottonisch-frühsalischen Zeit erhielten auch die Grenzen zwischen dem Regnum Teutonicum und Dänemark, Böhmen, Ungarn und Kroatien ihre Sanktion als Demarkationslinien zwischen Hoheitsgebieten, obwohl durch Übernahme von Lehen und Vasallitätsbindungen auch hier die Königreiche sich mit königlich-fürstlichen Machtkomplexen schon bald überschnitten.

Gerade diese Festigung der Grenzen im 10./11. Jahrhundert führt uns zum verfassungsgeschichtlichen Aspekt des Problems zurück. Wo liegt das Zentrum, von dem her solche Grenzen legitimiert und sanktioniert werden? Selbstverständlich liegt der Bezugspunkt im Königtum; *regnum* als territorial definiertes Herrschaftsgebiet und *regnum* als die vom Herrscher ausgeübte Königsgewalt sind begrifflich nicht zu trennen[16]. Für die Entwicklung im 10./11. Jahrhundert ist folgendes Spannungsverhältnis charakteristisch: Zwar gewinnen die Grenzen der königlichen Hoheitsgebiete eine immer festere Kontur, doch scheint es für den Hoheitsanspruch keine Rolle zu spielen, wie weit der Herrscher 'sein' Reich machtmäßig voll erfaßt und durchdringt, wie weit er also seine Gewalt zur Geltung bringen kann, und jeder Erbe, Usurpator oder Thronprätendent tritt unabhängig von der Durchsetzungsmöglichkeit in den Anspruch auf das Ganze ein. Das Regnum wird in seinen Grenzen auch von denen respektiert, die von Großen des fremden Herrschers die Kommendation annehmen wie die Ottonen im westfränkischen Reich[17]; es verändert die Grenzen nicht, wenn zwei Reiche von einer Dynastie gewissermaßen in Personalunion regiert werden oder wenn beispielsweise der englische König große Teile Frankreichs vom französischen zu Lehen hält[18]. Die Hoheitsprärogative des französischen Königs über das ganze Regnum wurde anscheinend nicht bestritten, wenn einzelne Fürsten es unterließen, die Belehnung mit ihrem Fürstentum einzuholen[19]. Insofern kann das Lehnswesen trotz der ihm innewohnenden Tendenz zu ideeller Zentrierung und rechtlicher Delegation für diese Konsolidierung nicht oder jedenfalls nicht allein verantwortlich gemacht werden.

Ein kurzer Blick auf den weiteren Rahmen der 'staatlichen' Entwicklung im Früh- und Hochmittelalter mag die Besonderheiten der ottonischen Zeit verdeutlichen. Auffassungen der Antike vom Gemeinwesen und von öffentlich-staatlicher Ordnung sowie spätrömische Institutionen wirkten in vielfachen Brechungen auf die Entwicklung der abendländisch-europäischen Staatlichkeit ein. Nur wenig überlebte in unmittelbarer Tradition. Vielmehr kam es immer wieder zu konzeptionellen oder institutionellen Anleihen, zu Wellen einer Wiederanknüpfung oder Neuaufnahme, wobei die antike Tradition jeweils wieder auf veränderten Grundlagen rezipiert und verarbeitet wurde. In das Frühmittelalter zog sich ein starker Strom direkter Vermittlung hinein[20], aber die Grundlagen für die wirksame Anwendung des Übermittelten schwanden, und die übernommenen Institutionen kollidierten mit ganz andersartigen Organisationsprinzipien und Denkstrukturen, in die sie nicht voll integrierbar waren[21] – trotz der sehr früh einsetzenden Akkulturationserscheinungen im germanischen Umfeld des Imperiums[22]. Die karolingische Renovatio hat das, was im Frankenreich noch von spätrömischer Institutionalität weiterlebte, aufgewertet und mit einer der Antike verpflichteten Konzeption, nämlich einer auf das Königtum bezogenen 'res publica', einem mit dem Königtum verbundenen Begriff von 'publicus' verknüpft[23]. Die karolingische Auffassung vom Regnum war der Verantwortlichkeit der christlichen Imperatoren für das Ganze und der hierarchischen Zentralitätsidee des Imperiums verpflichtet[24]. Der Reichsorganisation wurde die Vorstellung von delegierter und zu kontrollierender Amtsgewalt zugrunde gelegt[25], wobei das Ämtersystem, damit es sich angesichts der Realität der Adelsherrschaft durchsetzen ließ, im Lehnswesen sozusagen einen zweiten, verstärkenden Verpflichtungsgrund personaler Art als Stütze erhielt[26]. Mag vieles von dem, was die Capitularien anordnen, mehr Herrscherwille als Lebenswirklichkeit gewesen sein[27] – wir können die Formen, in denen die herrscherliche Erfassung und Kontrolle des Reiches, die königliche Gerichtsbarkeit, das Heerwesen organisiert waren, vom Hof her beschreiben, über dessen 'Ordnung' selbst wir Quellen besitzen[28]. Die karolingische Auffassung vom Regnum tendierte, gestützt durch die Wiederanknüpfung an spätrömische Modelle, in eine

Richtung, die es leicht macht, sie 'staatlich' zu interpretieren[29]. Meines Erachtens zeigt die innere Entwicklung des Karolingerreiches und erst recht der Fortgang in nachkarolingischer Zeit, daß wir mit einer solchen Interpretation nur einen Teilaspekt der damaligen Realität erfassen, doch kann dies hier nicht weiter erörtert werden[30]. Der Eindruck der Gesamtordnung und Rationalität wird noch dadurch verstärkt, daß sich die 'Reichsverwaltung' in ungewöhnlichem Umfang der Schrift bediente, d.h. Schriftlichkeit bewußt als Instrument der Herrschaftsorganisation zur Erfassung des Reiches einsetzte[31]. Erst im 13. Jahrhundert wird hier wieder ein vergleichbares Niveau erreicht, allerdings in anderen Formen und im Zusammenhang einer Ausweitung der bislang sektoral gebundenen Schriftkultur auf ganz neue Bereiche, die dann auch alles, was wir von der karolingischen Schriftlichkeit kennen, in wenigen Jahrzehnten weit hinter sich läßt[32].

Das mittelalterliche Königtum und Kaisertum bleibt durch seine ganze Geschichte hindurch dem Vorbild Karls des Großen verpflichtet[33]. Und die karolingische Renaissance hat in ihrer Grundlegung für die weitere mittelalterliche Kultur- und Geistesgeschichte das Weiterwirken von Vorstellungen politischer Ordnung gesichert, die aus der spätantiken Staatsorganisation stammen. Die Latinität der Schriftkultur läßt die Idee des Imperiums nie sterben[34], und mit ihr werden auch Begriffe festgehalten[35], die das politische Denken, die Ordnungsvorstellungen, im Mittelalter immer wieder auf Modelle zurückbeziehen, die man 'staatlicher' verstehen kann als das, was sich in der politischen Wirklichkeit vollzog. Eine Ideengeschichte des Königtums, der Reichskonzeption, die allein von der Begriffswelt der Historiographie und anderer Schriftquellen ausgeht, beschreibt, streng genommen, zunächst einmal das Nachwirken antiker Traditionen in der Schriftkultur und die gedankliche, deutende Angleichung der Lebenswirklichkeit an die mit der Begrifflichkeit vorgegebenen Ideale. Doch wieweit hat das Konzept der *res publica* und einer als öffentlich verstandenen Königsgewalt die Kraft, sich gegen eine aus anderen Traditionen stammende Realität durchzusetzen, solange Gruppenbewußtsein und politisches Handeln in illiteraten Kreisen ihre eigentlichen Träger haben? Wieweit decken sich die religiös-literarischen Leitbilder mit den Normen und Vorstellungen, die in der jeweiligen Gesellschaft wirksam waren und im Verhalten und Handeln der Menschen, etwa der jeweiligen 'Herrschaftspraxis', zutage treten?

Mir scheint es ein unbewiesenes und angesichts der Erkenntnisse, welche die Ethnosoziologie am Beispiel anderer Kulturen gewonnen hat[36], sogar fragwürdiges Axiom zu sein, daß die Ebene der propagierten Ideale, d.h. des Schreibens und des öffentlich-repräsentativen Sprechens, und die des Handelns in der gleichen Weise aufeinander bezogen waren wie Ideal und Wirklichkeit in der uns gewohnten Welt[37]. Man darf die religiösen Leitbilder nicht einfach als persönliche Gewissensnormen individualisieren, gegen die der Einzelne in seinem Handeln wider bessere Einsicht mutwillig aufgrund eines ungezügelten Charakters verstößt. Wir müssen sie vielmehr auf die Funktion beziehen, die sie während der Interaktion zwischen dem König und den Großen erhalten[38]. Das 'politische' Verhalten der Menschen ist zunächst vielfach von anderen Normen geleitet, in der damaligen Gesellschaft und innerhalb ihres Wertsystems oft sogar 'erzwungen'. Erst in einer bestimmten Situation ermöglicht dann die religiöse Meta-Ebene, aus der durch soziale Leitbilder und Zwänge bestimmten Prestigekonfrontation herauszutreten und eine neue Gemeinsamkeit begründende Verständigung unter religiösem Vorzeichen, 'gemäß der gottgewollten Ordnung', herbeizuführen[39]. Insofern zeigt die Betrachtung des konkreten politischen Handelns und Verhaltens mehr als 'Herrschaftspraxis' im technisch-institutionellen Sinne; sie liefert, wenn wir die Verhaltensnormen zu rekonstruieren versuchen, stets auch einen unersetzlichen Beitrag zur Erkenntnis der politischen Vorstellungswelt[40]. Die folgenden Aufsätze werden das hier nur abstrakt Ausgeführte verdeutlichen.

Trotz der Kontinuität der Idee des Imperiums und der Vorbildhaftigkeit Karls des Großen wirkt gerade das, was die Besonderheit der hochkarolingischen Reichsorganisation ausmachte – in Stichworten: Zentralität, Amt, Gesetzgebung, Schriftlichkeit –, in den Nachfolgereichen des karolingischen Imperiums zunächst nicht fort, sondern bricht geradezu ab[41]. Die Herrschaftspraxis, anhand derer wir die 'Verfassung', das Herrschaftsgefüge, zu rekonstruieren versuchen, ändert sich tiefgreifend, und zwar sowohl in den materiellen wie in den konzeptionellen Grundlagen. Die Ämter wurden Lehen, wie ein älterer Merksatz lautet; im Lehnsverhältnis überwiegt das dingliche Element bald den personalen Verpflichtungsgrund, wodurch die zentrifugalen Kräfte die Oberhand gewinnen usf.[42] Was die Rechtsgeschichte in solchen Begriffen zu fassen versucht, zeigt sich in Vorgängen des 10. Jahrhunderts in aller Deutlichkeit: daß trotz des rechtlichen Charakters des Lehnsverhältnisses in ihm kaum noch institutionelle Garantien liegen, sondern daß sein Funktionieren als Treueverhältnis weitgehend von der aktuellen Gestaltung personaler Beziehungen abhängig geworden ist. Diese Entwicklung hat bereits in karolingischer Zeit begonnen – obwohl man seit der Zeit Ludwigs des Frommen nach neuen Formeln für das Verhältnis von König und Großen suchte, die einem Eigenrecht von Adel und Kirchen im Rahmen der karolingischen Herrschafts- und Reichskonzeption Anerkennung zugestanden[43]. Doch während die Veränderungen sich im 9. Jahrhundert nicht nur mit der Auflösung des fränkischen Großreiches, sondern auch mit einer zunehmenden Desintegration der Teilreiche verbinden, beginnt für letztere seit dem 10. Jahrhundert eine Restabilisierung, welche spätkarolingische Regna zum Rahmen für die Ausbildung eines neuen Reichs- und Nationsbewußtseins werden ließ. Damit stellt sich die Frage: Verfügen wir bereits über die angemessenen Kategorien, um diese Abkehr von Elementen institutioneller Reichsorganisation zu erfassen und den Prozeß wirklich zu analysieren, der ein personales Beziehungsgeflecht, das der Herrscher um sich herum aufbaut und auf das Reich lenkt, zur eigentlichen Grundlage der Königsgewalt werden läßt? Diese Frage erhält ihre besondere Schärfe, wenn man sie mit der angesprochenen Konsolidierung der Reiche als einer der grundlegenden Erscheinungen der Epoche verbindet. Denn auch nach außen wurden ja die Reichsgrenzen durch Lehensbindungen und Vasallitätsverhältnisse in einer Weise relativiert, daß sie oft nicht als Machtgrenzen, manchmal nicht einmal im vollen Sinne als Herrschaftsgrenzen in Erscheinung treten – und dennoch definieren sich die Reiche immer deutlicher als auf feste Hoheitsgrenzen bezogene Lehensverbände. Über die institutionellen Elemente des Lehnswesens hinaus muß also etwas vorhanden gewesen sein, das König, Reich und Große in einer Art Dreiecksverhältnis so verband, daß die Reiche darin Dauerhaftigkeit gewannen, als unteilbar erschienen[44] und auch von außen als transpersonale Größen respektiert wurden[45]. Wie mir scheint, sind die Erklärungen hierfür am wenigsten in dem institutionellen Bereich zu suchen, den das Analogon 'Staat' evoziert.

In welchem Maße die Ottonen hochkarolingische Organisationsprinzipien aufgegeben haben, zeigt sich nicht nur unmittelbar bei der Beobachtung ihrer eigenen Herrschaftspraxis[46], etwa der Itinerargewohnheiten und der Behandlung des Königsguts oder in Anlegung der Kriterien Zentralität/Amt/Schriftlichkeit. Es wird nicht minder darin sichtbar, daß im Hochmittelalter Herrschaftsausbau und Herrschaftsintensivierung, aus der sich allmählich die Ansätze zur Ausbildung einer „Staatlichkeit" entwickelten[47], neuartige, eigene Wege zur Machtsicherung und -durchsetzung beschreiten. Obwohl im Bewußtsein Karl der Große und die Franken eine wichtigere Rolle spielen als zuvor, greifen die Neuentwicklungen nur bedingt und erst in einer zweiten Phase auch auf karolingische Formen zurück. Die Verdichtung von Herrschaft und Gesellschaftsorganisation seit dem 11. und 12. Jahrhundert ging nicht vom Ganzen, zunächst auch nicht von den größeren Gliederungen des Reiches aus. Sie setzt vielmehr punktuell in den einzelnen Lebensgemeinschaften an, größeren und kleineren, oft in der einzelnen Siedlung oder der einzelnen Grundherrschaft. Der weite Kontext, in den diese Entwicklung gehört, der Wandel der Herrschaftsstrukturen insgesamt, der konstitutiv wird für die Anfänge einer spezifisch europäischen Staatlichkeit, kann hier nur mit Stichworten angedeutet werden[48]. Auch wenn Einzelrechte weiterhin die Bausteine jeder Herrschaftsorganisation bilden, wird die angestrebte territoriale Hoheit, und sei sie auf einen noch so engen Raum beschränkt, zum Orientierungspunkt für die Entstehung und Durchsetzung neuer Formen und Vorstellungen von staatlicher Gewalt. Doch die Herrschaftsintensivierung geschieht nicht einfach durch den Ausbau einer von oben gelenkten, verwaltenden Organisation. Am einzelnen Ort beruht sie vielmehr darauf, daß sie sich mit dem Prozeß der Gemeindebildung verbindet, d.h. die damals einsetzende kommunale Organisation menschlicher Lebensgemeinschaften anerkennt und in ihren Dienst stellt. In welchem Verhältnis Herrschaft und Genossenschaft im Frühmittelalter auch immer gestanden haben mögen[49]: hier entwickelt sich so etwas wie eine 'verfassungsmäßige', beide Seiten bindende Zuordnung. In der jeweils kultur- und zeitspezifischen Interpretation ist zwar Recht das legitimierende Grundprinzip jeder geordneten menschlichen Gemeinschaft, und doch kann man sagen, daß in dieser Verschränkung von mehr und mehr hoheitlich, d.h. bis zu einem gewissen Grade 'staatlich' verstandener Herrschaft und von kommunal zusammengebundenen menschlichen Gemeinschaften das Recht einen neuen, zentraleren Stellenwert erlangt, mit dem der Wandel von Recht und Rechtskultur aufs engste verbunden ist. Der Schutz, den Herrschaft gewähren soll, ist nicht mehr der Schutz der Schwachen, die sich in akuter Bedrängnis befinden, sondern er manifestiert sich im Schutz des mehr und mehr abstrakt verstandenen 'Rechts', einer übergreifenden Rechtsordnung[50], in welche die Personen mit ihrem jeweiligen Recht einbezogen sind. In der Tendenz zur schriftlichen Fixierung des Rechts, bezogen auf einzelne Lebensgemeinschaften, werden Herrschaft und Gemeinden gewissermaßen an eine übergreifende Ordnung gebunden, deren strikte Durchsetzung gefordert und zu deren Sicherung Strafgewalt in erschreckender Weise verstärkt wird. In dieser übergreifenden Rechtsordnung findet die ständische Gliederung, die de facto schon vorgeformt war, ihre rechtliche Anerkennung und Einbettung[51]. Daß erst in diesem Rechtswandel auch die Voraussetzungen für ein Anknüpfen an die antike Rechtskultur und damit in weiterer Wirkung für eine Rezeption antiker Staatstheorie geschaffen werden, sei nur am Rande vermerkt. Die Schriftkultur, die in Europa im 12. und 13. Jahrhundert überall über die bisherigen Formen und Felder hinausdrängt[52], wird nun in ganz neuer Weise in den Dienst der Rechtsordnung und der Herrschaftsorganisation genommen und zugleich als Mittel direkter Beeinflussung einer Öffentlichkeit im Sinne politischer Propaganda gebraucht. Was trotz allem bleibt, ist, daß wir Staatlichkeit, Reich, Herrschaftsordnung auch hier nicht allein von der Spitze her verstehen können. Doch das Gefüge nimmt allmählich eine Ordnung an, deren Elemente aufeinander bezogen sind und die man in uns vertrauteren Kategorien der Verfassung beschreiben kann: etwa im Verhältnis von Herrscher und Reich, in bezug auf die ständische Repräsentation oder im Hinblick auf die Verschränkung von Herrschafts- und Gemeindeorganisation.

Dieser weitere Horizont sei hier in Erinnerung gerufen, um die Eigenart der Verhältnisse zu unterstreichen, die sich im ottonischen Reich herausgebildet haben und die sich auch in den Kategorien dieser späteren Ordnung nicht adäquat beschreiben lassen. Ich will an das, was ich an anderer Stelle hervorgehoben habe[53], hier nur in Stichworten erinnern: an die Verflechtung von Königsgewalt und fürstlichen Machtmitteln in der personal, nicht institutionell orientierten Herrschaftspraxis; an den polyzentrischen Charakter der gesamten Herrschaftsordnung; an die liturgische Herrscher„darstellung" als legitimierenden Herrschaftsgrund. Die folgenden Studien gehen deshalb auch der Frage nach, wie die Konsolidierung und Objektivierung der Reiche in nachkarolingischer Zeit in diesem Umfeld erklärt werden können.

Daß auf dem Boden des fränkischen Imperiums die hochmittelalterlichen Regna die Tradition karolingischer Teilreiche fortführen, ist bekannt. Die neuen Könige haben ihre Herrschaft aus dieser Tradition legitimiert und dadurch den fränkischen Regna, die sich um 900 im Stadium eines inneren und äußeren Zerfalls befanden, erst Kontinuität gegeben[54]. Doch obwohl die Idee des Regnum im karolingischen Sinne in der Schriftkultur weiterlebt, scheint ein wesentlicher Faktor der karolingischen 'Reichsideologie' in den Hintergrund zu treten: daß die Stellung der Großen eine delegierte, durch ein Amt definierte Teilhabe am umfassenden Amt des Königs ist, der die Verantwortung für die Amtswaltung jedes einzelnen Helfers trägt und diesen deshalb sowohl ermahnen wie zur Rechenschaft ziehen muß[55]. In ottonischer Zeit werden Vorrang und Verantwortung des Königs religiös noch nachdrücklicher begründet als unter den Karolingern und im liturgischen Zeremoniell in gesteigerter Form zur Darstellung gebracht[56], doch, wie es scheint, ohne institutionelle Folgerungen und ohne den Versuch, das Nebeneinander von König und Großen als Gliederungs- und Ordnungsprinzip für ein einheitlich verstandenes, vom Hof unter steter Verantwortung des Königs gelenktes Gemeinwesen zu deuten. Selbst wo auf der literarischen Ebene karolingische Vorstellungen weitergegeben werden, fehlt der Versuch einer Umsetzung in die Wirklichkeit. Insofern wirkt das ottonische Reich in seiner Organisation 'archaischer' als das der Karolinger. Es scheint trotz der Anknüpfung an die fränkische Reichstradition eine Realität als solche anzuerkennen, welche die Karolinger im Sinne eines 'Staatsmodells' umzudeuten und umzuformen versucht hatten: die Existenz einer nicht vom Königtum abhängigen Adelsmacht[57], die der König respektieren mußte, wenn er selbst Anerkennung fordern wollte, und die sich nur durch Begünstigung der Großen in den Dienst des Königs nehmen ließ[58]. Die Karolinger hatten während der Expansion des Reiches und im Aufbau des Lehnswesens Mittel zur Bindung, zur verpflichtenden Entlohnung bzw. zur Entschädigung der Großen in der Hand, und dies mag der Hauptgrund dafür gewesen sein, daß sie in der Phase der 'Renovatio' ihr Reichs- und Herrschaftsmodell ein Stück weit in die Wirklichkeit umsetzen konnten. Doch das Grundproblem einer vom Königtum unabhängigen, in der Mentalität tief verankerten und im Verhalten anerkannten Adelsmacht als eigenständigen gesellschaftlichen Ordnungsfaktors blieb, und bereits die Enkel Karls des Großen suchten Wege, es zu bewältigen, ohne die Idealvorstellungen aus der Blütezeit aufzugeben[59]. Die innere Entwicklung der Teilreiche zeigt, daß sich der Widerspruch zwischen der Reichskonzeption und der Machtverteilung verschärfte: Die Könige mußten von ihren Machtmitteln mehr und mehr den Großen überlassen, um überhaupt herrschen und die Funktionen für das Reich, die Herrschaft legitimierten, wahrnehmen zu können[60].

Der Khalif 'Abd-ar-Rahmān III. von Cordoba hat 956 gegenüber dem Gorzer Mönch Johannes, dem Gesandten Ottos des Großen[61], das klar gekennzeichnet, was aus der Perspektive einer viel weiter institutionalisierten Staatlichkeit als Schwäche ottonischer Reichsorganisation und als Mangel an Herrschaftsrationalität erschien: 'Er behält die Herrschaftsgewalt in seinem Machtbereich nicht sich selbst vor, sondern läßt in weitem Umfang jeden der Seinen eigene Herrschaftsgewalt ausüben. Er teilt die Gebiete seines Reiches unter sie auf, gewissermaßen um ihre Treue und Unterwerfung noch fester zu machen. Doch es kommt ganz anders: Daraus gehen Hochmut und Auflehnung gegen ihn hervor. Gerade jetzt ist dies wieder bei seinem Schwiegersohn geschehen, der durch Treulosigkeit auch noch den Königssohn auf seine Seite gebracht und eine Art öffentlicher Gegengewalt *(publica tirannis)* gegen den Herrscher ausgeübt hat, und zwar bis dahin, daß er das auswärtige Volk der Ungarn zum Plündern durch die Reiche des Königs geleitete.'[62]

Die Äußerung charakterisiert nicht nur die Situation während des Aufstandes von Liudolf und Konrad dem Roten, sondern ein Grundproblem ottonischer Königsgewalt[63]. Die Prinzipien der Herrschaftsorganisation, an der Verteilung und Nutzung herrschaftssichernder Machtmittel ablesbar, lassen es nicht nur zu, sondern begünstigen es sogar, daß Herrschaftsmaßnahmen des Königs adlig-fürstliche Gegenmacht entgegengestellt werden kann; Reichweite und Intensität der Königsgewalt hängen unmittelbar von der Zuweisung von Machtmitteln des Königs an die Großen ab, die durch die Gabe dem König verpflichtet werden. Dabei läßt sich hinzufügen, daß in ottonisch-frühsalischer Zeit Königsgüter und -rechte häufig zu Eigen, nicht nur zu Lehen vergeben wurden, insbesondere bei Übertragungen an die Reichskirchen; erst seit dem 12. Jahrhundert, als sich die Erblichkeit der Lehen bereits voll durchgesetzt hatte, wird in der Regalienlehre wenigstens die Vergabung von Hoheitsrechten lehnsrechtlich umgedeutet und damit Regalienbesitz insgesamt von einer königlichen Oberhoheit abgeleitet[64].

Zu diesen am Verhalten ablesbaren Herrschaftsstrukturen gibt es Entsprechungen im konzeptionellen Bereich. Die Herrschermajestät als Rechtsbegriff, in der Karolingerzeit aus antiker Tradition, wenn auch in einer ganz spezifischen Interpretation vorhanden[65], gewinnt seit dem 12. Jahrhundert neue Bedeutung zur Begründung einer königlichen Hoheitsprärogative, die zunehmend 'staatlich' verstanden wird[66], auch wenn sie die Realität fürstlicher Herrschaft nicht aufhebt. In der Ottonenzeit fehlt ein derartiger Majestätsbegriff[67]; wo etwas Analoges formuliert wird, beziehen sich die Vorstellungen auf die religiös-sakrale Dimension des Christusvikariats, dem sich zu unterwerfen als Glaubensverpflichtung jenseits aller institutionellen Durchsetzungsgarantien gefordert wird[68].

Wie kann Herrschaft unter solchen Bedingungen funktionieren, wie ein Reich bei solchen Strukturen zusammengehalten werden? Was verleiht politischen Großgruppen das Bewußtsein einer Identität? Man kann in diese Problematik eindringen, wenn man – wie Gerd Althoff – das Verhalten von König und Großen in Konfliktsituationen untersucht, in denen sich überschneidende personale Bindungen der Handelnden in Widerstreit geraten, und nach Leitvorstellungen fragt, die dem Verhalten zugrunde liegen, es vielleicht sogar als 'Rechtsordnung' verständlich machen. Man kann – wie Rudolf Schieffer – von einer Institution ausgehen, die als ein Pfeiler ottonischer Königsmacht erscheint, um zu fragen, wie personale Begründung und institutionelle Wirkung sich in der Funktion ergänzen, welche den Reichskirchen für das ottonische König- bzw. Kaisertum zugesprochen wurde. Man kann – wie Joachim Ehlers – bei dem Selbstverständnis und der Traditionsbildung ansetzen, die dem sich in ottonisch-frühsalischer Zeit ausformenden Reichsbewußtsein zugrunde liegen, um von dorther den Stellenwert der literarisch-historiographischen Zeugnisse im Integrationsprozeß zu bestimmen und den Zusammenhang spezifischer Kulturformen mit dem inneren Gefüge des Reiches zu hinterfragen[69].

Auch die Forschungen zur Herrschaftspraxis, aus denen der Geschichtswissenschaft in den letzten Jahrzehnten so viele neue Einsichten zugewachsen sind, führen unter erweiterter Perspektive zu Ergebnissen, die den Zusammenhalt eines Herrschaftsverbandes aus bislang unterbelichteten Lebensordnungen und Kommunikationsformen verständlicher machen[70]. Zur Debatte steht also der Zusammenhang zwischen einer langfristigen Formierung der europäischen Königreiche und einer Form der Königsherrschaft, die sich in unseren gewohnten Kategorien der 'Staatlichkeit' nur schwer erfassen läßt[71].

Grundlagen ottonischer Königsherrschaft

Wenn man im Zeitalter des Barock die europäischen Staaten miteinander verglich, galt stets den materiellen Machtmitteln der Monarchie besondere Aufmerksamkeit. „Was hat der König für Macht und Reichtum", war eine entscheidende Frage, und man führte, ja nach Königreich, ebenso Tafelgüter, Einkünfte aus Zöllen, aus Bergwerken oder Schenken an wie Steuern, Leistungen von Lehnsleuten usf. Selbstverständlich war dabei, daß die materiellen Grundlagen der Staatsgewalt institutionell erfaßt waren und mittels solcher Institutionen wieder für die Zwecke der Monarchie eingesetzt wurden. Mit den Einnahmen verglich man die Ausgaben – die Frage nach den Einkünften und Reichtümern des Königs richtete sich auf die Staatsfinanzen insgesamt. Wie weit der Monarch in absoluter Weise über dieses Potential verfügte, wie weit ständische Mitsprache seine Gewalt einschränkte, war eine Frage der Regierungsform; daß die Mittel den Zwecken einer einheitlich verstandenen Staatsgewalt dienten, wurde hiervon nicht berührt. Im Staat gab es, wie sich ein 1693 in Dresden erschienenes Lehrbuch ausdrückt, „zweyerley Personen, Obrigkeit und Unterthanen", und so mußte sich die Staatslehre „um zweyerley bekümmern: Erstlich um das Recht der Obrigkeit; darnach um die Obligation der Unterthanen."[1]

Trotz der ungebrochenen Kontinuität zur ottonischen Epoche, in der diese Spätphase des monarchischen Gottesgnadentums noch immer steht, können wir das politische System des 10./11. Jahrhunderts in den Kategorien so gearteter Staatlichkeit nicht fassen. Das ist in der Geschichtsforschung seit den 20er Jahren immer deutlicher erkannt worden und bedarf heute keiner Diskussion mehr[2]. Dennoch wird unreflektiert die Frage nach den materiellen Grundlagen der Königsherrschaft im Zeitalter der Ottonen auch heute noch oft in ähnlicher Weise gestellt und beantwortet wie von der Staatslehre des 17./18. Jahrhunderts für ihre Zeit. Königshöfe, Königsgut, Abgaben, Zölle und andere Einkünfte werden aufgezählt, um diese Grundlagen zu charakterisieren[3]. Zweifellos war dies alles für die Königsherrschaft, für ihre Reichweite und Stärke, wichtig[4], und zweifellos gab es auch im 10. Jahrhundert eine Vorstellung von materiellen Grundlagen der Königsherrschaft in diesem Sinne. 'Wir haben', läßt Widukind den König Konrad auf dem Sterbebett zum Bruder Eberhard sagen, 'die Mittel, den Heerbann zu sammeln und zu führen, haben Burgen und Waffen nebst den königlichen Hoheitszeichen und alles, was die königliche Würde erheischt.'[5] Macht und Reichtum des ost- und westfränkischen bzw. italischen Königs in der Weise gegeneinander aufzurechnen, daß man die Zahl der Königshöfe, den Umfang der Königsgüter, die Ergiebigkeit von Zollrechten miteinander verglich, scheint aber dem 10. Jahrhundert völlig fern gelegen zu haben[6]. Wenn die Zeitgenossen die Macht eines Herrschers charakterisieren wollten, erwähnten sie nicht diese materielle Basis, sondern dann waren dies die Kriterien: wie weit Ansehen und Einfluß des Königs reichten; wie weit es ihm gelang, sich Gefolgschaft und Unterstützung der Großen für seine Ziele zu sichern; wie stark und einsatzbereit das Vasallenheer war, das er aufbieten konnte; wie weit er die Gegensätze innerhalb der Führungsschicht so weit niederzuhalten vermochte, daß sie nicht die Ordnung des Reiches insgesamt gefährdeten[7]. Große Machtmittel ließen sich nicht automatisch in eine starke Königsgewalt umsetzen; sie garantierten nicht schon den glückhaften Erfolg und jene Anerkennung, die dem Herrscher ein wahrhaft königliches Auftreten ermöglichten[8]. Große Macht eines Königs war ohne großen Reichtum an Gütern und Schätzen nicht denkbar; aber dieser Reichtum blieb sozusagen ungemessen, da er kaum funktional für 'Staatszwecke', für Aufgaben des Königtums – Aufgaben im Sinne anstaltlich-präventiver Staatlichkeit – eingesetzt wurde, sondern als Machtbasis gewissermaßen erst mittelbar Bedeutung erhielt.

Es ist kein Zufall, wenn die Geschichtsforschung trotz intensiver Suche bisher keinerlei Anhaltspunkte dafür gefunden hat, wie die materiellen Machtmittel des Königtums im Reich der Ottonen und ersten Salier verwaltet wurden – ein auffallender Kontrast zu den hochkarolingischen Zeugnissen, die ein intensives Bemühen der Herrscher um Erfassung und Bewirtschaftung ihrer *fisci* dokumentieren[9]. Dabei haben, wie sich am Itinerar feststellen läßt, die Herrscher im 10. Jahrhundert für ihre Hofhaltung noch überwiegend die eigenen Königsgüter und Pfalzen genutzt. Doch noch in ottonischer Zeit wurde die Gastungspflicht der geistlichen Reichsfürsten zur wichtigsten wirtschaftlichen Basis für die Königspräsenz im Reich, während die Herrscher Königshöfe und Pfalzen an Reichskirchen verschenkten oder an weltliche Große zu Lehen gaben[10]. Allem Anschein nach fehlten der Wille und die Möglichkeit, das dem König zur Verfügung stehende Potential zentral zu kontrollieren und institutionell für eine kontinuierliche Präsenz der Königsmacht einzusetzen[11]. Zum Tragen kamen die materiellen Herrschaftsgrundlagen vor allem durch ihren Einsatz in einem Geflecht personaler Beziehungen. Auf deren Gestaltung beruhte die Macht des Königtums, die Integrationsfähigkeit und Durchsetzungskraft der Königsherrschaft[12].

Sieht man, daß die materiellen Mittel des Königtums nicht bereits aus sich heraus Herrschaftsgrundlagen darstellten, sondern erst durch ihre Funktion in dem personalen Herrschaftsgefüge dazu wurden, so ist die

Überlieferung über die 'materielle Basis' des Königtums keineswegs so schlecht, wie man zunächst glauben könnte: Jede Schenkung, ja jede Königsurkunde wird in diesem Sinne zu einem Zeugnis für die Herrschaftsgrundlagen, weil sie eine personale Beziehung und zugleich den Stellenwert von Teilen des königlichen Besitzes für die personal strukturierte Herrschaftsordnung in konkreten Fällen dokumentiert[13].

In der damaligen Form politischer Organisation, die als 'Personenverbandsstaat' gekennzeichnet worden ist, haben die materiellen Herrschaftsgrundlagen also einen ganz anderen Stellenwert und, wie man sagen darf, nicht die gleiche unmittelbare Bedeutung wie im anstaltlich verfaßten Staat absolutistischer Prägung. Diese Einsicht erhält noch schärfere Konturen, wenn wir auch den Begriff des 'Personenverbandsstaates' hinterfragen[14], um zu erkennen, wie weit er die Wirklichkeit des 10. Jahrhunderts zu erfassen vermag. Der personale Charakter der Herrschaftsausübung und Reichsorganisation ist für das 10. und 11. Jahrhundert evident[15]. Aber der Begriff 'Personenverbandsstaat' kann insofern falsche Assoziationen wecken, als er leicht ein System suggeriert, das auf die Beziehung von Einzelpersonen, von mehr oder weniger autonomen, Herrschaft ausübenden Individuen aufbaut[16]. Zwar steckt im Lehnswesen ein Prinzip, das in Richtung auf eine Isolierung und Verstärkung der Einzelbeziehungen innerhalb des Herrschaftsgefüges weist[17]. Aber letztlich bleibt während des früheren Mittelalters der einzelne eingebunden in Gruppen, deren Auffassungen und Normen sein Handeln entscheidend prägen[18]. Auf dem Ansehen in solchen Gruppen beruht zum wesentlichen Teil die persönliche Macht der Großen, und dieses Ansehen wiederum ist abhängig davon, wie sie ihren eigenen *honor* und die Position der Gruppen wahren, denen sie angehören bzw. die sie führen[19]. Wo der König Große als Helfer an sich zieht, schaltet er sich in dieses Geflecht der Gruppenbindungen ein. Er hebt das Ansehen von Personen und Gruppen, aber diejenigen, die ihm dienen, können nicht aus ihren Bindungen heraustreten, ohne ihre Position und damit auch ihren Wert für den König zu verlieren. Dabei beruhte die politische Gruppenbildung in ottonischer Zeit weniger auf Sippen- oder Familienbanden (obwohl auch sie ihr Gewicht hatten) als auf willentlich gestifteten Gemeinschaften. In welchem Maße Freundschaftsbünde unter den Großen die Kräftekonstellationen im Ottonenreich bestimmten, wird erst in jüngster Zeit in vollem Umfang sichtbar[20]. Wir verstehen die Aufstände der Ottonenzeit nicht, wenn wir nicht sehen, daß die *offensio* einzelner Großer durch den König sich auf Grund der Verpflichtung ihrer Freunde zum *fidem servare amicis* ohne aktuelle Gruppenbildung rasch zu einer breiten Erhebung ausweiten konnte[21]. Wir mißverstehen aber auch das Verhalten kirchlicher Würdenträger, etwa des Erzbischofs von Mainz oder des Bischofs von Halberstadt in der Gründungsgeschichte des Erzbistums Magdeburg[22], wenn wir nicht zur Kenntnis nehmen, daß ein Geistlicher, und insbesondere ein Bischof, seiner Kirche mehr oder mindestens ebenso verpflichtet war wie dem König. Wo er sich gegen eine Verletzung ihrer Rechte, gegen eine Minderung ihres *honor* wehrte, mag dies aus unserer Perspektive als Blindheit gegen höhere Interessen, als kleinlicher Egoismus erscheinen. Doch in den Augen vieler Zeitgenossen tat der Bischof das, was man von ihm erwarten mußte[23]. Eine auf Reich und Königtum ausgerichtete Hierarchie der Interessen, Verpflichtungen und Loyalitäten gab es zwar als religiöses Postulat. Wo der König – in der Auffassung der Betroffenen – gegen das Recht bzw. den als Recht gesehenen Anspruch verstieß, geriet dieses Postulat jedoch mit anderen Verhaltensnormen in Konflikt[24]. Wenn man den Schutzgedanken in der mittelalterlichen Herrschaftskonzeption ernst nimmt, d.h. zugleich: wenn man das Modell des Personenverbandsstaates konsequent zu Ende denkt, dann folgt daraus, daß im Konfliktfall die Einbindung der Großen in ihren kleineren, unmittelbaren Lebenskreis stärker, die Verpflichtung gegenüber ihrer Gruppe elementarer und gewichtiger waren als die Bindung an das Königtum. Der Einsatz eines Großen für seine Umgebung, seine Gruppe, seine Kirche wird in der Hierarchie der Loyalitäten dann oft über den Königsdienst gestellt, wenn durch das Verhalten des Königs Rang und Status der kleineren Gemeinschaft und ihrer Häupter als bedroht erscheinen.

Die Geschichte des ottonischen Reiches zeigt die Bedeutung dieser Struktur überdeutlich. Ganz plötzlich brechen Schwächen in der Herrschaftsposition des Königs auf, die vorher kaum sichtbar waren und weiten sich momentan zu existenzbedrohenden Krisen aus[25]. Die Ursachen – das Fehlen einer einheitlichen Staatsgewalt – hat, wenn der Gesandte Ottos I. zutreffend referiert, ein Außenstehender wie der Chalif ʻAbd-ar-Rahman III. sehr sicher diagnostiziert[26]. In der Unterredung, die der Mönch Johannes von Gorze 956 am Hofe von Cordoba führte, wirft der Chalif dem mit imperialem Anspruch auftretenden König als Mangel herrscherlicher Voraussicht vor[27]: … ʻdaß er sich die Ausübung seiner Herrschergewalt nicht selbst vorbehält, sondern zuläßt, daß jeder der Seinen in ganzer Fülle eigene Gewalt ausübt, dergestalt daß er Teile seines Reiches unter sie aufteilt, gleichsam als ob sie ihm dadurch treuer und ergebener dienten. Aber weit davon entfernt: gerade dadurch wird Hochmut und gewaltsame Empörung gegen ihn gefördert und geschaffen, wie es sich jetzt eben an seinem Schwiegersohn gezeigt hat, der, nachdem er durch die Treulosigkeit noch seinen Sohn zu sich herübergezogen hatte, offen quasistaatliche Gewalt gegen ihn ausübte, und zwar bis dahin, daß er das fremde Volk der Ungarn zum Plündern mitten durch seine Reiche geleitete.ʼ Leider ist nicht überliefert, wie Ottos Gesandter replizierte. Unzweifelhaft wird hier ein strukturelles Merkmal der hochmittelalterlichen Herrschaftsordnung angesprochen, das dem andere Staatlichkeit gewohnten Sarazenenherrscher als gravierender Mangel erschien. Aber: die Ottonen haben dieses 'System' nicht nur akzeptiert, weil sie die Bedingungen ihrer Zeit nicht ändern konnten. Sie haben vielmehr, indem sie karolingische Organisationsprinzipien preisgaben[28], die Herrschaftsausübung noch stärker auf die problematischen personalen Grundlagen gestellt: sie haben diese Form der Herrschaftsorganisation bejaht! Doch paradoxerweise – jedenfalls will es auf den ersten Blick paradox erscheinen – stellten die Aufstände und Krisen die relative Stärke und Stabilität ottonischer Herrschaft nicht wirklich in Frage. Auch wenn die Balance für uns späte Betrachter manchmal beängstigend wirkt, ist es den Ottonen insgesamt gelungen, den Loyalitätsanspruch des Königtums gegenüber den Großen mit deren Verpflichtung innerhalb anderer Bindungen zusammenzuführen. Sie konnten deshalb ihre Herrschaft und Herrschaftsziele in einem Maße durchsetzen wie kein anderer König im Abendland[29]. Die erfolgreiche Integration des Herrschaftsgefüges gründete jedoch stets in der aktuellen Gestaltung personaler Beziehungen und konnte kaum in eine dauerhafte, institutionelle Sicherung und Steigerung der Königsmacht umgesetzt werden.

Mit dieser Feststellung sei nicht bestritten, daß das politische Machtgefüge gerade im ottonischen Reich einem rasch fortschreitenden Prozeß der Verfestigung unterlag, den die Forschung unter die Stichworte der Objektivierung bzw. der Institutionalisierung der Herrschaftsordnung gestellt hat[30]. Das Königtum als Institution hat allerdings – sieht man auf die materiellen Grundlagen der Herrschaftsausübung – von dieser Entwicklung zunächst kaum profitiert. Ich möchte dies für drei Bereiche verdeutlichen.

Einmal wurden seit Heinrich I. und Otto d. Gr. die Erzbischöfe und Herzöge – in weiterem Sinne dann die Bischöfe insgesamt, dazu die großen sächsischen Markgrafen – die wichtigsten Berater des Königs am Hofe und seine ersten Helfer im Reich. D. h. der Einfluß am Hofe, die Königsnähe, war dem Prinzip nach an die höchsten Ämter, an bestimmte Funktionen im Reich gebunden; und diese Ämter wurden ihrerseits nur an Angehörige der angesehensten, ranghöchsten Familien gegeben, in vorderster Linie an die Königsverwandtschaft selbst[31]. Damit war jene Entwicklung eingeleitet, die im mittelalterlichen Reich der Deutschen zur Teilhabe der Fürsten an der Königsherrschaft und zur Ausbildung des Reichsfürstenstandes führte[32]. Was im Karolingerreich stets neue Unruhen ausgelöst hatte, daß nämlich der Herrscher seine Umgebung relativ frei formte und durch die Berufung neuer Leute die Macht- und Ranghierarchie im Reich veränderte[33], war also hier einer Objektivierung gewichen, die den Königshof selbst – auch wenn es weiterhin zu Rebellionen kam – über die Machtkämpfe und Intrigen der Großen erhob, deren Schauplatz er in der Karolingerzeit gewesen war[34], zugleich aber den Entscheidungsspielraum des Königtums beschränkte. Bis zu Heinrich IV. haben – wenigstens nach 939/41 – die um Anspruch, Rang und Recht geführten Aufstände nie mehr das Herrschaftsrecht des Königs selbst bestritten[35]. Umgekehrt sollte die Niederwerfung von Rebellen aber auch nicht deren physische Vernichtung, sondern ihre Unterwerfung im Sinne der Wiedereingliederung zum Ziel haben[36]. Die Möglichkeit, daß sich eine solche Krise aus ähnlichem Anlaß und in fast gleicher Konstellation wiederholte, wurde nie strukturell beseitigt.

Auch der zweite Ansatz zu institutioneller Festigung des Personenverbandes brachte mehr eine Stabilisierung der Herrschaftsordnung insgesamt, als daß er die Macht des Königtums selbst gestärkt hätte. Was bis in das späte 9. Jahrhundert karolingische Herrschaftspraxis war, daß nämlich der König ihm vertraute und verbundene Familien von einem Teil des Reiches in einen anderen verpflanzte, um seine Position dort zu sichern[37], läßt sich unter den Ottonen nicht mehr beobachten. Die Ottonen haben anscheinend von Anfang an die prinzipielle Erblichkeit der Grafenwürde und anderer Ämter anerkannt, was die Karolinger bis zuletzt zu verhindern getrachtet hatten. Diese Entwicklung griff insofern grundlegend in die Sippen- und Familienstrukturen ein, als die Erbfolge von Söhnen und Brüdern Ansprüche der vornehmeren und königsnäheren Männer aus der weiteren Verwandtschaft abschnitt oder das Recht unmündiger Söhne dem Anspruch der Vatersbrüder vorzog. Ereignisse aus den ersten Regierungsjahren Ottos d. Gr. zeigen, daß dieses Problem genau damals virulent geworden war[38]. Die Entwicklung zur Erblichkeit und die Definition der Erbfolge nahm dem König Möglichkeiten der Beeinflussung und schuf die entscheidenden Voraussetzungen für eine stabile dynastische Herrschaftsbildung[39]. Die polyzentrische Struktur der Herrschaftsordnung, die im Begriff des Personenverbandsstaates angesprochen ist, tritt also in der ottonisch-salischen Zeit mit aller Deutlichkeit zutage, nicht mehr überdeckt durch den Anspruch einer von Organen des Königtums getragenen Reichsverwaltung. Die Adelsherrschaften gelten als Teil einer Gesamtordnung, die sich um das Königtum als seine Mitte gruppiert; sie lassen sich aber nicht als königliche Herrschaftsorganisation im instrumentalen Sinne verstehen. Dem Königtum fällt die Aufgabe zu, die polyzentrischen Machtstrukturen über die Gestaltung der personalen Beziehungen zu integrieren und ihnen so die Qualität einer Herrschafts- und Rechtsordnung zu verleihen.

Der dritte und für die Herrschaft der Ottonen und Salier spätestens seit Otto III. wichtigste Ansatz zu institutioneller Verdichtung der Herrschaftsordnung liegt in der zunehmenden Einbindung der Reichskirchen in den Königsdienst und ihrer personellen Verzahnung mit Hof und Hofkapelle, mit der eine immer weiter ausgreifende Ausstattung der Reichskirchen mit Herrschafts- und Hoheitsrechten korrespondiert[40]. Hier wurde eine Basis für die fortschreitende Erfassung des Reiches durch die Königsgewalt geschaffen, die durchaus auch eine materielle, ja die vielleicht wichtigste materielle Grundlage für die ottonisch-salische Königsherrschaft darstellte. Aber man muß sich davor hüten, die Funktion der Reichskirchen in der Herrschaftsordnung nur instrumental vom Königtum her zu deuten[41]. Man hatte nie vergessen, daß der Bischof – auch wenn der Herrscher in abbildhafter Stellvertretung Christi entscheidend an seiner Berufung mitwirkte – in der Apostelnachfolge sein Amt einer göttlichen Stiftung verdankte, daß das, was der Herrscher an die Kirchen vergab, letztlich Christus und seinen Heiligen dargebracht wurde und daß zu den Aufgaben der Kirchen der Königsdienst nur in einem nicht fest definierten Ausmaß gehörte[42]. Die Herrschaftsbildung der Kirchen, die das Königtum durch die Vergabe von Hoheitsrechten förderte[43], akzentuierte wiederum den polyzentrischen Charakter der gesamten Herrschaftsordnung. In ottonisch-frühsalischer Zeit wurde dies nur dadurch ausgeglichen, daß sich die Aufgaben von Königtum und Episkopat auf dem Hintergrund der religiösen Legitimation der Königsherrschaft weitgehend zur Deckung bringen ließen.

Wie diese drei Faktoren – die Teilhabe der Fürsten am Reich, die Verselbständigung der dynastisch werdenden Adelsherrschaft und der vom König geförderte Aufbau kirchlicher Fürstenherrschaft – bei der Objektivierung der Herrschaftsordnung wirksam werden, ohne die institutionelle Basis der Königsherrschaft zu stärken, sei am Beispiel der ottonischen Markt- und Münzrechtsverleihungen wenigstens kurz dargelegt[44]. Die Herrscher betrieben hier seit Otto d. Gr. eine gezielte Politik, durch die neue Marktorte und Münzstätten geschaffen und insbesondere die sächsischen Bischofssitze dauerhaft mit Marktsiedlungen kaufmännisch-gewerblichen Charakters verbunden wurden. Was so entsteht, gilt jeweils als *mercatus publicus,* als *moneta publica;* und die Könige schreiben es ausdrücklich der eigenen herrschaftlichen Initiative zu, wenn durch die Aktivierung weltlicher und vor allem geistlicher Herrschaftsträger ein Netz von Marktorten aufgebaut wurde[45] – von Märkten, die sich in ihren rechtlichen Normen an den großen bestehenden Märkten orientieren sollen und deren Kaufleuten vielfach die gleichen Rechte zugesprochen werden, wie sie die königlichen Kaufleute der großen Pfalzorte besitzen[46]. Die Ottonen sind sich dessen bewußt, daß die aus Marktverkehr und Münztätigkeit fließenden Einkünfte von Rechts wegen dem königlichen Fiskus zustehen[47], und machen auf dieser Grundlage die Einrichtung eines neuen Marktes von der königlichen Bewilligung abhängig, d. h. sie setzen ein Marktregal durch, wie es in dieser Form nicht einmal im Karolingerreich bestand. Aber sie geben all das, 'was der königliche Fiskus fordern könnte' von vornherein an die Großen, die Markt und Münze errichten sollen, vor allem an die Bischöfe, die in ihrer Diözese sogar eine Art Münzaufsicht erlangen[48]. Diese Rechtsverleihungen tragen wesentlich zur Verstärkung des hoheitlichen Charakters kirchlicher und weltlicher Herrschaften bei, d.h. zur Verstärkung der polyzentrischen Reichsstruktur. Was der König als Gegenleistung erwartete, sprechen die Arengen der Privilegien offen aus: treuen, noch treueren Dienst des Begünstigten[49] – eine persönliche Leistung, die über das geschuldete Minimum hinausgeht und die im Falle der Verweigerung von dem Rechtsnachfolger kaum zu erzwingen, sondern allenfalls durch neue Begünstigungen neu zu gewinnen ist. Daß die Ottonen – sozusagen in staufischer Manier – versucht hätten, die fiskalischen Möglichkeiten durch den Aufbau einer eigenen Organisation zu nutzen, den möglichen Gewinn gar dem Königtum vorzubehalten, ist nicht erkennbar, auch wenn sie an einzelnen königlichen Orten – vor allem in Goslar[50] – ihre Güter mit den gleichen Mitteln aufwerten wie die begünstigten Großen ihren Besitz.

Alles, was sich unter den Ottonen an Ansätzen zur Institutionalisierung der Herrschaftsordnung im Reich entwickelt, schwächt also den personalen Charakter der Herrschaftsorganisation nicht ab oder hebt ihn gar auf. Der Prozeß der Institutionalisierung gibt dem König keine Herrschaftsinstrumente in die Hand, die er zur Erfassung des Reiches gebrauchen könnte, sondern verweist ihn nur noch nachdrücklicher auf seine Integrationsfunktion im Personenverband. Hier liegt das Feld, auf dem er sich in seinem Amte ordnend und richtend, die Schwachen schützend und Frieden stiftend bewähren muß. Seine Legitimation als Herrschaftsordnung erhält dieses Machtgefüge zwar nur über die sakrale Stellung des Königs; aber dies löst den König bei der Herrschaftsausübung nicht aus der Gemeinsamkeit mit den von den geistlichen und weltlichen Fürsten angeführten Großen. Die Geschichte Heinrichs IV. lehrt, wie sich die neuen, 'ottonischen' Elemente der Stabilisierung gegen die Königsgewalt richteten, als die Gemeinsamkeit der Interessen gestört war.

Wie sich vielleicht schon angedeutet hat, ist der grundsätzliche Aspekt meines Themas mit der bisherigen Erörterung noch nicht erschöpft. Man wird in einem Großreich – wie dem von der karolingischen Reichsidee zehrenden, aber nicht mehr nach den karolingischen Prinzipien organisierten Imperium der Ottonen[51] – den ideellen Grundlagen der Königsherrschaft um so größere Bedeutung zuerkennen müssen, je schwächer die institutionellen Fundamente der Königsgewalt waren und je problematischer die immer wieder neu zu leistende personale Integration des Herrschaftsgefüges blieb. Die Grundlagen ottonischer Herrschaft sind in ihren Voraussetzungen und in ihrem Wesen nicht voll verständlich, wenn man die materielle Basis der Königsherrschaft und die personale Struktur des Reiches, d.h. die Herrschaftsorganisation, nicht zusammensieht mit dem ideellen Fundament des ottonischen Königtums, d.h. der Herrschaftslegitimation.

Schon durch die Überlieferung werden wir gewissermaßen dazu gedrängt, bei der Suche nach den Grundlagen ottonischer Herrschaft von der

Frage nach dem ideellen Fundament der Königs- bzw. Kaiserherrschaft auszugehen. Zeugnisse der Regierungstätigkeit und Reichsverwaltung, wie sie in den karolingischen Kapitularien vorliegen[52], sind aus dem ottonisch-salischen Reich nicht überliefert. Auch vermissen wir jene in der Forschung als 'Fürstenspiegel' bezeichneten Schriften, in denen die Karolinger über die Aufgaben ihres Amtes und die gottgefällige, gerechte Einrichtung ihrer Herrschaft belehrt wurden[53]. Das Abbrechen der für die Erkenntnis des karolingischen Königtums wichtigsten Quellen zeigt, daß sich in der Stellung des Herrschers oder in den Auffassungen der Zeit etwas verändert hat. Dafür wird die ottonisch-salische Königsherrschaft von einer Vielfalt andersartiger Quellen beleuchtet, die entweder in hochkarolingischer Zeit noch fehlen oder aber sich hinsichtlich ihrer Aussage von entsprechenden ottonischen Zeugnissen deutlich unterscheiden. Die sakrale Legitimierung der Königsherrschaft ist es, was alle diese Quellen in jeweils spezifischer Weise begreiflich, ja sogar sichtbar machen wollen: die Herrscherliturgie im engeren und die liturgische Präsentation der Königsherrschaft im weitesten Sinne[54]; die zu Reichsinsignien umgedeuteten Herrschaftszeichen[55]; die ottonische Geschichtsschreibung, die in der Darstellung des Geschehens das unmittelbare Gottesgnadentum der Herrscher aufzeigen will[56]; schließlich die vielfältige bildliche Darstellung des Herrschers, die unerhört kühne Bildformeln für dessen sakrale Stellung findet[57], die alles Karolingische weit hinter sich lassen und die seit dem Investiturstreit nicht mehr wiederholt werden. Für die Frage nach der Legitimation des Herrschers bilden alle diese Quellen einen zusammengehörenden Komplex.

Könnten wir hier die ottonisch-frühsalischen Herrscherdarstellungen mit den sie vorbereitenden karolingischen und den ganz andersartigen spätsalisch-staufischen Herrscherbildnissen vergleichen[58], so ließe sich rasch zeigen, daß wir einen zeitspezifischen Bildtypus vor uns haben, der auch räumlich dem ottonisch-salischen Imperium, sogar seinem deutschen Schwerpunkt, zuzuordnen ist. Von einem Bildtypus kann dabei freilich nur mit Bezug auf die inhaltliche Aussage, auf Grundüberzeugungen gesprochen werden, während formal fast jeder Künstler diese Aussage neu und eigen gestaltet. Der Herrscher wird aus der irdischen Umgebung, in der er auf karolingischen Darstellungen stets verbleibt, herausgehoben und, den Bereich irdischer Herrschaft unter sich lassend, auf die Ebene Christi und der Heiligen geholt. Was man im Grunde nicht sehen kann, wird in geradezu unerhörten Bilderfindungen wenigstens zeichenhaft sichtbar gemacht: daß der König als Stellvertreter Christi auf Erden unter göttlichem Schutz steht und als Gesalbter des Herrn an der Erhabenheit des Sakralen teilhat. Man scheut nicht davor zurück, das Kaiserbild in das Kreuz zu setzen, so wie umgekehrt Christus nun mit königlichen Insignien gezeigt werden kann[59] – der kronentragende Cruzifixus ist eine ikonographische Neuerung der ottonischen Kunst. Aber – und das ist bisher zu wenig beachtet worden – die Einbeziehung des Herrschers in die Sphäre Christi und der Heiligen wird in diesen Bildnissen nicht als Faktum gezeigt. Wie die bittenden, zum Teil als Gebet formulierten Beischriften sagen, wird etwas dargestellt, was der Herrscher sein bzw. erreichen soll – und wofür die Hilfe Gottes und der Heiligen erfleht wird, die dazu unentbehrlich ist. Diese Absicht wird unterstrichen durch den Kontext, in den die Darstellungen eingefügt sind: in liturgische Handschriften und Evangelienbücher kostbarster Ausführung, die die Herrscher zum Zeichen ihrer Gottes- und Christusverehrung an Kirchen geschenkt haben. Für Herrschaftspropaganda war hier kein Platz: Christus sollte im Gebet an den erinnert werden, den er als seinen Stellvertreter eingesetzt hatte und der ihn in Demut verehrte – damit der sein konnte, was er sein sollte. Deshalb ist stets der lebende, regierende Herrscher abgebildet, und deshalb wird er allein gezeigt und nicht in der dynastischen Folge mit Sohn oder Vater oder in der Sukzessionsreihe seiner Vorgänger. Die Herrscherbilder der ottonisch-frühsalischen Zeit sind nicht an Menschen, an das Volk gerichtet, sondern haben ihren Platz zwischen dem Kaiser, dem Liturgen und Gott.

Viel eher könnte man von den Werken der ottonischen Geschichtsschreibung sagen, daß sie ein bestimmtes Herrscherbild propagieren. Denn sie formulieren ja als eigene, gegenwärtige Erfahrung, was die Herrscherliturgie im Gebet, in der reihenden Erinnerung an die biblischen Gestalten, denen die Hilfe Gottes zuteil geworden war, von Gott erfleht: in der Gegenwart neu die alten Wunder seines starken Arms zu wirken. Wie Moses in der Amalekiterschlacht erlangt Otto 939 durch sein Gebet für die Seinen den Sieg über die feindliche Übermacht derjenigen, die sich gegen seine Herrschaft erhoben hatten; und immer wieder läßt Gott die Minderzahl, die mit dem König demütig ganz auf ihn vertraut, über die Feinde des Glaubens, seines Volkes, des unter seinem Schutz stehenden Königs triumphieren[60]. Diese Botschaft wurde aber wiederum nicht laut im Reich verkündet, sondern die Geschichtswerke haben nur einen kleinen Personenkreis im Umkreis des Hofes erreicht und wurden engsten Verwandten des Königs gewidmet[61]. Liudprand wendet sich dort, wo er die Vorgänge von 939 als Wiederholung des Amalekiterwunders darstellt, an Otto selbst: Gott wollte, daß es so geschieht, nicht nur um die zu widerlegen, die in menschliche Stärke vertrauen, sondern vor allem auch, um dem König zu zeigen, wie sehr er ihn liebe[62]. Am Herrscher vollzieht sich das Erbarmen Gottes, wird die Macht Gottes manifest. Die göttliche Gnade gilt dabei nicht einfach der Person des Herrschers, sondern sie gilt letztlich dem diesem anvertrauten Volk, dem sie über ihn vermittelt wird; ihr Wirken setzt aber voraus, daß sich König und Volk ganz in den Dienst Gottes und Christi stellen im Bewußtsein, aus sich heraus nichts zu vermögen und alles der helfenden Gnade Gottes zu verdanken[63]. Die *humilitas,* die Demut als Bewußtsein menschlicher Ohnmacht und zugleich als unerschütterliches Vertrauen zu Gott, wird deshalb von den Geschichtsschreibern immer wieder als die erste und zentrale Herrschertugend hervorgehoben.

Die 'Herrschaftstheologie' der ottonischen Geschichtsschreibung und Kunst erhellt die Vorstellungswelt, in der die Herrscherliturgie und die frühen Reichsinsignien gestaltet wurden – mit ihrer christologischen Deutung der Königsherrschaft, mit den vielfachen Bezügen zwischen der eigenen Geschichte und dem durch die Zeiten hindurchgehenden Wirken Gottes für sein Volk. Die um 960 zusammengestellten Krönungsordines[64], die von Heinrich I. erworbene Heilige Lanze[65], die für Otto I. oder II. gefertigte Reichskrone[66] sind Dokumente frühottonischer Herrschaftslegitimation. Die Insignien – die nun nicht mehr persönliche Attribute des jeweiligen Königs, sondern transpersonal Symbole des Reiches sind[67] – sollen die Aufgabe sichtbar machen, die der König mit seiner Weihe übernimmt. Die Krönungsordines weisen den Herrscher nachdrücklich auf seine Aufgabe an 'dem ihm von Gott anvertrauten Reiche' hin, und man braucht die Gebetstexte nur Wort für Wort zu lesen, um zu erkennen, wie hier das Amt des Königs vom transpersonalen Reich her definiert wird[68].

Was wir hier an objektivierenden Tendenzen beobachten, bezieht sich jedoch wiederum nicht auf das Königtum, sondern auf das Reich, in dem der Herrscher ganz persönlich seine Funktion ausfüllen muß. Ihm werden in der Liturgie, aber auch auf den Emailplatten der Reichskrone die biblischen Gestalten als Vorbilder vorgehalten, deren Glauben, Gottergebenheit und Demut er erreichen soll, um wie sie der Hilfe Gottes und der Erleuchtung durch Gott teilhaftig zu werden. Wie wir vorhin eine Tendenz zur Institutionalisierung der Herrschaftsordnung im Reich beobachtet haben, an der das Königtum nicht einfach partizipiert, sondern die von jedem Herrscher eine persönliche, permanente Leistung der Integration verlangt, so erkennen wir auch hier eine Objektivierung des Reiches als Teil einer göttlichen Ordnung der Welt, an der das Königtum wiederum nur Anteil erhalten kann durch die persönliche Anstrengung jedes einzelnen Herrschers, durch seine Sorge für das liturgische Lob Gottes, für die Kirchen, für die Ausbreitung des Glaubens, für die Beachtung der göttlichen Gesetze auch durch die Laien. Diese Sorge, dieses Bemühen, ist deshalb Zentrum königlicher 'Politik'. In den Quellen der Zeit ist durchaus faßbar, wie das in Liturgie und Kunst fürbittend und mahnend gezeigte und von den Geschichtsschreibern als erfahrene Wahrheit bestätigte normative Bild in das Leben der einzelnen Herrscher hineingewirkt hat. Allerdings hat die moderne Geschichtswissenschaft den vollen Zugang zur *humilitas* der ottonisch-frühsalischen Kaiser wohl noch nicht gefunden. Wir registrieren das Bemühen, dem normativen Bild gerecht zu werden, bei Otto III., Heinrich II. oder Heinrich III. – die tiefe religiöse Devotion, die nicht selten als skrupulös, überspannt, als den eigentlichen Herrscheraufgaben hinderlich abqualifiziert wurde[69]. Wenn wir das herrscherliche Verhalten auf das Herrscherbild, auf die zeitgenössischen Überzeugungen beziehen, dann werden wir gewahr, daß es sich, nach karolingischen Vorstufen[70], auch hier um ein Spezifikum der ottonischen Zeit handelt, und wir verstehen leichter, daß das persönliche Versagen Heinrichs IV. in den Augen vieler und vor allem der religiös ergriffenen Zeitgenossen nicht aufgefangen werden konnte durch Respekt vor dem Königtum als Institution, den Heinrich IV. und seine Umgebung einmahnen wollten[71].

Mit dem Investiturstreit verblaßt dieser Zug im Leben und im Bild des Königtums und macht sich weltlicher gebenden, 'höfischen' Herrschergestalten Platz, die wohl – auch wenn sie den Hochmut als eine Gefahr anerkannten – die ottonisch-frühsalische *humilitas* kaum noch als erste Herrschertugend hätten gelten lassen. Die Christus-Nähe der Herrscherdarstellung geht verloren, das Herrscherbild wandert aus dem liturgisch-sakramentalen Kontext in eine andere Umgebung ab: in Chroniken und Traditionsbücher, wo die Könige – meist verstorbene Herrscher – als historische Figuren oder als rechtsetzende Stifter gezeigt werden. Damals nehmen auch die Insignien einen neuen Bedeutungsgehalt an, indem sie nicht mehr so sehr die Erhabenheit des Herrschers in seiner Christusstellvertreterschaft verdeutlichen, sondern die Hoheit von König und Reich gegenüber den Menschen geltend machen, d.h. das Herrschaftsrecht des Königtums. Und seit der spätsalisch-staufischen Zeit schafft sich das Königtum materielle Machtmittel, die eher als eigene Herrschaftsgrundlagen des Königtums, als materielles Substrat der Königsherrschaft gelten dürfen als das Königsgut der Ottonenzeit und die letztlich die unmittelbaren Vorstufen jener Grundlagen der Staatsgewalt geworden sind, die in der frühen Neuzeit die Macht eines Monarchen begründeten. Und erst hier beginnt, wie mir scheint, die Idee des Gottesgnadentums, die in ottonischer Zeit eine so ungeheuere Steigerung erfahren hatte, die Königsmacht allmählich in Richtung auf absolute Formen der Herrschergewalt zu verändern[72].

Die Idee der Gerechtigkeit und die Praxis königlicher Rechtswahrung im Reich der Ottonen

Auf einer früheren Tagung hat das Centro italiano di studi sull'alto medioevo das Thema der 'giustizia' – der Rechtswahrung, der Gerichtsorganisation, der Gerechtigkeit – für das frühe Mittelalter, für die Zeit des 6.–8. Jahrhunderts, erörtert. Wenn es nun auf einer zweiten Tagung um das 9.–11. Jahrhundert gehen soll, werden für die vergleichende Betrachtung nicht nur die großen Divergenzen zwischen den westeuropäischen Reichen zu einer besonderen Herausforderung. Auch innerhalb der nachkarolingischen Regna ist die Entwicklung von der Ausformung regionaler und lokaler Sonderformen bestimmt, die sich kaum noch auf feste Grundmuster, auf ein 'System', reduzieren lassen. Für das ostfränkisch-deutsche Königreich ist die Aufgabe auch von der forschungsgeschichtlichen Situation her vielleicht besonders delikat. Die große Tradition der rechts- und verfassungsgeschichtlichen Forschung in Deutschland mag die Erwartung wecken, man könne hier aus einer Fülle von aufgearbeitetem Material und bewährten Deutungen schöpfen, um dann vielleicht neue Fragen zu formulieren. Doch der gegenwärtige Stand der Forschung stellt im Grunde fast alles in Frage, was bis vor kurzem zum Thema gesagt wurde, hält aber noch keineswegs die Kategorien bereit, mit denen sich heute so etwas wie eine Rechtsgeschichte des ottonischen Reiches schreiben ließe. Zugleich bewegt sich die Kritik an den bisherigen Deutungen in eine Richtung, die es als fragwürdig erscheinen läßt, die 'giustizia' im ostfränkisch-deutschen Reich überhaupt als eigenes, separates Thema zu behandeln. Dies gilt insbesondere für die nachkarolingische Epoche, auf die sich die folgenden Ausführungen konzentrieren.

I

Erstaunlich wenig findet sich zum Thema in den großen Kompendien, die von der deutschen rechtsgeschichtlichen Forschung seit der Zeit um 1900 bis weit nach dem Zweiten Weltkrieg vorgelegt wurden, oft bis heute neu aufgelegt und neu bearbeitet[1]. Wer sich mit dem Reich der Ottonen befaßt, greift immer noch am besten zur 'Deutschen Verfassungsgeschichte' von Georg Waitz mit ihren quellennahen Informationen[2]. Nicht zu Unrecht hat

Hermann Krause 1965 den Vorwurf erhoben, daß in den gängigen Hand- und Lehrbüchern fast ein Vierteljahrtausend Rechtsgeschichte beinahe unterschlagen werde[3]: Von der breit behandelten Karolingerzeit springen sie in die Stauferzeit, mit „Sondererscheinungen" oder „Auflösungsprozessen" gewidmeten Übergängen für das 10. und 11. Jahrhundert. Das liegt nicht daran, daß für diese Zeit die Quellen fehlen oder unergiebig sind. Sie erweisen sich nur als wenig aussagekräftig und als sehr lückenhaft, solange man etwas aus dem ursprünglichen Lebenszusammenhang isolieren und den eigenen systematischen Kategorien zuordnen will, was isoliert für diese Zeit gar nicht betrachtet werden kann: die 'Gerichtsverfassung' beziehungsweise das 'Gerichtswesen'[4].

Das Problem der Gerichtsbarkeit hatte – in Reaktion namhafter Historiker auf die damals gängigen Lehrmeinungen der Rechtsgeschichte – in der deutschsprachigen Forschung seit der Zeit des Ersten Weltkriegs eine große Rolle gespielt[5]. Forschungsansätze und Diskussionen bestärkten aber die Tendenz, das 10. Jahrhundert als eine Phase zu betrachten, die eher Übergangscharakter besaß, und die, soweit die Verhältnisse überhaupt erkennbar waren, wenig zur Erhellung der debattierten Probleme beitrug. Einerseits lenkten Fragen nach der Entstehung einer eigenen Hochgerichtsbarkeit, nach der Entwicklung der Vogtei, nach der „Geburt der Strafe"[6] auf das, was im 11./12. Jahrhundert neu begann und für die rechtliche Fundierung der Landesherrschaft und damit für neue Auffassungen von Staatlichkeit wichtig wurde; sie zogen so das Interesse der Rechts- und Verfassungsgeschichte von der Ottonenzeit eher ab. Andererseits nivellierten Tendenzen, über Kategorien wie die der 'Herrschaft', des 'Landes', der 'Fehde' hoch- und spätmittelalterliche Erscheinungen in die germanische Zeit zurückzuverfolgen[7], die jeweils besonderen räumlichen und zeitlichen Ausprägungen der politisch-gesellschaftlichen Organisation in der Geschichte der europäischen Reiche und Völker. So blieb unter dem Aspekt der Rechtsgeschichte das 10. Jahrhundert in der neueren Forschung ein eher dunkles Jahrhundert[8].

Inhaltlich gesehen hat sich dies auch in jüngerer Zeit noch nicht grundlegend geändert. Rechtshistoriker haben jedoch Fragen aufgeworfen, die es ermöglichen, den Problemkomplex von Recht, Gericht und Rechtswahrung in ottonischer Zeit aus anderer, aufschlußreicherer Perspektive zu sehen. Für meine Ausführungen sind zwei Erkenntnisse besonders wichtig: beide betreffen den Charakter des Rechts und damit den der Rechtsordnung insgesamt. Vor allem Karl Kroeschell hat die tiefgreifenden Veränderungen in der Auffassung vom Recht und in der Handhabung des Rechts betont[9], die im 11./12. Jahrhundert eingeleitet wurden und einfache Rückprojektionen vom Hochmittelalter her verbieten; Gerhard Dilcher hat eindrücklich hingewiesen auf die andersartige Struktur von Rechtsnormen in einer Gesellschaft, deren Rechtskultur vor allem durch kollektives Gedächtnis, mündliche Überlieferung und die Normativität des 'Üblichen' geprägt war[10]. Mit den daraus gewonnenen Kategorien läßt sich nicht nur die Funktion des Gerichts und der richterlichen Entscheidung im Zusammenhang der königlichen 'Rechtspflege' besser verstehen. Sie erleichtern es auch, die rechtshistorische Fragestellung fruchtbar zu verbinden mit der in der Geschichtswissenschaft derzeit untersuchten Frage nach den Formen, in denen Konflikte innerhalb einer Gesellschaft ausgetragen und beigelegt wurden. Für das Reich der Ottonen hat während der letzten Jahre Gerd Althoff eine Fülle neuer Einsichten erarbeitet[11], die deutlich machen, daß ein Gerichtsverfahren nur einen begrenzten Ausschnitt des Konfliktaustrags zeigen kann. Die rechtlichen Aspekte – vor allem die Frage, wie die Formen des Konfliktaustrags und die Vorstellungen vom Recht ineinandergreifen – sind aber bislang von historischer Seite nur andiskutiert worden[12].

Wer das Problem der 'giustizia' im ottonischen Reich aufwirft, steht so im Grunde vor der Aufgabe, wesentliche Elemente der Herrschafts- und Gesellschaftsstrukturen des 10. Jahrhunderts neu zu ordnen. Dieser Aufgabe kann ein kurzer Beitrag kaum gerecht werden. Ich möchte hier aber wenigstens skizzieren, wo neue Zugänge zum besseren Verständnis wohl zu gewinnen sind. Zuvor gilt es freilich noch einen weiteren Punkt zu bedenken: Der Titel der Tagung läßt sich nicht einfach ins Deutsche übersetzen. Das Nachdenken darüber führt mitten in unser Problem.

Der Begriff 'giustizia' hat im Italienischen eine Bedeutungsbreite, die sich im Deutschen nicht mit einem Wort wiedergeben läßt. 'Giustizia' meint einerseits 'Gerichtswesen, Gerichtsbarkeit', d.h. in etwa das, was auf beiden Tagungen unter 'amministrazione della giustizia' behandelt wurde, andererseits 'Gerechtigkeit', was man am ehesten mit 'idea della giustizia' umschreiben könnte. Während man in Italien deshalb unbefangen das Gerichtsgebäude als 'palazzo della giustizia' bezeichnen kann, würde man ein 'Haus der Gerechtigkeit' im Deutschen wohl eher im Bereich der Bibelexegese suchen, wenn nicht gar mit Orwellschen Visionen und ostasiatischen Realisierungen des Kommunismus assoziieren. Gerechtigkeit und gerichtliche Tätigkeit sind also in manchen Sprachen nicht so eng verknüpft, daß die eine gewissermaßen aus der anderen hervorgeht und beide in einen Begriff gefaßt werden können. Das gibt Anlaß zu grundsätzlicheren Überlegungen. Selbst wenn man sich darauf einigt, daß die Gerichtsbarkeit der Gerechtigkeit dient, bleibt zu klären, in welchem Umfang und in welcher Form dies in verschiedenen Zeiten und Kulturen der Fall ist. Will man beide Aspekte in einer inneren Verbindung behandeln, wie dies im Italienischen oder – vor dem lateinischen Hintergrund – in anderen romanischen Sprachen vom Begriff her naheliegt, so stellt sich – jedenfalls für das ostfränkisch-deutsche Reich im 10. und 11. Jahrhundert, um das es hier gehen soll – die Frage: War das menschliche Zusammenleben, war die politische Ordnung wirklich von Vorstellungen geprägt, welche die Ausübung der Gerichtsbarkeit und die Gerechtigkeit in einem unauflöslichen Zusammenhang sahen, einem Zusammenhang, den herzustellen den Herrschaftsträgern oblag? Ich will die Zweifel an dieser üblichen Voraussetzung zunächst ausführlicher erläutern.

II

Wenn wir von Gerichtsbarkeit – amministrazione della giustizia – sprechen, gehen wir von institutionell geregelten Formen der Rechtsprechung aus und setzen dabei auch eine mehr oder weniger kontinuierliche richterliche Tätigkeit voraus. Aber dürfen wir die „Mittel und Wege der Herrschaftsverwirklichung“[13] in der Zeit der Ottonen überhaupt nach dem Modell einer 'Verwaltung' interpretieren? Zweifellos muß man für das ottonische Reich – mit dem Reisekönigtum als der Grundform königlicher Herrschaftsausübung – komplexe Formen der Organisation voraussetzen[14]. Aber es ist die Frage, ob wir das Organisationsprinzip und die Zielsetzung der Herrschaftsausübung richtig verstehen, wenn wir sie Kategorien zuordnen wie Verwaltung oder Amt oder wenn wir sektoral einzelne Funktionen isolieren wie die Rechtsprechung. Selbstverständlich möchte ich nicht bestreiten, daß es im ostfränkisch-deutschen Reich des 10. Jahrhunderts Formen der Rechtsprechung und des Gerichts und sogar regelmäßige Gerichtstage gegeben hat. Aber ich bezweifle, daß wir diesen Bereich des öffentlichen Lebens als einen eigenen Sektor im Sinne der 'amministrazione della giustizia' isolieren dürfen aus einem wesentlich umfassenderen Verhaltens- und Normencodex, der das Zusammenleben der Menschen regelte und die Ausübung politischer Gewalt lenkte. Wie ich meine, gelangt man zu Fehldeutungen, wenn man das Gerichtswesen losgelöst von diesem weiteren Kontext betrachtet. Wir dürfen die Rechtswahrung nicht einfach als institutionalisierte Rechtspflege im Sinne einer staatlichen Aufgabe sehen, die im Königsgericht oder im Grafen- bzw. Immunitätsgericht vollzogen wird und die als solche eine eigenständige Funktion besitzt. Wir müssen sie vielmehr werten als *ein* Mittel, und vielleicht nicht einmal das wichtigste, innerhalb eines viel breiteren Instrumentariums zur Verwirklichung von Herrschaft und zur Wahrung des Friedens. Der Stellenwert eines förmlichen Gerichtsverfahrens läßt sich erst bestimmen aus dem Bezug zu anderen Formen der Herrschaftsausübung, des Konfliktaustrags, der Befriedung einer verfaßten Gemeinschaft ganz allgemein[15].

'Rechtswahrung' – um einen Begriff zu wählen, der 'amministrazione della giustizia' weiter faßt – Rechtswahrung also, auch die von seiten des

Königs, besteht keineswegs nur und vielleicht nicht einmal vornehmlich in der Ausübung der Gerichtsbarkeit. Nach den Quellen des 10. und frühen 11. Jahrhunderts war das zentrale Anliegen, dem alle Formen der Rechtswahrung dienten, streitende Parteien zur Aussöhnung zu bringen, zur *reconciliatio* und damit zum Frieden, gegebenenfalls auch durch herrschaftlichen Zwang, wo autoritative Vermittlung nicht angenommen wurde[16]. War einer Partei ein Unrecht oder eine *offensio* (status- und ehrverletzende Kränkung) zugefügt worden, so galt es den Täter und seinen Anhang dazu zu bringen, eine Genugtuung *(satisfactio)* zu leisten, in der auch die materielle Entschädigung *(compositio)* eingeschlossen war[17]; und es galt nicht minder, die Gegenpartei zur Annahme der Genugtuung zu bewegen, unter Umständen ebenfalls unter Einsatz herrschaftlicher Autorität bis hin zum massiven Zwang, um dadurch Frieden zwischen den Parteien zu stiften. Dieser bleibt das eigentliche Ziel. Freilich ist es die Aufgabe des Herrschers und der Herrschaftstragenden überhaupt, Schranken zu setzen gegen die stets vorhandene Gefahr, daß die Schwachen von den Mächtigen – den 'Gewaltigen' – in einer Weise bedrängt oder beschwert werden, die den gesellschaftlichen Normen, dem 'Recht', widerspricht. Hier legitimiert sich Herrschaft durch Gewaltanwendung, durch Ausschaltung derjenigen, die zum Frieden nicht bereit sind[18] – und hier spitzt sich deshalb das Problem der Gerichtsbarkeit zu.

Natürlich hat auch die ältere Forschung gesehen, daß Konflikte und 'Rechtsstreitigkeiten' durch Vereinbarung zwischen den Parteien beigelegt werden konnten. Aber sie hat diesen Weg bestenfalls als Alternative zum 'normalen Rechtsweg' verstanden und dieses Verfahren meist als private Übereinkunft der öffentlichen Gerichtsbarkeit gegenübergestellt. Wie neuerdings immer deutlicher erkannt wird, muß das Verhältnis von Übereinkunft und gerichtlichem Urteilsspruch zugleich enger und komplexer gesehen werden. Der Ausgleich zwischen streitenden Parteien ist die Basis des Systems; nur er verspricht dauerhafteren gesellschaftlichen Frieden[19]. Selbst wenn in einem Konflikt ein gerichtliches Urteil gesucht wird, bevor es zu offener Feindseligkeit gekommen ist, müssen Verfahren und Ergebnis die Akzeptanz beider Seiten finden, damit eine richterliche Entscheidung wirksam werden kann[20]. Die Funktion königlicher oder fürstlicher Rechtsprechung läßt sich zutreffend nur verstehen, wenn man sie bezieht auf das Bemühen, eine Versöhnung der Streitparteien zu ermöglichen oder zu erzwingen.

Sowohl beim Gerichtsurteil wie beim vermittelten Frieden geht es aber nicht nur um die Entscheidung über Recht und Unrecht. Zwar spielt in den Augen der Zeitgenossen durchaus eine Rolle, von wem die ersten offenen Unrechtshandlungen ausgegangen sind, wenn es einen Konflikt beizulegen gilt[21]. Aber der Ausgleich muß mehr berücksichtigen. Was als *iniuria* oder *offensio* empfunden und damit zum Anlaß von Konflikten wird, umfaßt viel mehr als die justiziable Rechtsverletzung. Oft war die erste Gewalttat bereits eine Reaktion auf böswillige oder als abträglich empfundene Handlungen, die vor Gericht gar nicht einklagbar wären, die aber Sozialprestige und Rang von Personen – und damit hohe Werte wie *honor* und *fama* – in Frage stellten[22]. Dem ersten als Kränkung gewerteten Akt sind weitere wechselseitige *iniuriae* und *offensiones* gefolgt; eine Gewalttat ist selten unbeantwortet geblieben, bevor ein richterliches Eingreifen überhaupt möglich war oder gesucht wurde. Denn wer sich nicht entschieden und unmittelbar wehrte, lief Gefahr, auch Rechtspositionen preiszugeben[23]. Wer als Machtträger hier Frieden schaffen oder wahren wollte, und darin lag ja eine wesentliche Legitimation von Herrschaft, mußte solche Ketten wechselseitiger Feindseligkeiten durchbrechen. Er konnte sich aber dazu nicht nur auf die Wahrung formaler Rechte, auf die Entscheidung über Rechtspositionen beschränken. Oft standen sich in solchen Konflikten ja Ansprüche gegenüber, die sich aus Herkommen und Rechtsgewohnheit allein nicht klären ließen: Es gab – vor allem auch im Hinblick auf die konfliktträchtigen Erbansprüche[24] – häufig gar keine eindeutige Rechtslage. Wo Recht nicht inhaltlich in positiven Normen formalisiert war, tangierte eine Entscheidung fast immer zugleich Statusfragen, die leicht einen neuen Rangstreit entfachen konnten – auch dies galt es bei der Beilegung eines Konflikts zu berücksichtigen.

Unter diesem Aspekt ist es wiederum eine Verengung auf moderne Kategorien, wenn die ältere Forschung den gewaltsamen Austrag solcher Konflikte als 'bewaffnete Selbsthilfe' zur Durchsetzung oder Behauptung von 'Recht' definiert hat, sie also wiederum nur als eine Form des 'Rechtsstreites' ansah[25]. Es geht meist nicht um Recht in einem allgemeinen Sinn, sondern einerseits viel konkreter um Besitz, Nutzung, Leistungen, Nachfolge usf., und das alles in einem keineswegs eindeutigen und kohärenten Normensystem, und es geht andererseits viel weiter um Selbstbehauptung, Anspruch, Rang und Vorrang, Ansehen oder Mißachtung, d. h. um Streitpunkte, die durch Selbsteinschätzung der Parteien und den Blick auf das soziale Ansehen mit hervorgerufen sind. Wo aber Selbstbehauptung und Rang mit im Spiel sind, werden in gesellschaftlichen Konflikten die rein rechtlichen Kategorien stets überschritten[26]. Streitschlichtung, Vermittlung, Friedensstiftung bedeutet dann, eine traditionale Ordnung den gegenwärtigen personalen Konstellationen so anzupassen, daß sie sowohl von den Parteien als auch vom ganzen sozialen Umfeld vor dem Bild des 'Herkommens' als Fortführung der 'richtigen' Ordnung akzeptiert werden kann. Oder sie bedeutet, daß *die* Partei, die ihre Position als geschmälert betrachtet und die ihren Anspruch zurücknehmen muß, durch die Autorität der richtenden Instanz und die im Urteil liegende Drohung – vielleicht verbunden mit anderweitiger Begünstigung, die das Sozialprestige schont – sowie durch die in der Verurteilung herbeigeführte Isolierung von weiteren Fehdehandlungen abgehalten werden kann.

Die gerichtliche Entscheidung hat in einem solchen Kontext also ihre ganz spezifischen Orte und durchaus begrenzte Funktionen. Sie bestätigt eine Übereinkunft, zu der beide Seiten bereit sind und die vielleicht bereits im Vorfeld des Urteils angebahnt wurde, und verleiht ihr dadurch dauerhaftere Stabilität. Oder aber das Urteil stärkt, ähnlich wie ein herrscherliches Privileg, die zum Frieden bereite Seite, indem es durch Parteinahme dem nicht vor Gericht Erscheinenden verdeutlicht, daß ihm bei Fortsetzung des Streits in der Sache weitere, mächtige Gegner erwachsen werden. Im Extremfall will das formale Urteil dem, der sich hartnäckig der *reconciliatio* verweigert und die Gewaltakte fortsetzt, die Möglichkeit weiteren Widerstands nehmen, indem es ihn zum persönlichen Feind des Herrschaftsträgers und damit zugleich zum allgemeinen Feind *(hostis publicus)* erklärt[27]. Diese Ultima ratio ist das Urteil 'in die Hand des Königs' oder, innerhalb der kirchlichen *familia*, 'in die Hand des Bischofs', das stets mit Aberkennung und Konfiskation des gesamten Besitzes verbunden ist[28]. Doch auch ein solches Urteil bedeutet keineswegs eine unwiderrufliche Entscheidung. Erklärt sich der Verurteilte zur bedingungslosen Unterwerfung bereit, begibt er sich also quasi als Rechtloser in die Hand des Königs oder Fürsten, was wohl nie ohne erneute Vermittlung geschah, so kann er in ottonischer Zeit meist mit einer relativ raschen Wiedereinsetzung in seine Positionen und der Wiederanerkennung in seinem alten Status rechnen[29].

Aus dieser Perspektive ist es dann nicht mehr erstaunlich, daß die Quellen der Ottonenzeit uns den König nur ganz selten in der Rolle zeigen, die man eigentlich erwartet: in der Rolle des Richters[30]. Wenn es aber zu einer formellen Verurteilung kommt, dann erscheint er oft als derjenige, der harte Strafen gegen Unbeugsame fordert, sie den Richtenden fast diktiert, und so den Bösen Furcht und Schrecken einjagt – um Frieden zu schaffen[31]. Wie ich noch zeigen werde, entsprechen die Formen dann nicht unbedingt dem, was wir unter einem regulären Gerichtsverfahren verstehen würden. Wer nicht zur *reconciliatio* und *satisfactio* bereit ist, wird durch das Urteil letztlich der Willkür des Königs überantwortet: Er hat gewissermaßen jedes einklagbare Recht verloren. Die herrscherliche Willkür ist freilich begrenzt durch Einflußmöglichkeiten anderer Personen, deren Rat der König nicht ohne weiteres ausschlagen darf, und durch Normvorstellungen, die wir wiederum der 'außergerichtlichen' Sphäre zuordnen würden[32]. Umgekehrt muß aber der Herrscher auch dem 'Urteil des Volkes', dem Urteilsspruch seiner Großen Rechnung tragen, selbst dort, wo er lieber 'Gnade vor Recht' ergehen lassen würde[33]. Rechtswahrung läßt sich also auch hier nicht auf richterliche Tätigkeit einschränken, und auch die Rechtswahrung im weiteren Sinn bleibt eingebettet in ein breiteres Tätigkeitsfeld zur Friedensstiftung und -sicherung. Diese gilt den Geschichtsschreibern der Ottonenzeit – nach der Verehrung Gottes und der Förderung seiner Kirchen und neben der Abwehr äußerer Feinde – als die Herrscheraufgabe schlechthin[34]. Ich werde darauf im letzten Teil meiner Überlegungen zurückkommen.

III

Zuvor möchte ich in einem dritten Teil meiner Ausführungen auf das eingehen, was sich den Quellen des 10. und frühen 11. Jahrhunderts über Gerichtsbarkeit und Rechtswahrung entnehmen läßt. Wenden wir uns konkreten Zeugnissen über das Rechtsleben zu, so stoßen wir zunächst auf zahlreiche Reminiszenzen an die karolingische Praxis. Eine Zuständigkeit der Grafen bei der Wahrung der Rechtsordnung ist deutlich erkennbar, mit den *placita,* dem Urteil der Schöffen, mit exekutiven Befugnissen, der Ausübung von Zwangsgewalt usf.[35]. Die Immunitäts- und Exemtionsprivilegien weisen auf reguläre Instanzen der Gerichtsbarkeit fortwährend hin[36], verdeutlichen aber schon durch ihre Existenz, wie wenig man mit einer von oben geordneten und kontrollierten Rechtspflege rechnen darf. Es fällt schwer, die verstreuten Angaben zu einem Gesamtbild zusammenzufügen. Der Versuch, ein solches Gesamtbild für das Herrschaftsgebiet der Ottonen zu entwerfen, wäre ohnehin mehr als problematisch. Zum einen gab es schon für die Karolingerzeit gerade in bezug auf Stellung und Funktion der Grafen und auf territoriale Kompetenzen des Grafenamtes Unterschiede beispielsweise zwischen Bayern und Sachsen[37]. Zum anderen ist bekanntlich das 10. Jahrhundert die Zeit, in der die Grafenwürde ohnehin eine tiefgreifende Transformation erfährt, sozusagen vom Amt zu einer familiengebundenen Herrschaft wird[38]. Diese bezieht sich auf definierte Personen, Gruppen und einzelne Orte, die Orientierung auf einen Amtsbezirk geht weitgehend verloren. Als drittes kommt hinzu: In den kirchlichen Immunitäten bildet sich eine eigene Gerichtsbarkeit aus. Hier nimmt der vom Bischof belehnte Vogt im Rechtsleben die Funktionen wahr, die sonst dem Grafen zufallen; selbst die Freien, die auf Kirchengut sitzen oder sich dem Bischof kommendiert haben, sind vom gräflichen Placitum befreit[39].

Aus den Quellen des 10. und frühen 11. Jahrhunderts erfahren wir kaum etwas darüber, wie die Rechtspflege im ostfränkisch-deutschen Reich funktioniert hat. Wir hören vielmehr fast ausschließlich von gravierenden Defiziten. Missetäter oder geflohene Hörige werden von weltlichen oder geistlichen Herren dem Gericht nicht überantwortet; Beklagte erscheinen nicht vor Gericht oder werden dort von Mächtigen *iniuste* verteidigt; selbst Grafen nehmen unter Bann gestellte Personen in ihren Schutz, bringen sie nicht vor das Placitum oder verteidigen sie dort in 'unrechter' Weise[40]. Wo solche Kritik geäußert wird, scheint sie von karolingischen Ordnungsvorstellungen und Organisationsmodellen inspiriert zu sein. Aber es fällt auf, daß die Versuche der Reorganisation, die durch eine derartige Kritik legitimiert werden sollen, nicht vom Königtum ausgehen, sondern von fürstlichen Gewalten wie einzelnen Bischöfen[41] oder dem Herzog von Bayern, dem späteren König Heinrich II.[42]. Die Großen wollen dabei in ihrem Bereich stets auch die Effizienz der eigenen Herrschaft steigern. Oft werden Änderungen des Verfahrens verfügt, die letztlich wiederum der Stärkung der Herrschaft dienen. Da es z. B. bei Besitzstreitigkeiten durch Falschaussagen und Meineide der Zeugen häufig zu ungerechten Urteilen komme, soll in bestimmten Fällen ohne den üblichen Eid entschieden werden; und immer häufiger versucht man, nicht mehr über den Zeugenbeweis, sondern über den gerichtlichen Zweikampf oder andere Formen des Gottesurteils wie die Heißwasserprobe zu ermitteln, auf wessen Seite *veritas* (Wahrheit und damit das Recht) bzw. *iniuria* oder *iniustitia* (Unrechtshandlungen oder willkürliche Rechtsverletzungen) liegen[43]. Insgesamt läuft die Entwicklung darauf hinaus, daß der Gerichtsherr immer mehr auf das formale Verfahren – etwa bezüglich des Beweisziels oder des Beweisgangs – Einfluß nehmen kann[44].

Diese Dinge sind natürlich auch von der älteren Forschung registriert worden; sie hat aber übersehen, daß sich daraus allein kein passender Schlüssel zum Verständnis der Rechtsordnung als Ganzer schmieden läßt, geschweige denn zum Verständnis der Ordnungsfunktion, die der Herrschaft im gesellschaftlichen Normensystem zuerkannt wurde. Um dies zu verstehen, darf man nicht nur Nachrichten über die Gerichtsbarkeit heranziehen. Wieviel man aus den Quellen gewinnen kann für die Erkenntnis des Ganzen und für die Anschauung bis ins Detail, sobald man eine angemessene Perspektive wählt, haben in den letzten Jahren vor allem die Arbeiten von Gerd Althoff gezeigt; neben den bereits zitierten Rechtshistorikern hat er wohl die wichtigsten Anregungen für ein neues Verständnis der Normen- und Rechtsordnung im ottonischen Reich gegeben[45].

Diese ganze Ebene der Rechtspflege scheint nach den ottonischen Quellen im ostfränkisch-deutschen Reich weitgehend außerhalb einer königlichen Einwirkung geblieben zu sein. Hier liegt ein großer Unterschied zur hochkarolingischen Zeit und vielleicht auch zu dem, was wir selbst unter den Ottonen im Regnum Italicum beobachten können. Der Versuch ordnender Eingriffe geht, wenn überhaupt, von Herzögen oder von Bischöfen aus. Dagegen wurde der König angerufen, wenn es zu Kompetenzstreitigkeiten um die Gerichtsbarkeit kam zwischen weltlichen Herrschaftsträgern und Kirchenfürsten oder zwischen zwei Inhabern kirchlicher Immunitäten.

Nach den Quellenzeugnissen gehörten Streitigkeiten um die Gerichtsbarkeit als Herrschaftsrecht zu den häufigen Konfliktpunkten im Machtgefüge des ottonischen Reiches. Wie blutig es in solchen Auseinandersetzungen zugehen konnte, ließe sich durch detailreiche Berichte des Bischofs Thietmar von Merseburg († 1018) belegen[46]. Einer seiner Zeit- und Amtsgenossen, der rechtskundige Bischof Burchhard von Worms, erwirkte von Kaiser Heinrich II. 1023 ein Privileg, das die heftigen Kämpfe und Fehden zwischen der Wormser Bischofskirche und dem Kloster Lorsch beenden sollte[47]. Unzähligen Leuten hätten sie schon das Leben gekostet. Hofbauern der einen Seite überfielen mit großem Gefolge Bauern der anderen in wechselseitigen Raub- und Rachezügen: fehdeartige Auseinandersetzungen waren nicht auf die adlige Sphäre beschränkt, sondern tobten auch im bäuerlichen Milieu, und zwar nicht nur zwischen Angehörigen verschiedener Grundherrschaften, sondern auch innerhalb der einzelnen Grundherrschaftsverbände selbst.

Wie sah die Rechtswahrung dort aus, wo derartige Kompetenzstreitigkeiten keine Rolle spielten? Ich möchte kurz auf ein bemerkenswertes Dokument eingehen, auf das 'Hofrecht', das Bischof Burchhard von Worms ebenfalls um 1023 dem Hörigenverband seiner Kirche gab, die *lex familiae Wormatiensis ecclesiae*[48]. Schon die Begründung des Aktes ist bemerkenswert: der Bischof will die *miseri et pauperes* (die Armen und Wehrlosen) vor denjenigen schützen, die seiner *familia* wie bissige Hunde *(more canino)* zusetzen, indem sie dieser allerlei Zwangsvorschriften auferlegen (*diversas leges imponentes*) und die Schwächeren mit ihren Rechtsentscheidungen bedrücken (*inferiores suis iudicis opprimentes*). Wer sozusagen mit 'unrechten Rechtsmitteln' gegen die Schwachen vorgeht, wird offen ausgesprochen: es sind die Vögte, Viztume oder Verwalter, also genau diejenigen, die im Auftrag des Bischofs sozusagen für Recht und Ordnung zu sorgen hätten. Von den inneren Verhältnissen in der *familia* hören wir zum Schluß, daß Totschlag fast täglich geschehe, daß allein im Jahr zuvor 35 Hörige der Kirche von Hörigen der Kirche erschlagen worden seien und daß die Totschläger sich hochmütig der Untat brüsteten und keinerlei Buße getan hätten. Gegen solche Mißstände soll mit körperlicher Bestrafung der Beteiligten und Brandmarkung der Anführer vorgegangen werden. Aber das Grundanliegen der detaillierten, kasuistisch gegliederten Bestimmungen ist die *reconciliatio*: die Verwandtschaft des Täters muß zur *compositio* bereit sein und der Verwandtschaft des Getöteten Frieden garantieren, während diese – gegebenenfalls auch durch Zwang – dazu gebracht werden muß, das Friedensangebot anzunehmen und ihrerseits der Verwandtschaft des Täters *firmam et perpetuam pacem* (sicheren und dauerhaften Frieden) zu geloben. Die *lex familiae* sagt nicht allzuviel darüber, in welchem Rahmen Rechtsstreitigkeiten entschieden werden und wer die angedrohten

Strafen und Zwangsmaßnahmen zu vollstrecken hat. Aber die Zielrichtung ist eindeutig: durch die schriftliche Fixierung von Rechtsgewohnheiten Streitigkeiten zu vermeiden, einen Rahmen für die Beilegung von Konflikten zu schaffen und Zwang zur *satisfactio* und *reconciliatio* auszuüben, um die *pax* innerhalb der *familia* sicherzustellen. Zugespitzt gesagt, geht es in der *lex familiae Wormatiensis ecclesiae* weniger um eine formalisierte, verschriftete Rechtsordnung als um eine Friedensordnung. Die Rechtssetzung selbst entspringt der Fürsorge des Bischofs für die Schwachen[49]. Sie gibt sich als Ausdruck seiner *misericordia* (Erbarmen) – dies ist im 10. Jahrhundert auch für die Rechtspflege des Königs ein zentraler, vielleicht sogar der zentrale Begriff[50].

Gehen wir weiter zur Gerichtsbarkeit des Königs selbst, so betreten wir ein Feld, dem die Forschung stets Aufmerksamkeit geschenkt hat[51]. In den Quellen sind Hinweise auf gerichtliche Entscheidungen relativ zahlreich, aber auch einseitig. Es geht in aller Regel darum, daß ein Großer als Gegner des Königs verurteilt wurde zur Verbannung oder gar zum Tode, wobei sein Besitz dem königlichen Fiskus zufiel. Eine ganze Reihe von Belegen findet sich in den Königsdiplomen, wo der Herrscher konfiszierten Besitz zurückgibt oder weiterverschenkt und dabei betont, daß dieser ihm gerichtlich zugesprochen worden sei[52]. Über das Verfahren hören wir dabei in der Regel nichts; die Formeln *cum totius populi iuditio*, *generali* oder *populari iudicio*, *iudicio procerum nostrorum* (mit dem Urteil des ganzen Volkes, aufgrund allgemeinen Volksurteils, nach dem Urteil unserer Großen) unter Otto I. sind ebenso pauschal wie *iusto* oder *legali iudicum iudicio* (nach rechtmäßigem Urteil der Richter) unter Heinrich II. Damit soll wohl vor allem gesagt werden, daß es in dem Konflikt bis zum offiziellen Verfahren und zur vollen Verurteilung gekommen ist, in der der Inkriminierte alle seine Rechte verlor; formale Korrektheit im Procedere wird damit kaum betont. Eine solche mangelt dem Verfahren nach unseren Begriffen häufig auch, wenn wir ausführliche Berichte der Geschichtsschreiber heranziehen können.

Wiederholt wird von derartigen Urteilen gesagt, sie seien *secundum leges* (nach den Gesetzen/Rechtsnormen) gefällt oder wenigstens gefordert worden[53]. Das halte ich für wichtig. Zur Illustration möchte ich kurz an die bekannte Miniatur in dem Evangeliar erinnern, das wohl doch Kaiser Heinrich III. und nicht Heinrich II. an Montecassino geschenkt hat (heute Bibl. Vat., Ottob. lat. 74): Zu Füßen des Herrschers ist eine Hinrichtungsszene dargestellt mit dem Vers: *Caesaris ad nutum dampnant lex iusque tyrannum* (Auf den Wink des Kaisers verdammen Gesetz und Recht den Gewalttäter)[54]. Die Zeugnisse lassen erkennen, daß hier die Rechtsfigur des Majestätsverbrechens im Hintergrund steht; auffallend ist freilich, daß ein *reus maiestatis* in den ottonischen Quellen im Gegensatz sowohl zur Karolingerzeit wie vor allem zur spätsalisch-staufischen Zeit selten als solcher benannt wird[55]. Die *leges* oder *lex* und *ius* gaben aber dem Herrscher offensichtlich die Möglichkeit, einen Rebellen, Friedensbrecher und notorischen Gewalttäter verurteilen zu lassen – 'zum Tod oder zur Zahlung einer unvorstellbar hohen Loskaufsumme', wie Thietmar von Merseburg in einem Fall sagt[56]. Daß der Herrscher die Verurteilung 'befohlen' *(praecepit)* oder 'gefordert' habe *(expostulavit),* sind häufige Wendungen[57]. Wie Thietmars detaillierte Schilderungen deutlich machen, folgten die Großen dabei dem Willen des Herrschers zum Teil nur mit Unbehagen, und in einem Fall lautet Thietmars Kommentar sogar: 'Alle aus dem Volk murrten und schimpften heimlich, daß der Gesalbte des Herrn Sünde tue.'[58] Umgekehrt heißt es in der zeitgleichen jüngeren Vita der Königin Mathilde mit Bezug auf ihren Sohn Otto d. Gr.: 'Wenn sie in Erfahrung brachte, daß jemand in gewaltsamer Aktion niedergezwungen wurde oder wegen eines ruchlosen Verbrechens ins Gefängnis geworfen oder nach dem Urteil des Volkes zum Tode bestimmt war, dann gab es für sie keinerlei Freude, bevor sie den erbitterten Zorn des Königs versöhnlich gestimmt hatte. Wenn sie einmal gehen mußte, ohne erhört worden zu sein, weil das Urteil des Volkes es nicht anders gestattete, seufzte der König schweigend ... und brach, wie um sie zu besänftigen, oft das Gerichtsverfahren ab und überließ der Diskussion von Schiedsrichtern, was nach Gesetz zu bestrafen gewesen wäre.'[59] Der König stand also auch unter Druck, Übeltäter seinen Zorn spüren zu lassen; die *lex* und das Urteil des 'Volkes' entzogen sich seiner Willkür.

Für das Verfahren kennzeichnend ist, daß ein Großteil der Verurteilungen in Abwesenheit der Beschuldigten ausgesprochen wird. Im Extremfall fehlte sogar der öffentliche Kläger – und es kam trotzdem zu Hinrichtungen[60]. Es scheint schon eine Ausnahme gewesen zu sein, wenn einem Beschuldigten die Gelegenheit zu ausführlicher Verteidigung eingeräumt wurde – allenfalls konnten jetzt noch andere, die in der Huld des Königs standen, zu seinen Gunsten sprechen[61]. Schlecht stand es für den Inkriminierten, wenn er durch sein Verhalten den König schon früher gekränkt hatte. Bei der 'Abrechnung' im Königsgericht spielte nicht nur das eigentliche Vergehen eine Rolle, sondern das Verhältnis des zu Verurteilenden zum Herrscher insgesamt. Auch hier war also wieder mehr im Spiel als 'Rechtsverhältnisse' im juristischen Sinn: es geht um Huld, treuen Dienst, Untreue oder Unzuverlässigkeit, um jüngste und frühere Kränkungen. Das Urteil antwortet nicht nur auf ein einzelnes Vergehen, sondern zieht oft gewissermaßen einen Schlußstrich unter eine längerfristige negative Entwicklung des gegenseitigen Verhältnisses.

Man hat versucht und versucht es teilweise heute noch, in die historiographischen Schilderungen Verfahrensregeln hineinzudeuten, die dem alten rechtsgeschichtlichen Lehrgebäude entnommen, den zeitgenössischen Chronisten aber offensichtlich unbekannt oder gleichgültig sind. Es fehlt mir die Zeit, den 'politischen Prozeß', den Heinrich Mitteis für die Absetzung des Herzogs von Kärnten unter Konrad II. rekonstruiert hat, den Quellenaussagen gegenüberzustellen[62]. Die lauten so: Der Kaiser habe 'aufgrund alten Hasses' 1035 auf einem Hoftag befohlen, dem nicht anwesenden Adalbero das Herzogtum abzuerkennen; die bayerischen Großen waren nicht bereit, dies in Abwesenheit des Thronfolgers, ihres Herzogs, zu tun; auch der hinzugezogene Königssohn will nicht zustimmen – mit Zornesausbrüchen, Beschimpfungen, einer Ohnmacht, Tränen und einem Kniefall vor seinem Sohn erreicht der Kaiser schließlich die Absetzung des Herzogs. Alle Argumente, die nach dem Bericht eine Rolle spielten, sind keine Rechtsgründe im Sinne eines Gerichtsverfahrens: Es ging vor allem um das gegenseitige Verhältnis der beteiligten Personen. Dieser Charakter von Urteil und Verfahren ließe sich leicht mit weiteren Beispielen, etwa aus Thietmar, illustrieren[63].

Der für eine Bewertung entscheidende Punkt wurde von der älteren Forschung übersehen; er ist wohl erst in den letzten Jahren durch die bereits erwähnten Arbeiten von Gerd Althoff voll sichtbar geworden. Derartige Verfahren und derartige Verurteilungen sind Ausdruck einer Extremsituation. Sie tritt ein, wenn andere Bemühungen um Konfliktlösung, Ausgleich, Rückkehr in die Huld des Herrschers gescheitert sind und auch ein Wille zu *satisfactio* und *reconciliatio* nicht erkennbar ist oder wenn eine Wiederaufnahme in die Huld des Königs mißbraucht wurde[64]. Der zu Verurteilende ist fast schon rechtlos, wenn es zu einem solchen Verfahren kommt. Er wird mitsamt seinem Besitz dem Ermessen des Herrschers überantwortet. Jetzt kann ihn nur noch die bedingungslose Unterwerfung und die Fürsprache von Menschen retten, die das volle Vertrauen des Herrschers besitzen. Das Urteil bestätigt 'den Gesetzen gemäß' den eingetretenen Zustand und verleiht der weiteren Verfolgung dadurch den Charakter der Exekution. Hier tritt das *terrere reprobos*, 'die Bösen schrecken', offen zutage, das alle Quellen, nicht zuletzt die liturgischen, als Aufgabe des Königs und als Wirkung der rechten Königsherrschaft nennen[65]. Aber es ist sozusagen die Ultima ratio, nicht der Inhalt und potentiell sogar eine Gefährdung des gerechten Regierens *(iustum moderamen)*, das die Krönungsordines für den König von Gott und Christus als dem eigentlichen Richter erbitten[66].

IV

Damit komme ich zum letzten Teil meiner Überlegungen, der nur noch kurz sein kann. Ich frage nach der Idee königlicher Gerechtigkeit und nach ihrer Bedeutung für die zeitgenössischen Vorstellungen von der Herrschaft des Königs, anders ausgedrückt: nach den normgebenden Bildern von Königtum und Recht.

Ich greife zunächst einen Hinweis auf, den Hans Hattenhauer 1983 in seiner Abhandlung 'Pax et iustitia' gegeben hat. Er verfolgt die gedankliche Verbindung der Gerechtigkeit mit dem Frieden von Bibel und Digesten über Patristik und Frühmittelalter bis ins späte Mittelalter[67]. Besonders häufig werde der Gedanke in der Karolingerzeit ausgesprochen, in der er sich zur Formel *pax et iustitia* verfestige und „als, allerdings kurzlebiges, Element karolingischer Reichsverwaltung rechtstechnische Bedeutung bekommen" habe; der Begriff *iustitia* sei dabei zur Bedeutung „Rechtspflege, Gerichtsbarkeit" verengt worden. „Mit dem Ende der karolingischen Herrschaft dagegen – zum Ausgang des 9. Jahrhunderts – starb die Formel ab." Sie kehre erst wieder unter Heinrich IV., allerdings in einer neuen sprachlichen Form: *cum iustitia pacem componere*. Es gehe von nun an immer deutlicher um ein „herrschaftliches Zwangsrecht gegenüber unbotmäßigen Untertanen"; es solle „mit Rechtsmitteln der Friede erzwungen werden"[68]. Mit anderen Worten: ohne Rechtsetzung und Rechtsprechung wird eine Friedensordnung undenkbar.

In die Zeit, in der nach Hattenhauer die Quellen über die Verbindung von Frieden und Gerechtigkeit schweigen, gehört das, worüber ich bisher gesprochen habe. Nach Hattenhauer ist der Leitbegriff für diese Zeit *pax*. Und in der Tat: wenn wir fragen, was die Geschichtsschreiber, vor allem die frühottonischen, an ihren Herrschern rühmen, dann ist es die Fähigkeit, Frieden zu schaffen und zu stiften – der unfähige König ist der, dem dies nicht gelingt. Für die frühottonischen Geschichtsschreiber ist dies die entscheidende Legitimation der neuen sächsischen Dynastie, daß es Heinrich I. gelang, das von Gegensätzen, Kämpfen und Gewalttaten zerrissene Reich zu befrieden[69] – nicht durch richterliche Strenge, durch Urteile und Härte, sondern durch Versöhnung, Verbrüderung auch im religiösen Sinn[70], durch Nachsicht und Langmut gegenüber Feinden, wie sie an Otto I. besonders gerühmt werden[71]. Gewiß – der König muß mächtig genug sein, Rebellen und Friedensstörer niederzuwerfen, wo alle anderen Mittel versagen. Aber der eigentliche Inhalt königlicher *iustitia* ist nicht die strikte Durchsetzung von *lex* und *ius*. Neben dem in der Karolingerzeit gern zitierten Psalmvers (98,4) *honor regis iudicium diligit* (die Ehre des Königs achtet das Richteramt hoch), der in die Herrscherliturgie einging und dann auf der David-Platte der Reichskrone zu finden ist[72], wird in ottonischer Zeit mit Blick auf den Herrscher immer wieder die Bergpredigt zitiert: 'Richtet nicht, auf daß ihr nicht gerichtet werdet!' Das Zitat findet sich unter anderem auch an der Stelle der jüngeren Mathildenvita, die ich vorhin zitiert habe, zusammen mit dem folgenden Vers aus dem Matthäus-Evangelium: 'Denn mit welcherlei Gericht (*iudicium*) ihr richtet, werdet ihr gerichtet werden; und mit welcherlei Maß ihr messet, wird euch gemessen werden.' Hier sind wir also sehr weit von Vorstellungen entfernt, denen zufolge der Herrscher das Gesetz vollstrecken, nach Billigkeit verwirklichen müßte, um Gerechtigkeit zu schaffen[73]. Die *iustitia* als Herrschertugend hat offensichtlich noch andere Dimensionen.

Ich komme noch einmal auf das in Regensburg geschaffene Evangeliar aus Montecassino zurück[74]. Dem schon zitiertenVers *caesaris ad nutum dampnant lex iusque tyrannum* wird ein zweiter hinzugesetzt: *discernant leges pietas iustitia mites* (mögen fromme Güte und Gerechtigkeit aufgrund milder Gesetze urteilen). Paarformelhaft sind hier in der oberen Zeile der Miniatur Personifikationen der *iustitia* (links, mit Waage) und der *pietas*, in der unteren die der *lex* (mit Buch) und des *ius* zusammengefaßt und werden durch den zusätzlichen Vers miteinander verflochten. *Iustitia et pietas* zitieren neben Isidors Etymologien wohl den ottonischen Krönungsordo, wo es im Gebet nach der Salbung heißt: *corona eum corona iustitiae et pietatis* (kröne ihn mit der Krone der Gerechtigkeit und des frommen Sinns), mit der erläuternden Fortführung: 'damit er aus ganzem Herzen und mit ganzem Sinn an Dich glaubend Dir diene, Deine heilige Kirche erhöhe und verteidige und das Volk, das Du ihm anvertraut, gerecht regiere; niemand soll ihn mit hinterhältiger Bosheit zur Ungerechtigkeit bringen'. Insgesamt aber betont die Miniatur, die ich der Zeit um die Kaiserkrönung Heinrichs III. zuweisen möchte, den richtenden Herrscher in einer Weise, in der sich das langsam ankündigt, was Hattenhauer für die Zeit Heinrichs IV. festgestellt hat.

Die königliche Gerichtsbarkeit tritt m. E. schon seit dem Anfang des 11. Jahrhunderts in den Quellen deutlicher hervor als unter den ersten ottonischen Herrschern. Während die ältere Mathildenvita aus der Zeit um 973/75 für das Thema völlig unergiebig ist, wird die Frage des richtenden Königs für die jüngere, wohl bald nach 1002 entstandenen Vita sehr wichtig, einer Vita, die man sowohl als legitimierende Huldigung an Heinrich II. wie als Herrscherparänese deuten muß[75]. Aber wie beim zeitgenössischen Thietmar wird das Beharren auf der Strenge des Rechts, die Durchsetzung des Urteils als Problem empfunden. Gerd Althoff hat als auffallenden Unterschied zwischen Heinrich II. und dessen Vorgängern herausgearbeitet, daß dieser nicht in gleichem Maße zur *clementia* bereit war, wie es die ottonischen Herrscher des 10. Jahrhunderts gegenüber ihren Feinden anscheinend gewesen sind[76]. Und es ist ganz augenfällig, daß in Wipos 'Gesta Chuonradi imperatoris' – also der Geschichte Konrads II. – und ebenso in seinen anderen Schriften Recht, Gesetz, Rechtsprechung eine viel größere und vor allem positivere Rolle spielen als in den historiographischen Werken des 10. Jahrhunderts[77]. Wipo schrieb für Heinrich III., den 'Tetralogus' 1041, die 'Gesta Chuonradi' um 1045/46, und seine Gedankenwelt berührt sich auf das engste mit der Miniatur aus Regensburg/Montecassino. Auch bei ihm stehen *misericordia* und *pietas* im Vordergrund, wenn es um die Tätigkeit des Königs für die Wahrung des Rechtes geht, aber der Sektor des Gerichts, der königlichen Jurisdiktion, erhält allmählich ein eigenes Gewicht.

Wohin die Entwicklung längerfristig geht, läßt sich vielleicht in der Gegenüberstellung zweier Szenen verdeutlichen. Wipo berichtet folgendes[78]: Als Konrad II. 1024 nach der Wahl zum König auf dem Weg zur Krönung war, traten ihm zunächst ein Bauer, eine Witwe und eine Waise, später noch ein aus seiner Heimat Vertriebener klagend entgegen – trotz des Drängens der fürstlichen Begleiter hörte der König sich die Klagen an und sorgte dafür, daß sich jemand der Sache annahm. Für Wipo ist dies ein glückliches Vorzeichen für die künftige Herrschaft: *ubi plus festinatur ad faciendam legem quam ad benedicendum regem* (wo man es eiliger hatte, Recht zu sprechen, als den König zu weihen). Und er kommentiert: Er verzögerte nämlich seine Weihe wegen der königlichen Ehre; es steht nämlich geschrieben (und Wipo und sein Adressat Heinrich III. wußten, daß der Vers die Reichskrone zierte): *Honor regis iustitiam diligit* (Ps. 98,4). Aber es geht nicht nur um Gerechtigkeit, Wipo schreibt dazu auch: *abundantius erat in rege studium miserationis, quam desiderium consecrationis* (wo der König viel mehr vom Eifer des Erbarmens erfüllt war als vom Verlangen nach der Weihe). Dieser Gedanke läßt sich durch sein ganzes Werk verfolgen[79]: Die Rechtspflege des Königs ist zugleich Ausdruck der Barmherzigkeit – es geht nicht nur um das Recht im eng juristischen Sinn, sondern um Gerechtigkeit in ihrer religiösen Dimension. Am nachdrücklichsten hat Wipo die Pflicht des Herrschers, durch *misericordia* dem Beispiel Christi zu folgen, in der Schilderung der Weihe Konrads betont: Auf Ankündigungen des Erzbischofs von Mainz wirft sich dem vor der Salbung stehenden König ein Großer zu Füßen und erlangt Verzeihung von dem, den er einst gekränkt hatte und dem nun die Macht gegeben wird, mit der er sich rächen könnte – er erlangt die *misericordia* des Herrschers, zur Rührung aller Anwesenden über die königliche *pietas*, die auf den Gebrauch der Macht gegen den früheren Gegner verzichtet[80].

Mehr als 100 Jahre später schildert Otto von Freising den Krönungszug Friedrich Barbarossas im Jahr 1152[81]. Da Otto die 'Gesta Chuonradi' kannte, ist seine Darstellung geradezu eine literarische Kontrafaktur. Als der Staufer nach der Salbung gekrönt wurde, warf sich dem Herrscher mitten in der Kirche ein Dienstmann zu Füßen, dem er früher wegen einiger schwerer Vergehen die Gnade entzogen hatte – in der Hoffnung, den Sinn des Königs erweichen und den neuen Herrscher vom *rigor iustitiae* abbringen zu können. Doch er bleibt unerhört. Der Neugekrönte gibt ein Zeichen seiner *constantia animi* (Standhaftigkeit der Gesinnung), wie Otto von

Freising kommentiert: der Bittsteller habe seine Gnade ja nicht aufgrund persönlichen Hasses, sondern in Anbetracht der Gerechtigkeit – *iustitiae intuitu* – verloren[82]. Der Bischof beschreibt bewundernd und ausführlich, wie alles Bitten den König selbst an diesem Tag, in *tanta gloria*, nicht von der Tugend der Strenge (*a rigoris virtute*) zum Laster der Vergebung beugen konnte: *ad remissionis vitium*. Für das staufische Herrscherideal hatte die strikte Durchsetzung des Rechts höchsten Stellenwert, und immer wieder betonen sie, daß die bedingungslose Durchsetzung und Wahrung des Rechts den Frieden garantieren würde. Mehr noch als die Vorstellung der 'Gesetzesstrenge' macht das Wort vom 'Laster der Vergebung' – aus der Feder eines Bischofs! – den Wandel der Leitbilder deutlich, der sich seit dem 11. Jahrhundert vollzogen hatte[83].

Offensichtlich hat man in der Umgebung der Ottonen anders gedacht. Der Herrscher schafft den Frieden letztlich nicht durch Verurteilungen und Hinrichtungen, auch wenn sie im Extremfall unumgänglich sind. Er stiftet den ersehnten Frieden vor allem durch Vermittlung und, wo er selbst Konfliktpartei ist, durch Verzeihen (*venia*) und gütige Wiederaufnahme in seine Huld (*clementia*). Die grundlegende Herrschertugend ist die *pietas*. Ihr entspringt die *clementia*, mit der er seinen Gegnern verzeiht und sie auch nach einer Auflehnung und Verurteilung wieder in Amt und Würden erhebt; ihr entspringt auch die *misericordia*, die ihn zwingt, gegen die Gewaltigen vorzugehen, um die Schwachen zu schützen, aber die Reumütigen wieder in seine Gnade aufzunehmen. Auch hier ist das Erbarmen Christi, des Mittlers zwischen Gesetz und Gnade *(mediator legis et gratiae),* ein Vorbild wahrer Königsherrschaft[84]. Losgelöst von der *pietas* ist wohl kaum zu verstehen, was für die Zeitgenossen der Ottonen *iustitia* als Herrschertugend bedeutete. Und wir werden auch kaum verstehen, was sie meinten, wenn sie *iustitia* mit der alten Formel 'jedem das ihm Gebührende zuweisen', *suum cuique tribuere* definierten, falls wir dieses *tribuere* vor allem als Gerichtsbarkeit und Rechtsprechung interpretieren und es nicht vor dem breiten Hintergrund der Gunsterweise und der Konfliktlösungen sehen, in die alle Formen der Gerichtsbarkeit als begrenzter Sektor eingebettet sind.

Reichsstruktur und Herrschaftsauffassung in ottonisch-frühsalischer Zeit

Der Untersuchungsansatz

Die Frühzeit des mittelalterlichen Reichs der Deutschen hat in der Geschichtswissenschaft augenblicklich eine gute Konjunktur. In der Bundesrepublik und in der DDR ist seit den 70er Jahren – und zwar in sich zunehmend verdichtender Folge – eine Fülle von Arbeiten erschienen, welche diese Zeit behandeln und dabei immer ausdrücklicher auch die Fragen neu stellen, die in der deutschen Geschichtswissenschaft der dreißiger und vierziger Jahre mit großem inneren Engagement diskutiert wurden: die Fragen nach der Bedeutung erster Zeugnisse für die Selbsterfahrung und die Fremdbenennung 'deutsch', nach der Entstehung oder den Anfängen des Deutschen Reiches, nach der Ausbildung und der Bedeutung der sogenannten Stammesherzogtümer, nach den Grundlagen und dem Charakter der frühdeutschen Königsherrschaft, nach Inhalt und Stellenwert der Kaiserwürde usf.[1]. Wenn die Debatte heute auf einer neuen Basis geführt werden kann, so liegt dies wesentlich an den Anregungen, welche die Protagonisten jener Diskussion mit ihren eigenen Forschungen gegeben haben, Anstöße, die erst seit den fünfziger Jahren voll zum Tragen gekommen sind und bis heute fortwirken[2]. Neue Forschungsrichtungen und -zweige sind daraus entstanden, in welchen mit einem erheblich verfeinerten und erweiterten methodischen Instrumentarium gearbeitet wird. Infolge dieser Entwicklung dominiert in der heutigen Historiographie auch hier die monographische Behandlung einzelner Fragenkomplexe, und mit ihrer Vorherrschaft hat sich der Streit um die ehemals umfassend gestellten Fragen auf einzelne Felder verlagert, auf denen die Probleme zwar nicht weniger kontrovers, aber im allgemeinen weniger leidenschaftlich diskutiert werden.

Wer den Ertrag kennzeichnen will, den die Forschungsbemühungen in beiden deutschen Staaten für das Gesamtbild der Epoche, für die Antwort auf die seit den dreißiger Jahren mit aller Schärfe gestellten, neu virulent gewordenen Fragen erbracht haben, kommt allerdings um eine Feststellung nicht herum, auch wenn sie, wie alle Pauschalurteile, anfechtbar bleibt: Das Gesamtbild, das auch neueste Darstellungen noch vermitteln, wird an wichtigen Stellen nicht mehr von den Teilansichten abgedeckt, welche mit der monographischen Differenzierung, mit der Ausbildung neuer Frageansätze und sich verselbständigender Forschungszweige erschlossen wurden. In dieser Feststellung liegt kein Vorwurf an diese Darstellungen selbst, die ja um die Einarbeitung der Forschungsergebnisse bemüht und in den Teilaspekten für Korrekturen durchaus offen sind. Wo jedoch neue, auf begrenztem Untersuchungsfeld gewonnene Einsichten die bisherige Sichtweise des Ganzen so grundsätzlich in Frage stellen, daß eine Integration der Ergebnisse nicht mehr in einem additiven Verfahren zu leisten ist, werden sie in der zusammenfassenden Darstellung notwendigerweise eher überspielt als wirklich verarbeitet. Es wird kaum weiterhelfen und wäre vielleicht nicht einmal sachgerecht, an Spezialuntersuchungen die Forderung zu richten, bei der Deutung der Befunde Fragen außerhalb des Untersuchungsfeldes im Blick zu behalten, für die die erzielten Ergebnisse ebenfalls relevant sein könnten, und sich ansatzweise schon selbst zu vergewissern, ob die vorgetragene Interpretation im weiteren Rahmen relativiert oder bestätigt wird. Es bedarf vielmehr integrativer Problemstellungen, um die Frageansätze und Ergebnisse der sich differenzierenden und spezialisierenden Forschung zusammenzuführen und den Ertrag für das Gesamtbild deutlich zu machen.

In diesem Sinne will der folgende Beitrag Arbeiten, die in unterschiedlichen Bereichen und mit zum Teil divergierenden Fragestellungen unternommen wurden, weiterführen und zusammenschließen[3]. Der Untersuchungsansatz geht von folgenden Überlegungen aus: Die Organisation des Reiches läßt sich kaum zutreffend deuten, wenn man sie nicht zusammensieht mit den zeitgenössischen Vorstellungen vom Charakter der Königsherrschaft. Deshalb soll hier erstens eine ideengeschichtliche Fragestellung mit einer verfassungs- bzw. machtgeschichtlichen verbunden werden. Verfassungsordnung und Machtstrukturen des Reiches lassen sich für diese Zeit vornehmlich aus der Herrschaftspraxis erschließen, d.h. aus der Summierung dessen, was an einzelnen Orten geschieht, was vom König für einzelne Personen oder Institutionen im Reich oder was von diesen selbst im Hinblick auf König und Reich getan wird. Um der Erkenntnissituation (und der Überlieferung selbst) gerecht zu werden, darf man infolgedessen die Reichsstruktur nicht nur vom erschlossenen Zentrum her betrachten. Deshalb soll hier zweitens zugleich die Stellung eines bestimmten Gebietes, und zwar des Herzogtums Schwaben, im Reich der Ottonen und ersten Salier untersucht werden. Die Frage nach der Stellung des alemannisch-schwäbischen Herzogtums im frühdeutschen Reich, mit der die folgenden Darlegungen einsetzen, zielt damit auf Strukturmerkmale des ottonischen Reiches im ganzen. Ich hoffe zu zeigen, daß diese Verbindung eines reichsgeschichtlichen und eines mehr landesgeschichtlich bestimmten Ansatzes zu Einsichten führt, die es ermöglichen, die Frage nach der Reichsstruktur sinnvoll mit der Frage nach Herrschaftsauffassung und Reichsidee zu verknüpfen.

Schwaben im Itinerar der Ottonen

In einem ersten Untersuchungsgang wenden wir uns dem Königsitinerar und der Urkundentätigkeit des Hofes zu[4]. Die Herrschaftsform des Reisekönigtums erlaubt es, die Aufenthaltsorte des Königs und seine Aktivität an einzelnen Orten im Hinblick auf die Reichsstruktur auszuwerten[5]. Für die Zeit Ottos des Großen hat Eckhard Müller-Mertens eine ausführliche Analyse vorgelegt[6], die hier zur methodischen Kontrolle dient; für unsere Fragestellung sind jedoch die Aufenthalte der Könige in Schwaben für die Zeit von Konrad I. bis zu Heinrich III. in den Blick zu nehmen. Um das Wesentliche herauszuholen, werden die Beobachtungen am Königsitinerar thesenhaft zusammengefaßt[7]; der Befund ist dann noch durch die Betrachtung einiger Sonderfälle zu differenzieren.

1. Sieht man von Feldzügen gegen rebellierende Herzöge ab[8], so ist der Königshof von Heinrich I. bis zu Otto III. nur nach Schwaben gekommen, wenn dafür ein über die Verhältnisse im Herzogtum hinausgehender Anlaß bestand. Die friedlichen Züge dorthin, die 952 einsetzen, galten niemals speziell den dortigen Angelegenheiten, sondern waren durch die Italien- und Kaiserpolitik bedingt[9]. Doch auch beim Durchzug nach oder von Italien hat der Hof nie längere Zeit auf alemannischem Gebiet Station gemacht[10]. Bei der Rückkehr gewann man möglichst rasch fränkischen Boden, wo dann erstmals längere Rasten eingelegt wurden. Zu 965 erfahren wir zufällig von Adalbert, der wohl selbst zugegen war, daß der aus Italien kommende Kaiser an der alemannisch-fränkischen Grenze von Erzbischof Wilhelm von Mainz, Otto II. und anderen Großen erwartet und zum Hoftag in Worms geleitet wurde; man gewinnt den Eindruck, als habe Otto d. Gr. erst hier sein eigentliches Herrschaftsgebiet betreten[11].
   Was wir für das alemannisch-schwäbische Gebiet feststellen, gilt für Bayern in gleicher Weise[12]. Das Elsaß dagegen spielt, wie für die Zeit Ottos d. Gr. auch Müller-Mertens festgestellt hat[13], insofern eine gewisse Sonderrolle, als es mehrfach Zielgebiet der königlichen Umfahrt im Reich gewesen ist[14]. Dies kann aus der Position der Kaiserin Adelheid und ihrer burgundischen Verwandtschaft im Elsaß wohl nur zum Teil erklärt werden[15]. Die Herrschaftspraxis der Ottonen läßt den Eindruck entstehen, als habe das Gebiet zumindest vor 983 als ein auf Alemannien orientiertes, aber fränkisches Anhängsel der Königslandschaft am Mittelrhein gegolten[16].
2. Daß in Friedenszeiten gezielte Königsaufenthalte im alemannischen Gebiet östlich bzw. südlich des Rheins und ebenso in Bayern fehlen, hat eine bedeutsame Entsprechung in einer Einschränkung der Kanzleitätigkeit während der Aufenthalte in den süddeutschen Herzog-

tümern. Von 913 bis 952 ist überhaupt keine in Schwaben oder Bayern ausgestellte Königsurkunde überliefert[17]. Von da an bleibt bis zum Jahr 1000 der Empfängerkreis der in Schwaben oder Bayern ausgestellten Urkunden in der Regel auf das jeweilige Herzogtum beschränkt[18]. Offensichtlich hielt der König auf alemannischem oder bayrischem Boden normalerweise nicht für Angehörige anderer Stämme Hof. Der Charakter des Durchzugs, bereits im Itinerar erkennbar, wird durch diese Feststellung unterstrichen.

3. Doch selbst für die Angelegenheiten des besuchten Herzogtums sind die Aufenthalte des Hofes anläßlich der Italienzüge nur von beschränkter Bedeutung. Die drei ersten Sachsenkaiser haben die Gelegenheit anscheinend nicht dazu genutzt, Stammesversammlungen von der Art einzuberufen, wie sie für die Zeit Heinrichs II. und der ersten Salier dokumentiert sind[19]. Die wichtigen Hoftage fanden statt, ehe der König den schwäbischen oder bayrischen Boden betrat oder nachdem er ihn verlassen hatte[20]. Für Schwaben sind lediglich Gerichtstage auf Grund urkundlicher Überlieferung nachzuweisen[21]. Die politischen Angelegenheiten der Herzogtümer wurden auf fränkischem Boden geregelt, wozu der Hof durchaus in Grenznähe kam, z.B. nach Worms, wo mehrere alemannische Herzöge eingesetzt wurden[22], oder nach Bamberg, wo 985 die Wiedereinsetzung Heinrichs des Zänkers als bayrischer Herzog und Heinrichs des Jüngeren zum Herzog von Kärnten erfolgt sein dürfte[23]. Für Schwaben scheint auch dem Elsaß – mit Erstein als bevorzugtem Aufenthaltsort des Hofes[24] – die Funktion einer grenznahen Königslandschaft zugefallen zu sein.

Da wir von der Erhebung Heinrichs I. bis zum Jahre 999 mindestens 32 Königsaufenthalte – je 16 in Bayern und Schwaben (ohne Elsaß) – nachweisen können, ist der Befund gut gesichert: bis zu Otto III. haben die Könige ihre Gewalt von den süddeutschen Herzogtümern aus nur in beschränktem Umfang ausgeübt. Die Herrscher brauchten offensichtlich einen besonderen Anlaß, um diese Gebiete zu betreten, und wenn sie sie durchzogen, so vermieden sie es, dort in der Weise Hof zu halten, wie sie es auf fränkischem und sächsischem Boden taten. Was Müller-Mertens für die Herrschaftspraxis Ottos d. Gr. festgestellt hat, gilt bis in die Zeit Ottos III. – dann setzt jedoch ein Wechsel ein, durch den die Beobachtungen für das 10. Jahrhundert ein erhöhtes Interesse gewinnen.

Bevor wir uns mit diesem Wechsel befassen, seien kurz die Königsbesuche in Alemannien besprochen, die in einer oberflächlichen Statistik unseren Thesen zu widersprechen scheinen:

a) Nach dem Tode der Herzogin Hadwig traf Otto III. 994 mit Heinrich dem Zänker auf dem Hohentwiel zusammen[25]; dabei setzte der König seinen Anspruch auf das – karolingischem Königsgut und älterem Herzogsgut entstammende – Herzogserbe gegen Hadwigs Bruder Heinrich durch[26]. Die politische Bedeutung des Vorgangs und die rechtlichen Probleme der Erbschaft dürften die plötzlich angesetzte Reise Ottos III. nach Schwaben hinlänglich erklären.

b) Der langandauernde Aufenthalt am Bodensee im Herbst 988 gehört insofern zu den schon erörterten Fällen, als es sich um einen wegen Erkrankung der Kaiserin Theophanu abgebrochenen Italienzug handelt[27].

c) In den Zusammenhang der Italienzüge gehört auch der Hoftag vom August 952, auf dem Otto d. Gr. die Huldigung der Könige Berengar und Adalbert entgegennahm[28]. An dem Hoftag ist nahezu alles ungewöhnlich: daß er auf dem Lechfeld und nicht etwa in Augsburg stattfand, daß er wohl nur wenige Tage gedauert hat, daß er nicht durch eine Mehrzahl von Urkunden nachzuweisen ist. Man darf geradezu von einem Hoftag in Art eines Feldlagers sprechen[29]; und es ist sehr wohl möglich, daß der König ein größeres Heer zur Sammlung auf dem Lechfeld aufgeboten hatte, sei es, um bei Nichterscheinen der italienischen Könige über die Alpen weiterzuziehen, sei es, um für sich an der italienischen Frage entzündende Auseinandersetzungen zwischen den Herzögen von Schwaben und Bayern gerüstet zu sein. Deren Streit mag auch die Wahl des Tagungsortes auf der Grenze der Herzogtümer begünstigt haben[30].

d) Als singulärer Fall erschien schließlich der Besuch Heinrichs I. zu Beginn des Jahres 930, den Karl Schmid auf Grund der Aufnahme der Königsfamilie und ihres Gefolges in die Gebetsverbrüderung der Klöster Reichenau und St. Gallen nachzuweisen vermochte[31]. Ergänzende Beobachtungen machten wahrscheinlich, daß der Aufenthalt des Königshofes zu den Klosterbesuchen *orationis causa* gehört hat[32]. Schmid wies darauf hin, daß der Besuch im Anschluß an die Bestimmung Ottos I. zum Thronfolger stattfand und daß der König in diesem Zusammenhang von Herzog Eberhard und den übrigen Grafen und Bischöfen Frankens eingeladen und von jedem einzelnen auf seinen Gütern als Gast aufgenommen wurde[33]. Ein solcher Besuch in Schwaben, bei dem die normale Aktivität des Hofes wohl ruhte und die Klosteraufenthalte zugleich der Erfüllung religiöser Pflichten dienten, auf Einladung Herzog Hermanns, des Vetters Eberhards von Franken, ist nach neueren Forschungen unwahrscheinlich.

Diese Sonderfälle unterstreichen also, daß der König Alemannien normalerweise nur betrat, wenn dies durch einen über das Herzogtum hinausreichenden Zweck erforderlich wurde. Dies gilt selbst für Zeiten, in denen engste Verwandte des Königs an der Spitze der süddeutschen Herzogtümer standen.

Fragt man nach den Gründen für dieses Verhalten, so wird zunächst eine gastungsrechtliche Problematik sichtbar. Die Könige weilten in Schwaben auf Kosten der weltlichen und vor allem der geistlichen Großen und verfügten nicht über eigene Grundlagen für ihre Hofhaltung[34]. Sie haben Gastung in den süddeutschen Herzogtümern gefordert, wenn ihr Aufenthalt dem Kampf gegen innere und äußere Feinde oder einem Unternehmen zur Erweiterung und Steigerung der eigenen Herrschaft diente. Wie leicht zu erkennen ist, sind hier Vasallenpflichten im engsten Sinn – Hilfe für den Herrn im Kampf gegen seine Feinde, Unterstützung beim Streben nach Vergrößerung und Erhöhung seiner Macht – die Grundlagen für die Aufnahme des Königs. Zugespitzt könnte man sagen, daß nicht der Herrscher und sein Hof, sondern der König und sein Heer aufgenommen wurden. Wer sich mit dem Itinerar der westfränkischen Herrscher im zehnten und frühen elften Jahrhundert befaßt, entdeckt dort ganz ähnliche Verhältnisse: In die südfranzösischen Fürstentümer kommt der König nur im Zuge kriegerischer Unternehmungen, gelegentlich auch auf Einladung der dortigen Großen oder anläßlich einer Pilgerfahrt, und er hat bei diesen Besuchen keine andere Reichsteile betreffenden Regierungshandlungen vorgenommen[35].

Eine wichtige Ursache für die Einschränkung der Königsherrschaft in Teilen des Reiches liegt in der Entstehung des spätkarolingischen Fürstentums[36]. Was Karl Ferdinand Werner für das westfränkische Reich herausgestellt hat[37], was ich selbst bei meinen Forschungen über das Regnum Italicum zeigen konnte[38], wird in den neueren Arbeiten zur Entstehung des sogenannten Stammesherzogtums auch für das ostfränkische Reich immer deutlicher gesehen[39]: der königliche Fiskus, einschließlich der Pfalzen, wurde in die Machtbasis der Herzöge eingeschmolzen, und die Herzöge haben, ähnlich wie die westfränkischen Fürsten und die italienischen Markgrafen, das für sich beansprucht, was die Reichskirchen bereitstellen mußten, damit der König seine Aufgaben im weltlichen Bereich erfüllen konnte. Wir wissen, daß Heinrich I. diesen Zustand anerkannt und damit die Anerkennung seiner Königsherrschaft gewonnen hat[40]; es mag lediglich überraschen, in welchem Maße er auch von den Nachfolgern bis zu Otto III. respektiert wurde. Daß hier ein Unterschied zwischen Schwaben und Franken bestand, hat Ekkehard IV. von St. Gallen zur Zeit Heinrichs III. gesehen, wenn er mit Bezug auf die Zeit um 900 schrieb[41]: 'Noch war Schwaben damals nicht zu einem Herzogtum gemacht worden, sondern unterstand unmittelbar dem königlichen Fiskus, so wie heute noch Franken.'

Um 1000 ist in der Stellung der süddeutschen Herzogtümer eine wichtige Veränderung eingetreten. Schon der letzte Deutschlandaufenthalt Ottos III. fällt aus dem bisher aufgezeigten Rahmen. Bei einer Rückkehr aus Italien wurden in Bayern Urkunden für sächsische und lothringische Empfänger ausgestellt[42], beim erneuten Italienzug in Schwaben für bayrische und fränkische Große[43]; von neun erhaltenen Urkunden verblieb nur eine im Bereich des den König beherbergenden Herzogtums. Auf den ersten Blick mag diese Änderung als durch die Hektik der Gnesen- und Aachenfahrt bedingt erscheinen[44]. Doch Heinrich II. behielt die neue Praxis von Anfang an bei. Auch er hat in Schwaben für Franken und Bayern geurkundet[45], und von seinen im Elsaß ausgestellten Urkunden ging der Großteil an Empfänger aus anderen Teilen des Reiches[46]. Heinrich II. war der erste König, der das alemannische Gebiet aufgesucht hat, ohne daß Italienzüge den Anlaß boten[47]; er war der erste, der den Durchzug zur Abhaltung von Hoftagen nutzte[48]. Was unter Heinrich II. begann, ließen die Salier zur Gewohnheit werden: alle Teile des Reiches werden vom König regelmäßig aufgesucht, in alle Teile des Reiches können Hoftage einberufen werden, und der Aufenthalt des Hofes an bestimmten Orten scheint den Kreis der potentiellen Urkundenempfänger nicht mehr zu begrenzen[49]. Selbstverständlich gibt es auch weiterhin bevorzugte Aufenthaltsorte und daneben Randgebiete, die der König selten oder nie betrat. Aber es gibt von der Reichsstruktur her offensichtlich kein Gebiet mehr, in dem der König seine Herrschaft persönlich nur in beschränktem Umfang zur Geltung brachte.

Die Veränderung der Herrschaftspraxis seit der Jahrtausendwende

Wer mit den Problemen der ottonisch-salischen Zeit vertraut ist, erkennt unschwer, daß die Veränderung im Königsitinerar und in der in den süddeutschen Herzogtümern ausgeübten Regierungstätigkeit mit anderen Veränderungen in der Spätzeit Ottos III. oder in der Zeit Heinrichs II. zusammenfällt. Diese Koinzidenz sei wenigstens für einige Bereiche aufgezeigt.

1. Daß die beiden süddeutschen Herzogtümer unter der selbständigen Regierung Ottos III. eine bis dahin respektierte Sonderrolle verloren, läßt sich auch aus den Forschungen von Josef Fleckenstein über die Hofkapelle der deutschen Könige entnehmen. Otto d. Gr. hatte mit der Praxis begonnen, bei der Besetzung der Bistümer auf Hofkapelläne zurückzugreifen[50]. Doch sind unter ihm und seinen Nachfolgern zunächst nur sächsische und einige fränkische und lothringische Bistümer mit Hofkapellänen besetzt worden[51]. Das änderte sich schlagartig, als Otto III. die Alleinherrschaft übernommen hatte[52]. Er hat erstmals auch alemannische und bayerische Bistümer an Hofkapelläne vergeben, und seine Nachfolger haben diese Politik noch intensiver fortgesetzt[53]. Seit Otto d. Gr. ist ferner nachweisbar, daß Hofkapelläne zugleich einem Domkapitel bzw. einem Stift angehörten, von dessen Präbenden sie lebten. Doch blieb die Verzahnung mit der Hofkapelle zunächst auf ganz wenige, dem

sächsischen Königshaus eng verbundene Kirchen begrenzt[54]. Seitdem Otto III. und Heinrich II. diese materielle Basis der Hofkapelle verbreiterten, sind in ihr auch Mitglieder bayrischer oder alemannischer Domkapitel nachweisbar: erst jetzt sind Hofkapelle und Reichskirche insgesamt aufeinander bezogen[55].

2. Schon vor nahezu 80 Jahren hat Bruno Heusinger eine Veränderung erkannt, die von der nachfolgenden Forschung noch schärfer herausgearbeitet wurde. Unter Heinrich II. gewinnen als Aufenthaltsorte des Königshofes Bischofsstädte die größte Bedeutung, während die im 10. Jahrhundert bevorzugten Pfalzorte und Reichsklöster im Itinerar zurücktreten[56]. Wie Fleckenstein gezeigt hat, ist auch die Verlagerung der Regierungstätigkeit und Herrschaftsrepräsentation auf die Bischofsstädte schon durch Otto III. eingeleitet worden, und zwar wiederum seit 994[57].
3. Der engeren Bindung der Reichskirchen an das Königtum entspricht, daß die Verleihungen von Hoheitsrechten an Bistümer und Klöster seit Otto III. zunehmen[58]. Otto III. hat als erster Herrscher in Deutschland Grafschaften an Bistümer geschenkt und damit eine für die Entwicklung der Reichsverfassung grundlegende Entscheidung getroffen[59]. Waren die Bischöfe schon unter seinen Vorgängern zu Herren ihrer Stadt geworden, so griff ihre Herrschaft nun in immer stärkerem Maße in Diözese und Umland aus. Auch in den sich seit Otto III. häufenden Wildbannverleihungen zeigt sich die Tendenz, Reichsbischöfe und gelegentlich auch Reichsäbte außerhalb ihres Sitzes herrschaftlich zu verankern und so den Reichskirchen eine neue Funktion in der königlichen Herrschaftsausübung zu geben[60].
4. Die institutionelle Verknüpfung der gesamten Reichskirche, nicht nur einzelner dem Königtum nahestehender Stifte mit der Hofkapelle, die Bischofseinsetzungen in den süddeutschen Herzogtümern, die verstärkte Inanspruchnahme der Bistümer für die Königsgastung sind Indizien dafür, daß die auf der Gnesenfahrt Ottos III. zu beobachtende Abweichung von der bisherigen Herrschaftspraxis eine bewußte Politik ist, die die Nachfolger fortgeführt haben. Es wäre jedoch unzureichend, wollte man die Veränderung allein aus der verstärkten Nutzung des Reichskirchengutes für Zwecke der königlichen Herrschaftsausübung begründen. Vielmehr ist diese Maßnahme zur Erreichung eines Zieles ergriffen worden, das erst aus einer veränderten Herrschafts- und Reichsauffassung verständlich wird. Die Basis zur Verwirklichung der neuen Konzeption wurde nicht nur geschaffen durch Verlegung der Hofhaltung in die Bischofsstädte, deren bauliche Ausgestaltung[61] und wirtschaftliche Entwicklung[62] den materiellen Notwendigkeiten der Königsgastung[63] und dem gesteigerten Bedürfnis nach liturgischer Repräsentation der

Königsherrschaft entgegenkamen[64], sondern auch durch die Reaktivierung alter königlicher Positionen in den süddeutschen Herzogtümern. Vielleicht ist es symptomatisch, daß Otto III. 994 seine Hand auf das Erbe der Hadwig legte und den dabei gewonnenen Hohentwiel im Jahr 1000 beim Durchzug nach Italien zur Hofhaltung nutzte[65]. Was Otto III. eingeleitet hatte, wird unter Heinrich II. und den ersten Saliern voll sichtbar: Während im 10. Jahrhundert der Hof nur einmal urkundlich an einem der karolingischen Pfalzorte, nämlich Zürich, mit einem flüchtigen Besuch nachweisbar ist[66], hat Heinrich II. bereits 1004 zwei Hoftage nach Zürich einberufen[67], Konrad II. hielt zwei Hoftage in Zürich und einen in Ulm ab und hat an beiden Orten ein weiteres Mal geweilt[68]; Heinrich III. ist in Ulm bereits siebenmal, in Zürich sechsmal und außerdem in dem spätkarolingischen Itinerarort Rottweil nachgewiesen[69]. Insbesondere Zürich wird seit der um 1040 zu datierenden Erneuerung der Pfalzgebäude ein alemannisches Gegenstück zum Goslarer Herrschaftsmittelpunkt[70].

5. Noch nicht erforscht ist, in welchem Umfang Otto III. wichtige Positionen des Königtums nicht nur an Kirchen verschenkte, sondern auch an Laien zu Lehen vergab. Daß hier eine vom Verhalten der Vorgänger abweichende Politik eingesetzt hat, belegt die bewegte Klage eines Italieners über die 'Zerstörung' der königlichen Kammer in Pavia, deren materielle Grundlagen unter der Regierung des jugendlichen Otto zu Lehen ausgetan oder verschenkt wurden[71]. Doch erfahren wir von Thietmar, daß Otto III. auch den von seinem Großvater mehrfach besuchten Königshof Frohse an einen Grafen zu Lehen vergeben hatte[72]. Daß Otto III. mit seinen Privilegien nicht nur Bistümer und Klöster, sondern in auffallendem Umfang auch weltliche Große gefördert hat[73], daß er durch Markt- und Münzrechtsverleihungen die wirtschaftliche Kraft seiner geistlichen und weltlichen Vasallen stärkte[74], scheint in Verbindung mit jenen Lehenvergabungen darauf hinzudeuten, daß die Herrschaftsausübung von König und Fürsten noch enger verzahnt werden sollte als bisher und daß die Hofhaltung des Königs außerhalb seiner bevorzugten Sitze in weitem Umfang auf den Beitrag der vom König dotierten und geförderten Vasallen gestützt werden sollte. Die residenzartige Ausgestaltung von Rom, Aachen oder Ingelheim wäre eine komplementäre Ergänzung dieser Politik[75].
6. Nach diesen Beobachtungen scheint die seit Otto III. und Heinrich II. sichtbar werdende Veränderung ihre Ursache zu haben in einem veränderten Verhältnis des Königs zum Reich, einem gewandelten Verständnis der Königsherrschaft und neuen Bedürfnissen bei der Herrschaftsausübung. Für diesen Wandel gibt es kein besseres Zeugnis als jene mit Heinrich II. einsetzende Praxis, die Wipo beim Herrschaftswechsel zu

Konrad II. bereits als Gewohnheit bezeichnet: Der König tritt nach seiner Erhebung in einem Umritt, auf dem alle 'Stammesgebiete' besucht werden, die Herrschaft im Reich an[76]. Bei der Bestimmung des Königssohnes zum Nachfolger, vielleicht auch nach der Rückkehr von der Kaiserkrönung oder nach Herrschaftskrisen, sind gezielt allen Reichsteilen Besuche abgestattet worden[77]. Wie Roderich Schmidt gezeigt hat, fehlt dieser Umritt im 10. Jahrhundert noch[78] – es sei denn, man würde wiederum den Gnesen- und Aachenzug Ottos III. als einen Umritt im Imperium auffassen, wofür weniger der durch sachliche Erfordernisse festgelegte Reiseweg als das Auftreten und Handeln des Kaisers vor, während und nach der Umfahrt sprechen könnten[79]. Ein Umritt unterscheidet sich jedoch nur durch seine Planmäßigkeit von der ständigen Umfahrt des Königs im Reich, welche die Regierungsweise seit Heinrich II. kennzeichnet. Vorher gab es deutliche Schwerpunkte der Herrschaftsausübung, zwischen denen sich der Hof hin und her bewegte und aus deren Bereich er nur durch Züge mit besonderem Anlaß herausgeführt wurde[80]. Seit der Zeit um 1000 wird die Herrschaft des Königs in anderen Formen zur Darstellung gebracht: durch periodische Präsenz des Hofes in allen Teilen des Reiches.

Die Veränderung ist nicht nur am Verhalten des Königs, sondern auch am Verhalten der Großen ablesbar. Wenden wir uns deshalb noch einmal kurz den Königsurkunden zu und betrachten das Verhältnis von Ausstellungsort und Empfängerkreis. In der Zeit Ottos I. wurde der Großteil der Urkunden für schwäbische und bayrische Empfänger in den Landschaften ausgestellt, die Müller-Mertens als „politische Zentralräume" bezeichnet: im Harzgebiet, am Mittelrhein, im ostfränkisch-thüringischen Raum[81] (s. Karte Fig. 1). Die alemannischen Kirchen haben nicht weniger Privilegien erhalten als die Kirchen in anderen Teilen des Reiches[82], aber sie haben vor 952 um ihre Urkunden in Werla, Quedlinburg[83], Magdeburg, Fritzlar, Frankfurt oder Worms nachgesucht[84]; und die Tatsache, daß der Herrscher durch die Italienzüge von da an häufiger nach Schwaben kam, hat die Reisen schwäbischer Prälaten an den Königshof nicht reduziert[85]. Herzog Hermann I. ist in den Jahren 939–949, in denen Otto I. Schwaben wohl nie betrat, an den genannten Orten sechsmal nachweisbar und hat den König außerdem auf Feldzügen in Lothringen begleitet[86]. Daß der König nicht selbst nach Schwaben kam, sagt also für sich noch nichts aus über die Intensität seiner Verbindung mit dem Herzog und den Großen des Herzogtums. Seine Herrschaft äußerte sich vielmehr gerade darin, daß die alemannischen Großen ihn an den von ihm bevorzugten Orten, in seinem eigentlichen Herrschaftsgebiet aufsuchen mußten. Es war ein Zeichen der Rebellion, als die Söhne Herzog Arnolfs von Bayern 937 der Aufforderung nicht nachkamen, am Hofe des Königs zu erscheinen[87]. Der personal-lehnrechtliche Charakter der königlichen Herrschaftsausübung tritt hier erneut hervor. Die Pflicht *iussu regis in comitatum ire* bleibt das ganze 10. Jahrhundert hindurch eine wesentliche Grundlage der Königsherrschaft im Reich. Von 91 Urkunden für alemannische Empfänger (ohne Elsaß) aus der Zeit von Heinrich I. bis einschließlich Otto III. wurden nur 16 auf dem Boden Schwabens[88], weitere 11 im Elsaß ausgestellt[89], während 16 in Sachsen[90], 27 am Mittelrhein[91] und 14 in Italien[92] gegeben wurden. Dagegen sind von den 11 Urkunden Heinrichs II. 7 in Schwaben und Elsaß[93], nur 2 am Mittelrhein und 2 in Bamberg ausgestellt[94]; für die Zeit von Heinrich II. bis Heinrich III. nennen 13 von insgesamt 32 Diplomen einen Ausstellungsort im schwäbischen Gebiet[95], weitere 6 im Elsaß[96], nur noch 4 am Mittelrhein[97], trotz der Bedeutung, die Speyer unter den Saliern erhalten hat. Für elsässische Empfänger wurden 9 Urkunden im Elsaß[98], 11 im benachbarten Mittelrheingebiet gegeben[99], 3 in Oberlothringen[100], 1 in Alemannien und 1 im burgundischen Solothurn[101] (s. Karten Fig. 2–5). Seit Heinrich II. und verstärkt unter seinen Nachfolgern, läßt sich eine Tendenz beobachten, die man als Regionalisierung der Urkundenausstellung bezeichnen könnte. Die schwäbischen und elsässischen Großen erschienen vor dem König, wenn er in ihre Nähe kam; jedenfalls ließen sie sich die Urkunden in der Nähe zu ihrem eigenen Herrschafts- und Wirkungsbereich geben[102]. Die Stammesgrenzen spielen dabei keine Rolle: Für die Bayern werden die schwäbischen Orte Ulm und Augsburg ebenso zu Zielpunkten wie das fränkische Bamberg[103], die Italiener erreichen den Herrscher in Augsburg, Konstanz, Zürich oder Basel[104]. Man erkennt unschwer ein Phänomen, das dem Aufkommen des Königsumritts unter Heinrich II. entspricht. Mit der regelmäßigeren und häufigeren Bewegung des Hofes korrespondiert somit ein Zurücktreten der unter den Ottonen so deutlich erkennbaren Zentralräume, von denen allein das Mittelrheingebiet seine Funktion behält[105].

Noch krasser tritt eine Veränderung der bisherigen Herrschaftspraxis hervor, wenn man die in Italien ausgestellten Urkunden für deutsche Empfänger betrachtet. Es sind bei Otto I. 37, bei Otto II. 32 und bei Otto III. 37 Diplome für 23, 24 bzw. 31 verschiedene Empfänger[106]. Aus der Zeit Heinrichs II., Konrads II. und Heinrichs III. dagegen haben sich jeweils nur noch 2 in Italien ausgestellte Urkunden für deutsche Empfänger erhalten[107] (sieht man von 2 Diplomen für das Domkapitel von Chur ab, die Chiavenna und das Bergell, somit italienisches Gebiet, betreffen[108]). Der Kontrast ist auffallend, und man kann den Wechsel kaum anders interpretieren, als daß seit Heinrich II. die Angelegenheiten der deutschen Reichsangehörigen in der Regel auf deutschem Boden verhandelt wurden. Der Wechsel liegt hier eindeutig erst bei Heinrich II., nicht schon bei Otto III.; er entspricht dem Aufkommen des Umritts und der neuen Gewohnheit, in den einzelnen Herzogtümern 'Stammestage' abzuhalten[109]. Die

Pflicht der Großen, regelmäßig an den gewohnten Sitzen des Königs zu erscheinen, tritt zurück hinter der Verpflichtung des Königs, in der Herrschaftsausübung die einzelnen Teile seines Reiches regelmäßig aufzusuchen – so könnte man die Tendenz kennzeichnen, die sich im Wandel der Regierungstätigkeit und der Form der Reichsintegration spiegelt. Doch bei aller Tendenz zur gleichmäßigeren Erfassung des Reiches scheint Heinrich, der einer echten Wahl die Herrschaft verdankte[110], stärker als seine Vorgänger genötigt gewesen zu sein, dem Willen regionaler Adelsgruppen Rechnung zu tragen. Unter ihm und den ersten Saliern erscheinen erstmals deutlich die Stämme, nicht nur ihre Herzöge und einzelne Große, als an der politischen Willensbildung beteiligt[111]: die Koinzidenz eines überstammlich agierenden Königtums und der als politische Verbände auftretenden Stämme bzw. Herzogtümer sollte nicht übersehen werden.

Königtum, Stamm und Herzogtum in der ersten Hälfte des 11. Jahrhunderts

Auch im Charakter des alemannischen und bayerischen Herzogtums zeichnen sich mit der Wende vom 10. zum 11. Jahrhundert Veränderungen ab. Während der 'Stamm' durch gemeinsames Auftreten und Handeln seiner Großen an Kontur gewinnt[112], scheint das Herzogtum selbst an Profil und Gewicht zu verlieren. Das geschieht, obwohl beispielsweise in Schwaben mit der Vererbung der Herzogswürde in der Familie der Konradiner und dann der Babenberger eine engere dynastische Bindung des Herzogtums erkennbar wird, die das Amt mehrfach – so 1004, 1015 und 1030 – in die Hand minderjähriger Herzogssöhne gelangen ließ[113]. Mit der Tendenz, das Herzogtum als eine Art besonders qualifizierter Adelsherrschaft an einzelne Familien zu binden, kontrastiert jedoch eine andere Entwicklung: Seit Heinrich II. haben die Könige vielfach selbst die Herzogsgewalt ausgeübt, sei es de facto durch die Regentschaft für einen unmündigen Herzogssohn, durch die Einsetzung eines minderjährigen eigenen Sohnes oder die Verleihung des Herzogtums an die Königin, sei es durch Einbehaltung des Herzogtums oder Vergabe an den bereits volljährigen Thronfolger. Oder sie haben in rascher Folge Herzöge ein-, mehrfach auch abgesetzt, die im Stammesgebiet nur schwach verwurzelt waren und deren herzogliche Machtgrundlagen, sieht man vom Eigengut ab, nur schwer zu fassen sind. Bayern wurde so in einem Jahrhundert 53 Jahre lang von Königen, Königinnen und Königssöhnen als 'Herzögen' verwaltet; und Heinrich III. (1039–1056) hat dort nicht weniger als siebenmal einen neuen Herzog erhoben[114]. Schwaben stand unter Heinrich II. und Konrad II. nur wenige Jahre unter der Regierung selbständiger, d. h. volljähriger Herzöge, ehe

Konrads Sohn Heinrich die Herzogswürde übernahm, die er zunächst auch als König behielt (1038–1045)[115]. Legt man die Maßstäbe des 10. Jahrhunderts an, so kann die Entwicklung, die mit Heinrich II. eingesetzt hat, kaum anders denn als Krise des Herzogtums verstanden werden, eine Krise, die am Ende des 11. Jahrhunderts dazu führte, daß Schwaben in die Machtsphären dreier herzoglicher Geschlechter aufgeteilt wurde.

Schon vor vier Jahrzehnten hat Gerd Tellenbach auf die Tatsache hingewiesen, daß sich dieser Griff des Königtums nach herzoglichen Positionen auf Schwaben und Bayern beschränkt[116], d. h. auf die beiden Herzogtümer, denen im Herrschaftsgefüge des Reiches nach unseren Beobachtungen bis in die Zeit um 1000 eine Sonderstellung eingeräumt war. In Sachsen festigte sich das billungische Herzogtum mit dem 11. Jahrhundert[117]; in Lothringen fand die Trennung der beiden Teilherzogtümer und ihre Bindung an einheimische Adelsgeschlechter ihren Abschluß, ohne daß einer der Herrscher die zahlreichen Wirren benutzt hätte, die Herzogswürde an sich zu ziehen oder einem Mitglied der eigenen Familie zu übertragen[118]. Die Entwicklung, welche die süddeutschen Herzogtümer im 11 Jahrhundert genommen haben, mit ihrer Sonderstellung im 10. Jahrhundert zu verbinden[119], liegt um so näher, als es eben die Politik der Einbehaltung des Herzogtums oder der Verleihung an minderjährige Herzogssöhne oder an im Stammesgebiet schwach verwurzelte Große war, die es dem Königtum erleichterte, in Schwaben die aus karolingischem Fiskalgut stammenden 'Vororte' des Herzogtums wiederum in seinen Dienst zu stellen. Wenn es, wie Helmut Maurer gezeigt hat, in der Zeit des Investiturstreits zu einem Wechsel in den Vororten des Herzogtums kam[120], so ist dies eine Folge der Politik, die seit Heinrich II. die Könige in den Besitz der bisherigen 'Herzogspositionen' gebracht hatte. Wurde dem König im 10. Jahrhundert in der ehemals karolingischen, nun herzoglichen Pfalz Zürich Gastung gewährt, so waren die nach 1045 eingesetzten Herzöge darauf angewiesen, daß ihnen der König zur Amtswaltung seine Plätze überließ[121]. Spezifisch herzogliche Machtgrundlagen sind, soweit sie nicht aus Eigengut der Herzogsfamilie bestanden, nur schwer zu erkennen. Erst als es im ausgehenden 11. Jahrhundert in Schwaben und Bayern mächtigen Familien gelang, die Herzogsherrschaft fest mit ihrer eigenen Adelsherrschaft zu verbinden und wiederum mit Machtmitteln des Königtums anzureichern, stabilisierte sich hier das Herzogtum auf einer Basis, die den Grundlagen der Herzogtümer und Herzogsherrschaften in anderen Teilen des Reiches entsprach[122]. Insofern vollzieht sich, wie Tellenbach hervorgehoben hat, unter Heinrich IV. erneut ein Wandel[123]; Maurers Beobachtungen unterstreichen dies sozusagen aus der 'Stammesperspektive'.

Zur Machtgrundlage der süddeutschen Herzöge des 10. Jahrhunderts gehörten auch die Reichskirchen, deren Zuordnung zum Herzogtum Helmut Maurer für Schwaben herausgestellt hat[124]. Auch darin erweist sich der Herzog als Amtsträger königlicher Qualität. Hier setzt die 'Reichskirchenpolitik' der Herrscher in ähnlicher Weise an: mit Hermann II. († 1004) geht nach Maurer der Einfluß auf die Hochstifte, mit dem Tode Hermanns IV. († 1038) die enge Bindung der Reichsklöster an das Herzogtum verloren[125]. Wenn Otto III. 994 bei der Besetzung des Regensburger Bischofsstuhls dem Wunsch des Bayernherzogs zuwiderhandelte[126], wenn Konrad II. dem schwäbischen 'Herzogskloster' Einsiedeln, das Reichsabtei war, 1026 einen bayerischen Kleriker als Abt gab und damit die enge Bindung Einsiedelns an das Herzogtum löste[127], so zeigen diese Akte wiederum den gezielten Eingriff des Königtums zur Schwächung der herzoglichen Position. Eine derartige Bindung der Reichskirchen an den Herzog hat es in Sachsen nicht gegeben. Statt dessen zeigt die Tatsache, daß die billungischen Herzöge alle in ihrer Stiftung Lüneburg begraben wurden[128], während die schwäbischen Herzöge ihr Grab in Reichskirchen – Reichenau, Konstanz, aber auch St. Alban, Aschaffenburg oder Würzburg – fanden[129], bereits die dynastische Verbindung von Hauskloster, Erbbegräbnis und Eigenherrschaft, die vom Adel seit der Mitte des 11. Jahrhunderts allgemein angestrebt wurde[130].

Daß das billungische Herzogtum in Sachsen ebenso wie die Herzogtümer in Ober- und Niederlothringen sich in ihrem Charakter von den „echten Stammesherzogtümern" im Süden des Reiches unterschieden, ist schon oft ausgesprochen worden[131]. Es fiel schwer, die „unechten" Stammesherzogtümer von den neuen Herzogsherrschaften, d. h. den Herrschaften anderer Geschlechter von Herzogsrang wie z. B. dem salischen Dukat am Mittelrhein, zu unterscheiden, die auf der Grundlage von Eigengut und königlichen Lehen ebenfalls seit dem späten 10. Jahrhundert entstanden waren[132]. Der weitergehende, auf ein 'Herzogtum' bezogene Auftrag, der die sächsischen oder lothringischen Herzöge über andere Adelsfamilien herzoglichen Ranges hinaushob, war offensichtlich begrenzt und ist wohl deshalb schwer zu fassen, weil es allem Anschein nach ein materielles Substrat, das dem Herzog zur Erfüllung seiner Aufgaben vorbehalten war, nicht gegeben hat[133]. Trotz herzoglicher Befugnisse erreichte so das Herzogtum in Sachsen, Ober- oder Niederlothringen nie die Machtfülle, die das alemannische oder das bayerische Herzogtum als Erben des Königtums in einem karolingischen *regnum* hatten: die Verfügungsgewalt über Fiskus und Pfalzen, eine Stellvertretung des Königs, die – auf Grund der Entwicklungsgeschichte des deutschen Reiches – selbst Züge königlicher Machtausübung trug und viel umfassender war als die Hermann Billung anvertraute *procuratio* in Sachsen[134]. Die süddeutschen Herzöge der frühottonischen Zeit standen noch in der Tradition des spätkarolingischen *dux regni,* d. h. sie erhielten für ihr 'Herzogreich' eine Art vizeköniglicher

Funktion[135], die strukturell aus der Vorstellung des Unterkönigtums abzuleiten ist. In dem neuen Verständnis der Königsherrschaft, das sich mit dem 11. Jahrhundert durchsetzte und zu tiefgreifenden Veränderungen in der Herrschaftspraxis führte, gab es für ein so geartetes Herzogtum kaum noch einen legitimen Platz. Man versuchte, die vizeköniglichen Funktionen der süddeutschen Herzöge in die Amtswaltung des Königs zu integrieren, indem der Herrscher das Herzogsamt de facto selbst übernahm. Die um 1000 erkennbare Tendenz, die Herzogswürde wie eine Adelsherrschaft in der Familie zu vererben[136], ließ dem König kaum eine andere Wahl, als das, was den Herzog von Schwaben oder Bayern über andere Herzöge im Reich hinaushob, selbst in die Hand zu nehmen und die der neuen Reichskonzeption widersprechende Sonderung der beiden *regna* aufzuheben.

Königshaus und Herzogsamt im 10. Jahrhundert

Die Überlegungen zur Geschichte der süddeutschen Herzogtümer im 11. Jahrhundert unterstreichen nicht nur den Wandel von Herrschaftspraxis und Reichsstruktur in spätottonischer Zeit, sondern verleihen der Frage, die sich bereits aus den Beobachtungen zum Königsitinerar und zur königlichen Urkundenpraxis ergeben hat, einen noch schärferen Akzent: der Frage nach dem Charakter des Herzogtums im 10. Jahrhundert, nach dem Verhältnis von Königtum und Herzogtum im frühdeutschen Reich[137].

Wir sind gewohnt, das Verhältnis von Königtum und Herzogtum aus der Polarität von Zentralgewalt und ('Stammes'-)Partikularismus zu deuten. Unzweifelhaft beginnt Heinrich I. seine Herrschaft im Zeichen eines Dualismus: seinen Anspruch auf Königsherrschaft im Rahmen eines durch die karolingisch-ostfränkische Tradition umschriebenen Reiches stieß auf den Anspruch der führenden Familien in Alemannien, Bayern und – mit etwas anderer Akzentsetzung – auch in Lothringen, in ihrem Machtgebiet eine Art vizeköniglicher Herrschaft auszuüben. Der Anspruch der herzoglichen Familien, der sich zumindest ideell auf alte Regna-Grenzen innerhalb des ostfränkischen Reiches beziehen ließ, galt dabei nicht so sehr der Königswürde selbst als einer umfassenden Stellvertretung des Königs, welche ihnen in ihrem Herrschaftsbereich die volle Nutzung der königlichen Machtmittel garantierte[138]. Daß Heinrich I. sich mit der lehnrechtlichen Anerkennung seiner königlichen Oberherrschaft begnügte und im herzoglichen Machtbereich nicht auf der faktischen Verfügung über die materiellen Grundlagen des karolingischen Königtums bestand, hat zum raschen Ausgleich mit Burkhard von Schwaben und Arnolf von Bayern wesentlich beigetragen. Die Herzöge wurden, indem sie die Herrschaft Heinrichs anerkannten, Stellvertreter des Königs in ihrem 'Reich' und erhielten, als die wichtigsten Vasallen und als Freunde des Königs, zugleich Anteil an der Königsherrschaft selbst, was sich nicht zuletzt in der Festigung ihrer Führungsposition im sogenannten Stammesgebiet niederschlug[139]. Nach unseren Beobachtungen blieb die Teilung der ihrer Qualität nach königlichen Machtmittel zwischen König und Herzögen und, daraus folgend, die Einschränkung der königlichen Herrschaftsgewalt im Bereich der süddeutschen Herzogtümer zwar nicht in vollem Umfang[140], aber doch dem Prinzip nach über das ganze 10. Jahrhundert hinweg bestehen. Dennoch wäre es unzutreffend, diesen Dualismus als Auswirkung eines Stammespartikularismus zu betrachten und ihn weiterhin aus der Situation von 919 zu interpretieren. 'Stammesfremde' waren es zumeist, die in Bayern, Schwaben und zunächst auch in Lothringen die Herzogwürde erlangten[141]; doch es waren Männer, die den vornehmsten Familien im Reich angehörten: den fränkischen Konradinern und den sächsischen Liudolfingern, d.h. den beiden Geschlechtern, die nach den Karolingern im ostfränkischen Reich zum Königtum gelangt waren. Der Herzog war Bruder, Sohn, Vetter des Königs; soweit er aus einer anderen Familie stammte, wurde er als Schwager oder Schwiegersohn an das Königshaus gebunden[142]. Die engste Verwandtschaft des Königs übernahm so im Laufe weniger Jahrzehnte die wichtigsten Positionen im ganzen Reich. Dementsprechend ging es bei den Herzogsaufständen des 10. Jahrhunderts nirgends um 'Stammesinteressen' und – abgesehen vielleicht von der Erhebung der Arnolf-Söhne 937/38[143] – allenfalls sekundär um Rechte der herzoglichen Gewalt, sondern es ging um den politischen Einfluß im Reich und im Rate des Königs, um die Rangordnung innerhalb des Königshauses und in der engsten Umgebung des Herrschers[144]. Offensichtlich steht der Rang der Familien, die Nähe zu König und Königshaus auch in Beziehung zu dem, was mit dem Herzogtum qualitativ an Funktionen und Herrschaftsmitteln verliehen wurde.

Bereits im November 926 erhielt der Franke Hermann das Herzogtum des im April in Italien gefallenen Burkhard von Schwaben[145]. Hermann war Vetter des Frankenherzogs Eberhard und des Königs Konrad I. und bereits zum Zeitpunkt seiner Erhebung einer der mächtigsten Männer im Reich. Seinen Positionen am Mittelrhein wurden das burkhardingische Familiengut und die ehemaligen Machtmittel des karolingischen Königstums in Schwaben hinzugefügt. Wir sind gewohnt, die Einsetzung des 'Stammesfremden', die den Konradinern einen erheblichen Machtzuwachs verschaffte[146], als Erfolg Heinrichs I. zu werten, obwohl 926 noch durchaus offen war, ob die Königswürde auf die Dauer bei den sächsischen Liudolfingern bleiben würde, und obwohl sich damals noch kaum absehen ließ, wie sich der eben erst vollzogene 'Gewinn' Lothringens auf die Machtverhältnisse und die Verteilung der politischen Schwerpunkte im ostfränkischen Reich auswirken würde. Auch standen die prestigebringenden Erfolge des 'ungesalbten Königs' gegen die Ungarn und Slawen noch aus. So ist die Einsetzung Hermanns zum Herzog von Schwaben nicht nur als Hinweis auf die Macht des Königs, sondern vor allem auch als Zeugnis für Anspruch und Gewicht der Konradiner im Reich Heinrichs I. zu werten. Der König hat sich hier zweifellos die für seine Politik unerläßliche Unterstützung der Konradiner gesichert; wenn man sieht, daß gleichzeitig die alemannischen Grafschaften in Vintschgau und Engadin an Herzog Arnolfs Bruder abgetreten wurden und Arnolf selbst nach 926 für das ostschwäbische Kloster Kempten intervenierte[147], gewinnt man den Eindruck, daß den Liutpoldingern ein Ausgleich für die Stärkung der Konradiner zugestanden wurde.

Welches Risiko in Heinrichs Entscheidung lag, lehrt ein Blick auf die Krise von 939, die Otto I. beinahe die Herrschaft gekostet hätte[148]. Hätten sich Hermann und seine Brüder nicht kurz zuvor mit ihrem Vetter Eberhard überworfen[149] und so ihr Eigengut am Rhein und die burkhardingischen Positionen in Schwaben für den König gesichert, wäre Otto I. der Koalition seiner Gegner sicher nicht gewachsen gewesen. Insofern ist die Frage durchaus berechtigt, ob Heinrich I. 926 bei seiner Entscheidung frei war: ob er dem Konradiner, der die Witwe des gefallenen Schwabenherzogs heiratete[150], das Herzogtum überhaupt hätte verweigern können. Eine Bevorzugung der Konradiner, die ihrem besonderen Rang Rechnung trug, wird auch in der Entscheidung Ottos I. deutlich, seinen damals einzigen Sohn Liudolf, den voraussichtlichen Thronfolger, mit Hermanns Tochter zu verheiraten[151]. Mit der Verlobung von 939 hat der König nicht nur Hermanns Treue während der vorangegangenen Aufstände belohnt, sondern zugleich die Familien in einer Verwandtschaft zusammengeführt, die nach den Karolingern im ostfränkischen Reich die Königsherrschaft ausgeübt hatten: die Konradiner und die Liudolfinger. Wenn man will, kann man hierin eine Bekräftigung der fränkisch-sächsischen Allianz sehen, die das Königtum Heinrichs I. begründet hatte[152], und es ist kaum denkbar, daß die Einziehung des fränkischen Herzogtums nach dem Tode Eberhards ohne die enge Bindung der Konradiner an das Königshaus und ihre Entschädigung in Schwaben keinen Widerstand provoziert hätte[153].

Wurde bei der Einsetzung Hermanns die Sippe König Konrads berücksichtigt, die 983 in Schwaben erneut zur Herzogswürde gelangte[154], so dominierte bei der Besetzung der Herzogtümer, wie Karl Schmid hervorgehoben hat[155], bald ganz das liudolfingische Königsgeschlecht mit seinen Seitenverwandten.

Der lothringische Herzog Giselbert, der sich 925 der Herrschaft Heinrichs unterstellt hatte, wurde 928/9 Schwiegersohn des Königs[156]. Ihm folgte, trotz der vorhergegangenen Aufstände, Ottos Bruder Heinrich, der nach einem erneuten Aufstand einer vormundschaftlichen Regierung für Giselberts Sohn Heinrich, den Neffen des Königs, Platz machen mußte[157]. 944

wurde das Herzogtum an den Franken Konrad vergeben, der gleichzeitig Schwiegersohn des Königs wurde[158]. Nach Konrads Empörung übernahm 954 Ottos Bruder Brun die Verwaltung Lothringens[159], unter dem sich dann die durch karolingische Abstammung und Verwandtschaft mit den Liudolfingern ausgezeichneten Geschlechter profilierten, die später in Ober- und Niederlothringen zur Herzogswürde gelangten: Friedrich, Urenkel Ludwigs d. Stammlers, der eine Nichte Ottos d. Gr. zur Frau nahm[160], und Gottfried, Enkel Karls d. Einfältigen, dessen Großmutter Oda eine Schwester Heinrichs I. war[161].

Auf Hermann folgte in Schwaben Ottos Sohn Liudolf, der Schwiegersohn des Herzogs[162]. Ein Erbrecht Burkhards II., der 926 wohl als minderjährig übergangen worden war, wurde auch hier nicht anerkannt bzw. von dem höheren Rang des Königssohns in den Hintergrund gedrängt[163]. Dagegen kam Burkhard nach der Absetzung Liudolfs zum Zuge, nachdem der König inzwischen Burkhards Tante Adelheid zur Frau genommen hatte und Burkhard sich mit einer Nichte des Königs, der Tochter Herzog Heinrichs von Bayern, verband[164]. Nach Burkhards Tod († 973) setzte sich Otto II. wiederum über Ansprüche der Herzogswitwe und ihrer bayerischen Verwandtschaft hinweg und machte seinen Neffen Otto, den Sohn Liudolfs, zum Herzog[165], auf den dann wiederum die Konradiner folgten[166].

In Bayern hatte Herzog Arnolf († 937) noch vor dem Tode Heinrichs I. versucht, seinem Sohn Eberhard die Nachfolge zu sichern[167]. Es ist bis heute ungeklärt, weshalb es unmittelbar nach dem Tode des Herzogs zum Aufstand seiner Söhne gegen den König kam und wie das von Adalbert angegebene Motiv – *ambitione ducatus* – zu deuten ist[168]. Plante Otto schon zu diesem Zeitpunkt, das Herzogtum seinem Bruder Heinrich zu übertragen? Nach der Niederlage der Arnolf-Söhne wurde Arnolfs Bruder Berthold zum Herzog gemacht, der wiederum eine Schwester oder Nichte des Königs heiraten sollte[169]. 948 erhielt dann Heinrich das Herzogtum[170], das 955 – vielleicht weil kein anderer männlicher Angehöriger des Königshauses verfügbar war – sogar seinem unmündigen Sohn überlassen wurde[171]. Nach der Absetzung Herzog Heinrichs II. erhielt Ottos II. Neffe Otto, der bereits Schwaben verwaltete, auch das bayerische Herzogtum[172]. Nach Ottos Tod kam es vorübergehend an einen Sohn Herzog Bertholds[173], ehe 985 der Liudolfinger Heinrich wieder in sein Herzogtum eingesetzt wurde, dem sein Sohn, der spätere König Heinrich II., als Herzog folgte[174].

Die ottonische 'Familienpolitik' in der Besetzung der Herzogtümer ist bekannt[175]. Daß die Herzöge zugleich die 'einheimischen Geschlechter' fortführten oder sich durch Heirat mit denselben verbanden, sicherte ihnen Ansprüche auf das Verwandtenerbe und verschaffte ihnen zugleich Verfügungsgewalt über Familiengut der alten Herzogssippe, von dem der dem karolingischen Fiskus entstammende Besitz wohl nicht klar geschieden wurde, war aber nicht im streng erbrechtlichen Sinne Grundlage ihrer Erhebung[176]. Was an der 'Familienpolitik' in unserem Zusammenhang Beachtung verdient, ist das Zusammentreffen zweier Phänomene: Auf der einen Seite sind alle im Reich lebenden Söhne, Enkel und Urenkel Heinrichs I., die nicht selbst die Königskrone trugen oder zum geistlichen Stand bestimmt waren, mit der Verwaltung eines Herzogtums betraut worden[177]. Neben der Zugehörigkeit zum liudolfingischen Geschlecht scheint allenfalls karolingische Herkunft, eine Verwandtschaft mit König Konrad I. oder die Abstammung von den Herzögen, die sich Heinrich I. in Anerkennung seiner Königsherrschaft unterstellt hatten, zum Herzogtum qualifiziert zu haben; doch blieb in diesen Fällen der Zugang zum Herzogtum auf einzelne Exponenten der Sippen beschränkt und es kam, vielleicht als das wichtigere Moment, zur qualifizierten Herkunft meist eine Verschwägerung mit dem Königshaus hinzu. Auf der anderen Seite sind Herzöge aus der Königsverwandtschaft nur erhoben worden in den Herzogtümern, die an die Tradition eines karolingischen *regnum* anknüpfen konnten, d.h. in denen die Herzöge über Teile des karolingischen Fiskus verfügten und denen – wie unsere Beobachtungen zur Herrschaftspraxis gezeigt haben – im frühottonischen Reich eine Eigenständigkeit zukam, die in einer Einschränkung der direkten Herrschaftsausübung des Königs sichtbar wird: in Schwaben und Bayern und zunächst auch in Lothringen.

Das Zusammentreffen von königlicher Abstammung der Herzöge bzw. ihrer Zugehörigkeit zu einer Familie königlichen Ranges und vizeköniglichem Charakter der Herrschaftsausübung im 'Herzogreich' verbindet das frühottonische Reich sehr eng mit Strukturen des karolingischen Imperiums[178]. Man muß die Frage stellen, auch wenn sie im Rahmen dieser Untersuchung nicht verfolgt und nicht beantwortet werden kann: Haben Modelle eingewirkt, wie sie im Streit um die Reichseinheit unter Ludwig dem Frommen ansatzweise schon entwickelt worden waren? Das Prinzip der Unteilbarkeit des Reiches[179], schon 929/30 zwischen Heinrich I. und den Herzögen fixiert, das 936 bei der Thronfolge Ottos d. Gr. wirksam wurde, warf erneut die Frage nach der Stellung der Königssöhne auf, die nicht zum Königtum gelangten. Daß hier ein zentrales Problem des frühottonischen Reiches nicht gelöst war, hat Karl Schmid zu Recht hervorgehoben[180]. Die Entstehung des spätkarolingischen Fürstentums mit einer Art vizeköniglicher Prärogativen einerseits, der Wegfall des karolingischen Sippencharismas andererseits ermöglichten einen neuen Kompromiß: Die nicht zur Königsherrschaft ausersehenen Nachkommen des Königs wurden als Herzöge dem einen Herrscher des Reiches unterstellt und erhielten, dem König untergeordnet und zugleich über andere Adelsherrschaften hinausgehoben, in der Herzogswürde eine Teilhabe an der Königsherrschaft. Herzogswahl, herzogliche Insignien, die Betonung des Gottesgnadentums in Urkunden, die sich formal an königliche Urkundenmodelle anlehnen, sind Hinweise darauf, daß den Herzögen im frühottonischen Reich auch Zeichen der königlichen Herrschaftslegitimation zugestanden wurden[181].

War bei der Besetzung der Herzogtümer Bayern, Schwaben und Lothringen und ebenso bei dem 976 geschaffenen Herzogtum Kärnten Königsverwandtschaft, ja königliche bzw. königsgleiche Abstammung allem Anschein nach die entscheidende Voraussetzung, so scheint sich umgekehrt Otto d. Gr. energisch gegen die Auffassung gewehrt zu haben, daß Königsverwandtschaft oder Königsnähe auch unterhalb der Ebene des 'Herzogreichs' Ansprüche begründeten, die stärker waren als der Erbanspruch näherer Verwandter. Dies gilt, wie Vorgänge aus den Anfangsjahren Ottos d. Gr. zeigen, selbst für Positionen, die als eine Art Königsstellvertretung gelten können.

Ottos I. Halbbruder Thankmar nahm es zum Anlaß einer Rebellion, daß der König nach dem Tode des Markgrafen Siegfried, den Widukind als zweiten Mann nach dem König und als des Königs Stellvertreter in Sachsen bezeichnet, dessen Funktionen dem Markgrafen Gero übertrug[182]. Seitdem Karl Schmid gezeigt hat, daß Gero Siegfrieds Bruder war und in eine Position eintrat, die schon sein Vater innegehabt hatte[183], klingt das von Widukind angegebene Motiv doppelt merkwürdig: Thankmar fühlte sich übergangen, weil er mit Siegfried verwandt war – seine Mutter war nämlich eine Tochter von Siegfrieds Tante mütterlicherseits. Das Argument ist nur verständlich, wenn derartige Ämter dem Prinzip nach bisher nicht in agnatischer Linie vererbt wurden, sondern auch von ranghöheren Mitgliedern der weiteren Sippe beansprucht werden konnten[184]. Als nur entfernt Erbberechtigter, aber als Halbbruder des Königs glaubte Thankmar offensichtlich, hier einen gewichtigeren Anspruch anmelden zu können als Gero, der, anders als sein Bruder, nicht einmal mit dem Königshaus verschwägert war.

Ganz ähnlich ist es wohl zu erklären, wenn Wichmann sich 936 weigerte, unter dem Kommando seines Bruders Hermann (Billung) gegen die Slawen zu ziehen[185]: hatte er doch eine Verwandte der Königin Mathilde zur Frau! Offensichtlich war er der Auffassung, daß ihm, dem *consanguineus* der Königin, und nicht seinem Bruder das Kommando zugestanden hätte, das zuvor wohl schon einem Angehörigen der Familie anvertraut war[186]. Die Übertragung des Oberkommandos an Hermann wurde auch von anderen sächsischen Großen als eine Zumutung empfunden und löste Rivalitäten mit dem Anführer des Heeres aus. Als Hermann einen glänzenden Sieg errungen hatte, der ihm Ruhm einbrachte, wollte Ekkehard, Sohn Liudolfs, 'noch Größeres vollbringen oder nicht länger leben' – und kam bei dem mit wenigen Gefährten versuchten Husarenstück um[187].

Das Verhalten Thankmars und Wichmanns zeigt, in welchem Maße man in ottonischer Zeit die Vergabe von wichtigen Positionen nach dem Kriterium der Rangordnung in Stamm und Reich beurteilte, wobei Königsverwandtschaft und Königsnähe in der Vorstellung der Zeit besonderen Vorzug verdienten. Um so bemerkenswerter ist die Unterscheidung, die sich in der Politik der Ottonen erkennen läßt: Während Königsverwandtschaft, Zugehörigkeit zum Königshaus, bei der Besetzung der 'Stammesherzogtümer', der 'Herzogreiche', eine entscheidende Voraussetzung war und streng erbrechtliche Vorstellungen hier noch nicht durchgedrungen sind, haben die Herrscher sonst die erbliche Bindung der Ämter an die Adelsfamilien sogar in den Fällen anerkannt, in denen weitgehende Vollmachten damit verbunden waren, und haben sich der Auffassung wiedersetzt, daß ein näherer Erbanspruch durch größere Königsnähe zurückgedrängt werden kann. Die spätkarolingische Tendenz zur Erblichkeit der Ämter ist offensichtlich von den Ottonen – sieht man von der Herzogswürde in den *regna* Alemannien, Bayern und Lothringen ab – allgemein anerkannt worden. Es war dies die Basis, auf der sich das billungische Herzogtum und die markgräflichen Herrschaften in Sachsen stabilisierten, während in den süddeutschen Herzogtümern bis in das 11 Jahrhundert die Situation für das Königtum offener blieb.

Nicht zu verkennen ist jedoch ein anderes Ergebnis dieser Politik, das sie unmittelbar mit unseren Beobachtungen zur Herrschaftspraxis verbindet. Die jüngeren Söhne des Königs, ihre Nachkommen und die mit der Königsfamilie verschwägerten Großen wurden durch die Einsetzung zum Herzog in Schwaben, Bayern, Lothringen oder Kärnten von den Gebieten abgelenkt, die der unmittelbaren Herrschaftsausübung des Königs vorbehalten waren: von Sachsen und Franken. Hier gab es keinen Platz für Kräfte, die an den Machtmitteln des Königtums partizipieren wollten. Der Versuch Herzog Hermanns, sich von seinem Verwandten Adalbert in Magdeburg wie der König empfangen zu lassen und – vermutlich nach dem Vorbild der süddeutschen Herzöge – in der Pfalz den Platz des abwesenden Königs einzunehmen, löste eine sofortige Reaktion Ottos d. Gr. aus[188]. Ein Nebeneinander von Herzog und König war hier – anders als z. B. in Zürich – nicht möglich. Es kann kaum ein Zweifel daran bestehen, daß Otto d. Gr. es in Sachsen bewußt vermieden hat, Mitglieder der eigenen Familie mit mehr als einem persönlichen Erbe und einem 'Sitz' auszustatten[189]; und es kann auch kaum bezweifelt werden, daß die Einbehaltung des Herzogtums Franken auch in dem für die Königsherrschaft unentbehrlichen Fiskus am Mittelrhein, der von Heinrich I. auffallend wenig beansprucht worden war, klare Verhältnisse schaffen sollte: Otto I. hat die mittelrheinischen Pfalzen von Anfang an voll genutzt[190].

Der Wandel von Herrschaftsauffassung und Reichsidee in spätottonischer Zeit

Die Betrachtung der personalen Struktur des Reiches hat uns so wiederum zu der Herrschaftspraxis zurückgeführt, von der wir ursprünglich ausgegangen sind. Die Geschichte des Herzogtums unterstreicht noch einmal die Unterschiede zwischen Sachsen und Franken auf der einen und den süddeutschen Herzogtümern auf der anderen Seite, die für die Reichsstruktur im 10. Jahrhundert kennzeichnend waren. Sie läßt zugleich den Wandel noch schärfer hervortreten, der sich seit der spätottonischen Zeit vollzog. Die Plötzlichkeit der Veränderungen erlaubt den Schluß, daß sie das Ergebnis politischer Entscheidungen sind, d.h. daß der Wandel konzeptionell bedingt ist. Er scheint auf das engste mit der Entwicklung der Reichsidee und mit Wandlungen im Selbstverständnis des Königtums zusammenzuhängen. Damit ist die Frage nach dem Verhältnis von Herrschaftsauffassung und Reichsidee auf der einen und Herrschaftspraxis und Reichsstruktur auf der anderen Seite gestellt.

Daß Otto d. Gr. sich vor allem in Sachsen und Franken aufgehalten und dort auch den Großteil seiner Urkunden ausgestellt hat, wurde von Eckard Müller-Mertens mit dem zeitgenössischen Begriff der *Francia et Saxonia* zusammengebracht[191]. Die Kanzlei Heinrichs I. und Ottos I. hat ihn gelegentlich zur Bezeichnung des Reiches gebraucht. Widukind hat einmal so das Reich benannt, über das Otto I. vor dem Erwerb Italiens und Roms herrschte; bei den Königswahlen von 911, 919 und 936 handelt für ihn der *populus Francorum atque Saxonum.* Die Prümer Annalen steuern noch einen *Saxonum et orientalium Francorum rex* als Titel für Heinrich I., *rex Francorum atque Saxonum* für Otto I. bei[192]. Doch darf man „die ottonische *Francia et Saxonia*" nicht nur in geographischem Sinne beziehen auf ein „eigentliches Herrschaftsgebiet" Ottos d. Gr., wie es sich in der „Herrschaftspraxis" abzeichnet. Man muß vielmehr den gelegentlich auftauchenden Begriff, um ihn richtig zu deuten, in seiner Spannung zur üblichen Reichsbezeichnung sehen, die, auch bei Widukind, *regnum* bzw. *imperium Francorum* ist[193]. Durch die Forschungen von Reinhard Wenskus und anderen wissen wir, daß einer solchen Begriffsbildung eine gentile Reichsauffassung zugrunde liegt, die ausgeht von der personal verstandenen Herrschaft des Königs und der Großen aus seiner *gens*[194]. Ethnisch gesehen waren die Franken im „Reich der Franken" eine Minderheit, der „König der Franken" war Herrscher über eine Mehrzahl von *gentes,* die den Franken und ihrem König dienten und deren Große eben durch diesen Dienst und die aus ihm resultierende Integration in die fränkische Führungsschicht, in das Reichsvolk, den *populus Francorum,* hineinwuchsen. Daß ein solches Denken am Anfang des 11. Jahrhundert noch nicht überwunden war, zeigt das bei der Wahl des Bayernherzogs Heinrich zum König verkündete *triumphat Baioaria* ebenso wie die Befürchtung Thietmars, daß mit dem Erlöschen der liudolfingischen Dynastie das Königtum an einen anderen Stamm übergehen und daraus für die Sachsen eine *oppressio libertatis* folgen könnte[195]. Für das 10. Jahrhundert ist die Vorstellung einer herrschenden *gens* und dienender *nationes* im Ottonenreich gut bezeugt[196]. Doch der alte karolingische Anspruch auf Exklusivität der Königswürde[197] und die reale fränkisch-sächsische Allianz, die das Königtum Heinrich I. ermöglichte[198], schlossen es aus, den König als *rex Saxonum* zu verstehen, wie er von nichtdeutschen Zeitgenossen im 10. Jahrhundert gelegentlich bezeichnet wurde[199]. Umgekehrt war es anscheinend für das Selbstverständnis der Sachsen ein Problem, daß das Reich ihres Königs nur als *regnum Francorum* gelten und damit der Herrscher aus ihrer *gens* ein *rex Francorum* sein sollte: ich erinnere an die kunstvolle Geschichtskonstruktion, durch die Widukind Sachsen und Franken zunächst *socii et amici*, dann *fratres et quasi una gens ex Christiana fide* werden läßt, in der die *rerum summa*, das *summum imperium* allmählich an die Sachsen übergeht[200]. Bei dem vereinigten Doppelvolk und seinem neuen König aus sächsischem Stamm, der mit der Krönung zugleich Franke wird, liegt nun die Herrschaft.

Dem gentilen Verständnis von Königsherrschaft und Reich entspricht die Herrschaftspraxis. In ihr zeigt sich dieselbe Kontinuität. Auch die Karolinger haben ihr Reich von einem Kerngebiet, der *Francia,* her regiert, das sie nur mit konkreten Zielen verließen. In den Zentralräumen mußten die Großen vor dem König erscheinen; dort wurde, wie dann im 10. Jahrhundert in allen karolingischen Nachfolgestaaten, ein Großteil der Urkunden für das gesamte Reich ausgestellt[201]. Im frühdeutschen Reich hat das Gebiet der Franken (einschließlich der alten niederrheinischen Königslandschaft) und Sachsen diesen Zentralraum gebildet. Der Umritt, der seit Heinrich II. das ganze Reich erfaßte, hat sich in frühottonischer Zeit wohl auf diesen Kernraum beschränkt. Was Heinrich und seine Nachfolger neu einführten, war die Ausdehnung des Umritts auf das ganze Reich, während die Vorgänger in den gleichen Situationen einen charakteristischen Umzug über den Mittelrhein nach Aachen und zurück nach Sachsen unternommen haben[202]. Struktur und Selbstverständnis des Reiches sind hier noch aus der älteren Tradition zu deuten. Unsere Beobachtungen lassen erkennen, daß eine in gentilen Traditionen stehende Herrschaftsauffassung das Verhalten des Königs, die Herrschaftspraxis, bis zum Ausgang des 10. Jahrhunderts bestimmte.

Wie unsere Beobachtungen zum Herzogtum zeigen, bestand im 10. Jahrhundert trotz der Unteilbarkeit des Reiches ein personaler Bezug zwischen Königssippe und Reich fort, der zum gentilen Verständnis der Reichsstruktur wesensmäßig gehört und allen Mitgliedern des Königsgeschlechts Anteil an der königlichen Herrschaftsausübung verschafft. Der Vergleich mit der Karolingerzeit, in deren Tradition die frühottonischen Konzeptionen noch stehen, macht jedoch auch die seither eingetretenen Veränderungen deutlich. Nur auf der Ebene des Herzogtums ist die Verpflanzung von Franken und Sachsen in andere Teile des Reiches noch üblich und möglich; hier wird sie ohne Widerstand hingenommen. Im übrigen haben es die Ottonen – im Unterschied zu den Karolingern – vermieden, ihre engere Umgebung mit Besitz im ganzen Reich auszustatten und so fränkische oder sächsische Familien kraft königlicher Verleihung in Bayern oder Schwaben zu verankern[203]. Die gentilen Vorstellungen sind abgeschwächt, aber sie sind noch stark genug, die königliche Herrschaftspraxis im engeren Sinn zu bestimmen. Vielleicht ist auch die Vorstellung des imperialen Königtums, ja selbst die frühottonische Kaiseridee und das Verhältnis zu den Nachbarreichen noch von dieser personal-gentilen Herrschaftsauffassung her zu begreifen[204], die gestufte Abhängigkeitsverhältnisse ermöglicht und dem Imperium den Charakter einer nach außen nicht klar abgegrenzten Vorherrschaft beläßt: die Eingriffe Heinrichs I., Ottos d. Gr. und Ottos II. im westfränkischen Reich, die karolingische Verhaltensmuster fortzusetzen scheinen[205], obwohl das *corpus fratrum* nicht mehr bestand[206], könnten aus der Perspektive eine Erklärung finden.

Wer sieht, daß Otto III. auf eine bis dahin respektierte Sonderstellung der süddeutschen Herzogtümer keine Rücksicht mehr nahm, kann kaum umhin, diese Beobachtung in den Kontext einer viel weitergehenden Vereinheitlichung zu stellen, die für die Reichsidee Ottos III. kennzeichnend ist und von der historischen Forschung auch stets als Abkehr von einer tradierten Denkweise gedeutet wurde[207]. Der einzige der mittelalterlichen Kaiser, der von Deutschen und Italienern gemeinsam gewählt und gemeinsam von einem deutschen und einem italienischen Erzbischof in Aachen zum König geweiht wurde[208], hat bekanntlich die Scheidung zwischen dem deutschen und dem italienischen Reichsteil nicht mehr respektiert, sondern eine Politik verfolgt, die auf eine Verschmelzung der beiden *regna* im *imperium* hinauslief. Er hat deutsche Hofkapelläne in Italien zu Bischöfen gemacht[209], er hat dort Gerichtstage von deutschen Kapellänen oder von Herzog Otto von Worms präsidieren lassen[210]. Die Verwaltung der königlichen Kammer in Pavia war bereits unter Theophanu Deutschen übertragen worden[211]. 994 wurde erstmals auch die italienische Kanzlei einem Deutschen anvertraut, und wenig später wurde die bisherige Trennung von der deutschen Kanzlei überhaupt aufgegeben[212]. Selbst Rom erhielt mit Ottos III. Vetter Brun als Papst Gregor V. 996 einen Deutschen zum Bischof[213]. Dennoch war mit dieser Politik nicht eine Überfremdung Italiens intendiert. Im Gegenteil: nicht erst die moderne Forschung hat Otto III. eine Vorliebe für die Italiener, den „welschen Einfluß", vorgehalten. 'Aus

Liebe zu euch', läßt ein Mann, der mit den Gedanken des Kaisers vertraut war, Otto III. zu den Römern sprechen[214], 'habe ich meine Sachsen und alle Deutschen, mein eigenes Blut, verschmäht'. In der neuen Konzeption vom Imperium ist kein Platz für die Vorherrschaft einzelner gentiler Gruppen über andere; darin liegt die Erhöhung der Römer und die Zurücksetzung der Sachsen und aller Deutschen, auf die in der zitierten Rede abgehoben wird[215]. In diesen Zusammenhang muß es gehören, wenn die süddeutschen Herzogtümer eine bis dahin respektierte Sonderstellung verloren, und es ist keine freie Erfindung, wenn Otto III. die Formel *meos Saxones et cunctos Theodiscos, sanguinem meum* in den Mund gelegt wird – auch innerhalb des deutschen Reichsteils besaßen die bisher respektierten Gliederungen nicht mehr die alte Bedeutung.

Unsere Beobachtungen unterstreichen erneut, daß sich die Konzeption des Imperiums unter Heinrich II. von der Reichsidee Ottos III. unterschied. Während seines letzten Regierungsjahres hat Otto III. in Italien 12 Urkunden für deutsche Empfänger gegeben[216]; dagegen hat Heinrich II. in Italien nur noch zweimal für Empfänger in Deutschland geurkundet, und unter seinen Nachfolgern nahm die Aktivität der Kanzlei in diesem Punkte nicht wieder zu[217]. Die Beobachtung läßt zwei mögliche Erklärungen zu. Entweder zogen die Großen normalerweise nicht mehr über die Alpen, um den Herrscher außerhalb des *regnum* um Vergünstigungen zu bitten, oder aber der König konnte auf dem Boden Italiens nicht mehr ohne weiteres Verfügungen über 'deutsche' Angelegenheiten treffen[218]. Die Unterscheidung der beiden *regna* ist in diesem Punkt jedenfalls deutlicher, als sie es bis dahin jemals gewesen war. Allerdings haben die Nachfolger Ottos III. die Gewohnheit beibehalten, in Italien auch Deutsche zu Bischöfen zu machen[219]; sie haben Angehörige italienischer Domkapitel in ihre Hofkapelle berufen[220], obwohl diese deutlicher einen 'deutschen' Charakter besaß als unter Otto III. Zwar wurde unter Heinrich II. und den Saliern für beide *regna* wieder eine eigene Kanzlei eingerichtet, doch als Erzkanzler und Kanzler fungierten Deutsche[221]; und mehrfach haben deutsche Bischöfe, Kanzler oder Kapellane als Königsboten in Italien Gericht abgehalten[222]. Die Trennung der beiden *regna* war somit vom deutschen *regnum* her konzipiert, für das sie in gewisser Hinsicht ein Privileg bedeutete, während sie für Italien das Element der Fremdherrschaft betonte, das sich beim Dynastiewechsel von 1024 in aller Deutlichkeit zeigte: die Großen Italiens hatten abzuwarten, wen die Deutschen zum König wählten, und ihm dann zu huldigen[223]. Die Konzeption, die sich schon 983 bei der Wahl Ottos III. angekündigt hat, für die Wipo bei seiner Darstellung einer *electio idonea* in der Zeit Heinrichs III. noch einmal nachdrücklich plädierte und die zweifellos den Vorstellungen Ottos III. entsprochen haben dürfte, daß nämlich alle *gentes,* die zu dem in festen Grenzen gesehenen 'römischen Reich' gehörten, den Herrscher gemeinsam wählen sollten[224], blieb eine Utopie.

Nach unseren Beobachtungen sieht es so aus, als sei ein wichtiger Anstoß zur Überwindung der gentil-personalen Reichsauffasung aus der Auseinandersetzung mit der Idee des Imperiums gekommen. Die Realität der kaiserlichen Herrschaft, die zu langjährigen Aufenthalten des Hofes in Italien führte, ließ die Sonderstellung der süddeutschen Herzogtümer zweifellos eher als Hindernis für eine effektive Herrschaftsausübung erscheinen; zugleich durchbrachen die Italienzüge diese Sonderstellung, vergleicht man mit der Zeit vor 951, so häufig, daß diese von der Herrschaftspraxis her in Frage gestellt war. Die Wahl und Krönung Ottos III. machen deutlich, daß die Bewegung zur inneren Vereinheitlichung des Imperiums bereits vor Otto III. begann. Franken und Sachsen als 'Reichsvolk' des Imperium Romanum[225] – das war wohl auch für das 10. Jahrhundert eine in sich widersprüchliche Vorstellung; und vielleicht war genau dies der Punkt, an dem sich der Streit um den Charakter des ottonischen Kaisertums entzündete, der die ottonische Geschichtsschreibung seit den Kaiserkrönungen Ottos d. Gr. und Ottos II. durchzieht[226]. Vielleicht erschien in der zweiten Hälfte des 10. und in der ersten des 11. Jahrhunderts die Idee des *Imperium Romanum* als die Formel, mit deren Hilfe man bestehende Widersprüche auflösen konnte: daß das *Imperium Francorum* von einer sächsischen Dynastie regiert wurde, ohne ein *regnum* oder *imperium Saxonum* zu sein; daß ihm andere *gentes* angehörten, die nicht einfach unterworfen worden waren, sondern sich ihm zugeordnet hatten; daß ihm mit Italien ein *regnum* einverleibt war, das wie Franken und Sachsen als 'Königs-' oder besser 'Kaiserland' gelten kann, aber im Reichsverband nicht als unterjochtes Gebiet gelten sollte[227]. Mit der Devise *renovatio regni Francorum* ist Heinrich II. den neuen Tendenzen entgegengetreten[228], freilich ohne einen der neuen Wirklichkeit entsprechenden Namen für das Reich zu finden. Wie die Bezeichnung 'Reich der Franken' ein fiktives Element enthielt, da das hochmittelalterliche Imperium die Tradition des Karlsreiches nie für sich allein reklamieren konnte[229], so enthielt auch die Bezeichnung 'Römisches Reich' einen uneingelösten Anspruch, wenn man das Imperium nicht als durch einen besonderen Vorrang ausgezeichnetes Reich innerhalb der durch das ostfränkische Reich, Italien und das römische Gebiet abgesteckten Grenzen verstand, in dem alle Reichsangehörigen gleichermaßen als Träger und Helfer der kaiserlichen Herrschaft galten. Otto III. scheint diese Lösung angestrebt zu haben; die langdauernden Italienaufenthalte seines Vaters und Großvaters deuten an, daß er hier in 'ottonischer' Tradition stand[230].

Die Voraussetzungen des 'deutschen Reichsbegriffs'

Die Erkenntnis, daß Herrschaftsauffassung und Reichsstruktur im 10. Jahrhundert noch in starkem Maße von personal-gentilen Vorstellungen bestimmt waren, die dann seit der spätottonischen Zeit in den Hintergrund treten, könnte dazu beitragen, ein vieldiskutiertes zentrales Problem der frühdeutschen Geschichte einer Lösung näherzubringen. Bekanntlich hat – sieht man von einem umstrittenen Beleg für das 10. Jahrhundert einmal ab – der Begriff *regnum Teutonicum* bzw. *regnum Teutonicorum* erst nach der Jahrtausendwende Verbreitung gefunden und ist vor allem von deutschen Geschichtsschreibern erst seit den 70er Jahren des 11. Jahrhunderts angenommen worden[231]. Der Forschung fällt es schwer, dieses Faktum schlüssig zu erklären. Unter den bisherigen Prämissen scheint die späte Verwendung des 'deutschen Reichsbegriffs' im Widerspruch zu anderen Feststellungen zu stehen: daß vielleicht im ostfränkisch-deutschen Reich Ansätze zu einem supragentilen Gemeinschaftsbewußtsein schon seit Ludwig d. Dt. nachweisbar sind[232]; daß die *regna* seit dem 9. Jahrhundert eine innere Festigkeit gewannen, durch die sie, wie das ostfränkisch-deutsche und das italische Reich im Imperium der Ottonen, auch bei der Zusammenfassung unter einem Herrscher als eigene Einheiten erhalten blieben[233]; ja, daß vielleicht, wenn auch in einer Sondersituation und mit ungeklärter Bedeutung, der Begriff *regnum Teutonicorum* im 10. Jahrhundert bereits verwendet worden war[234]. Unsere Beobachtungen zur Reichsstruktur eröffnen einen Weg zur Erklärung: Was trotz dieser Entwicklungen die gedankliche Realisierung des 'Reiches der Deutschen' verhinderte, könnte eben die gentile Herrschaftsauffassung gewesen sein, der das frühottonische Reich verhaftet blieb.

Der 'deutsche Reichsbegriff' hat sich jedoch nicht schon mit den von uns beobachteten Veränderungen in der Zeit um 1000 durchgesetzt. Zwar beginnt man in Italien unter Heinrich II. von den 'Deutschen' und gelegentlich auch schon vom 'König der Deutschen' zu reden, wo man bisher eher von Sachsen oder Franken sprach[235]; nach der Angliederung Burgunds sind auch dort solche Wendungen vereinzelt nachweisbar[236]. Gerade die Belege aus Italien dürften bestätigen, daß die Herrschaftspraxis seit Heinrich II. aus der dortigen Perspektive nicht als Politik eines Herrschers aus sächsischem oder bairischem Stamm erschien, sondern daß die Herrschaft des Kaisers und seiner Umgebung in Italien als die Herrschaft 'der Deutschen' empfunden wurde. Wenn trotzdem nördlich der Alpen die 'deutsche' Bezeichnung des Reiches erst nach 1070, dann allerdings von mehreren Autoren, aufgegriffen wird[237], so ist offensichtlich, daß noch weitere Entwicklungen beachtet werden müssen, um die Annahme des neuen Begriffs zu erklären.

Daß in der Zeit von Heinrich II. bis zum Aufbrechen der Reichskrise unter Heinrich IV. ein neues Verständnis von Königsherrschaft und Reich aufkommt und das Denken der Geschichtsschreiber und des Königshofes in zunehmendem Maße bestimmt, hat die ideengeschichtliche Forschung längst erkannt. Helmut Beumann hat diese Erkenntnis unter die Formel gestellt, die den relevanten Vorgang der Kürze halber auch hier bezeichnen mag: die „Entwicklung transpersonaler Staatsvorstellungen“[238]. Das Reich hat Bestand über den Tod des Königs, das Erlöschen der Dynastie hinaus; das vorübergehend führerlose Staatsschiff steht in der Obhut der Großen, bis es wieder einen Steuermann erhalten hat durch die gemeinsame Wahl eines neuen Herrschers, der in die ungeschmälerten Rechte seines Vorgängers eintritt – dies ist die Auffassung, die der Hofkapellan Wipo am Beispiel der *electio idonea* von 1024 seinem königlichen Herrn darlegte, der damals noch kinderlos, von Anschlägen rebellierender Großer bedroht und einem lebensgefährlichen Unfall nur knapp entronnen war[239].

Freilich: ein Wandel der Herrschafts- und Reichsauffassung, wie er sich seit der spätottonischen Zeit abzeichnet und wie er dann nach der Mitte des 11. Jahrhunderts schon weitgehend durchgedrungen ist, setzt tiefgreifende Veränderungen im Denken und in den Einstellungen der Menschen voraus. Insofern war die Entwicklung transpersonaler Staatsvorstellungen zweifellos kein plötzlicher Vorgang, sondern ein allmählicher Prozeß, dessen Anfänge weit vor dem 11. Jahrhundert zu suchen sind. Die Auseinandersetzung zwischen einer in gentilem Denken wurzelnden, personalen Auffassung der Königsherrschaft einerseits, mit deren Errichtung das Reich geschaffen wurde und deren Weitergabe in Sippe und Stamm ihm Bestand verlieh, und institutionellen Vorstellungen vom Reich und einer auf die Aufgaben gegenüber dem Reich bezogenen Auffassung des Königsamtes andererseits hatte bereits im karolingischen Imperium begonnen; die Frage der Transpersonalität des Reiches war mit der Ablösung der Karolinger verschärft gestellt. Zu Recht sieht man in dem sich mit dem 10. Jahrhundert durchsetzenden Prinzip der Unteilbarkeit des Reiches einen wichtigen Schritt zur Objektivierung des Reichsgedankens[240]. Aber unzweifelhaft erreicht diese Entwicklung in spätottonisch-frühsalischer Zeit qualitativ eine neue Stufe. In diesem Kontext erhalten unsere Beobachtungen einen besonderen Stellenwert. Sie liefern neue Indizien dafür, daß die Entwicklung einer transpersonalen Auffassung vom Reich mit dem 11. Jahrhundert in eine entscheidende Phase tritt, und zeigen, daß sie bereits einen Niederschlag in Herrschaftspraxis und Reichsstruktur findet.

Ist die Deutung unseres Befundes zutreffend, so erlaubt sie, indem sie eine wichtige Phase der Entwicklung chronologisch fixiert und mit dem politischen Handeln einzelner Herrscher und ihrer Umgebung verbindet, auch die Frage nach dem historischen Zusammenhang, in dem sich die qualitative Veränderung vollzog. Die Anstöße reichen, wie bereits erwähnt, in die Zeit vor Otto III. zurück; doch wird die entscheidende Bewegung erst am Ende des 10. Jahrhunderts erkennbar. Wie die Zeit der Regentschaft für Otto III., in der die Frauen des Königshauses zusammen mit den Großen, insbesondere dem Episkopat, das Reich lenkten, eine neue Einstellung vorbereitete, zeigt die Neuinterpretation, die Gerd Althoff dem sogenannten Merseburger Nekrolog im Rahmen seiner Forschungen über das Totengedenken der Liudolfinger gegeben hat[241]. Die Königswahl von 1002 und vor allem das Wissen, daß sich nach dem Tode Heinrichs II. die Wahlsituation wiederholen mußte[242], könnten ein vertieftes Nachdenken darüber gefördert haben, was das Reich ohne den König, ohne dynastische Kontinuität darstellte und wer mit und neben dem König Verantwortung für das Ganze trug. Vielleicht hat Wipo in einer vergleichbaren Situation nur etwas ausgesprochen, was bereits Angehörige der Vätergeneration beschäftigt und teilweise in ihrem Handeln geleitet hatte: daß das Reich eine transpersonale Größe war, dessen Bestand die Häupter einer supragentilen Gemeinschaft gemeinsam garantierten bzw. garantieren sollten.

Der Begriff *regnum Teutonicorum,* der von einer supragentilen, an ein sprachliches Kriterium anknüpfenden Gemeinschaftsbezeichnung ausgeht und damit einen in der europäischen Geschichte singulären Nationenbegriff fixiert[243], setzt die transpersonale Auffassung vom Reich voraus. Erst deren Entwicklung scheint dem Gedanken eines 'Reiches der Deutschen' zum Durchbruch verholfen zu haben. Bezeichnenderweise wird der Begriff in der deutschen Geschichtsschreibung – bei Lampert von Hersfeld und in den Annalen von Niederaltaich – erstmals verwendet, wo auch die Überzeugung ausgesprochen ist, daß nicht der König allein Verantwortung für das Reich trägt, sondern die Großen mit dem König und daß diese im Extremfall der Verantwortung sogar gegen den König gerecht werden müssen[244]. Erst in dem Bewußtsein, daß das Reich eine eigenständige Größe darstellt, die der Fürsorge aller Herrschaftsträger anvertraut ist, wird die personal auf die Königssippe bezogene Herrschaftsauffassung mit ihrem gentilen Hintergrund überwunden. Die Funktion der Großen, ihre Rolle im Reich, bestimmt sich nicht mehr allein vom herrschaftstragenden König her, sondern sie sind Repräsentanten und Angehörige der Stämme, die gemeinsam das Reich bilden und in ihrer Eigenart[245], vielleicht mit jeweils spezifischen Vorzügen, aber doch als 'gleiche Partner' nebeneinanderstehen. Wie das überstammlich agierende, alle Teile des Reiches gleichmäßig erfassende Königtum und die Stämme als Verbände mit eigener Willensbildung im 11. Jahrhundert gleichzeitig auf den Plan treten[246], scheint auch der supragentile Nationenbegriff der Deutschen sich gleichzeitig und zusammen mit dem Bewußtsein entwickelt zu haben, daß alle Stämme zu gleichem Recht in das Reich integriert sind und durch ihre Großen in gleichem

Maße teilhaben an seiner Herrschaftsordnung, an deren Spitze nicht mehr ein König der Franken oder der Sachsen, sondern ein 'deutscher' König aus fränkischem, sächsischem, bairischem oder schwäbischem Adel steht.

Aber – und auch das gilt es zu bedenken – der Begriff *regnum Teutonicorum* oder *regnum Teutonicum* hat nie das gesamte Herrschaftsgebiet seines Herrschers bezeichnet. Einen *rex Teutonicorum* hat es – sieht man von gewollten Herabsetzungen Außenstehender ab – ebensowenig gegeben wie eine eigene deutsche Königskrone. Die Rezeption des deutschen Reichsbegriffs vollzieht somit eine Trennung innerhalb des Imperiums; sie scheidet die unter der Gewalt eines Herrschers, unter einer Krone stehenden *regna* nicht nur als territoriale Einheiten, in denen der König bzw. Kaiser seine Herrscherjahre gesondert zählt und in denen er gesonderte Institutionen bestehen läßt, sondern auch als Personenverbände, in denen sich die politische Willensbildung zwischen dem König und den einheimischen Großen vollzieht. Daß dem *regnum Teutonicum* kein *rex Teutonicus* entsprach, dürfte mit zu den Gründen gehören, daß sich der deutsche Reichsbegriff erst mit dem Gruppenhandeln der Großen im Investiturstreit durchgesetzt hat[247]. Der Vorstellung vom 'Deutschen Reich' fehlte wohl deshalb von Anfang an die dynastische Ausrichtung, die das capetingische Königtum der Idee 'Frankreichs' geben konnte; ja, der Gedanke des *regnum Teutonicum* erscheint zunächst eher als Antipode zum imperialen Selbstverständnis der das Kaisertum tragenden Herrschergeschlechter.

Folgerungen für das Verständnis der deutschen Geschichte im 10. und 11. Jahrhundert

Unsere Feststellungen und Überlegungen geben Anlaß, Grundfragen der frühdeutschen Geschichte erneut zu überdenken, und könnten vielleicht dazu beitragen, vieldiskutierte Probleme in klarerem Licht erscheinen zu lassen.

Das Ergebnis tangiert zunächst die Frage nach dem Verhältnis von Neuansatz und Fortführung der karolingischen Traditionen unter Heinrich I. und Otto d. Gr., mithin ein Problem, dem in der Diskussion um die „Anfänge“, den „Beginn der deutschen Geschichte“, wie man nicht ganz glücklich formuliert hat, zentrale Bedeutung zukommt[248]. Die Beobachtungen zum Charakter des Herzogtums und zur Stellung der Herzöge im frühdeutschen Reich scheinen beides zu unterstreichen: wie stark das frühottonische Reich der Tradition, den Vorstellungen und den Erfahrungen des Karolingerreiches verpflichtet blieb und wie entschieden der Kompromiß, der die Herrschaft Heinrichs I. ermöglichte, die karolingischen Bahnen verließ. Die umfassende Königsstellvertretung, welche die Herzogsstellung in

Schwaben und Bayern während des 10. Jahrhunderts auszeichnet und die Herzogsherrschaft der Königsherrschaft vergleichbar macht, weist durchaus auf karolingische Vorbilder – z. B. den *dux regni* – zurück. Aber es wird mit dem Einbau der sogenannten Stammesherzogtümer in das frühdeutsche Reich zugleich etwas Neues geschaffen. Denn die Herzöge gehören nun zu den wichtigsten Beratern des Königs auf der Ebene des Reiches und kommen gleichzeitig aus der engsten Verwandtschaft des Herrscherhauses. Die Mitwirkung der Großen an der Regierung des Reiches, im Rate des Königs, die im Karolingerreich immer neuer Anlaß zu Adelsfehden war, erhält also durch die Bindung an feste Ämter eine institutionelle Grundlage. Da sie zugleich mit der Königsverwandtschaft gekoppelt wird, liegt hier ein Ansatz zur Ausbildung einer Fürstenschicht, die über dem gewöhnlichen Adel steht und aus der der König allein durch sein Amt herausragt. Im Willen, das ostfränkische Reich in Formen fortzusetzen, die der Ausbildung des spätkarolingischen Fürstentums Rechnung trugen und zugleich der inneren Festigung der *regna,* die sich aus den Teilungen des 9. Jahrhunderts ergeben hatten, liegt der Beginn einer Neuordnung von Königsherrschaft und Reich, die in verhältnismäßig rascher Entwicklung von den karolingischen Strukturen wegführt.

Auf den ersten Blick scheint sich jedoch der Bezug des ostfränkisch-frühdeutschen Reiches auf die Karolinger, auf Karl den Großen zu verstärken, als die Ottonen in eine hegemoniale Stellung im Abendland hineinwuchsen. Was diesem Rückbezug den vielleicht deutlichsten Ausdruck verleiht, der Erwerb Italiens und die Erneuerung des Kaisertums, bedeutete insofern wiederum zugleich einen Schritt über das karolingische Vorbild hinaus, als Otto I. und nach ihm sein Sohn und sein Enkel Italien als ein Gebiet unmittelbarer Königsherrschaft behandelten, das in Konkurrenz zur *Francia et Saxonia* trat und das sie nicht durch Regenten, sondern – in oft jahrelanger Präsenz – persönlich regierten. Mit der Erneuerung des Kaisertums wurde die Entwicklung eingeleitet, in der die vom Karolingerreich übernommene gentile Konzeption des Reiches überwunden wird. Die Konsequenz in Herrschaftspraxis und Reichsauffassung haben die Herrscher gezogen, die sich, wenn auch jeweils in verschiedener Weise, nachdrücklicher als ihre Vorgänger auf Karl d. Gr. beriefen: Otto III., Heinrich II., Konrad II. und Heinrich III. Daß eine Neugestaltung, die eben aus dem bewußten Anknüpfen an Vorbilder der Vergangenheit, aus der gewollten Fortführung von Maßstäbe setzenden Traditionen resultiert, an den Anfängen einer eigenen staatlichen Existenz der Deutschen steht, bindet die Geschichte des frühdeutschen Reiches ein in eine Grundtendenz der abendländischen Geschichte im Mittelalter: in den Willen zur *renovatio,* der hier ein Ausdruck für Stärke und Integrationskraft des frühdeutschen Reiches ist.

Unser Ergebnis wirft zugleich die Frage nach der Struktur des Reiches im 10. und frühen 11. Jahrhundert auf. Die für die deutsche Geschichte schicksalhafte Verschränkung von Integration auf der Ebene des Gesamtstaates, d.h. für unsere Zeit auf der Ebene von Königsherrschaft und Reich, und eigenständiger politischer Willensbildung auf der seiner territorialen Gliederungen, hier noch der Stämme und Herzogtümer, scheint sich in spätottonischer Zeit mit dem Wandel der Reichsstruktur gefestigt zu haben. Für die weitere deutsche Geschichte wird bedeutsam, daß sich mit der Aufhebung der vizeköniglichen Gewalt der süddeutschen Herzöge und der verstärkten Bewidmung der Reichskirchen mit Herrschaftsrechten im Reich eine Gruppe gleichrangiger Fürsten entwickeln kann, die alle in einem unmittelbaren Verhältnis zum König stehen, wie dies in Franken und Sachsen schon der Fall war. Zugleich stellte die seit Otto III. und Heinrich II. erkennbare Absicht, der Königsherrschaft im ganzen Reich eine gleichartige Basis zu schaffen und die herzoglichen Zwischengewalten in Süddeutschland auf Adelsherrschaften mit zusätzlichen Amtsfunktionen zu reduzieren, in anderer Hinsicht Weichen für die weitere staatliche Entwicklung. Denn es ist nicht einfach der Gegensatz von Königtum und Fürstentum, der die politische Ordnung und die strukturellen Probleme des Alten Reiches prägte, sondern zwischen beiden steht – teils als dritte Kraft, teils als alle Kompromißmöglichkeiten blockierendes Hindernis – die Summe der verschiedenartigen reichsunmittelbaren Gewalten und Gebilde. Zur unabhängigen historischen Kraft sind sie geworden durch die auf unmittelbare Präsenz im ganzen Reich gerichtete Politik der Herrscher, die seit Beginn des 11. Jahrhunderts regierten. Was der Forschung vielfach als Stärkung des Königtums erscheint und zweifellos aus den zeitgenössischen Bedingungen und Perspektiven als Erfolg des Königtums zu werten ist, schuf langfristig die Strukturen, an deren Widersprüchlichkeit alle Versuche der 'Reichsreform' schließlich gescheitert sind.

Der Wandel in Herrschaftsauffassung und Reichsstruktur, der sich seit der Jahrtausendwende beobachten läßt, lenkt jedoch auch den Blick nach vorn auf die Krise der Königsherrschaft nach der Mitte des 11. Jahrhunderts. Unsere Ergebnisse lassen deutlich werden, daß das Imperium unter Heinrich IV. nicht nur in besonders vehementer Form von langfristigen strukturellen Wandlungen erschüttert wurde, die nahezu das ganze Abendland erfaßt haben. Was den Gegnern des Königtums Anlaß zur Kritik und schließlich sogar zur Rechtfertigung offenen Widerstandes gab, das waren zugleich Entwicklungen, die in dieser Form erst zwei bis drei Generationen zuvor eingeleitet worden waren und seither immer weitere Bereiche erfaßten: die zunehmende Instrumentalisierung der gesamten Reichskirche in der Reichspolitik des Königtums vor allem und, in der Zielsetzung eng damit verbunden, der Versuch des Königtums, sich eigene Machtmittel im ganzen Reich zu verschaffen und diese eigenen Positionen der Herrschaftsbildung des Adels entgegenzusetzen, wodurch königlich-dynastischer und adlig-dynastischer Herrschaftsausbau in ein Konkurrenzverhältnis traten, das auf dieser Ebene bisher nicht bestand. Aus dieser Perspektive erscheinen 'Fürstenopposition' und 'Investiturstreit' als ursächlich miteinander verbunden, wird erkennbar, weshalb das Königtum in Deutschland seit der zweiten Hälfte des 11. Jahrhunderts – vielleicht schon unter Heinrich III. beginnend – an Integrationsfähigkeit verlor.

Schließlich lassen die Überlegungen zur Reichsauffassung hervortreten, daß eine Spannung, ja ein Auseinanderklaffen von Reichsbewußtsein und Eigenbewußtsein der Deutschen schon früh angelegt war. Auch hier begründet wiederum nicht einfach die Tatsache, daß das deutsche Reich seit Otto d. Gr. das abendländische Kaisertum trug, das spätere Spannungsverhältnis von Universalität und Nation im politischen Bewußtsein der Deutschen. Aus den Bedingungen des 10. und 11 Jahrhunderts heraus ist es zu verstehen, wenn die Idee des Römischen Reiches, das man als Imperium Christianum verstand, dazu ausersehen wurde, eine Einheit zu bezeichnen, die nicht im Führungsanspruch einer *gens* und der dienenden Rolle der anderen gründete, sondern eine supragentile Gemeinschaft war, deren Herrscher als *vicarius Christi* galt. Vielleicht kehrte Heinrich II, wenn er die römischen Pläne seines Vorgängers fallen ließ, wirklich zur Realität zurück. Doch sein Wille zur 'Erneuerung des fränkischen Reiches' berief sich auf eine Tradition, als deren Erbe sich das Reich niemals allein bezeichnen konnte und die schon damals in die Legitimation capetingischen Königtums in Frankreich einbezogen war. Die Politik, die Italien als ein von Deutschland her beherrschtes Regnum behandelte, sowie die seltener werdenden Herrscheraufenthalte in Italien und Rom bestärkten die Sonderung der beiden unter der Kaiserkrone stehenden *regna,* ohne ihnen gleichen Rang zuzugestehen. Das Reich der Deutschen jedoch, das man im 11. Jahrhundert erkennen und begreifen lernte, war mit dem Reich seines Herrschers, des römischen Königs und Kaisers, nicht identisch, obwohl es dessen Herrschaft zunächst überwiegend, dann fast ausschließlich trug. Gleichgültig, ob man das Imperium der deutschen Kaiser des Mittelalters, das sich als 'Deutsches Reich' auf keinen Fall bezeichnen ließ, als 'fränkisches' oder als 'römisches' Reich verstand, stets bewahrte dieses Selbstverständnis ein fiktives Element, das noch festgehalten wurde, als man im 15. Jahrhundert nach einer angemessenen Bezeichnung für das deutsche Herrschaftsgebiet des Kaisers suchte: im 'Heiligen Römischen Reich deutscher Lande', 'deutscher Zunge' oder 'Deutscher Nation'.

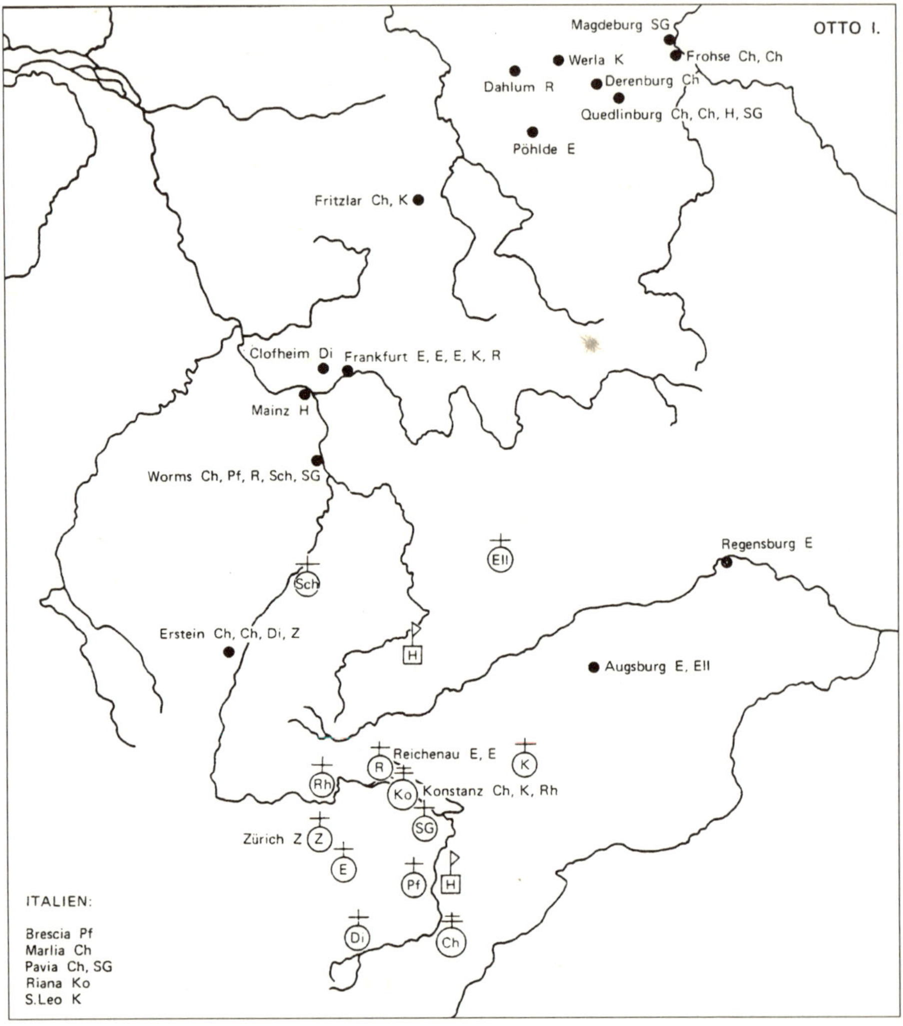

Fig. 1: Ausstellungsorte der Urkunden für schwäbische Empfänger: Otto I.

Frankfurt, Konstanz usf. = Ausstellungsorte

Empfänger: Ch = Chur, Di = Disentis, E = Einsiedeln, Ell = Ellwangen, H = Hartpert, K = Kempten, Ko = Konstanz, Pf = Pfäfers, R = Reichenau, Rh = Rheinau, Sch = Schwarzach, SG = St. Gallen, Z = Zürich.

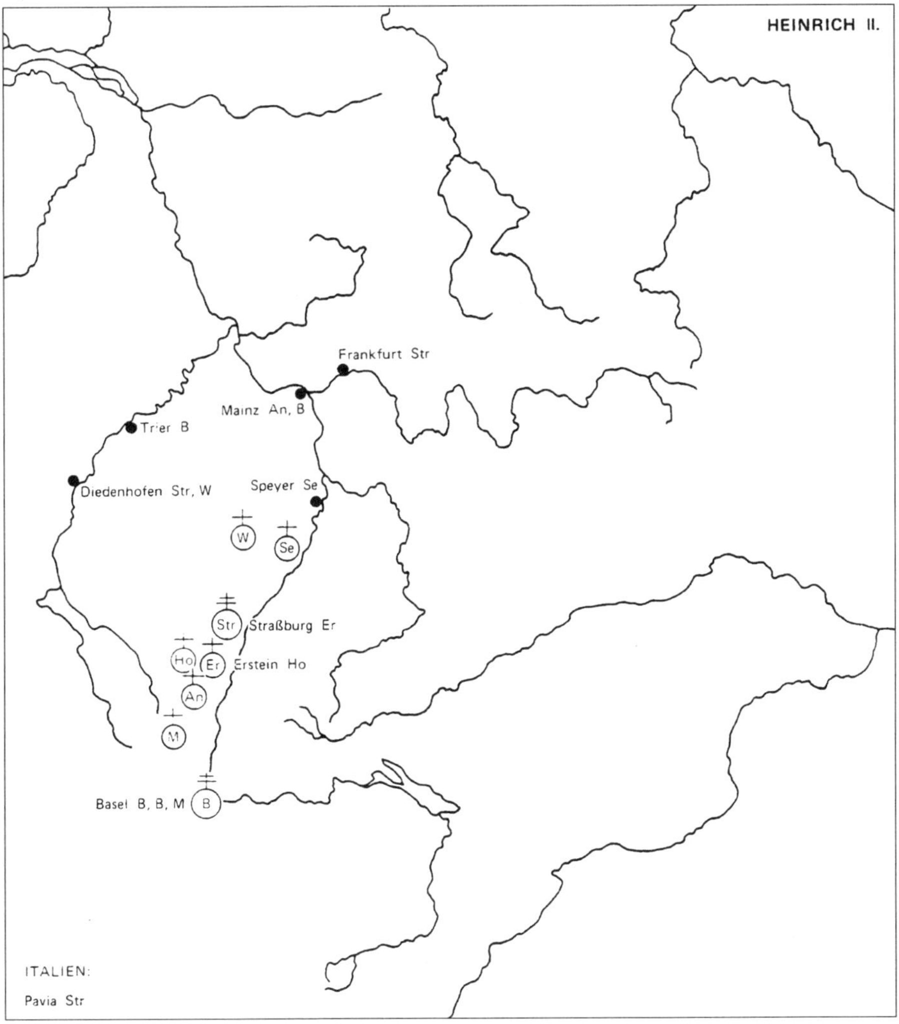

Fig. 2: Ausstellungsorte der Urkunden für elsässische Empfänger: Heinrich II.

Basel, Frankfurt usf. = Ausstellungsorte

Empfänger: An = Andlau, B = Basel, Er = Erstein, Ho = Hohenburg, M = Murbach, Se = Selz, Str = Straßburg, W = Weissenburg

Fig. 3: Ausstellungsorte der Urkunden für schwäbische Empfänger: Heinrich II.

Erstein, Zürich usf. = Ausstellungsorte

Empfänger: Ch = Chur, E = Einsiedeln, Ell = Ellwangen, R = Reichenau, Rh = Rheinau, Sch = Schuttern, SG = St. Gallen, Su = Sulzburg

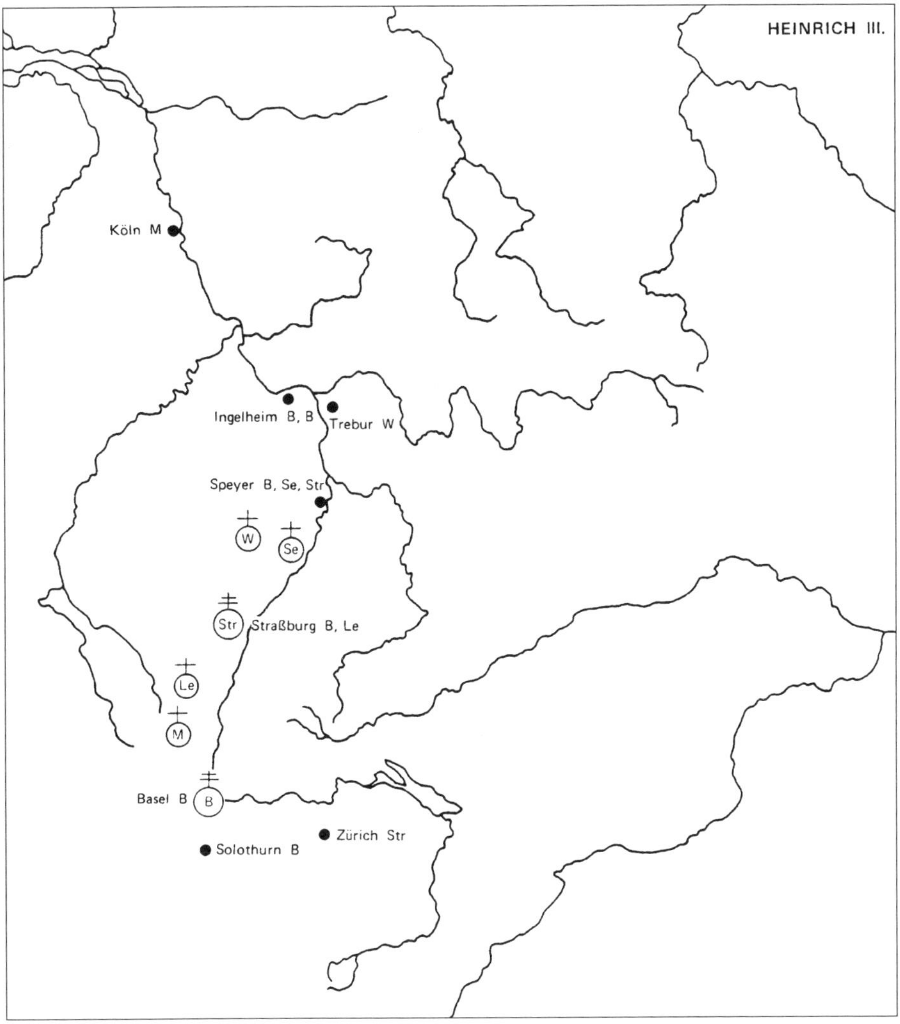

Fig. 4: Ausstellungsorte der Urkunden für elsässische Empfänger: Heinrich III.

Basel, Köln usf. = Ausstellungsorte

Empfänger: B = Basel, Le = Leberau, M. = Murbach, Se = Selz, Str = Straßburg, W = Weissenburg

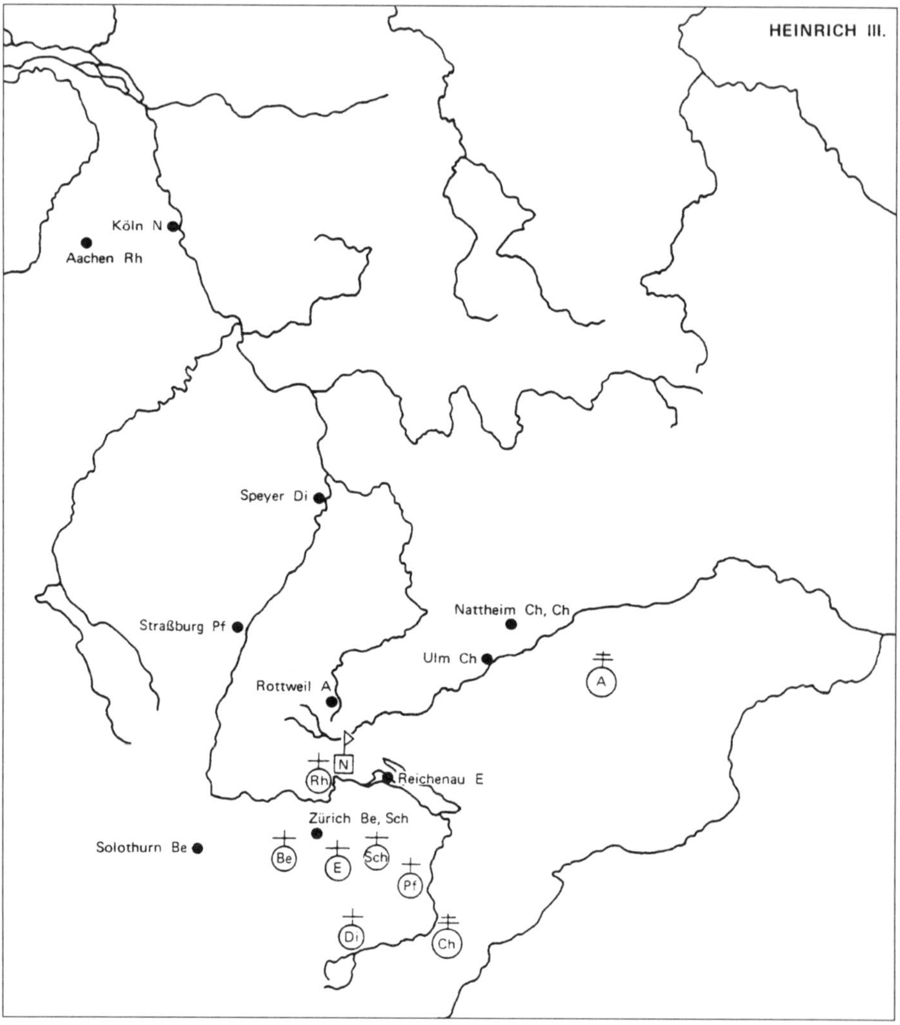

Fig. 5: Ausstellungsorte der Urkunden für schwäbische Empfänger: Heinrich III.

Straßburg, Zürich usf. = Ausstellungsorte

Empfänger: A = Augsburg, Be = Beromünster, Ch = Chur, Di = Disentis, E = Einsiedeln, N = Eberhard (v. Nellenburg), Pf = Pfäfers, Rh = Rheinau, Sch = Schännis

Urkunden für Empfänger im rechts- bzw. südrheinischen Alemannien (Schwaben)

Herrscher		Ausstellungsgebiet						
		Schwaben	Elsaß	M. Rhein	Sachsen	Italien	andere	Gesamtzahl
Heinrich I.	(919–36)	–	–	4	–	–	2	6
Otto I.	(936–73)	8	4	12	11	6	3	44
Otto II.	(961/73–83)	3/1	6	1	2	1/3	1	18
Otto III.	(983-1002)	4	1	10	3	4	1	23
Heinrich II.	(1002–24)	3	4	2	–	–	2	11
Konrad II.	(1024–39)	3	1	1	1	(2)	1	7+(2)
Heinrich III.	(1039–56)	7	1	1	–	–	3	12

In Italien ausgestellte Urkunden für deutsche Empfänger

Herrscher	Zahl der Urkunden	Zahl der Empfänger
Otto d. Gr.	37	23
Otto II.	32	24
Otto III.	37	31
Heinrich II.	2	2
Konrad II.	2 (+2)	2 (+1)
Heinrich III.	2	2

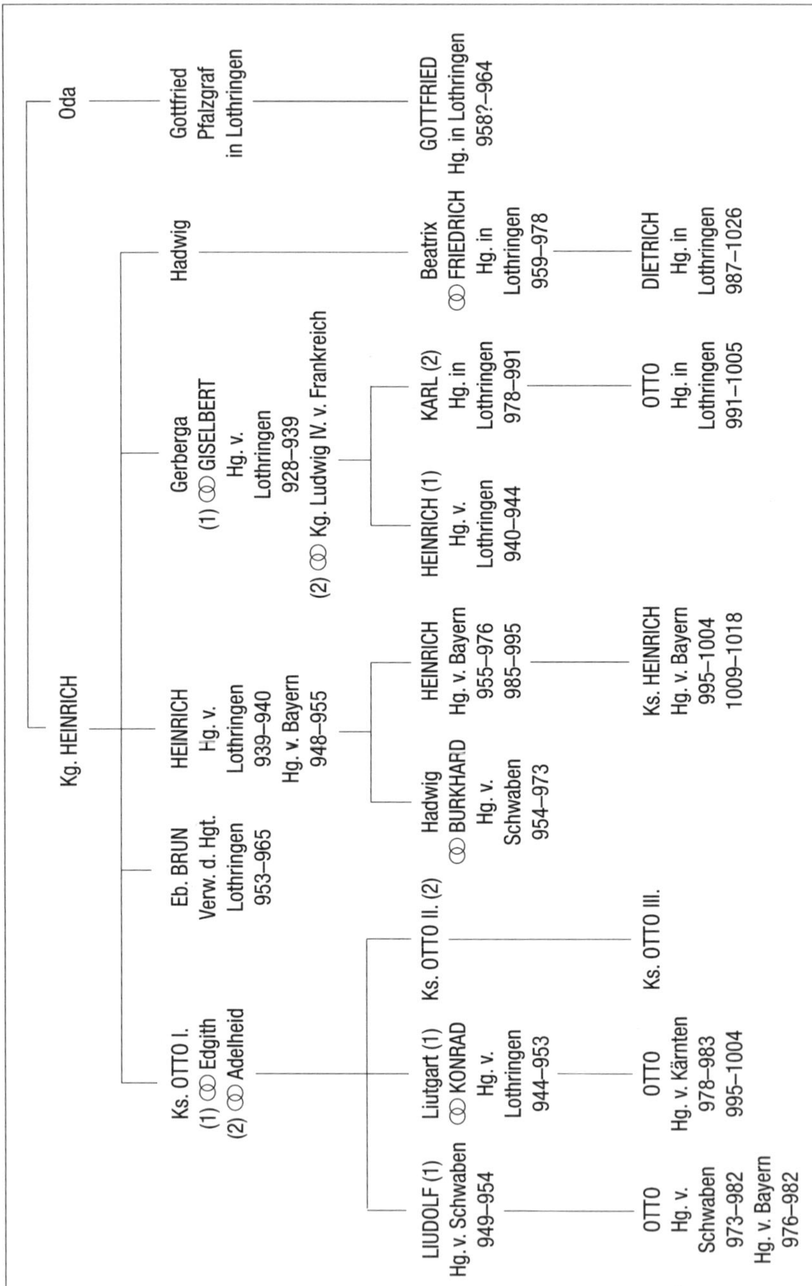

Kg. HEINRICH
Oda
Gottfried
Pfalzgraf
in Lothringen
GOTTFRIED
Hg. in Lothringen
958?–964
Ks. OTTO I.
(1) ⚭ Edgith
(2) ⚭ Adelheid
Eb. BRUN
Verw. d. Hgt.
Lothringen
953–965
HEINRICH
Hg. v.
Lothringen
939–940
Hg. v. Bayern
948–955
Gerberga
(1) ⚭ GISELBERT
Hg. v.
Lothringen
928–939
(2) ⚭ Kg. Ludwig IV. v. Frankreich
Hadwig
LIUDOLF (1)
Hg. v. Schwaben
949–954
Liutgart (1)
⚭ KONRAD
Hg. v.
Lothringen
944–953
Ks. OTTO II. (2)
Hadwig
⚭ BURKHARD
Hg. v.
Schwaben
954–973
HEINRICH
Hg. v. Bayern
955–976
985–995
HEINRICH (1)
Hg. v.
Lothringen
940–944
KARL (2)
Hg. in
Lothringen
978–991
Beatrix
⚭ FRIEDRICH
Hg. in
Lothringen
959–978
OTTO
Hg. v.
Schwaben
973–982
Hg. v. Bayern
976–982
OTTO
Hg. v. Kärnten
978–983
995–1004
Ks. OTTO III.
Ks. HEINRICH
Hg. v. Bayern
995–1004
1009–1018
OTTO
Hg. in
Lothringen
991–1005
DIETRICH
Hg. in
Lothringen
987–1026

Widukinds Bericht über die Aachener Wahl und Krönung Ottos I.

Aus dem zerfallenden fränkischen Imperium sind Königreiche herausgewachsen, deren Dauer auch im kulturhistorischen Vergleich bemerkenswert erscheint. Diese Dauer beruhte kaum auf der Kontinuität von Dynastien oder Institutionen, sondern gründete sich vor allem auf ein sich entfaltendes Bewußtsein der Identität des politischen Verbandes. In dessen Mittelpunkt stand der wechselseitige Bezug, die Polarität von Königtum und Reich. In sie wurden die Fürsten mit eigener Verantwortung und eigener Macht in die Herrschaftsausübung des Königs integriert, wodurch sich der konsensuale Charakter der Herrschaftskonzeptionen und der Herrschaftsausübung deutlich verstärkte. Im Hinblick auf diese Entwicklung betrachtet die Forschung ein Phänomen mit besonderem Interesse: In den nachkarolingischen Reichen hat sich zu Beginn des 10. Jahrhunderts überall das neue Prinzip durchgesetzt, das Reich nicht mehr – wie es im fränkischen Großreich vier Jahrhunderte lang üblich gewesen war – unter die Söhne eines Königs zu teilen, sondern das Königtum nur noch an einen Königssohn, den ältesten, weiterzugeben. Unteilbarkeit des Reiches und Individualsukzession etablierten sich im ostfränkischen, seit 925 um das frühere Teilreich Lothringen erweiterten Reich mit dem Übergang der Herrschaft von Heinrich I. auf Otto I. im Jahr 936. Wie und wann diese Entscheidung fiel, wird seit Jahrzehnten lebhaft erörtert. Dabei geriet ein historiographisches Werk immer mehr in die Diskussion, das man als Hauptquelle zur Geschichte des frühottonischen Königtums bezeichnen darf: die Sachsengeschichte des vornehmen Mönches Widukind von Corvey. Die wissenschaftliche Debatte über die 'Entstehung' eines 'deutschen' Reiches ist deshalb aus dem Ringen um eine adäquate Interpretation dieses komplexen Werkes nicht herauszulösen. Zentrale Fragen zur Geschichte des ottonischen König- und Kaisertums führen deshalb in eine Auseinandersetzung um den Charakter der Historiographie jener Zeit, um die Vorstellungswelt der Geschichtsschreiber, ihre literarische Technik und ihre Darstellungsabsicht und um die Möglichkeit, aus ihren Berichten ein wissenschaftlich abgesichertes Bild von den geschichtswirksam gewordenen Vorgängen und Entscheidungen des 10. Jahrhunderts zu gewinnen. Man könnte auch sagen: Diese Fragen zu verfolgen, erzwingt den Versuch, durch ein adäquates Verständnis der überlieferten Quellen möglichst weit in die politische Kultur und die Geisteswelt der ottonischen Zeit vorzudringen.

Eine neue Sicht der Thronfolge Ottos I. und der Königsherrschaft Heinrichs I.: Karl Schmids Beiträge von 1960 und 1964

Im Zuge der Erschließung der klösterlichen Gedenkbücher aus karolingisch-ottonischer Zeit stieß Karl Schmid auf Einträge, deren historische Relevanz – und man darf wohl sagen: forschungsgeschichtliche Brisanz – er vor vier Jahrzehnten erstmals aufgezeigt hat[1]: auf Personengruppen, an deren Spitze König Heinrich I. (919–936) und dessen Gemahlin Mathilde stehen. Sie waren jeweils von einer Hand in einem Zuge in das Verbrüderungsbuch von St. Gallen beziehungsweise der Reichenau eingeschrieben worden. Mit dem Königspaar wurden, um das Gebetsgedenken der Mönche in den Bodenseeklöstern zu gewinnen, dessen Kinder und weitere Verwandte sowie Angehörige königsnaher sächsischer Adelsfamilien verzeichnet[2]. Im Reichenauer Gedenkbuch trägt von den drei Königssöhnen einer, der älteste und spätere Thronfolger, wie Heinrich und Mathilde den Königstitel: *Otto rex*. Die Einträge ließen sich recht genau datieren: Während in beiden Herzog Giselbert von Lothringen, der 928 Heinrichs Tochter Gerberga geheiratet hatte, unmittelbar mit den Söhnen und Töchtern des Herrscherpaares genannt ist, wurde die englische Königstochter Edgith, mit der sich Otto 929 oder spätestens Anfang 930 vermählte, nicht aufgeführt. Die Listen mit den Namen der Königsfamilie und ihrer Umgebung, die in den Gedenkbüchern der Bodenseeklöster enthalten sind, waren also vor der Hochzeit des sächsischen Königssohnes und der angelsächsischen Königstochter zusammengestellt worden. In beiden Verbrüderungsbüchern finden sich an anderer Stelle auch Einträge, die offensichtlich von der Gesandtschaft aus England veranlaßt wurden, die 929 zwei Töchter König Edwards ins Reich Heinrichs I. brachte. Eine von ihnen sollte dessen ältester Sohn zur Frau nehmen. Diese von einem Bischof geführte Gesandtschaft besuchte und beschenkte Kirchen und Klöster im ostfränkischen Reich; am 16. Oktober 929 hielt sie sich nachweislich in St. Gallen auf, wo sie am Tag des Klosterpatrons in das Gebetsgedenken der Mönche aufgenommen wurde[3]. Führt man Schmids Überlegungen weiter, so spricht vieles dafür, daß man die Gebetsverbrüderungen der englischen Gesandtschaft, die den regierenden König Aethelstan, Edgiths Halbbruder, einschlossen, und die Aufnahme der sächsischen Königsfamilie in das Gebetsgedenken angesehener Königsklöster als zusammengehörende Initiative sehen darf[4]. Hintergrund war nicht einfach die Verheiratung eines Königssohnes, sondern die von Karl Schmid herausgearbeitete Tatsache, daß es um *nuptiae regales* ging, die nach Widukind mit großartiger Freigebigkeit gefeiert wurden[5]. Anlaß dazu bestand in der Tat: ging es doch wohl um nicht weniger als um die Begründung einer neuen, sächsischen Königsdynastie, die aus der Verbindung mit dem alten Königsgeschlecht der stammverwandten Angelsachsen[6], aus dem heilige Könige hervorgegangen waren, eine wichtige Legitimation gewann[7]. Vor dem Vollzug dieser Verbindung wurden offensichtlich Entscheidungen über die Nachfolge Heinrichs I. getroffen, oder besser gesagt: über die künftige Stellung des Königssohnes, den die englische Prinzessin heiraten sollte. Karl Schmid verwies auf zwei wichtige Dokumente, die diesen Zusammenhang noch klarer hervortreten lassen: auf eine in Quedlinburg ausgestellte Urkunde vom 16. September 929, die für diesen Zeitpunkt eine „Hausordnung" König Heinrichs erwähnt und der Königin Mathilde ihr Witwengut sichert[8], sowie auf eine Urkunde aus Straßburg vom 27. Dezember 929, die einen ungewöhnlichen Weihnachtsaufenthalt des Hofes am Oberrhein bezeugt, d.h. in Nachbarschaft zu dem Raum, in dem sich kurz zuvor die englische Gesandtschaft aufgehalten hatte[9].

Der Nachweis, daß Otto bereits zu diesem Zeitpunkt *rex* genannt wurde, wirkte überraschend, obschon doch die Tatsache, daß dem Königssohn entgegen dem Brauch der Karolinger eine auswärtige Königstochter zur Frau gegeben wurde, die Frage hätte provozieren müssen, ob nicht eine Entscheidung über die künftige Nachfolge Heinrichs die Voraussetzung für eine solche Verbindung war[10]. Doch das Zeugnis paßte nicht zu dem Bild, das sich die Forschung von der Nachfolgeregelung Heinrichs I. gemacht hatte, mit der sich das Prinzip der Unteilbarkeit des Reiches und der Individualsukzession im ostfränkischen Reich Geltung verschaffte[11]. Bis dahin ging die Diskussion fast ausschließlich von den detaillierten Angaben Widukinds von Corvey aus, die allerdings einen entscheidenden Punkt im unklaren lassen: wann genau, wo und in welchem Rahmen die Entscheidung für die Thronfolge des ältesten Königssohnes gefallen ist[12]. Immerhin schien aus Widukind hervorzugehen, daß König Heinrich seinen ältesten Sohn erst kurz vor seinem Tode zum alleinigen Nachfolger bestimmt habe, d.h. 936, und daß danach in Aachen eine „Wahl" und die Weihe Ottos zum König erfolgt sei. Mit der Datierung des Reichenauer Eintrags war nicht nur eine zusätzliche, von Widukind unabhängige und mit seiner Darstellung nicht ohne weiteres zu vereinbarende Nachricht gewonnen. In ihrem Licht kamen andere, bislang kaum beachtete Zeugnisse zum Sprechen. Vor allem das urkundliche Dokument über die „Hausordnung" König Heinrichs, in deren Zuge der Königin Mathilde – mit Zustimmung Ottos und unter Mitwirkung der Großen des Reiches – ihr Wittum zugewiesen wurde, erhielt nun erst sein ganzes Gewicht: Die Sicherung der Königin für die Zeit nach dem Tode ihres Mannes hing offensichtlich nicht nur mit dem bevorstehenden Eintritt einer Schwiegertochter in das Königshaus zusammen, sondern vor allem mit der Tatsache, daß deren Gemahl zum künftigen König ausersehen war[13]. Daß gleichzeitig der jüngste der drei Königssöhne zum Geistlichen bestimmt und dem Bischof von Utrecht zur Erziehung übergeben wurde, zeigt an, wie umfassend die Hausordnung von 929 angelegt war[14]. Sah man sie in ihrer ganzen Relevanz, daß nämlich dabei eine Entscheidung für die Nachfolge im Königtum getroffen wurde, so erhielt plötzlich eine Notiz in den spät, aus dem 13. Jahrhundert überlieferten Lausanner Annalen, die man bisher als groben „Irrtum" abgetan hatte, ein neues Gewicht: König Otto soll danach 930 in Mainz geweiht worden sein – oder, wenn man, wie neuerdings vorgeschlagen, *benedictus* ganz unüblich und sehr abgeschwächt übersetzen will, zumindest akklamiert worden sein[15]. Daß sich der Königshof kurz vor Ostern in Frankfurt aufhielt, wo Herzog Arnulf von Bayern zugunsten eines Vertrauten des Herzogs von Schwaben intervenierte[16], daß Herzog Eberhard und die übrigen Grafen und Bischöfe Frankens einzeln den König auf ihre Güter einluden, auf ihren Sitzen bewirteten und mit Geschenken ehrten[17], daß man vom Mittelrhein zum Pfingstfest nach Aachen zog, wo die Herzöge Eberhard von Franken und Giselbert von Lothringen ein Privileg erwirkten[18], demonstriert einen Höhepunkt der seit 926 immer deutlicher hervortretenden Integration des Reiches[19], einen Höhepunkt, der sich durch die *benedictio* des Thronfolgers – und das heißt: durch eine von den Großen mitgetragene Entscheidung über die künftige Ordnung und Lenkung des Reiches – voll verständlich machen ließe. Auch sonst findet das auffällige Itinerar Heinrichs I. im Jahre 929/930 von diesem Zusammenhang her eine einleuchtende Erklärung[20].

Damit hatte Karl Schmid gewissermaßen neue Fakten bereitgestellt, die sich eng und plausibel verknüpfen ließen, die aber in dieser Verknüpfung ein anderes Bild von der Thronfolge Ottos I. und darüber hinaus von der Königsherrschaft Heinrichs I. insgesamt vermitteln[21], als es die Forschung aufgrund der Berichte Widukinds von Corvey erarbeitet hatte. Zwar zeigte sich aus der neuen Perspektive, daß Widukinds Text selbst Aussagen enthält, die bisher in einer Weise verstanden wurden, die keineswegs die allein mögliche Interpretation darstellt[22]. Aber insgesamt bietet Widukinds Werk im Hinblick auf die durch Schmids Ergebnis aufgeworfenen Fragen Auffälligkeiten und Probleme, die zu einer erneuten Beschäftigung mit seiner Darstellung des ottonischen Königtums zwingen.

Die Ergebnisse und Fragen Karl Schmids führen die Rekonstruktion der frühottonischen Geschichte an einen entscheidenden Punkt. Für den Herrschaftsübergang von den Karolingern auf die neue sächsische Dynastie ist bisher Widukind der „Kronzeuge" der historischen und rechtshistorischen Forschung[23]; für zentrale Fragen haben wir nichts anderes als seinen Bericht. Er stellt den Niedergang der fränkischen Königsmacht und die Herrschaftsübergänge von 911, 919 und 936 sowie das Kaisertum Ottos des Großen in kunstvoll komponierter Reihung als ein sich steigerndes, providentiell gelenktes Geschehen dar; daß das Aufzeigen dieser Linie sein eigentliches Anliegen ist, gibt er selbst zu erkennen[24]. Zu den Vorgängen von 911, 919 und 936 existieren aber anderweitig nur noch wenige Notizen, stark typisiert und intentional überformt[25] – angesichts der Tatsache, daß die einschlägigen Werke fast alle im Umkreis der Ottonen und zum Teil gleichzeitig mit der 'Sachsengeschichte' entstanden sind[26], ist dies zusätzlich ein merkwürdiger Befund. Kann sich kritische Geschichtswissenschaft auf einen „Kronzeugen" berufen, dessen Aussagen sich kaum überprüfen lassen? Man war sich dieser Problematik durchaus bewußt, auch wenn man sich mangels anderer Quellen zur Rekonstruktion der Fakten dann doch wieder an die 'Sachsengeschichte' hielt. Angesichts der Quellenlage schien mehr kaum möglich zu sein als eine textimmanente Kritik, die von Widukinds Anliegen und Geschichtsbild her auf die Intention seiner Aussagen schloß[27]. Karl Schmids Ergebnisse ermöglichen und erzwingen einen andersartigen Zugriff: nämlich die Darstellungsabsicht und deren 'verformende' Wirkung auf die 'Berichterstattung' an einem zentralen Punkt durch die Konfrontation mit abweichenden Angaben zu überprüfen. Das heißt: sie erlauben es, Widukinds Bericht über die Thronfolge Ottos I. nach der faktischen wie nach der intentionalen Seite hin mit neuen Kriterien zu hinterfragen.

Methodologische Probleme der Widukind-Interpretation: Die Darstellung des ottonischen Kaisertums als 'Schlüsselstelle'

Wie sehr wir Anlaß haben, Widukinds Angaben zur Legitimation der ottonischen Herrschaft kritisch zu durchleuchten, mag eine Erinnerung an die Behandlung bewußtmachen, die das Kaisertum Ottos des Großen in der 'Sachsengeschichte' erfährt[28]. Danach hätte der Herrscher den Kaisertitel erlangt, als ihn das Heer 955 nach dem von Gott geschenkten großen Sieg über die Ungarn auf dem Lechfeld als *imperator* feierte: Von da an gibt Widukind ihm diesen Titel, während er die Kaiserkrönung, die sieben Jahre danach erfolgte, trotz der Erwähnung des Romzugs unterschlägt. Überhaupt kommt der Papst in der um 968 abgeschlossenen Fassung der 'Sachsengeschichte', der faktenreichsten Quelle zur Geschichte Ottos I., nicht vor[29]; *summus pontifex* ist vielmehr der Erzbischof von Mainz[30] – und das in einem Werk, das Ottos Tochter Mathilde gewidmet ist, die damals gerade ein Privileg des Papstes für ihr Kloster Quedlinburg erhalten hatte[31] und deren Bruder soeben in Rom vom Papst zum Mitkaiser gekrönt worden war!

Um sich das Quellenproblem bewußt zu machen, darf man sich durchaus einmal die hypothetische Frage stellen: Wie würde unser Bild vom Kaisertum Ottos des Großen aussehen, hätten wir nur den Bericht Widukinds, den wir als bestens informierten 'Gewährsmann' einstufen müßten, ferner einige Nekrologien, in denen der Herrscher zum Tag der Schlacht, d. h. zum 10. August, zusätzlich zum Todestag am 7. Mai als *Otto imperator* verzeichnet ist[32], dazu noch spätere Annalen, die dasselbe zu 955 notieren[33], und dagegen vielleicht ein spätes Annalen-Werk, das behauptet, wovon aber zeitgenössische Quellen nichts wissen[34], Otto I. sei 962 in Rom zum Kaiser gekrönt worden[35], so wie seither nachweislich die Kaiserkrone vergeben wurde? Würde man ähnlich vorgehen, wie man es für die Königserhebung von 936 notgedrungen tat, so würde die Kaisererhebung auf dem Lechfeld wohl als relativ gesichertes, vielleicht mit kleinen Fragezeichen zu versehendes Handbuch-Faktum gelten.

Eine gute historiographische und urkundliche Überlieferung hat dies glücklicherweise verhindert. Widukinds 'Bericht' über ein 'Heerkaisertum' Ottos I. ist damit aber noch nicht einmal für die Faktenrekonstruktion 'erledigt'. Sein Widerspruch gegen die Bedeutung, die der römischen Krönung seit 962 zugemessen wurde, macht sein Werk zu einem hervorragenden Zeugnis für einen wichtigen Strang in der Ideengeschichte des Kaiser- und Königtums[36]; er legt darüber hinaus Gegensätze und Debatten im engsten Kreis um den Herrscher bloß[37]; und er hebt Fakten hervor, die für die historische Forschung sonst kaum faßbar würden. Drei Gesichtspunkte sind es vor allem, unter denen die Darstellung des ottonischen 'Kaisertums' bei Widukind für die Analyse des Berichts über die Aachener Vorgänge Bedeutung gewinnt.

Erstens: Die Darstellung der Lechfeldschlacht bildet – auch kompositorisch – den Gipfelpunkt einer Deutung der eigenen Gegenwart aus der Geschichte, die den Aufbau des ganzen Werkes bestimmt[38]. Durch eine Folge von Ereignissen geradezu providentiellen Charakters, vor allem in kritischen Situationen[39], werden die Sachsen von der Landnahme einer kleinen Seefahrerschar über die glückliche Behauptung gegenüber Thüringern und Franken[40] zu der Vormachtstellung geführt, die ihre Könige schließlich – in der Zeit, in der Widukind schrieb – als die Herren Europas erscheinen läßt[41]. Widukinds Deutung des Ungarnsiegs mitsamt den behaupteten Folgen für die Stellung Ottos des Großen steht also vor dem Hintergrund einer Auffassung der liudolfingischen Herrschaft, die das ganze Werk durchzieht und die besonders bei den die Königsherrschaft legitimierenden Akten zutage treten muß: vor allem bei der Königserhebung des späteren 'Imperators'. Schon als im ostfränkischen Reich die Karolinger ausstarben, habe 'das ganze Volk der Franken und Sachsen' Herzog Otto, dem Großvater Ottos des Großen, das *diadema regni* angetragen; der habe allerdings aus Altersgründen verzichtet und den Frankenherzog Konrad als König vorgeschlagen. Bei Otto sei trotzdem die eigentliche Herrschaftsgewalt verblieben: *Penes Oddonem tamen summum semper et ubique fiebat impe-*

rium[42]. Ottos Sohn Heinrich, einem heimtückischen, für König Konrad unternommenen Anschlag glücklich entgangen[43], wurde vom sterbenden Frankenkönig als der Überlegene anerkannt und als Nachfolger empfohlen. Bei den Sachsen liege die eigentliche Macht, Heinrich habe das Glück und die Eigenschaften zum wahren König: *ipse vere rex erit et imperator multorum populorum*[44]. Beim erfolggesegneten König Heinrich suchte auch, der Herrschaft beraubt, der letzte westfränkische Karolinger Hilfe, und sein Gesandter bekannte am sächsischen Hof öffentlich den Niedergang der fränkischen Macht, mit dem für Widukind der Aufstieg Sachsens zur Vormachtstellung in Europa korrespondiert[45]. Als König Heinrich starb, hinterließ er seinem Sohn ein großes und weites Imperium, das er nicht von seinen Vätern geerbt, sondern selbst gewonnen hatte und das ihm von Gott allein gewährt worden war[46]. Es war 'das ganze Imperium der Franken', das Heinrich I. seinem Sohn übergab, der dann in Aachen feierlich die Herrschaft antrat. 'Empfange dieses Schwert', soll der Erzbischof nach Widukind bei der Übergabe der Insignien gesagt haben[47], 'mit dem Du alle Feinde Christi besiegen sollst, die Fremdvölker und die schlechten Christen, da nach Gottes Willen Dir alle Macht über das gesamte Imperium der Franken übertragen ist.' Allenfalls noch eine Szene ist in den drei Büchern der 'Sachsengeschichte' so eng mit dem Lechfeld-Bericht verbunden wie die Darstellung der Thronfolge Ottos I. und die Königserhebung in Aachen[48]: eben die Schilderung der Gesandtschaft Karls des Einfältigen an Heinrich I. mitsamt der Deutung Widukinds, in welcher der Übergang der Herrschaftsgewalt von den Franken an die Sachsen als historischer Prozeß aufgezeigt wird – unmittelbar bevor Widukind vom erfolgreichen, sieggekrönten Kampf Heinrichs gegen die Ungarn berichtet[49]. Man wird die Darstellung der Aachener Vorgänge bei Widukind nicht voll verstehen, wenn man sie aus der wohlbedachten Gesamtkonzeption isoliert. Der Faktenbericht ist in stärkstem Maße von einer übergreifenden Darstellungsabsicht bestimmt, die Widukind nicht versteckt, sondern mit Nachdruck vorbringt – allerdings in Aussagen, deren Intention und 'Wahrheitsgehalt' wir erst entschlüsseln müssen.

Zweitens: Widukind hat weder die akklamatorische Siegesfeier auf dem Lechfeld noch die Konzeption eines 'romfreien' Kaisertums einfach erfunden, er knüpft mit seiner Hervorhebung der imperialen Stellung des sächsisch-fränkischen Königtums sogar an Selbstdeutungen des ottonischen Hofes aus der Zeit vor 962 an. Nach wenig mehr als zehn Jahren konnte er die Zeitgenossen leicht an die triumphalen Siegesfeiern von 955 erinnern, die bezeugt sind und bei denen Ehrenprädikate wie *pater patriae* und *imperator* sehr wohl zum Ritual gehört haben mögen[50]. Die Feier des Königs nach der Schlacht ist ohne religiös-kirchliche Akte kaum denkbar: wenn vorher Gelübde für den Schlachtensieg abgelegt wurden, so können anschließende Dankgottesdienste nicht gefehlt haben, wie sie der Herrscher ja für die einzelnen Kirchen im Reich selbst angeordnet hat[51]. Der von Gott geschenkte Triumph wurde im kollektiven Gedächtnis des Reiches nicht zuletzt dadurch verankert, daß der Tag der Schlacht von da an jährlich religiös begangen wurde[52]: zur Erinnerung an den Moment, in dem Gott dem Herrscher und seinem Heer für das christliche Volk den Sieg über dessen schlimmste Feinde geschenkt und sich der König aus dem Sachsenstamm dadurch als *imperator* erwiesen hatte[53]. Mehrere gleichzeitig mit Widukind schreibende Autoren geben dem Herrscher von da an den *imperator*-Titel, andere rechtfertigen ausdrücklich, daß sie Otto bis 962 „nur" König nennen[54]. Bei der Kaiserkrönung von 962 erkannte der Papst die besondere Bedeutung des Ungarnsiegs für Ottos Kaisertum dadurch an, daß er selbst den römischen Akt nur als den „krönenden" Schritt auf dem Weg ansprach, auf dem die Lechfeldschlacht eine letzte bestätigende Bewährung bedeutete[55]. Und indem die Päpste den deutschen Erzbischöfen gewährten, das Pallium außer an den Hoch-, Apostel- und Patronatsfesten auch am Tage des Schlachtheiligen Laurentius und des Sieghelfers Mauritius zu tragen[56], erhielten die Jahrfeiern des Ungarnsiegs eine liturgische Überhöhung, die den Sieg wiederum eng mit dem Kaisertum verband. Widukind erinnerte also in der Schilderung der Lechfeldschlacht seine Leser und Hörer nicht nur an ein bereits vergangenes Geschehen, sondern an ein Ereignis, das man sich im ottonischen Reich noch immer als Erweis göttlicher Gnade und als unerhörten Triumph des eigenen Herrschers liturgisch vergegenwärtigte – vielleicht darf man sagen: an einen jährlich wiederkehrenden, zentralen Akt ottonisch-imperialer Herrschaftsrepräsentation[57].

Der 'Realitätsgehalt' von Widukinds Stilisierung des ottonischen Kaisertums ist jedoch damit noch nicht erschöpft. Nicht nur läßt sich eine Vorstellung, die in der Forschung als 'nichtrömische Kaiseridee' oder als 'romfreies Kaisertum' bezeichnet wurde, im späteren 9. und 10. Jahrhundert im lateinischen Abendland breiter belegen[58]; nicht nur fand wenige Jahre vor der Fertigstellung der 'Sachsengeschichte' oder sogar etwa gleichzeitig mit ihr eine Kaiserkrönung ohne Papst im Mainzer Pontifikale unter den anderen Weiheordines eine liturgische Fixierung, die einen Realitätsbezug gehabt haben muß[59]; nicht nur haben die englischen Könige der Zeit, darunter Ottos Schwager, den *imperator*-Titel sogar offiziell geführt[60]. Otto I. selbst war schon vor 955 – spätestens seit dem erfolglosen Versuch, 951 die Kaiserkrone zu erwerben – offen mit dem Anspruch aufgetreten, als *imperator* für das fränkisch-christliche Reich, für die lateinische Christenheit zu handeln[61]: vor diesem Hintergrund mußte der Ungarnsieg von 955 – nach der Erschütterung der Herrschaft durch den Liudolf-Aufstand – als willkommene göttliche Bestätigung erscheinen[62]. Angesichts einer solchen

'Vorgeschichte' hat die römische Krönung von 962 Diskussionen um den Charakter, um die Legitimation des Kaisertums Ottos des Großen ausgelöst[63]. In diesem Streit verwendeten diejenigen, die damals die Bedeutung der römischen Krönung hervorhoben und dabei oft ausdrücklich betonten, daß Otto bis 962 nur *rex* gewesen sei, die Titel *caesar* und *augustus*, während die Autoren, die Otto schon für die Zeit vor 962 als 'Kaiser' bezeichneten, den *imperator*-Titel gebrauchten[64] – was wiederum ein klares Indiz dafür abgibt, daß Widukinds Darstellung des ottonischen 'Kaisertums' in einem Realitätsbezug steht, der seinen Zeitgenossen bewußt war. In der älteren Mathilden-Vita und in der Vita Ulrichs von Augsburg wird sogar gegen Widukinds 'Heerkaisertum' bzw. gegen ein 'Kaisertum' ohne päpstliche Krönung polemisiert[65].

Drittens: Widukind schrieb für den innersten Kreis der Königsfamilie, der er wohl verwandtschaftlich nahestand, und des ottonischen Hofes[66]. Mit anderen Worten: er hatte Rezipienten mit im Blick, die wußten, wovon er sprach, zumal wenn er Ereignisse der jüngsten Vergangenheit berührte. Und man kann kaum daran zweifeln, daß Widukind bewußt war, was er tat, wenn er um 968 Otto I. seit dem Lechfeldsieg als *imperator* titulierte: in eben den Jahren, in denen sich dieser 965/66 seinen Sachsen erstmals als der vom Papst gekrönte Kaiser vorgestellt hatte, als der er sich in den Privilegien für die Großen des Reiches seit 962 bezeichnete, und in dem historischen Augenblick[67], als an Weihnachten 967 auch Otto II. vom Papst die Kaiserkrone empfing. Widukinds Adressatenkreis las oder hörte diese historiographische Erinnerung an den imperialen Rang Ottos I. vor 962 zweifellos als prononcierte Stellungnahme zu einer damals für das Verständnis des ottonischen Herrschertums grundlegenden Frage. Sie besaß nach den römischen Krönungen von 962 und 967 höchste Aktualität. Das Problem aber hatte Widukind sicher nicht selbst aufgeworfen: war doch damals eine Diskussion über das Kaisertum im Gange, deren Reflexe selbst in kleineren historiographischen Werken der Zeit nachzuweisen sind[68].

Angesichts solcher Diskussionen gewinnt Widukinds ausgefeilte literarische Technik eine wichtige Funktion[69]. Denn er wertet mit seiner Darstellung des ottonischen 'Kaisertums' Tatsachen, die seinem Publikum bekannt waren, nicht ganz beliebig um in eine pointierte Aussage über die Legitimation ottonischer Kaiserherrschaft. Er verankert seine Deutung in der historiographischen Tradition und appelliert gleichzeitig durch die Stilisierung seines 'Berichts' an religiöse Überzeugungen, von denen auch das Herrscherhaus erfaßt war. Aufgrund literarischer Vermittlung war das Bild von der *imperator*-Akklamation nach der siegreichen Schlacht in der frühmittelalterlichen Historiographie präsent[70]. Vielgelesene insulare Autoren hatten es aufgenommen und in den Erzählungen zur angelsächsischen Frühgeschichte mit der alttestamentarischen Glaubenserfahrung verbunden: daß Gott mit den Seinen ist und sich in seiner Hilfe offenbart, wo er ihnen und ihrem Führer den Sieg gegen übermächtig und unbesiegbar erscheinende Feinde verleiht[71]. Erstmals wird beides, die 'Heerkaisertradition' und das von Gott bewirkte 'Schlachtwunder', in der Geschichte des angelsächsischen Königs Oswald († 642) ineinander verwoben, d. h. in der Geschichte des heiligen Vorfahren der Königin Edgith – und das mag nicht nur Widukind aus Adamnan gekannt haben[72]: Setzt man voraus, daß Edgiths vornehme Herkunft und die Heiligkeit ihres Ahnherrn in der oralen Kultur des Ottonenhofes eine Rolle spielten[73], dann dürfte die Episode, in der König Oswald, wie ihm vorher in einer Vision zugesagt worden war, mit kleinem Heer durch göttliche Hilfe die *felix et facilis victoria* gewann und damit die Oberherrschaft über ganz Britannien, kaum gefehlt haben[74]. Einen Bericht, wie der heilige König Oswald so von Gott zum *imperator* ganz Britanniens 'ordiniert' wurde, mußte man geradezu als Bestätigung von Auffassungen lesen, die im ostfränkischen Reich ohnehin verbreitet waren: daß es Gott ist, der Niederlagen zuläßt und der den Sieg, auch den unerwarteten, schenkt, und daß im großen, von Gott bewirkten Sieg über die Heidenvölker ein 'unmittelbares Gottesgnadentum' dessen sichtbar wird, der diesen Sieg in Demut empfängt. Widukind appellierte an solche Überzeugungen, die in der Königsfamilie und in der Umgebung des Herrschers aus der eigenen Zeiterfahrung heraus lebendig waren, indem er die Ungarnschlachten Heinrichs I. und Ottos I. nach dem Exemplum der Makkabäer stilisierte[75].

Freilich bleibt zu bedenken: Indem er die römische Kaiserkrönung unterschlägt, gibt Widukind dem imperialen Rang, den Otto I. schon vor 962 beanspruchte, und der imperialen Stellung, die der Herrscher tatsächlich einnahm, einen Akzent, den dessen 'romfreies' Kaisertum wohl keineswegs trug[76]. Er wertet Fakten und Ideen auf, um dadurch die Bedeutung anderer Ereignisse und Vorstellungen zu relativieren, ja sie implizit sogar zu bestreiten. Was Widukind damit sagen und vor allem was er dadurch erreichen will, ist keineswegs schon ganz entschlüsselt. Daß es in diesen Zusammenhang gehört, wenn in der 'Sachsengeschichte' mit keinem Wort von der Gründung des Erzbistums Magdeburg die Rede ist, darf mit großer Wahrscheinlichkeit vermutet werden[77]. Auch hier schweigt Widukind gegenüber bestinformierten Adressaten zu Vorgängen, die den Herrscher seit der Lechfeldschlacht und insbesondere seit 965 beschäftigten wie kaum eine andere Frage[78] und die damals eine tiefe Spaltung in der sächsischen Adelsgesellschaft bewirkten[79]. Da auch andere zeitgenössische Geschichtswerke, in denen das Romkaisertum betont gewürdigt wird, nichts von den Bemühungen um die Gründung Magdeburgs berichten[80], kann die 'Unterdrückung' der Kaiserkrönung bei Widukind allerdings kaum allein aus einem Dissens in der 'Magdeburger Frage' erklärt werden. Doch zweifellos: Widukind wollte mit seinem Schweigen – zu dem als positives Korrelat bislang nur die Hervorhebung der Klosterpatrone Vitus, Stephanus und Dionysius erkannt ist[81] – gezielt etwas sagen; und er konnte damit rechnen, daß auch die implizite oder verschlüsselte Aussage von denjenigen verstanden wurde, an die sie gerichtet war: nicht zuletzt durch die Spannung zwischen dem, was er berichtete, und dem, was sie über das Berichtete und über das Berichtete hinaus wußten.

Wie die Behandlung des 'Kaisertums' zeigt, würde wohl nichts den Zugang zu Widukinds Werk mehr verschütten als die Annahme naiver Erzählung, in der sich das Geschehen „flexibel" und vom Autor fast unbemerkt und jedenfalls unreflektiert „den Umständen des jeweiligen Augenblicks" anpaßte[82]. Gewiß sind, wie die kritische Geschichtswissenschaft immer wußte, die historiographischen Werke aus jener Zeit alles andere als „präzise Geschehensprotokolle"[83]; und man kann – gerade angesichts früherer Überlegungen zum „Wahrheitsproblem" bei den ottonischen Geschichtsschreibern[84] – nicht nachdrücklich genug betonen, daß die frühmittelalterliche Historiographie überhaupt – mit Einschränkungen vielleicht gegenüber einer unmittelbar zeitgenössischen Annalistik – andere 'Wahrheiten' zur Darstellung bringen, d.h. oft erst: sichtbar machen wollte als die positivistische Geschehensrekonstruktion der modernen Geschichtswissenschaft[85]. Es geht ihr stets mehr um die Gegenwart und Zukunft als um die Vergangenheit[86]. Insofern ist der Umgang anderer Kulturen mit 'Geschichte' für den Mediävisten zweifellos aufschlußreich, weil er ihm Perspektiven zum Verständnis erschließen kann, die ihm moderne Vorstellungen von Geschichtsschreibung und historischer Wahrheit zu verstellen drohen. Und es ist zweifellos wichtig, nach den Strukturen von Geschichtswissen und Geschichtsbildern in einem Milieu zu fragen, in dem die mündliche Weitergabe und die Rezeption durch Hören die Kommunikation bestimmte[87]. Aber es scheint kaum hilfreich zu sein, wenn aufgrund ethnologischer Beobachtungen in fast schriftlosen Kulturen, die nicht einmal kritisch geprüft werden[88], über die Frage nach den – uns meist verborgenen – 'Informationen', über die ein Geschichtsschreiber verfügte, so etwas wie neue Gesetze für die Quellenkritik formuliert werden, um sie dann auf elaborierte, festen historiographischen Traditionen verpflichtete Geschichtsschreibung und auf die Erinnerung an die selbsterlebte Vergangenheit im Herrschaftszentrum eines Großreiches anzuwenden[89]. Auch wenn Widukinds Darstellung keine „präzisen Geschehensprotokolle" bieten will, so ist sie doch alles andere als die Verschriftung von Geschichten, die bei den Zeitgenossen in Umlauf waren[90].

Gewiß sind Versehen Widukinds nachweisbar, welche die Grenzen einer Gedächtniskultur im Hinblick auf die Speicherung historischer Fakten erkennen lassen: er hat bei den letzten Karolingern Personen verwechselt, ja selbst dem ersten Gemahl der Kaiserin Adelheid einen falschen Namen gegeben[91], hat den Begräbnisort König Konrads († 918) falsch lokalisiert[92] usf. Und gewiß hat er mündlich kursierende Geschichten verwendet, deren 'Wahrheitsgehalt' er – wie er wußte – nicht prüfen konnte und vielleicht auch nicht wollte, weil sie sich nur zu gut in seine Darstellungsabsicht, d.h. zur 'Wahrheit' seiner Geschichtsdeutung, fügten[93]. Aber gerade seine Darstellung der *imperator*-Würde Ottos des Großen war das genaue Gegenteil einer Anpassung an die Gegenwart, an die „Umstände des jeweiligen Augenblicks", wie sie dem Geschichtsbild in einer oralen Kultur eigen sein soll. Sie war eher ein Widerspruch zur Gegenwart unter Berufung auf die selbsterfahrene Geschichte, aber gestützt auf das ganze Arsenal literarischer Gestaltungsmöglichkeiten einer traditionsreichen Schriftkultur[94]. Dabei argumentiert Widukind mit der Geschichte – jedenfalls in bezug auf die jüngste Vergangenheit – weniger dadurch, daß er Dinge fingiert, die nie Wirklichkeit waren, sondern indem er das Geschehene umwertet; seine Interpretation beruht eher auf Weglassen als auf Hinzufügen. Der Corveyer Mönch hat ein 'Kaisertum vor der Kaiserkrönung' nicht erfunden, aber er überging, daß es ein anderes war als jenes, das durch den Papst in Rom vergeben wurde. In welchem Verhältnis beide zueinander standen und was daraus für die Legitimation und Würde des Herrschers folgte, war anscheinend das Problem, zu dem Widukind in dieser Form Stellung bezog – gegenüber Leuten, die seine 'Technik' durchschauen konnten und über das Wissen verfügten, um seine Aussage gerade aus der Spannung zu dem, was geschehen war, zu verstehen[95].

Das alles ist für unsere Frage nach den Aachener Vorgängen von 936 insofern wichtig, als einerseits Widukind für sie fast unser einziger 'Gewährsmann' ist, er aber andererseits die Szene des Herrschaftsantritts in Aachen und die Darstellung der Lechfeldschlacht als zentrale Kapitel für die Aussagen über das ottonische Herrschertum unmittelbar aufeinander bezogen hat[96]. Beide Passagen der 'Sachsengeschichte' müssen von denselben Vorstellungen her verstanden werden.

Der Bericht über die Aachener Königserhebung und die Frage nach seinen Grundlagen

Zunächst: Was geschah 936 in Aachen beim Herrschaftsantritt Ottos I.? Als Quelle zu den Vorgängen haben wir direkt nur Widukinds 'Bericht'[97]. Die ältere, 'positivistische' Forschung stand ihm kritischer gegenüber als die jüngere, die das Eingangskapitel des zweiten Buches der 'Sachsengeschichte' zu einem Eckpfeiler im Lehrgebäude von der 'deutschen' Königswahl und von der Entwicklung der Königskrönung gemacht hat. Wurde am Ausgang des letzten und zu Beginn dieses Jahrhunderts noch der Vorbehalt „wenn Widukind uns richtig berichtet“ angebracht, so verlor er sich in den 30er Jahren zusehends. In der mediävistischen Forschung stieg die Wertschätzung Widukinds und die „Glaubwürdigkeit“ seiner ‘Sachsengeschichte’; man bescheinigte dem Autor schließlich nicht nur Ausführlichkeit und Genauigkeit, sondern – im Gegensatz zu anderen Autoren, die über hochmittelalterliche Königserhebungen berichten – sogar ein besonderes Verständnis für die Vorgänge[98]. Vor allem im Gefolge der Ergebnisse Karl Schmids haben wiederum Zweifel um sich gegriffen[99] und – gestützt auf die Manuskripte zweier Vorträge, die ich 1969 und 1972 gehalten hatte und die Schmids Erkenntnisse und Folgerungen weiterführten[100] – zu einer weitgehenden Ablehnung des Berichts als Quelle für die faktischen Vorgänge geführt[101]. Dagegen erhebt sich inzwischen auch lauter Widerspruch[102]. In den jüngsten ‘Rekonstruktionen’ des Aachener Geschehens vom Jahr 936 wurden die Ergebnisse Schmids und meine eigenen Überlegungen in einer Weise weitergeführt, die m. E. methodisch fragwürdig ist und die neuen Erkenntnismöglichkeiten zu verschütten droht, die eine adäquate Widukind-Kritik aufgrund dieser Ergebnisse und der aus ihnen resultierenden Fragen eröffnet.

Als Bezugspunkt für die folgende Erörterung sei hier zunächst noch einmal die schon oft paraphrasierte und vielfach kommentierte Version resümiert, die Widukind von der Thronfolge Ottos I. gibt[103]. Heinrich habe vor seinem Tod seinen Sohn Otto zum König bestimmt *(designavit)* und ihn über seine Brüder und das ganze Imperium der Franken gestellt *(praefecit)*[104]. Nachdem König Heinrich gestorben war, wählte dann das ganze Volk der Franken und Sachsen[105] den Sohn Otto, der vom Vater längst vorher zum König bestimmt *(designatus)* worden war[106], sich zum Oberhaupt *(elegit sibi in principem)*[107]. Als Ort für diese allgemeine Wahl *(universalis electio)* gab man die Aachener Pfalz bekannt[108]; und als man dort zusammengekommen war, setzten die Herzöge, Markgrafen und übrigen weltlichen Großen ihren neuen Führer *(novum ducem)*[109] in der Vorhalle des Münsters Karls des Großen auf den dortigen Thron[110], leisteten ihm Handgang, Treueid und das Versprechen der Hilfe gegen alle Feinde, d.h. die Lehnshuldigung, und machten ihn so nach ihrer Sitte zum König *(more suo fecerunt eum regem)*. Während dieser Handlungen erwartete das geistliche Oberhaupt *(pontifex maximus)* mit der gesamten Geistlichkeit und dem ganzen Kirchenvolk den Einzug des neuen Königs *(novi regis)*. Als dieser eintrat, ging ihm der Oberpriester *(pontifex)* im erzbischöflichen Ornat entgegen, nahm mit der linken Hand die Rechte des Königs und schritt bis zur Mitte der Kirche, wo er innehielt; und zum Volk zurückgewandt – das ringsherum stand, weil es sich um einen Rundbau mit Emporen handelte, wo er vom ganzen Volk gesehen werden konnte – sagte er: ‘Seht, ich führe hier zu euch den von Gott erwählten *(electum)*, vom gewaltigen Herrn Heinrich einst bestimmten *(designatum)*, jetzt von allen Fürsten zum König gemachten *(regem factum)* Otto; wenn euch diese Wahl *(electio)* gefällt, so zeigt dies mit der zum Himmel erhobenen Rechten!' Mit lauten Rufen und erhobenen Händen wünschte das ganze Volk seinem neuen Lenker *(novo duci)* Heil. Dann schritt der Oberpriester *(pontifex)* mit dem König, der mit dem engen Leibrock der fränkischen Tracht bekleidet war, zum Altar, auf dem die königlichen Insignien bereitlagen, das Schwert mit dem Schwertgurt, der Mantel mit den Armspangen, der Stab mit dem Szepter und die Krone. An dieser Stelle des Berichts erläutert Widukind, daß zu dieser Zeit als *summus pontifex* Hildebert amtierte, der Erzbischof von Mainz, den er kurz auch persönlich charakterisiert. Exkursartig wird dann der Streit mit den Erzbischöfen von Trier und Köln um das Krönungsrecht *(consecrationis honor)* erwähnt, die aber beide dem ehrwürdigen Hildebert den Vortritt ließen. Der nahm nun die Insignienübergabe vor: Schwert mit Schwertgurt, Armspangen und Mantel, Szepter und Stab. Nachdem Otto mit dem heiligen Öl gesalbt und dem goldenen Diadem gekrönt worden war, und zwar von den beiden Erzbischöfen Hildebert und Wichfried (von Köln), und die Königsweihe in den rechten Formen zu Ende gebracht war, wurde er von denselben über die Wendeltreppen zum Thron auf der Empore geführt, wo er alle sehen und von allen gesehen werden konnte. Als dann Liturgie und Meßopfer mit großer Feierlichkeit zelebriert worden waren, begab sich der König in den Palast zum Krönungsmahl, bei dem die Herzöge von Lothringen, Franken, Schwaben und Bayern in den Hofämtern walteten[111].

In merkwürdigem Kontrast zu Widukind, der die *universalis electio* in Aachen in seiner 'Sachsengeschichte' als besonders bedeutsames Ereignis heraushebt[112], steht das Schweigen der anderen ottonischen Autoren. Weder erwähnt Adalbert von Magdeburg, der 'Fortsetzer Reginos', etwas davon, der während der 40er Jahre dem Kölner Klerus angehörte und über Lothringen gut informiert war[113], noch der Zeitgenosse Flodoard von Reims, der die Vorgänge im Nachbarreich mit wachem Auge verfolgte und wichtige Nachrichten gerade zum Herrschaftsübergang von 936 bringt[114], noch der Kölner Ruotger, der hier auf die Beteiligung oder die Rechte seines Metropoliten hätte eingehen können[115]. Auch bei Liudprand von Cremona oder bei Hrotsvith von Gandersheim findet sich nicht einmal eine Anspielung[116]. Außer Widukind von Corvey weiß kein mittelalterlicher Autor von den Vorgängen in Aachen, es sei denn, er hatte sie der 'Sachsengeschichte' oder ihren 'Ableitungen' entnommen[117]. Angesichts dieser Quellenlage erhalten alle Nachrichten, die Widukinds Angaben widersprechen oder jedenfalls nicht auf Anhieb mit ihnen zu vereinbaren sind, ein großes Gewicht. Karl Schmid hat nachgewiesen, daß bei Widukind wesentliche Informationen fehlen und daß es zusammenpassende Nachrichten aus unterschiedlichen Quellen gibt, die das in der 'Sachsengeschichte' entworfene Bild von der Thronfolge Ottos des Großen geradezu als „Verfälschung" erscheinen lassen könnten.

In der Diskussion darf freilich nicht verlorengehen, daß Widukind über ungewöhnlich gute und detaillierte Informationen verfügte, die sich überprüfen lassen. Angesichts der langen Regierungszeit und der Vielzahl erhaltener Diplome ergibt sich für den Beginn der Königsherrschaft Ottos I. der 7. oder 8. August 936 als gesichertes Epochendatum[118]. Zu diesem Zeitpunkt hielt sich der Herrscher, wie eine dort ausgestellte Königsurkunde beweist, tatsächlich in Aachen auf[119]; da der 7. August auf den Sonntag fiel, war damit auch ein für die liturgische Feier günstiges Datum gegeben[120]. Otto I. war also zu dem Zeitpunkt in Aachen, den er als konstitutiv für den Beginn seiner Herrschaft ansah, und damit erhält zumindest Widukinds Aussage, dort habe eine *universalis electio* stattgefunden, größtes Gewicht und weist auf eine zuverlässige Information hin. Selbst wenn die Herrscherweihe bereits 930 erfolgt war, kann ein kirchlicher Akt der 'Herrschaftspräsentation' – zumindest eine Art Befestigungskrönung[121] – 936 beim feierlichen Regierungsantritt kaum gefehlt haben. Alle Personen, die Widukind im Kontext der Aachener Vorgänge namentlich erwähnt, die Erzbischöfe von Mainz und Köln[122], die Herzöge von Lothringen, Franken, Schwaben und Bayern[123], der sächsische Graf Siegfried[124], haben damals wirklich amtiert. Daß Ottos jüngerer Bruder Heinrich in Aachen nicht zugegen war, sondern in Sachsen gewissermaßen in Gewahrsam gehalten wurde, schreibt zwar nur Widukind[125]; doch paßt die Angabe zur zeitgenössischen Aussage Flodoards, nach dem Tode Heinrichs I. sei zwischen seinen Söhnen ein Streit um die Königswürde ausgebrochen[126] – eine Nachricht, die durch die jüngere Mathilden-Vita gestützt wird[127] und von den folgenden Ereignissen her mehr als wahrscheinlich ist[128]. Daß es zu einem Disput um das Krönungsrecht zwischen den Erzbischöfen von Mainz, Köln und auch Trier gekommen sei[129], darf auch im Falle einer Befestigungskrönung angesichts der weiteren Entwicklung ebenso als wahrscheinlich gelten wie die Angabe, daß man schließlich dem Mainzer den Vortritt gelassen habe[130]. Hinzu kommt die Schilderung selbst: sie ist von seltener Lebendigkeit und Anschaulichkeit, detailreich und gut gegliedert, so daß häufig schon unmittelbare Augenzeugenschaft Widukinds oder wenigstens die direkte Erzählung eines Augenzeugen als Grundlage der Darstellung vermutet worden ist[131]. Die Örtlichkeiten, an denen das Geschehen spielt, vor allem die von Karl dem Großen errichtete Pfalzkirche mit ihrer Vorhalle, hat Widukind zweifellos selbst gesehen[132]; auch der Hinweis auf Aachens Nachbarschaft zu Jülich verrät wohl Ortskenntnis aufgrund eigener Erfahrung[133].

Noch an einem zweiten Punkt ist ein quellenkritischer Zugriff durch eine

Konfrontation mit von Widukind unabhängiger Überlieferung möglich: bei der ausführlichen Schilderung der Insignienübergabe[134]. Widukinds Bericht hat in der Erforschung der Krönungsordines eine Rolle gespielt, weil hier eine sehr detaillierte und, wie es schien, genau datierte Schilderung vom Ablauf einer Krönung aus einer Zeit überliefert ist, welche für die Entwicklung und schließlich Fixierung der Krönungsordines eine entscheidende Phase darstellt[135]. Bei Widukind erscheinen im wesentlichen diejenigen Insignien, die auch der sogenannte 'Frühdeutsche Ordo' nennt, und werden – mit der Krönung als Abschluß – in derselben Reihenfolge übergeben, die auch dieser Ordo vorsieht[136]. Zusammen mit anderen liturgischen Vorlagen zur Königskrönung wurden diese Elemente in Mainz – wahrscheinlich im Kloster St. Alban, möglicherweise auch an der Domkirche selbst[137] – vor 973 beziehungsweise, wie man meist annimmt, schon um 960 in ein Pontifikale eingearbeitet, das sich rasch zum von da an maßgeblichen 'Text' entwickelte[138]. Solange man davon ausging, daß Widukind die Erstfassung seiner 'Sachsengeschichte' bald nach 958, jedenfalls vor 961 geschrieben habe, wurde sogar erwogen, ob sich die „Mainzer Werkstatt" bei der Zusammenstellung des Ordo für die Königskrönung in diesem Punkt an Widukind hielt oder einem Bericht über die Krönung Ottos I. folgte, den man dann auch als Grundlage für die Darstellung des Corveyer Mönches postulierte. Das Mainzer Pontifikale fügte erstmals die Insignienennung mit den Gebetsformeln für die Übergabe so zusammen, wie sie durch dessen Rezeption in Rom als 'ottonisches' oder 'römisch-deutsches' Pontifikale normgebend für die weitere Entwicklung der Weiheliturgie geworden sind. Der Ordo für die Königskrönung läßt sich aus der Vereinigung älterer Vorstufen schlüssig ableiten[139], so daß eine direkte Verbindung mit Widukinds Darstellung nicht angenommen zu werden braucht, die ja durch keinerlei textliche Evidenz gestützt wird und auch aus sachlichen Gründen unwahrscheinlich ist. Da Widukind, wie heute allgemein angenommen, sein Werk erst um 968 abschloß[140], andererseits in der 'Sachsengeschichte' nirgends eine textliche Abhängigkeit von einem Krönungsordo durchscheint, dürfte der Corveyer Mönch aller Wahrscheinlichkeit nach die Insignienübergabe in der von ihm geschilderten Abfolge gesehen haben. Und da er sie so sicher in seine anschauliche, Details registrierende Schilderung der Aachener Pfalzkirche einbaut, besteht größte Wahrscheinlichkeit, daß er sie in Aachen gesehen hat. Dennoch ist es mehr als fraglich, ob man Widukinds Augenzeugenschaft auf 936 beziehen kann. Nicht nur dürfte Widukind 936 kaum mehr als zehn Jahre alt gewesen sein[141]. Auch der 'frühdeutsche' Krönungsordo darf so für 936 wohl nicht ohne weiteres vorausgesetzt werden[142]. Viel spricht für die Hypothese, daß Widukind seine Schilderung unter Verwendung von Elementen der Königskrönung Ottos II. am 26. Mai 961 gestaltet hat[143]. Ihr dürfte er in Aachen beigewohnt haben[144]; allerdings hat er sie in seiner 'Sachsengeschichte' wiederum mit auffälligem Schweigen übergangen.

Für die Hypothese, daß Widukind einen so lebendigen und detaillierten Bericht über die Aachener Vorgänge von 936 deshalb geben konnte, weil er Zeuge der Aachener Krönung von 961 war, spricht zunächst ein weiteres 'liturgisches' Argument: er erwähnt die Königin mit keinem Wort. Otto I. war 936 schon sechs Jahre lang mit einer angelsächsischen Königstochter verheiratet, und diese hatte ihm bereits den Sohn geboren, der zum Nachfolger bestimmt wurde, sobald er erwachsen war[145]. Widukinds Schweigen erklärt sich wiederum einfach, wenn man die Situation von 961 zugrunde legt – Otto II. war damals noch nicht sieben Jahre alt; wie sich die Krönung der Königin vollzog, kann Widukind also nicht gesehen haben. Schon Thietmar von Merseburg, der in den ersten Teilen seiner Chronik Widukinds 'Sachsengeschichte' folgt, hat hier etwas vermißt und die Krönung der Königin einfach nachgetragen[146]. Diese 'selbstverständliche' Ergänzung Thietmars hat quellenkritisch erhebliches Gewicht. Denn Otto III. war bei der Krönung ebenfalls ein Kind; Heinrichs II. Gemahlin Kunigunde war bei der unter dem Druck der Ereignisse überraschend vollzogenen Krönung nicht anwesend; Konrads II. Nahehe mit Gisela stieß auf kirchlichen Widerstand, weshalb auch 1024 die Krönung der Königin erst später erfolgte; Heinrich III. sowie Heinrich IV. und seine Söhne wurden wiederum schon als Kinder gesalbt und gekrönt[147]. Insofern ist es in der gesamten Ottonen- und Salierzeit nicht mehr zur gleichzeitigen Weihe von König und Königin gekommen. Man hat Widukinds Schweigen deshalb damit erklären wollen, daß die Weihe der Königin im ostfränkisch-deutschen Reich (noch) nicht üblich gewesen sei[148]. Dagegen spricht bereits der Ordo für die Krönung der Königin im Mainzer Pontifikale und in allen von ihm abgeleiteten späteren Handschriften[149]; und schon die spätkarolingische Entwicklung zeigt, daß die Weihe der Königin sich seit dem späten 9. Jahrhundert mit dem neuen Salbungs- und Krönungsbrauch durchgesetzt haben dürfte[150]. Obwohl es also aufgrund personeller Konstellationen während des 10. Jahrhunderts im ottonischen Reich nicht mehr zur Salbung und Krönung einer Königin gekommen ist[151], galt diese zu Beginn des 11. Jahrhunderts doch als unverzichtbares Erfordernis[152] – eben deshalb hat Thietmar von Merseburg eine Lücke in Widukinds Text diagnostiziert, die es für einen vollständigen Bericht zu füllen galt. Das Fehlen Edgiths bei Widukind dürfte aber darauf zurückzuführen sein, daß er die Abläufe in Aachen für 936 nach dem 'Modell' von 961 stilisierte und so für die Weihe der Königin kein Vorbild hatte.

Dafür könnte auch ein drittes von Widukind aufgeführtes Detail sprechen. Vor der Königsweihe beschreibt er einen Akt in der Vorhalle der Kirche, die *electio in principem,* zu der als Hauptelemente eine Thronsetzung und die anschließende Lehenshuldigung mit Treue- und Hilfegelöbnis gehörten[153]. Eine unmittelbare Parallele in der Fortführung der 'Sachsengeschichte' bis 973, wo Widukind in nahezu denselben Worten die *electio* Ottos II. nach dem Tode seines Vaters schildert[154], zeigt ebenso wie seine für 936 gewählte Terminologie[155], daß er mit der *universalis electio* keine Königswahl im Sinne einer Entscheidungsfindung über den künftigen Herrscher beschreiben will[156]. Den für 936 behaupteten Ablauf könnte er 961 tatsächlich gesehen haben. Otto II. war im Mai 961 auf einem Hoftag in Worms von seinem Vater mit allgemeinem Konsens zum König bestimmt worden[157]. Die Lothringer waren in Worms nicht zugegen und holten ihre 'Wahl' vor der Krönung in Aachen am bereits Gewählten nach[158], zweifellos in den üblichen Formen: mit Thronsetzung und Huldigung an den thronenden König[159].

So passen Widukinds Angaben, wenn man sie auf 961 bezieht, gerade dort, wo sie am anschaulichsten sind, bestens zusammen: der weltliche Akt in der Vorhalle, der als vermeintliches 'Unikum' in der Geschichte der deutschen Königswahl für sehr weitgehende, aber wohl unbegründete Deutungen herhalten mußte[160]; die Übereinstimmung mit dem 'Frühdeutschen Ordo' hinsichtlich der Insignien; das Fehlen der Königin; auch die Debatte über das Krönungsrecht in Aachen, die 961 wohl durch einen ähnlichen Kompromiß beigelegt wurde[161], wie ihn Widukind für 936 behauptet; ja selbst die 'imperialen' Züge, die der Krönung Ottos I. in der Darstellung der 'Sachsengeschichte' gegeben werden, könnten aus der Rückprojektion von 961 her zu erklären sein und tatsächlich Gesagtem und Gehörtem entsprechen[162]. Widukind operiert also auch hier nicht mit frei erfundenen 'Fakten' – er hat dem 961 Gesehenen wohl nichts Fiktives hinzugefügt, sondern wiederum eher Dinge weggelassen, die nicht zu seiner Konzeption paßten[163]. Doch übertrug er das, was wohl er selbst und einige seiner Adressaten miterlebt hatten, auf eine andere, wenn auch vergleichbare Situation. Hat man diese Erzähltechnik durchschaut, kann man in Widukinds Angaben für 936 nicht mehr gesicherte Fakten betrachten. Aber es wäre auch wenig begründet, sie ungeprüft zu verwerfen. Gerade bei zeremoniellen oder rituellen Akten spielt ja die Tradition, die Wiederholung in der bekannten Form, eine große Rolle[164]. Zudem wird Widukind, wenn er 961 bei der Weihe Ottos II. zugegen war, aus Erzählungen Älterer einiges über den Herrschaftsantritt Ottos I. erfahren haben – die Tatsache der *universalis electio* könnte ebenso aus solchen mündlichen Berichten stammen wie das Wissen um einen Disput der Erzbischöfe oder über den Dienst der Herzöge beim Krönungsmahl[165]. Problematisch wird Widukinds Rückprojektion von 961 her vor allem da, wo genau damit sein 'Bericht' über die Vorgänge von 936 in Widerspruch zu den anderen Quellen gerät, die wir für die Thronfolge Ottos des Großen haben.

Dieser Widerspruch läßt sich nicht durch eine weitergehende Textanalyse der 'Sachsengeschichte' aufklären, sondern allenfalls dadurch, daß man zunächst die von Widukind unabhängigen Nachrichten über die Nachfolgeregelung Heinrichs I. historisch einzuordnen versucht.

Die neue Sicht der Thronfolgeregelung Heinrichs I., eingeordnet in die Rekonstruktion des historischen Kontexts

Karl Schmid hat bis dahin unbekannte oder nicht ausreichend gewürdigte Nachrichten zu einem neuen Bild von der Thronfolge Ottos des Großen zusammengefügt. Wesentliche Elemente dieser neuen Rekonstruktion scheinen sich besser mit den anerkannten Tatsachen über die Entwicklung von Königserhebung und Königsweihe vereinbaren zu lassen als die Angaben Widukinds, die der Forschung bislang vor allem Besonderheiten, d.h. Einmaliges oder Ungewöhnliches, geboten haben.

Betroffen ist hiervon zunächst die von Widukind behauptete beziehungsweise von der Forschung aus seinem Bericht herausgelesene 'Königswahl' in Aachen. Im ostfränkisch-frühdeutschen bzw. römisch-deutschen Reich fanden die 'Königswahlen' in aller Regel auf fränkischem Boden statt[166]. Es gibt nur eine gesicherte Ausnahme: 983 ließ Otto II. seinen dreijährigen Sohn auf dem Pfingsthoftag in Verona zum König 'wählen' und sandte ihn von dort aus nach Aachen, wo die Weihe am Weihnachtstag vollzogen wurde[167]. Für die Ausnahme gibt es plausible Erklärungen: Otto II. wollte so bald wie möglich seine verheerende Niederlage gegen die Sarazenen wettmachen und rüstete in Italien zum nächsten Feldzug – doch in der Schlacht von Cotrone war er nur mit höchster Not dem Tode oder der Gefangenschaft entronnen, so daß den Großen schon aus diesem Grunde an einer Nachfolgeregelung gelegen sein mußte[168], die für den Fall, daß dem Kaiser etwas zustoßen sollte, den zu befürchtenden Kampf zwischen Heinrich dem Zänker und seinem Anhang und dem Anhang der Kaiserinnen und Ottos III. verhindern konnte[169]. Die Wahl im Grenzraum beider Regna entsprach zudem der Reichskonzeption Ottos II., wie sie auch in der Salbung und Krönung Ottos III. durch die Erzbischöfe von Mainz und von Ravenna sichtbar wird[170].

Eine vergleichbare Erklärung gab es nicht, wenn man, Widukind folgend, die Wahl Ottos I. in das Jahr 936 setzte und annahm, sie habe erst nach dem Tode Heinrichs I. stattgefunden. Zwar behauptet Widukind, liest man den Text genau, keineswegs, daß in Aachen eine Königswahl vollzogen wurde; die *electio in principem* ist bei ihm keine Entscheidungsfindung, sondern ein formeller Bestandteil der Herrschaftseinsetzung[171]. So hat die Königswahlforschung nach der „eigentlichen Wahl“ gesucht und zunächst eine „Vorwahl" derjenigen angenommen, die am Todeslager Heinrichs I. zusammengekommen waren, sodann – aufgrund eines offensichtlichen Mißverständnisses der Formulierung Widukinds[172] – eine „Wahl an unbekanntem Ort" postuliert, bei der die in Aachen nur noch förmlich nachvollzogene Entscheidung gefallen sei[173]. Doch auch dann hätte die Wahl zwischen dem Tode Heinrichs I. in Memleben (2. Juli), seiner Beisetzung in Quedlinburg (Mitte Juli) und den Aachener Feierlichkeiten (7. August) kaum auf fränkischem Boden stattfinden können. So hat man nach Gründen für die Ansetzung des Wahlakts in Aachen und zugleich für die Eile im Vollzug der Nachfolge gesucht – bislang ohne eine wirklich schlüssige Erklärung zu finden[174].

Anders sieht es aus, wenn eine Entscheidung in der Nachfolgefrage 929/30 gefallen ist, so wie es Karl Schmid aus anderen Quellen erschlossen hat. Damals war der Königshof schon um den Jahreswechsel an den Mittelrhein gekommen[175], in der Karwoche hielt er sich in der alten Karolingerresidenz Frankfurt auf[176], in Mainz soll Otto – vielleicht an Ostern – zum König geweiht worden sein[177]. Was im September 929 mit der Nachfolgeregelung im Königshaus in Sachsen eingeleitet worden war[178], scheint also wirklich in Franken seinen Abschluß gefunden zu haben, ehe man dann zum Thron Karls des Großen im neu gewonnenen Lothringen weiterzog, um das Pfingstfest zu feiern[179]. Hier ist erstmals die typische Bewegung des Hofes vom Mittelrhein nach Aachen erkennbar[180], die sich später nicht nur bei den Königserhebungen immer wieder beobachten läßt, sondern auch beim Herrschaftsantritt oder zur Demonstration neuer Regentschaftsverhältnisse: 961, als Otto II. in Worms zum Nachfolger bestimmt und in Aachen geweiht wurde[181]; 973, als er die Alleinherrschaft mit Hoftagen in Worms und Aachen übernahm[182]; 991, beim Übergang der Regentschaft für Otto III. an die Kaiserin Adelheid[183]; 995, als Otto III. volljährig selbst die Herrschaft antrat[184]. Auch 983, als der dreijährige Otto III. in Verona zum Nachfolger gewählt worden war, hielt er sich wohl unter der Obhut des Erzbischofs von Mainz mehrere Monate am Mittelrhein auf, bevor er am Weihnachtstag in Aachen die Königsweihe empfing[185]. Heinrich II. und Konrad II. wurden beide am Mittelrhein gewählt und in Mainz gekrönt, bevor sie dann in Aachen den Thron Karls des Großen, den 'Erzstuhl' des Reiches, bestiegen[186].

Diese für Königserhebung und Herrschaftsantritt im ostfränkisch-deutschen Reich charakteristische Verbindung von Akten im fränkischen Mittelrheingebiet und in Aachen könnte sehr wohl bei der Bestimmung Ottos I. zum Thronfolger begründet worden sein – wenn man diese in das Jahr 930 setzt, in dem diese Abfolge sicher bezeugt und sogar durch die Hochfeste Ostern und Pfingsten akzentuiert ist[187]. In der damaligen Situation fände ein zweiter Akt im lothringischen Aachen nicht nur eine gute Erklärung, sondern müßte geradezu postuliert werden. Zwar hatten „die Lothringer“ Heinrich I. schon 925 gehuldigt; voll durchsetzen konnte sich dieser dort aber erst bis zum Jahre 928[188]. Giselbert, 928 erstmals offiziell als Herzog unter dem König genannt[189], wurde damals oder spätestens 929 durch die Ehe mit Heinrichs Tochter Gerberga gewissermaßen in die Königsfamilie aufgenommen[190]. Lothringen war also 930 zweifellos noch nicht so in das ostfränkisch-sächsische Reich integriert, daß seine Großen die Tradition eines eigenen Regnum aufgegeben hätten[191]: Ein gesonderter Huldigungsakt, d.h. eine 'Wahl' im Sinne der Zeit – vermutlich mit einer kirchlichen Handlung verbunden, wozu sich der Pfingstaufenthalt des Hofes in Aachen anbot – ist hier anzunehmen[192]. Auch 961, als Otto II. zum Mitkönig erhoben wurde, hat ja nach der Entscheidung auf einem Hoftag in Worms noch eine gesonderte 'Wahl' der Lothringer in Aachen stattgefunden, bevor Otto II. dort gesalbt und gekrönt wurde[193]. Bilden die getrennten Einsetzungshandlungen in Franken und Lothringen vielleicht sogar den Bezugspunkt dafür, daß Widukind für 936 eine *universalis electio* hervorheben kann[194], die in der gemeinsamen Huldigung der Großen des ganzen Reiches oder aller unter Heinrichs beziehungsweise Ottos Botmäßigkeit stehenden Regna[195] an den Nachfolger des verstorbenen Königs bestand?

Ein äußeres Ereignis könnte das Geschehen des Jahres 930 – die zu vermutende Weihe des Königssohnes in Mainz und den Akt in Aachen – zusätzlich beeinflußt haben. Als die Hausordnung Heinrichs I. gerade erfolgt und damit auch die Nachfolgeregelung bereits eingeleitet war, starb am 7. Oktober 929 Karl der Einfältige; seine angelsächsische Gemahlin floh mit den unmündigen Kindern zurück in ihre Heimat an den Hof König Aethelstans[196]. Zwar war Karl seit 923 in Gefangenschaft gehalten worden, aus der er sich 927/28 nur vorübergehend noch einmal befreien konnte. Aber der westfränkische König Rudolf war im ostfränkischen Reich bis dahin nicht anerkannt worden und galt, wohl auch im Hinblick auf seine lothringischen Ansprüche, zunächst auch weiterhin als Usurpator[197]. Damit war in allen ehemaligen Frankenreichen die Karolingerherrschaft erloschen. In dieser Situation könnte der Entschluß gereift sein, das neue ostfränkisch-sächsische Königtum deutlicher in die Tradition karolingischer Herrschaftslegitimation zu stellen und, über die situationsbezogene Anerkennung der Nachfolge Ottos hinaus, ein neues Königshaus zu begründen. Die Königssalbung, die den anderen nachkarolingischen Herrschern sichtbar einen göttlichen Schutz verleihen sollte, war mit der Vorstellung der Weitergabe der Herrschaft an die Söhne untrennbar verbunden[198]; und vor einem solchen Hintergrund wäre m.E. das Argument zugunsten einer Thronfolge des jüngeren Königssohnes Heinrich, nämlich daß er im Gegensatz zu Otto als Königssohn geboren sei *(natus in aula regali)*[199], am ehesten verständlich. Darüber hinaus fände auch die Pfingstfeier in Aachen eine gute Erklärung: da der „Usurpator" Rudolf auf Lothringen noch keineswegs verzichtet hatte[200], lag es um so näher, in der Pfalz Karls des Großen die Nachfolge der neuen sächsischen Dynastie im *regnum quondam Lotharii* öffentlich zu demonstrieren.

Unter umgekehrten Vorzeichen könnte auch der Aachener Akt von 936 durch ein solches Ereignis mitbedingt gewesen sein. Karls des Einfältigen Sohn Ludwig IV. war nach längeren Verhandlungen soeben aus England zurückgekehrt und hatte die Herrschaft im westfränkischen Reich übernommen; am 19. Juni 936 wurde der Karolinger in Laon zum König gesalbt und gekrönt[201]. Daß die *universalis electio* in Aachen am 7. August 936 auch eine Demonstration in diese Richtung war, ist schon mehrfach vermutet worden[202]: sie sollte den ostfränkischen König, Sohn König Heinrichs I., in der Karolingernachfolge als mächtigen imperialen Herrscher zeigen, der auch über Lothringen regierte.

Auffallend wäre sodann die Wahl Aachens als Ort der Königssalbung. Auch hier kann Schmids Ergebnis zu einer Klärung beitragen. Zwar ist die Frage, ob es im ostfränkischen Reich bereits eine gesicherte Tradition der Königssalbung und -krönung gab, noch nicht definitiv geklärt[203]. Angesichts der sich verdichtenden Belege für westfränkische Königs- und Königinnensalbungen im späteren 9. Jahrhundert[204] und der Zeugnisse für die Ausformung von Krönungsordines[205], auch angesichts der Tatsache, daß 895 Arnulfs Sohn Zwentibold bei der Erhebung zum König von Lothringen und Burgund wohl in Worms gesalbt worden war[206], spricht aber doch alles dagegen, daß man im ostfränkischen Reich auf die Elemente sakraler Herrschaftslegitimation verzichtet hätte, mit deren Hilfe die westfränkischen Konkurrenten und Vorbilder damals Halt im Kampf gegen innere und äußere Feinde zu gewinnen hofften; für Konrad I. ist durch das Epitheton *christus Domini* die auch von Widukind erwähnte Salbung bezeugt[207]. Widukind setzte in den 60er Jahren des 10. Jahrhunderts den Salbungsbrauch so fest voraus, daß er schon für den Frankenkönig Theuderich im 6. Jahrhundert den Begriff *unguere in regem* gebraucht wie später für Otto II.[208] und daß er dem gesalbten, aber glücklosen König Konrad[209] den „ungesalbten", aber mit Erfolg – als dem Zeichen göttlicher Gnade – gesegneten König Heinrich gegenüberstellen kann[210]. Daß der sächsische Herzog 919 bei seiner Erhebung zum König auf die Salbung verzichtet haben soll[211], gibt nur einen Sinn, wenn Widukind sie als üblich ansah und dies auch bei seinen Adressaten annehmen durfte.

Der geeignetste Ort für die sakramentale Handlung war ohne Frage eine Bischofskirche, am ehesten die Kathedrale des Metropoliten, der das Recht der Konsekration beanspruchte[212]. Für Widukind war keine Frage, wem dieses Recht zustand: dem Erzbischof von Mainz[213]. Problematisch wurde dessen Anspruch allerdings, wenn Salbung und Krönung im Diözesansprengel eines anderen Metropoliten stattfanden, wie dies in Aachen gegeben war. Hier wollte der Erzbischof von Köln am Vollzug der sakramentalen Handlungen beteiligt werden; dies ist ihm 961 und nach Widukind auch 936 zugestanden worden[214], während 983 der Erzbischof von Ravenna neben dem Mainzer den dreijährigen Otto III. konsekrierte[215]. Es ist aber m.E. schwer vorstellbar, daß der Erzbischof von Mainz in dieser Form ein Krönungsrecht in der fremden Diözese durchgesetzt hätte, wenn ihm nicht im Prinzip der *consecrationis honor* für das ostfränkische Königtum zustand. Ein solches Vorrecht des Mainzers wäre kaum erklärbar, wenn man die Geschichte der ostfränkischen Königssalbung in Aachen beginnen läßt. Eine Weihe Ottos I. 930 in Mainz durch den Ortsbischof Hildebert[216], der auch 936 noch amtierte, erscheint demgegenüber als regulärer Vorgang, der zu allen sonstigen Nachrichten oder wahrscheinlich zu machenden Tatsachen paßt. Auf eine feste, vor 930 zurückreichende Tradition geht es wohl auch zurück, daß dann unter Otto I. in Mainz die von da an maßgebliche Sammlung der Weiheordines zusammengestellt wurde[217]. Für den Vollzug der Königskrönung setzten schon der 'frühdeutsche' Ordo und dann entsprechend das ottonische Pontifikale nicht den Aachener Zentralbau voraus, sondern eine Basilika mit tieferem Chor, also eine Kirche von Gestalt der bischöflichen Dome[218].

Aus der Situation des Jahres 961 dagegen würde sich die Verlegung der Königskrönung und -salbung nach Aachen – zunächst als einmaliger, besonderer Akt – plausibel erklären lassen. Ein Bezugspunkt war zweifellos der Herrschaftsantritt Ottos I. im Jahre 936; noch stärker aber dürften aktuelle Ziele die Entscheidung gelenkt haben. Schon die Erhebung des noch nicht siebenjährigen Königssohnes wurde von einem unmittelbaren Zeitgenossen als ungewöhnlich *(contra morem)* geschildert[219]. Einmalig blieb, daß Otto II. von da an neben seinem Vater selbständig als König geurkundet hat[220]. Man hätte sehr weit zurückgehen müssen, um in der Geschichte des Frankenreiches so etwas wie Vorbilder zu finden. Als Mitkaiser hatten Lothar I. und Ludwig II. eigene Urkunden ausgestellt; Ludwig der Deutsche hatte dies als König nach der Empörung gegen Kaiser Ludwig den Frommen aus eigener Machtvollkommenheit getan, während von seinen Söhnen keiner zu Lebzeiten des Vaters geurkundet hat[221]. Schon die fränkische 'Vorgeschichte' würde also, falls man davon nach mehr als einem Jahrhundert überhaupt noch etwas wußte, die selbständige Urkundenausstellung Ottos II. in den Zusammenhang des Kaisertums rücken. Daß hinter der Aachener Krönung Ottos II. ein imperialer Anspruch stand, wird durch die Verwendung eines neuartigen Siegelbildes gesichert. Nach der Kaiserkrönung ersetzte Otto I. das bisherige Typar, das ihn wie die Vorgänger mit Schild und Speer im Profil zeigte, durch eine Darstellung, auf der der Herrscher in strenger Frontalität gekrönt mit Szepter und Reichsapfel erscheint[222]. Da es unter den Siegelbildern der fränkischen Könige und Kaiser dafür kein unmittelbares Vorbild gibt[223], während in der byzantinischen Bildtradition entsprechende Modelle existieren[224], ist evident, daß der neue Majestätstypus des Siegels das 'Kaisertum' des Dargestellten zur Anschauung bringen sollte. In den Urkunden Ottos II. wurde aber von Anfang an ein verwandtes Typar verwendet[225] – ein neuartiges Siegel, das mit einer langen Tradition brach und im Abendland eine neue Art der Herrscherdarstellung einleitete[226], hat der Sohn des Kaisers schon als König geführt. Es ist also nicht eine nachträgliche Interpretation ottonischer Geschichtsschreiber, wenn sie die Bestimmung des minderjährigen Sohnes zum Nachfolger sowie den Akt in Aachen unmittelbar mit dem bevorstehenden Romzug des *caesar futurus* verbinden[227]: Otto der Große hat sich mit der ungewöhnlichen Erhebung seines noch nicht siebenjährigen Sohnes zum Mitherrscher schon vor dem Aufbruch nach Italien öffentlich in kaiserlicher Stellung präsentiert[228].

In diesem Kontext erscheint die Wahl Aachens für die Weihe Ottos II. als Entscheidung von programmatischer Bedeutung. Denn die Aachener Pfalzkapelle hatte ja durchaus eine Tradition als 'Krönungskirche', allerdings eine ganz eigenartige: in ihr waren 813 Ludwig der Fromme und 817 Lothar I. zu Mitkaisern gemacht worden; dabei hatte ihnen jeweils der kaiserliche Vater in gottesdienstlichem Rahmen die Herrschaftszeichen übergeben[229]. Dies konnte man, wie die handschriftliche Überlieferung der karolingischen Historiographie ebenso belegt wie die ottonische Geschichtsschreibung[230], im 10. Jahrhundert durchaus nachlesen, und auch in Aachen mögen Erinnerungen daran lebendig geblieben sein. Die Krönung Ottos II. in Aachen knüpfte an hochkarolingische Mitkaisererhebungen an. So erscheint der Aachener Akt selbst als Demonstration der kaiserlichen Stellung Ottos I., und man kann sich sehr wohl vorstellen, daß damals dem künftigen Nachfolger mit dem Schwert, 'alle Macht über das ganze Imperium der Franken zum unerschütterlichen Frieden aller Christen' übertragen wurde[231]. Mit anderen Worten: Widukind könnte auch hier das, was 961 gesagt wurde, auf 936 übertragen haben, wie auch die Angabe, daß der Herrscher in fränkischer Tracht zur Krönung schritt, der imperial-fränkischen Reichs- und Herrschaftsauffassung entsprechen würde, für die es aus der Umgebung Ottos I. zeitnahe Zeugnisse gibt[232].

Wenn eine Königskrönung und -salbung in Aachen erstmals 961, nicht schon 936 stattgefunden hat, die kirchliche Weihe Ottos I. aber schon 930 in Mainz erfolgt war, klärt sich auch die bislang eher etwas verworren erscheinende Geschichte des Krönungsrechts und des Krönungsortes im römisch-deutschen Reich[233]. Wie gesagt, war ein Mainzer Anspruch offensichtlich im 10. Jahrhundert schon so gefestigt, daß ihm in frühottonischer Zeit keine

Konkurrenz erwuchs; nur bei einer Krönung in Aachen stellte sich die Frage einer Beteiligung des Diözesanbischofs, d.h. des Erzbischofs von Köln. In aller Deutlichkeit wurde dies zum Problem, als man 961 aus besonderen Gründen in Aachen eine Salbung vornahm; die Debatte könnte aber durchaus, wie Widukind behauptet, eine Vorgeschichte gehabt haben im Hinblick auf eine Krönung, wie sie nach der *universalis electio* von 936 anzunehmen ist[234]. Der selbst in Aachen geweihte Otto II. ließ dann 983 dort auch seinen dreijährigen Sohn salben und krönen. In welchem Maße gerade diese Königsweihe 'imperial' verstanden wurde, zeigt bereits die Beteiligung des Erzbischofs von Ravenna, der 983 an Stelle des Kölners neben dem Erzbischof von Mainz agierte[235]. Dagegen sind Heinrich II. 1002 und Konrad II. 1024 in Mainz gekrönt worden, wie auch 1077 Rudolf von Rheinfelden dort die Weihe empfing[236]. Gewiß gab es jedesmal gute Gründe, mit der Krönung nicht bis zu einem Einzug in Aachen zu warten, das keinem der drei Herrscher unmittelbar nach der Wahl offengestanden hätte. Fragt man aber nach der Tradition eines Krönungsortes im Reich der Ottonen und Salier, so erscheint doch bemerkenswert, daß nach 961 in Aachen bis 1125 nur die unmündigen Söhne regierender Kaiser gesalbt und gekrönt worden sind[237], während die nicht in der Sohnesfolge stehenden Herrscher des 11. Jahrhunderts in Mainz die Herrscherweihe empfingen. Das Selbstverständnis der Salier, ausgeprägt dynastisch und auf das Erbrecht am Königtum zielend[238], an die Karolingertradition anknüpfend und römisch-imperial bestimmt[239], dazu der Konflikt Konrads II. mit dem Erzbischof von Mainz hinsichtlich der Ehe mit Gisela[240] ließen Aachen als Krönungsort stärker in den Vordergrund treten, zum Vorteil des Erzbischofs von Köln, dem nun gemäß den kirchenrechtlichen Vorstellungen der Zeit das Recht der Königsweihe in seiner Diözese zugesprochen wurde[241]. Doch erst nach dem Investiturstreit setzten sich Aachen als alleiniger, als „rechter" Ort der Krönung und das Krönungsrecht des Kölners durch[242] –, und erst damals wurde die „Aachener Krönung Ottos I." für mehrere Geschichtsschreiber, die sich an Widukinds Bericht oder an die von Widukind abhängige Chronik Thietmars hielten, zu einer der 'Grundtatsachen' der eigenen Geschichte[243].

Noch in einer weiteren Hinsicht hat Karl Schmids Rekonstruktion alle historische Plausibilität für sich. Daß Heinrich trotz der starken Stellung, die er als König seit der Mitte der 20er Jahre zusehends gewann[244], bis zu seinem nahen Ende gewartet haben soll, ehe er an die Nachfolgeregelung ging[245], ist unwahrscheinlich, wenn man die karolingische Praxis selbst sowie das Verhalten anderer nachkarolingischer Herrscher zum Vergleich heranzieht. Obwohl in der Karolingerzeit – sieht man vom gescheiterten Versuch der Ordinatio imperii ab[246] – feststand, daß die legitimen Königssöhne die Herrschaftsnachfolge antreten würden, haben die Karolinger meist relativ früh Nachfolgeregelungen eingeleitet, um Streit über die Reichsteilung zu verhindern, um die eigenen Söhne gegen ein beanspruchtes „Eintrittsrecht" älterer Verwandter abzusichern oder auch, wie Lothar II., Karl III. oder Arnulf, um als illegitim geltenden Söhnen zur Thronfolge zu verhelfen[247]. Und ebenso haben die nachkarolingischen Könige, soweit sie Söhne hatten[248], fast alle nachweislich die Weitergabe der Herrschaft in einer neuen Dynastie frühzeitig abgesichert – meist durch Thronassoziation wie Wido von Spoleto[249], Hugo und Berengar II. von Italien oder später Hugo Capet und in abgewandelter Form Otto I. 961[250]. Auch Otto hat seinen Sohn Liudolf zum Nachfolger bestimmt, als dieser 15 Jahre alt geworden war[251], und ihn in dieser Funktion im Reich 'vorgestellt'[252]. So hätte sich Heinrich I., hätte er die Nachfolgeregelung erst 936 auf dem Sterbebett getroffen, eher untypisch verhalten, während eine frühzeitige Entscheidung als 'zeitgemäß', als das auch für die Zeitgenossen Übliche erscheint.

Die Forschung hat stets bemerkt, daß in den Quellen auch für die nachkarolingische Zeit die Vorstellung von einer erblichen Weitergabe des Königtums grundlegend ist. Liturgische wie historiographische Quellen gehen übereinstimmend und konsequent von einem *ius hereditarium,* vom *paternum regnum* und vom *heres regni,* von der *paterna* oder *hereditaria successio* aus[253]. Die Ablösung der Karolinger erscheint als Konsequenz aus dem Erlöschen der karolingischen *stirps regia*[254], wie umgekehrt die Sohnesfolge bzw. der Eintritt des Königssohnes in das väterliche Erbe als etwas Selbstverständliches berichtet wird[255]. Auch für Widukind ist dies selbstverständlich: Bei den Merowingern soll sich sogar die einzige Tochter König Hugas (= Chlodwigs) als *heres regni,* als alleinige Herrin des Reiches *iure hereditario* betrachtet haben[256]; *iure hereditario* fallen schließlich noch einmal alle Frankenreiche an Karl III.[257]; weil der letzte ostfränkische Karolinger Ludwig keinen Sohn hatte, geht das Königtum an Nichtkarolinger über, wobei man die Königswürde zunächst Ludwigs „Schwager" Otto dem Erlauchten angetragen habe[258]; im Westfrankenreich streiten zwei Familien, die Nachkommen Odos und Karls des Einfältigen, um das Königtum, beide mit historisch begründetem Anspruch[259], während König Rudolf (923–936) eindeutig als Usurpator erscheint[260]; Heinrich I. hat sein Reich nicht – was also für Widukind der Normalfall wäre – von den Vätern geerbt[261], doch er übergibt es seinem Sohn Otto, wie dieser dann seinem Sohn[262]. Insofern werden schon die Zeitgenossen mit nichts anderem gerechnet haben, als daß mit dem Erfolg des ehemaligen Sachsenherzogs das Königtum auch an seine Nachkommen gelangen werde. Nach einigen Quellen scheint diskutiert worden zu sein, ob ein solches Erbrecht nicht nur für wirkliche Königssöhne gelte, konkret: ob Heinrichs I. legitimer Nachfolger nicht eher der zur Zeit der Königsherrschaft geborene Sohn Heinrich wäre als der ältere Sohn Otto, der schon sechseinhalb Jahre vor der Königserhebung zur Welt gekommen und zu diesem Zeitpunkt strenggenommen nicht einmal Sohn eines Herzogs, sondern nur Sohn eines Herzogssohnes war[263].

In einer heftig attackierten[264], aber zweifellos richtigen Argumentation hat Karl Schmid gezeigt, daß Otto I. kurz nach der Aachener Erhebung selbst davon ausging, daß das Königtum an seine Nachkommen fallen werde, solange die Sohnesfolge nicht abriß[265]. Ausgesprochen wurde dies in einer Urkunde für die Familienstiftung Quedlinburg, jetzt das Grabkloster für König Heinrich. Otto bestimmte, daß Herrschaft und Schutz des Klosters beim König liegen sollten, solange ein Mann aus seiner *generatio* das Königtum innehabe; sollte aber vom Volk ein anderer Mann zum König gewählt werden, würde Quedlinburg zwar rechtlich Königskloster bleiben, den Schutz jedoch solle der Mächtigste aus der ottonischen *cognatio* wahrnehmen[266]. Daß in dem Dokument *generatio* und *cognatio* einander gegenübergestellt und alternativ verstanden sind, ist heute weitgehend anerkannt[267]; doch hatte Schmid selbst zu Mißverständnissen eingeladen, als er *generatio* im Sinne des „agnatischen“ Geschlechts deutete und *cognatio* als die weitere Sippe, d.h. als Verwandtschaft über die Frauenseite verstand[268]. Sieht man aber, daß *generatio,* ganz im biblischen und in dem damals üblichen Sinn, als „Generationenfolge“ gemeint ist[269], während nach der Begrifflichkeit der Urkunde der spätere, von Ottos Bruder abstammende König Heinrich II. zur *cognatio* gerechnet werden müßte[270], so deckt sich die Äußerung in Ottos Quedlinburger Urkunde mit dem, was alle anderen Quellen der Zeit sagen: daß beim Vorhandensein von Söhnen das Königtum in der 'Sukzessionslinie' weitergegeben wurde. Mit anderen Worten: mit der in D OI 1 getroffenen Regelung wurden nicht Seitenverwandte über weibliche Linien, sondern zunächst der eigene Bruder und seine Nachkommen vom Anspruch auf die Vogtei über Quedlinburg ausgeschlossen – solange die *generatio* Ottos fortbestand und einer seiner Söhne bzw. Sohnessöhne das Königtum fortführte. Vor dem Hintergrund der 936 brandaktuellen Auseinandersetzungen mit dem jüngeren Bruder Heinrich, den seine Mutter, die Vorsteherin des Klosters Quedlinburg, in der Thronfolgefrage begünstigt haben soll[271], dürfte die urkundliche Verfügung Ottos eine direkte Spitze gegen den vom Königtum ausgeschlossenen jüngeren Bruder enthalten. Heinrich und seine Nachkommen sollten keine Herrschaft und keine Rechte über das Grabkloster König Heinrichs I. geltend machen können, solange Nachkommen Ottos regierten. Eine solche Stoßrichtung würde m.E. nicht nur die Existenz des ungewöhnlichen Diploms erklären, sondern auch die Tatsache, daß die Königin Mathilde, der Quedlinburg als Wittum gehörte und die als die eigentliche Stifterin des Klosters gelten muß[272], in dem Dokument nicht genannt wird. Erst nach den Erfahrungen des Jahres 1002 plädiert Thietmar von Merseburg auch für ein Erbrecht der Seitenverwandten als Regelfall: Wenn in der *consanguinitatis linea* – wie er unter dem Eindruck der Königserhebung Heinrichs II. schreibt – kein des Amtes Würdiger gefunden werde, müßte unter Zurückstellung aller Mißgunst ein Wohlgeeigneter aus anderem Haus genommen werden[273].

So hat Heinrich I. den Großen keineswegs eine ungewöhnliche Entscheidung zugemutet, wenn er mit ihrem Rat und ihrer Zustimmung die Verfügung über die Nachfolge traf, als sein ältester Sohn erwachsen geworden war; den Großen des Reiches wurde damit eher Erwartungssicherheit geschaffen[274]. Fraglich konnte allenfalls sein, ob dem König, wie man dies im ostfränkischen Reich noch am Ausgang des 9. Jahrhunderts in Betracht zog[275], alle Söhne in der Herrschaft nachfolgen würden, oder ob Königtum und Reich ungeteilt nur an einen der Söhne kommen sollten. Wie überall in den 'karolingischen Nachfolgestaaten' brachte auch im ostfränkischen Reich das Abgehen von der Karolingersippe den Übergang zur Individualsukzession. Wie vor allem von Gerd Tellenbach und von Karl Schmid, aber auch von Helmut Beumann und anderen gezeigt wurde[276], ist dieses Prinzip Ausdruck neuer Strukturen, die in den konkreten Machtverhältnissen zwischen Königtum und Großen ebenso greifbar sind wie in den Vorstellungen von Königtum und Reich[277]. Zugleich wird in der Entscheidung, die Hauptposition der Familie ungeteilt an den ältesten Sohn weiterzugeben, eine Praxis fortgesetzt, welche sich schon vorher bei den Familien eingebürgert hatte, die sich als 'Mittelgewalten' dauerhaft zu etablieren versuchten, bei den westfränkischen oder italienischen *marchiones* ebenso wie bei den ostfränkischen *duces*[278]. Im ostfränkischen Reich läßt sich dies beim werdenden 'Stammesherzogtum' überall beobachten[279]. Nicht zufällig findet sich hier bei Widukind dieselbe Terminologie, die er in bezug auf das Königtum gebraucht: Otto der Erlauchte 'hinterläßt' seinem Sohn Heinrich das Herzogtum *(filio reliquit ducatum)*[280], Giselbert hat *paterna successione* die Herrschaft in Lothringen *(principatum regionis)* inne[281]; Arnulf, der Sohn Herzog Arnulfs, ist der väterlichen Würde *(honore patrio)* beraubt, nachdem Otto dessen *regnum paternum* Bayern seinem eigenen Bruder Heinrich gegeben hatte[282]. Zwischen 'fürstlicher' Adelsherrschaft und Königsherrschaft sah man in diesem Punkte, der Quellenterminologie zufolge[283], keinen grundsätzlichen Unterschied.

All dies voll wahrzunehmen, fiel der Forschung – obwohl sie einschlägige Zeugnisse zitierte – lange schwer, weil man die Vorgänge bei der Ablösung der karolingischen *stirps regia* unter die Alternative von Erbrecht und Wahlrecht stellte und dabei 'Wahlrecht' noch von der Vorstellung der 'freien Wahl' her verstand[284]. Sobald man die Quedlinburger Urkunde von 936 in der von Karl Schmid vorgeschlagenen Weise versteht, gibt es für ein solches bewußt wahrgenommenes und geübtes Wahlrecht in den Quellen kein eindeutiges Zeugnis mehr[285]. Auch wenn man das Geschehen nicht mit modernen Vorstellungen von 'Wahl' verbinden darf, stellte aber die *electio* – wie schon in der Karolingerzeit – einen unverzichtbaren, 'konstitutiven' Akt bei der Königserhebung dar. Sie war eine Konsens demonstrierende und bestärkende Handlung[286], die Übereinstimmung 'öffentlich' machte, selbst wo diese zunächst erzwungen war, und die eine Selbstbindung der Großen enthielt, welche über den Tod des amtierenden Herrschers hinausreichende Verpflichtungen schuf[287]. Das, was man heute als Willensbildung bezeichnen würde, lag vor dieser Demonstration, und die Quellen berichten detailliert genug, wie Herrscher dabei den Rat der Großen einholten, sich der Zustimmung versicherten oder auch Widerstrebende einschüchterten[288]. Erst wenn dieser Prozeß abgeschlossen war, konnte gewählt werden, was ohne offenen Widerspruch geschehen mußte, aber keineswegs die allgemeine Zustimmung voraussetzte[289]. Der als vorausschauend handelnd geschilderte Heinrich hätte hier, wo es um einen wichtigen Aspekt seiner Herrschaft und sogar um die Stärke seiner eigenen Position ging, wenig klug gehandelt, wenn er – anders als die letzten Karolinger oder die übrigen nachkarolingischen Könige – die Nachfolgeregelung offengelassen hätte, bis ihm selbst etwas zustieß oder bis die Positionskämpfe für die Zeit nach seinem Tod schon begannen[290].

Mit einem solchen Machtkampf war nicht nur theoretisch zu rechnen. König Heinrich hatte zwei Söhne, die für die Nachfolge in Frage kamen und von denen 936 auch der jüngere, der den Namen des Vaters trug und als Königssohn geboren war, im 15. Lebensjahr stand[291]. Unmittelbar nach dem Tod des Königs zeigte sich, daß die Thronfolge selbst im Königshaus nicht unumstritten war. Wie Flodoard berichtet, kam es unter Heinrichs Söhnen alsbald zum Streit um die Nachfolge; von Widukind wissen wir, daß Ottos jüngerer Bruder in Aachen nicht anwesend war, sondern von Graf Siegfried in Sachsen festgehalten wurde; nach der späteren, bereits aus der Königszeit Heinrichs II. (1002–1024) datierenden Vita der Königin Mathilde gab es eine Partei, die sich für ein Königtum des jüngeren der beiden Brüder einsetzte, und Mathilde selbst soll den jüngeren Sohn als Nachfolger ihres Gemahls gewünscht haben[292]. Der 'zurückgesetzte' Heinrich hat rasch Anhänger zum Kampf gegen den königlichen Bruder gefunden. Insofern ist durchaus nicht unwahrscheinlich, daß die 929/30 getroffene Entscheidung für die Thronfolge des älteren Sohnes und für die Individualsukzession angesichts der schweren Erkrankung Heinrichs I. noch einmal bestätigt und von den Großen in Gegenwart des Königs anerkannt wurde, wie Widukind dies im Schlußkapitel seines ersten Buches darstellt. Zur Umsicht des Herrschers gehörte nicht nur die rechtzeitige Klärung der Nachfolgefrage, sondern auch die nochmalige Absicherung der Entscheidung im Angesicht des bevorstehenden Herrschaftsübergangs, zumal wenn sich Widerstände gegen diese Entscheidung bereits abzuzeichnen begannen. Die Bestätigung war um so wichtiger, als eine Königsherrschaft Ottos nicht schon mit seiner Weihe im Jahr 930 begonnen hatte, sondern der Herrschaftsantritt erst nach dem Tode des Königs mit einem eigenen Akt markiert werden sollte. Die Urkunde vom 13. September 936, mit der der neue König seiner *generatio* die Vogtei über Quedlinburg sichern wollte, könnte durchaus in der Verlängerung der Bestätigung der 930 getroffenen Entscheidung stehen: sie schloß ja gezielt den jüngeren Bruder Heinrich, den Lieblingssohn der Gründerin Mathilde, aus[293].

Die neue Rekonstruktion der Vorgänge um die „Thronfolge Ottos des Großen", die Karl Schmid 1960/64 aufgrund von bislang unbeachteten oder mißverstandenen Nachrichten gewonnen hatte und die ihn zu einer Neubewertung des Königtums Heinrichs I. führte, fügt sich so bezüglich aller wesentlichen Punkte fast problemlos in die erkennbaren historischen Entwicklungslinien ein. Nachdem Heinrich I. sein Königtum im ganzen ostfränkischen Reich und in Lothringen durchgesetzt hatte und seine Führung, wie viele Indizien erkennen lassen[294], breite Zustimmung fand, leitete er im Einverständnis mit den Großen eine Nachfolgeregelung ein, welche die Weitergabe des Königtums in seiner Familie sicherte. Die Klärungen in der Königsfamilie könnten begonnen haben, kaum daß der älteste Königssohn Otto das 15. Lebensjahr erreicht hatte[295]; sowohl im Königshaus wie unter den führenden Kräften im Reich dürften die Pläne schon fester gewesen sein, als man über die Eheschließung mit der Königstochter aus Wessex verhandelte; und die Entscheidung stand zweifellos fest, als Heinrich I. im September 929 unter Mitwirkung der Großen 'mit Gottes Hilfe sein Haus ordnete' und als der zum Thronfolger bestimmte Otto die Ehe mit Edgith einging. Heinrich hatte die Zustimmung der Großen zur Nachfolge seines Sohnes erlangt, und wenn Otto, wie nicht unwahrscheinlich ist, 930 in Mainz „geweiht" wurde, so dürfte auch seine Anerkennung als künftiger Nachfolger damals – vermutlich um Ostern am Mittelrhein – öffentlich demonstriert worden sein. An Pfingsten 930 hat dann in Aachen wohl ein entsprechender Akt der Zustimmung von seiten der Lothringer stattgefunden.

Wie die „Benediktion" in Mainz, die man m. E. am ehesten als Salbung verstehen muß, insgesamt in die Geschichte der Herrscherweihe einzuordnen ist, mag hier offenbleiben. Sie entspräche von Sinn und Zielsetzung her aber nicht nur dem, was die Karolinger nach dem Aufstieg zum Königtum taten[296], sondern auch dem, was Otto I., Otto II. und Konrad II. an ihren Söhnen schon im Kindesalter vollziehen ließen. „Ordination" und Herrschaftsantritt als König mußten, wie das Beispiel Heinrichs III. deutlich zeigt, nicht zusammenfallen[297].

Widukinds Darstellung 'selbsterfahrener' Geschichte als Stellungnahme zu aktuellen Fragen

Die neue Rekonstruktion „entlarvt" Widukind keineswegs einfach als Fabulierer, dessen „blühende Phantasie" Fakten produzierte, die ganze Generationen von Forschern irregeführt haben[298]. Sieht man genauer zu, so findet sich bei Widukind relativ wenig, was der Rekonstruktion Schmids direkt widerspricht – aber der Corveyer Mönch verändert den Charakter des Geschilderten, mißt man es an unserem Wahrheitsbegriff, ganz erheblich. Mit entschiedenen Akzenten, die er durch das, was er vom damaligen Geschehen berichtet, ebenso setzt wie durch das, was er verschweigt, gibt er der Geschichte der Sachsen bis zu Kaiser Otto dem Großen eine deutlich erkennbare eigene Deutung. Sie bilden einen Schlüssel zu seinem Werk. Die Rekonstruktion Schmids erlaubt es, die Akzentuierungen deutlicher zu erkennen, als es der älteren Forschung möglich war. So stellt sich die Frage, was Widukind der Kaisertochter Mathilde und ihrer Umgebung über das Herrschertum der sächsischen Dynastie sagen, welche Wirklichkeit – man darf vielleicht sogar sagen: welche Wahrheit – er in dieser Hinsicht zur Darstellung bringen wollte.

Beginnen wir noch einmal mit den Aussagen zum Herrschaftsantritt Ottos I. in Aachen. Während der ganze Bericht über die Königserhebung in der maßgeblichen Edition 72 Zeilen umfaßt, während die Insignienübergabe in 18 und die abschließende Thronsetzung immerhin noch in vier Zeilen geschildert wird, drängt Widukind Salbung und Krönung in einen Halbsatz von nicht einmal zwei Zeilen[299]. Was nach kirchlichem Amtsverständnis die Königsherrschaft begründete, wird fast en passant gesagt und die Salbung dazu noch an falscher Stelle – nach der Insignienübergabe statt davor – eingefügt[300]. Daß dies mit Bedacht geschehen ist, ergibt sich klar aus der Schilderung des gesamten Geschehens: Otto betritt die Kirche – wie der Erzbischof von Mainz dem versammelten 'Volk' selbst verkündet – bereits als König, als *rex,* von Gott gewählt, vom verstorbenen Herrscher bestimmt, von allen Fürsten dazu gemacht[301]; das Volk akklamiert ihm als Herrscher. Danach erfolgt als erster kirchlicher Akt die Insignienübergabe. Schon vor der eigentlichen sakramentalen Handlung wird dem neuen König gleich bei der Schwertreichung nun auch aus geistlichem Mund, 'alle Herrschaft über das gesamte Frankenreich' zugesprochen[302], über das Reich, das Ottos Vater selbst erworben und von Gott allein empfangen hatte[303] und das Otto noch weiter ausdehnen sollte[304]. Salbung und Krönung erscheinen fast als *honor superadditus,* wie ein lothringischer Autor mit Bezug auf die Kaiserkrönung Ottos I. schreibt, die dessen Herrschermacht nichts hinzugefügt habe[305].

Dezidiert erscheint eine solche Bewertung kirchlicher Vermittlung in der

Darstellung des 'ungesalbten' Königs Heinrich[306]. Bekanntlich hat, Widukind zufolge, Heinrich I. bei der Königserhebung 919 in Fritzlar die Salbung und Krönung nicht angenommen, die ihm der Erzbischof von Mainz antrug, und sich mit der Anerkennung seines Königtums durch die Großen begnügt[307]. Gerade Heinrich aber erwies sich als der wahre König, der sich mit Gottes Hilfe ein großes Reich erwarb und damit die Nachfolge der karolingischen Imperatoren antrat. Im Gegensatz dazu war, wie Widukind betont, Heinrichs Vorgänger Konrad gesalbt worden, ohne je ganz die Königsmacht zu gewinnen: Zunächst lag – nach Widukind – die eigentliche Macht bei Herzog Otto von Sachsen[308]; nach dessen Tod versuchte Konrad I. vergeblich, Ottos Machtposition beim Übergang an dessen Sohn Heinrich zu mindern und gar den neuen Sachsenherzog durch eine gemeine List aus dem Weg zu räumen[309]; Konrads Bruder Eberhard und schließlich der König selbst führten erfolglos ihre Heere gegen die Sachsen[310]; und schließlich mußte der gesalbte König auf dem Sterbebett selbst zugeben, daß seinem fränkischen Königtum Glück und Tüchtigkeit gefehlt hätten – die wahre Macht liege bei den Sachsen, Heinrich besitze dieses Glück und die überragende Tüchtigkeit: Heinrich – der dann auf die Salbung verzichtete – werde wahrhaft König sein und Gebieter *(imperator)* vieler Völker[311]. Die Salbung hatte dem Franken Konrad I. nicht geholfen – der Sachse Heinrich aber erreichte ohne sie eine den großen Frankenkaisern ebenbürtige Position.

Fast irritierend ist der abwertende Gebrauch von *unguere in regem,* wo Widukind erstmals von den Franken und ihren Herrschern spricht[312]. König Huga (= Chlodwig) habe beim Tod keinen anderen Erben *(heres regni)* hinterlassen als eine einzige Tochter Amalberga, die mit dem Thüringerkönig Irminfrid verheiratet war. Weil Huga gütig regiert hatte, habe der *populus Francorum* aus Dankbarkeit den Sohn einer Konkubine, nämlich Theuderich, 'zum König gesalbt'. Dieser, *designatus rex*[313], richtete eine Gesandtschaft an den Thüringerkönig, um einen Freundschaftspakt abzuschließen. Doch Amalberga, als Tochter des Königs und der Königin, war der Meinung, daß das Reich kraft Erbrechts *(iure hereditario)* an sie gefallen sei; Theuderich, als Sohn einer Konkubine, sei als Unfreier zu betrachten, mit dem man keinen Vertrag schließen könne[314]. Der Thüringerkönig ließ daraufhin antworten, er wolle Theuderich Freundschaft und Verwandtschaft nicht versagen, wundere sich aber doch, daß dieser 'die Herrschaft vor der Freiheit usurpieren' wolle[315]. Mit aller Deutlichkeit läßt Widukind so einem 'gesalbten' und offiziell mit dem Königsnamen belegten Mann, den sich die Franken zum Herrscher gesetzt hatten[316], die Legitimität bestreiten; und er geht sogar noch weiter: Theuderich fehlt auch die Stärke, um seinen Anspruch ohne fremde Hilfe durchzusetzen. Es sind die Sachsen, die den Franken im Krieg gegen die Thüringer zum Sieg verhelfen[317];

und als die geschlagenen Thüringer den Franken ein Bündnis gegen die Sachsen anbieten, weil diese sonst aufgrund ihrer Stärke dereinst das fränkische Imperium zerstören könnten[318], vernichten die Sachsen das Thüringerreich, bevor es zum Zusammengehen mit den Franken kommt: So hatten sie das Land gewonnen, das sie noch immer bewohnten[319], und waren zu vertraglich als gleichberechtigt anerkannten Partnern der Franken geworden[320]. Der gesalbte und mit dem Königsnamen ausgezeichnete Theuderich besaß für Widukind weder die Legitimität noch die Stärke eines wahren Königs; er endete schimpflich, aber verdient durch die Hand dessen, den er zuvor heimtückisch den Thüringerkönig hatte ermorden lassen. Dagegen hatten die Sachsen in den Thüringerkämpfen in ähnlich wunderbarer Weise und mit derselben *constantia animi* gesiegt, die Heinrich I. und Otto I. später in den Ungarnkämpfen beweisen sollten – Widukind holt diese Parallele mit allen stilistischen Mitteln heraus[321].

Widukind stuft also die Königssalbung als einen der Formalakte ein, die normalerweise die Herrschereinsetzung begleiteten; *unguere in regem* ist bei ihm von *designare regem* und von *facere regem* nicht eindeutig abgegrenzt[322]. Auch hier wußte der Corveyer Mönch um 965 zweifellos, daß er für seine Zeitgenossen etwas Irritierendes formulierte. Das Problem, mit dem er offensichtlich ringt, dürfte jedoch nicht in einem kirchlichen Akt beim Herrschaftsantritt und im Hervortreten des Episkopats bei der Herrschereinsetzung gelegen haben, sonst hätte er die 'Aachener Krönung' zu 936 kaum so ausführlich dargestellt. Was mit seinen Auffassungen über den Legitimationsgrund des ottonischen Königtums kollidiert, scheint vielmehr die Deutung zu sein, welche das Königtum vor allem im Rahmen der Herrscherliturgie erfährt. Es ist auffallend, daß Widukind bei der Insignienübergabe den Erzbischof dreimal – bei der Schwertreichung, bei der Einkleidung mit Armspangen und Mantel sowie bei der Verleihung von Szepter und Stab – eine Übergabeformel sprechen läßt, aber das Aufsetzen der Krone nur kurz streift, ohne in formelhafter Konzentration die Bedeutung der zentralen Insignie zu nennen[323]. Gesalbt zu sein und die Krone zu tragen sind aber die deutlichsten Zeichen für die Christusbildlichkeit des Königs, und in den Worten, die der Konsekrator nach den ottonischen Ordines beim Aufsetzen der Krone spricht, findet der 'Christusvikariat' des Königs ebenso Ausdruck wie die Auffassung, daß der Herrscher durch die Weihe Teilhaber am bischöflichen Amt wird[324].

In der Krönungsformel, die Widukind durch sein Verfahren umgangen hat, wird auch die Bedeutung der bischöflichen Vermittlung bei der Begründung der Herrschaft nachdrücklich betont[325]. Sonst erscheint sie bei den Übergabeformeln des Ordo nur bei der Schwertreichung[326], d. h. am Eingang des Zeremoniells. Widukind gibt mit seinen selbst geschaffenen 'Formeln' zur Insignienübergabe den Kern der liturgischen Ermahnungen in allen drei Fällen durchaus zutreffend wieder[327], allerdings ohne irgendwelche Anklänge an die die Königsherrschaft deutenden Passagen des Ordo. Bei der Schwertformel aber hat er durch Bezug auf ein biblisches Exemplum eine tiefgreifende 'Gegendarstellung' zur Deutung der Ordines formuliert: Er erinnert an das himmlische Schwert, das Judas Makkabäus nach einem Traumgesicht vor der Entscheidungsschlacht als *munus a Deo* vom Propheten Jeremias erhielt[328]. Entsprechend läßt er den Erzbischof von Mainz sagen, daß Otto, dem von Gott Erwählten *(a Deo electus), auctoritate divina* die Herrschaft über das ganze Imperium der Franken übertragen worden sei, das seinem Vater allein von Gott gewährt worden war *(a solo Deo concessum)*[329].

Es geht also um die gesteigerte Bedeutung der kirchlichen Vermittlung für die Herrschaftslegitimation, und es geht offensichtlich auch um die Sakralisierung des Königtums im Sinne einer Annäherung des Herrscheramts an das bischöfliche Amt. Widukinds Darstellung impliziert Kritik an dieser Entwicklung. Dem könnte entsprechen, daß unter den Herrschaftszeichen bei Widukind der später zusammen mit Armspangen und Mantel übergebene Ring fehlt, den auch die Bischöfe bei der Weihe empfingen; und während die Formel der Ordines sich auf den Ring bezieht, nimmt Widukind die Armspangen zum Bezugspunkt, die sonst in der Liturgie nie ausdrücklich gedeutet werden[330]. Die Insignien des Königtums sollen offensichtlich nicht als Zeichen eines auch geistlichen Amtes gelten. Ganz entsprechend hat Widukind, was der Forschung immer aufgefallen ist[331], bei der Schilderung der *universalis electio* die Handlungen der Laien und der Kleriker, weltliche und kirchliche Akte so deutlich getrennt, wie sie de facto vermutlich niemals geschieden waren[332]. Der Darstellung der Fritzlarer Vorgänge beim Herrschaftsantritt Heinrichs I. liegt implizit eine ähnliche Scheidung zugrunde.

Es braucht hier nicht im Detail dargelegt zu werden, aus welchen Überzeugungen Widukinds Darstellung – als kritischer Appell – resultiert: aus der Gewißheit des 'unmittelbaren Gottesgnadentums'. Sie wird von allen frühottonischen Autoren ausgesprochen, hat aber nirgends so starken Ausdruck gefunden und ist nirgends zu solchen Konsequenzen weitergedacht worden wie bei Widukind[333]. Er sieht den Aufstieg seiner eigenen Verwandten zum Königtum und der Sachsen zur Herrschaft über das fränkische Imperium als Ausdruck göttlichen Wirkens[334]. Der providentielle Charakter des Geschehens wird für ihn in der Geschichte des eigenen Volkes evident, nachdem das Königtum an Heinrich, den *vir nobis proprie a summa clementia concessus* und *toto mundo necessarius*[335], gelangt war und nachdem diesem ersten, so erfolgreichen König aus sächsischem Stamm mit dessen Sohn Otto ein noch größerer und mächtigerer Herrscher gefolgt war, ein *imperator,* dessen Macht – nach Widukinds Eindruck – schon im Begriff war, die Grenzen Europas zu überschreiten[336]. Doch der Übergang der Herrschermacht oder besser der Herrscherkraft hatte sich untergründig vollzogen, er war im Grunde längst erfolgt, als das Königtum an Heinrich kam – und wenn man die Geschichte rückwärts las, dann konnte man Zeichen des göttlichen Plans seit der Landnahme der Sachsen, sozusagen seit ihrem Eintritt in die Geschichte erkennen[337]. Ich meine, daß im Aufzeigen dieser vom göttlichen Heilsplan bestimmten Linie letztlich die Begründung für Widukinds unerhörten Anspruch zu suchen ist: der Kaisertochter Mathilde durch seine Darstellung etwas zu geben, was sie *ex optima et gloriosissima melior gloriosiorque* mache[338].

Der Zusammenstoß solcher Überzeugungen mit den sich damals artikulierenden kirchlichen Vorstellungen von der Sakralität des Herrscheramts ist mehr als verständlich. Dennoch bleibt die Frage, weshalb das Problem gerade hier – um 965–968 im Werk Widukinds – in dieser zugespitzten Weise zur Darstellung gelangte. Eine vollständige und schlüssige Erkärung kann vielleicht noch nicht angeboten werden. Daß die Veränderungen durch die Kaiserkrönung und durch die Übernahme der Herrschaft über Italien Bezugspunkte sind, läßt sich der Behandlung des Kaisertums bei Widukind selbst entnehmen. Aber wiederum war es sicher nicht die imperiale Herrschaft an sich, die Widukind mißbilligte. Eher dürften es jene Vorstellungen gewesen sein, die in dem *mirus ornatus et novus apparatus* zum Ausdruck kamen, in dem Otto zur Kaiserkrönung schritt[339], im neuen 'christusbildlichen' Herrschersiegel, das das herkömmliche Bild des Kriegerkönigs ersetzte[340], vielleicht auch die theologische Überhöhung bzw. ekklesiologische Befrachtung der Herrscherliturgie, welche die bischöfliche Weihegewalt mit dem Königsamt in „westlicher", d. h. westfränkisch-spätkarolingischer Weise zusammenführte. Die Verbindung geistlicher und weltlicher Aufgaben, die Nähe und die Scheidung von königlichem, bischöflichem und weltlichem Amt gehörten aber in der Zeit des imperialen Königtums und des Kaisertums Ottos des Großen durchaus zu den kontroversen Problemen[341], und die Streitfragen im Zusammenhang der Gründung des Erzbistums Magdeburg sorgten dafür, daß man an dieser Grundfrage der Herrschaftsordnung nicht vorbeisehen konnte[342]. Nicht nur in Widukinds Werk, sondern auch in der fast gleichzeitigen 'Vita Brunonis' Ruotgers hat dieses Problem, wenngleich mit anderem Blickpunkt, einen literarischen Niederschlag gefunden[343]. Daß man für diese Zeit mit lebhaften Auseinandersetzungen um solche Grundfragen rechnen muß, meine ich schon vor über 30 Jahren an den Stellungnahmen zum Charakter des ottonischen Kaisertums gezeigt zu haben[344] – gerade sie gehören wohl unmittelbar in den hier angesprochenen Zusammenhang. Dabei haben wohl nicht nur die Ereignisse selbst, sondern auch ein personeller Umbruch Diskussionen belebt: der Tod Erzbischof Bruns von Köln († 965), der Königin

Mathilde († 968), des Erzbischofs Wilhelm von Mainz († 968) und dazu noch mancher Großer, deren Tätigkeit in die Geschichte Ottos des Großen verwoben war[345]. Die lange Abwesenheit des Kaisers, dem dann auch sein Sohn nach Italien folgte; die Pläne für eine Eheverbindung mit einer byzantinischen Prinzessin, Vertreterin einer für die Sachsen sicher eher fremdartigen Kultur; dann aber, durch dieselben Ereignisse und Verhältnisse bedingt, die veränderte Stellung Sachsens im Reich und der Zustrom von Neuem, Ungewohntem in Sachsen selbst – all dies kann Erklärungen dafür bieten, daß damals Überzeugungen in so dezidierter Form artikuliert wurden, wie dies Widukind hinsichtlich seiner Auffassung vom 'unmittelbaren Gottesgnadentum' der Herrscher gegenüber der jungen Mathilde von Quedlinburg tut.

Dem modernen Betrachter, der anders mit historischen Fakten und historischer Wahrheit umgeht, drängt sich die Frage auf, wieviel Abweichung vom unmittelbar Erlebten Widukind seinen Adressaten zumuten durfte bzw. welchen Realitätsgehalt seine Schilderung bewahren mußte, um überhaupt wirken zu können. Wie die Forschung stets gesehen hat, ist der 'Realitätsgehalt' der sogenannten 'Sachsengeschichte' sehr hoch. Widukinds Werk ist nicht nur die wichtigste Quelle zur frühottonischen Geschichte, die wir besitzen, sondern der Autor ist insgesamt auch gut informiert und durchaus sachlich in seinen Detailberichten[346]. Auch weichen, wie zu zeigen war, seine Angaben im einzelnen meist keineswegs weit vom Geschehen ab, sondern erscheinen vor allem dem rekonstruierenden Forscher als Abweichung, weil an anderer Stelle für den Zusammenhang wesentliche Dinge nicht gesagt werden. So ist der Bericht über die Lechfeldschlacht mit den anschließenden Siegesfeiern wohl durchaus zutreffend, der imperiale Anspruch Ottos I. vor 962 auch sonst gut bezeugt – aber das Übergehen der päpstlichen Krönung spart einen Aspekt des Kaisertums Ottos I. aus, der seit 962 für seine Stellung grundlegend war; daß diese Darstellung auf aktuelle Fragen zielte, läßt sich hier nachweisen[347]. Ebenso hat die *universalis electio* in Aachen wohl durchaus stattgefunden, erhielt aber dadurch, daß von der Nachfolgeregelung im Jahr 929/30 nichts gesagt wird, einen veränderten Charakter[348]; auch hier dürfte, da die ottonische Geschichtsschreibung darüber generell schweigt, der Grund für die 'Aussparung' nicht nur in Widukinds Überzeugung und Darstellungsabsicht, sondern auch in noch aktuellen Fragen zu suchen sein. Und so darf man Widukind wohl abnehmen, daß Heinrich I. 919 in Fritzlar auf die angebotene Salbung und Krönung verzichtet hat; aber man wird dennoch nicht mit letzter Sicherheit ausschließen können, daß dies angesichts der ungesicherten Perspektiven der Königsherrschaft und vielleicht auch im Hinblick darauf, daß das Angebot von demjenigen kam, der 916 die Synode von Hohenaltheim geleitet hatte[349] – nur ein vorläufiger Verzicht war, den Heinrich nach der Durchsetzung seines Königtums durchaus noch korrigiert haben könnte. Die Wissenschaftlichkeit verbietet hier Spekulationen; was wir über das Vorgehen des Geschichtsschreibers ermittelt haben, läßt es aber genaugenommen als ratsam erscheinen, seinen Bericht über den 'Salbungsverzicht' zunächst streng auf die Fritzlarer Vorgänge zu beziehen, in deren Kontext er erwähnt ist[350].

Bei solchen 'Akzentuierungen' will Widukind seinen Lesern oder Hörern aber wohl nichts vorenthalten, sondern er will sie eher durch das, was sie selber wissen, aber bei ihm nicht finden, auf etwas Wichtiges stoßen. Bei der Darstellung des Kaisertums liegt dies völlig offen. Widukind kann ja die römische Kaiserkrönung nicht ungeschehen machen, und er will es zweifellos auch nicht. Die *imperialis maiestas* und das *decus imperiale,* in den Vorreden an Mathilde nachdrücklich hervorgehoben[351], haben selbstverständlich die auch von Hrotsvith zur gleichen Zeit so nachdrücklich gepriesene römische Kaiserwürde als Bezug[352]. Ja, Widukind markiert seine Auslassung sogar überdeutlich, indem er in Form der Praeteritio den Italienzug von 962, einen zweimaligen Sieg über die Römer und die 'Eroberung' Roms anführt[353], wie er auch mit dem Bericht über die *nuptiae regales* von 929/30 genau die Stelle kennzeichnet, an die chronologisch die Thronfolgeregelung Heinrichs I. gehört hätte[354]. Hier appelliert der Autor geradezu an das Wissen derer, für die er schrieb. Allem Anschein nach geht es Widukind darum, daß über dem Glanz des römischen Kaisertums die Wahrheit nicht vergessen wird, die er und seine Zeitgenossen und wohl auch schon ihre Väter erfahren hatten: das 'unmittelbare Gottesgnadentum', die unmittelbare Berufung der neuen Dynastie durch Gott.

Widukinds Darstellung ist m. E. auch inhaltlich und kompositorisch ganz wesentlich durch diese Argumentationsabsicht bestimmt. Als mit der Buchkultur vertrauter Autor kennt Widukind das Handwerk des Historiographen. Bei Josephus und Lukan hat er nach den ältesten Nennungen der Sachsen gesucht[355]; denjenigen, der mehr über die Angelsachsen wissen möchte, verweist er auf Beda, für die Langobarden nennt er Paulus Diaconus, für die Goten Jordanes, für Karl den Großen 'Gesta Francorum'[356]; er benutzt die Passio seines Klosterheiligen, und er hat offensichtlich gezielt Quellen herangezogen, die etwas über die Verhältnisse in Sachsen während der Karolingerzeit berichten[357]. Aber es ist sehr auffallend, daß Widukind nicht auf die karolingische Historiographie zurückgreift, um Ereignisse aus dem 8. und 9. Jahrhundert zu schildern. Außer einer kurzen, beschönigenden Notiz über die Christianisierung der Sachsen durch Karl den Großen, durch die Sachsen und Franken *fratres et quasi una gens ex Christiana fide* geworden seien[358], werden Ereignisse der fränkisch-karolingischen Geschichte nur in erläuternden Hinweisen innerhalb anderer Erzählzusammenhänge gegeben[359]. Statt dessen will Widukinds Werk, ganz auf den Aufstieg der Sachsen bis zur Vorherrschaft ihrer Könige in Europa konzentriert, Überzeugungskraft gewinnen aus dem Appell an die 'gelebte Erinnerung' einer oralen Kultur. Sagenstoffe, die seine Adressaten kennen, Ereignisse aus der heidnischen Zeit, derer man in christlicher Anverwandlung noch immer gedenkt[360], werden zu 'Zeugen' für seine Deutung der Geschichte als providentielle, auf das liudolfingische Königtum hinführende Fügung.

Auch bei der Darstellung der selbsterfahrenen Geschichte sind es allgemein erinnerte 'Schlüsselszenen', die das 'unmittelbare Gottesgnadentum' des neuen Königshauses beweisen, auf die Widukind seine Darstellung gründet. Das geschieht in anekdotenhaft-exemplarischer Verdichtung. Ein Beispiel mag Widukinds Erzähltechnik verdeutlichen[361]. Wie die Forschung ermittelt hat, dürfte es um 915 zu einem Ausgleich zwischen König Konrad I. und Herzog Heinrich von Sachsen gekommen sein, der wohl die Nachfolge Heinrichs beim Tod König Konrads als Möglichkeit einschloß[362]. Heinrichs Anerkennung durch die Häupter der Franken ist wohl vor diesem Hintergrund erfolgt. Zum Übergang der Herrschaft kursierte in mündlicher Tradition offensichtlich bald danach jene berühmte 'Sterbebettszene': Konrad habe seinen Bruder Eberhard beauftragt, dem Sachsenherzog Heinrich die königlichen Herrschaftszeichen zu überbringen und ihn im Namen der Franken als König anzuerkennen. Bekanntlich berichten Liudprand von Cremona, Adalbert von Magdeburg und Widukind darüber: Die Geschichte lief also spätestens in den 50er Jahren am ottonischen Hof um[363]. Widukind nun benutzt sie[364], um das zu steigern, was er schon vorher hatte anklingen lassen und was er nachher noch deutlicher anspricht: daß die eigentliche Königsmacht längst nicht mehr bei den Franken lag, sondern die Herrschertüchtigkeit an die Sachsen übergegangen war und sich in dem von Gott auserwählten Heinrich verkörperte. Widukind begnügt sich aber nicht mit einer Überhöhung der 'Geschichte', die auch Adalbert und Liudprand übernommen haben[365]. Er hat die Erzählung kunstvoll in sein Werk hineinkomponiert. Er läßt den Franken Konrad und den Gesandten des 'letzten' Karolingers Karl aussprechen, daß die Kraft von den Franken gewichen war und nun bei den Führern der Sachsen lag. Er aktualisiert im Bericht über die Fritzlarer Wahl das, was ihm an der Bekehrung der Sachsen durch Karl den Großen wichtig war: daß Franken und Sachsen 'Brüder und gewissermaßen ein Volk im christlichen Glauben' geworden seien[366]. Bei Heinrichs Erhebung agieren sie erstmals als politische Einheit: *omnis populus Francorum atque Saxonum* ist für ihn der Träger des neuen sächsischen Königtums[367]. In den berühmten Kapiteln 33/34 des ersten Buchs liefert Widukind dann sozusagen eine exegetische Deutung, der zufolge der Umschwung mit der Translation des heiligen Vitus nach Sachsen, d.h. in der Zeit Kaiser Ludwigs des Frommen eingeleitet worden war, und er blickt gleichzeitig schon voraus auf die künftige Machtfülle des ottonischen Kaisertums[368]. Diese Erklärung des historischen Umschwungs ist eingebettet zwischen die Berichte über die Unterwerfung der Herzöge und den Gewinn Lothringens einerseits und über die Erfolge gegen die Slawen und Ungarn andererseits. Im inneren Erfolg hat sich eine göttliche Bestätigung des Königtums Heinrichs schon erwiesen – die von Gott gewährten Siege nach außen, vor allem über die Ungarn, bringen eine Erfüllung dessen, was vorher an Geschichtsdeutung dem Gesandten des unglücklichen westfränkischen Karolingers in den Mund gelegt worden war.

Den Tod Heinrichs I. nimmt Widukind zum Anlaß, der 'Sterbebettszene' von 918, in der Konrad I. sein Scheitern und das Ende eines fränkischen Königtums eingestehen muß, eine zweite 'Sterbebettszene' gegenüberzustellen[369]. Der *rerum dominus et regum maximus Europae* gibt aus eigener Machtfülle den Königsnamen und das gesamte Frankenreich – ein großes und weites Imperium, das er nicht von den Vätern geerbt, sondern selbst erworben und allein von Gott erhalten hatte – an seinen Sohn weiter, der noch größer und mächtiger sein sollte als er. Auch was Widukind im Bericht über den Tod Heinrichs I. darstellt, ist also nicht einfach als Erzählung von Fakten zu verstehen, die der heutige Historiker zerlegen und in ihren Teilen sozusagen ohne Aussagekontext in seine Rekonstruktion einbauen kann. Es wird vielmehr mit ausgewählten Fakten eine Deutung des ottonischen Königtums gegeben, die das ganze Werk Widukinds durchzieht und ohne die das, was Widukind an Nachrichten bietet, nie ganz zu erfassen und nicht zu verstehen ist[370].

Aber – und auch das muß zum Schluß in Erinnerung gerufen werden – Widukind hat sich nicht an ein breites Publikum gewandt, sondern er hat ganz bestimmte, vielleicht nur ganz wenige Personen angesprochen. Als Adressatin nennt er selbst die junge Mathilde, die zwölfjährige Tochter Ottos des Großen, Leiterin des Klosters in Quedlinburg, in dem Heinrich I. begraben lag. Sie war, wie Gerd Althoff hervorgehoben hat, die einzige engste Angehörige des Königshauses, die damals nördlich der Alpen weilte, und ihr hatte Widukind mit seinem Werk in dieser Situation sehr Wichtiges zu sagen[371]. Das Werk selbst dürfte aller Wahrscheinlichkeit nach in den Grundlinien konzipiert worden sein, bevor die spätere Dedikationssituation absehbar war: d.h. Widukind könnte noch einen anderen Adressaten und einen weiteren Adressatenkreis im Blick gehabt haben. Sollte über die Kaisertochter Mathilde ihr Bruder, der neue Kaiser Otto II., mitangesprochen werden, an den indirekt auch Hrotsvith ihr Werk gerichtet hatte? Wollte Widukind ursprünglich vielleicht sogar die Erinnerung der alternden Königin Mathilde und eines mit ihr verbundenen Kreises in einer aktuellen Diskussion als Autorität aktivieren, um gegenwärtig zu halten, was das Selbstverständnis des sächsischen Hofes und Königshauses auf dem Weg zur imperialen Herrschaft bestimmt hatte? Solange wir nicht sicher erkennen, für wen genau Widukinds 'Botschaft' formuliert wurde, fehlt uns noch immer ein wichtiger Referenzpunkt zur Einordnung seines großartigen, aber in manchem rätselhaften Werkes[372].

Ottonische Herrschersiegel

Beobachtungen und Fragen zu Gestalt und Aussage und zur Funktion im historischen Kontext

Die Bedeutung der Ottonenzeit für die Entwicklung von Siegelbild und Siegelurkunde

In der Geschichte des Siegels kommt dem Zeitalter der Ottonen eine besondere Bedeutung zu[1]. War im Karolingerreich die Besiegelung auf die Herrscherurkunden beschränkt, so sind seit der Zeit Ottos I. Siegelurkunden von Erzbischöfen und Bischöfen nachweisbar, und auch einzelne Herzogsurkunden enthalten schon in frühottonischer Zeit einen dem Formular der Königsurkunden entlehnten Hinweis auf die nachstehende Besiegelung. In Imitation des Königtums wurde diese offensichtlich von den nichtköniglichen *principes* ebenso übernommen wie die Legitimationsformel *Dei gratia.* Und bis zur Jahrtausendwende entwickelte sich beim Herrschersiegel ein Bildtypus, der für die Gestaltung auf Jahrhunderte grundlegend blieb[2].

Im 10. Jahrhundert liegen demnach die eigentlichen Anfänge der mittelalterlichen Siegelurkunde[3], damals hat sie die Sphäre des Königshofes überschritten. Gleichzeitig lassen sich am Herrschersiegel selbst tiefgreifende Veränderungen ablesen. Die unter den Karolingern verbreitete Adaptation eines fremden Bildes in Gestalt einer antiken Gemme durch den in der Umschrift apostrophierten Herrscher wich gänzlich dem eigenen Bildnis des Genannten. Ältere Gestaltungen des Siegels, die im ostfränkischen Reich den König im Profil oder Halbprofil als 'Krieger' – oder besser wohl: als triumphalen Sieger – mit Schild, Fahnenlanze und Kranz oder Krone zeigten[4], wurden durch einen neuen Bildtypus abgelöst, der den Herrscher dem Betrachter frontal mit den Zeichen seiner *maiestas* gegenüberstellte. Eine Steigerung des Durchmessers beim königlichen 'Porträtsiegel', für den Zweck der Beglaubigung unerheblich, betonte das 'en face' des bildlich vergegenwärtigten Herrschers und des Betrachters der Urkunde. In zwei Schritten – unter Otto I. und Otto III. – wurde so der Typus des 'Majestätssiegels' geschaffen. Sehr bald auch von den Königen der Nachbarreiche übernommen, wurde er dann für das ganze Mittelalter zum normsetzenden Model für das abendländische Herrschersiegel. In der

'Bildgegenwart' des Herrschers oder Fürsten überschritt das Siegel die Beglaubigungsfunktion, die ihm aus karolingischer Tradition heraus mit der Ankündigung der Besiegelung im Urkundentext noch immer zugesprochen wurde: es ist, wie es scheint, zum repräsentativen Zeichen der 'Erhabenheit' geworden. Dies legt die Frage nahe, ob dem Siegel nicht Bedeutungen zugewachsen sind, die seine Funktion, seine Rolle in der 'öffentlichen' Kommunikation, im Beziehungsfeld zwischen dem Herrschaftsträger und seinen Getreuen, erweitert haben.

Die Neuformung des Herrschersiegels unter den Ottonen und das Aufkommen fürstlicher Siegel im 10. Jahrhundert sind selbstverständlich längst beschrieben worden. Doch geschah dies meist in hilfswissenschaftlicher Absicht und im deskriptiv-antiquarischen Sinn. Eine ikonographische Betrachtung, die Bedeutung und Bedeutungswandel mit im Blick hat, blieb weitgehend auf die Fragen nach der Einwirkung byzantinischer Vorbilder begrenzt und wurde in historischer Auswertung dann auf das 'Zweikaiserproblem' bezogen: Nur Werner Goez hat, wenn ich recht sehe, in seinem Beitrag zur Entstehung des Thronsiegels versucht, über die Frage nach der byzantinischen Herkunft hinaus etwas vom Lebenskontext anzusprechen, in dem die neue 'Bildformel' wirkte oder wirken sollte[5]. Dabei lassen sich, wie ich meine, Bedeutung und Funktion des Siegels in ottonischer Zeit nur aus einer Perspektive erkennen, welche das Siegelbild auch als Bedeutungsträger für die Kommunikation in einem definierten Beziehungsfeld versteht. Dieser Kontext muß zunächst einmal vom Historiker abgetastet werden, und der darf nicht nur den Linien folgen, die durch unmittelbare Vorbilder, wenngleich auf anderen Bildträgern, oder durch ikonographische Parallelen in Byzanz vorgegeben sind.

Ein neues Herrscherbild im Siegel: die Darstellung 'en face' seit der Kaiserkrönung Ottos I. (962)

Von der Kaiserkrönung im Februar 962 an hat Otto I. ein neues Siegel geführt, das ihn – in augenfälliger Abkehr von der bisherigen Tradition, d.h. vom Vorbild aller seiner Vorgänger – frontal als Halbfigur zeigt, mit hoher Krone auf dem Haupt, langem Szepter in der Rechten und kreuzgeschmücktem Reichsapfel in der Linken. Diese Elemente bestimmten – in einer 965 geschaffenen Variante – das Siegelbild der Ottonen bis 996; auf den Heerführer- bzw. Siegertypus wurde nie wieder zurückgegriffen. Wiederum unmittelbar mit der Kaiserkrönung Ottos III. wurde diese Darstellung erweitert, indem nun der Herrscher als stehende Ganzfigur wiedergegeben ist, in gleichem Ornat wie vorher das Brustbild, mit Stab und Globus und mit der seit 965 gültigen Armhaltung. Ein Jahr später ließ Otto III. dieses Siegel durch das Thronsiegel ersetzen, das also 997/998 erstmals Verwendung fand, ehe er wenig später ganz zur 'Beglaubigung' seiner Urkunden durch Bleibullen überging. Der thronende Herrscher erscheint – von Varianten in der Szepterform und -haltung abgesehen[6] – im gleichen Ornat und mit derselben zeremonialen Gestik wie die Halbfigur auf den bisherigen 'Kaisersiegeln'. Diesen neuen Typus des Thronsiegels eignete sich Heinrich II. sofort nach seiner Königskrönung an[7]. Er blieb dann für Jahrhunderte das Herrschersiegel schlechthin.

Die Verknüpfung mit den 'politischen' Daten der Kaiserkrönungen weist klar darauf hin, daß in den Neugestaltungen des Siegelbildes eine Aussage zum Herrschertum enthalten sein muß, die einen wichtigen Schlüssel zum Herrschaftsverständnis der Ottonen bilden dürfte. Es wäre aber zweifellos eine Verkürzung, wollte man die Darstellung einfach aus der Konkurrenz des neugekrönten westlichen Kaisers zu Byzanz erklären[8], ohne nach ihrer Aussage im Verständnishorizont des ottonischen Reiches und der abendländischen Königsherrschaft überhaupt zu fragen. Denn die Frontalität des Herrscherbildes wurde 962 auch für das Siegel des noch minderjährigen, soeben zum König gekrönten Sohnes des Kaisers übernommen. In etwas kleinerem Format und mit einer den Mitkaiser vom Kaiser unterscheidenden Variante in Szepterform und Szepterhaltung wurde das 'Kaisersiegel' seit 968 auch von Otto II. geführt, von Otto III. später sogar bereits während seiner Königszeit[9]. König Lothar von Westfranken hat den Typus noch in den 60er Jahren des 10. Jahrhunderts imitiert[10], wie auch das Thronsiegel Heinrichs II. recht bald von den Capetingern adaptiert worden ist[11]. Ebenso übernahmen die hochburgundischen Könige Konrad und Rudolf III. auf ihren Siegeln die Darstellung en face mit der Krone auf dem Haupt und Insignien in beiden emporgehobenen Händen[12]. Offensichtlich lag für die Zeitgenossen in dem Bildnis nicht nur eine Aussage über das Kaisertum, sondern über das Wesen königlicher Herrschaft schlechthin.

Diese Aussage erreichte – anders als die Darstellungen der Geschichtsschreiber, aber der Herrscherliturgie und dem Herrscherzeremoniell überhaupt vergleichbar – nicht nur einen kleinen Personenkreis. Etwa 200 Urkunden Ottos I. sind aus seiner Kaiserzeit erhalten, etwa 320 Diplome Ottos II. insgesamt und dann wiederum etwa 200 Ottos III. aus der Zeit vor der Kaiserkrönung[13]. Mögen einige der erhaltenen Urkunden auch Bleibullen tragen, so wird man im Hinblick auf die bekannten und unbekannten Deperdita doch ohne Bedenken diese Zahlen als Anhaltspunkt dafür nehmen dürfen, wie oft das neue, anfangs ganz ungewohnte 'Herrscherbild' im Siegel vom Königshof an andere Herrschaftsträger gegangen war: in knapp 35 Jahren sicher deutlich über 750 mal. Unzweifelhaft diente es einer Form der 'Herrschaftspropagation', einer Form freilich, die im Unterschied zu den Münzen der antiken und der byzantinischen Kaiser nicht breit gestreut die Reichsangehörigen mit legitimierender Propaganda erreichte, sondern die Getreuen in Verbindung mit einem Gunsterweis einzeln ansprach und nie in einer undefinierten Öffentlichkeit wirkte. Wie hat man das 'Bildnis' in diesem Kontext verstanden oder, vorsichtiger gefragt, wie könnte man es verstanden haben?

Die Konsequenz, mit der der jeweils neue Typ verwendet und beibehalten wurde, zeigt ebenso wie die *imitatio* durch andere Herrscher, daß das Siegel mehr war als ein Mittel zur Beglaubigung der Urkunden im technischen Sinn. Und wenn die Urkunden der geistlichen Würdenträger etwa seit derselben Zeit, d.h. von Anfang an, eine ikonographisch ähnliche Formel für das 'Bild' der geistlichen Fürsten verwendeten und dann im 11. Jahrhundert sich auch das Thronsiegel mit emporgehaltenen Insignien – Stab und Buch – angeeignet haben[14], dann liegt darin ein Hinweis auf mögliche weitere Dimensionen der Aussageintention und des Verständnisses auf Seiten der Rezipienten, in die das 'Herrscherbild im Siegel' führen kann. Die dezidierte Änderung des Siegelbildes unter Otto I. besaß offensichtlich Signalcharakter: Sie teilte den Empfängern der Urkunde sowie den Betrachtern der Siegel etwas Wichtiges mit – sie enthält somit einen eminent historischen Quellenwert.

Der neue Siegelstempel war vor der Kaiserkrönung für die Zeit danach, für das Kaisertum Ottos, geschaffen worden; und da seit 962 auch der 961 zum König geweihte, nun siebenjährige Otto II. in Franken und Sachsen ein Siegel mit en face-Bild führte, sind die neuen Stempel sicherlich schon vor dem Aufbruch zum Romzug im Kreis des ottonischen Hofes und seiner Berater geschaffen worden[15]. Das heißt aber, daß in der Vorbereitung zur Kaiserkrönung, während die Gesandtschaften zwischen Otto I. und Johannes XII. hin und her gingen[16], Fragen der Herrscherdarstellung – der 'Herrschaftspräsentation' – akut wurden und wohl in die Formulierung oder Präzisierung neuer Konzepte mündeten, die sich auch in der Gestaltung des Siegelbildes niedergeschlagen haben.

Auf solche 'Neuerungen' wird in zeitgenössischen Quellen deutlich angespielt. Nach Liudprands sogenannter 'Historia Ottonis' von 965 war schon die Königserhebung Ottos II. im Kindesalter, 961 vollzogen, eine dezidierte Abweichung vom Herkommen[17]; und wenn man den um 967/68 von Widukind zur imperialen Königserhebung stilisierten Herrschaftsantritt Ottos I. zu 936 nicht als gesicherten Beleg für die erste Königsweihe in Aachen nimmt, dann bedeutete auch die Krönung und Salbung des Königssohns in der Pfalzkirche Karls d. Gr. die Begründung einer neuen Tradition durch eine demonstrative 'Aussage' zum ottonischen Herrschaftsverständnis, und zwar unmittelbar vor dem Aufbruch des Vaters zur Kaiserkrönung[18]. Beim Einzug in Rom präsentierte sich der Herrscher wiederum in ungewohnter Weise: *miro ornatu novoque apparatu susceptus est* ('er ist in staunenswertem Ornat und mit neuartiger Zurüstung in die Stadt eingeholt und empfangen worden')[19], schreibt Liudprand; und auch dieses Auftreten muß wohl als Demonstration des Herrschaftsverständnisses durch den Kaiser und seine Umgebung – sozusagen mit päpstlichem Konsens – gedeutet werden. Die Art und Weise, in der der Kaiser während der folgenden Jahre auf römischen Synoden den Verlauf der Beratungen dirigierte und – nach Liudprands Worten[20] – als *sanctus imperator* bzw. *sanctissimus imperator* die Absetzung zweier Päpste sowie die kirchenrechtlich irreguläre Erhebung eines dritten fast erzwang[21], leitete ihre 'Legitimation' zweifellos aus diesem Herrschaftsverständnis ab.

Percy Ernst Schramm und andere haben aus der Formulierung Liudprands einen Anhaltspunkt für die Datierung der Wiener Reichskrone gewinnen wollen, sie sogar als Beleg für das Eindringen von Elementen der hohenpriesterlichen Gewandung in den Herrscherornat unter Otto I. gedeutet[22]. Bei der Erforschung der noch vorhandenen Denkmäler hat sich diese 'Frühdatierung' nicht bestätigt[23]; doch können die erhaltenen Zeugnisse angesichts der recht spärlichen und eher zufälligen Überlieferung karolingischer und ottonischer Herrschaftszeichen die These auch nicht falsifizieren, daß bei der Kaiserkrönung Ottos d. Gr. ein entscheidender Schritt in der Entwicklung des Herrscherornats vollzogen wurde. Unbestritten ist die Bedeutung der Jahre um 962 für die Geschichte der Krönungsliturgie durch ihre zeremonielle Fixierung im 'Mainzer' oder 'ottonischen' Pontifikale[24]. Auch hier ist freilich die übliche Datierung „um 960", also vor der Kaiserkrönung, nicht so gesichert, daß man die Ausarbeitung des Pontifikale nach 962 ganz ausschließen kann[25]. Die Zeugnisse für die Gestaltung des Herrscherornats, der Insignien, der Krönungsliturgie lassen somit vorläufig offen, ob das Neuartige erst eine Folge der Erhöhung zum Kaiser war, sozusagen durch die Begegnung mit dem römischen Kaisertum erst zur Ausformung kam, oder ob die Kaiserkrönung selbst in einem Prozeß der Ausformulierung neuer Herrschaftsvorstellungen stand, der am Ottonenhof schon vor 962 begonnen hatte[26]. Hier könnte die Auswertung des neuen Herrscherbildes auf den sicher datierten Siegeln einen Schritt weiterführen – wenn es gelingt, ihre Botschaft zu entschlüsseln.

Die Fixierung einer neuen Tradition des Kaiser- und Königssiegels (965)

Daß die Änderungen des Siegelbildes in ottonischer Zeit alle mit einschneidenden politischen Veränderungen – vor allem mit der Rangerhöhung zum Kaiser – verbunden sind, wurde in Diplomatik und Sphragistik stets registriert. Während Otto I. das 956 gesprungene Königssiegel neu fassen ließ und weitergebrauchte, nachweislich noch unmittelbar vor dem Aufbruch nach Italien (Abb. 1)[27], zeigt sich sofort nach der Kaiserkrönung vom 2. Februar 962 der Bruch mit der bisherigen Tradition: An die Stelle des im ostfränkischen Reich üblichen 'Heerführer-Typus' mit dem Kopf in Seitenansicht tritt das Frontalbild des Herrschers, dem statt der Waffen nun Insignien – nämlich Szepter und Globus – in die Hand gegeben werden[28]. Dieses Siegel wurde vor September 963 durch ein größeres mit fast identischer Darstellung ersetzt, dessen Durchmesser deutlich über dem des bereits besonders großen Königssiegels Ottos I. lag[29]. Mit dem neuen Siegeltyp sollte aber nicht nur das neue Kaisertum vom bisherigen Königtum abgehoben werden: Auf dem für Otto II. gefertigten, gesichert seit 962/63 nachweisbaren Siegel ist auch der junge König als Kronenträger en face dargestellt, allerdings in kleinerem, hinter dem Königssiegel Ottos I. zurückbleibendem, aber dem ersten Kaisersiegel des Vaters entsprechendem Format[30]. Auf die Wiedergabe der Arme und demzufolge auf Insignien wurde verzichtet: das wirkungsvolle Frontalbild mit Krone war, wie der Vergleich mit den im Durchmesser identischen, detailreichen Siegeln Konrads I. und Heinrichs I. zeigt[31], in diesem Falle wichtiger als die Beigabe weiterer Herrschaftszeichen.

Mit den Kaisersiegeln von 962 und 963 war eine endgültige Bildformel noch nicht gefunden. Sie wurde geschaffen, als Otto d. Gr. 965 nach Deutschland zurückkehrte (Abb. 2)[32]. Auf dem Osterhoftag in Ingelheim fand erstmals ein neuer, im Durchmesser noch einmal gesteigerter Siegelstempel Verwendung, von dem ein zweites Exemplar seit dem großen Pfingsthoftag in Köln, dem 'ottonischen Familientreffen'[33], in Gebrauch kam, während das in Italien verwendete Siegel von da an nicht mehr vorkommt. Als Otto I. 972 von seinem letzten, fast sechs Jahre dauernden Italienaufenthalt nach Deutschland zurückkehrte[34], siegelte die Kanzlei zwar mit einem neuen Typar, jedoch einer getreuen Kopie der seit 965 üblichen Darstellung. Dieser Siegelstempel wurde 973 weiterbenutzt und von Otto II. bis zu seinem Tod im Jahr 983 hauptsächlich geführt; daneben verwendete dessen Kanzlei später zwei weitere Exemplare mit identischer Bildformel (Abb. 3)[35]. Das Siegelbild des herrschenden Kaisers blieb also von 965 bis 983 trotz der Herstellung verschiedener neuer Stempel völlig konstant. Für Otto III. wurde in seiner Königszeit, weitgehend mit der Phase seiner Minderjährigkeit identisch, dieser Typus nicht übernommen, vielmehr hielt man sich an die noch zu kennzeichnende Variante des Frontalbildes des 'investierten' Herrschers, das Otto II. nach seiner Kaiserkrönung von 968 an geführt hatte; im Durchmesser wurde dieses 'Mitkaiser'- oder jetzt 'Königssiegel' allerdings auf die Größe des 'Kaisersiegels' gebracht (Abb. 5)[36]. Da für Otto II. von dieser Variante (Abb. 4) spätestens 970 ebenfalls ein zweites Exemplar hergestellt worden war[37], sind offensichtlich auch die

1

2

3

Abb. 1: Königssiegel Ottos I.
(S 1), Urkunde vom 17. X. 936.

Abb. 2: Version des definitiven Kaisersiegels Ottos I.
(S 4), Urkunde vom 24. VIII. 966.

Abb. 3: Kaisersiegel Ottos II.
(S 5), Urkunde vom 13. V. 974.

ikonographischen Unterschiede zum Kaisersiegel Ottos I. gewollt und damit einer Interpretation zugänglich. In jedem Fall aber hat sich in der Kaiserzeit Ottos d. Gr., von 962 bis 965/68, eine neue Tradition des Siegelbildes verfestigt, bis mit und nach der Kaiserkrönung Ottos III. die frontale Herrscherdarstellung im Siegel zu einer noch majestätischeren Bildformel erweitert wurde.

Die signifikante Veränderung im Zuge der Kaiserkrönung von 962 ist zunächst die Wiedergabe des Herrscherbildes en face, und zwar in strenger – man ist versucht zu sagen: hieratischer – Frontalität. Dabei ist der Blick

Abb. 4: 1. Mitkaisersiegel Ottos II. (S 2), Urkunde vom 3. X. 968.

Abb. 5: Königssiegel Ottos III. (S 2), Urkunde vom 20. I. 990.

des Herrschers – ähnlich wie auf Thronbildern Ottos III. in der Buchmalerei – starr geradeaus gerichtet und macht den Betrachter, verstärkt durch die Größe der Augen sowie durch die Betonung der Brauenwülste und der Nase, so zum Gegenüber des Bildnisses. Unter den Siegeln der Karolinger und ihrer Nachfolgekönige gibt es dafür kein Vorbild, ebensowenig unter den Münzbildern der karolingischen und nachkarolingischen Zeit: Sie zeigen das Haupt der Herrscher stets in Seitenansicht, im Profil[38]. Nur auf den karolingischen Kaiserbullen hatte es – neben dem besser überlieferten Profilkopf – Darstellungen in Vorderansicht, nämlich im Dreiviertelprofil, gegeben[39]. Auf die Gestaltung des neuen Siegelbildes haben ganz eindeutig byzantinische Modelle eingewirkt[40]. Eine unmittelbare Übernahme liegt schon insofern nicht vor, als die byzantinischen Herrscherurkunden keine Siegel trugen und die wesentlich kleineren Goldbullen nach meinem Eindruck den ausgeprägten Willen vermissen lassen, durch Vergrößerung des Formats dem Herrscher im Siegel bildliche Gegenwart, nicht nur eine autoritative, legitimierende Präsenz zu verleihen. Der Bruch mit der festen, westlichen Tradition des Siegelbildes kann also nicht einfach als eine *imitatio* des östlichen Kaisertums gedeutet werden. Zum zeitgenössischen Verständnis des neuen Siegelbildes wird man vielmehr nur vorstoßen, wenn man fragt, was das Siegelbild im Rahmen der westlichen Bildtradition zum Ausdruck brachte und welche 'Botschaft' damit an die Empfänger gerichtet wurde – wie gesagt, in Hunderten von Exemplaren, aber jeweils als Ausdruck der Huld an den einzelnen Großen. Die Frontalität bei der Darstellung von Personen ist hier 'Bedeutungsträger' von hoher Signifikanz.

Mit dem Übergang zum Frontalbildnis ist eine zweite Neuerung verbunden: Der Herrscher wurde nicht mehr mit Diadem, Schild und Speer bzw. Fahnenlanze dargestellt, sondern mit den Insignien seiner Erhabenheit: mit hoher Krone, Szepter und Globus. Der Globus ist im Siegelbild völlig neu; auch er ist eindeutig auf das Kaiserbild der byzantinischen Münzen aus der damaligen Zeit zurückzuführen. Dagegen war der Kranz oder das Diadem schon seit der späten Karolingerzeit verschiedentlich durch ausgearbeitete Formen der Krone ersetzt worden, vor allem in Italien, wo sich, mit Rudolf II. (922–926) beginnend, unter den Königen Hugo (926–947) und Lothar (931–950) eine feste, von Berengar II. und Adalbert fortgeführte Tradition herausbildete[41]. König Hugo von Italien war auch der erste nachkarolingische Herrscher, der ein langstieliges, wohl lilienbekröntes Szepter in sein Siegelbild aufnahm. Nach der Thronassoziation Lothars – wie später bei Otto II. erfolgte sie bereits im Kindesalter – zeigte das Siegel beide Könige mit Szepter und Krone. Lothar, der erste Gemahl der Kaiserin Adelheid, verwendete dann zur Zeit seiner Alleinherrschaft ein Siegel, in dem die Krone und vor allem das Szepter noch deutlicher hervorgehoben waren. Auch Berengar II. und Adalbert hielten auf ihrem gemeinsamen Siegel

Szepter in den Händen. Unverändert wurde aber unter den italienischen Königen der Herrscherkopf im Profil wiedergegeben; in der Körperhaltung ist die Seitenansicht sogar noch stärker betont als auf den Königssiegeln des ostfränkischen Reiches.

Mit der augenfälligen Divergenz zwischen seinem eigenen, 'ostfränkischen' Siegelbild und dem der italischen Könige war Otto I. seit seinem Italienzug von 951 konfrontiert. Er vermählte sich nicht nur mit Adelheid, der Witwe König Lothars, sondern übernahm während seines Aufenthalts in Pavia auch Kanzleipersonal aus dem Regnum Italicum[42]. An seinem Hofe wurden Urkunden der Könige Hugo und Lothar bestätigt bzw. in den Wortlaut eigener Privilegien eingearbeitet[43]; Ottos engsten Helfern, wenn nicht ihm selbst lagen also italische Siegelbilder vor, auf denen die Herrscher mit Krone und Szepter, nicht mit siegreichen Waffen abgebildet waren. Wenn das Siegel nicht nur ein Mittel der Beglaubigung im technischen Sinne war, sondern ein Element der 'Herrschaftspräsentation', dann mußte Otto mit seinen Beratern vor dem Italienzug von 961 entscheiden, wie oder als wer er künftig im vergrößerten Reich seinen Getreuen gegenübertreten wollte. Sollte der Herrscher in der ostfränkischen oder in der italischen Tradition des Siegelbildes gezeigt werden oder sollte man zum karolingisch-westfränkischen Typus zurückkehren? Hier könnte das italienische 'Modell' insofern eine Reflexion in Gang gesetzt haben, als seit der Mitte des 10. Jahrhunderts im Leitbild des guten Königs die bislang dominierende Funktion als Krieger und Heerführer allmählich hinter anderen, vor allem durch das Verhältnis zu Gott und die Verantwortung vor Gott bestimmten Tugenden und Qualitäten zurücktrat[44]. Liudprand gibt in seiner 'Antapodosis', gegen 960 am Hofe Ottos geschrieben, eindringliche Beispiele für diesen Wandel im Königsbild[45].

In dieser Situation fiel die Entscheidung für die Wiedergabe des Herrschers in Frontalansicht. Sie ist nicht durch abendländische Vorbilder erklärbar, sondern Ausdruck einer am Hof Ottos I. gefundenen Neuorientierung. Bei der Neugestaltung wurden – wenn man mit den älteren Siegeln vergleicht – in das Herrscherbild nicht nur Attribute wie Krone, Globus und Szepter eingefügt, sondern man hat die Insignien ganz betont ins Bild gesetzt: Sie werden neben der Person als eigene, gewissermaßen transpersonale Zeichen der Herrschaft präsentiert. Mit voller Entschiedenheit ist dies freilich erst in den seit 965 verwendeten Kaisersiegeln der Fall, und die bewußte Präsentation der Insignien enthüllt sich erst ganz, wenn man das Siegel Ottos I. mit dem vergleicht, das sein Sohn gleichzeitig führte.

Auf den 962 und 963–965 benutzten Stempeln trägt der Kaiser zwar neu die Insignien, doch „beide Hände liegen vorn am Leib an“[46], so daß der Globus mit der Linken vor der Brust gehalten wird und das Szepter mit langem Schaft und Blütenkelch, etwas höher als der Globus gefaßt und leicht nach außen geneigt, über die rechte Schulter hinausragt. Das 'Kaisersiegel', mit dem Otto d. Gr. seit der Rückkehr nach Franken und Sachsen im Jahre 965 urkundete, bietet ein repräsentatives Herrscherbild mit neuen Elementen: das Haupt des Herrschers wird hervorgehoben durch eine detailliert ausgearbeitete Krone, durch die markante Augenpartie mit dem nach vorn gerichteten Blick[47], durch die ungewohnte Barttracht, die auch Widukind für Otto I. erwähnt[48]. Die Arme sind vom Körper nach außen gewendet. Die Rechte umfaßt mit hinter der Insignie herumgeführtem Arm den fast senkrecht stehenden Herrscherstab von außen, die Linke hebt den Globus in einer Art Stützgeste nach oben. Das Siegel, das Otto II. nach der Krönung zum Mitkaiser seit 968 führt, übernimmt zwar das Schema, das 962 zur Geltung gelangt war; doch wird der neuartige 'Herrschergestus' des Kaisersiegels von 965 nur teilweise mitvollzogen[49]. In der Linken 'zeigt' der Sohn den Globus in der gleichen 'byzantinischen' Weise, wie dies Otto I. auf seinem neuen Siegel tut. Doch in der Rechten trägt der Mitkaiser weiterhin das Szepter in der vor die Brust gelegten Hand, ähnlich wie Otto I. es auf seinem Kaisersiegel von 962 und 963 gehalten hatte. Daß damit eine Differenzierung zwischen Hauptherrscher und Mitkaiser intendiert ist, geht nicht nur aus den unterschiedlichen Durchmessern der Siegel hervor. Während Otto II. nach dem Tode seines Vaters dessen letztes Kaisersiegel übernahm und sich später genaue Kopien dieses 'Vollkaisertypus' schneiden ließ, präsentierte sich der junge Otto III. als König im Siegelbild wieder mit der nach innen gebeugten Rechten, dem schräg über die Schulter hinausgeführten Blütenszepter und dem erhobenen Globus[50], d.h. man hat für ihn eine – allerdings auf 'Hauptherrscherformat' vergrößerte – Darstellung nach dem Vorbild des Siegels gewählt, das seinem Vater zukam, als er noch nicht selbständig regierte[51]. Erst mit der Kaiserkrönung 996 hat sich Otto III. sein eigenes Kaisersiegel geschaffen, das Bildhaftigkeit, Repräsentativität und Größe weiter steigerte.

Die Kaisersiegel und Bullen Ottos III. (996–1001)

Die Schöpfung des Kaisersiegels Ottos III. vollzog wiederum einen entscheidenden Schritt über die bisherige Tradition hinaus. Hatte es bis dahin auf Siegeln und Bullen nur Bildnisse in Form von Büsten, Brustbildern oder auch Halbfiguren gegeben, so erscheint nun der Kaiser als Ganzfigur, sozusagen 'in voller Größe', zunächst stehend, 998 dann auf einem Kastenthron sitzend. Seit Heinrich II. wird dieses erstmals hier verwendete Bild des thronenden Herrschers zum dominierenden Typus für die Gestaltung des Herrschersiegels in Europa.

Mit Ottos III. Kaisersiegel wurde schon am Tag nach der Kaiserkrönung

Abb. 6: 2. Kaisersiegel Ottos III. (S 4), Urkunde vom 15. VII. 997.

geurkundet[52]. Die Ganzfigur trägt die bereits auf den Kaisersiegeln Ottos I. erscheinenden Insignien – Krone, Stab und Globus – mit der seit 965 gezeigten Gestik. Kopf- und Brustbild, als Ausschnitt genommen, entsprechen weitestgehend dem unter dem Großvater entwickelten Typ, wenngleich die durch die Ganzfigur bedingte Verkleinerung dieser Partien eine so feine Ausgestaltung der Details nicht zuließ. Der neben der Herrscherfigur gewonnene Raum ermöglichte es dagegen, die Armhaltung noch deutlicher zu öffnen und dadurch – vor allem bezüglich des Globus – den 'Vorzeigegestus' bei der Präsentation der Insignien zu betonen. Erstmals wurde die Legitimationsformel *Dei gratia* aus den 'Königssiegeln' in das 'Kaisersiegel' übernommen und erstmals *Romanorum* zur bisher üblichen Titulatur *imperator augustus* hinzugesetzt. In Bild und Schrift wurde also das Kaisersiegel sehr grundsätzlich umgestaltet. Die Verwendung vom Tag der römischen Krönung an läßt vermuten, daß es wiederum mitgebracht wurde, als Otto III. Anfang 996 nach Italien kam. Schon unmittelbar nach seiner Wehrhaftmachung im Herbst 994 war der Romzug ins Auge gefaßt, dann aber im Sommer 995 wegen eines Slawenfeldzugs verschoben worden[53]. Zeit zur Vorbereitung war also gegeben, und es bestand um so mehr

Anlaß, über die Gestaltung der Kaiserherrschaft nachzudenken, als sich beim Tode Ottos I. und Ottos II. gezeigt hatte, daß die Verhältnisse in Rom im Grunde ungeklärt waren. Der junge Kaiser wagte einen radikalen Eingriff: Als eine römische Gesandtschaft vom Herrscher in Oberitalien einen Vorschlag für die Papstwahl erbat, nominierte dieser den Sohn seines Vetters Otto von Kärnten, Brun, der als Gregor V. die Nachfolge Johannes' XV. antrat und wenig später, am Himmelfahrtstag 996, an seinem Verwandten die Kaiserkrönung vollzog[54]. Im neuen, wiederum ungewohnten Siegel wurde den Empfängern der Urkunden die neue Würde mit eigener Akzentuierung verkündet.

Nach diesem Model wurde schon bald ein neuer Stempel angefertigt (Abb. 6), der „die in ihrer körperlichen Präsenz und Plastizität ungewöhnlich real erfaßte Gestalt des Herrschers" 'imperial' auf einen kleinen Hügel stellte. Obwohl das neue Siegel nur als eine „künstlerisch wesentlich besser (durchgestaltete)"[55] Variante des ersten Kaisersiegels erscheint, gehört seine Herstellung in eine Zeit, die zweifellos vom Nachdenken über die römischen Erfahrungen und die künftige Stellung des Kaisers in Rom geprägt war. Nach Deutschland zurückgekehrt, erhielt Otto im Oktober die Nachrichten, daß Papst Gregor V. vertrieben worden war und byzantinische Gesandte Verbindung mit der römischen Opposition unter dem Präfekten Crescentius aufgenommen hatten[56]. In dieser Situation – seit Dezember 996 nachweisbar – hat Otto III. in seinen Urkunden regelmäßig die Formel *Romanorum imperator augustus* anstelle des undefinierten Kaisertitels in der Intitulatio geführt, während sie vorher nur ganz sporadisch auftaucht[57]. Nachdem er an Weihnachten in Köln Hof gehalten hatte, verbrachte der Kaiser die ersten Monate des Jahres 997 ortsfest in Aachen. Hier muß er noch im Februar über die Synode Gregors V. in Pavia informiert worden sein und – spätestens im März – über die Erhebung seines Lehrers und Vertrauten Johannes Philagathos, den er eben noch als Brautwerber nach Konstantinopel geschickt hatte, zum Gegenpapst durch die Partei des Crescentius, wohl mit Rückendeckung aus Byzanz[58]. In diesen Aachener Monaten wurde das antikisierend überformte zweite Siegel mit der stehenden Figur geschaffen, das der Kaiser – erstmals am 18. April in Dortmund nachweisbar – verwendete, als er nach Ostern in seine sächsischen Lande aufbrach, nachdem die Kanzlei in Aachen noch am 9. April mit dem ersten Kaisersiegel Urkunden beglaubigt hatte[59].

Doch auch das neue Siegel mit der stehenden Ganzfigur des Kaisers blieb nur wenige Monate in Gebrauch. Trotz der kritischen Situation in Rom wurde Otto 997 zunächst durch Konflikte an der Slawengrenze, dann durch bedrohliche Entwicklungen bei den Ungarn in Deutschland festgehalten[60]. Als er sich im Oktober anschickte, von Aachen nach Italien aufzubrechen, begann er, auf seinen Privilegien ein wiederum ganz neu konzi-

Abb. 7: 3. Kaisersiegel Ottos III. (S 5), Urkunde vom 8. II. 998.

piertes Siegel anbringen zu lassen (Abb. 7)[61]. Zwar sind die Grundelemente der alten ottonischen Kaisersiegel geblieben: die en face-Darstellung, das gekrönte Haupt, die Insignien – hier Szepter und Globus – in den erhobenen, vom Körper seitlich gestellten Händen. Auch die Ganzkörperfigur wurde beibehalten. Doch ist der Herrscher auf einem Thron dargestellt, einer Thronbank mit dicken seitlichen Kissenwülsten und einem Podest für die Füße des Thronenden. Während die Linke den Globus, auf dessen Oberfläche wie schon bei den früheren Kaisersiegeln Ottos III. groß ein Kreuz eingezeichnet ist[62], mit senkrecht gestelltem Unterarm emporstreckt, hält die Rechte mit auffallendem Griff statt des Stabes ein Szepter mit Blütenkelch, wie es später auch auf den Siegeln Heinrichs II. und Konrads II. zu sehen ist[63]. Die Ersetzung des Stabes durch das Szepter ermöglicht es, den rechten Arm fast symmetrisch zum linken aus dem gebeugten Ellenbogen nach oben zu führen, so daß die Armhaltung des Thronenden dem Orantengestus 'mit erhobenen Händen' ähnelt. Mit diesem Majestätssiegel ist Otto III. nach Rom gezogen, um ein fürchterliches Strafgericht über die Rebellen gegen seine und seines Papstes Herrschaft, über die mit Byzanz konspirierenden Johannes Philagathos, jetzt Papst Johannes XVI., und Crescentius Nomentanus, ergehen zu lassen[64].

Unmittelbar nach Ostern 998, als vielleicht die grausame Verstümmelung des Gegenpapstes schon vollzogen war, während der Stadtpräfekt Crescentius wohl noch in der Engelsburg belagert wurde, hörte Otto III. auf, seine Urkunden mit Wachs zu besiegeln – vom 22. April 998 an sind alle Diplome mit Bleibullen ausgefertigt worden[65]. Insgesamt wurden in zwei Jahren drei identisch gearbeitete Prägestempel in Gebrauch genommen, was auch hier die in der Neuschöpfung liegende Programmatik unterstreicht. Es sind die berühmten großen Bullen mit der hervorragend gearbeiteten Profilbüste des *Otto imperator augustus* auf dem Avers und mit der Devise *Renovatio imperii Romanorum* als Umschrift um eine mit Schild und Fahnenlanze gewappnete, als Halbfigur wiedergegebene Gestalt auf der Rückseite.

Völlig konträr zur bisherigen, auf Verstärkung der Bildhaftigkeit, der 'Bildgegenwart' des Herrschers, zielenden Entwicklung steht die letzte Bulle Ottos III., die, seit Januar 1001 nachweisbar, die Renovatio-Bullen ablöste. Auf die Hälfte des Formats der vorhergehenden Bullen reduziert und mit 18 mm Durchmesser auch kleiner als die Bullen der zeitgenössischen Päpste Gregor V. und Silvester II. oder die früheren der Karolinger[66], gestattete die neue Bulle kaum noch die Ansprache des Empfängers durch ein 'Kaiserporträt'. Der etwa 8 mm breite und nur wenig höhere Profilkopf mit der Umschrift *AUREA ROMA* auf dem Revers ist nur noch eine Chiffre für die Erhabenheit des Kaisers, dessen Name der Avers als dreizeiligen Schriftblock trägt: *ODDO I(M)PERATOR ROMANOR(UM)*. Die überraschende Änderung besitzt offensichtlich wiederum einen programmatischen Aussagewert. Denn die Einführung der neuen Bulle geschah wohl gleichzeitig mit der Einfügung von *servus apostolorum* in die Kaisertitulatur der Diplome[67]. Und es dürfte bezeichnend sein, daß die Bulle zuerst auf der berühmten *Roma caput mundi*-Urkunde für Papst Silvester II. erscheint, in der Otto seine Position in Rom und sein Verhältnis zum Papsttum definierte, und dann in einer Urkunde für Bischof Bernward von Hildesheim, den Erzieher und Freund des Kaisers, der damals in Rom einer seiner wichtigsten Berater war[68]. In der Geschichte der Bulle blieb die schwer zu deutende Änderung Episode: Heinrich II. hat dann auch auf seine wiederum vergrößerten Bullen, von denen er den ersten Typ schon als König verwendete, sein Bildnis en face setzen lassen und hält – gegen alle Tradition – auch auf der Bulle Szepter und Globus in den Händen[69].

Fügt man das Auftauchen neuer Siegelbilder und die Veränderungen der Kaiserbulle in den jeweiligen historischen Kontext ein, so zeigt sich einmal, daß der Wechsel eines Bildes stets Ereignisse von großer Bedeutung für die Herrschaft und für das Herrschaftsverständnis des Siegelnden markiert. Dabei ist nicht einfach die Erhöhung zum Kaiser relevant, sondern mit dieser verbunden sind allem Anschein nach Reflexionen über die Stellung des Herrschers schlechthin, die auch zu einem neuen 'Königsbild' führen. Wie erwähnt, wirken die neuen – vielleicht als 'imperial' zu bezeichnenden – Elemente nicht nur im ostfränkisch-deutschen Raum auf das Königsbild ein, sondern werden auch in Nachbarreichen rezipiert und sind so wohl Ausdruck eines sich wandelnden Verständnisses des Herrschertums überhaupt. Zum andern zeigt die synchrone Betrachtung der historischen Ereignisse und der Gebrauch neuer Siegel oder Bullen, daß die Wechsel auch mit Demonstrationen der herrscherlichen Majestät in konkreten Situationen zu verbinden sind: besonders klar 965, als Otto I. erstmals nördlich der Alpen in der neuen Kaiserwürde auftrat, oder 997/98, als Otto III. seine Herrschaft in Rom mit einem Schrecken verbreitenden Beweis seines herrscherlichen Zorns durchsetzen wollte. Ebenso war es ein Signal, wenn Heinrich II. das unter Otto III. kurzzeitig verwendete kaiserliche Thronsiegel schon unmittelbar nach seiner Königserhebung, noch bevor er in Deutschland allgemein anerkannt war, übernahm und seit Anfang 1003 den Urkunden mehrfach durch Bleibullen – mit en face-Bild und mit der *Renovatio regni Francorum*-Devise der karolingischen Kaiserbullen – zusätzliche Autorität verlieh, obwohl er sich in Italien noch gegen den dort erhobenen König Arduin durchsetzen mußte und eine Kaiserkrönung in weiter Ferne lag: Er beanspruchte in vollem Umfang die Nachfolge seines verstorbenen Verwandten[70].

Das Siegelbild, dutzendfach an Große des Reiches geschickt, um die Hulderweise auch bei Abwesenheit und nach dem Tode des Herrschers dauerhaft zu sichern, ist also in seinem Wandel mit der Geschichte des jeweiligen Herrschers unmittelbar verknüpft. So stellt es eine Aufgabe nicht zuletzt für den Historiker dar, die Aussage des Bildes zu entschlüsseln, auch wenn dabei hauptsächlich vom Bild selbst, von der Herrscherdarstellung mit ihren einzelnen Bildelementen auszugehen ist.

Vorbilder und Urheber der Neugestaltung

Vor jeder inhaltlichen Interpretation der Bildaussage darf ein wichtiges Faktum festgehalten werden: Die Kaiserkrönung von 962 hatte keine Rückkehr zu karolingischen Modellen des Siegelbildes zur Folge. Für viele Empfänger der Privilegien war dies unmittelbar evident; denn sie besaßen ja karolingische Diplome, legten sie sogar zur Bestätigung vor, und der Urkundentext nannte die Urheber der früheren Gunsterweise, die Vorgänger Ottos I., oft namentlich. Gerade angesichts der Berufung auf Vorgänger und Vorurkunden wird der Aussagewille eines neuen Siegelbildes deutlich. Otto I. zeigte sich seit 962 den Adressaten seiner Gunsterweise, seinen Getreuen, nicht als Nachfolger Karls d. Gr. und der karolingischen Kaiser überhaupt, sondern sozusagen als 'Herrscher von ganz neuem Typ'. Er, der

Lechfeldsieger, verließ aber seit der Kaiserkrönung auch die im ostfränkischen Reich bisher übliche Evokation des triumphierenden Heerführers im Siegel. Otto I. und seine Nachkommen ließen sich nun darstellen als die von Gott gekrönten, von Gott mit Herrschermacht ausgestatteten Träger des König- und Kaisertums. Von welchen Vorstellungen und von welchen Vorbildern war die Neugestaltung bestimmt?

Bei der Konzipierung des ottonischen 'Kaisersiegels' haben unzweifelhaft Vorbilder aus Byzanz eine entscheidende Rolle gespielt[71], und zwar sowohl hinsichtlich der Bildwirkung im Ganzen wie im Hinblick auf die Gestaltung von Details. Das Repräsentationsbild der Spätantike – mit seinen triumphalen Elementen und den Ausdrucksformen religiöser Devotion gegenüber Gott – war im byzantinischen Herrscherbild weitergeführt und ganz in die religiöse Sphäre eingebunden worden[72]. Vor allem die Frontalität der ottonischen Bildnisse ist ikonographisch von dort herzuleiten; im Detail verweist die Form der Krone bei der Ansicht en face auf Byzanz[73], von dort stammt auch der Globus als Insignie[74]. Zwar findet er sich im Westen bereits auf Herrscherbildnissen aus der Spätzeit Karls des Kahlen[75]; doch erstmals auf den Siegeln Ottos I. und Ottos II. erscheint er mit aufgesetztem Kreuz (und nicht mit dem in die scheibenförmige Kugel eingezeichneten wie in den Miniaturen Karls des Kahlen und dann denjenigen Ottos III. sowie auf dessen Kaisersiegel)[76], d.h. in der Form des 'Reichsapfels', wie er in westlichen Darstellungen seit der Salierzeit generell üblich wurde[77], und wie er sich im Osten bis in die frühbyzantinische Zeit zurückverfolgen läßt[78]. Obwohl es karolingische Bildnisse gibt, auf denen der thronende Herrscher einen Stab in der Rechten führt[79], ist der triumphale Gestus des Stabhaltens, wie er auf dem Siegel Ottos I. seit 965, bei der 'Standfigur' Ottos III. sowie auf Miniaturen mit dem thronenden Kaiser ins Bild gesetzt wird, vorher im westlichen Herrscherbild nicht nachweisbar – es sei denn beim Kreuzstab als Zeichen des von Gott verliehenen Sieges, den in Hrabans Fuldaer Figurengedichten Ludwig der Fromme als *miles Christi* mit der Rechten in gleicher Weise umfaßt[80]. So bliebe die Ikonographie der ottonischen Kaisersiegel gewiß unverständlich ohne den Vergleich mit der spätantik-byzantinischen Bildtradition und Repräsentationskunst. Sieht man auf alle Details, so läßt sich aber ein unmittelbares Modell für die Kaisersiegel Ottos I. und dessen Umgestaltungen unter Otto III. weder im Osten noch im Westen nachweisen[81]. Als Komposition aus verschiedenen Traditionselementen stellen diese neuartigen Herrscherbildnisse eigene Schöpfungen aus dem Umkreis des ottonischen Hofes dar. Wer sie 'lesen' will, muß deshalb Bedeutungsgehalte ermitteln, welche die Darstellung im Rahmen der westlichen Bildtradition für die zeitgenössischen Betrachter im ottonischen Reich besaß, und zwar auch dort, wo die Formen eindeutig aus Byzanz entlehnt sind.

Auf die 'interpretatio occidentalis' zu achten, ist um so mehr geboten, als für die Siegelstempel in allen Fällen eine Herstellung nördlich der Alpen – in den kulturellen Zentren des ostfränkisch-deutschen Reiches – vorausgesetzt werden darf, und zwar, wie von der Sache her naheliegt und durch weitere Beobachtungen wahrscheinlich zu machen ist, wohl im Einflußbereich der Häupter von Hofkapelle und Kanzlei. Daß Otto I. sein neues Siegel nach Italien mitgebracht hat, ist nicht nur auf Grund der Verwendung gleich nach der Kaiserkrönung zu vermuten[82], sondern ergibt sich vor allem aus den analogen Neuerungen bei der Gestaltung des Königssiegels für den in Franken und Sachsen gebliebenen Otto II. Das ausgearbeitete, traditionsbildende Siegel hat Otto I. ab 965 vom Osterhoftag in Ingelheim an geführt, nachdem er, aus Italien zurückkehrend, zuvor an der schwäbisch-fränkischen Grenze von Erzbischof Wilhelm von Mainz und Otto II. eingeholt und dann, beim Überschreiten des Rheins, von Erzbischof Brun von Köln in Worms empfangen worden war[83]; ein fast stempelgleiches Exemplar nahm die Kanzlei im selben Jahr nach dem Kölner Pfingsthoftag in Gebrauch. 972 kam für Otto I. wiederum ein neuer, aber identischer Stempel zur Verwendung, als beide Kaiser zusammen mit den Kaiserinnen Adelheid und der neuvermählten Theophanu nach Überschreitung der Alpen in Alemannien die ersten Urkunden ausstellten[84]. Auch Otto II. dürfte sein 'Mitkaisersiegel' – nach dessen Vorbild 985 das Königssiegel Ottos III. geschaffen wurde – 967 mit nach Rom gebracht haben[85], zumal die ikonographische Gestaltung einerseits an das Schema des ersten Kaisersiegels von 962/63 anknüpft, andererseits unmittelbar mit der Schöpfung des neuen Kaisersiegels von 965 zusammengehört; die seit 974 und 979 nachweisbaren Repliken des Kaisersiegels tauchen zu Zeiten auf, in denen Otto II. ganz in Deutschland weilte. Fraglos sind auch die Königssiegel Ottos III. – der im Oktober 984 nachgewiesene 'provisorische' Stempel und die seit Februar 985 bezeugte 'gültige' Fassung[86] – nördlich der Alpen geschaffen worden; für das erste Kaisersiegel, schon am Tag nach der Krönung verwendet, liegt dies sehr nahe, und dessen Neufassungen vom Frühjahr 997 sowie seit Oktober 997 das Thronsiegel wurden ohnehin während längerer Aufenthalte in Deutschland in Gebrauch genommen[87]. Wie gesagt, hat sich Heinrich II. dieses Thronsiegel sofort angeeignet; für seine Königssiegel ist die Entstehung im deutschen Regnum bereits aus den historischen Umständen klar, für das Kaisersiegel zu vermuten. Auch die 'Königsbulle' mit dem en face-Bild Heinrichs kann von der Ereignisgeschichte her nur nördlich der Alpen entstanden sein[88].

Für die entscheidende Wendung des Siegelbildes in die Frontalansicht unter Otto I. läßt sich das Milieu namhaft machen, in dem sie wohl vollzogen wurde. Erzbischof Brun von Köln, Ottos Bruder, hat nicht nur als einer der ersten Bischöfe überhaupt eigene Urkunden besiegelt: das einzige erhaltene Siegel aus der Zeit zwischen 962 und 965 zeigt ein Brustbild des Oberhirten en face und entspricht im Durchmesser dem bis 962 gebrauchten Königssiegel[89]. Brun war 940 bis 953 Kanzler seines Bruders, erhielt 951 während dessen erstem Italienzug ungewöhnlicherweise das Amt des Erzkanzlers und die Würde eines Erzkapellans, schon bevor er 953 zum Erzbischof erhoben worden war. Bis zu seinem Tode am 11. Oktober 965 behielt er diese Ämter. Das heißt: unter seiner 'Zuständigkeit' ist der neue Kaisertypus des Siegels in Gebrauch gekommen und zum bis 983 verbindlichen Typus weiterentwickelt worden.

Mit der Besiegelung der Urkunden stand Brun von Köln damals allerdings schon nicht mehr allein. Zumindest Erzbischof Heinrich von Trier hat bereits am Ausgang der 50er Jahre besiegelte Urkunden ausgestellt[90]. Die Konkurrenz zwischen dem Kölner und dem Trierer Erzbischof war damals heftig; bei seiner Erhebung hatte Brun erzwungen, daß ihm der bis dahin in Metz, d.h. im Trierer Sprengel, aufbewahrte 'Stab Petri' ausgehändigt wurde, und erst 980 gelang es, den Streit durch eine Teilung des Stabes zwischen beiden Metropolitankirchen zu entschärfen[91]. So wollte um 960 gewiß keiner der beiden Erzbischöfe in den Formen der Repräsentation hinter dem Konkurrenten zurückstehen[92], und die Besiegelung und die Darstellung im Siegelbild gehörten dazu. Da nach den Urkundenformularen mit herzoglicher Besiegelung damals schon zu rechnen ist[93], Brun selbst seit 953 das Herzogtum Lothringen als *archidux*[94] verwaltete und die Erzbischöfe durch die Ereignisse der 50er Jahre als 'Fürsten' in der Umgebung Ottos d. Gr. stark an Gewicht gewonnen hatten[95], fügt sich das Aufkommen der bischöflichen Siegelurkunden in eine allgemeinere Entwicklung, über die hier nicht breiter zu handeln ist. Wichtig im Hinblick auf den Wandel des Herrschersiegels ist die Gemeinsamkeit im 'Repräsentationsbild' des Kaisers und seines für die Kanzlei verantwortlichen Bruders: die strenge, zur Symmetrie tendierende Frontalität der Personendarstellung.

Die Aufnahme dieses Gestaltungselements ist für die neu entstehenden Bischofssiegel fast leichter zu erklären als bei dem in legitimierender Tradition stehenden Herrschersiegel. Denn die Wiedergabe en face war – wiederum unter römisch-byzantinischem Einfluß – bei Heiligen nicht ungewöhnlich, und ikonographisch handelte es sich dabei des öfteren um Bildnisse kirchlicher Würdenträger[96]. Sich ein solches Bildnis anzueignen, war für den Inhaber einer Hochkirche naheliegend: Sah er sich doch als Nachfolger, Sachwalter und Stellvertreter des Bistumsheiligen, und das Gewicht dieses Selbstverständnisses wird gerade bei den Rangstreitigkeiten im ottonischen Episkopat oder aus Anlaß der Bistumsneugründungen an der Slawengrenze überdeutlich[97]. Außerdem gaben die römischen Basiliken mit ihren 'Sukzessionsreihen' von Papstbildnissen im Rundmedaillon und ihre Nachahmungen außerhalb Roms leicht ins Siegelbild übertragbare Modelle für das Brustbild en face des kirchlichen Würdenträgers, verstanden als Rechtsnachfolger und Platzhalter des Patrons oder Gründers[98]. Insofern darf man das Siegelbild der Bischöfe wohl als eine Art 'Stellvertreterbild' werten, das zugleich eine transpersonale Autorität des jeweiligen Amtsinhabers verdeutlichen soll. Das schließt nicht aus, daß die bischöflichen Siegel später an der Entwicklung des herrscherlichen 'Majestätssiegels' partizipieren: Die kirchlichen Prälaten übernehmen im 11. Jahrhundert nicht nur das Thronsiegel, sondern auch den Gestus des zeremoniellen Thronens mit geöffneten Armen und hochgehaltenen Insignien[99], hier freilich Stab und Buch an Stelle des noch dem König vorbehaltenen Szepters und des Globus. Die Parallelentwicklung von Herrschersiegel und Siegel der geistlichen Fürsten scheint mir insofern wichtig zu sein, als dadurch auch die Fürstensiegel die 'Lesung' des Herrscherbildes im Siegel mitbeeinflußten. Die Frontalansicht wird dadurch einem breiteren Bedeutungshorizont zugeordnet, der die Aussage des Kaisersiegels nicht ganz so ungewöhnlich erscheinen läßt, wie sie sonst erscheinen könnte.

Das neue Siegelbildnis im Kontext der westlichen Herrscherdarstellungen

Wenden wir uns wieder den Bildnissen auf den Herrschersiegeln selbst zu, so fragt sich zunächst, wie weit die en face-Perspektive auch westliche Traditionen der Herrscherdarstellung aufnimmt. In Vorderansicht thronend – allerdings nicht ganz frontal – ist Karl der Kahle auf einigen berühmten Miniaturen aus seiner 'Hofschule' wiedergegeben[100]; ähnliche Darstellungen des thronenden Kaisers Lothar sind ebenfalls überliefert[101]. An die ottonischen Kaisersiegel kommt am nächsten das Herrscherbild im Psalter Karls heran: ein thronender König mit reich ausgezierter Krone, ein langes, im Blütenkelch endendes Szepter in der vor der Brust gehaltenen Rechten, über Schulterhöhe hinaus schräg nach außen geführt, wo es bis in die Höhe der Krone reicht, einen großen Globus mit aufgemaltem Kreuz in der im Schoß ruhenden Linken[102]. Sieht man vom Unterschied zwischen der Halbfigur des Siegelbildes und der thronenden Ganzfigur der Miniatur ab, so führt das Bildnis Karls des Kahlen nahe an die Darstellungen auf den frühen Kaisersiegeln Ottos I., auf dem Mitkaisersiegel Ottos II. und auf dem Königssiegel Ottos III. heran, während dann die Thronsiegel Ottos III. und Heinrichs II. die Distanz verdeutlichen. Es fehlt der Miniatur die zeremonielle Haltung des ottonischen Bildtyps, die 'Präsentation' der Insignien, die 'hieratische' Symmetrie des Frontalbildes, vor allem der nach vorn gerichtete Blick – Karl kann auf seinem Thron betrachtet werden, sein Bildnis ist aber nicht direkt für die Kommunikation mit dem Betrachter offen.

Auch wenn nicht sicher zu sagen ist, ob die an der Gestaltung des Kaisersiegels beteiligten Künstler jemals eine derartige Darstellung gesehen haben, scheinen mir weitere Elemente der Miniatur Beachtung auch für das mögliche Verständnis des Siegelbildes zu verdienen: die Hand Gottes, die aus dem Giebel der Thronbedachung zwischen zwei geöffneten Vorhängen herabkommt, und die Inschrift, die von Karl – *magno coronatus honore,* was sich nur auf das im Bild verdeutlichte Gottesgnadentum beziehen kann[103] – sagt, er sei Josua ähnlich und Theodosius ebenbürtig.

Auch den beiden anderen Thronbildern Karls d. Kahlen fehlt die strenge Frontalität, der geradeaus gerichtete Blick, wie er später für die Thronbilder Ottos III. charakteristisch ist. Wohin Karl schaut, geben die Inschriften auf den Miniaturen an: im Codex Aureus auf das apokalyptische Lamm, das auf der gegenüberliegenden Seite dargestellt ist, in der Bibel von S. Paolo fuori le Mura auf die personifiziert über ihm erscheinenden Kardinaltugenden[104]. Keine der spätkarolingischen Darstellungen zeigt die zeremonielle, hieratische Haltung der ottonischen Siegelbilder, nie werden Stab und Globus als 'Insignien' zusammengebracht wie auf den seit 965 gebrauchten Kaisersiegeln Ottos I., auf dem 'Standfigursiegel' Ottos III. oder auch auf dessen Thronbildern in der Buchmalerei[105]. Daß die Miniaturen der Prachtcodices einen wesentlich kleineren Personenkreis erreichten als die Siegel[106], sei vermerkt, weil dieses Faktum wiederum darauf verweist, daß man bei der Deutung des Siegelbildes nach dem fragen muß, was die Zeitgenossen sonst an Bildern gesehen haben und welche Assoziationen diese Darstellungen bei der Betrachtung des Herrschersiegels wecken konnten.

Bei der Wiedergabe von Personen war die Frontalität für die karolingischen und ottonischen Bildner ein recht selten gebrauchtes, für bestimmte Bereiche reserviertes Element. Sie begegnet vor allem bei Kultbildern, d. h. den Bildnissen von Heiligen, der Gottesmutter oder Christi selbst[107]. In den narrativen Zyklen vom Leben Christi ist sie meist wenigen Situationen vorbehalten, die alle Bezug zum Bild des wiederkehrenden Christus, des Weltenherrschers, haben[108]. Für diejenigen, die mit den Siegeln bzw. den besiegelten Urkunden umgingen, waren die formalen Übereinstimmungen der Herrscherdarstellung mit den Majestas Domini-Bildern und verwandten Christus-Darstellungen zweifellos evident; für das Thronsiegel Ottos III. gilt die Anlehnung an den thronenden Christus auf dem Revers byzantinischer Bullen als erwiesen[109]. Der wechselseitige Bezug wurde unterstrichen durch den Globus, den auch der thronende oder stehende Christus als Zeichen der Weltherrschaft halten kann[110]. Der bildlichen Übereinstimmung darf, ja muß man einen für die Zeitgenossen offenliegenden Bedeutungsbezug um so mehr unterstellen, als im ottonischen Reich die Analogien und typologischen Bezüge zwischen der Herrschaft Christi und der Herrschaft des Königs, ja der Person Christi und der Person des Herrschers in Liturgie und Geschichtsschreibung ständig angesprochen wurden, und zwar – nach unserer Überlieferung – seit genau der Zeit, in der auch der neue Siegeltypus entstand[111]; und die literarischen Zeugnisse verdichten sich in dem Rhythmus, in dem das Herrscherbild ganz dem thronenden Christus ähnlich wurde. Der *typus Christi,* des *rex regum et dominus dominantium,* den der Herrscher in seinem Namen führte als 'Gesalbter des Herrn', von Gott gekrönt und als sein Diener und Statthalter in der irdischen Herrschaft von ihm berufen, hat offensichtlich mit der Kaiserkrönung Ottos I. Eingang ins Siegelbild gefunden und wurde unter Otto III., Heinrich II. und den ersten Saliern weiter verstärkt.

Daß das ottonische Herrscherbild vor allem einem sakral-liturgischen Kontext zugeordnet war, ergibt sich bereits aus den Bildträgern: liturgische Prachthandschriften und ihre kostbaren Buchdeckel, Altarvorsätze und -ziborien, liturgische Geräte, Wandmalerei und Mosaiken in Sakralräumen usf[112]. Dies ist sicher nicht nur die Folge selektiver Überlieferung. Auch das Siegel fügt sich, wenn man auf die sakralen Elemente der Urkunden achtet, hier ein. Mit der Invokation, dem Gottesgnadentitel, dem Ausdruck der Gottesverehrung in Arengen, die ja oft noch einmal die göttliche Berufung zur Herrschaft betonten, der Erwartung göttlichen Schutzes und himmlischen Lohns, der Ansprache an die Getreuen *(fideles),* der Androhung göttlicher Strafen bei Mißachtung der herrscherlichen Anordnung wird auch hier ein religiöser Kontext hergestellt[113]; die *corroboratio* (Beglaubigung) durch das Siegel soll das Gewährte dauerhaft sichern – 'ewig gültig machen', wie es heißen kann[114]. In seinen urkundlichen Verfügungen erfüllte der König nach damaligem Verständnis ganz wesentlich das ihm von Gott übertragene *ministerium*[115]. Aus diesem Vorstellungskomplex ist das ottonische Siegelbild – gerade in seiner Frontalität und Zeremonialität – kaum herauszulösen. Auf die göttliche Einsetzung und Legitimation weist die 'hohe' Krone – nicht ein Kranz oder Diadem – eindeutig hin, der Globus als Insignie evoziert eine Teilhabe an der Weltherrschaft Christi. Die Führung von Stab oder Lanze und Globus als Attributen oder Insignien gehört – in Byzanz weit zurückzuverfolgen, aber auch in der ottonischen Kunst gegenwärtig – ikonographisch fest zur Darstellung des Erzengels Michael und wird, zumindest für den Osten, als Zeichen des „Dienstes an der Herrschaft Christi" gedeutet[116]. Der Stab selbst wurde als Zeichen des Auftrags verstanden, weshalb ihn auch Gabriel und Rafael häufig tragen; der Streit zwischen Trier/Metz und Köln um den 'Stab des heiligen Petrus' – mit dem der Apostelfürst die bei der Mission in Gallien zunächst erfolglosen Schüler Eucharius und Valerius an den Rhein zurückgeschickt haben soll, wo sie mit dem Stab ihren auf der ersten Reise verstorbenen Gefährten Maternus wieder zum Leben erweckten[117] – belegt ein hier relevantes

Verständnis des Stabes genau für die Zeit, in der die Insignie, die längst zu den Herrschaftszeichen gehörte, als kaiserliches Attribut in das Siegelbild und in die Herrscherdarstellungen der Buchmalerei aufgenommen wurde, bevor sie im 11. Jahrhundert wieder zurücktrat[118]. So eignete dem frontalen Siegelbild wohl auch etwas vom Charakter des 'Stellvertreterbildes' bzw. des 'Amtwalterbildes' mit einer Tendenz zur Transpersonalität[119], wie dies auch für die bischöflichen Siegel der Zeit wahrscheinlich ist: es geht um *repraesentatio,* 'Vergegenwärtigung' im mittelalterlichen Sinn[120].

Zur Bedeutung der Gestik und der Insignien im Siegelbild

Das Thronsiegel, 997/98 erstmals kurzzeitig verwendet, seit 1003 im römisch-deutschen Imperium das Herrschersiegel schlechthin, macht den ikonographischen Bezug auf Christus-Darstellungen besonders evident[121]; und man wird nicht fehlgehen, wenn man sein Aufkommen mit der immer deutlicher artikulierten *vicarius Christi*-Vorstellung verbindet[122]. Die Annäherung des Kaiserbildes an das Christusbild überschreitet ja gerade zur Zeit Ottos III. bisher respektierte Grenzen – man denke insbesondere an das Aachener Evangeliar oder an das Lothar-Kreuz[123]. Sie geht so weit, daß für den modernen Betrachter die Blasphemie gestreift sein kann[124], wenn er zwei Voraussetzungen solcher Darstellungen verkennt: daß der Herrscher die gezeigte Macht und Majestät von Gott und nur durch Demut, durch Erniedrigung vor Gott, empfängt und daß das Bild – zumindest im sakral-liturgischen Kontext – nicht einfach zeigt, was er ist, sondern was er mit Gottes Hilfe sein soll und nur so lange ist, als er sich in den 'Dienst an der Herrschaft Christi' stellt[125]. Gerade unter Otto III. ist diese Haltung durch die Aufnahme der Devotionsformeln *servus Jesu Christi* oder *servus apostolorum* ja belegt[126]; und die Zeugnisse für die Frömmigkeit Heinrichs II. waren so dicht, daß sich später ein Heiligsprechungsverfahren auf sie stützen konnte[127]. Auch die Anbindung des kaiserlichen 'Majestätsbildes' an die herrscherliche Frömmigkeit und den Ausgang seiner Macht von Gott scheint mir in den Bildelementen der Siegel ausgedrückt zu sein.

Um hier zu einem tieferen Einblick in die Aussage der Bilder zu gelangen, gilt es, die Gesten des Herrschers zu beachten. Daß in den mittelalterlichen Bildern jede Haltung, jede Handstellung 'sprach', ihre eigene Bedeutung besaß, ist erst in letzter Zeit stärker beachtet worden[128]; und es bleibt hier noch viel zu erforschen[129]. Bei den ottonischen Siegelbildern erleichtert ein auffallendes Element die Annäherung: die Präsentation der Insignien mit geöffneten Armen und nach oben gerichteten Unterarmen und Händen. Hier anzusetzen, wird durch den Umstand nahegelegt, daß einerseits in der Linken mit dem Globus ein Gegenstand neu in die Ikonographie des Siegelbildes aufgenommen und mit ungewöhnlicher Arm- und Handhaltung regelrecht 'vorgezeigt' wird, während andererseits die Haltung des rechten Armes auf dem Kaiserbild anders behandelt ist als auf dem Mitkaiser- bzw. Königsbild. Später, unter Otto III., erfährt letztere eine Angleichung an die Haltung des linken Armes, was nicht nur in der Körperhaltung zu einer weitgehenden Symmetrie zwischen rechts und links führt, sondern neue ikonographische Bezüge herstellt, d.h. neue Bedeutungsgehalte assoziiert und neue Verständnismöglichkeiten eröffnet.

In der Tradition des Frontalbildes kann der erhobene rechte Unterarm mit dem Stab in der Faust – auch wenn der Ellenbogen nicht auf Schulterhöhe angehoben, sondern tiefer gestellt ist – als triumphaler Herrschaftsgestus verstanden werden[130], und man wird bedenken müssen, ob die Art und Weise, in der die Kaiser von Otto I. bis zu Otto III. auf ihren Siegeln den Stab umfassen, in Verbindung mit der Stellung des Armes nicht vor allem so gemeint war und sie deshalb dem Mitkaiser bzw. dem minderjährigen König vorenthalten wurde[131]. Auf dem Thronsiegel Ottos III. ist die unterschiedliche Behandlung des rechten und des linken Armes aufgegeben: Beiderseits ist der Oberarm aus der Schulter schräg nach unten und außen geführt, während die Unterarme aus dem Ellenbogen fast senkrecht nach oben steigen; die linke Hand ist nach außen aufgeklappt, um den Globus zu stützen, die rechte dagegen zeigt in Verlängerung des Unterarms nach oben und hält zwischen nach oben gestreckten Fingern – nicht mit der geschlossenen Faust! – ein Szepter an der oberen Hälfte des Schaftes, so daß dieser den Unterarm entlang bis kurz unter den Ellenbogen läuft. Eine ähnliche Haltung und Gestik finden sich – seitenvertauscht – auch im Kaiserbild der Aachener Elfenbeinsitula[132]. Auf den Siegelbildern Heinrichs II. tendieren die Unterarme bereits etwas mehr nach außen; seit Konrad II. bilden Ober- und Unterarme gewissermaßen ein deutlich geöffnetes V[133], und selbst wenn gelegentlich wieder der Stab als Insignie verwendet wurde, blieb man bei derselben Armhaltung und kehrte nicht zum 'triumphalen' Greifen des Stabes mit von außen herangeführter Hand zurück[134].

Die 'erhobenen Arme' des Thronsiegels sind nicht mehr als triumphaler Gestus in spätantik-kaiserlicher Tradition zu deuten. Die emporgehobene, nach oben geöffnete linke Hand, die den Globus trägt, kann auch so verstanden werden, daß dem König oder Kaiser das Zeichen seiner Herrschaft von oben gegeben wird, von dort, wo er nach den zeitgenössischen Bildnissen und der älteren byzantinischen wie westlichen Bildtradition auch die Krone empfängt, und gegeben von dem, der eigentlich den Globus als Zeichen seiner ewigen Weltherrschaft führt[135]. So jedenfalls muß man die Gestik der Globushand spätestens von dem Moment an verstehen, wo der Herrscher in genau entsprechender Handhaltung das Szepter mit den 'spitzen Fingern' der Rechten von oben entgegennimmt[136]. Denn nur bei einer Entgegennahme der Insignie, die 'von oben' gereicht wird, ist m.E. die Greifhaltung auf den Siegeln zu erklären. Formal könnte dieses Greifen dem Augustus-Kameo des unter Otto III. geschaffenen Lotharkreuzes nachgebildet sein[137], wo der Kaiser das Szepter ebenfalls mit nach oben gestelltem Zeigefinger und Daumen relativ dicht unterhalb des mit einem Adler bekrönten Zierkopfes greift, während der Schaft nach unten weiterläuft. Als Kaiserbild in bzw. vor die Mitte des Triumph-Kreuzes Christi gesetzt, konnte aber der Kameo im Verständnis der Zeit nicht mehr als profane Darstellung gelten und machte so auch seine Insignien einer geistlichen Deutung zugänglich. Jedenfalls muß der vorsichtige Griff zweifellos aus seinem besonderen Kontext heraus verstanden werden: er stellte nicht die übliche Haltegeste dar. In der Buchmalerei faßt der thronende oder in Prozession geführte Herrscher das Szepter durchaus in der geschlossenen, zur Faust geballten Hand[138]. Gelegentlich erscheint aber auch dort die Greifhand deutlich mit den vorsichtig gestreckten Fingern, so in dem Goslarer Evangeliar der Universitätsbibliothek Uppsala, wo Heinrich III. und Agnes, mit den Kronen in die Mandorla hineinragend, von Christus gesegnet werden[139]: *Per me regnantes vivant Heinricus et Agnes*. 'Herrschaft von Gott' ist demnach sicher eine Aussage des Siegels. Die Hand Gottes, die auf Miniaturen liturgischer Handschriften über dem Herrscher erscheint, war außerhalb des 'sakralen Rahmens' vielleicht nicht ohne weiteres über dem Herrscher darstellbar[140] – ihr Wirken ist im Siegel dennoch präsent.

Eine zweite Ausage ist sicher die Demonstration der Devotion gegenüber Gott. Sie liegt nicht nur darin, daß der Herrscher seine Macht durch die Insignien als von Gott verliehen kennzeichnet. Die symmetrische Armhaltung des 'Majestätssiegels' adaptiert den Orantengestus[141] – für Otto III. beispielsweise in der Deesis seines Gebetbuchs bezeugt[142] – für das Bildnis des 'investierten' Herrschers. Hier dürfen die Zeugnisse erläuternd herangezogen werden, die den König zeigen, wie er rechts und links von Bischöfen gestützt vor Gott und Christus tritt: gekrönt, mit Szepter und Globus in den Händen[143]. Die *sustentatio* (liturgische Stützung der Arme) ist, von den Heiligen Ulrich und Emmeram vollzogen, auch im Sakramentar Heinrichs II. ins Bild gesetzt worden, wo dieser von Christus in der Mandorla gekrönt wird und Engel ihm als 'Himmelsinvestitur' unbesiegbare Waffen in die Hand geben[144]. Die Armhaltung hier und im Bremer Perikopenbuch Heinrichs III.[145] entsprechen dem Gestus auf den Thronsiegeln so weitgehend, daß man auch eine Übereinstimmung des Bedeutungsgehaltes annehmen muß. Der betende Herrscher empfängt seine Herrschaft von Gott – und erlangt darin seine Majestät. So etwa könnte man wohl die neue Bildaussage der ottonischen Siegel zusammenfassen.

Auch mit dieser Aussage entfernt sich das Herrscherbild nicht weit vom

Vorbild Christi, dessen Gehorsam ja dem Herrscher das Beispiel für seinen Gehorsam gegenüber Gott geben sollte[146]. Auf dem Basler Antependium, selbst ein hervorragendes Zeugnis der *devotio* Heinrichs II., erscheint unter der mittleren Arkade Christus als *rex regum et dominus dominantium,* wie es inschriftlich auf dem Arkadenbogen heißt. Er präsentiert mit der Linken den Globus genau so, wie ihn die Herrscher seit Otto I. auf ihren Siegeln halten[147], und erhebt die Rechte mit gestrecktem Daumen, Zeige- und Mittelfinger, so daß auch hier eine ikonographische Parallele zur Gestik des Thronsiegels entsteht. Der wehende Mantel, wohl Zeichen für die Gegenwart des Geistes Gottes, findet sich auf dem 'Standsiegel' Ottos III. wieder[148] – besonders deutlich in der zweiten Fassung, bei der auch der 'Standhügel' an diejenigen erinnert, auf die im Basler Antependium die Beifiguren, d. h. die drei Erzengel und der heilige Benedikt[149], gestellt sind. Wenn dieses Element, der vom göttlichen Hauch bewegte Mantel, auf dem Herrschersiegel von der Christusfigur auf dem Basler Antependium her interpretiert werden dürfte, so würde der Mantel auf dem Siegel Ottos III. die Bedeutung 'Herrschaft von Gott' unterstreichen, die schon aus anderen Gesten und Zeichen herauszulesen war[150].

Zur kommunikativen Funktion des Siegels im Rahmen der Privilegierung: die Gegenwart des Herrschers im Siegelbild

Das Siegel war jedoch nicht eine zwar bildliche, aber theoretisch-spekulative Äußerung zur Herrschertheologie, zur Stellung des Königs oder Kaisers in der Welt und vor Gott. Die Bildträger waren Privilegien, Gunsterweise, die einzeln an die Großen des Reiches gingen. Es ist wichtig, als wer sich der Herrscher im Siegel den Großen zeigte; denn viele waren geistliche Fürsten, manche hatten in der Hofkapelle gedient[151], und wie sie waren wohl auch Laien, die häufiger am Hofe weilten, in der Lage, die Aussage der Darstellung zu entschlüsseln[152]. Darüber hinaus scheint mir das Herrscherbild in sich eine wichtige Funktion besessen zu haben, welche durch die Wendung in die Frontalansicht und die Betonung der Augenpartie vielleicht erst wirklich begründet wurde.

'Das Gesicht des Königs sehen' zu dürfen, war ein Ausdruck der Huld. Wenn jemand die Gnade des Herrschers verloren hatte, wurde ihm diese Gunst vorenthalten, gegebenenfalls nur für Tage, um zu signalisieren, daß der Betroffene den König gekränkt hatte und durch einen Wandel in seinem Verhalten die *indignatio* des Herrn zu besänftigen hatte[153]. Welche Bedeutung es besaß, dem Gegenüber als Zeichen des Wohlwollens sein Gesicht zu zeigen und dessen Gesicht zu betrachten, verrät das Protokoll des

'Bonner Vertrages' von 921 zwischen Heinrich I. und dem westfränkischen König Karl dem Einfältigen. Die Großen beider Reiche hatten vermittelt und beschworen, daß ihr Herr sich mit dem anderen König treffen und einen Freundschafts- und Friedenspakt *(unanimitatis pactum ac societatis amicitia, convenientia ob statum pacis)* schließen würden. Am ersten Tag der Zusammenkunft betrachteten, wie die Notiz festhält, sich die Könige lediglich lange über den Rhein hinweg, um dadurch kundzutun, daß sie die von den Getreuen beschworene Vereinbarung erfüllt hätten[154]. Dem Blickkontakt von Angesicht zu Angesicht kam in der herrschaftlichen Kommunikation offensichtlich zeichenhafte Bedeutung zu[155]. Widukind schildert im Bericht über die Königserhebung Ottos d. Gr. in Aachen, wie der zum *princeps* gewählte und zum König geweihte Herrscher in der Palastkirche Karls d. Gr. auf die Empore geführt wurde, 'von wo er alle sehen und von allen gesehen werden konnte'[156], nachdem die Großen ihm zuvor schon in der Vorhalle persönlich ihre Huldigung geleistet hatten. Vielleicht ist es auch in diesen Zusammenhang zu stellen, wenn Otto III. – wie Thietmar kritisch vermerkt – die 'alte Gewohnheit der Römer' annahm und allein am erhöhten Tisch speiste[157], von wo auch er (wenn man Widukinds Formulierung überträgt) alle sehen und von allen gesehen werden konnte. Tritt vielleicht Otto in seinen Siegeln – stehend und dann thronend – den Getreuen durch 'Bildgegenwart' in vergleichbarer Weise gegenüber?

Damit ist die Frage nach einer möglichen Funktion der Bilder in der Kommunikation zwischen dem Herrscher und seinen Getreuen gestellt. Daß sich die Mönche von Tours bei der Betrachtung seines Gesichts seiner erinnern und für ihn beten sollen, wünschte sich Kaiser Lothar I., als er dem Kloster zum Zeichen der Verbrüderung einen Prachtcodex schenkte, in dem er – auf einer ganzseitigen Miniatur – thronend und von zwei Waffenträgern begleitet abgebildet war[158]. Doch Lothar selbst blickt in diesem Bildnis die angesprochenen Mönche nicht an, er wird ihnen ledliglich in herrscherlichem Habitus gezeigt. Dagegen erlaubt wiederum eine von Thietmar berichtete Episode[159], das Herrscherbild im Siegel als mögliches Zeichen einer 'bleibenden' Präsenz zu deuten. Otto II. hatte der Magdeburger Kirche das Wahlrecht verliehen und den 'Magdeburger Brüdern' diesen Gunsterweis durch die Schenkung eines kostbaren Buches bekräftigt, auf dessen goldenem Einband sein und seiner Gemahlin Theophanu Bildnis zu sehen war. Das Ereignis genau festzuhalten, hatte Thietmar Veranlassung im Hinblick auf die 981 von Otto II. verfügte Aufhebung seines Bistums, weil sie nur unter Verletzung des damals verliehenen Wahlrechts möglich wurde: durch die Umsetzung des Merseburger Bischofs Gisilher auf den Stuhl des verstorbenen Erzbischofs Adalbert, zu dessen Regierungszeit der Vorgang spielte[160]. Thietmar berichtet weiter: In Gegenwart des Kaisers verlas der Erzbischof im Meßgewande nach der Evangelienlesung und der Predigt den Text der Urkunde, zeigte das Buchgeschenk vor, also vor allem wohl den goldenen Einband mit den Bildnissen des Herrscherpaares[161], und drohte jedem Mißachter der Verfügung die Strafe der Exkommunikation an, wobei alles durch den allgemeinen Ruf 'Amen! So sei es! So sei es!' bekräftigt wurde.

Aus Thietmars Erzählung geht nicht eindeutig hervor, welche Bedeutung das Bild des Herrscherpaares auf dem goldenen Buchdeckel für die 'Gültigkeit' der Verleihung besaß. Sie verdeutlicht aber einen Zusammenhang, in dem die besiegelte Urkunde – die Wahlrechtsverleihung – gesehen werden muß. Die Urkunde ist erhalten[162]: Feierlich adressiert 'an alle, die in frommem Eifer den christlichen Glauben leben und in geschuldeter Treue die Macht königlicher und kaiserlicher Erhabenheit ehren', gibt sich das 'Schriftmonument'[163] des Kaisers vor allem als fromme Stiftung zu seinem Seelenheil und zu dem seines Vaters, des Gründers der Kirche, mit dem Ziel, daß der dortige Konvent jetzt und in Zukunft um so freudiger täglich für den Bestand des Reiches, für das Seelenheil seiner Verwandten und Nachkommen sowie für die anderen Gläubigen inständig zu Gott bitten soll[164]. Die liturgische Prachthandschrift mit dem kostbaren Einband unterstrich nicht nur den in der Privilegierung liegenden besonderen Gunsterweis, sondern auch den Stiftungscharakter und die Gebetsbitte des Herrschers – der also, mit anderen Worten, täglich mit seinem Imperium und seinen Angehörigen in der Liturgie vergegenwärtigt werden sollte. Mit dem Bildnis des Kaiserpaares auf dem goldenen Buchdeckel wurde zweifellos auch eine 'Bildgegenwart' für diese Situation geschaffen. Das Verlesen der Urkunde, das Vorzeigen des Codex in Anwesenheit Ottos II. und dann die Bekräftigung der Exkommunikationsdrohung durch die versammelte 'Gemeinde' schafft der Verfügung jene Öffentlichkeit, die ihr durch Verankerung im kollektiven Gedächtnis Bestand, Gültigkeit 'jetzt und immerdar'[165], garantieren soll. Authentizität und Verbindlichkeit werden über die Gegenwart des Stifters hinaus auch durch das Siegel des Kaisers mit seinem Bild und hier zusätzlich noch durch das Bildnis auf dem gleichzeitig gestifteten Buch verbürgt.

Im Lichte solcher Zeugnisse erscheint die Frage als legitim, ob nicht im Siegelbild so etwas wie die 'Präsenz des Herrschers' auch für die Zeiten seiner Abwesenheit verdeutlicht werden soll[166], im ottonischen Kaisersiegel sogar deutlich: die Gegenwart der ihm als Herrscher von Gott verliehenen Aufgabe und Macht[167]. Man darf, mit anderen Worten, wenigstens versuchsweise die Deutung wagen, daß das Siegelbild eine kommunikative Funktion angenommen hat, die unmittelbar auf die Strukturen der Herrschaft, auf die Bedingungen der Herrschaftsausübung bezogen war[168]. Die Steigerung der 'Bildpräsenz' des Herrschers, am deutlichsten an der Abkehr vom Gemmenkopfsiegel festzumachen, beginnt in spätkarolingischer

Zeit. Im ostfränkischen Reich unter Ludwig d. Kind (900–911) artikuliert sie sich sehr klar in der Ausformung des Typus, von dem dann Otto I. 962 abgegangen ist[169]; auch im Regnum Italiae beginnt nach dem Tode Berengars I. (888–924) eine neue 'Bildlichkeit' im Herrschersiegel[170]. Die Steigerung der 'Bildpräsenz' im Siegel verläuft fast komplementär zur Auflösung der karolingischen Reichsorganisation, welche die Durchsetzung des Herrscherwillens mit institutionell-administrativen Mitteln zu erreichen versucht und dabei in starkem Maße auf Formen der Schriftkommunikation gesetzt hatte[171]. Das Fehlen einer wirklichen, effizienten Königsgewalt, in den spätkarolingischen Quellen oft beklagt, wurde gerade deshalb so stark empfunden, weil das gewohnte Instrumentarium königlicher Herrschaftsausübung nicht mehr griff, der Herrscherwille sich nicht mehr auf den traditionellen Wegen Geltung verschaffen konnte. Nach allem, was sich erkennen läßt oder bisher erkannt wurde, versuchte man im 10. Jahrhundert nirgends, zu den karolingischen Organisationsformen zurückzukehren – Grundlagen hierfür scheinen gefehlt zu haben. Statt dessen tritt das Geflecht personaler Bindungen zwischen König und Großen als die eigentliche Basis der Herrschaftsordnung immer klarer hervor[172], und in der Entwicklung der Itinerargewohnheiten zeigt sich die Tendenz, die periodische 'Gegenwart' des Herrschers in einzelnen Gebieten seines Reiches zu steigern[173] und sein 'Erscheinen' ebenso wie sein 'Regierungshandeln' immer mehr zeremoniell auszugestalten – man darf wohl sagen: zu inszenieren[174]. Auch im Verkehr zwischen Herrscher und Großen, in der Demonstration von Huld und Ungnade, von Gemeinsamkeit, Spannung oder Dissens, von Beauftragung oder Desavouierung spielt die Visualisierung nicht nur des Geschehens, sondern des Verhältnisses zwischen Personen, der Herrschaftsträger zu ihren Getreuen und Schutzbefohlenen, eine immer größere Rolle[175].

In diesen historischen Kontext scheint mir die Entwicklung des Siegelbildes seit der spätkarolingischen Zeit hineinzugehören. Das Bild des Herrschers hilft mit, die Gegenwart, Gültigkeit und Verbindlichkeit seines Willens für die Zeiten zu bekräftigen, in denen er selbst nicht anwesend ist. Seit 962 kann der, der das im Privileg Verfügte mißachtet, mit dem 'stellvertretenden Bild' des Herrschers gewissermaßen konfrontiert werden, und er sieht ihn in den Zeichen der von Gott verliehenen Gewalt, ja im Thronsiegel als *vicarius Christi* selbst[176], dessen Erhabenheit zu mißachten eine Auflehnung gegen Gottes Macht bedeutet und damit eine unmittelbare Gefahr für den Ungehorsamen[177]. In diesem Sinne könnte man im Aufkommen des ottonischen Kaisersiegels einen Ausdruck jener Objektivierung sehen, die den nachkarolingischen Reichen eine ungewöhnliche Dauer verlieh – trotz ihrer mangelnden institutionellen Ausgestaltung und trotz einer permanenten Störung ihrer stets neu zu suchenden inneren Stabilität[178]. Die Frage lautet also, ob nicht die Steigerung der 'Bildgegenwart' funktional als eine Art Kompensation für den Verlust an institutioneller Präsenz zu verstehen ist – positiv formuliert: als Ausdruck für die personalen Herrschaftsstrukturen in den Nachfolgereichen des karolingischen Imperiums und der visuellen Demonstration ihrer Herrschaftsordnung – und somit durchaus mit Festkrönungen, Investiturakten und ähnlichem in Parallele zu setzen[179]. Eine solche Hypothese wird durch zwei Beobachtungen gestützt, die sich unmittelbar auf das 'Umfeld' des 'Bildnissiegels' beziehen lassen.

Peter Rück hat „die Urkunde als Kunstwerk" beschrieben und, an Percy Ernst Schramm und vor allem Franz Dölger anknüpfend, die Urkunden als „Herrschaftszeichen und Sinnbilder 'virtueller Omnipräsenz' der Autorität" gewürdigt[180]. Für die ottonische Periode, in der sich wiederum eine entscheidende Transformation von den merowingisch-karolingischen zu den salisch-staufischen Gestaltungsmustern des „urkundlichen Kunstwerks" vollzieht, hebt er Entwicklungen hervor, die für unsere Fragestellung allesamt von Bedeutung sind[181]. Während das „Privaturkundenwesen der öffentlichen Hand" nahezu verschwand, erreicht die Produktion königlicher Diplome im Umfang den karolingischen Höhepunkt: „Die ottonische Königskanzlei liegt gleichsam als Oase in einer urkundlichen Wüste". Doch die Königsurkunde erscheint immer weniger als Ausdruck einer – mit „Visualisierung der Macht" einhergehenden, aber auch administrativ gemeinten – Schriftkommunikation. In der Schrift „(macht) die gelassene karolingische Gebärde einer gestrengen Gestik Platz ... Was in karolingischer Zeit ... noch lebendige Bewegung blieb, droht zunehmend ... zu erstarren in einem Prozeß, der sich zwischen dem ersten und dem letzten Sachsenkaiser sichtlich beschleunigt." An den graphischen Symbolen, im Layout ist dieselbe Tendenz erkennbar. „Die zonale Gliederung der Schriftfläche verhärtet sich durch Absetzung der horizontalen Bänder; der Authentifikationsblock" – in dem das Siegel steht! – „separiert sich vom Textblock und okkupiert oft die gesamte untere Hälfte des Blattes. Die Forderung nach Symmetrie macht aus dem Handschreiben ein Plakat." Zwar zielen diese Formulierungen schon über die ottonische Zeit hinaus auf eine längere Entwicklung, in der im Hinblick auf das Format „aus den langen Präsentiertischen urkundlicher Schriftlichkeit hochragende romanische Textfassaden (werden)" und eine „Tendenz zu zeremonialistischer Erstarrung" immer stärker zum Zuge kommt. Aber der Umbruch in dieser aus Legitimationsgründen sehr traditionsbedachten Gattung wird unter den Ottonen eingeleitet, in der Zeit, in der das 'Kaisersiegel' mit dem Herrscherbild en face aufgekommen und dieses dann zum Thronbild, das Siegel zum 'Majestätssiegel' geworden ist. Der Wandel im Siegelbild darf vom Wandel des Urkundenbildes nicht getrennt werden – mit beiden will der Herrscher dasselbe: Erhabenheit und Macht des Königs demonstrieren, die von Gott kommt, und so als Träger eines überpersönlichen Auftrags und als Beschützer seiner *fideles* auch in den lokalen oder regionalen Kräftefeldern präsent sein.

Das Bedürfnis nach 'Bildpräsenz' ist noch in einem anderen Bereich der Herrschaftsausübung unübersehbar: im Münzwesen[182]. Zwar hatte es schon in hochkarolingischer Zeit Bildnismünzen gegeben[183], doch verschwinden sie in der zweiten Hälfte des 9. Jahrhunderts völlig und sind als Gepräge ostfränkischer Münzstätten ohnehin nicht nachweisbar. Unter Otto I. sind seit 950 ganz vereinzelt Münzen mit Profilkopf geprägt worden[184], nun mit Krone statt mit Lorbeerkranz und weit von den antiken Vorbildern der Münzen Karls d. Gr. und Ludwigs d. Frommen entfernt. Die Ausbreitung der hochmittelalterlichen Bildnismünzen, jetzt nicht mehr nur von den königlichen Münzstätten verwendet, beginnt unter Otto III. und wird im 11. Jahrhundert bald zum Siegeszug[185]. Geistliche und weltliche Fürsten machen im 11. Jahrhundert von der Bildnismünze Gebrauch. Dabei nehmen auch die frontal dargestellten Köpfe oder Büsten zu[186], ohne aber die Regel zu werden. Auch hier geht es um Legitimation und Autorität, die sich nicht nur auf eine weltliche Herrschaftsstellung stützt. Bei den geistlichen Fürsten werden im Wechsel mit diesen auch die Patrone ihrer Kirchen gezeigt[187]. In verschiedenen Münzstätten wurde gelegentlich die Hand Gottes, sogar epigraphisch als solche bezeichnet, in den Prägestempel aufgenommen[188], auf einer Zürcher Prägung erscheint sogar der thronende Christus[189]. Zusammen mit den häufigen Kreuz- und Kirchensymbolen oder mit christlichen Invokationen weisen solche Münzbilder darauf hin, daß auch das Bildnis des Münzherrn, der die 'Bonität' des Silbergeldes garantiert, diesen als den von Gott gesetzten Hoheitsträger zeigen soll, als der er sich in Urkunden mit dem Gottesgnadentitel selbst bezeichnet. So blieb die Schaffung einer 'Bildpräsenz' nicht auf das Siegel beschränkt, sondern fand ihre Entsprechung in der Gestaltung der Urkunde selbst und setzte sich im Münzwesen fort.

Wüßten wir besser, wie sich das Erbitten und das Ausstellen einer Urkunde vollzog[190], in welchen zeremoniellen Rahmen, wie zu vermuten, die Intervention stattfand[191], die ja oft genug als Ansprache der herrscherlichen *clementia* bezeichnet wird, oder wie öffentlich der Vollzug der Urkunde – Ergänzung des Monogramms durch den König selbst, Rekognoszierung, Besiegelung oder Bullierung auf sein Geheiß – geschah[192], in welchen Formen die Urkunde übergeben wurde, wenn es sich um eine fromme Stiftung, um die 'Schenkung' an einen Heiligen, handelte oder wenn umgekehrt der Gunsterweis einem weltlichen Getreuen galt[193], könnten wir die Bedeutung der formalen Entwicklung von Urkunde und Siegelbild sicher noch besser beurteilen. Sie kann zweifellos dem Historiker mehr mitteilen, als bisher wahrgenommen wurde.

Zusammenfassende Einordnung der Ergebnisse

Auf wenige Thesen zugespitzt, läßt sich das Ergebnis dieser Studie folgendermaßen zusammenfassen und einordnen:

1. Das Siegel wurde im 10. Jahrhundert zum Träger einer Kommunikation zwischen dem Herrscher und seinen jeweils einzelnen Getreuen. Es führte diesen nicht nur legitimierende Grundlagen der Herrschermacht vor Augen, sondern bekräftigte seit der Wendung des Herrscherbildes in die Frontalität den Hulderweis durch Vergegenwärtigung und Perpetuierung des 'Anblicks' des Herrschers in seiner von Gott herrührenden Majestät[194].
2. Der Steigerung der 'Bildpräsenz' diente neben den Gestaltungselementen selbst die Vergrößerung des Siegels. Dessen 'Gewichtigkeit' wurde zusätzlich durch die Tendenz zur Steigerung des Volumens, d.h. durch eine Erhöhung des Wachsbettes betont: Der monumentale Charakter der oft fingerdicken Wachsscheibe auf dem Pergament ist auch heute noch für jeden Betrachter der spätottonisch-frühsalischen Siegel augenfällig. Zur Wahrung der Bildschärfe wurde bei der Anfertigung des Siegels eine neue Technik angewandt: Man drückte den Stempel zunächst in eine dünne Wachsschicht und dann mit dieser zusammen in das vorbereitete Wachsbett, wo das abgeformte Siegelbild sich mit dem Untergrund fest verband. Der dadurch noch deutlicher überstehende Wulst des Siegelrandes schützte das Bild noch wirksamer vor verformendem Druck bei der Aufbewahrung der Urkunde. Zugleich bemühte man sich um eine bessere Befestigung des Siegels auf dem Schriftstück[195]. Mit anderen Worten: der Steigerung des Durchmessers und der gleichzeitigen Verfeinerung der Darstellung standen praktisch-technische Gesichtspunkte eher entgegen – der Wille zum Bild erzwang neue Verfahrensweisen.
3. In der 'Bildkommunikation' konfrontierte das Siegel den huldempfangenden Getreuen mit einer spezifischen Aussage über den Herrscher und sein Herrschertum. Diese war nicht nur aus sich selbst heraus zu entschlüsseln, d.h. aus den Bildelementen und ihrer assoziativen Verknüpfung mit anderen dem Betrachter zugänglichen Darstellungen. Zumindest bei geistlichen Empfängern, deren Privilegien ja in den Urkunden oft ausdrücklich nach dem Vorbild der Vorgänger bestätigt und erweitert wurden, unter Vorlage der älteren Urkunden mit ihren Siegeln oder Bullen, trat die Botschaft des aktuellen Herrscherbildes in eine unmittelbare Beziehung zu älteren Gestaltungen der Siegel. Der neue Hulderweis demonstrierte so nicht nur die Kontinuität der Herrschaft und ihrer Legitimierung, sondern ließ durch die 'Bilddifferenz' im Siegel die Aussage der neuen Darstellung auf der Folie der älteren noch deutlicher hervortreten[196].

4. Insofern war der Sprung vom Profilkopf bzw. der Profilbüste der karolingischen Siegel, die antike Gemmen oder deren Nachbildungen verwendeten, zur Halbfigur des triumphalen Heerführers oder Kriegerfürsten unter Ludwig d. Kind ein Ereignis von hoher Signifikanz, das eine eingehendere Erörterung verdiente[197]. Die Nachfolger des letzten ostfränkischen Karolingers behielten diese Darstellung auf ihren Siegelstempeln bis 962 bei. Sie blieb aber auf das ostfränkische bzw. dann sächsisch-fränkische Reich beschränkt. Während die westfränkischen Karolinger bis nach 962 weiterhin mit der Profilbüste in der Tradition antiker Gemmen siegelten, nahmen die Könige Italiens – nach einer Vorstufe unter dem hochburgundischen König Rudolf II. – mit dem Herrschaftsantritt Hugos von Arles (926–947) ein eigenes Siegel an, das ebenfalls eine bis 961, d.h. bis zur Eingliederung des Regnum Italiae in das Imperium Ottos I., reichende Tradition begründete[198]. Man wird diese Differenzierung des Siegeltypus in der Diskussion um die Ablösung des karolingischen Großreiches durch 'Nachfolgestaaten' zur Kenntnis nehmen und hoch gewichten müssen[199]. Denn sie stammt aus dem Zentrum des Herrschaftsverständnisses und der Herrschaftspraxis.
5. Vielleicht noch krasser – und im Vergleich zu allen älteren Siegelgestaltungen für den Betrachter zweifellos überraschender – war der Sprung zum Frontalbild und zur zeremoniellen 'Präsentation' der Insignien. In dem Augenblick, in dem er deutlicher als je zuvor in die Nachfolge Karls d. Gr. eintrat, wandte sich Otto I. entschieden von der karolingischen Siegeltradition ab. Das ottonische 'Kaisersiegel' begründete jedoch keinen für das erneuerte Imperium spezifischen Typus. Es trug vielmehr unmittelbar zur Überwindung der spätkarolingischen Differenzierung bei, indem es in den nachkarolingischen Reichen sofort zum allgemeinen Modell des Königssiegels wurde, ungeachtet kleinerer Varianten im Detail[200]. Gewiß bedeutete dies eine Art *imitatio imperatoris* und betonte insofern die prinzipielle Gleichrangigkeit der abendländischen Herrscher. Da der französische König Lothar, Neffe Ottos I., das neue Siegelbild in einer Zeit bester Verbindungen zum Ottonenhof übernahm und da die hochburgundischen Könige ohnehin nicht in einer Konkurrenz zu den Kaisern standen, an deren Imperium sie durch die Kaiserin Adelheid († 999), die Schwester König Konrads (937–993), gewissermaßen Anteil hatten, kann man die Aneignung des Siegelbildes nicht einfach als Usurpation einer spezifisch kaiserlichen Prärogative betrachten. Sieht man die wechselseitigen Verschwägerungen und Verwandtschaftsbeziehungen, erwies der neue Siegeltypus eher die Zugehörigkeit zur abendländischen Familie der Könige und die Teilhabe an der sakral begründeten Erhabenheit des Königtums[201].

Dies tritt um die Jahrtausendwende beim Thronsiegel, forthin dem 'Majestätssiegel' des abendländischen Mittelalters, noch deutlicher hervor: Heinrich II. hat es von Anfang an geführt, und seine Nachbarn sind ihm – wiederum mit kleinen Varianten – alsbald gefolgt[202]. Das Siegelbild enthielt also eine Aussage zum Wesen des Herrschertums, die damals allgemein und sofort verstanden wurde.

6. Gewiß lag in der Adaptation römisch-byzantinischer Bildformeln unter Otto I. auch die Demonstration einer Ebenbürtigkeit mit dem Basileus. Doch spricht m.E. alles dagegen, sie vornehmlich im Lichte des 'Zweikaiserproblems' zu sehen[203]. Die Ottonen haben dieses Bildnis im Verkehr mit ihren Getreuen – mit jeweils einzelnen Getreuen, aber hundertfach – gebraucht. Otto I. wollte den Großen seines Reiches wohl kaum als griechischer Basileus entgegentreten, als er 965 aus Italien zurückkam, und seine Nachfolger und Nachbarn dürften dies auch nicht gewollt haben – eine Äußerung Thietmars von Merseburg über Otto III. zeigt deutlich genug, wie ein Teil der sächsischen Großen reagierte, wenn sich der Kaiser ihnen gegenüber nach römisch-griechischer Sitte benahm[204]. Auch haben nach 962/65 weder die Verhandlungen des Ottonenhofes mit Byzanz, noch Ottos II. Ehe mit Theophanu, noch deren Regentschaft für Otto III. die Siegelgestaltung in den hier relevanten Elementen irgendwie beeinflußt. Da die byzantinischen Kaiser keine Wachssiegel westlicher Art verwendeten, war ihr Anspruch auf die alleinige Nachfolge der römischen Kaiser von den ottonischen Kaisersiegeln allenfalls tangiert, als Otto III. dem Kaisertitel den Zusatz *Romanorum* auch im Siegel hinzufügte[205]. So bedeutsam Elemente der oströmischen Herrscherdarstellung und der byzantinischen Kunst überhaupt für die Gestaltung des abendländischen Siegelbildes unter den Ottonen geworden sind[206], so muß das Verständnis des Bildes im Westen, d.h. der Aussagewille und seine Aufnahme bei den Rezipienten, aus der Entwicklung des Herrschaftsverständnisses in den nachkarolingischen Reichen, insbesondere im ottonischen Imperium, erklärt werden.

7. Das Kaisersiegel Ottos I. setzte das Gottesgnadentum in neuer, im Abendland bislang nie gezeigter Weise ins Bild. Es enthielt eine entschiedene Aussage über das Verhältnis des Herrschers zu Christus und Gott, die von anderen Königen sofort rezipiert werden konnte. Trotz der Betonung ihres Gottesgnadentums waren die hochkarolingischen Herrscher so weit nie gegangen: Sie hatten entsprechende Chiffren der byzantinischen Bildpropaganda nicht übernommen und hatten den antiken Profilbüsten ihrer Gemmensiegel vielfach eine Gebetsbitte – *Christe protege/adiuva/defende/conserva NN. regem* – als Umschrift hinzugefügt, die Gottesgnadenformel der neu geschaffenen karolingischen Urkun-

den-Intitulatio in einer Demutsgeste wiederholend[207]. Das 'imperiale' ottonische Siegelbild entsprach Vorstellungen, die sich – ausgehend vom Hof Karls d. Kahlen[208] – in spätkarolingischer Zeit verdichtet und vor allem in der Herrscherliturgie niedergeschlagen hatten. Gerade am Hofe Ottos I. erfuhr, in Liturgie und Historiographie erkennbar, die Auffassung von der Gottunmittelbarkeit des Herrschers schon vor der Kaiserkrönung eine weitere Steigerung, die dann in der Bildkunst allgemein in einer im Westen ungewohnten Annäherung des Herrscherbildes an Christus, zu seiner Einfügung in die Sphäre des Heiligen und Göttlichen, zum Ausdruck kam[209]. Für die Gestaltung dieser Gottunmittelbarkeit und Christusnähe lieferte die Herrscherdarstellung in Byzanz für Otto I. und seine Helfer normsetzende Modelle: in das Herrschersiegel wurden sie – sicherlich in Kenntnis der zugehörigen Vorstellungshorizonte – im Zusammenhang der Kaiserkrönung übernommen. Will man die Aneignung der Bildformeln in diesem Augenblick überhaupt aus einer Konkurrenzsituation zu Byzanz erklären, so wird man eher auf dieses Verständnis der Sakralität, also auf den Anspruch der westlichen Herrscher auf dieselbe 'Erhabenheit' und Christusnähe, als auf den 'römischen' Charakter des Kaisertums blicken müssen.

8. Das 'ottonische Kaisersiegel', das zum 'Majestätssiegel' der europäischen Könige wurde, zeigt den Herrscher in der Doppelposition, die ihm in den Schriftquellen der Zeit ebenso wie in anderen zeitgenössischen Bildzeugnissen zugewiesen wird: einerseits in der ganzen Erhabenheit, die ihm Gott verleiht und die ihn an der Herrschaft Christi teilhaben läßt, und andererseits in seinem demütigen Dienst an Gottes Herrschaft auf Erden, durch den allein er eine solche Erhabenheit gewinnt[210]. Der Herrscher erhebt feierlich die Insignien als die Zeichen der ihm gegebenen Machtfülle und nimmt sie zugleich von Gott entgegen. Das Siegel führt darin Aussagen des Urkundentextes unmittelbar weiter. Man sieht den Herrscher 'von Gott gekrönt', begabt mit Zeichen des Herrschaftsauftrags in dieser Welt, in einer Darstellungsform, die seine Herrschaft 'nach Christi Vorbild' in augenfälliger Weise verdeutlicht – bis hin zur Übernahme des Thronbildes Christi für den Herrscher unter Otto III. Diese Vorstellungswelt, im Westen entwickelt, ermöglicht die Auseinandersetzung mit den byzantinischen Herrscherdarstellungen bei der Suche nach angemessenen Bildformeln. Die Rezeption ist Teil des Dialogs zwischen der ottonischen und der byzantinischen Kunst[211]. Vielleicht darf man die Frage stellen, in welchem Maße die Öffnung des Abendlandes für byzantinische 'Vorbilder' beeinflußt worden ist auch durch die Überlegungen um die Neugestaltung des Herrschersiegels im Kontext der Kaiserkrönung von 962. Denn hier ist dieser Einfluß besonders früh greifbar.

9. Wie in den Insignien selbst, die nun in zunehmendem Maße als transpersonale Zeichen der Herrschaft über das Reich verstanden werden, spiegelt sich in den neuen Siegelbildern mit den vorgezeigten Insignien eine Objektivierung von Reich und Königsherrschaft, die ihren Ausgang nicht von rechtlich-institutionellen Faktoren nimmt, sondern verwurzelt ist im sakralen Herrschaftsverständnis und seiner Aktualisierung innerhalb des Personenverbandes des Reiches[212]. Erst im Verlauf des 11. Jahrhunderts treten, wie mir scheint, die rechtlichen Konnotationen der Besiegelung deutlicher hervor, wie sich dies ja auch hinsichtlich der Insignien und vor allem der Investiturhandlungen und -symbole beobachten läßt[213]. Im Zuge dieser Entwicklung wird dann auch das Thronsiegel für Könige und Fürsten zum Zeichen einer 'Hoheit', die auch rechtlich zu definieren ist.
10. Für die ottonische Zeit hingegen unterstreicht der neue Siegeltyp einen sakralen Charakter der Herrscherurkunden. Ihn gilt es im Hinblick auf die 'Kommunikation' zwischen Herrscher und Getreuen zu berücksichtigen. Das Huldverhältnis selbst hat im damaligen Verständnis eine religiöse Dimension: Die herrscherliche *clementia* korrespondiert mit der göttlichen, welche die Legitimationsformel der Intitulatio in fast allen Königsurkunden evoziert und die durch *Dei gratia* in die Siegelumschrift selbst integriert worden ist[214]. Von hier her könnte sich erklären, weshalb die so zahlreich ausgestellten Herrscherurkunden des 10. Jahrhunderts gleichsam „wie eine Oase in einer urkundlichen Wüste liegen"[215]. Sie haben ihren Ursprung in der sakralen Sphäre des Herrschertums und sind – wenn man das Wirken des Herrschers aus dieser Perspektive sieht – viel mehr als nur Ausdruck einer 'Verwaltungstätigkeit'[216]. Sie sind Ausfluß des dem Herrscher übertragenen Amtes, der in Übung der *clementia* die Treue – ebenfalls eine religiös konnotierte Kategorie – festigt und vor allem durch die Begünstigung der Kirchen, wie ständig betont wird, in Demut und Frömmigkeit die Verehrung Gottes fördert in der Hoffnung auf diesseitige Hilfe und auf himmlischen Lohn. Er wirkt damit für den Frieden im Reich, den zu schaffen seine vornehmste Aufgabe darstellt, den letztlich aber nur Gott seinem Reich schenkt[217]. Das Siegel steht, wenn es den Herrscher den Getreuen beim Hulderweis und bei der frommen Stiftung in der ihm verliehenen 'Majestät' zeigt, für solche Vorstellungen[218].

Herrscherbild und Herrschaftslegitimation
Zur Deutung der ottonischen Denkmäler

Wer die ottonischen Herrscherbildnisse als historische Zeugnisse verstehen will, wird einen auffallenden Überlieferungsbefund mitbedenken müssen: daß die erhaltenen Herrscherdarstellungen des 9.–11. Jahrhunderts – sieht man von den Siegel- und Münzbildern ab – fast alle dem liturgischen Bereich zuzuordnen sind[1]. Zu den für den Gottesdienst bestimmten Prachthandschriften mit ihren Miniaturen kommen ja als Überlieferungsträger fast nur noch die reichen Einbände dieser Codices, Antependien oder Ciborien, vereinzelt auch liturgisches Gerät oder auch eine von der Herrscherliturgie so intensiv erfaßte Insignie wie das Reichsschwert hinzu. Eine Erklärung dieses Befundes ist in besonderem Maße gefordert, wenn man die Herrscherdarstellung als Zeugnis der Herrschaftslegitimation werten will. Joachim Wollasch hat mit Nachdruck die Frage aufgeworfen[2], welches Herrscherbild in einer der Liturgie dienenden Handschrift überhaupt einen Platz haben konnte und warum ein Evangeliar oder Perikopenbuch das Bild eines thronenden Herrschers, umgeben von geistlichen und weltlichen Großen und huldigenden Provinzen, aufnahm. Diese Frage verschärft sich noch, wenn man unterstellt, daß mit der Herrscherdarstellung im liturgischen Codex oder auf liturgischem Gerät bestimmte Herrschaftsauffassungen propagiert werden sollten. Hat die Forschung, die sich ja intensiv um das Verständnis gerade der ottonischen Denkmäler bemüht hat[3], vielleicht etwas zur Deutung Wesentliches übersehen, wenn sie den Überlieferungskontext nicht mitreflektierte?

„Kaiser und Könige als Brüder der Mönche" – unter dieser Problematik hat Joachim Wollasch von seinem Forschungsgebiet her einen Zugang zur Erklärung des Phänomens gefunden, der für jede weitere Deutung grundlegend bleibt. Dabei sind in seiner Arbeit die vielbesprochenen Herrscherdarstellungen aus der Zeit Ottos III. und Heinrichs II., von denen diese Studie ihren Ausgang genommen hat[4], nur ausnahmsweise nochmals behandelt worden. In Aussage und Bedeutungsgehalt sind sie zweifellos komplexer als das Thronbildnis Lothars I. im Evangeliar aus Tours[5], bei dem zugehörige Verse die Mönche des Klosters direkt ansprechen: sie sollen sich, wenn sie die Züge des Kaisers betrachten, ihres Bruders erinnern und für sein Seelenheil beten. Der Stifter der Handschrift, die bei der Aufnahme unter die Brüder des Martinsklosters übergeben wurde, bleibt in seinem Bildnis für die Gemeinschaft präsent und mahnt sie an die dem kaiserlichen Bruder zu leistende Fürbitte. Wohl ist der Sinn der Darstellung mit dieser Umschreibung noch nicht ausgeschöpft[6]. Aber einen solchen – den Herrscher als Menschen vorstellenden und den Beschauer einbeziehenden – Erinnerungscharakter kann man den spätottonischen Bildnissen oft nicht zusprechen. Im Aachener Liuthar-Evangeliar erscheint Otto II., herausgehoben über die irdische Welt, geradezu in einer Art Transfiguration[7]; und in vergleichbarer Weise wird Heinrich II. in dem Sakramentar aus Regensburg in eine überirdische Sphäre einbezogen, aus der er für sein irdisches Wirken unmittelbar von Gott verliehene Kräfte empfängt[8]. Die Bamberger Apokalypse zeigt Otto III. als thronenden Herrscher[9], dessen Krone Petrus und Paulus stützen (da der Herrscher thront[10], darf man die Darstellung nicht als Abbild eines Krönungsaktes verstehen); und in gleicher Weise sind Heinrich II. und Kunigunde, wo sie, von Petrus und Paulus geleitet, von dem thronenden Christus gekrönt werden, dem huldigenden Erdkreis und den gabenbringenden Völkern entrückt, die aus der unteren Bildzone aufblicken[11]. Nimmt man dann noch ein Denkmal wie das Aachener Lothar-Kreuz hinzu, in dem das Bild des Kaisers – wohl Otto III., der sich das Bildnis des Augustus angeeignet hat – in den Schutz des lebensspendenden und triumphierenden Kreuzes gesetzt ist[12], dann wird wohl endgültig klar, daß diese Darstellungen in Dimensionen vorstoßen, die das Bildnis des im Irdischen verbleibenden, mit seinem Schwertträger thronend gezeigten Lothar nie angestrebt hat. Die ottonischen Herrscherdarstellungen, die ich vorgestellt habe, wollen etwas zeigen, was man mit leiblichen Augen gar nicht sehen kann, einen unsichtbaren Vorgang, der sich am Herrscher vollzieht[13]. Wenn im Gebet bei der Salbung zum König gesagt wird 'Möge (Christus) durch diese Ausgießung des heiligen Öles den Segen des Tröstergeistes auf dein Haupt gießen, damit du es verdienst, durch diese sichtbare und handgreifliche Gabe Unsichtbares zu erlangen und nach der Ausübung des irdischen Königtums durch gerechtes Walten mit ihm zusammen ewig als König zu herrschen'[14], dann scheint mir eben jenes Unsichtbare angesprochen zu sein, das die Herrscherbildnisse anschaulich machen wollen.

Ausgangspunkt unserer Annäherung an die Denkmäler sei zunächst eine Feststellung quellenkundlicher Art[15]. Für eine Ideengeschichte des Königtums gehört in allen Phasen des Mittelalters die bildliche Darstellung des Herrschers ebenso wie die literarische in Historiographie und Dichtung zu den grundlegenden Quellen, wie etwa auch die Königsurkunden für die Erforschung von Herrschaftspraxis und herrscherlichem Selbstverständnis stets unentbehrlich sind. Die zeit- oder epochenspezifische Aussage dieser Überlieferung, die angesichts der Traditionsgebundenheit von Inhalten und formaler Gestaltung sich in gattungsimmanenter Betrachtung oft nicht leicht herausarbeiten läßt, tritt klarer hervor, wenn wir darauf achten, daß daneben jeweils zeitspezifische Quellen zur Geschichte des Königtums existieren, d.h. Quellengruppen, die es nur für eine begrenzte Zeit gibt, die aber in dieser Epoche für eine Geschichte des Königtums an Bedeutung noch vor die bildlichen und historiographischen Zeugnisse rücken. Versuchen wir, von solchen epochenspezifischen Quellen her zunächst den historischen Ort der ottonischen Herrscherbildnisse zu bestimmen.

Für die Karolingerherrschaft bilden die Capitularien eine zentrale Quellengattung. Sie sind Zeugnisse einer intensiven, sich der Schriftlichkeit bedienenden Regierungstätigkeit und Reichsverwaltung und vermitteln uns zugleich wichtigen Aufschluß über das Selbstverständnis des Königtums[16]. Etwas Vergleichbares hat es in ottonischer Zeit weder unter formalem noch unter funktionalem Aspekt gegeben[17]. Erst seit der spätsalisch-staufischen Epoche erkennen wir im Ausbau von Reichsgutkomplexen, im Einsatz der Reichsministerialen, in der Handhabung der Regalien etwas[18], was sich funktional zu den karolingischen Bemühungen um den königlichen Fiskus in Parallele setzen läßt[19]. Nehmen wir die Landfrieden und die Gesetzgebung der Könige hinzu[20], so dürfen wir konstatieren, daß hier durch neue Formen in etwa der Bereich herrscherlicher Tätigkeit und Verantwortung abgedeckt wird, dem die karolingischen Capitularien galten. Dokumente der Rechtssetzung und Friedenswahrung werden von den Herrschern zur Selbstpropagation ihrer Aufgabe, d.h. zur Legitimation ihrer Herrschaft genutzt[21], so daß auch unter diesem Aspekt Parallelen zu den Capitularien gezogen werden können.

Eine zweite spezifische Quellengattung für die Erforschung des karolingischen Königtums sind die sogenannten Fürsten-, besser: Herrscherspiegel[22], zu denen man noch bischöfliche Mahnschreiben an Könige und ähnliches hinzuzählen kann. Geistliche belehren den Herrscher in erzieherisch-seelsorgerischer Absicht über sein als göttlicher Auftrag verstandenes Amt und die von ihm geforderte Lebensführung[23]. Wie bei den Capitularien fehlt auch bei dieser Quellengattung etwas Vergleichbares aus ottonischer Zeit. Erst gegen Mitte des 11. Jahrhunderts, unter Heinrich III., finden wir wieder Herrscherermahnungen, die allerdings formal den karolingischen Zeugnissen nicht gleichen[24]. Wie unter Heinrich IV. die Sprecher der sich hierarchisierenden geistlichen Gewalt dem Herrscher als dem Inhaber einer zunehmend als 'staatlich-weltlich' definierten Gewalt mahnend gegenübergetreten sind[25], darf ich als bekannt voraussetzen. Auf einer neuen Ebene, weil mit einem kirchlichen Macht- und Herrschaftsanspruch verbunden, kehrt hier eine Konstellation wieder, die Parallelen in der Karolingerzeit hat, wo Geistliche als Sprecher der Kirche Gottes dem Herrscher als dem Haupt der Res publica gegenübergetreten waren. In den Streitschriften des 'Investiturstreits' hat der Angriff auf die sakrale Stellung des ottonisch-salischen Herrschertums eine neue Quellengattung für die Geschichte des Königtums hervorgebracht[26]; das Königtum hat allmählich in Rechtsordnung und Geschichte eine zusätzliche Rechtfertigung zur Stützung eines weiterhin sakral verstandenen Anspruchs gesucht, was wiederum einen spezifischen Niederschlag in den Quellen fand[27]; im Kontext dieser Entwicklungen nahmen auch die seit dem 12. Jahrhundert aufkommenden Fürstenspiegel einen anderen Charakter an als die so bezeichneten Schriften der Karolingerzeit[28]. Für alle früh- und hochmittelalterlichen Epochen gibt es also zeitspezifische Quellen, die uns einen direkten Zugang zu jeweiligen Formen der Herrschaft bzw. Vorstellungen vom Herrschertum vermitteln.

Fragt man vor diesem Hintergrund nach spezifischen Quellen für die Geschichte des ottonisch-frühsalischen Königtums, so ist nahezu alles, was sich anführen läßt, dem liturgischen Bereich zugeordnet[29]. Es sind die Krönungsordines[30], die sich aus spätkarolingischen Ansätzen heraus entwickelt haben und die dann im 10. Jahrhundert eine reiche Ausgestaltung und zugleich ihre bleibende Verdichtung erfuhren – mit ihren heilsgeschichtlich gesehenen, oft typologisch begründeten Bezügen zwischen der gegenwärtigen Königsherrschaft und Beispielen des durch die Zeiten hindurchgehenden Wirkens Gottes für sein Volk. Es sind die Herrschaftszeichen[31], die damals aus personengebundenen Attributen zu Insignien des Reiches und der Königsherrschaft in einem transpersonalen Sinne geworden sind, befrachtet mit einer christologisch zentrierten Herrschaftstheologie, die Gestalt und Verwendung der Insignien in allen Teilen durchdringt. Die Repräsentation der Königsherrschaft entwickelt sich ganz in den liturgischen Bereich hinein, nicht nur um den sakralen Grund der Königsherrschaft immer wieder neu sichtbar zu machen, sondern vor allem um ihn immer wieder neu zu festigen, d. h. sich des Fundamentes der Königsherrschaft, der Gnade und Hilfe Gottes, immer wieder neu zu versichern[32]. Die Bedeutung der Krone ist mit den Kategorien irdisch verstandener Herrschaft nicht faßbar: Im Königsnamen und in der Königskrone hat der Herrscher teil an der Herrschaft Christi, wie es die Ordines ausdrücken, und deshalb fastete Otto d. Gr. jedesmal, bevor er die Krone trug[33]. Die heilige Lanze galt, wie Liudprand um 960 schreibt, als ein ‘Geschenk des Himmels, durch das Gott das Irdische mit dem Himmlischen verknüpft hat’, als ‘der Eckstein, der aus beidem eines macht’[34]. Sie war nicht nur Reliquie und Insignie zugleich[35], sondern war ein Unterpfand für die Präsenz Christi in der gegenwärtigen Königsherrschaft[36], war handgreifliches Trost- und Mahnzeichen einer Wahrheit, die – obwohl unsichtbar im Jenseits gegründet – als wirkende Gotteskraft in dieser Welt erfahrbar ist. All dies hat es so in der Zeit der karolingischen Capitularien und Herrscherspiegel noch nicht gegeben. Und wenn auch die in der Ottonenzeit entwickelten Formen von den abendländischen Monarchien noch jahrhundertelang gepflegt wurden, so haben die herrschaftstheologischen Grundlagen nach der ottonisch-frühsalischen Zeit kaum noch eine Erweiterung erfahren[37]. Die nachottonische Ergänzung erweitert die Herrscherpräsentation vor allem in weltliche Formen herrscherlich-höfischer Selbstdarstellung hinein[38].

In dem Kreis, in dem Karl Hauck schon so lange gewirkt hat und in dem durch seine Untersuchungen wie durch Arbeiten seiner Schüler solche Zusammenhänge ausgeleuchtet worden sind, braucht nicht ausgeführt zu werden, wie die Historiographie den gleichen Glaubensüberzeugungen Ausdruck verleiht, die der Ausgestaltung der Herrscherliturgie und der Sakralisierung der Herrschaftszeichen zugrunde liegen. Die Herrschaftstheologie der ottonischen Zeit führt in der literarischen Herrscherdarstellung zu nicht weniger kühnen, in der historiographischen Überlieferung des Mittelalters ebenso einmaligen Bildern, wie es die ottonischen Herrscherbildnisse in ihrer Gattung sind[39]. In welchem Maße sich literarische und bildliche Darstellung decken können, wie unmittelbar sie in ihrer Aussage auf die Reliquieninsignie der heiligen Lanze und auf Formeln der Herrscherliturgie Bezug nehmen, hat Karl Hauck 1974 an einem Beispiel eindrucksvoll dargelegt[40].

Nahezu alles, was wir für eine Geschichte des Königtums in den Quellen des 10./11. Jahrhunderts als spezifisch 'ottonisch' ansprechen können, bezieht sich also auf den sakralen Charakter der Königsherrschaft. Es kündet von der Überzeugung, daß die Geschichte des Herrschers und des ihm anvertrauten Reiches und Volkes durch unmittelbare Eingriffe Gottes gelenkt werde, daß man Erfolge und Größe konkret erfahrener göttlicher Hilfe verdanke und daß es das ganze Streben von Herrscher und Reich, der Kirchen wie der Laien, sein müsse, sich weiterhin die Gnade Gottes zu sichern. Das Zentrum dieser Vergewisserung ist die Liturgie.

In diesen spezifisch ottonischen Quellenkreis gehören auch die Herrscherbildnisse in den aus dem liturgischen *apparatus regius* stammenden Prachthandschriften. Nicht die an die Kirchen geschenkten Zimelien an sich sind das spezifisch Ottonische – als Dokumente der herrscherlichen Kultsorge, d.h. einer zentralen, weil für die Herrschaft konstitutiven Aufgabe des Königtums, stehen sie in einer bis zu Konstantin zurückreichenden Tradition[41]. Das nur dieser Epoche Angehörende sind die Herrscherdarstellungen – und zwar Herrscherdarstellungen mit einem bestimmten, noch zu präzisierenden Bildgehalt – in diesen Codices. Was sie zum Ausdruck bringen wollen, erschließt sich – das wird seit den in den 20er Jahren erschienenen Arbeiten von Percy Ernst Schramm betont[42] – nur unter der Frage nach den damaligen Überzeugungen von der Herrschaftslegitimation. Ein Deutungsversuch darf aber, wenn er die zeitgenössische Vorstellungswelt erreichen will, die Zeugnisse nicht nur als isolierte Bildnisse betrachten. Unverzichtbar ist die Berücksichtigung des liturgischen Zusammenhangs, in den sie gehören und in den letztlich auch jede Beschäftigung mit der sakralen Legitimierung ottonischer Königs- und Kaiserherrschaft führt.

Nirgends wird der tiefe Einschnitt, den der Investiturstreit für die Legitimation des Herrschertums brachte, augenfälliger, als wenn man die Entwicklung des Herrscherbildnisses verfolgt und der Umgebung, in der es steht. Die Zeit, in der das Herrscherbild im Evangeliar, Perikopenbuch oder Sakramentar überliefert ist, geht noch im 11. Jahrhundert zu Ende[43]. Dann wird die Geschichtsschreibung zum Träger der Bildtradition, an der wir die Entwicklung malerischer oder häufiger zeichnerischer Herrscherdarstellung verfolgen können; daneben treten Handschriften, die der Rechtssicherung dienen sollen wie das Traditionsbuch des Klosters Formbach[44]. Die Herrscher werden gezeigt als historische, als rechtsetzende, als dynastiebegründende Figuren. Wo vereinzelt noch das Herrscherbild in einen sakralen Codex gestellt ist, wie in dem aus Regensburg stammenden Evangeliar des ausgehenden 11. Jahrhunderts in Krakau[45], hat sich der Bildtypus grundlegend geändert. Gezeigt wird entweder der allein, ohne alle Nebenfiguren thronende Herrscher[46] oder aber, unter Arkaden gestellt, der Herrscher mit seinen Söhnen[47]. In den Bildnissen ottonischer Herrscher ist weder ein solcher dynastisch gemeinter Bildtypus entwickelt[48] noch die begleiterlose Thronfigur verwendet worden, obwohl letztere auf Siegeln seit Otto III. erscheint[49] Die Miniaturen zeigen den lebenden und regierenden Herrscher, der aber meist in einen unmittelbaren Bezug zur göttlichen Sphäre, in einen personalen Kontakt zu Christus und seinen Heiligen gesetzt ist, wie er schon im Krakauer Evangeliar nicht mehr zur Darstellung gelangt. Dynastische Bezüge, die ja in ottonischer Zeit durchaus von großem Gewicht waren[50], aber im liturgischen Codex allenfalls in Andeutungen ins Bild gesetzt wurden[51], treten seit den ersten Saliern deutlicher hervor[52]. Die Einbindung des Königsbildes in eine historische und dynastische Traditionsreihe, mit der die in der Geschichtsschreibung geäußerten Überzeugungen korrespondieren[53], ergreift im 12. Jahrhundert in monumentalen Sukzessionsreihen Reliquienschreine, Kirchenportale und Kirchenfenster[54]. Die Herrscherserie auf der schon in die Mitte des 11. Jahrhunderts datierten Scheide des Reichsschwerts mag andeuten[55], daß sich auch solche Überzeugungen aus ottonisch-salischen Legitimationsvorstellungen entwickeln ließen.

Während sich von Darstellungstypus und Bildträger her in der Zeit um 1100 eine Epochenscheide abzeichnet, die wohl auch in der Geschichte des Königtums als solche zu werten ist[56], gestaltet sich die Abgrenzung der ottonischen von der karolingischen Herrscherdarstellung schwieriger. Überlieferungsträger ist für beide Epochen vor allem das liturgische Buch[57]; in beiden Epochen wird der lebende König ohne seine Vorfahren oder Nachkommen gezeigt[58]. Wie man schon an der Herrscherliturgie oder an der Entwicklung von den Herrschaftszeichen zu den Reichsinsignien erkennen mag, werden in ottonischer Zeit durchaus karolingische Ansätze weiterentwickelt – allerdings in einer Weise, die das Karolingische doch nur als Vorstufe erscheinen läßt. Besonders augenfällig wird der Sprung, wenn man auf das Verhältnis des dargestellten Herrschers zur Ebene oder Sphäre des Göttlichen achtet, das in Christus oder den Heiligen körperhafte Gestalt gewinnt.

Betrachten wir zunächst das Bildnis Karls d. Kahlen (Abb. 1) im Codex Aureus von St. Emmeram[59]. Die Handschrift wurde im Jahre 870 in der sogenannten Hofschule des westfränkischen Königs geschaffen. Keine karolingische Herrscherdarstellung rückt so nahe an die Aussage der ottonischen heran – um so bedeutsamer ist das, was sie von den Erzeugnissen der folgenden Epoche trennt. Karl, Sohn Ludwigs des Frommen und der Judith, der als der Stifter der Handschrift vorgestellt wird[60], bleibt auf dieser Welt, umgeben von seinem Schwertträger zur Rechten und dem Schild- und Speerträger zur Linken[61]. Huldigende Provinzen bringen ihm Gaben dar – die Aussage des Beiverses steht im Indikativ, d. h. es wird ein Faktum abgebildet[62].

Im Optativ steht dagegen, was sich auf den göttlichen Schutz bezieht, der im Bild durch die Hand Gottes über dem Thronenden und die Engel in den oberen Feldern verdeutlicht wird. Christi Waffen sollen den König begünstigen und schützen – doch bleibt ganz klar, daß dies nicht Waffen in einem materiellen Sinne sind[63]. In die Theophanie auf der gegenüberliegenden Seite ist Karl durch seinen Glauben einbezogen, aber sie bleibt ein Jenseits. Wie die Inschrift erklärt und Blickkontakt und Deutegestus des Königs augenfällig machen, nimmt Karl an der Anbetung des Lammes teil und bittet, mit ihm am ewigen Leben teilzuhaben[64]. Diesseitige Existenz und jenseitige Sphäre bleiben geschieden, zusammengehalten im irdischen Wirken der Gotteskraft und dem in das Jenseits dringenden Glauben. Wird in den Versen der linken Seite der Herrscher direkt angesprochen, so in dem Versgebet auf der rechten das zu verehrende Lamm.

In den Bildnissen der ottonischen Zeit steht der Herrscher in einer Beziehung zur göttlichen Sphäre, in der eine von der karolingischen Kunst respektierte Schwelle überschritten ist. Hier werden nicht irdische Szenen abgebildet, wird auch nicht nur die sichtbare Herrschaftsausübung darstellend gedeutet, hier soll zweifellos jene unsichtbare Kraft gezeigt werden, durch die allein die Herrscher herrschen[65]. Der Gesalbte des Herrn ist aus der irdischen Umgebung herausgehoben und, wo er zusammen mit Christus und Heiligen erscheint, auf deren Ebene gestellt[66]. Im Dedikationsbild des Aachener Liuthar-Evangeliars (Abb. 2) wird der Herrscher dadurch dem Kontakt mit dem Stifter der Handschrift entzogen[67]. Er läßt die

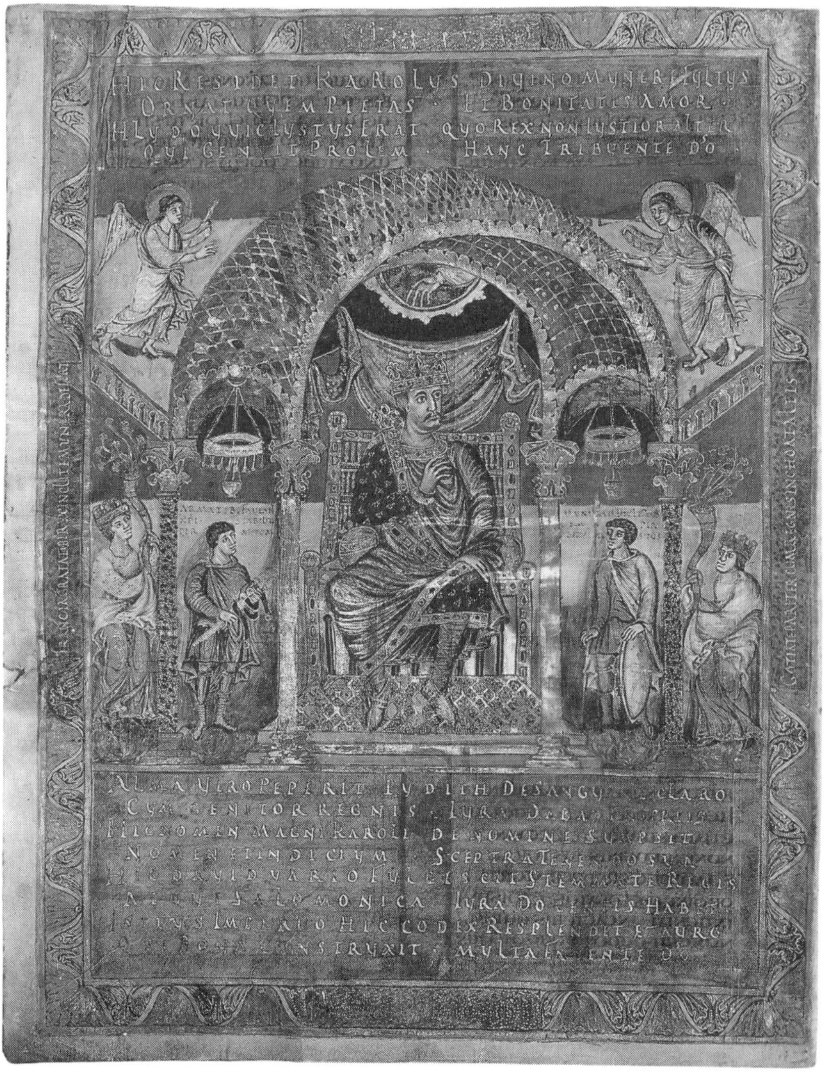

Abb. 1: Thronbild Karls des Kahlen. Codex Aureus von St. Emmeram; München, Bayerische Staatsbibliothek, Clm 14000, fol 5v.

Abb 2: Otto III. Liuthar Evangeliar; Aachen, Domschatz,
Inv.-Nr. G 25, fol 16r.

Bischöfe und Herzöge ebenso unter sich wie die gekrönten, fahnentragenden Figuren zur Rechten und Linken seines Thrones. Man zögert, dieser Darstellung die Übergabe der Vivians-Bibel an Karl den Kahlen gegenüberzustellen[68]; und doch muß dieses Erinnerungsbild an eine weltlich-irdische Hofszene erwähnt werden, um die Kluft sichtbar zu machen, welche eine ottonische Herrscherdarstellung von den karolingischen Auffassungen trennt[69]. 'Mit diesem Buch, Kaiser (oder erhabener) Otto, möge Gott Dir das Herz bekleiden'[70], bittet die doppelte Schriftzeile auf der linken Seite des aufgeschlagenen Buches, die den Stifter Liuthar mit dem Codex zeigt, für den Empfänger, der auf der rechten Seite dargestellt ist. Die Bitte an Gott, die zugleich als Ermahnung an den Herrscher aufgefaßt werden kann, fehlt also auch hier nicht. Auf der rechten Seite wird sie bildlich in einer Weise fortgeführt, die den unsichtbaren Vorgang sichtbar macht, der aus der Erfüllung der Bitte folgt. Den Gedanken der gegenüberliegenden Zeilen aufnehmend, führen die Symbole der Evangelisten ein Schriftband über das Herz des dargestellten Kaisers, der aber nicht in seiner irdischen Umgebung erscheint. In einer im Goldgrund bleibenden, mit zartem Umriß angedeuteten Mandorla thronend, frontal, mit ausgebreiteten Armen, in der Rechten den kreuzverzierten Reichsapfel haltend, nimmt die Komposition den Typus der Majestas Domini auf[71], und diese Bezugnahme wird durch die das Schriftband lenkenden Evangelistensymbole noch betont. Der Thron wird von einer Personifikation der Erde getragen und steht somit noch in der irdischen Gegenwart; doch mit dem Haupt, das gekrönt wird von der Hand Gottes, deren Zeige- und Mittelfinger die Stirn des Herrschers berühren, ragt der Herrscher in das blau gerahmte Rund, das durch Kreuz und Hand als die überirdische Sphäre jenseits aller Zeitlichkeit gekennzeichnet ist. Das auf Christus-Darstellungen Bezug nehmende Herrscherbild scheint im Codex für die fehlende Majestas Domini zu stehen[72]; das würde heißen: das Abbild des Vicarius Christi vertritt eine Darstellung des Herrn selbst[73]. Doch die Erfindung des Malers macht nicht nur sichtbar, daß der Herrscher durch Teilhabe an der Herrschaft Christi alle Sterblichen überragt. Wie die Gebetsbitte auf der linken Buchseite erkennen läßt, zeigt die Bildschöpfung die Erhabenheit des Kaisers nicht einfach als Faktum, das der Herrscher als bleibenden Besitz festhalten kann. Sie wird Realität nur, soweit in seiner Herrschaft Christus wirkt. Aus der menschlichen Perspektive erscheint hier eine Möglichkeit, ein Ziel, das der Herrscher mit Gottes Hilfe durch gerechtes Walten erreichen soll, ein als Gebet vorgetragener Wunsch – den Bitten vergleichbar, die in der Krönungsliturgie immer wieder ausgesprochen werden[74]. Doch die Darstellung bezieht sich – wiederum wie die Liturgie – auch auf eine Zusage: daß Gott das Herz des Königs, das in seiner Hand ist[75], erfüllen wird. Man verfehlt meines Erachtens den Sinn der Darstellung, wenn man in die Deutung neben dem Charakter der 'Propagierung', wie man meist sagt, sagen wir lieber: der Verkündigung, nicht auch den Gebetscharakter einbringt, der in der Beischrift anklingt und durch den Platz im Codex unterstrichen wird.

Um den Deutungsansatz zu vertiefen, möchte ich von einer Darstellung ausgehen, die unmittelbar vom Codex Aureus abhängig ist und die zunächst dem bisher Gesagten zu widersprechen scheint. Die Darstellung Heinrichs II. (Abb. 4) in dem aus Regensburg stammenden Sakramentar[76] wiederholt im Gesamtaufbau und in vielen Einzelheiten das Bildnis Karls d. Kahlen[77]. Gezeigt wird der König – und hier sind die Züge weltlicher Herrschermacht der karolingischen Vorlage scheinbar verstärkt worden – im Glanz der irdischen Herrschaft. Die Schutzengel sind durch huldigende Völkerprovinzen ersetzt, die Inschriften unterstreichen den triumphalen Charakter der imperial-universalen Herrschermacht, die dem *rex benedictus* zugesprochen wird[78]. Nur die Hand Gottes über dem Thronenden ist geblieben, und im Schlußvers des sechszeiligen Gedichtes wird dem Herrscher der Wunsch übermittelt, daß er, nach irdischem Walten, der himmlischen Krone teilhaftig werde[79]. Die Anbetung des apokalyptischen Lammes, die Bezugspunkt der karolingischen Darstellung war, ist entfallen. Doch, wie gesagt, ist die Interpretation der karolingischen Darstellung nur scheinbar ins Weltliche gekehrt worden. Denn was ich bisher erläutert habe, ist nur die Rückseite eines Blattes, dessen Vorderseite (Abb. 3) den Herrscher in ganz anderer Weise vorstellt[80].

Die Einfügung zweier Bildnisse des Königs ist ungewöhnlich, und man kann wohl kaum daran zweifeln, daß Vorder- und Rückseite des Blattes als komplementär zu betrachten sind[81]. Die triumphale Präsentation irdischer Königsherrschaft ist nur der Revers einer Wahrheit, die auf der Vorderseite des Blattes in ähnlich kühner Verdichtung zum Ausdruck gebracht wird wie im Liuthar-Evangeliar. Heinrich ragt in die Mandorla des segnenden Christus hinein, zu dem er aufschaut und von dem er die Krone empfängt. In seinem Gebetsgestus wird der Herrscher – den Typus des von Aaron und Hur gestützten Moses wiederholend, dem Gott, das Gebet erhörend, den Sieg über die Amalekiter verlieh[82] – von zwei heiligen Bischöfen gestützt. Der triumphale Herrscher der Rückseite ist hier ganz vom Göttlichen umgeben, ohne daß er dadurch in eine jenseitige Welt versetzt wäre. Wie die Beischriften aussagen, schwebt das, was hier in ein Bild komponiert ist, zwischen einer Gnadengabe, die erst noch gewährt werden soll, und einer Verheißung, die bereits als Realität erfahren wird. Rechts und links unten stehen Bitten: 'Möge Ulrich Herz und Handeln dieses Königs segnen – möge Emmeram ihm süßen Trost gewähren'[83], die sich in der Mitte oben um die Mandorla zum direkten Gebet an Christus verdichten. 'Gnädiger Christus, gib deinem Gesalbten – *christo tuo* – langes Leben, damit er dir ergeben die irdische Zeit unverkürzt nutze.'[84] Es ist der auf Erden lebende König, für

Abb 3: Krönung und Investitur Heinrichs II. Sakramentar Heinrichs II.; München, Bayerische Staatsbibliothek, Clm 4456, fol. 11r.

Abb 4: Thronbild Heinrichs II. Sakramentar Heinrichs II.; München, Bayerische Staatsbibliothek, Clm 4456, fol. 11v.

den die göttliche Gnade erfleht wird. Aber er erhält himmlische Waffen – und das wird als Realität, im Indikativ ausgedrückt: Ein Engel reicht ihm die Lanze, die die Bedrängnis verjagt, ein anderer, Furcht vor dem Herrscher einflößend, das Schwert[85]. Es sind nicht Waffen Christi in einem spirituellen Sinne wie im Codex Aureus, sondern körperlich faßbare, die dem betenden Herrscher in die Hände gegeben werden. Wie Karl Hauck in seiner eingehenden Analyse gezeigt hat, evoziert die Lanze mit dem aufgesteckten Kreuz direkt die Reliquieninsignie der heiligen Lanze[86]. Aber es wird doch wieder mehr als eine konkrete Insignie abgebildet: der Lanzenschaft weist Knospenaugen auf wie die Rute der von Gott Auserwählten[87]. Durch die Linke Christi, die sonst das Evangelium hält, empfängt der Herrscher die Krone. 'Sieh, gekrönt durch göttliche Kraft und mit Heil bedacht wird der fromme König Heinrich, durch die Reihe der Ahnen dem Himmelsgewölbe nah'[88], heißt es in der Mitte der unteren Bildhälfte. Am Herrscher enthüllt sich die Macht Christi in dieser Welt. Ist es das, was dargestellt werden soll?

Die Bild- und Zierseiten des Codex Aureus, eines Evangeliars, wurden in dem Regensburger Sakramentar fast alle wiederholt, wenn auch dem andersartigen Inhalt des Codex angepaßt und durch einige zum Sakramentar gehörende Darstellungen – die Kreuzigung, Gregor d. Gr. – ergänzt[89]. Nicht nachgebildet wurde eine Seite des karolingischen Codex, die im Sakramentar eigentlich zum üblichen Bilderkanon gehört: die Majestas Domini. Sie wird wieder durch die Herrscherdarstellung ersetzt, in die sie gewissermaßen zusätzlich hineinkomponiert ist. Die fehlenden Evangelisten-Symbole sind dem Kreuzigungsbild hinzugefügt worden[90], und als wollte man das Fehlen der Majestas unterstreichen, hat man – nach Swarzenski singulär in einem Sakramentar[91] – noch ein Bild mit zwei Frauen am leeren Grab hinzugefügt. In der zugehörigen Matthäus-Stelle heißt es[92]: 'Ich weiß, daß ihr Jesum, den Gekreuzigten, suchet. Er ist nicht hier, er ist auferstanden, wie er gesagt hat'. Etliche Verse später schließt das Evangelium mit dem Missions- und Taufbefehl, der in die entscheidenden Zusagen Christi eingebettet ist[93]: 'Mir ist gegeben alle Gewalt im Himmel und auf Erden … Und siehe, ich bin bei Euch alle Tage bis an der Welt Ende'. Es ist diese Verheißung, die die Majestas Domini bildlich faßt. In dem um 1020 wohl in Köln geschaffenen Evangeliar der Äbtissin Hitda von Meschede erläutert eine Beischrift die Majestas-Darstellung[94]: 'Diese sichtbare Erfindung *(hoc visibile imaginatum)* bildet jenes unsichtbare Wahre ab *(figurat illud invisibile verum),* dessen Glanz die Welt durchdringt mit den zweimal zwei Leuchtern der neuen Lehre' – d.h. der Evangelien, mit denen nach Liuthars Bitte Gott das Herz des Herrschers bekleiden soll und es nach seiner Bildvision bereits tut.

Damit gelangen wir an einen Punkt, an dem sich die Herrscherdarstellungen unmittelbar mit Aussagen der ottonischen Geschichtsschreibung und der Herrscherliturgie zusammenschließen. Das Schlachtwunder bei Birten, dessen Bedeutung Karl Hauck aufgezeigt hat, wird von Liudprand in einer Art Herrscherpredigt theologisch ausgelegt: Gott hat gewollt, daß es so geschieht, um dir, König, zu zeigen, wie lieb er dich hat, um den Menschen zu zeigen, daß seine Kraft die wenigen über die vielen siegen lassen kann[95]. Aber noch mehr ist die Charakterfestigkeit, die den Herrscher in bedrohtester Lage Gott mehr gehorchen läßt als den Menschen, für Liudprand ein Zeichen der im König wirkenden göttlichen Kraft[96]. Es ist das, worum die Krönungsliturgie Gott/Christus in vielfältiger Anrufung bittet: den Herrscher zu besuchen, ihn mit seinem Geist zu erfüllen, mit ihm und seinem Volk zu sein, seine Gegenwart im Schicksal des Königs und seines Volkes zu offenbaren[97]. Die Überzeugung, daß dies in der eigenen Zeit möglich ist und geschieht, ist in der ottonischen Zeit so mächtig, daß in einem liturgischen Buch, im Evangeliar, die Bildfigur der 'Gegenwart Christi' durch eine Darstellung des von Christus erfüllten Herrschers ersetzt werden kann.

Die Transformation, die das Herrscherbild in ottonischer Zeit erfährt, verdrängt aber nicht die Gebetsbitte, mit der das Bildnis im liturgischen Codex seit der Karolingerzeit verbunden ist. Wo immer vom 9. bis zum 11. Jahrhundert das Herrscherbild in Sakramentaren, Evangeliaren, Perikopenbüchern erscheint, wird in den Beischriften Gott, wird Christus angesprochen. Ihm vor allem wird das Herrscherbild gezeigt[98], ähnlich wie die Namen, die, eingeschrieben in den Liber Vitae, auf den Altar gelegt werden[99]. In diesem Gebetscharakter der Herrscherbilder setzt sich fort, was die Gabe der Prachthandschrift zum Ausdruck bringen und erreichen will. Der Codex, den Heinrich III. zum Seelenheil seiner Eltern für den Speyerer Dom stiftete, faßt dies in eine Metapher. Heinrich bringt dem Weltenkönig dieses in Gold geschriebene Bücherdiadem dar *(diadema librorum)*[100]. Das Buch wird mit jenen Kronen verglichen, die im Codex Aureus dem Lamm anbetend dargebracht werden[101]. Eingebettet ist diese Gleichsetzung in Aussagen über die Vergänglichkeit des Irdischen und das ewige Leben, zu dem Christus mit den Evangelien den Weg gewiesen hat: Wer das Böse meidet und das Gute tut, wird das Himmelreich erlangen[102] – wie, zeigen die Medaillons mit den acht Seligpreisungen der Bergpredigt, von denen die Gedichte umgeben sind[103].

In den Versen karolingischer Handschriften sind Gabe und Gebet nicht so eng verknüpft worden, wie es hier geschieht. Die Gebetsbitte wird zurückhaltender – man möchte sagen: scheuer, erwartender – formuliert. Wie Joachim Wollasch hervorgehoben hat, vertraut sich Kaiser Lothar dem vermittelnden Gebet anderer, seiner mönchischen Brüder, an[104]. Die ottonischen Herrscher, die bildlich in so unmittelbaren Kontakt mit Christus und den Heiligen treten, greifen auch in den ihrem Bildnis beigegebenen Gebeten selbst und leidenschaftlich nach der zugesagten Hilfe, dem verheißenen Heil. Das Münchner Perikopenbuch stellt Heinrich in sechs Versen als den gottesfürchtigen Spender der Handschrift vor, ehe das Gedicht zum Gebet für den mit seiner Gemahlin von Christus geführten Herrscher wird: 'Fürst der Kirche, Pförtner der himmlischen Königshalle, o Petrus, mit Paulus, dem gütigen Lehrer des Volkes: diesen dir Ergebenen mach durch deine Bitte über den Sternen selig, zusammen mit Kunigunde, seiner lauteren Mitherrscherin; das möge der Vater, der Sohn sowie der spendende Geist gewähren, der ewige Gott in seiner Dreieinigkeit.'[105] Die Gebetsbitte verbindet sich aber auch hier mit einer Ermahnung, die in die Zeile über der Krönung durch Christus geschrieben ist. 'Tut, was gerecht, erfasset immer, was ehrbar ist – das Nützliche möge sich einfinden in dem, was des Gesetzes Rat verlangt.'[106] Die Kultsorge soll die Bitte um das ewige Heil unterstützen, das der Herrscher aber nur erlangen kann, wenn er sich an den von Christus gezeigten Weg hält; und dieses Verhalten, durch das er Mitherrschaft im Himmel gewinnt[107], gibt seiner Herrschaft auch auf Erden triumphale Macht. 'Walte des irdischen, später des himmlischen Königtums', oder: 'Nimm Besitz vom irdischen, später vom himmlischen Reich',[108] ruft in der Bamberger Apokalypse die Beischrift Otto III. zu und nimmt damit die in der Krönungsliturgie bei der Insignienübergabe mehrfach wiederkehrende Ermahnung und Gebetsbitte auf, daß der Herrscher durch gerechtes Walten in seinem Amt Mitherrschaft im Himmel erhalten soll[109]. Wie, das wird auf der gegenüberliegenden Seite in Erinnerung gebracht, wo die Personifikationen von vier Tugenden jeweils einen Menschen, darunter einen König an der Hand führen und die Laster niederhalten[110]. Das Gemeinsame beider Allegorien in der oberen Bildhälfte ist die Gottesfurcht, in der unteren: die *humilitas*[111].

Hier werden wir gewahr, daß die ottonischen Herrscherdarstellungen neben den beiden Zügen, die ich abgekürzt als ihren Verheißungscharakter und ihren Gebetscharakter bezeichnen will, noch ein drittes Merkmal aufweisen: die Ermahnung des Herrschers, der in den Beischriften angesprochen wird. Eine solche Ermahnung fehlt bei den karolingischen Bildnissen; sie wurde, wie eingangs erwähnt, in andere Form gefaßt. In ottonischer Zeit ist die Herrscherermahnung selbst liturgisch geworden. Der König, dessen Herz in der Hand Gottes ist, der als Mittler zwischen Klerus und Laien gilt, wird gemahnt, aber nicht eigentlich von Menschen belehrt. Er ist kein Vollkommener. Vielmehr muß er von Gott erfüllt sein, die Gnade immer wieder neu empfangen, um sein zu können, was er gemäß seinem Amt sein soll. Um die Versicherung dieser Gnade geht es in der Liturgie. Nach den Ordines sind auch die Insignien zunächst Zeichen, die den Herrscher vor Gott an seine Pflichten ermahnen sollen, und erst dadurch, daß dieser ihrer

Mahnung folgt, werden sie Zeichen der Erhabenheit, welche ihm die Teilhabe an der Herrschaft Christi verleiht. In den Gebetsformeln läßt sich eine Art 'Königsspiegel' ablesen, und er entspricht dem Bild, das die Geschichtsschreiber vom Wirken des vorbildlichen Herrschers zeichnen: auf seine Gebote beziehen sich auch die Bildnisse der liturgischen Bücher mit den beigefügten Schriftzeilen.

Diese Einbindung in Gebet und Herrschermahnung bewahrt das ottonische Herrscherbild – diese verlangende Erinnerung an die Heilszusage – davor, in das genaue Gegenteil dessen umzuschlagen, was vom Herrscher als erste, tiefste Tugend gefordert wurde, und zwar so nachdrücklich wie nie zuvor und wie später nie mehr: die *humilitas* die – vor allem auch in liturgischen Formen geübte – *humiliatio* vor Gott. In der Liturgie, die durch Christi Vermittlung Gott mit seinem Volk und seinem König zusammenführt, versichert sich das ottonische Herrschertum immer wieder seiner Legitimation. In diesen fortgesetzten Akt der Heilsversicherung gehören die Herrscherbildnisse als Ausdruck der Überzeugung von der unmittelbaren Gegenwart Christi, vom unmittelbaren Gottesgnadentum des Herrschers als eines zu ergreifenden und zu verwirklichenden Angebots hinein. Sie sind nicht an ein großes Publikum adressiert, sondern haben ihren eigentlichen Platz, gewinnen ihre Bedeutung zwischen dem Herrscher, dem Liturgen und Gott. Nur in diesem Kontext, so meine ich, können sie als 'Legitimationsbilder' der Königsherrschaft gelten.

Anmerkungen

Zum Charakter der 'Staatlichkeit' zwischen karolingischer Reichsreform und hochmittelalterlichem Herrschaftsausbau

[1] Zusammenfassend HAGEN KELLER, Zwischen regionaler Begrenzung und universalem Horizont. Deutschland im Imperium der Salier und Staufer (Propyläen Geschichte Deutschlands 2) Berlin 1986, S. 18 ff.

[2] Zur (deutschen) Verfassungsgeschichtsschreibung: ERNST EOLFGANG BÖCKENFÖRDE, Die deutsche verfassungsgeschichtliche Forschung im 19. Jahrhundert. Zeitgebundene Fragen und Leitbilder, Berlin 1961; KARL KROESCHELL, Verfassungs- und Rechtsgeschichte des Mittelalters, in: Gegenstand und Begriffe der Verfassungsgeschichtsschreibung (Der Staat, Beiheft 6) Berlin 1983, S. 47–77; ROLF SPRANDEL, Perspektiven der Verfassungsgeschichtsschreibung aus der Sicht des Mittelalters, ebd. S. 105–123; FRANTIŠEK GRAUS, Verfassungsgeschichte des Mittelalters, in: Historische Zeitschrift 243, 1986, S. 529–589.

[3] Für die Verfestigung der Begriffe und Umschreibungen wichtig insbesondere: OTTO BRUNNER, Moderner Verfassungsbegriff und mittelalterliche Verfassungsgeschichte, in: Mitteilungen des österreichischen Instituts für Geschichtsforschung, Ergänzungsband 14, Innsbruck 1939, S. 513–528, Neufassung 1955 in: Herrschaft und Staat im Mittelalter (Wege der Forschung 2) Darmstadt 1956, S. 1–65; THEODOR MAYER, Die Ausbildung der Grundlagen des modernen deutschen Staates im hohen Mittelalter, in: Historische Zeitschrift 159, 1939, S. 457–487, veränderter Nachdruck ebenfalls in: Herrschaft und Staat, S. 284–316; HEINRICH MITTEIS, Der Staat des hohen Mittelalters. Grundlinien einer vergleichenden Verfassungsgeschichte des Lehnszeitalters, 1940, überarbeitet: Weimar [4]1953.

[4] S. u. bei Anm. 17–19.

[5] In diesem Sinne bereits HAGEN KELLER, Grundlagen ottonischer Königsherrschaft, in diesem Band, S. 22–33.

[6] Letzte Gesamtdarstellungen: EDUARD HLAWITSCHKA, Vom Frankenreich zur Formierung der abendländischen Staaten- und Völkergemeinschaft 840–1046, Darmstadt 1986 (mit gutem Überblick über die Forschungsdiskussion); HELMUT BEUMANN, Die Ottonen, Stuttgart 1987. Für die Epoche grundlegend mit weiter Perspektive und überlegtem Urteil GERD TELLENBACH, Die westliche Kirche vom 10. bis zum frühen 12. Jahrhundert (Die Kirche in ihrer Geschichte. Ein Handbuch, 2, F l) Göttingen 1988.

[7] KARL SCHMID (Hrsg.), Reich und Kirche vor dem Investiturstreit, Sigmaringen 1985.

[8] Zur Kontroverse HLAWITSCHKA (wie Anm. 6) S. 76 ff., 188 ff. (mit Literatur); als zusammenfassende Bewertung JOSEF FLECKENSTEIN, Über die Anfänge der deutschen Geschichte, Düsseldorf 1987 (Gerda Henkel Vorlesung). Als umfassende Monographie zum Problem CARLRICHARD BRÜHL, Deutschland und Frankreich. Die Geburt zweier Völker, Köln – Wien 1990. Die divergierenden Auffassungen unter den Historikern der DDR treten hervor im Vergleich der Beiträge von JOACHIM BARTMUSS und ECKHARD MÜLLER-MERTENS in: Deutsche Geschichte, hrsg. vom Zentralinstitut für Geschichte der Akademie der Wissenschaften der DDR, 1, Berlin 1982. Mein Beitrag zur wissenschaftlichen Konferenz zu Ehren von Eckhard Müller-Mertens „Wesen und Entwicklung des Feudalstaates" in der Humboldt-Universität zu Berlin, 27./28. Oktober 1988 blieb ungedruckt (HAGEN KELLER, Fragen zur 'staatlichen' Organisation im ottonischen Reich). Zum Ver-

hältnis von Tradition und Neubeginn im zeitgenössischen Bewußtsein vgl. Gerd Althoff – Hagen Keller, Heinrich I. und Otto der Große. Neubeginn auf karolingischem Erbe, Göttingen 1985; zur Entwicklung des Wir-Gefühls im ostfränkisch-frühdeutschen Reich Wolfgang Eggert – Barbara Pätzold, Wir-Gefühl und Regnum Saxonum bei frühmittelalterlichen Geschichtsschreibern, Weimar 1984; zum Reichsverständnis Helmut Beumann, Sachsen und Franken im werdenden Regnum Teutonicum, in: Angli e Sassoni al di qua e al di là del mare (Settimane di Studio 23) Spoleto 1986, S. 887–912.

9 Helmut Beumann, Die Bedeutung des Kaisertums für die Entstehung der deutschen Nation im Spiegel der Bezeichnungen von Reich und Herrscher, in: Aspekte der Nationenbildung im Mittelalter, hrsg. von Dems. – Werner Schröder (Nationes 1) Sigmaringen 1978, S. 317–365; Hagen Keller, Reichsstruktur und Herrschaftsauffassung in ottonisch-frühsalischer Zeit, in diesem Band, S. 51–90.

10 Percy Ernst Schramm, Die Kaiser aus dem sächsischen Hause im Lichte der Staatssymbolik, in: Mitteilungen des Instituts für österreichische Geschichtsforschung, Ergänzungsband 20/1, Graz – Köln 1964, S. 31–52, jetzt (mit zwei Anhängen) in: Ders., Kaiser, Könige und Päpste, 3, Stuttgart 1969, S. 153–199; Ders., Das Grundproblem dieser Sammlung, die „Herrschaftszeichen", die „Staatssymbolik" und die „Staatspräsentation" des Mittelalters, in: Ders., Kaiser, Könige und Päpste, 1, Stuttgart 1968, S. 30–58; Reinhard Elze, I segni del potere ed altre fonti dell'ideologia politica del medioevo recentemente utilizzate, in: Atti del Congresso internazionale tenuto in occasione del 90° anniversario della fondazione dell'Istituto storico italiano, Roma 1973, S. 283–300.

11 Georg Johannes Kugler, Die Reichskrone, Wien – München 1986 (mit kritischer Sichtung der Forschungsdiskussion).

12 Zusammenfassend Schramm (wie Anm. 10). Aachen: Helmut Beumann, Grab und Thron Karls des Großen zu Aachen, in: Karl der Große. Lebenswerk und Nachleben, hrsg. von Wolfgang Braunfels, 4, Düsseldorf 1967, S. 9–38; Krönung: Percy Ernst Schramm, Die Krönung in Deutschland bis zum Beginn des salischen Hauses, in: Zeitschrift der Savigny-Stiftung für Rechtsgeschichte, Kanonistische Abteilung 24, 1935, S. 184–332, die S. 274–306 entsprechenden Ausschnitte in: Ders., Kaiser (wie Anm. 10) 3, S. 108–134; Cyrille Vogel – Reinhard Elze, Le pontifical romano-germanique du Xe siècle, 3 Bde., Città del Vaticano 1963–1972; Elze (wie Anm. 10) mit Literatur; Kur: Ulrich Reuling, Die Kur in Deutschland und Frankreich. Untersuchungen zur Entwicklung des rechtsförmlichen Wahlaktes bei der Königserhebung im 11. und 12. Jahrhundert, Göttingen 1979.

13 Paul Kirn, Politische Geschichte der deutschen Grenzen, Leipzig ^{4}1959. Vgl. Gerd Tellenbach, Vom Zusammenleben der abendländischen Völker im Mittelalter, in: Festschrift für Gerhard Ritter zu seinem 60. Geburtstag, Tübingen 1950, S. 1–60, wieder abgedruckt in: Ders., Ausgewählte Aufsätze und Abhandlungen, 2, Stuttgart 1988, S. 710–769; Keller (wie Anm. 1). Zum Problem auch Jean-François Lemarignier, Recherches sur les hommages en marche et les frontières féodales, Lille 1945.

14 Zur älteren Diskussion Mathilde Uhlirz, Jahrbücher des deutschen Reiches unter … Otto III., Berlin 1954, S. 449–457, dazu kritisch A. C. F. Koch, Grenzverhältnisse an der Niederschelde vornehmlich im 10. Jahrhundert, in: Rheinische Vierteljahrsblätter 21, 1956, S. 182–218; vgl. Werner (wie Anm. 17) S. 767 f.; A. Verhulst, Artikel „Flandern", in: Lexikon des Mittelalters, 4, Zürich – München 1989, Sp. 514 ff. (mit Literatur).

15 Helmut Maurer, Chiavenna und die „Ehre" des Herzogtums Schwaben, in: Festschrift für Friedrich Hausmann, hrsg. von Herwig Ebner, Graz 1977, S. 339–353; ähnlich Ders., Der Herzog von Schwaben, Sigmaringen 1978, S. 258–268. Ein bislang übersehener Beleg für das *confinium Langobardie et Alamanie* im Bergell findet sich in einer Urkunde von 1170, vgl. Hagen Keller, Mehrheitsentscheidung und Majorisierungsproblem im Verbund der Landgemeinden Chiavenna und Piuro (1151–1155), in: Civitatum

communitas. Festschrift Heinz Stoob zum 65. Geburtstag (Städteforschung A 21) 1, Köln – Wien 1984, S. 22–41, hier S. 10 Anm. 44.

[16] Zum Charakter von Königtum und Königsherrschaft GERD TELLENBACH, Die geistigen und politischen Grundlagen der karolingischen Thronfolge, in: Frühmittelalterliche Studien 13, 1979, S. 184–302, bes. Teil 2, S. 237 ff., auch in: DERS., Aufsätze (wie Anm. 13) 2, S. 503–621, S. 556 ff.; zum Gedanken der Reichseinheit HELMUT BEUMANN, Unitas ecclesiae – unitas imperii – unitas regni. Von der imperialen Reichseinheitsidee zur Einheit der Regna, in: Nascità dell'Europa ed Europa carolingia: un'equazione da verificare (Settimane di Studio 7) Spoleto 1981, S. 531–571; zum regnum-Begriff in den karolingischen Quellen FRIED (wie Anm. 30); GOETZ (wie Anm. 29) mit umfassenden Belegen. Zur Bedeutung der kirchlichen Sprengelgliederung für territoriale Reichsauffassungen ROBERT L. BENSON, Provincia = Regnum, in: Predication et propagande au Moyen Age. Islam – Byzance – Occident, hrsg. von GEORGE MAKDISI u. a. (Penn-Paris-Dumbarton Oaks Colloquia 3) Paris 1983, S. 41–69.

[17] CARLRICHARD BRÜHL, Die Anfänge der deutschen Geschichte (Sitzungsberichte der Wissenschaftlichen Gesellschaft an der Johann Wolfgang Goethe-Universität Frankfurt a. M. 10,5) Wiesbaden 1972, S. 20 ff. (S. 162 ff.); KARL FERDINAND WERNER, Westfranken-Frankreich unter den Spätkarolingern und frühen Kapetingern (888–1060), in: Handbuch der europäischen Geschichte, hrsg. von THEODOR SCHIEDER, 1, Stuttgart 1976, S. 745 ff., auch in: DERS., Vom Frankenreich (wie Anm. 34) S. 239 ff.

[18] TELLENBACH (wie Anm. 13) S. 20 ff. (S. 729 ff.).

[19] FERDINAND LOT, Fidèles ou vassaux? Essai sur la nature du lien juridique qui unissait les grands vassaux à la royauté depuis le milieu du IXe jusqu'à la fin du XIIe siècle, Paris 1904; WALTER KIENAST, Der Wirkungsbereich des französischen Königtums von Odo bis Ludwig VI. (888–1137) in Südfrankreich, in: Historische Zeitschrift 209, 1969, S. 529–565.

[20] GERD TELLENBACH, Römischer und christlicher Reichsgedanke in der Liturgie des frühen Mittelalters, in: Sitzungsberichte der Heidelberger Akademie der Wissenschaften, Philosophisch-historische Klasse, Jahrgang 1934/35, S. 3–71, jetzt in: DERS., Aufsätze (wie Anm. 13) 2, S. 343–410; MARC REYDELLET, La royauté dans la littérature latine de Sidoine Apollinaire à Isidore de Seville, Rom 1981; NIKOLAUS STAUBACH, Germanisches Königtum und lateinische Literatur vom 5. bis zum 7. Jahrhundert, in: Frühmittelalterliche Studien 17, 1983, S. 1–54; PETER CLASSEN, Fortleben spätrömischen Urkundenwesens im frühen Mittelalter, in: DERS. (Hrsg.), Recht und Schrift im Mittelalter, Sigmaringen 1977, S. 13–54; HERMANN NEHLSEN, Entstehung des öffentlichen Strafrechts bei den germanischen Stämmen, in: Gerichtslauben-Vorträge. Freiburger Festkolloquium zum 75. Geburtstag von Hans Thieme, hrsg. von KARL KROESCHELL, Sigmaringen 1983, S. 3–16; CARLRICHARD BRÜHL, Zentral- und Finanzverwaltung im Franken- und im Langobardenreich, in: I problemi dell'Occidente nel secolo VIII (Settimane di Studio 20) Spoleto 1973, S. 61–94; REINHOLD KAISER, Steuer und Zoll in der Merowingerzeit, in: Francia 7, 1979, S. 1–17. Vgl. EUGEN EWIG, Spätantikes und fränkisches Gallien. Gesammelte Schriften, 2 Bde., Zürich – München 1976/79; KARL HAUCK, Von einer spätantiken Randkultur zum karolingischen Europa, in: Frühmittelalterliche Studien 1, 1967, S. 3–93.

[21] JOHN M. WALLACE-HADRILL, The Long-Haired Kings and Other Studies in Frankish History, London 1962; KARL HAUCK, Die geschichtliche Bedeutung der germanischen Auffassung von Königtum und Adel, in: XIe Congrès international des sciences historiques, Rapports 3, Göteborg – Stockholm 1962, S. 96–120. Zur Gefolgschaft MICHAEL J. ENRIGHT, Lady With a Mead-Cup. Ritual, Group Cohesion and Hierarchy in the Germanic Warband, in: Frühmittelalterliche Studien 22, 1988, S. 170–203.

[22] Für den Bereich der 'Staatlichkeit' CLAUSDIETER SCHOTT, Freiheit und libertas. Zur Genese eines Begriffs, in: Zeitschrift der Savigny-Stiftung für Rechtsgeschichte, Germanistische Abteilung 104, 1987, S. 84–109, bes. S. 103 ff.

[23] Louis Halphen, L'idée d'état sous les Carolingiens, in: Revue historique 185, 1939, S. 59–70; Theodor Mayer, Staatsauffassung in der Karolingerzeit, in: Das Königtum. Seine geistigen und rechtlichen Grundlagen (Vorträge und Forschungen 3) Konstanz 1956, S. 169–183; Wolfgang Wehlen, Geschichtsschreibung und Staatsauffassung im Zeitalter Ludwigs des Frommen, Lübeck 1970; Fried (wie Anm. 30); Goetz (wie Anm. 29).

[24] Die Vermittlung erfolgte nahezu ausschließlich über die kirchliche, patristische Tradition; das Königtum wurde als Amt in der 'Kirche' verstanden und die Herrscheraufgaben nicht von Staatsnotwendigkeiten oder einem weltlich verstandenen Staatswohl, sondern in religiös-kirchlichem Sinne von der Lenkung und Führung des *populus christianus* her definiert. Vgl. Walter Ullmann, The Carolingian Renaissance and the Idea of Kingship, London 1967; Hans Hubert Anton, Fürstenspiegel und Herrscherethos in der Karolingerzeit, Bonn 1967; Nikolaus Staubach, 'Cultus divinus' und karolingische Reform, in: Frühmittelalterliche Studien 18, 1984, S. 546–581; für Einzelaspekte vgl. die Zusammenstellungen bei Tilman Struve, Die Entwicklung der organologischen Staatsauffassung im Mittelalter, Stuttgart 1978, S. 87 ff.; Wolfgang Stürner, Peccatum und Potestas. Der Sündenfall und die Entstehung der herrscherlichen Gewalt im mittelalterlichen Staatsdenken, Sigmaringen 1987, S. 103 ff.

[25] Vgl. die Beiträge in: Karl der Große. Lebenswerk und Nachleben, hrsg. von Wolfgang Braunfels, 1, Düsseldorf 1963; François Louis Ganshof, The Carolingians and the Frankish Monarchy, Aberdeen 1971; Karl Ferdinand Werner, Missus – marchio – comes. Entre l'administration centrale et l'administration locale de l'Empire carolingien, in: Histoire comparée de l'administration (IVe–XVIIIe siecles), hrsg. von Werner Paravicini – Karl Ferdinand Werner (Beihefte der Francia 9) München 1980, S. 191–239, auch in: Ders., Vom Frankenreich (wie Anm. 34) S. 108–156. Zur Institution der Königsboten Jürgen Hannig, in: Mitteilungen des Instituts für österreichische Geschichtsforschung 91, 1983, S. 309–374, und in: Archiv für Kulturgeschichte 66, 1984, S. 1–46; zu der von Michael Borgolte, Geschichte der Grafschaften Alemanniens in fränkischer Zeit, Sigmaringen 1984, ausgelösten Diskussion vgl. Hans K. Schulze, in: Zeitschrift für württembergische Landesgeschichte 44, 1985, S. 265–282, und Thomas Zotz, in: Zeitschrift für die Geschichte des Oberrheins 136, 1988, S. 1–16.

[26] Vgl. Josef Fleckenstein, Grundlagen und Beginn der deutschen Geschichte, Göttingen 1974, S. 106 ff.; Ders., Adel und Kriegertum und ihre Wandlung im Karolingerreich, in: Nascità dell'Europa (wie Anm. 16) S. 67–94.

[27] Dazu besonders prononciert am Beispiel der Bestimmungen zum Schutz der Freien Johannes Schmitt, Untersuchungen zu den Liberi Homines der Karolingerzeit, Frankfurt – Bern 1977, S. 49 ff., 180 ff.

[28] Hinkmar von Reims, De ordine palatii, hrsg. und übersetzt von Thomas Gross – Rudolf Schieffer (MGH Fontes iuris germanici antiqui 3) Hannover 1980; Josef Fleckenstein, Karl der Große und sein Hof, in: Karl der Große (wie Anm. 25) 1, S. 24–50; Ders., Die Struktur des Hofes Karls d. Gr. im Spiegel von Hinkmars De ordine palatii, in: Zeitschrift des Aachener Geschichtsvereins 83, 1976, S. 5–22; vgl. Otto Gerhard Oexle, Haus und Ökonomie im früheren Mittelalter, in: Person und Gemeinschaft im Mittelalter. Karl Schmid zum 65. Geburtstag, hrsg. von Gerd Althoff u. a. Sigmaringen 1988, S. 101–122, bes. S. 111 ff.

[29] So etwa Mayer (wie Anm. 23) und betont Wehlen (wie Anm. 23) sowie Hans-Werner Goetz, Regnum: Zum politischen Denken in der Karolingerzeit, in: Zeitschrift der Savigny-Stiftung für Rechtsgeschichte, Germanistische Abteilung 104, 1987, S. 110–189. An den Problemen, welche die Diskussion um den 'Staat' im Mittelalter ausgelöst haben, gehen die diesbezüglichen Äußerungen von Goetz freilich vorbei.

[30] Zum Charakter der Herrschaft und zum Verhältnis von Königtum und Reichsordnung vgl. Peter Classen, Die Verträge von Verdun und Coulaines 843 als politische

Grundlagen des westfränkischen Reiches, in: Historische Zeitschrift 196, 1963, S. 1–35, auch in: Ausgewählte Aufsätze von Peter Classen, hrsg. von JOSEF FLECKENSTEIN, Sigmaringen 1983, S. 249–277; TELLENBACH (wie Anm. 16); JOHANNES FRIED, Der karolingische Herrschaftsverband im 9. Jahrhundert zwischen „Kirche" und „Königshaus", in: Historische Zeitschrift 235, 1982, S. 1–43.

[31] Diese Aussage gilt, auch wenn die spezifische Rolle der Schriftlichkeit noch einer Präzisierung bedarf: Vgl. FRANÇOIS LOUIS GANSHOF, Charlemagne et l'usage de l'écrit en matière administrative, in: Le Moyen Age 57, 1951, S. 1–25; REINHARD SCHNEIDER, Schriftlichkeit und Mündlichkeit im Bereich der Kapitularien, in: CLASSEN (Hrsg.), Recht und Schrift (wie Anm. 20) S. 257–279; HUBERT MORDEK, Karolingische Kapitularien, in: DERS. (Hrsg.), Überlieferung und Geltung normativer Texte des frühen und hohen Mittelalters, Sigmaringen 1986, S. 25–50; GERHARD SCHMITZ, Zur Kapitulariengesetzgebung Ludwigs des Frommen, in: Deutsches Archiv für Erforschung des Mittelalters 42, 1986, S. 471–516; zur Problematik des Gesetzesbegriffs CLAUSDIETER SCHOTT, Zur Geltung der Lex Alamannorum, in: Die historische Landschaft zwischen Lech und Vogesen, hrsg. von PANKRAZ FRIED – WOLF-DIETER SICK (Veröffentlichungen des Alemannischen Instituts 59) Augsburg 1988, S. 75–105.

[32] M. T. CLANCHY, From memory to written record. England 1066–1307, Oxford ²1993; HAGEN KELLER, Oberitalienische Statuten als Zeugen und als Quellen für den Verschriftlichungsprozeß im 12. und 13. Jahrhundert, in: Frühmittelalterliche Studien 22, 1988, S. 286–314; [DERS. – FRANZ JOSEF WORSTBROCK], Träger, Felder, Formen pragmatischer Schriftlichkeit im Mittelalter. Der neue Sonderforschungsbereich 231 an der Westfälischen Wilhelms-Universität Münster, ebd. S. 388–409.

[33] ROBERT FOLZ, Le souvenir et la légende de Charlemagne dans l'empire germanique médiéval, Paris 1959; Karl der Große (wie Anm. 12) 4, Düsseldorf 1967; JOACHIM EHLERS, Karolingische Tradition und frühes Nationalbewußtsein in Frankreich, in: Francia 4, 1976, S. 213–235; BERND SCHNEIDMÜLLER, Karolingische Tradition und frühes französisches Königtum (Frankfurter Historische Abhandlungen 22) Wiesbaden 1979.

[34] ROBERT FOLZ, L'idée d'empire en Occident, Paris 1953; KARL FERDINAND WERNER, L'Empire carolingien et le Saint Empire, in: MAURICE DUVERGER (Hrsg.), Le concept d'empire, Paris 1980, S. 151–198, auch in: DERS., Vom Frankenreich zur Entfaltung Deutschlands und Frankreichs. Ausgewählte Beiträge, Sigmaringen 1984, S. 329–376; vgl. TELLENBACH (wie Anm. 20).

[35] GIOVANNI TABACCO, Ordinamento pubblico e sviluppo signorile nei secoli centrali del medioevo, in: Bollettino dell'Istituto storico italiano per il medio evo 79, 1968, S. 35–51; LEOPOLD GENICOT, Sur la survivance de la notion d'Etat dans l'Europe du Nord au haut moyen âge. L'emploi de publicus dans les sources belges antérieures à l'an mil, in: Institutionen, Kultur und Gesellschaft im Mittelalter. Festschrift für Josef Fleckenstein zu seinem 65. Geburtstag, hrsg. von LUTZ FENSKE u. a., Sigmaringen 1984, S. 147–164.

[36] Um Distanz zu unseren gewohnten Urteilskategorien zu gewinnen und eine Vorstellung von anderen Möglichkeiten des Verhältnisses von religiöser Norm und sozialem Verhalten zu entwickeln, können die Ausführungen bei WERNER SCHIFFAUER, Die Bauern von Subay. Das Leben in einem türkischen Dorf, Stuttgart 1987, S. 63–90, bes. S. 67 ff., vgl. S. 218 ff., 244 ff. hilfreich sein.

[37] Zum Verhältnis von Rhetorik und Politik in den italienischen Kommunen HAGEN KELLER, Die Aufhebung der Hörigkeit und die Idee menschlicher Freiheit in italienischen Kommunen des 13. Jahrhunderts, in: JOHANNES FRIED (Hrsg.), Die abendländische Freiheit vom 10. bis 14. Jahrhundert. Der Wirkungszusammenhang von Idee und Wirklichkeit im europäischen Vergleich (Vorträge und Forschungen 39) Sigmaringen 1991, S. 389–407.

[38] Ansätze hierzu: KARL L. LEYSER, Rule and Conflict in an Early Medieval Society.

Ottonian Saxony, London 1979, Übersetzung: Herrschaft und Konflikt. König und Adel im ottonischen Sachsen, Göttingen 1984, S. 124–173, bes. S. 148 ff., 157 ff.

39 Dies dürfte auch einer der Aspekte sein, unter dem die unter religiösem Vorzeichen stehende 'Bündnisbewegung' der Jahrzehnte um und nach 900 zu sehen ist, die unter Heinrich I. wesentlich zur Stabilisierung der Königsherrschaft im ostfränkischen Reich beitrug; vgl. Gerd Althoff, Königsherrschaft und Konfliktbewältigung (wie Anm. 69) S. 289 f. Die „liturgische Herrscherermahnung" der ottonisch-salischen Zeit (vgl. Hagen Keller, Herrscherbild und Herrschaftslegitimation, in diesem Band, S. 167–183, bes. S. 183) bezieht den König auch in solche Zusammenhänge ein und begründet seine Milde und Vergebung gewissermaßen aus der Herrschaftslegitimation (vgl. Althoff, a. a. O.). Vielleicht ist der Gesichtspunkt auch zu berücksichtigen, wenn mittels einer Heiligenvita oder der 'Geschichte' einer Kirche in mahnend-belehrender Absicht versucht wird, auf die Lösung von Konflikten im Sinne einer Kirche und ihres Heiligen hinzuwirken; dazu Gerd Althoff, Causa scribendi und Darstellungsabsicht: Die Lebensbeschreibungen der Königin Mathilde und andere Beispiele, in: Litterae medii aevi. Festschrift für Johanne Autenrieth zu ihrem 65. Geburtstag, hrsg. von Michael Borgolte – Herrad Spilling, Sigmaringen 1988, S. 117–133.

40 Vgl. Keller (wie Anm. 9).

41 Die historisch bedeutsame Nach- und Fernwirkung der karolingischen Epoche auf kirchlichem und kirchenrechtlichem Gebiet bleibt von dieser Feststellung unberührt. Es darf in unserem Zusammenhang allerdings nicht vergessen werden, daß die Maßnahmen der Herrscher, insbesondere die 'kirchlichen' Reformen Ludwigs des Frommen, als zentraler Bestandteil der intendierten Ordnung des Reiches zu gelten haben und insofern für unser Problem durchaus Relevanz besitzen. Vgl. Ullmann (wie Anm. 24); Rosamund McKitterick, The Frankish Church and the Carolingian Reforms (789–895), London 1977; Staubach (wie Anm. 24); zum Weiterwirken Horst Fuhrmann, Die Synode von Hohenaltheim (916) – quellenkundlich betrachtet, in: Deutsches Archiv für Erforschung des Mittelalters 43, 1987, S. 440–468.

42 Mitteis (wie Anm. 3); Ders., Lehnrecht und Staatsgewalt. Untersuchungen zur mittelalterlichen Verfassungsgeschichte, Weimar 1933. Zur Ausbildung fürstlicher Mittelgewalten vgl. Werner (wie Anm. 25); Ders., La genèse des duchés en France et en Allemagne, in: Nascità dell'Europa (wie Anm. 16) S. 175–207, auch in: Ders., Vom Frankenreich (wie Anm. 34) S. 278–310. Zum spätkarolingischen Feudalisierungsprozeß Hagen Keller, Adelsherrschaft und städtische Gesellschaft in Oberitalien, Tübingen 1979, S. 304 ff., bes. S. 316 ff., 323 ff.

43 Ludwigs des Frommen Admonitio ad omnes regni ordines von 825 oder die 'Herrschaftsverträge', Wahl- und Krönungsversprechen Karls des Kahlen zeigen den Versuch, die hochkarolingischen Konzeptionen von Königsherrschaft und Reichsordnung festzuhalten, obwohl die Diskrepanz zwischen den religiös fundierten Leitvorstellungen und den tatsächlichen Strukturen immer deutlicher hervortrat. Vgl. Classen (wie Anm. 30); Tellenbach (wie Anm. 16); Fried (wie Anm. 30); Werner, La genèse (wie Anm. 42); Ders., Du nouveau sur un vieux thème. Les origines de la „noblesse" et de la „chevalerie", in: Académie des inscriptions et belles-lettres. Comptes rendues des scéances 1985, S. 186–200; Fleckenstein, Adel (wie Anm. 26); Olivier Guillot, L'exhortation au partage des responsabilités entre l'empereur, l'épiscopat et les autres sujets, vers le milieu du règne de Louis le Pieux, in: Prédication et propagande (wie Anm. 16) S. 87–110.

44 Gerd Tellenbach, Die Unteilbarkeit des Reiches, in: Historische Zeitschrift 163, 1941, S. 20–41, jetzt in: Ders., Aufsätze (wie Anm. 13) 2, S. 663–687; Karl Schmid, Das Problem der 'Unteilbarkeit des Reiches', in: Ders. (Hrsg.), Reich (wie Anm. 7) S. 1–15.

45 Vgl. Helmut Beumann, Zur Entwicklung transpersonaler Staatsvorstellungen, in: Das Königtum (wie Anm. 23) S. 185–224; Ders., Das Imperium und die Regna bei Wipo, in: Aus Geschichte und Landeskunde. Forschungen und Darstellungen. Franz Steinbach

zum 65. Geburtstag, Bonn 1960, S. 11–36; beide Beiträge jetzt in: DERS., Wissenschaft vom Mittelalter, Köln – Wien 1972, S. 135–174, 175–200; vgl. dazu auch LOTHAR BORNSCHEUER, Miseriae regum. Untersuchungen zum Krisen- und Todesgedanken in den herrschaftstheologischen Vorstellungen der ottonisch-salischen Zeit, Berlin 1968, S. 183–193, auch S. 140ff.; HAGEN KELLER, Schwäbische Herzöge als Thronbewerber: Hermann II. (1002), Rudolf von Rheinfelden (1077), Friedrich von Staufen (1125). Zur Entwicklung von Reichsidee und Fürstenverantwortung, Wahlverständnis und Wahlverfahren im 11. und 12. Jahrhundert, in: Zeitschrift für die Geschichte des Oberrheins 131, 1983, S. 123–162, hier S. 140ff. Eine Gesamtwürdigung Wipos, die seine Äußerungen zur Transpersonalität des Reiches zusammensieht mit seiner Darstellung der allgemeinen Wahl, in der das Mehrheitsvotum der Fürsten anerkannt werden soll, mit den Äußerungen zum Königsamt und der Simoniekritik, mit dem Treuevorbehalt herzoglicher Vasallen zugunsten des Königs usf., steht noch aus.

[46] KELLER (wie Anm. 5) mit Literatur; DERS. (wie Anm. 9); vgl. insbes. auch KARL LEYSER, Ottonian Government, in: The English Historical Review 96, 1981, S. 721–753; ECKHARD MÜLLER-MERTENS, Die Reichsstruktur im Spiegel der Herrschaftspraxis Ottos des Großen, Berlin 1980.

[47] Die Entwicklung wird stark überzeichnet, wenn man mit MAYER (wie Anm. 3) den Übergang vom „Personenverbandsstaat" zum „institutionellen Flächenstaat", der als solcher erst im Spätmittelalter und in der frühen Neuzeit zur Ausbildung gelangt, schon auf das 12. Jahrhundert bezieht. Ansätze zur Entwicklung einer 'Staatlichkeit' im Sinne der weiteren europäischen Entwicklung sind jedoch, wie Forschungen auf den verschiedensten Gebieten immer wieder zeigen, zweifellos im 12. Jahrhundert schon erkennbar. Vgl. zusammenfassend JOSEPH R. STRAYER, On the Medieval Origins of Modern State, Princeton 1970 (deutsch von HANNA VOLLRATH, Köln – Wien 1975); GERD TELLENBACH, Grundlagen moderner Staatlichkeit, in: Saeculum Weltgeschichte 5, Freiburg – Basel – Wien 1970, S. 69–97. Zur Präzisierung HEINZ ANGERMEIER, König und Staat im deutschen Mittelalter, in: Blätter für deutsche Landesgeschichte 117, 1981, S. 167–182.

[48] Der Kürze halber sei hier auf meinen eigenen Versuch einer Zusammenfassung und Verknüpfung der Phänomene verwiesen: KELLER (wie Anm. 1) S. 126–143, 314–329, 330–371, vgl. S. 206–216; DERS., „Kommune": Städtische Selbstregierung und mittelalterliche Volksherrschaft im Spiegel italienischer Wahlverfahren des 12.–14. Jahrhunderts, in: Person und Gemeinschaft (wie Anm. 28) S. 573–616, hier S. 577–583.

[49] Zur Diskussion HANNA VOLLRATH, Herrschaft und Genossenschaft im Kontext frühmittelalterlicher Rechtsbeziehungen, in: Historisches Jahrbuch 102, 1982, S. 33–71; HANS-WERNER GOETZ, Herrschaft und Recht in den frühmittelalterlichen Grundherrschaften, in: Historisches Jahrbuch 104, 1984, S. 392–410.

[50] Dazu insbesondere KROESCHELL (wie Anm. 2); vgl. ANGERMEIER (wie Anm. 47).

[51] Dieser Zusammenhang ist das zentrale Thema von KELLER (wie Anm. 42).

[52] S. o. Anm. 32.

[53] KELLER, Grundlagen (wie Anm. 5).

[54] Für das ostfränkische Reich: ALTHOFF – KELLER (wie Anm. 8).

[55] Programmatisch dazu Ludwig der Fromme in der Admonitio ad omnes regni ordines, hrsg. von ALFRED BORETIUS (MGH Capit. I) Hannover 1883, Nr. 150, S. 303–307; dazu GUILLOT (wie Anm. 43); KARL FERDINAND WERNER, *Hludovicus Augustus*: Gouverner l'empire chrétien – Idées et réalités, in: PETER GODMAN – ROGER COLLINS (Hrsg.) Charlemagne's Heir. New Perspectives on the Reign of Louis the Pious (814–840), Oxford 1990, S. 3–123. Vgl. STAUBACH (wie Anm. 24).

[56] Vgl. KELLER (wie Anm. 39).

[57] Vgl. die marxistische Beschreibung aus der Perspektive des „Eigentums an Produktionsmitteln" bei JOACHIM HERRMANN, Allod und Feudum als Grundlagen des west- und mitteleuropäischen Feudalismus und der feudalen Staatsbildung, in: DERS. – IRMGARD

Sellnow (Hrsg.), Beiträge zur Entstehung des Staates, Berlin 1973, S. 164–201, bes. S. 181 ff. Die Folgerungen für die Frage nach dem Charakter der Staatlichkeit bleiben allerdings bei einer Berufung auf Engels stehen (S. 201): „Der staatliche Machtapparat mußte unter den Bedingungen der Existenz einer Vielzahl privater feudaler Grundeigentümer und Grundherrschaften zwangsläufig die Form der feudalen Aristokratie annehmen, an deren Spitze der feudale König als primus inter pares stand." Eine weitergehende strukturelle Bestimmung erfolgt nicht, vielmehr ist uneingeschränkt von „Staat" die Rede; „die staatliche Sanktionierung von Grundherrschaften als privatrechtliche Gebilde", die „der Machtausübung der Zentralgewalt entzogen" waren und sich selbst „staatliche Organe schufen", und ähnliche Formulierungen (S. 199) setzen das Modell einer einheitlichen, aber sich zersplitternden Staatsgewalt voraus, die nicht zu der gegebenen Beschreibung der sozioökonomischen Verhältnisse paßt.

[58] Althoff – Keller (wie Anm. 8).

[59] Classen (wie Anm. 30); vgl. die in Anm. 39 und 55 angegebene Literatur.

[60] Werner, Missus (wie Anm. 25); Ders., La genèse (wie Anm. 42); Althoff – Keller (wie Anm. 8) bes. S. 44 ff., 66 ff.

[61] Zur Gesandtschaft Hagen Keller, Das Kaisertum Ottos d. Gr. im Verständnis seiner Zeit, in: Deutsches Archiv für Erforschung des Mittelalters 20, 1964, S. 325–388, hier S. 345 ff.; Helmut G. Walther, Der gescheiterte Dialog. Das ottonische Reich und der Islam, in: Orientalische Kultur und europäisches Mittelalter (Miscellanea mediaevalia 17) Berlin 1985, S. 20–44; vgl. auch Ernst Karpf, Herrscherlegitimation und Reichsbegriff in der ottonischen Geschichtsschreibung des 10. Jahrhunderts (Historische Forschungen 10) Stuttgart 1985, S. 86 ff.

[62] Vita Johannis Gorziensis, hrsg. von Georg Heinrich Pertz (MGH SS 4) Hannover 1841, S. 376 ff.: *Quod potestatem virtutis suae non sibi soli retinet, sed passus ubere quemque suorum propria uti potestate, ita ut partes regni sui inter eos dividat, quasi eos sibi inde fideliores habeat et subiectiores. Quod longe est; exinde enim superbia et rebellio contra eum nutritur atque paratur, ut nunc in genero ipsius actum est, qui filio eius per perfidiam subducto, publicam tirannidem contra eum exercuit, ad hoc ut gentem externam Ungrorum per media quaeque regnorum suorum depopulandam transduxerit.*

[63] Thematisiert wurde das Problem von Leyser (wie Anm. 38) und Althoff (wie Anm. 69).

[64] Hans Constantin Faussner, Die Verfügungsgewalt des deutschen Königs über weltliches Reichsgut im Hochmittelalter, in: Deutsches Archiv für Erforschung des Mittelalters 29, 1973, S. 345–449, hier S. 400–434.

[65] Othmar Hageneder, Das crimen maiestatis, der Prozeß gegen die Attentäter Papst Leos III. und die Kaiserkrönung Karls d. Gr., in: Aus Reich und Kirche. Festschrift für Friedrich Kempf zu seinem 75. Geburtstag, hrsg. von Hubert Mordek, Sigmaringen 1983, S. 55–81; vgl. Fuhrmann (wie Anm. 41) S. 466 ff.

[66] Christoph Ulrich Schminck, Crimen laesae maiestatis. Das politische Strafrecht Siziliens nach den Assisen von Ariano (1140) und den Konstitutionen von Melfi (1231), Aalen 1970.

[67] Dies verrät die Art und Weise, in der die königliche bzw. kaiserliche *maiestas* bei Widukind oder Ruotger apostrophiert wird; selbst im Zusammenhang der Aufstände fehlt die rechtliche Note, aus der man die Vorstellung ableiten könnte, daß ein Aufstand ein Majestätsvergehen im Sinne des Hochverrats darstellt. Vgl. Die Sachsengeschichte des Widukind von Korvei, hrsg. von Paul Hirsch – H.-E. Lohmann, Hannover [5]1935, Praef. S. 1 Z. 1, I 34 S. 48 Z. 11, II 15 S. 79 Z. 20, II 31 S. 92 Z. 19, III 12 S. 111 Z. 1; Ruotgers Lebensbeschreibung des Erzbischofs Bruno von Köln, hrsg. von Irene Ott, Köln – Graz 1958, c. 11 S. 11 Z. 15, c. 17 S. 15 Z. 30, c. 21 S. 21 Z. 34. Der Sprachgebrauch deckt sich mit der Verwendung des Wortes in den Krönungsordines. Im 11. Jh. erscheint dagegen im Zusammenhang der Aufstände wieder die Vorstellung des *reatus maiestatis.*

[68] ERNST H. KANTOROWICZ, The King's Two Bodies. A Study in Mediaeval Political Theology, Princeton 1957, S. 42 ff.; BORNSCHEUER (wie Anm. 45); KELLER (wie Anm. 39).

[69] Dieser Beitrag eröffnete die Sektion „Gruppenbindung, Herrschaftsorganisation und Schriftkultur unter den Ottonen" auf dem Historikertag 1988 in Bamberg. Zur Sektion, deren vier Vorträge in Frühmittelalterliche Studien 23, 1989, S. 244–317, veröffentlicht wurden, trugen ferner bei: GERD ALTHOFF, Königsherrschaft und Konfliktbewältigung im 10. und 11. Jahrhundert, S. 265–290; RUDOLF SCHIEFFER, Der ottonische Reichsepiskopat zwischen Königtum und Adel, S. 291–301; JOACHIM EHLERS, Schriftkultur, Ethnogenese und Nationsbildung in ottonischer Zeit, S. 302–317.

[70] HAGEN KELLER, Otto der Große urkundet im Bodenseegebiet. Inszenierungen der 'Gegenwart des Herrschers' in einer vom König selten besuchten Landschaft, in: Mediaevalia Augiensia. Forschungen zur Geschichte des Mittelalters, vorgelegt von Mitgliedern des Konstanzer Arbeitskreises für mittelalterliche Geschichte, hrsg. von JÜRGEN PETERSOHN (Verträge und Forschungen 54,3), Stuttgart 2001, S. 205–245; vgl. DERS., Die Investitur. Ein Beitrag zum Problem der 'Staatssymbolik' im Hochmittelalter, in: Frühmittelalterliche Studien 27, 1993, S. 51–86; DERS., Zu den Siegeln der Karolinger und der Ottonen. Urkunden als 'Hoheitszeichen' in der Kommunikation des Königs mit seinen Getreuen, ebd. 32, 1998, S. 400–441; DERS., Ritual, Symbolik und Visualisierung in der Kultur des ottonischen Reiches, ebd. 35, 2001.

[71] Dazu jetzt GERD ALTHOFF, Die Ottonen. Königsherrschaft ohne Staat, Stuttgart 2000; BERND SCHNEIDMÜLLER, Konsensuale Herrschaft. Ein Essay über Formen und Konzepte politischer Ordnung im Mittelalter, in: Reich, Regionen und Europa in Mittelalter und Neuzeit. Festschrift für Peter Moraw, hrsg. von PAUL JOACHIM HEINIG u. a., Berlin 2000, S. 53–87.

Grundlagen ottonischer Königsherrschaft

[1] Zitat nach CHRISTIAN WEISE, Politische Fragen, das ist: Gründliche Nachricht von der Politica, welcher Gestalt vornehme und wohlgezogene Jugend hierinne einen Grund legen, so dann aus den heutigen Republiquen gute Exempel erkennen, endlich auch in practicablen Staats-Regeln den Anfang treffen soll etc., Dresden 1693, S. 6. Im 2. Teil des Schulbuchs, das „von denen Republiquen insonderheit" handelt, werden die europäischen Staaten einzeln unter fünf Fragen behandelt: 1. Was ist vor eine Gelegenheit des Landes und der Einwohner? 2. Was ist vor eine Regierungs-Forme? 3. Wie steht es mit Kriegs- und Allianz-Sachen? 4. Wie steht es um die Religion? 5. Was hat der König vor Macht und Reichtum? Zum angesprochenen Kontext vgl. VOLKER SELLIN, Die Finanzpolitik Karl Ludwigs von der Pfalz. Staatswirtschaft im Wiederaufbau nach dem Dreißigjährigen Krieg, Stuttgart 1978, bes. S. 11 ff. (S. 11 f. auch zu WEISE, Politica, allerdings nach einer anderen, 1696 erschienenen Fassung); ARNO SEIFERT, Staatenkunde – eine neue Disziplin und ihr wissenschaftstheoretischer Ort, in: Statistik und Staatsbeschreibung in der Neuzeit, hrsg. von JUSTIN STAGL, Paderborn u. a. 1980, S. 217–244, mit Diskussion S. 245 ff.; Histoire comparée de l'administration (IVe–XVIIe siècles), hrsg. von WERNER PARAVICINI – KARL FERDINAND WERNER (Beihefte der Francia 9) München 1980, insbes. die Beträge von MICHEL MOLLAT (S. 497 ff.), MICHEL ANTOINE (S. 511 ff.), PETER CLAUS HARTMANN (S. 534 ff.); KERSTEN KRÜGER, Finanzstaat Hessen 1500–1567. Staatsbildung im Übergang vom Domänenstaat zum Steuerstaat (Veröffentlichungen der Historischen Kommission für Hessen 24,5) Marburg 1980, bes. S. 12 ff., 26 ff.

[2] Zusammenfassend bereits OTTO BRUNNER, Moderner Verfassungsbegriff und mittelalterliche Verfassungsgeschichte (Mitteilungen des Instituts für österreichische Geschichtsforschung, Ergänzungsband 14) Innsbruck 1939, S. 513–528, Neufassung in: Herrschaft und Staat im Mittelalter (Wege der Forschung 2) Darmstadt 1956, S. 1–19; ausführlicher DERS., Land und Herrschaft, Wien 1939, ^{5}1965, S. 111–164, dazu HEINRICH

Mitteis, Land und Herrschaft. Bemerkungen zu dem gleichnamigen Buch O. Brunners, in: Historische Zeitschrift 163, 1941, S. 255–281, 471–489, auch in: Herrschaft und Staat, S. 20–65. Vgl. Theodor Mayer, Die Ausbildung der Grundlagen des modernen deutschen Staates im hohen Mittelalter, in: Historische Zeitschrift 159, 1939, S. 457–487, auch in: Herrschaft und Staat, S. 284–316, dessen Gegenüberstellung von „Personenverbandsstaat" und „institutionellem Flächenstaat" in Bezug auf den Verfassungswandel des 12. Jahrhunderts freilich in vielem irreführend ist. Zur Kritik der in der älteren Verfassungsgeschichte verwendeten Kategorien Ernst-Wolfgang Böckenförde, Die deutsche verfassungsgeschichtliche Forschung im 19. Jahrhundert. Zeitgebundene Fragen und Leitbilder (Schriften zur Verfassungsgeschichte 1) Berlin 1961. Zum Diskussionsstand: Gegenstand und Begriffe der Verfassungsgeschichtsschreibung (Der Staat, Beiheft 6) Berlin 1983, darin insbes. Karl Kroeschell, Verfassungsgeschichte und Rechtsgeschichte des Mittelalters, S. 47–77, und Rolf Sprandel, Perspektiven der Verfassungsgeschichtsschreibung aus der Sicht des Mittelalters, S. 105–123.

[3] Z. B. Hermann Conrad, Deutsche Rechtsgeschichte 1, Karlsruhe [2]1962, S. 267 ff.

[4] Carlrichard Brühl, Fodrum, gistum, servitium regis. Studien zu den wirtschaftlichen Grundlagen des Königtums (Kölner historische Abhandlungen 14) Köln – Graz 1968; Wolfgang Metz, Das Servitium regis (Erträge der Forschung 89) Darmstadt 1978; Karl Leyser, Ottonian government, in: English Historical Review 96, 1981, S. 721–753.

[5] Die Sachsengeschichte des Widukind von Korvei, hrsg. von Paul Hirsch – H.-E. Lohmann, (MGH SS rer. Germ. in usum schol.) Hannover 1935, lib. I cap. 25, S. 38 (vgl. Anm. 8).

[6] Bei den karolingischen Reichsteilungen, bei denen es um eine gerechte Teilung zwischen den Erben ging, wurde ein derartiger Vergleich wenigstens bis zur Mitte des 9. Jahrhunderts gezogen; bezeichnenderweise konnte das Prinzip einer Teilung *aequa lance* mit Rücksicht auf die Verpflichtungen der Brüder zur Ausstattung ihres Anhangs nicht voll durchgehalten werden. Dazu Peter Classen, Die Verträge von Verdun und Coulaines 843 als politische Grundlagen des westfränkischen Reiches, in: Historische Zeitschrift 196, 1963, S. 13 ff.

[7] Sehr klar treten die Gesichtspunkte hervor in den Verhandlungen, die Johannes von Gorze am Hofe 'Abd-ar-Rahmans III. in Cordoba (MGH SS 4, S. 374 ff.) führte, dazu Hagen Keller, Das Kaisertum Ottos des Großen im Verständnis seiner Zeit, in: Deutsches Archiv für Erforschung des Mittelalters 20, 1964, S. 336, 345 f., 348 f.; oder auch in Widukinds Herrscherlob, dazu Helmut Beumann, Widukind von Korvei. Untersuchungen zur Geschichtsschreibung und Ideengeschichte des 10. Jahrhunderts (Abhandlungen über Corveyer Geschichtsschreibung 3) Weimar 1950, S. 228 ff. Als Gegensatz: Die Chronik des Bischofs Thietmar von Merseburg, hrsg. von Robert Holtzmann (MGH SS rer. Germ. N. S. 9) Berlin 1935, VII 30, S. 434 (über Rudolf III. von Hochburgund).

[8] Widukind, Sachsengeschichte (wie Anm. 5): *Sunt nobis … copiae exercitus congregandi atque ducendi, sunt urbes et arma cum regalibus insigniis et omne quod decus regium deposcit preter fortunam atque mores. Fortuna … cum nobilissimis moribus Heinrico cedit, rerum publicarum secus Saxones summa est.* Vgl. Helmut Beumann, Historiographische Konzeption und politische Ziele Widukinds von Corvey, in: La storiografia altomedievale (Settimane di Studio del Centro italiano di studi sull'alto medioevo 17) Spoleto 1970, S. 881 ff.

[9] Wolfgang Metz, Das karolingische Reichsgut. Eine verfassungs- und verwaltungsgeschichtliche Untersuchung, Berlin 1960. Carlrichard Brühl, Zentral- und Finanzverwaltung im Franken- und Langobardenreich, in: I problemi dell'Occidente nel secolo VIII (Settimane di Studio del Centro italiano di studi sull'alto medioevo 20) Spoleto 1973, S. 61–94. Karl Ferdinand Werner, Missus – marchio – comes. Entre l'administration centrale et l'administration locale de l'Empire carolingien, in: Histoire comparée de l'administration (wie Anm. 1) S. 191–239. Der Gegensatz zwischen karolingischer und

ottonischer Herrschaftspraxis zeigt sich, wenn man nach der 'Verwaltung' des Gesamtpotentials fragt. Für das Verhältnis der Herrscher zu einzelnen *fisci* vgl. z. B. DIETMAR FLACH, Untersuchungen zur Verfassungs- und Verwaltungsgeschichte des Aachener Reichsgutes von der Karolingerzeit bis zur Mitte des 14. Jahrhunderts (Veröffentlichungen des Max-Planck-Instituts für Geschichte 46) Göttingen 1976; MARIANNE SCHALLES-FISCHER, Pfalz und Fiskus Frankfurt. Eine Untersuchung zur Verfassungsgeschichte des fränkisch-deutschen Königtums (Veröffentlichungen des Max-Planck-Instituts für Geschichte 20) Göttingen 1969; WILHELM BERGES, Zur Geschichte des Werla-Goslarer Reichsbezirks vom 9. bis 11. Jahrhundert, in: Deutsche Königspfalzen 1, Göttingen 1963, S. 113–157. Eine beachtenswerte Reorganisation der königlichen Forste in ottonischer Zeit registriert MICHAEL GOCKEL, Karolingische Königshöfe am Mittelrhein (Veröffentlichungen des Max-Planck-Instituts für Geschichte 31) Göttingen 1970, S. 72 ff.

[10] BRUNO HEUSINGER, Servitium regis in der deutschen Kaiserzeit, in: Archiv für Urkundenforschung 8, 1923, S. 26–159, auch separat: 1922. FLECKENSTEIN (wie Anm. 40) S. 139 ff. BRÜHL (wie Anm. 4) S. 116 ff. DIETRICH CLAUDE, Die Pfalz Dahlum, in: Festschrift für Helmut Beumann, hrsg. von KURT-ULRICH JÄSCHKE – REINHARD WENSKUS, Sigmaringen 1977, S. 182–199. HAGEN KELLER, Reichsstruktur und Herrschaftsauffassung in ottonisch-frühsalischer Zeit, in diesem Band, S. 51–90.

[11] Bezeichnend ist das Verhalten der Ottonen gegenüber der Fiskalverwaltung der italischen Könige in Pavia: CARLRICHARD BRÜHL, Das 'Palatium' von Pavia und die 'Honorantiae civitatis Papiae', in: Pavia capitale del regno. Atti del 4° Congresso internazionale di studi sull'alto medioevo, Spoleto 1969, S. 189–220. Neuedition der Quelle mit Kommentar: DERS. – CINZIO VIOLANTE (Hrsg.), Die 'Honorantiae civitatis Papiae', Köln – Wien 1983. BRÜHL (S. 215) spricht durchaus mit Recht von einer Reform der *camera regis;* aber es ist eine Reform im Sinne der polyzentrischen, feudalen Herrschaftsorganisation. Wie z. B. aus D OII 237 (Pavia 980 Dez 5) hervorgeht, hatte die Zerlegung der 'zentralen Finanzverwaltung' durch die ottonischen Herrscher wohl schon vor 984 begonnen.

[12] GERD TELLENBACH, Königtum und Stämme in der Werdezeit des Deutschen Reiches, Weimar 1939. DERS., Vom karolingischen Reichsadel zum deutschen Reichsfürstenstand, in: Adel und Bauern im deutschen Staat des Mittelalters, hrsg. von THEODOR MAYER, Leipzig 1943, S. 22–73 (auch in: Herrschaft und Staat, wie Anm. 2, S. 191–242). DERS., Einleitung, und: Der großfränkische Adel und die Regierung Italiens in der Blütezeit des Karolingerreiches, in: Studien und Vorarbeiten zur Geschichte des großfränkischen und frühdeutschen Adels, hrsg. von DEMS., Freiburg 1957, S. 1–7, 40–70. DERS., Zur Bedeutung der Personenforschung für die Erkenntnis des frühen Mittelalters (Freiburger Universitätsreden NF. 25) Freiburg 1957. DERS., Die geistigen und politischen Grundlagen der karolingischen Thronfolge. Zugleich eine Studie über kollektive Willensbildung und kollektives Handeln im 9. Jahrhundert, in: Frühmittelalterliche Studien 13, 1979, S. 184–302, bes. S. 245 ff.

[13] Diese Einsicht hat die in dem von GERD TELLENBACH geleiteten Freiburger Arbeitskreis betriebenen Forschungen wesentlich bestimmt. Für den Ansatz vgl. insbesondere KARL SCHMID, Königtum, Adel und Klöster zwischen Bodensee und Schwarzwald, in: Studien und Vorarbeiten (wie Anm. 12) S. 225–234; JOSEF FLECKENSTEIN, Fulrad von Saint-Denis und der fränkische Ausgriff in den süddeutschen Raum (ebd.) S. 9–39; DERS., Über die Herkunft der Welfen und ihre Anfänge in Süddeutschland (ebd.) S. 71–136; FRANZ VOLLMER, Die Etichonen (ebd.) S. 137–184; JOACHIM WOLLASCH, Das Patrimonium beati Germani in Auxerre (ebd.) S. 185–224; DERS., Königtum, Adel und Klöster im Berry während des 10. Jahrhunderts, in: Neue Forschungen über Cluny und die Clunianzenser, hrsg. von GERD TELLENBACH, Freiburg 1959, S. 17–165; Rolf SPRANDEL, Das Kloster St. Gallen in der Verfassung des karolingischen Reiches (Forschungen zur oberrheinischen Landesgeschichte 7) Freiburg 1957; HANSMARTIN SCHWARZMAIER, Kö-

nigtum, Adel und Klöster im Gebiet zwischen oberer Hier und Lech (Veröffentlichungen der Schwäbischen Forschungsgemeinschaft bei der Kommission für Bayerische Landesgeschichte, Reihe 1, 7) Freiburg 1961; sowie weitere Arbeiten, darunter HAGEN KELLER, Kloster Einsiedeln im ottonischen Schwaben (Forschungen zur oberrheinischen Landesgeschichte 13) Freiburg 1964. Dazu KARL SCHMID, der 'Freiburger Arbeitskreis'. GERD TELLENBACH zum 70. Geburtstag, in: Zeitschrift für die Geschichte des Oberrheins 121, 1974, S. 331–347.

[14] Der Begriff hat sich vor allem auf Grund der Arbeiten von THEODOR MAYER (wie Anm. 4) in der Mediävistik durchgesetzt, vgl. schon: DERS., Grundlagen der deutschen Verfassungsentwicklung, Gießen 1933; vgl. dazu auch HEINRICH MITTEIS, Der Staat des hohen Mittelalters, Weimar [4]1953, S. 2ff.

[15] Die Veränderung zur Karolingerzeit, die Akzentuierung des personalen Charakters der Herrschaftsordnung, tritt besonders deutlich im Wandel der Heeresorganisation zutage. Die Ottonen haben auf das sprengelbezogene Aufgebot der Freien – abgesehen von Fällen der Landwehr – verzichtet und ganz auf die Vasallenschaft der Bischöfe und weltlichen Großen gesetzt. Für diese wird wohl schon in frühottonischer Zeit die Höhe des Kontingents fixiert, aber als Mindestverpflichtung, die von den engagierten Helfern des Königs im Ernstfall auf ein Mehrfaches gesteigert wurde. Die Festsetzung des Mindestkontingents scheint zwar in etwa die damalige Leistungsfähigkeit der einzelnen Kirchen und Großen zu berücksichtigen, aber das verfügbare Potential in keiner Weise auszuschöpfen. Die Organisation ihres Aufgebots blieb den Lehnsträgern überlassen. KARL FERDINAND WERNER, Heeresorganisation und Kriegsführung im deutschen Königreich des 10. und 11. Jahrhunderts, in: Ordinamenti militari in Occidente (Settimane di Studio del Centro italiano di studi sull'alto medioevo 15) Spoleto 1968, S. 799–884.

[16] Die unzutreffende Perspektive besonders deutlich bei HANS KAMMLER, Die Feudalmonarchien. Politische und wirtschaftlich-soziale Faktoren ihrer Entwicklung und Funktionsweise, Köln – Wien 1974, der entsprechend gegenseitige Bindungen der Großen als „Syndikalisierung der Vasallen" versteht.

[17] Vgl. WALTER ULLMANN, Individuum und Gesellschaft im Mittelalter, Göttingen 1974 (engl. Baltimore 1966) S. 40ff. Die Isolierung der Einzelperson in ihrer Beziehung zur Gemeinschaft ist besonders charakteristisch für die hochmittelalterliche Einungsbewegung und dürfte – hierin mit dem Lehnswesen vergleichbar – in der eidlichen, religiös verstandenen Bindung des Einzelnen ihre entscheidende Grundlage haben. Zum Problem PIERRE MICHAUD-QUANTIN, Universitas. Expressions du mouvement communautaire dans le moyen-âge latin, Paris 1970. Zur Forschungsgeschichte OTTO GERHARD OEXLE, Die mittelalterliche Zunft als Forschungsproblem. Ein Beitrag zur Wissenschaftsgeschichte der Moderne, in: Blätter für deutsche Landesgeschichte 118, 1982, S. 1–44, der allerdings dieses zentrale und die Diskussion wohl weiterführende Problem nicht thematisiert. Für den Wandel der Staatlichkeit seit dem 11. Jh. könnte sich von hier her eine wichtige Perspektive erschließen. Wie Treuevorbehalt und Ligesse im Bereich des Lehnswesens als des grundlegenden Organisationsprinzips der Staatlichkeit eine Hierarchie der Verpflichtungen zu schaffen und dem einzelnen Herrschaftsträger seinen Platz innerhalb einer Herrschaftspyramide zuzuweisen versuchen, so muß in der sich als Eidgenossenschaft formierenden Gemeinde auch der Platz und die Funktion älterer Einungen wie der Gilden bestimmt werden, während sich die Zünfte wohl von Anfang an innerhalb einer gemeindlichen Ordnung etablieren.

[18] KARL SCHMID, Über das Verhältnis von Person und Gemeinschaft im früheren Mittelalter, in: Frühmittelalterliche Studien 1, 1967, S. 225–249. DERS. – JOACHIM WOLLASCH, Societas et fraternitas. Begründung eines kommentierten Quellenwerkes zur Erforschung der Personen und Personengruppen des Mittelalters, in: Frühmittelalterliche Studien 9, 1975, S. 1–48. GEORGES DUBY – JACQUES LE GOFF (Hrsg.), Famille et parenté dans l'Occident médiéval (Collection de l'Ecole française de Rome 30) Paris – Turin 1977.

[19] Ulrich Hoffmann, König, Adel und Reich im Urteil fränkischer und deutscher Historiker des 9. bis 11. Jahrhunderts, Diss. phil. Freiburg/Br. 1966 (Dissertationsdruck 1968) bes. S. 33ff., 49ff., 169ff.

[20] Karl Schmid, Unerforschte Quellen aus quellenarmer Zeit (II): Wer waren die 'fratres' von Halberstadt aus der Zeit König Heinrichs I.?, in: Festschrift für Berent Schwineköper zu seinem 70. Geburtstag, hrsg. von Helmut Maurer – Hans Patze, Sigmaringen 1982, S. 117–140. Gerd Althoff, Unerforschte Quellen aus quellenarmer Zeit (III): Necrologabschriften aus Sachsen im Reichenauer Verbrüderungsbuch, in: Zeitschrift für die Geschichte des Oberrheins 131, 1983, S. 91–108. Ders., Adels- und Königsfamilien im Spiegel ihrer Memorialüberlieferung. Studien zum Totengedenken der Billunger und Ottonen (Münstersche Mittelalter-Schriften 47) München 1984.

[21] Gerd Althoff, Zur Frage der Organisation sächsischer coniurationes in der Ottonenzeit, in: Frühmittelalterliche Studien 16, 1982, S. 129–142. Vgl. auch Ders., Das Bett des Königs in Magdeburg, in: Festschrift Schwineköper (wie Anm. 19) S. 141–153.

[22] Zusammenfassend Dietrich Claude, Geschichte des Erzbistums Magdeburg bis in das 12. Jahrhundert 1, Köln – Wien 1972, S. 63ff.

[23] Oskar Köhler, Das Bild des geistlichen Fürsten in den Viten des 10., 11. und 12. Jahrhunderts (Abhandlungen zur mittleren und neueren Geschichte 77) Freiburg 1935. Helmut Lippelt, Thietmar von Merseburg. Reichsbischof und Chronist (Mitteldeutsche Forschungen 72) Köln – Wien 1973, S. 16ff., 34ff., 87ff., 127ff. Zur Bedeutung der Rangfragen im ottonischen Episkopat Thomas Zotz, *Pallium et alia quaedam archiepiscopatus insignia*. Zum Beziehungsgefüge und zu Rangfragen der Reichskirchen etc., in: Festschrift Schwineköper (wie Anm. 20) S. 155–175 und die dort Anm. 18 zitierte Literatur; vgl. Helmut Maurer, Rechtlicher Anspruch und geistige Würde der Abtei Reichenau unter Kaiser Otto III., in: Die Abtei Reichenau, hrsg. von Dems., Sigmaringen 1974, S. 255–275.

[24] Zum Verständnis der Konflikte unentbehrlich – trotz einer in vielem zu 'institutionellen' Deutung – noch immer Fritz Kern, Gottesgnadentum und Widerstandsrecht im früheren Mittelalter, Darmstadt [7]1980. Grundlegend Brunner, Land und Herrschaft (wie Anm. 2) S. 1ff., 111ff.; vgl. Reinhold Kaiser, Selbsthilfe und Gewaltmonopol. Königliche Friedenswahrung in Deutschland und Frankreich im Mittelalter, in: Frühmittelalterliche Studien 17, 1983, S. 55–72. Vgl. auch Ullmann (wie Anm. 17) S. 10ff., Ders., Principles of Government in the Middle Ages, London [3]1974, S. 117ff. Daß in der ottonischen Epoche wiederum Ansätze zurücktreten, die auf vertragliche Bindungen zwischen dem König und den Großen abzielten, könnte der Vergleich mit der Karolingerzeit, insbesondere den westfränkischen Verhältnissen, lehren. Dazu Classen (wie Anm. 6); Hans Hubert Anton, Zum politischen Konzept karolingischer Synoden und zur karolingischen Brüdergemeinschaft, in: Historisches Jahrbuch 99, 1979, S. 55–132; Johannes Fried, Der karolingische Herrschaftsverband im 9. Jahrhundert zwischen 'Kirche' und 'Königshaus', in: Historische Zeitschrift 235, 1982, S. 1–43; Jürgen Hanning, Consensus fidelium. Frühfeudale Interpretationen des Verhältnisses von Königtum und Adel am Beispiel des Frankenreiches, Stuttgart 1982.

[25] Karl Leyser, Rule and Conflict in an Early Medieval Society. Ottonian Saxony, London 1979 (dt. Ausg.: Herrschaft und Konflikt, Göttingen 1988). Zu den Aufständen unter Otto I. Gerd Althoff – Hagen Keller, Heinrich I. und Otto der Große. Neubeginn auf karolingischem Erbe (Persönlichkeit und Geschichte 122–125) Göttingen 1985. Franz-Reiner Erkens, Fürstliche Opposition in ottonisch-salischer Zeit, in: Archiv für Kulturgeschichte 64, 1982, S. 307–370 geht zu sehr von statischen Größen wie 'Reichskirche' und 'Herzogtum' aus.

[26] Zur Gesandtschaft Keller (wie Anm. 7) S. 334ff.

[27] Vita Johannis Gorziensis c. 136 (MGH SS 4, S. 376f.): *Quod potestatem virtutis suae non sibi soli retinet, sed passus ubere quemque suorum propria uti potestate, ita ut partes*

regni sui inter eos dividat, quasi eos sibi inde fideliores habeat et subiectiores. Quod longe est; exinde enim superbia et rebellio contra eum nutritur atque paratur, ut nunc in genero ipsius actum est, qui filio eius per perfidiam subducto, publicam tirannidem contra eum exercuit, ad hoc ut gentem externam Ungrorum per media quaeque regnorum suorum depopulandam transduxerit.

28 Althoff – Keller (wie Anm. 25).

29 Gerd Tellenbach, Otto der Große 912–973, in: Die großen Deutschen 1, Berlin – Frankfurt – Wien 1956, S. 35–51. Josef Fleckenstein, Otto d. Gr. in seinem Jahrhundert, in: Frühmittelalterliche Studien 9, 1975, S. 253–267.

30 Die „Veränderung des Charakters von Königtum und Reich", das allmähliche Hervortreten „gewisser überpersönlicher Züge", das „Aufkeimen einer neuen Art von Staatlichkeit" hat Gerd Tellenbach, Die Unteilbarkeit des Reiches. Ein Beitrag zur Entstehungsgeschichte Deutschlands und Frankreichs, in: Historische Zeitschrift 163, 1941, S. 20–42 (leicht überarbeitete Fassung in: Die Entstehung des Deutschen Reiches, hrsg. von Helmut Kämpf, Darmstadt 1956, S. 110–134), klar und umsichtig herausgearbeitet und sich dabei von der damals vorherrschenden Meinung abgesetzt, die das Abstoßen anstaltlich-römischer Prinzipien der Staatsorganisation als Rückkehr zu älteren Formen „germanischer Staatlichkeit" interpretierte. Zum Problem auch Ders., in: Saeculum Weltgeschichte 4, Freiburg – Basel – Wien 1967, bes. S. 239 ff., 262 ff., 268 ff., und Helmut Beumann, Unitas ecclesiae – unitas imperii – unitas regni. Von der imperialen Reichseinheitsidee zur Einheit der Regna, in: Nascità dell'Europa ed Europa carolingia: un'equazione da verificare (Settimane di Studio del Centro italiano di studi sull'alto medioevo 27) Spoleto 1981, S. 531–571. Keller (wie Anm. 10) bes. S. 72 ff., 77 ff.; Ders., Schwäbische Herzöge als Thronbewerber: Hermann II. (1002), Rudolf von Rheinfelden (1077), Friedrich von Staufen (1125). Zur Entwicklung von Reichsidee und Fürstenverantwortung, Wahlverständnis und Wahlverfahren im 11. und 12. Jahrhundert, in: Zeitschrift für die Geschichte des Oberrheins 131, 1983, S. 123–162. Karl Schmid, Das Problem der 'Unteilbarkeit des Reiches', in: Reich und Kirche vor dem Investiturstreit, hrsg. von Dems., Sigmaringen 1985, S. 1–15.

31 Keller (wie Anm. 10) S. 65 ff.; Althoff – Keller (wie Anm. 25).

32 Tellenbach, Vom karolingischen Reichsadel zum deutschen Reichsfürstenstand (wie Anm. 12).

33 Hierzu die in Anm. 12 genannten Arbeiten von Tellenbach.

34 Lorenz Weinrich, Wala – Graf, Mönch und Rebell. Die Biographie eines Karolingers (Historische Studien 386) Lübeck – Hamburg 1963. François Louis Ganshof, Am Vorabend der ersten Krise der Regierung Ludwigs des Frommen, in: Frühmittelalterliche Studien 6, 1972, S. 39–54. Karl Brunner, Oppositionelle Gruppen im Karolingerreich (Veröffentlichungen des Instituts für österreichische Geschichtsforschung 25) Wien – Köln – Graz 1979.

35 Dies haben die Anführer des Aufstandes von 953/54 stets betont, und auch die Aufstände von 937 haben nicht als Auseinandersetzung zwischen dem König und einzelnen Großen, sondern als Adelsfehden begonnen. Diesen Gesichtspunkt hebt stark hervor Helmut Naumann, Rätsel des letzten Aufstandes gegen Otto I., in: Archiv für Kulturgeschichte 46, 1964, S. 133–184, dessen Auffassung zur Rolle eines *pactum* zwischen König und Großen auf dem Hintergrund der 'Herrschaftsverträge' westfränkischer Karolinger (dazu Classen, wie Anm. 6) zu bewerten ist; vgl. Althoff – Keller (wie Anm. 25). Die Serie der Herrscherverlassungen und Herrscherabsetzungen, die wir aus karolingischer Zeit kennen und die in Italien und im westfränkischen Reich zunächst noch über die Ablösung der Karolinger hinaus verfolgen können, hat jedenfalls im frühdeutschen Reich bis zu Heinrich IV. keine Parallele mehr. Zu den Vorgängen der Karolingerzeit Walter Schlesinger, Karolingische Königswahlen, in: Zur Geschichte und Problematik der Demokratie. Festgaben für Hans Herzfeld, Berlin 1958, S. 207–264. Konrad Bund,

Thronsturz und Herrscherabsetzung im Frühmittelalter (Bonner Historische Forschungen 44) Bonn 1979, S. 363–549. Tellenbach, Die geistigen und politischen Grundlagen (wie Anm. 12).

36 Der oft registrierte Langmut des Herrschers, die Milde im Umgang mit Rebellen, die von den Quellen durchaus positiv registriert wird, während die Erwähnung von überharter Strenge oder Zorn eher Herrschertadel bedeutet, steht im Gegensatz zum Vorgehen der Karolinger gegen Empörer; die karolingischen 'Methoden' der Bestrafung – Blendung, Verstümmelung, Einweisung in ein Kloster – verschwinden weitgehend, nicht selten wird die Unterwerfung eines Rebellen durch Übergabe von Lehen oder Ämtern honoriert. Dagegen wird in der Stauferzeit wieder verletzte Herrschermajestät durch gewollt harte, ja brutale Bestrafung demonstriert.

37 Tellenbach, Königtum und Stämme (wie Anm. 12); Ders., Der großfränkische Adel (wie Anm. 12). Eduard Hlawitschka, Franken, Alemannen, Bayern und Burgunder in Oberitalien (774–962). Zum Verständnis der fränkischen Königsherrschaft in Italien (Forschungen zur oberrheinischen Landesgeschichte 8) Freiburg 1960.

38 Dazu Althoff – Keller (wie Anm. 25). Vgl. etwa Widukind II 9 (wie Anm. 5, S. 73), dazu Keller (wie Anm. 10) S. 70; Widukind II 10 (S. 73 f.), ein Vorgang, dessen Klärung in der damaligen Situation auffallend und dessen Bedeutung für die Stabilisierung der Adelsherrschaft nicht zu unterschätzen ist.

39 Zu den strukturellen Wandlungen Karl Schmid, Zur Problematik von Familie, Sippe und Geschlecht, Haus und Dynastie beim mittelalterlichen Adel. Vorfragen zum Thema 'Adel und Herrschaft im Mittelalter', in: Zeitschrift für die Geschichte des Oberrheins 105, 1957, S. 1–62. Ders., Über die Struktur des Adels im früheren Mittelalter, in: Jahrbuch für fränkische Landesforschung 19, 1959, S. 1–23. Gerd Tellenbach, Zur Erforschung des hochmittelalterlichen Adels, in: XIIe Congrès international des sciences historiques. Rapports 1, Horn – Wien 1965, S. 318–337.

40 Leo Santifaller, Zur Geschichte des ottonisch-salischen Reichskirchensystems (Sitzungsberichte Wien, Phil.-hist. Kl. 229/1) Wien ²1964. Josef Fleckenstein, Die Hofkapelle der deutschen Könige, 2. Die Hofkapelle im Rahmen der ottonisch-salischen Reichskirche, Stuttgart 1966. Oskar Köhler, Die ottonische Reichskirche. Ein Forschungsbericht, in: Adel und Kirche. Gerd Tellenbach zum 65. Geburtstag, hrsg. von Josef Fleckenstein – Karl Schmid, Freiburg – Basel – Wien 1968, S. 141–204. Kritisch, vor allem hinsichtlich der Verallgemeinerung und Systematisierung, Timothy Reuter, The 'Imperial Church System' of the Ottonian and Salian Rulers: a Reconsideration, in: The Journal of Ecclesiastical History 33, 1982, S. 347–374. Vgl. Josef Fleckenstein, Problematik und Gestalt der ottonisch-salischen Reichskirche, in: Reich und Kirche (wie Anm. 30) S. 83–98.

41 So verfehlt die Charakterisierung der Bischöfe als 'Reichsbeamte', selbst wenn sie nur als Metapher gemeint ist, nicht nur alle zeitgenössischen Vorstellungen vom Bischofsamt sowie von Königtum und Reich, sondern ist auch hinsichtlich der tatsächlichen Beziehungen zwischen dem König und den einzelnen Bischöfen irreführend. Im übrigen werden auch die anderen Bindungen und Verpflichtungen der Bischöfe durch ihre Amtseinsetzung nicht aufgehoben. Dazu Karl Schmid, Religiöses und sippengebundenes Gemeinschaftsbewußtsein in frühmittelalterlichen Gedenkbucheinträgen, in: Deutsches Archiv für Erforschung des Mittelalters 21, 1965, S. 18–81 und die oben Anm. 18 und Anm. 20–21 zitierte Literatur.

42 Gerd Tellenbach, Libertas. Kirche und Weltordnung im Zeitalter des Investiturstreites (Forschungen zur Kirchen- und Geistesgeschichte 7) Stuttgart 1936, S. 77 ff., 151 ff. Vgl. Wolfram von den Steinen, Bernward von Hildesheim über sich selbst, in: Deutsches Archiv für Erforschung des Mittelalters 12, 1956, S. 331–362; Lippelt (wie Anm. 23); Lore Sprandel-Krafft, Eigenkirchenwesen, Königsdienst und Liturgie bei Bischof Ulrich von Augsburg, in: Zeitschrift des Historischen Vereins für Schwaben 67,

1973, S. 9–38; HELMUT MAURER, Konstanz als ottonischer Bischofssitz. Zum Selbstverständnis geistlichen Fürstentums im 10. Jahrhundert (Veröffentlichungen des Max-Planck-Instituts für Geschichte 39) Göttingen 1973; WOLFGANG GIESE, Zur Bautätigkeit von Bischöfen und Äbten des 10. bis 12. Jh., in: Deutsches Archiv für Erforschung des Mittelalters 38, 1982, S. 388–438; MICHEL PARISSE, L'évêque impérial dans son diocèse, in: Institutionen, Kultur und Gesellschaft im Mittelalter. Festschrift für Josef Fleckenstein zu seinem 65. Geburtstag, hrsg. von LUTZ FENSKE u. a., Sigmaringen 1984, S. 179–193. Wenn für den Herrscher – wie die Arengen der Königsdiplome betonen – bei der Begünstigung der Reichskirchen religiöse Motive im Vordergrund standen (zu denen im weiteren Sinne auch der Gewinn göttlichen Beistandes für die Wahrung des *status regni* gehört), liegt schon hierin das Bekenntnis, daß er die Sonderstellung der Kirchen achten und ihre Rechte schützen will. Dazu JOACHIM WOLLASCH, Der Einfluß des Mönchtums auf Reich und Kirche vor dem Investiturstreit, in: Reich und Kirche (wie Anm. 30) S. 35–48, und DERS., Kaiser und Könige als Brüder der Mönche, in: Deutsches Archiv für Erforschung des Mittelalters 40, 1984, S. 1–20; ferner MANFRED GROTEN, Von der Gebetsverbrüderung zum Königskanonikat, in: Historisches Jahrbuch 103, 1983, S. 1–34; HARTMUT BOOCKMANN, Eine Urkunde für das Damenstift Obermünster in Regensburg. Zu einem verschenkten Königsszepter und zum Königskanonikat, in: Festschrift Fleckenstein, (s. o.) S. 207–219; HORST FUHRMANN, Rex canonicus – rex clericus? (ebd.) S. 321–326.

[43] Allgemein SANTIFALLER (wie Anm. 40). Es ist unerläßlich, die Situation jeweils von einzelnen Bischöfen bzw. Bistümern und ihren Beziehungen zum König her zu deuten. Als Beispiel: HERMANN BANNASCH, Das Bistum Paderborn unter den Bischöfen Rethar und Meinwerk, 983–1036 (Studien und Quellen zur westfälischen Geschichte 12) Paderborn 1972; MANFRED BALZER, Zeugnisse für das Selbstverständnis Bischof Meinwerks von Paderborn, in: Tradition als historische Kraft. Interdisziplinäre Forschungen zur Geschichte des früheren Mittelalters, hrsg. von NORBERT KAMP – JOACHIM WOLLASCH, Berlin – New York 1982, S. 267–296; DERS., Dortmund und Paderborn. Zwei Aufenthaltsorte der fränkischen und deutschen Könige in Westfalen, in: Westfälische Forschungen 32, 1982, S. 1–20.

[44] WALTER SCHLESINGER, Vorstufen des Städtewesens im ottonischen Sachsen, in: Die Stadt in der europäischen Geschichte. Festschrift Edith Ennen, hrsg. von WERNER BESCH u. a., Bonn 1972, S. 234–258. DERS., Der Markt als Frühform der deutschen Stadt, in: Vor- und Frühformen der europäischen Stadt im Mittelalter 1, hrsg. von HERBERT JANKUHN u. a. (Abh. Göttingen, Phil.-Hist. Kl., 3. Folge 83) Göttingen 1973, S. 262–293. Zur kartographischen Erfassung FRIEDERUN HARDT-FRIEDRICHS, Markt, Münze und Zoll im ostfränkischen Reich bis zum Ende der Ottonen, in: Blätter für deutsche Landesgeschichte 116, 1980, S. 1–31. Vgl. unten Anm. 48.

[45] Vgl. D OIII 155 für Quedlinburg: *qualiter nos... in metropoli Quidiliggaburhc ... meractum erigere decrevimus et destinatum regalis potentie magnanimitate pleniter eduximus, ea videlicet ratione ut ... abbatissae ... monetis theloneis omnique in mercatorio iure quod antecessorum nostrorum ... industria Coloniae, Magontie, Magadaburch similibusque nostrae dicionis in locis antea videbatur concessum, quidlibet faciendi utiliter pociendi solutam habeant potestatem ...*

[46] Vgl. SCHLESINGER (wie Anm. 44); WOLFGANG METZ, Marktrechtsfamilie und Kaufmannsfriede in ottonisch-salischer Zeit, in: Blätter für deutsche Landesgeschichte 108, 1972, S. 28–55.

[47] Vgl. D OI 150 für Osnabrück: *quicquid fiscus et pars regia inde obtinere poterit, sub potestate episcopi ... ordinandum vel in moneta vel in theloneo aut in qualibet exactione publica ex integro tradimus ...*; ähnlich DD OI 307, 312, D OIII 197.

[48] NORBERT KAMP, Probleme des Münzrechts und der Münzprägung in salischer Zeit, in: Beiträge zum hochmittelalterlichen Städtewesen, hrsg. von BERNHARD DIESTELKAMP (Städteforschung Reihe A, Darstellungen 11) Köln – Wien 1982, S. 94–110. WOLFGANG

Hess, Münzstätten, Geldverkehr und Märkte am Rhein in ottonischer und salischer Zeit (ebd.) S. 111–133. Vgl. auch Reinhold Kaiser, Münzprivilegien und bischöfliche Münzprägung in Frankreich, Deutschland und Burgund im 9.–12. Jh., in: Vierteljahresschrift für Sozial- und Wirtschaftsgeschichte 63, 1976, S. 289–338. Peter Volz, Königliche Münzhoheit und Münzprivilegien im karolingischen Reich und die Entwicklung in der sächsischen und fränkischen Zeit, in: Jahrbuch für Numismatik 27, 1971, S. 157–186.

[49] So z. B. D OIII 311 für Graf Bertold (Marktrechtsverleihung für Villingen): *Si dignis fidelium nostrorum petitionibus assensum prebuerimus, nobis inde illos fideliores esse procul dubio credimus.* Die Häufigkeit gerade dieser Formel läßt sie für Untersuchungen der Arengen als wenig aussagekräftig erscheinen, ist aber selbst wiederum ein Beleg für ein entscheidendes Merkmal des Herrschaftssystems. Vgl. Heinrich Fichtenau, Arenga. Spätantike und Mittelalter im Spiegel von Urkundenformeln (Mitteilungen des Instituts für österreichische Geschichtsforschung, Ergänzungsband 18) Graz – Köln 1957.

[50] Berges (wie Anm. 9). Heinz Stoob, Wachstumsphasen der Stadt Goslar bis zur Mitte des 13. Jahrhunderts, in: Harz-Zeitschrift 22/23, 1970/71, S. 59–77. Zu den Otto-Adelheid-Pfennigen vgl. die bei Kamp (wie Anm. 48) S. 98 Anm. 14 und Hess (wie Anm. 48) S. 113 Anm. 11 genannten Arbeiten sowie Leyser (wie Anm. 4) S. 743 f.

[51] Dazu Althoff – Keller (wie Anm. 25) und die oben Anm. 30 zitierte Literatur. Vgl. auch Josef Fleckenstein, Das großfränkische Reich. Möglichkeiten und Grenzen der Großreichsbildung im Mittelalter, in: Historische Zeitschrift 233, 1981, S. 267–294.

[52] François Louis Ganshof, Was waren die Capitularien?, Darmstadt 1961 (niederländ. 1955); Dieter Hägermann, Zur Entstehung der Kapitularien, in: Grundwissenschaften und Geschichte. Festschrift für Peter Acht, Kallmünz 1976, S. 12–27; Reinhard Schneider, Schriftlichkeit und Mündlichkeit im Bereich der Kapitularien, in: Recht und Schrift im Mittelalter, hrsg. von Peter Classen (Vorträge und Forschungen 23) Sigmaringen 1977, S. 257–279. Vgl. auch Josef Fleckenstein, Die Struktur des Hofes Karls d. Gr. im Spiegel von Hinkmars De ordine palatii, in: Zeitschrift des Aachener Geschichtsvereins 83, 1976, S. 5–22, und die oben Anm. 9 genannte Literatur.

[53] Hans Hubert Anton, Fürstenspiegel und Herrscherethos in der Karolingerzeit (Bonner Historische Forschungen 32) Bonn 1968; Otto Eberhardt, Via Regia. Der Fürstenspiegel Smaragds von St. Mihiel und seine literarische Gattung (Münstersche Mittelalter-Schriften 28) München 1977; Piroska Réka Máthé, Studien zum früh- und hochmittelalterlichen Königtum, Zürich 1978, S. 186 ff. Vgl. auch August Nitschke, Ottonische und karolingische Herrscherdarstellung, in: Beiträge zur Kunst des Mittelalters. Festschrift für Hans Wentzel, Berlin 1975, S. 157–172; Janet L. Nelson, Kingship, law and liturgy in the political thought of Hincmar of Rheims, in: English Historical Review 92, 1977, S. 241–279; Nikolaus Staubach, Das Herrscherbild Karls des Kahlen. Formen und Funktionen monarchischer Repräsentation im früheren Mittelalter, Diss. phil. Münster 1981, bes. S. 96 ff.

[54] Zur Krönung grundlegend die Studien bei Percy Ernst Schramm, Kaiser, Könige und Päpste. Gesammelte Aufsätze zur Geschichte des Mittelalters, 2, Stuttgart 1968, S. 140 ff., 287 ff., 3 (1969) bes. S. 59 ff., 108 ff.; ferner Carl Erdmann, Forschungen zur politischen Ideenwelt des Frühmittelalters, hrsg. von Friedrich Baethgen, Berlin 1951, S. 52–91. Vgl. unten Anm. 64. Carlrichard Brühl, Kronen- und Krönungsbrauch im frühen und hohen Mittelalter, in: Historische Zeitschrift 234, 1982, S. 1–31. Reinhard Elze, Die Herrscherlaudes im Mittelalter, in: Zeitschrift der Savigny-Stiftung für Rechtsgeschichte, Kanonistische Abteilung 71, 1954, S. 201–224; Peter Willmes, Der Herrscher-„Adventus“ im Kloster des Frühmittelalters (Münstersche Mittelalter-Schriften 22) München 1976; Karl Josef Benz, Untersuchungen zur politischen Bedeutung der Kirchweihe unter Teilnahme der deutschen Herrscher im hohen Mittelalter. Ein Beitrag zum Studium des Verhältnisses zwischen weltlicher Macht und kirchlicher Wirklich-

keit unter Otto III. und Heinrich II. (Regensburger historische Forschungen 4) Kallmünz 1975.

[55] HERMANN FILLITZ, Die Insignien und Kleinodien des Heiligen Römischen Reiches, Wien – München 1954; PERCY ERNST SCHRAMM, Herrschaftszeichen und Staatssymbolik, 3 Bde., Stuttgart 1954–56; DERS., Die Kaiser aus dem sächsischen Hause im Lichte der Staatssymbolik (Mitteilungen des Instituts für Österreichische Geschichtsforschung, Ergänzungsband 20/1) Graz – Köln 1964, S. 31–52, auch in: DERS., Kaiser, Könige und Päpste, 3, Stuttgart S. 153 ff.; REINHARD ELZE, I segni del potere ed altre fonti dell'ideologia politica del medioevo recentenmente utilizzate, in: Atti del Congresso internazionale tenuto in occasione del 90ᵉ anniversario della fondazione dell'Istituto storico italiano, Rom 1973, S. 283–300.

[56] HELMUT BEUMANN, Die sakrale Legitimierung des Herrschers im Denken der ottonischen Zeit, in: Zeitschrift der Savigny-Stiftung für Rechtsgeschichte, Germanistische Abteilung, 66, 1948, S. 1–45, mit Nachtrag 1970 in: EDUARD HLAWITSCHKA (Hrsg.), Königswahl und Thronfolge in ottonisch-frühsalischer Zeit (Wege der Forschung 247) Darmstadt 1971, S. 148–198; LOTHAR BORNSCHEUER, Miseriae regum. Untersuchungen zu den herrschaftstheologischen Vorstellungen der ottonisch-salischen Zeit (Arbeiten zur Frühmittelalterforschung 4) Berlin 1968; LEYSER (wie Anm. 24) S. 75 ff.

[57] PERCY ERNST SCHRAMM, Die deutschen Kaiser und Könige in Bildern ihrer Zeit 751–1190, Neuauflage hrsg. von FLORENTINE MÜTHERICH, München 1983; KURT RUPPERT, Das Herrscherbild der ottonischen Zeit, in: Bericht des Historischen Vereins für die Pflege der Geschichte des ehemaligen Fürstbistums Bamberg 112, 1976, S. 9–55. Zur Deutung HANS JANTZEN, Ottonische Kunst, München 1947, S. 100 ff. (= 1959, S. 91 ff.); WILHELM MESSERER, Zum Kaiserbild im Aachener Ottonencodex (Nachrichten der Akademie der Wissenschaften in Göttingen, Philologisch-historische Klasse, H. 2) Göttingen 1959; WOLFRAM VON DEN STEINEN, Der Mensch in der ottonischen Weltordnung, in: Deutsche Vierteljahrsschrift für Literaturwissenschaft und Geistesgeschichte 38, 1964, S. 1–23; KONRAD HOFFMANN, Das Herrscherbild im 'Evangeliar Ottos III.', in: Frühmittelalterliche Studien 7, 1973, S. 324–341; JOACHIM WIEDER, Über die Kaiserbilder in der ottonischen Buchmalerei, in: Studi di biblioteconomia e storia del libro in onore di Francesco Barberi, Rom 1976, S. 629–647. Zur Entwicklung des Herrscherbildes vgl. noch immer PERCY ERNST SCHRAMM, Das Herrscherbild in der Kunst des frühen Mittelalters, in: Vorträge der Bibliothek Warburg 2/1922–23, 1924, S. 145–224.

[58] Durchgeführt bei HAGEN KELLER, Herrscherbild und Herrschaftslegitimation. Zur Deutung der ottonischen Denkmäler, in diesem Band, S. 167–183.

[59] JOSEF DEÉR, Das Kaiserbild im Kreuz, in: Schweizer Beiträge zur Allgemeinen Geschichte 13, 1955, S. 48–110. BORNSCHEUER (wie Anm. 56).

[60] KARL HAUCK, Erzbischof Adalbert von Magdeburg als Geschichtsschreiber, in: Festschrift für Walter Schlesinger, hrsg. von HELMUT BEUMANN, 2, Köln – Wien 1974, S. 311 ff.

[61] Vgl. KARL HAUCK, Widukind von Korvei, in: Die deutsche Literatur des Mittelalters. Verfasserlexikon, hrsg. von KARL LANGOSCH, 4, Berlin 1953, Sp. 946–958; LIPPELT (wie Anm. 23) S. 173 ff.; ALTHOFF, Adels- und Königsfamilien (wie Anm. 20).

[62] Die Werke Liudprands von Cremona, hrsg. von JOSEF BECKER (MGH SS rer. Germ. in usum schol.) Hannover ^{3}1915: Antapodosis IV c. 24 ff., S. 117 ff., bes. c. 26, S. 121 f. Liudprand wendet sich in direkter Anrede an den Herrscher. Zu Liudprands (S. 117) *audi antiquum a Domino renovatum miraculum* vgl. z. B. den Römischen Kaiserkrönungsordo (ELZE, wie Anm. 64, S. 11) *ad protectione fidelium populorum antiqua brachii operare miracula;* den vielfach wiederkehrenden Gebetsformeln der Herrscherliturgie entsprechend, läßt Liudprand den König eingedenk eines biblischen Schlachtwunders handeln (S. 117): *recordatus populi domini, qui repugnantes sibi Amalechitas orationibus Moysi servi Dei devicerat.*

[63] BORNSCHEUER (wie Anm. 56).

[64] Reinhard Elze (Hrsg.), Die Ordines für die Weihe und Krönung des Kaisers und der Kaiserin (MGH Fontes iuris germanici 9) Hannover 1960; Cyrille Vogel – Reinhard Elze (Hrsg.), Le pontifical romano-germanique du Xe siècle, Città del Vaticano 1963.

[65] Percy Ernst Schramm – Florentine Mütherich, Denkmale der deutschen Könige und Kaiser, München ^{2}1981, S. 139 Nr. 62 mit Ergänzung S. 481; Hauck (wie Anm. 60) S. 299 ff., bes. S. 310 ff.; Berent Schwineköper, Christus-Reliquien – Verehrung und Politik, in: Blätter für deutsche Landesgeschichte 117, 1981, S. 206 ff.

[66] Schramm – Mütherich (wie Anm. 65) S. 141 Nr. 67 mit Ergänzung S. 481. Vgl. Herwig Wolfram, Überlegungen zur Datierung der Wiener Reichskrone, in: Mitteilungen des Instituts für österreichische Geschichtsforschung 78, 1970, S. 84–93; Albert Bühler, Hypothesen zur Entstehung der Wiener Reichskrone, in: Festschrift Nikolaus Grass zum 60. Geburtstag, hrsg. von Louis Carlen – Fritz Steinegger, 2, Innsbruck – München 1975, S. 117–124; Reinhard Staats, Theologie der Reichskrone. Ottonische 'Renovatio imperii' im Spiegel einer Insignie, Stuttgart 1976.

[67] Dieser Wandel ist eines der deutlichsten Zeichen für die Objektivierung des Reiches, die sich mit der Ablösung der Karolingerherrschaft vollzieht. An den Reichsinsignien hat weder der jeweilige Herrscher noch die Herrscherdynastie ein Eigentumsrecht – aber schon bald gehört ihr Besitz zu den Zeichen legitimer Herrschaftsausübung bzw. rechtmäßigen Herrschaftserwerbs. Hierzu gibt es – trotz einer Vorbereitung der Art, daß bestimmte Herrschaftszeichen im Erbgang eine Sonderbehandlung erfahren – in der Karolingerzeit noch keine wirkliche Parallele. Vgl. die in Anm. 55 genannte Literatur. Zur Transpersonalität des Reiches vgl. oben Anm. 30 und Helmut Beumann, Zur Entwicklung transpersonaler Staatsvorstellungen, in: Das Königtum (Vorträge und Forschungen 3) Lindau 1956, S. 185–225. Vgl. auch Peter Classen, Corona imperii. Die Krone als Inbegriff des römisch-deutschen Reiches im 12. Jahrhundert, in: Festschrift Percy Ernst Schramm zu seinem 70. Geburtstag, hrsg. von Dems. – Peter Scheibert, Wiesbaden 1964, 1, S. 90–101; Hartmut Hoffmann, Die Unveräußerlichkeit der Kronrechte im Mittelalter, in: Deutsches Archiv für Erforschung des Mittelalters 20, 1964, S. 389–474.

[68] Texte wie Anm. 64 und bei Schramm bzw. Erdmann (wie Anm. 54). Der 'Ordo der sieben Formeln' und der 'Römische Ordo der Kaiserkrönung' mit deutscher Übersetzung bei Lorenz Weinrich, Quellen zur deutschen Verfassungs-, Wirtschafts- und Sozialgeschichte bis 1250, Darmstadt 1977, S. 34–47.

[69] Zur Beurteilung der Herrscherpersönlichkeiten Tellenbach (wie Anm. 29) und Althoff, Königs- und Adelsfamilien (wie Anm. 20) zu Otto I. Edmond-René Labande, Mirabilia mundi. Essai sur la personalité d'Otton III, in: Cahiers de civilisation médiévale 6, 1963, S. 297–315, 455–476 ; Theodor Schieffer, Heinrich II. und Konrad II., in: Deutsches Archiv für Erforschung des Mittelalters 8, 1951, S. 384–437; Ders., Heinrich III., in: Die Großen Deutschen 1, Berlin – Frankfurt – Wien 1956, S. 52–69; Karl Schnith, Recht und Friede. Zum Königsgedanken im Umkreis Heinrichs III., in: Historisches Jahrbuch 81, 1962, S. 22–57. Zu Heinrich II. vgl. auch Joachim Wollasch, Geschichtliche Hintergründe der Dortmunder Versammlung des Jahres 1005, in: Westfalen 58, 1980, S. 55–69; Gerd Althoff, Gebetsgedenken für Teilnehmer an Italienzügen, in: Frühmittelalterliche Studien 15, 1981, S. 36–67. Vgl. allgemein von den Steinen (wie Anm. 60).

[70] Im herrscherlichen Verhalten scheint hier eine Traditionslinie über Karl d. Kahlen zu Ludwig d. Frommen zurückzureichen. Vgl. Thomas F. X. Noble, Louis the Pious and his piety re-reconsidered, in: Revue belge de philologie et d'histoire 58, 1980, S. 297–316; Rudolf Schieffer, Ludwig 'der Fromme', in: Frühmittelalterliche Studien 16, 1982, S. 58–73; Staubach (wie Anm. 53); Raimund Kottje, Ludwig der Deutsche und die Fastenzeit, in: Mysterium der Gnade. Festschrift für Johann Auer, hrsg. von Heribert

ROSSMANN – JOSEPH RATZINGER, Regensburg 1975 S. 307–311; BERND SCHNEIDMÜLLER, Die 'Einfältigkeit' Karls III. von Westfranken als frühmittelalterliche Herrschertugend, in: Schweizerische Zeitschrift für Geschichte 28, 1978, S. 62–66. Vgl. auch EUGEN EWIG, Der Gebetsdienst der Kirchen in den Urkunden der späteren Karolinger, in: Festschrift Schwineköper (wie Anm. 20) S. 45–86.

71 HOFFMANN (wie Anm. 18) S. 129 ff., 174 ff. CHRISTIAN SCHNEIDER, Prophetisches Sacerdotium und heilsgeschichtliches Regnum im Dialog 1073–1077. Zur Geschichte Gregors VII. und Heinrichs IV. (Münstersche Mittelalter-Schriften 9) München 1972, S. 146 ff. JÖRGEN VOGEL, Gregor VII. und Heinrich IV. nach Canossa. Zeugnisse ihres Selbstverständnisses (Arbeiten zur Frühmittelalterforschung 9) Berlin – New York 1983, S. 81 ff. KELLER (wie Anm. 30) S. 145 ff.

72 Den hier skizzierten Wandel behandle ich ausführlicher in: HAGEN KELLER, Zwischen regionaler Begrenzung und universalem Horizont. Deutschland im Imperium der Salier und Staufer 1024–1250 (Propyläen Geschichte Deutschlands 2) Berlin 1986.

Die Idee der Gerechtigkeit und die Praxis königlicher Rechtswahrung im Reich der Ottonen

1 HEINRICH BRUNNER, Grundzüge der deutschen Rechtsgeschichte ([1]1901), nach dem Tode des Verfassers besorgt von CLAUDIUS FRHR. VON SCHWERIN, München – Leipzig [8]1930; HERMANN CONRAD, Deutsche Rechtsgeschichte. Ein Lehrbuch, 1: Frühzeit und Mittelalter ([1]1954), Karlsruhe [2]1962; HEINRICH MITTEIS, Deutsche Rechtsgeschichte. Ein Studienbuch ([1]1949), neubearb. von HEINZ LIEBERICH (Kurzlehrbücher für das juristische Studium) München [19]1992; HANS PLANITZ, Deutsche Rechtsgeschichte ([1]1936), bearb. v. KARL AUGUST ECKHARDT, Graz – Köln [3]1971; RICHARD SCHRÖDER, Lehrbuch der deutschen Rechtsgeschichte ([1]1889), fortgeführt v. EBERHARD FRHR. v. KÜNSSBERG, Berlin – Leipzig [7]1966; CLAUDIUS FRHR. VON SCHWERIN, Grundzüge der deutschen Rechtsgeschichte ([1]1934), bearb. von HANS THIEME, Berlin [4]1950. Neue Wege geht die auf Vermittlung in der Lehre orientierte, den Charakter der Quellen und die Fragestellungen der neueren Forschung akzentuierende Darstellung von KARL KROESCHELL, Deutsche Rechtsgeschichte ([1]1972), 1 (bis 1250), Opladen [10]1992. Trotz anregender Frageansätze und Perspektiven bleibt HANS HATTENHAUER, Europäische Rechtsgeschichte ([1]1992), Heidelberg [2]1994, für die hier zu behandelnde Zeit unbefriedigend. Auf Vermittlungen von Grundwissen für Historiker ausgerichtet ist HANS K. SCHULZE, Grundstrukturen der Verfassung im Mittelalter, 2 Bde., Stuttgart u. a. [2]1992.

2 GEORG WAITZ, Deutsche Verfassungsgeschichte, 5–6, Berlin [2]1893–96, 7–8, Kiel 1876–78, Nachdruck Darmstadt 1953–55.

3 HERMANN KRAUSE, Königtum und Rechtsordnung in der Zeit der sächsischen und salischen Herrscher, in: Zeitschrift der Savigny-Stiftung für Rechtsgeschichte, Germanistische Abteilung 82, 1965, S. 1–98, S. 2. Zu Forschungsgeschichte und Forschungsstand FRANTIŠEK GRAUS, Verfassungsgeschichte des Mittelalters, in: Historische Zeitschrift 243, 1986, S. 529–589; KARL KROESCHELL, Verfassungsgeschichte und Rechtsgeschichte des Mittelalters, in: Gegenstand und Begriffe der Verfassungsgeschichtsschreibung (Beihefte zu „Der Staat" 6) Berlin 1983, S. 47–77; ROLF SPRANDEL, Perspektiven der Verfassungsgeschichtsschreibung aus der Sicht des Mittelalters, in: ebd. S. 105–123.

4 Man vergleiche, was sich dazu im umfangreichsten und – mit Blick auf die Erstauflage – neuesten „klassischen" Lehrbuch findet: CONRAD (wie Anm. 1) S. 128–151 (Karolingerzeit), S. 251 f. (Grafen und Grafschaften im Hochmittelalter), S. 325 f. (Gerichtshoheit in der Stadt), S. 348 f. (Landfrieden), S. 373 ff. (Gerichtsverfassung des Reiches). Die Zeit der Ottonen wird nicht explizit angesprochen. Weiterführende Perspektiven eröffnet ein neuerer gewichtiger Beitrag zum Gerichtswesen: JÜRGEN WEITZEL, Ding-

genossenschaft und Recht. Untersuchungen zum Rechtsverständnis im fränkisch-deutschen Mittelalter, 2 Bde. (Quellen und Forschungen zur höchsten Gerichtsbarkeit im alten Reich 15/1–2) Köln – Wien 1985.

5 Hans Hirsch, Die hohe Gerichtsbarkeit im deutschen Mittelalter, Reichenberg 1922 (Darmstadt ²1958, mit Nachwort von Theodor Mayer zur Forschungsgeschichte, S. 241–267). In denselben Kontext gehören Forschungen über die Entwicklung der Vogtei und die Entstehung der Landeshoheit: Adolf Waas, Vogtei und Bede in der deutschen Kaiserzeit, 2 Bde. (Arbeiten zur deutschen Rechts- und Verfassungsgeschichte 1/5) Berlin 1919/1923; Hermann Aubin, Die Entstehung der Landeshoheit nach niederrheinischen Quellen. Studien über Grafschaft, Immunität und Vogtei (Historische Studien 143) Berlin 1920; Eberhard F. Otto, Die Entwicklung der deutschen Kirchenvogtei im 10. Jahrhundert (Abhandlungen zur mittleren und neueren Geschichte 72) Berlin 1933. Zur Vogtei jetzt insbesondere Egon Boshof, Untersuchungen zur Kirchenvogtei in Lothringen im 10. und 11. Jahrhundert, in: Zeitschrift der Savigny-Stiftung für Rechtsgeschichte, Kanonistische Abteilung 66, 1979, S. 55–119, mit weiterer Literatur; L'avouerie en Lotharingie. Actes des 2es Journées Lotharingiennes (Publications de la Section historique de l'Institut G. D. de Luxembourg 98) Luxembourg 1984. Zusammenfassend jetzt Dietmar Willoweit, Artikel „Vogt, Vogtei“, in: Handwörterbuch zur deutschen Rechtsgeschichte 5, hrsg. von Adalbert Erler – Ekkehard Kaufmann – Dieter Werkmüller, Berlin 1998, Sp. 932–946.

6 Viktor Achter, Geburt der Strafe, Frankfurt a. M. 1951; zum Problem Ekkehard Kaufmann, Artikel „Strafe, Strafrecht“, in: Handwörterbuch zur deutschen Rechtsgeschichte (wie Anm. 5) 4, 1990, Sp. 2011–2029; Heinz Holzhauer, Zum Strafgedanken im frühen Mittelalter, in: Überlieferung, Bewahrung und Gestaltung in der rechtsgeschichtlichen Forschung, hrsg. von Stephan Buchholz – Paul Mikat – Dieter Werkmüller (Rechts- und Staatswissenschaftliche Veröffentlichungen der Görres-Gesellschaft, N. F. 69) Paderborn u. a. 1993, S. 179–192. Dietmar Willoweit, Die Sanktionen für Friedensbruch im Kölner Gottesfrieden von 1083. Ein Beitrag zum Sinn der Strafe in der Frühzeit der deutschen Friedensbewegung, in: Recht und Kriminalität. Festschrift für Friedrich-Wilhelm Krause zum 70. Geburtstag, hrsg. von Ellen Schlüchter – Klaus Laubenthal, Köln u. a. 1993, S. 37–52. Vgl. Elmar Wadle, Die peinliche Strafe als Instrument des Friedens, in: Träger und Instrumentarien des Friedens (wie Anm. 15) S. 229–247.

7 Symptomatisch für eine geradezu ahistorisch gesehene „longue durée“ ist der Schlußsatz von Walter Schlesinger, Die Entstehung der Landesherrschaft. Untersuchungen vorwiegend nach mitteldeutschen Quellen, 1 (Sächsische Forschungen zur Geschichte 1) Dresden 1941, S. 265: „Nicht aus einer durch Mischung germanischer und antiker Elemente entstandenen gräflichen Gewalt ist die Landesherrschaft hervorgegangen, sondern aus der adligen Herrschaft rein germanischer Prägung.“ Der zweite Band des Werkes, der dies „im einzelnen“ ausführen sollte, ist nie erschienen. In einer solchen Tendenz liegt auch die Schwäche der für die deutsche rechtsgeschichtliche Forschung so wichtigen Arbeit von Brunner (wie Anm. 25). Vgl. Graus (wie Anm. 3); Kroeschell (wie Anm. 3).

8 Durch den systematischen Zugriff der „klassischen“ Rechtsgeschichten (wie Anm. 1) blieb unbeachtet, was sich ihren Kategorien nicht zuordnen ließ – und das war für das 10./11. Jahrhundert besonders viel; zugleich fehlten die gewohnten „Rechtsquellen“ weitgehend (vgl. oben Anm. 4). Zu den Folgen Krause (wie Anm. 3); zu den wissenschaftsgeschichtlichen Voraussetzungen Ernst-Wolfgang Böckenförde, Die deutsche verfassungsgeschichtliche Forschung im 19. Jahrhundert (Schriften zur Verfassungsgeschichte 1) Berlin ²1995, sowie die oben in Anm. 3 zitierten Beiträge. Neue Perspektiven für diese Zeit insbesondere bei Gerhard Dilcher, Mittelalterliche Rechtsgewohnheit als methodisch-theoretisches Problem, in: Gewohnheitsrecht und Rechtsgewohnheiten im Mittelalter (Schriften zur europäischen Rechts- und Verfassungsgeschichte 6)

Berlin 1992, S. 21–65. Zur politischen Ordnung als Bezugsrahmen von Rechtsvorstellungen und Rechtspraxis Hagen Keller, Zum Charakter der „Staatlichkeit" zwischen karolingischer Reichsreform und hochmittelalterlichem Herrschaftsausbau, in diesem Band, S. 11–21; Johannes Fried, Der Weg in die Geschichte. Die Ursprünge Deutschlands. Bis 1024 (Propyläen Geschichte Deutschlands 1) Berlin 1994, S. 634 ff. (insbesondere 638 ff.), 699 ff.

[9] Karl Kroeschell, Recht und Rechtsbegriff im 12. Jahrhundert, in: Probleme des 12. Jahrhunderts (Vorträge und Forschungen 12) Konstanz – Stuttgart 1968, S. 309–335, sowie weitere Arbeiten des Verfassers, zuletzt: Ders., Der Rechtsbegriff der Rechtsgeschichte. Das Beispiel des Mittelalters, in: Zeitschrift der Savigny-Stiftung für Rechtsgeschichte, Germanistische Abteilung 111, 1994, S. 310–329; Ders., Deutsche Rechtsgeschichte (wie Anm. 1) S. 149 ff.

[10] Gerhard Dilcher, Oralität, Verschriftlichung und Wandlungen der Normstruktur in den Stadtrechten des 12. und 13. Jahrhunderts, in: Pragmatische Schriftlichkeit im Mittelalter. Erscheinungsformen und Entwicklungsstufen, hrsg. von Hagen Keller – Klaus Grubmüller – Nikolaus Staubach (Münstersche Mittelalterschriften 65) München 1992, S. 9–19; Ders. (wie Anm. 8).

[11] Gerd Althoff, Verwandte, Freunde und Getreue. Zum politischen Stellenwert der Gruppenbindungen im früheren Mittelalter, Darmstadt 1990; Ders., Königsherrschaft und Konfliktbewältigung im 10. und 11. Jahrhundert, in: Frühmittelalterliche Studien 23, 1989, S. 265–290; Ders., Huld. Überlegungen zu einem Zentralbegriff der mittelalterlichen Herrschaftsordnung, in: Frühmittelalterliche Studien 25, 1991, S. 259–282. Vgl. Dilcher (wie Anm. 8) S. 47 ff.

[12] Gerd Althoff, Konfliktverhalten und Rechtsbewußtsein: Die Welfen in der Mitte des 12. Jahrhunderts, in: Frühmittelalterliche Studien 26, 1992, S. 331–352; vgl. Karl J. Leyser, Rule and Conflict in an Early Medieval Society. Ottonian Saxony, London 1979; für Frankreich Geoffrey Koziol, Begging Pardon and Favor. Ritual and Political Order in Early Medieval France, Ithaca u. a. 1992; ferner Hanna Vollrath, Konfliktwahrnehmung und Konfliktdarstellung in erzählenden Quellen des 11. Jahrhunderts, in: Die Salier und das Reich, hrsg. von Stefan Weinfurter, 3, Sigmaringen 1991, S. 279–296, deren anregendem Versuch ich jedoch nicht in allem zustimmen kann.

[13] Ich greife die Formulierung auf, die zur angemessenen Beschreibung mittelalterlicher Verwaltung vorgeschlagen wurde von Dietmar Willoweit, Die Entwicklung und Verwaltung der spätmittelalterlichen Landesherrschaft, in: Deutsche Verwaltungsgeschichte, hrsg. von Kurt G. A. Jeserich – Hans Pohl – Georg-Christoph von Unruh, 1, Stuttgart 1983, S. 81, unter Berufung auf Max Weber, Wirtschaft und Gesellschaft. Grundriß der verstehenden Soziologie, hrsg. von Johannes Winckelmann, Tübingen ^{5}1976, S. 28 ff., 122 ff., 541 ff.

[14] Hagen Keller, Grundlagen ottonischer Königsherrschaft, in diesem Band, S. 22–33; Ders., Reichsorganisation, Herrschaftsformen und Gesellschaftsstrukturen im Regnum Teutonicum, in: Il secolo di ferro: mito e realtà del secolo X (Settimane di studio del Centro italiano di studi sull'alto medioevo 38) Spoleto 1991, S. 159–195.

[15] Dies wurde bereits in mehreren Beiträgen der Settimana di studio von 1994 angesprochen, vgl. Antonio Padoa Schioppa, Discorso conclusivo, in: La giustizia nell'alto medioevo (secoli V–VIII) (Settimane di studio del Centro italiano di studi sull'alto medioevo 42) Spoleto 1995, S. 1243–1276, S. 1248 ff., 1269 ff., und insbes. von Patrick J. Geary, Extra-judical means of conflict-resolutions, in ebd. S. 569–601 (mit Literatur). Kulturvergleichende und rechtsanthropologische Arbeiten der letzten Jahrzehnte haben hinsichtlich der Beilegung von Konflikten auch in der Mediävistik zu neuen Fragestellungen geführt. Der Blick sollte dabei nicht nur auf „archaische" Gesellschaften gerichtet werden, sondern vor allem auch auf Hochkulturen. Beispielsweise wird von japanischen Rechtshistorikern die besondere Wendung, welche die europäische Rechtskultur im Hochmit-

telalter genommen hat, in der Konfrontation mit der eigenen Entwicklung sehr klar diagnostiziert. Als Umbruch von ganz grundsätzlicher Dimension begreift den Wandel HAROLD J. BERMAN, Law and Revolution. The Formation of the Western Legal Tradition, Cambridge, Mass. u. a. 1983. Erst nach Abschluß meines Manuskripts ist erschienen: Träger und Instrumentarien des Friedens im hohen und späten Mittelalter, hrsg. von JOHANNES FRIED (Vorträge und Forschungen 43) Sigmaringen 1996; vgl. zum hier angesprochenen Problem insbes. GERD ALTHOFF, Zusammenfassung, in ebd. S. 587–598.

16 GERD ALTHOFF, „Compositio". Wiederherstellung verletzter Ehre im Rahmen gütlicher Konfliktbeendigung, in: Verletzte Ehre. Ehrkonflikte in Gesellschaften des Mittelalters und der Frühen Neuzeit, hrsg. von KLAUS SCHREINER – GERD SCHWERHOFF (Norm und Struktur 5) Köln u. a. 1995, S. 63–76.; DERS., Königsherrschaft (wie Anm. 11); DERS., Die Billunger in der Salierzeit, in: Die Salier und das Reich (wie Anm. 12) 1, S. 309–329; TIMOTHY REUTER, Unruhestiftung, Fehde, Rebellion, Widerstand: Gewalt und Frieden in der Politik der Salierzeit, in ebd. 3, S. 297–325; REINHOLD KAISER, Selbsthilfe und Gewaltmonopol. Königliche Friedenswahrung in Deutschland und Frankreich im Mittelalter, in: Frühmittelalterliche Studien 17, 1983, S. 55–72.

17 GERD ALTHOFF, Genugtuung (satisfactio). Zur Eigenart gütlicher Konfliktbewältigung im Mittelalter, in: Modernes Mittelalter, hrsg. von JOACHIM HEINZLE, Frankfurt am Main – Leipzig 1994, S. 247–265; vgl. GERHARD DILCHER, Mord und Totschlag im alten Worms. Zu Fehde, Sühne und Strafe im Hofrecht Bischof Burchards (AD 1023–25), in: Überlieferung, Bewahrung und Gestaltung (wie Anm. 6) S. 91–104.

18 Paradigmatisch WIPO, Gesta Chuonradi II. imperatoris, c. 18, in: Die Werke Wipos, hrsg. von HARRY BRESSLAU (MGH, Scriptores rerum Germanicarum in usum scholarum 61) Hannover – Leipzig 1915, S. 37 f. Das *terrere reprobos* wird in diesem Sinne ein zentraler Faktor der Herrschaftslegitimation; dazu GERD TELLENBACH, Die geistigen und politischen Grundlagen der karolingischen Thronfolge. Zugleich eine Studie über kollektive Willensbildung und kollektives Handeln im 9. Jahrhundert, in: Frühmittelalterliche Studien 13, 1979, S. 184–302, S. 261 ff. (= DERS., Ausgewählte Aufsätze und Abhandlungen, 2, Stuttgart 1988, S. 580 ff.). Vgl. WEITZEL (wie Anm. 4), S. 1212 ff.; KOZIOL (wie Anm. 12), S. 214 ff.

19 Zusammenfassend JÜRGEN WEITZEL, Gewohnheitsrecht und fränkisch-deutsches Gerichtsverfahren, in: Gewohnheitsrecht und Rechtsgewohnheiten (wie Anm. 8) S. 67–86, S. 70 ff.

20 Hierzu FRANÇOIS BOUGARD, La justice dans le royaume d'Italie de la fin du VIIIe siècle au début du XIe siècle (Bibliothèque des Écoles françaises d'Athènes et de Rome 43) Roma 1995, S. 341–346. Dabei ist das öffentliche, von beiden Seiten anerkannte Urteil zumindest im Konflikt von Herrschaftsträgern auch als demonstrative Publikation der gültigen Rechtslage zu betrachten. Vgl. GERD ALTHOFF, Demonstration und Inszenierung. Spielregeln der Kommunikation in mittelalterlicher Öffentlichkeit, in: Frühmittelalterliche Studien 27, 1993, S. 27–50; DERS. (wie Anm. 12). Zur Problematik auch HANNA VOLLRATH, Rechtstexte in der oralen Rechtskultur des frühen Mittelalters, in: Mittelalterforschung nach der Wende, hrsg. von MICHAEL BORGOLTE (Historische Zeitschrift. Beihefte, N. F. 20) München 1995, S. 319–348.

21 Feststellung durch Gottesurteil im gerichtlichen Zweikampf: WIPO, Gesta Chuonradi (wie Anm. 18) c. 33, S. 52.

22 GERD ALTHOFF, Gloria et nomen perpetuum. Wodurch wurde man im Mittelalter berühmt?, in: Person und Gemeinschaft im Mittelalter. Karl Schmid zum 65. Geburtstag, hrsg. von GERD ALTHOFF u. a., Sigmaringen 1988, S. 297–313; WOLFGANG HAUBRICHS, Ehre und Konflikt. Zur intersubjektiven Konstitution der adligen Persönlichkeit im früheren Mittelalter, in: Spannungen und Konflikte menschlichen Zusammenlebens in der deutschen Literatur des Mittelalters. Bristoler Kolloquium 1993, hrsg. von KURT GÄRTNER – INGRID KASTEN – FRANK SHAW, Tübingen 1996, S. 35–58. Zum Problem grundsätzlich

Klaus Schreiner – Gerd Schwerhoff, Verletzte Ehre. Überlegungen zu einem Forschungskonzept, in: Verletzte Ehre (wie Anm. 16) S. 1–28; für die hier behandelte Zeit auch Althoff, Compositio (wie Anm. 16).

23 Hieraus erklären sich zahllose Konflikte um Sitzordnungen, Vortrittsrechte etc., aber auch die Tatsache, daß im Streit um Herrschaftsrechte beide Parteien von der betroffenen Bevölkerung die Abgaben eintrieben, die „Armen" diese also oft doppelt leisten mußten. Zu den Rangstreitigkeiten vgl. Heinrich Fichtenau, Lebensordnungen des 10. Jahrhunderts. Studien über Denkart und Existenz im einstigen Karolingerreich, 1 (Monographien zur Geschichte des Mittelalters 30) Stuttgart 1984, S. 11–47 („Ordnung als Rangordnung"); als Beispiel aus dem kirchlichen Bereich Knut Görich, Der Gandersheimer Streit zur Zeit Ottos III. Ein Konflikt um die Metropolitanrechte des Erzbischofs Willigis von Mainz, in: Zeitschrift der Savigny-Stiftung für Rechtsgeschichte, Kanonistische Abteilung 110, 1993, S. 56–94.

24 Für die Nachfolge in Ämtern und die Vererbung von Lehen fehlten im 10. Jahrhundert noch sichere Regeln. Der Anspruch der Söhne konkurrierte mit der älteren Vorstellung, daß wichtige Positionen an die profiliertesten Mitglieder der Sippe oder den durch die vornehmste Heirat herausgehobenen Erben gehen sollten. Vgl. Karl Schmid, Zur Problematik von Familie, Sippe und Geschlecht, Haus und Dynastie beim mittelalterlichen Adel, in: Zeitschrift für die Geschichte des Oberrheins 105, 1957, S. 1–62 (= Ders., Gebetsgedenken und adliges Selbstverständnis im Mittelalter, Sigmaringen 1983, S. 183–244), bes. S. 47 ff. (229 ff.). Die offene Rechtsfrage, ob beim Tode eines von mehreren Brüdern dessen Erbe an seine Brüder oder an seine Söhne fallen sollte, ließ Otto d. Gr. 939 durch einen gerichtlichen Zweikampf entscheiden; doch darf man vermuten, daß dadurch divergierende Rechtsanschauungen und -ansprüche nicht einfach aus der Welt geschafft waren. Vgl. Die Sachsengeschichte Widukinds von Korvei, hrsg. von Paul Hirsch – Hans-Eberhard Lohmann (MGH, Scriptores rerum germanicarum in usum scholarum 60) Hannover 1935, II 10, S. 73 f.; dazu Waitz (wie Anm. 2) 6, S. 519 f.

25 Wegweisend für die neueren Auffassungen, im bewußten Kontrast gegen ältere Sichtweisen, Otto Brunner, Land und Herrschaft. Grundfragen der territorialen Verfassungsgeschichte Österreichs im hohen Mittelalter, Wien [5]1965; vgl. Dietmar Willoweit, Deutsche Verfassungsgeschichte, München 1990, S. 5 ff. Die Interpretation der Verhaltensweisen im früheren Mittelalter vom hoch- und spätmittelalterlichen Fehdewesen her kann freilich das Verständnis der Vorgänge im 9.–11. Jahrhundert behindern. Zur Problematik Gerhard Dilcher, Friede durch Recht, in: Träger und Instrumentarien des Friedens (wie Anm. 15) S. 203–227.

26 Sehr kennzeichnend ist die Begründung Widukinds von Corvey (wie Anm. 24) für die Entscheidung Ottos d. Gr., den Streit um das Eintrittsrecht der Enkel in das Erbe des Vaters durch einen gerichtlichen Zweikampf klären zu lassen. Widukind schildert den Vorgang so: *Unde exiit edictum a rege, ut universalis populi conventum fieret apud villam quae dicitur Stela; factum est, ut causa inter arbitros iudicaretur debere examinari. Rex autem meliori consilio usus noluit viros nobiles ac senes populi inhoneste tractari, sed magis rem inter gladiatores discerni iussit.* Die Forderung, sich in einer solchen Frage gegen die eigene Rechtsüberzeugung einem Schiedsspruch zu beugen, hätte also eine Kränkung der Unterliegenden bedeutet und wäre kaum friedlich angenommen worden. Zum Problem des Rechts in Ranggesellschaften vgl. Rainer Schulze, Das Recht fremder Kulturen. Vom Nutzen der Rechtsethnologie für die Rechtsgeschichte, in: Historisches Jahrbuch 110, 1990, S. 446–470, S. 466 f.

27 Waitz (wie Anm. 2) 6, S. 610 ff.; vgl. Weitzel (wie Anm. 4) S. 1212 ff.; Althoff, Huld (wie Anm. 11) S. 263 ff.

28 Waitz (wie Anm. 2) 6, S. 579 ff., 585 ff.; Weitzel (wie Anm. 4) S. 1186 ff., 1200 ff. Im Hofrecht des Bischofs Burkhard von Worms heißt es: *Lex erit familie: si quis ex aliquo commisso in manus episcopi cum iuditio sotiorum pervenerit, ipse cum omnibus suis pos-*

sessionibus eo diiudicetur; MGH Constitutiones et acta publica, 1, hrsg. von Ludwig Weiland Hannover 1893, S. 641, cap. 7; dazu Dilcher (wie Anm. 17).

[29] Vgl. Hermann Kamp, Vermittler in den Konflikten des hohen Mittelalters, in: La giustizia nell'alto medioevo (secoli IX–XI) (Settimane di studio del Centro italiano di studi sull'alto medioevo 44) Spoleto 1997, S. 675–710.

[30] Zur Problematik insbesondere Leyser (wie Anm. 12) S. 98–107; vgl. Althoff, Königsherrschaft (wie Anm. 11) S. 278 ff. Zur Veränderung seit der Zeit Konrads II. (1024–1039), die wir allerdings vor allem aus den um 1045 entstandenen Gesta Chuonradi imperatoris Wipos kennen, vgl. unten Anm. 77.

[31] Tellenbach (wie Anm. 18) S. 261 ff., 290 ff. (= S. 580 ff., 609 ff.); Leyser (wie Anm. 12) S. 35 ff.

[32] Althoff, Compositio (wie Anm. 16) S. 68 ff.; Kamp (wie Anm. 29). Vgl. auch Hanna Vollrath, Herrschaft und Genossenschaft im Kontext frühmittelalterlicher Rechtsbeziehungen, in: Historisches Jahrbuch 102, 1982, S. 33–71.

[33] Vgl. das unten Anm. 59 zitierte Beispiel.

[34] Unten nach Anm. 66. Zum Motiv des „Friedenstiftens" in der frühottonischen Geschichtsschreibung Karl Hauck, Erzbischof Adalbert von Magdeburg als Geschichtsschreiber, in: Festschrift für Walter Schlesinger, hrsg. von Helmut Beumann, Köln 1974, S. 276–353, S. 287 ff. Die Bitte an Gott, dem König das *donum pacis,* ein *regnum pacificum* zu gewähren und ihn wie Salomon *sapientiae pacisque ineffabili munere* zu beschenken, durchzieht die Krönungsliturgie; Le pontifical romano-germanique du dixième siècle, 1, hrsg. von Cyrille Vogel – Reinhard Elze (Studi e testi 226) Città del Vaticano 1963, S. 246 ff. Wolfgang Sellert, Friedensprogramme und Friedenswahrung im Mittelalter, in: Wege europäischer Rechtsgeschichte. Karl Kroeschell zum 60. Geburtstag, hrsg. von Gerhard Köbler (Rechtshistorische Reihe 60) Frankfurt a. M. 1987, S. 453–467, hat durch die Fixierung auf eine hoheitlich oder eidgenossenschaftlich begründete, vor allem im Gericht institutionalisierte „Friedenswahrung" die zentrale Stellung der *pax* als Leitbild der politischen Ordnung im 10. Jahrhundert übersehen. Vgl. auch unten Anm. 67.

[35] Waitz (wie Anm. 2) 7, S. 1 ff.; 8, S. 47 ff., 82 ff.; Hirsch (wie Anm. 5) S. 111 ff.; Conrad (wie Anm. 1) S. 251 f.; Mitteis – Lieberich (wie Anm. 1) S. 188 ff.; vgl. Weitzel (wie Anm. 4).

[36] Edmund E. Stengel, Die Immunität in Deutschland bis zum Ende des 11. Jahrhunderts. Forschungen zur Diplomatik und Verfassungsgeschichte, 1: Diplomatik der deutschen Immunitäts-Privilegien vom 9. bis zum Ende des 11. Jahrhunderts, Innsbruck 1910. Zusammenfassend Dietmar Willoweit, Artikel „Immunität", in: Handwörterbuch zur deutschen Rechtsgeschichte (wie Anm. 5) 2, 1978, Sp. 312–330 (hier: Sp. 315 f.); Clausdieter Schott – Hermann Romer, Artikel „Immunität", in: Lexikon des Mittelalters, 5, München – Zürich 1991, Sp. 390 ff. Vgl. Anm. 5 und 39.

[37] Hans K. Schulze, Die Grafschaftsverfassung der Karolingerzeit in den Gebieten östlich des Rheins (Schriften zur Verfassungsgeschichte 19) Berlin 1973; Ders., Grundprobleme der Grafschaftsverfassung, in: Zeitschrift für württembergische Landesgeschichte 44, 1985, S. 265–282, in kritischer Auseinandersetzung mit Michael Borgolte, Geschichte der Grafschaften Alemanniens in fränkischer Zeit (Vorträge und Forschungen. Sonderband 31) Sigmaringen 1984.

[38] Vgl. die in Anm. 35 zitierten Werke; ferner Hartmut Hoffmann, Grafschaften in Bischofshand, in: Deutsches Archiv für Erforschung des Mittelalters 44, 1990, S. 375–480, S. 456 ff.

[39] Vgl. die in Anm. 5 zitierte Literatur; ferner Waitz (wie Anm. 2) 8, S. 63 ff.

[40] So die Ranshofener „Constitutio ducis Heinrici" (= Herzog Heinrich IV. von Bayern) von ca. 995, in: MGH Constitutiones et acta publica (wie Anm. 28) S. 484 f.; dazu Weinfurter (wie Anm. 42) S. 253 ff.

[41] S. unten zwischen Anm. 48 und 50 zu Burchard von Worms.

42 Stefan Weinfurter, Die Zentralisierung der Herrschaftsgewalt im Reich durch Kaiser Heinrich II., in: Historisches Jahrbuch 111, 1986, S. 241–297.

43 Zu der bekannten Veroneser „Konstitution" Ottos I. von 967, die beim Vorwurf der Urkundenfälschung zur Wahrheitsfindung den gerichtlichen Zweikampf ermöglicht, Bougard (wie Anm. 20) S. 333ff. Das Hofrecht des Bischofs Burkhard von Worms (siehe unten Anm. 48) verfügt mit ähnlicher Begründung – *ut declinentur periuria* – für bestimmte Fälle den Verzicht auf Vereidigung der Zeugen (12, S. 641 f.) oder den Zweikampf (19, S. 642 Z. 20ff.; 31, S. 644 Z. 25ff.) bzw. die Heißwasserprobe, falls der Gegner den Zweikampf nicht annimmt (30, S. 644 Z. 7f., 11f.). Vgl. auch die oben Anm. 21 und 26 zitierten Beispiele aus der Zeit Kaiser Konrads II. und Ottos I., ferner Krause (wie Anm. 3) S. 45f. Zur Karolingerzeit Karl Kroeschell, Wahrheit und Recht im frühen Mittelalter, in: Sprache und Recht. Festschrift für Ruth Schmidt-Wiegand, hrsg. von Karl Hauck, 1, Berlin 1986, S. 455–473; Dieter Werkmüller, Per pugnam probare. Zum Beweisrecht im fränkischen Prozeß, in: Überlieferung, Bewahrung und Gestaltung (wie Anm. 6) S. 379–390.

44 Das Phänomen scheint mir in der Rechtsgeschichte noch nicht die allgemeine Beachtung gefunden zu haben, die es verdient. Ein Beispiel aus der Mitte des 11. Jahrhunderts: Vita Bennonis II. episcopi Osnabruggensis auctore Norberto abbate Iburgensi, hrsg. von Harry Bresslau (MGH Scriptores rerum Germanicarum in usum scholarum 56) Hannover 1902, 14, S. 16f. Der Bericht ist wichtig wegen der Details zum Verfahren, das wiederum den jurisdiktionellen Bereich weit überschreitet. Die Tendenz zeichnet sich auch im Hofrecht Bischof Burkhards von Worms (wie Anm. 48) klar ab.

45 Eine Auswahl der einschlägigen Arbeiten in: Gerd Althoff, Spielregeln in der Politik, Darmstadt 1997.

46 Die Chronik des Bischofs von Merseburg und ihre Korveier Überarbeitung, hrsg. von Robert Holtzmann (MGH Scriptores rerum Germanicarum in usum scholarum, N. S. 9) Berlin 1935, VIII 19–24 (Bericht über Auseinandersetzungen Thietmars um Güter der Merseburger Kirche), VI 48–54, VII 4–6, 46–50, 53, VIII 27–28. Die Beispiele ließen sich leicht vermehren. Thietmar erwähnt dabei vielfach auch Formen der – gerichtlichen oder „außergerichtlichen" – Schlichtung, wobei dem Eingreifen des Königs entscheidende Bedeutung zukommt. Vgl. Reuter (wie Anm. 16).

47 MGH Constitutiones (wie Anm. 28) 1, S. 79f. (= MGH Die Urkunden der deutschen Könige und Kaiser, 3: Die Urkunden Heinrichs II. und Arduins, 501 a/b., S. 640f.). Das Diplom wurde für beide Institutionen, d. h. für die bischöfliche Kirche von Worms und für das Kloster Lorsch, in gleichlautenden Fassungen ausgestellt. Eine ähnliche Verfügung traf der Kaiser für die Klöster Fulda und Hersfeld: MGH Constitutiones 36, S. 80f. (= MGH Urkunden 507, S. 649f.).

48 MGH Constitutiones (wie Anm. 28) 1, 438, S. 639ff.; vgl. vor allem 30, S. 643 Z. 27 – S. 644 Z. 22; dazu Dilcher (wie Anm. 17) mit Literatur.

49 MGH Constitutiones (wie Anm. 28) 1, 438, S. 640, Z. 18: *propter assiduas lamentationes miserorum.*

50 Ekkehard Kaufmann, Aequitatis iudicium. Königsgericht und Billigkeit in der Rechtsordnung des frühen Mittelalters (Frankfurter Wissenschaftliche Beiträge. Rechts- und Wirtschaftswissenschaftliche Reihe 18) Frankfurt a. M. 1959, S. 120ff.; Hagen Keller, Das Bildnis Kaiser Heinrichs im Regensburger Evangeliar aus Motecassino (Vat. Ottob. lat. 74). Zugleich ein Beitrag zu Wipos Tetralogus, in: Frühmittelalterliche Studien 30, 1996, S. 173–214. Zur Darstellung auch Hubert Mordek, Frühmittelalterliche Gesetzgeber und Iustitia in Miniaturen weltlicher Rechtshandschriften, in: La giustizia nell'alto medioevo (wie Anm. 15) S. 1006ff. Die häufig reproduzierte Miniatur ist in Schwarz-Weiß-Abbildung wiedergegeben z. B. bei Percy Ernst Schramm, Die deutschen Kaiser und Könige in Bildern ihrer Zeit, Neuauflage hrsg. von Florentine Mütherich, München 1983, S. 383, Nr. 130.

[51] Literatur wie Anm. 1–4. Eine erweiterte, angemessenere Perspektive wählt WEITZEL (wie Anm. 4) S. 1186ff., wenn er für die nachkarolingische Zeit von „gerichtsnahen Bereichen königlicher Entscheidungstätigkeit" spricht. Für das Regnum Italicum vgl. den Beitrag von BOUGARD (wie Anm. 20) S. 133–176.

[52] Ich zitiere Beispiele für das ostfränkisch-deutsche Regnum, die sich erfassen ließen mit Hilfe der Register zu MGH Diplomata regum et imperatorum Germaniae, 1–3: DD OI 59, 60, 78, 86, 111, 115, 135, 155, 188, 189, 204, 217, 330, 331, 333; DD OII 94, 102, 141; DD HII 77, 117, 118, 215, 364, 410, 480, 498, 499. Zum angemessenen Verständnis ist zu beachten, wie erzählende Quellen derartige Vorgänge schildern.

[53] KRAUSE (wie Anm. 3) S. 8f., 28ff., 59f. Das in den Königsurkunden häufige *legali iudicio* dürfte demnach auf die Verurteilung gemäß der *lex* zielen, die – wie KRAUSE zeigt – nicht nur als geschriebenes Gesetz zu verstehen ist. In diesem Sinne sagt eine Urkunde Ottos d. Gr. (D OI 107) bei der Restitution von konfisziertem Besitz: *res … iudicio scabineorum pro cuiusdam viri commissu … nostrae regalitati iure fiscatas denuo eidem in proprium concessimus, legem etiam vitamque suam pro aeternae remuneritatis praemio perdonavimus.* Vgl. oben zu Anm. 27–29.

[54] KELLER (wie Anm. 50).

[55] Die Vorstellung von der *maiestas* des Herrschers und die Einstufung als *reus maiestatis* bedürften vor dem Hintergrund der neueren Forschungen einer eigenen Untersuchung; dabei wäre auf Unterschiede zur Karolingerzeit und auf Veränderungen im 11. Jahrhundert zu achten. Vgl. vorläufig KRAUSE (wie Anm. 3) S. 66f. ALTHOFF, Königsherrschaft (wie Anm. 11) S. 278ff.; überspitzt und der Differenzierung bedürftig KELLER (wie Anm. 8) S. 20f. Vgl. LEYSER (wie Anm. 12) S. 83ff.; STEFAN WEINFURTER, Idee und Funktion des „Sakralkönigtums" bei den ottonischen und salischen Herrschern, in: Legitimation und Funktion des Herrschers. Vom ägyptischen Pharao zum neuzeitlichen Diktator, hrsg. von ROLF GUNDLACH – HERMANN WEBER (Schriften der Mainzer Philosophischen Fakultätsgesellschaft 13) Stuttgart 1992, S. 99–127; HAGEN KELLER, Die Investitur. Ein Beitrag zum Problem der „Staatssymbolik" im Hochmittelalter, in: Frühmittelalterliche Studien 27, 1993, S. 51–86.

[56] Die Chronik des Bischofs Thietmar (wie Anm. 46) VII 5, S. 405.

[57] Im Bericht über die Verurteilung Herzog Adalberos von Kärnten (siehe unten Anm. 62) wird das Verhalten des Kaisers umschrieben mit den Worten *precep(it) ut ipsi A. ducatum suum et marcam iudicio abdicarent; filium suum quatinus A. omnimodis insequeretur … postulavit simulque ducatum sibi iudicio abdicandum et nunciavit et rogavit; monitionibus et minis, prece omnibusque huiuscemodi exhortationibus incumben(s); cum ita filium sue voluntati deesse videbat;* König Heinrich kehrt schließlich nach dramatischen Szenen zurück *ad obedientiam, ad preceptum, ad voluntatem patris.* Zum *praecipere* des Königs im Gericht z. B. auch Thietmar (wie Anm. 58). Solange derartige Erzählungen nicht zum Ausgangspunkt der Analyse werden, läßt sich so etwas wie eine Rechtsgeschichte des 10. und 11. Jahrhunderts nicht schreiben.

[58] Die Chronik des Bischofs Thietmar von Merseburg (wie Anm. 46) VII 8, S. 407f. Thietmars Äußerung ist freilich vor dem Hintergrund zu sehen, daß die Herrscher in ihren Diplomen gelegentlich selbst bekennen, durch eigene Maßnahmen gesündigt zu haben; vgl. KRAUSE (wie Anm. 3) S. 40f., 82f. Der Vorwurf könnte so dem Herrscher unter Berufung auf die Stimme des Volkes auch im Sinne der Paränese hinterbracht werden. Vgl. Thietmar II 45, S. 94, wo die Aufforderung an die Gläubigen, für Otto I. zu beten, der angesichts der vielfältigen Aufgaben unvermeidlich Fehltritte getan und gesündigt habe, in die Bitte übergeht, daß Gott den künftigen Herrschern beistehen und Kaiser Otto beim letzten Gericht einen Platz zur Rechten Gottes finden möge.

[59] Vita Mathildis reginae posterior, c. 5, in: Die Lebensbeschreibungen der Königin Mathilde, hrsg. von BERND SCHÜTTE (MGH Scriptores rerum Germanicarum in usum scholarum 66) Hannover 1994, S. 154f.

[60] Die Sachsengeschichte Widukinds von Korvei (wie Anm. 24) II 31, S. 118.

[61] Dazu Kamp (wie Anm. 29).

[62] Quelle: Die ältere Wormser Briefsammlung, bearb. von Walter Bulst (MGH Die Briefe der deutschen Kaiserzeit 3) Weimar 1949, 27, S. 49 ff.; Heinrich Mitteis, Politische Prozesse des früheren Mittelalters in Deutschland und Frankreich (Sitzungsberichte der Heidelberger Akademie der Wissenschaften. Philosophisch-historische Klasse, Jahrgang 1926/27, 3) Heidelberg 1927; Ingrid Heidrich, Die Absetzung Herzog Adalberos von Kärnten durch Kaiser Konrad II. 1035, in: Historisches Jahrbuch 91, 1971, S. 70–94; Adelheid Krah, Absetzungsverfahren als Spiegelbild von Königsmacht. Untersuchungen zum Kräfteverhältnis zwischen Königtum und Adel im Karolingerreich und seinen Nachfolgestaaten (Untersuchungen zur deutschen Staats- und Rechtsgeschichte, N. F. 26) Aalen 1987, S. 355 ff.; Weitzel (wie Anm. 4) S. 1039–1052; Hagen Keller, Zwischen regionaler Begrenzung und universalem Horizont. Deutschland im Imperium der Salier und Staufer 1024–1250 (Propyläen Geschichte Deutschlands 2) Berlin 1986, S. 87 f.

[63] Z. B. Die Chronik des Bischofs Thietmar von Merseburg (wie Anm. 46) VI, 53–55, S. 341 f.; dazu: Gerd Althoff, Otto III. und Heinrich II. in Konflikten, in: Otto III. und Heinrich II. Eine Wende, hrsg. von Bernd Schneidmüller – Stefan Weinfurter (Mittelalter-Forschungen 1) Sigmaringen 1997, S. 77–94.

[64] Als Beispiel, Gerd Althoff, Otto III., Darmstadt 1996, S. 100 ff., zum Vorgehen gegen den römischen Stadtpräfekten Crescentius.

[65] S. oben Anm. 18.

[66] Da es zu den ständig wiederkehrenden „Sanktionsdrohungen" – etwa in Königsdiplomen und Gerichtsurkunden – gehört, nicht den „Zorn des Königs" zu erregen, unterschieden die Zeitgenossen zwischen dem „gerechten Zorn" als dem *zelus rectitudinis*, der auf die *ultio peccati* gerichtet ist, und dem unbeherrschten Wüten *(furor)*. Vgl. Nikolaus Staubach, Rex christianus. Hofkultur und Herrschaftspropaganda im Reich Karls des Kahlen, 2 (Pictura et Poesis 2) Köln u. a. 1993, S. 153 ff., zum Herrscherspiegel des Sedulius Scottus. Vgl. Leyser (wie Anm. 12) S. 35 ff.

[67] Hans Hattenhauer, Pax et iustitia (Berichte aus den Sitzungen der Joachim Jungius-Gesellschaft der Wissenschaften e. V., Jahrgang 1, 1982/83, 3) Hamburg 1983.

[68] Ebd. S. 32, 36.

[69] Geradezu programmatisch der Continuator Reginonis (= Adalbert, Abt von Weißenburg, später Erzbischof von Magdeburg), in: Reginonis abbatis Prumiensis Chronicon cum continuatione Treverensi ad 919, 920, 921, 936, hrsg. von Friedrich Kurze (MGH Scriptores rerum Germanicarum in usum scholarum 50) Hannover 1890, S. 156, 159; ähnlich die Betonung der Befriedung des Reiches durch Heinrich in: Die Sachsengeschichte Widukinds von Korvei (wie Anm. 24) I, 17, 27, 38, S. 27, 39 f., 55 ff., ferner I 25 f., S. 37 ff.; dazu Hauck (wie Anm. 34).

[70] Gerd Althoff, Amicitiae und Pacta. Bündnis, Einung, Politik und Gebetsgedenken im beginnenden 10. Jahrhundert (MGH Schriften 37) Hannover 1992.

[71] Die Sachsengeschichte Widukinds von Korvei (wie Anm. 24) II, 7, 10, 29, 36, S. 72 f., 91, 95 ff. mit Betonung der *clementia,* die den Gegnern immer wieder verzeiht. Vgl. oben Anm. 59 und 66.

[72] Percy Ernst Schramm – Florentine Mütherich, Denkmale der deutschen Könige und Kaiser, 1: Ein Beitrag zur Herrschergeschichte von Karl dem Großen bis Friedrich II. 768–1250 (Veröffentlichungen des Zentralinstituts für Kunstgeschichte in München 2) München ²1981, S. 281, Nr. 67; Mechthild Schulze-Dörlamm, Die Kaiserkrone Konrads II. (1024–1039). Eine archäologische Untersuchung zu Alter und Herkunft der Reichskrone (Römisch-Germanisches Zentralmuseum. Monographien 23) Sigmaringen 1991, S. 133, Farbtafel Nr. 8.

[73] Vgl. Kaufmann (wie Anm. 50); Hattenhauer (wie Anm. 67). Bezeichnenderweise bezieht sich Hattenhauer, wenn er von der Rolle der *pax* im Denken der nachkarolingi-

schen Zeit spricht, wiederum nur auf den Gottesfrieden (S. 32 f.), wie dies auch die älteren Rechtsgeschichten getan haben. Vgl. oben Anm. 34.

74 Wie oben zu Anm. 54. Vgl. ISIDOR, Etymologiae IX, III 1 ff., hrsg. von WALLACE MARTIN LINDSAY, Oxford 1911; Le pontifical romano-germanique (wie Anm. 34) 72, 17, S. 254 f.; KELLER (wie Anm. 50).

75 GERD ALTHOFF, Causa scribendi und Darstellungsabsicht: Die Lebensbeschreibungen der Königin Mathilde und andere Beispiele, in: Litterae medii aevi. Festschrift für J. Autenrieth zu ihrem 65. Geburtstag, hrsg. von MICHAEL BORGOLTE – HERRAD SPILLING, Sigmaringen 1988, S. 117–133; vgl. BERND SCHÜTTE, Untersuchungen zu den Lebensbeschreibungen der Königin Mathilde (MGH Studien und Texte 9) Hannover 1994.

76 ALTHOFF (wie Anm. 63).

77 KELLER (wie Anm. 50) S. 194 ff. Zum Wandel der Rechts- und Herrschaftsauffassung unter den ersten Saliern HELMUT BEUMANN, Zur Entwicklung transpersonaler Staatsvorstellungen, in: Das Königtum. Seine geistigen und rechtlichen Grundlagen (Vorträge und Forschungen 3) Konstanz 1956, S. 185–224 (= DERS., Wissenschaft vom Mittelalter. Ausgewählte Aufsätze, Köln – Wien 1972, S. 135–174); KARL SCHNITH, Recht und Friede. Zum Königsgedanken im Umkreis Heinrichs III., in: Historisches Jahrbuch 80, 1962, S. 22–57; ALTHOFF, Königsherrschaft (wie Anm. 11) S. 278 ff.

78 WIPO, Gesta Chuonradi (wie Anm. 18) c. 5, S. 26 f.

79 KELLER (wie Anm. 50) S. 194 ff., vgl. S. 185 ff.

80 WIPO, Gesta Chuonradi (wie Anm. 18) c. 3, S. 23.

81 Ottonis et Rahewini Gesta Friderici I. imperatoris, II 3, hrsg. von GEORG WAITZ (MGH Scriptores rerum Germanicarum in usum scholarum 46) Hannover [3]1912, S. 104 f. = Bischof Otto von Freising und Rahewin, Die Taten Friedrichs, hrsg. von FRANZ-JOSEF SCHMALE (Ausgewählte Quellen zur deutschen Geschichte des Mittelalters. Freiherr vom Stein-Gedächtnisausgabe 17) Darmstadt 1965, S. 286 f.

82 Ebd. S. 104, Z. 33–37: *Ipse vero mentem in priori severitate retinens et tamquam fixus manens constantiae suae omnibus nobis non parvum dedit indicium, dicens non ex odio, sed iusticiae intuitu illum a gratia sua exclusum fuisse.* Zur Stelle und zum Wandel der Rechtsauffassungen im 12. Jahrhundert überhaupt KELLER (wie Anm. 62) S. 314–329, zur Vorbereitung des neuen herrschaftlichen Verständnisses von Recht im 11. Jahrhundert ebd., S. 126–143.

83 Zu den Veränderungen KROESCHELL, Recht (wie Anm. 9); DILCHER, Oralität (wie Anm. 10); KAISER (wie Anm. 16); ALTHOFF, Königsherrschaft (wie Anm. 11); vgl. auch KELLER, Investitur (wie Anm. 55). Vgl. BERMAN (wie Anm. 15).

84 KELLER (wie Anm. 50), in Interpretation von Wipos Tetralogus (Die Werke Wipos [wie Anm. 18] S. 75 ff.).

Reichsstruktur und Herrschaftsauffassung in ottonisch-frühsalischer Zeit

1 Auf eine Aneinanderreihung von Titeln darf im Zusammenhang dieser Feststellung verzichtet werden; jede Aufzählung müßte eine recht willkürliche Auswahl treffen. Was für die hier zu behandelnde Thematik einschlägig ist, wird jeweils im sachlichen Kontext zitiert und dürfte die getroffene Feststellung hinreichend belegen. Das aktuelle Interesse wird auch dadurch unterstrichen, daß in der Bundesrepublik und in der DDR mehrbändige neue Darstellungen einer „Deutschen Geschichte“ oder einer „Geschichte Deutschlands“ im Erscheinen begriffen bzw. noch in Arbeit sind.

2 Es mag genügen, an die Forschungen zur Ideengeschichte des Königtums zu erinnern, die ihrerseits eng verknüpft sind mit der Erforschung der Herrschaftszeichen und des liturgischen Herrscherzeremoniells auf der einen und mit neu gewonnenen Zugängen zur früh- und hochmittelalterlichen Historiographie auf der anderen Seite; an die

Untersuchungen über den personellen und institutionellen Charakter der Reichskirche; an die personengeschichtlich orientierte Erfassung der Führungsschicht und der Herrschaftsstrukturen überhaupt; an die Frage nach dem Charakter und den materiellen Grundlagen der Königsherrschaft, deren Beantwortung in einer Verbindung von politischer Geschichte, Verfassungsgeschichte und Landesgeschichte angestrebt wird.

[3] Erste Ergebnisse zum Itinerar, zum Herzogtum und zur personalen Struktur des frühdeutschen Reiches, auf denen diese Untersuchung aufbaut, habe ich im Wintersemester 1978/79 für meine Vorlesung über das Zeitalter der Ottonen erarbeitet und dort vorgetragen; einer Vertiefung des Ansatzes standen jedoch andere Verpflichtungen im Wege. Als ich im September 1980 die Leitung des Instituts für geschichtliche Landeskunde, Historische Abteilung, an der Universität Freiburg übernahm, war mir dies ein Anlaß, den für die Stellung des alemannisch-schwäbischen Herzogtums im frühdeutschen Reich wichtigen Beobachtungen in einer breiter angelegten Untersuchung nachzugehen. Unter dem hier gewählten Titel wurden die Ergebnisse am 5. 12. 1980 in der Universität Marburg, am 26. 6. 1981 in der Universität Münster und am 23. 1.1982 im Konstanzer Arbeitskreis für mittelalterliche Geschichte vorgestellt. Unter anderem Aspekt wurden die Ergebnisse am 4. 6. 1981 für das Landeskundliche Kolloquium an der Universität Freiburg zusammengefaßt in einem Vortrag über „Das alemannisch-schwäbische Herzogtum im Reich der Ottonen und ersten Salier". In der Diskussion hat dabei Karl Schmid die Kennzeichnung als „Herrschaftsgeschichte" des frühdeutschen Reiches vorgeschlagen. Eingebettet in eine Gesamtbehandlung der frühottonischen Geschichte habe ich den diesbezüglichen Ertrag meiner Forschungen wiederum in meiner Vorlesung während des Sommersemesters 1981 zu vermitteln versucht.

[4] Meine Forschungen über das Königsitinerar fanden tatkräftige Unterstützung in der Mitarbeit von Clemens Rehm, Josef Steinhart und Markus Moehring, denen ich wichtige Fragen und Feststellungen verdanke. Die beigegebenen Karten zur Lokalisierung der Urkundenausstellung für schwäbische Empfänger hat Josef Steinhart entworfen und erstellt.

[5] Bruno Heusinger, Servitium regis in der deutschen Kaiserzeit. Untersuchungen über die wirtschaftlichen Verhältnisse des deutschen Königtums 900–1250, in: Archiv für Urkundenforschung 8, 1923, S. 26–159; Hans Jürgen Rieckenberg, Königsstraße und Königsgut in liudolfingischer und frühsalischer Zeit, 919–1056, in: Archiv für Urkundenforschung 17, 1941, S. 32–154; Theodor Mayer, Das deutsche Königtum und sein Wirkungsbereich, in: Das Reich und Europa, Leipzig ²1941, S. 52–74 (Neudruck nur mit ausgewählten Itinerarkarten: Ders., Mittelalterliche Studien. Gesammelte Aufsätze, Lindau – Konstanz 1959, S. 28–44); Hans Conrad Peyer, Das Reisekönigtum des Mittelalters, in: Vierteljahrsschrift für Sozial- und Wirtschaftsgeschichte 51, 1964, S. 1–21; Carlrichard Brühl, Fodrum, gistum, servitium regis. Studien zu den wirtschaftlichen Grundlagen des Königtums im Frankenreich und in den fränkischen Nachfolgestaaten Deutschland, Frankreich und Italien vom 6. bis zur Mitte des 14. Jahrhunderts (Kölner Historische Abhandlungen 14,1/2) Köln – Graz 1968. Der Frageansatz hat in Einzeluntersuchungen zum Königsitinerar seine Fortsetzung gefunden; die Ergebnisse sind in vielfältigen Zusammenhängen, etwa bei der Erforschung der Königspfalzen oder in Untersuchungen über die Stellung einzelner Landschaften im ottonisch-salischen Reich, verwendet und ergänzt worden.

[6] Eckhard Müller-Mertens, Die Reichsstruktur im Spiegel der Herrschaftspraxis Ottos des Großen. Mit historiographischen Prolegomena zur Frage Feudalstaat auf deutschem Boden, seit wann deutscher Feudalstaat? (Forschungen zur mittelalterlichen Geschichte 25) Berlin 1980.

[7] Die eingehendere Analyse des Königsitinerars in Schwaben soll an anderer Stelle erscheinen.

[8] 939: Johann Friedrich Böhmer, Regesta Imperii II, 1. Abteilung: Die Regesten des Kaiserreiches unter Heinrich I. und Otto I., neubearbeitet von Emil von Ottenthal,

mit Ergänzungen von HANS H. KAMINSKI, Hildesheim 1967 (künftig: RI II/1) Nr. 78 b; RUDOLF KÖPKE – ERNST DÜMMLER, Kaiser Otto der Große (Jahrbücher der deutschen Geschichte) Leipzig 1876 (künftig: Jbb. OI) S. 88 ff. – 954: RI II/1 Nr. 237d; Jbb. OI S. 239 f. – 955: RI II/1 Nr. 240e–h; Jbb. OI S. 254 ff. (Abwehr des Ungarneinfalls).

[9] 951: RI II/1 Nr. 196b; Jbb. OI S. 194 f. – 952: RI II/1 Nr. 207a–208; Jbb. OI S. 202. – 961: RI II/1 Nr. 307–307a; Jbb. OI S. 325. – 965: RI II/1 Nr. 368c–371a; Jbb. OI S. 369 f. – 966: RI II/1 Nr. 437a--b; Jbb. OI S. 410. – 967: JOHANN FRIEDRICH BÖHMER, Regesta Imperii II, 2. Abteilung: Die Regesten des Kaiserreiches unter Otto II., neubearbeitet von HANS LEO MIKOLETZKY, Graz 1950 (künftig: RI II/2), Nr. 589e; Jbb. OI S. 423; KARL UHLIRZ, Jahrbücher des Deutschen Reiches unter Otto II. und Otto III., l: Otto II., Leipzig 1902 (künftig: Jbb. OII), S. 8. – 972: RI II/1 Nr. 549b–553; RI II/2 Nr. 601d–604a; Jbb. OI S. 488 ff.; Jbb. OII S. 27. – 980: RI II/2 Nr. 830–831a; Jbb.OII S. 138. – 990: JOHANN FRIEDRICH BÖHMER, Regesta Imperii II, 3. Abteilung: Die Regesten des Kaiserreiches unter Otto III., neubearbeitet von MATHILDE UHLIRZ, Graz 1956–57 (künftig: RI II/3), Nr. 1020 c–d; DIES., Jahrbücher des Deutschen Reiches unter Otto II. und Otto III., 2: Otto III., Berlin 1954 (künftig: Jbb. OIII), S. 123. – 1000: RI II/3 Nr. 1376 c–1380 a; Jbb. OIII S. 338 f.

[10] Lediglich bei der Rückkehr beider Kaiser aus Italien im Jahr 972 hielt sich der Hof 10–14 Tage lang im Bodenseegebiet auf (wie Anm. 9 zu 972). Daß hier Otto II. erstmals als Kaiser und mit seiner Gemahlin Theophanu deutschen Boden betrat, könnte dies erklären. Die Festfolge in der Augustmitte bot günstige Anlässe zur Herrschaftsrepräsentation: den Laurentiustag (10. 8.) und den anschließenden Sonntag dürften die Kaiser in der Bischofsstadt Chur begangen haben; am 14. 8. kamen sie abends nach St. Gallen, um am folgenden Tag das Fest Mariä Himmelfahrt zu begehen; am 17. 8. (Oktav des Laurentiusfestes) urkundet Otto II. auf der Reichenau, während man den folgenden Sonntag (18. 8.) nach einer Urkunde Ottos I. in der Bischofsstadt Konstanz verbrachte. In Konstanz war der Hof auch am darauffolgenden Sonntag (25. 8.), das Fest des Apostels Bartholomäus (24. 8.) dürfte in der Bischofsstadt begangen worden sein. Möglicherweise wurde noch das Fest des Bistumspatrons Pelagius (28. 8.) abgewartet; vgl. HELMUT MAURER, Bischof Konrad von Konstanz in seiner ottonischen Umwelt, in: Freiburger Diözesan-Archiv 95, 1975, S. 41–55, S. 52 f. DERS. (wie Anm. 61) S. 44. Auf dem Weiterzug nach Franken (Ingelheim) könnte auch der damals berühmte Wallfahrtsort Zurzach besucht worden sein, wo das Fest der Klosterheiligen Verena (l. 9.) wiederum auf einen Sonntag fiel. Zu Zurzach MAURER (wie Anm. 13) S. 169 f. Daß Otto d. Gr. alle Festtage in aufwendiger liturgischer Form beging, berichtet Thietmar von Merseburg (II 30, wie Anm. 11, S. 76) gerade mit Bezug auf die Rückkehr des Kaisers aus Italien, als der Palmsonntag 973 in Magdeburg und das Osterfest in Quedlinburg begangen wurden: *Namque solebat in sollempnitatibus universis ad vesperam et ad matutinam atque ad missam cum processione episcoporum venerabili deindeque caeterorum ordine clericorum cum crucibus sanctorumque reliquiis ac turribulis ad ecclesiam usque deduci. Hicque cum magno Dei timore, qui est principium sapientiae, staret atque sederet, usque dum finita sunt universa, nil loquens nisi divinum, sed ad caminatam suimet cum luminaribus multis comitatuque magno sacerdotum, ducum ac comitum remeabat.* Dazu FLECKENSTEIN (wie Anm. 50) S. 138 f.; weiterführend ALTHOFF (wie Anm. 134).

[11] (Adalberti) continuatio Reginonis ad 965 = Reginonis abbatis Prumiensis Chronicon cum continuatione Treverensi, hrsg. von FRIEDRICH KURZE (MGH SS rer. Germ. in usum schol.) Hannover 1890, S. 175. Zu beachten ist, daß man hier den 962 gekrönten Kaiser einholte; dazu HAUCK (wie Anm. 148) S. 333 f. Auf seinem Umritt wurde Heinrich II. 1002, von Sachsen kommend, in Duisburg aufgehalten, weil die Lothringer, die an der Wahl nicht teilgenommen hatten, verspätet erschienen, um den König nach Aachen zu geleiten: Die Chronik des Bischofs Thietmar von Merseburg, hrsg. von Robert HOLTZMANN (MGH SS rer. Germ. N. S. 9) Berlin 1955, V 20, S. 245. S. u. Anm. 42, 43.

[12] Zu den Feldzügen Heinrichs I. gegen Herzog Arnulf von Bayern KURT REINDEL, Die bayerischen Liutpoldinger 893–989 (Quellen und Erörterungen zur bayerischen Geschichte, Neue Folge 11) München 1953, Nr. 61 S. 119ff. Zur Frage eines Aufenthalts 929 bei der Rückkehr aus Böhmen ebd. Nr. 75 S. 147f. und SCHMID, Thronfolge (wie Anm. 31), S. 113f. Weitere Feldzüge: 938 (2): RI II/1 Nr. 75a–76g; Jbb. OI S. 71, 78ff.; REINDEL, Nr. 93 S. 183ff. – 953/54 (2): RI II/1 Nr. 235b–237, 238c; Jbb. OI S. 228f., 238f.; REINDEL, Nr. 104 S. 204ff. – 955 (2): RI II/1 Nr. 240a–c, 240i; Jbb. OI S. 249, 260; vgl. auch REINDEL, Nr. 106 S. 216ff. – 976: RI II/2 Nr. 717a–724; Jbb. OII S. 77ff. – 977: RI II/2 Nr. 751–756; Jbb. OII S. 93ff. Italienzüge: 951: RI II/1 Nr. 196b; Jbb. OI S. 194f. – 961: RI II/1 Nr. 307b; Jbb. OI S. 325f. – 967: RI II/2 Nr. 590; Jbb. OI S. 423. – 996: RI II/3 Nr. 1163c–1164b; Jbb. OIII S. 195ff. – 1000: RI II/3 Nr. 1340a–1349; Jbb. OIII S. 316ff. Zu dem Regensburger Aufenthalt von 960/61 s. u. Anm. 18, zu einem möglichen Aufenthalt 948 s. u. Anm. 17.

[13] MÜLLER-MERTENS (wie Anm. 6) S. 138f., 179f., 211. Zum Itinerar THOMAS L. ZOTZ, Der Breisgau und das alemannische Herzogtum (Vorträge und Forschungen, Sonderband 15) Sigmaringen 1974, S. 36ff., S. 44ff. Zur Stellung des Elsaß in ottonischer Zeit vgl. HEINRICH BÜTTNER, Geschichte des Elsaß, 1 (Neue deutsche Forschungen, Abteilung Mittelalterliche Geschichte, 8) Berlin 1939, S. 168ff.; HAGEN KELLER, Kloster Einsiedeln im ottonischen Schwaben (Forschungen zur oberrheinischen Landesgeschichte 13) Freiburg 1964, S. 100ff. Zur Grenze des Herzogtums Schwaben HELMUT MAURER, Der Herzog von Schwaben. Grundlagen, Wirkungen und Wesen seiner Herrschaft in ottonischer, salischer und staufischer Zeit, Sigmaringen 1978, S. 184ff.

[14] 929: RI II/1 Nr. 24a–25; GEORG WAITZ, Jahrbücher des Deutschen Reiches unter König Heinrich I., Leipzig [3]1885 (künftig Jbb. HI), S. 137. – 950: RI II/1 Nr. 184a. – 953: RI II/1 Nr. 225a–b; Jbb. OI S. 213f. – 965: RI II/1 Nr. 382–384; Jbb. OI S. 371. – 975/76: RI II/2 Nr. 702c–706, 708–708a; Jbb. OII S. 70ff. – 977: RI II/2 Nr. 742; Jbb. OII S. 86. – 979: RI II/2 Nr. 773–774a; Jbb. OII S. 119. – 994/5: RI II/3 Nr. 1128a–1132, 1133b; Jbb. OIII S. 177ff. Das Elsaß wurde außerdem (vgl. Anm. 9) 939 auf einem Feldzug gegen Breisach (RI II/1 Nr. 78a) und auf der Rückkehr von Italien in den Jahren 952 (RI II/1 Nr. 209–210) und 966 (RI II/1 Nr. 432a–435) betreten.

[15] KELLER (wie Anm. 13) S. 101f., 120 Anm. 170; ZOTZ (wie Anm. 13) S. 29f., 36ff., 115ff.; JOACHIM WOLLASCH, Das Grabkloster der Kaiserin Adelheid in Selz am Rhein, in: Frühmittelalterliche Studien 2, 1968, S. 135–143.

[16] Ähnlich wie Otto d. Gr. 965 an der alemannisch-fränkischen Grenze empfangen wurde (S. o. Anm. 11), ist er 966 beim Wiederaufbruch nach Italien von Erzbischof Wilhelm von Mainz, dem er für die Zeit seiner Abwesenheit die Reichsgeschäfte anvertraut hatte, noch bis in das südliche Elsaß begleitet worden: RI II/1 Nr. 432–435. Man muß annehmen, daß der Erzbischof den Kaiser bis zum 'Grenzübertritt' nach Alemannien geleitete. Die Vorstellungen des 9. Jahrhunderts illustriert die Vita des hl. Gallus mit dem Bericht, Herzog Gunzo habe seine zur Verlobung mit dem König bestimmte Tochter mit großem Gefolge selbst bis zum Rhein geführt und von dort *per comites* zu dem in Metz residierenden Merowinger gesandt: Vitae Galli auctore Walahfrido libri II, hrsg. von BRUNO KRUSCH (SS rer. Merov. 4, 1902) I 21, S. 299.

[17] Außer den in Anm. 8 und 13 erwähnten Feldzügen ist in diesem Zeitraum zumindest ein friedlicher Zug Heinrichs I. nach Schwaben im Jahre 930 (s. u. Anm. 31) und vielleicht ein Zug Ottos I. nach Regensburg zur Einsetzung Herzog Heinrichs im Jahre 948 (RI II/1 Nr. 158a) nachzuweisen. Falls Otto I. nach Regensburg zog, könnte allerdings auch eine Parallele zu 930 (s. u. Anm. 31) vorliegen, da wohl unmittelbar zuvor Liudolf zum Nachfolger designiert worden war; dazu KELLER (wie Anm. 13) S. 39f.

[18] Für Otto d. Gr. vgl. die Tabelle bei MÜLLER-MERTENS (wie Anm. 6) S. 201. Die einzige Ausnahme für seine Regierungszeit (ebd. S. 212), das 961 in Regensburg ausgestellte Diplom für das Marien- und Mauritiuskloster Einsiedeln, hängt sachlich wohl mit der

Translation der Mauritiusreliquien über Regensburg nach Magdeburg zusammen. Überdies war Herzog Burkhard von Schwaben, der für das seiner Familie eng verbundene Kloster intervenierte, als Gemahl der Hadwig Schwager des Bayernherzogs bzw. Schwiegersohn der für diesen die Regentschaft führenden Herzogin. Darüber hinaus war der Regensburger Hoftag ähnlich wie der Augsburger Tag von 952 (s. u. Anm. 28) mit der italienischen Frage befaßt und muß wohl von hier her erklärt werden. RI II/1 (wie Anm. 8) Nr. 289c–293a; Jbb. OI (wie Anm. 8) S. 319f.; KELLER (wie Anm. 13) S. 101 Anm. 33; PETER SCHMID, Regensburg, Stadt der Könige und Herzöge im Mittelalter (Regensburger Historische Forschungen 6) Kallmünz 1977, S. 331f.; DERS., Die Regensburger Reichsversammlungen im Mittelalter, in: Verhandlungen des Historischen Vereins für Oberpfalz 112, 1972, S. 31–130, S. 56ff. – Auf dem Italienzug schenkte Otto II. am 24. 10. 980 in Konstanz dem Grafen Wilhelm Güter in der Kärntner Mark (RI II/2 Nr. 825; Jbb. OII S. 138). Da Herzog Otto von Kärnten und Verona Ende April beim König im Mittelrheingebiet nachweisbar ist (RI II/2 Nr. 811; Jbb. OII S. 132f.), könnte Wilhelms Erscheinen am Bodensee aus seinen Verbindungen zum salischen Herzog oder aus der Vorbereitung des Italienzuges zu erklären sein. Die 988 am Bodensee ausgestellten Urkunden Ottos III. für S. Zeno (Verona) und den oberitalienischen Grafen Mainfred (Vercelli) erklären sich daraus, daß ein Italienzug abgebrochen werden mußte (wie Anm. 27). Beim Zusammentreffen Ottos III. und Heinrichs des Zänkers auf dem Hohentwiel (wie Anm. 25) wurde ein Diplom für den Grafen Raimbald von Treviso ausgestellt, der sich in der Begleitung seines Herzogs befunden haben dürfte. – In Regensburg erhielt am 5. 10. 977 der Bischof von Como ein Privileg (RI II/2 Nr. 754).

19 S. u. zu Anm. 109ff.

20 Z. B. (vgl. die Angaben in Anm. 9): 965 (zum Fest Mariä Reinigung) Hoftag in Worms; 966 (zum Fest Mariä Himmelfahrt) Reichstag in Worms vor dem Aufbruch nach Italien; 972 Synode in Ingelheim nach der Rückkehr aus Italien; 980 längerer Aufenthalt und Hoftag in Bruchsal vor dem Aufbruch nach Italien; 990 Beginn der Regierungstätigkeit in Frankfurt nach der Rückkehr Theophanus aus Italien; 996 Synode in Ingelheim vor dem Aufbruch nach Italien; 1000 Zusammentreffen mit König Rudolf von Hochburgund und Hoftag in Bruchsal vor dem Aufbruch nach Italien. Wenn man die Empfänger der unter Otto I. in Worms, unter Otto II. und Otto III. in Bruchsal ausgestellten Urkunden kartiert und die 'Reichweite' mit dem Empfängerkreis der in Schwaben ausgestellten Urkunden vergleicht, tritt die politische Bedeutung des 'Grenzübertritts' klar hervor. Zu den Herrscheraufenthalten in Bruchsal HANS MARTIN SCHWARZMAIER, Bruchsal und Brüssel. Zur geschichtlichen Entwicklung zweier mittelalterlicher Städte, in: Oberrheinische Studien 3 = Festschrift für Günther Haselier, hrsg. von WOLFGANG SCHÄFER, Karlsruhe 1975, S. 209–235, S. 222ff.

21 Obwohl gerade Gerichtsurkunden im allgemeinen eine große Zahl von Anwesenden nennen, darf die dadurch vor dem König nachweisbare Versammlung nicht ohne weiteres mit einem Hoftag im politischen Sinne gleichgesetzt werden. Ein Inquisitionsverfahren in Gegenwart zahlreicher Grafen in RI II/1 Nr. 551 (Konstanz, 18. 8. 972). Auch der Prozeß gegen den oberrheinischen Grafen Guntram fand 952 während der Augsburger Reichsversammlung (wie Anm. 28) auf schwäbischem Boden statt.

22 926 Einsetzung Hermanns: RI II/1 Nr. 13a; Jbb. HI S. 89ff. – 950 Einweisung Liudolfs: RI II/1 Nr. 182b; Jbb. OI S. 178f. Vgl. Ekkehardi Casus (wie Anm. 41) c. 116, 118, 128.

23 Jbb. OIII (wie Anm. 9) S. 63f.; REINDEL (wie Anm. 12) Nr. 129–130 S. 250ff.

24 ZOTZ (wie Anm. 13) S. 36f., 45–48, 53; MÜLLER-MERTENS (wie Anm. 6) S. 139; PAUL SCHEFFER-BOICHORST, Zur Geschichte der Reichsabtei Erstein, in: Zeitschrift für die Geschichte des Oberrheins 43, 1889, S. 283–299; RENÉ FRIEDEL, Geschichte des Fleckens Erstein, Erstein 1927.

25 Jbb. OIII (wie Anm. 9) S. 176f.

[26] Zotz (wie Anm. 13) S.140–172; Helmut Maurer, St. Margareten in Waldkirch und St. Alban in Mainz. Zur Rolle der Liturgie bei der Eingliederung eines Klosters in die ottonische Reichskirche, in: Festschrift für Helmut Beumann zum 65. Geb., hrsg. von Kurt-Ulrich Jäschke – Reinhard Wenskus, Sigmaringen 1977, S.215–223; Ders. (wie Anm. 13) S.50ff.

[27] Jbb. OIII (wie Anm. 9) S.103ff.; Helmut Maurer, Fähre, Burg und Markt. Studien zum vorstädtischen Meersburg, in: Die Stadt in der europäischen Geschichte. Festschrift Edith Ennen, hrsg. von Werner Besch – Klaus Fehn u.a., Bonn 1972, S.259–269, S.262f. Die Kaiserin zog im folgenden Jahr nach Italien.

[28] RI II/1 (wie Anm. 8) Nr.217a–218; Jbb. OI (wie Anm. 8) S.205ff.; Georg Kreuzer, Die Hoftage der Könige in Augsburg im Früh- und Hochmittelalter, in: Bayrisch-Schwäbische Landesgeschichte an der Universität Augsburg 1975–77, hrsg. von Pankraz Fried (Beiträge zur Landesgeschichte Bayrisch-Schwabens 1) Sigmaringen 1979, S.83–120, S.91ff.

[29] Dies zeigt deutlich die in der Vita Ulrichs von Augsburg berichtete Vision, in der die heilige Afra den Bischof auf das Lechfeld hinausführt: *praefata mulier monstravit illi loca castrorum, ubi postea Otto, rex adhuc manens, regalem locutionem cum populis diversarum provinciarum habuit, ubi rex Perengarius de Langobardia et filius eius Adalpertus cum multis episcopis se praesentaverunt et suo dominio subdiderunt;* Gerhardi Vita Oudalrici episcopi (hrsg. von Georg Waitz, MGH SS 4, 1841) c. 3, S.388f. Zur Stelle Hagen Keller, Das Kaisertum Ottos des Großen im Verständnis seiner Zeit, in: Deutsches Archiv für Erforschung des Mittelalters 20, 1964, S.325–388, S.339ff. Vgl. Müller-Mertens (wie Anm. 6) S.138.

[30] Die Vita Oudalrici (wie Anm. 29) c. 10, S.398, führt den Gegensatz zwischen Heinrich von Bayern und Liudolf von Schwaben auf einen Streit um die Abgrenzung der Herzogtümer zurück. Daß es in Augsburg auch um Reichweite und Abgrenzung der schwäbischen Herzogsgewalt ging, könnte der Prozeß gegen den Grafen Guntram belegen: Zotz (wie Anm. 13) S.26ff. mit S.12ff. und 35ff.

[31] Karl Schmid, Neue Quellen zum Verständnis des Adels im 10.Jahrhundert, in: Zeitschrift für die Geschichte des Oberrheins 108, 1960, S.185–232, S.186ff.; Ders., Die Thronfolge Ottos des Großen, in: Zeitschrift der Savigny-Stiftung für Rechtsgeschichte, Germanistische Abteilung 81, 1964, S.80–163, S.114ff. Zur Korrektur s.u. S. 238f. Anm. 9.

[32] Gerd Althoff, Unerkannte Zeugnisse vom Totengedenken der Liudolfinger, in: Deutsches Archiv für Erforschung des Mittelalters 32, 1976, S.370–404, S.371f., 376. Zu den Klosteraufenthalten Brühl (wie Anm. 5) S.121; Hans-Peter Wehlt, Reichsabtei und König, dargestellt am Beispiel der Abtei Lorsch mit Ausblicken auf Hersfeld, Stablo und Fulda (Veröffentlichungen des Max-Planck-Instituts für Geschichte 28) Göttingen 1970 (mit Regesten der Herrscheraufenthalte).

[33] (Adalberti) continuatio (wie Anm. 11) S.158f. ad 931; dazu Schmid, Thronfolge (wie Anm. 31) S.116ff.

[34] Grundsätzlich Josef Fleckenstein, Bemerkungen zum Verhältnis von Königspfalz und Bischofskirche im Herzogtum Schwaben, in: Schauinsland 90, 1972, S.51–59. Zu den „Vororten" des Herzogs jetzt Maurer (wie Anm. 13) S.33ff. Man muß für das 10.Jahrhundert die Zürcher Pfalz (ebd. S.57ff.) als vom König mitgenutzte Herzogspfalz betrachten; erst seit Heinrich II. und seinen Nachfolgern kann sie wieder als vom Herzog genutzte Königspfalz gelten. Zur Gastungspflicht der Großen in karolingischer Zeit Brühl (wie Anm. 5) S.61ff.

[35] Brühl (wie Anm. 5) S.222ff., mit älterer Literatur; Jean-François Lemarignier, Aux origines de l'état français. Royauté et entourage royal aux premiers temps capétiens, 987–1108, in: L'Europe aux IXe–XIe siècles, Warschau 1968, S.43–55; Walter Kienast, Der Wirkungsbereich des französischen Königtums von Odo bis Ludwig IV. in Südfrankreich, in: Historische Zeitschrift 209, 1969, S.529–565.

[36] Zusammenfassend THEODOR SCHIEFFER, Das Karolingerreich, in: Handbuch der europäischen Geschichte 1, hrsg. von DEMS., Stuttgart 1976, S. 527–632, S. 605 ff., vgl. S. 566.

[37] Zusammenfassend, auf eigenen grundlegenden Studien aufbauend KARL FERDINAND WERNER, Westfranken – Frankreich unter den Spätkarolingern und frühen Kapetingern, in: Handbuch (wie Anm. 36) S. 731–783, S. 738 ff., 765 ff.

[38] HAGEN KELLER, La marca di Tuscia fino all'anno mille, in: Atti del 5° Congresso internazionale di studi sull'alto medioevo, Spoleto 1973, S. 117–140, S. 129 ff.; DERS., Adelsherrschaft und städtische Gesellschaft in Oberitalien, 9.–12. Jh. (Bibliothek des Deutschen Historischen Instituts in Rom 52) Tübingen 1979, S. 323 ff.

[39] HERWIG STINGL, Die Entstehung der deutschen Stammesherzogtümer (Untersuchungen zur deutschen Staats- und Rechtsgeschichte, Neue Folge 19) Aalen 1974, und HANS-WERNER GOETZ, „Dux" und „ducatus". Begriffs- und verfassungsgeschichtliche Untersuchungen zur Entstehung des sog. „jüngeren" Stammesherzogtums an der Wende vom 9. zum 10. Jahrhundert (Diss. phil. Bochum) Bochum 1977, vernachlässigen den spätkarolingischen Gesamtzusammenhang. Für den Herzogstitel ferner WALTER KIENAST, Der Herzogstitel in Frankreich und Deutschland (9.–12. Jahrhundert) München – Wien 1968; KARL BRUNNER, Die fränkischen Fürstentitel im 9. und 10. Jahrhundert, in: Intitulatio 2, hrsg. von HERWIG WOLFRAM (Mitteilungen des Instituts für österreichische Geschichtsforschung, Ergänzungsband 24) Wien – Köln – Graz 1973, S. 179–340. Die zitierten Arbeiten zeigen, in welchem Maße die neuere Forschung in ihren Fragestellungen geprägt blieb von GERD TELLENBACH, Königtum und Stämme in der Werdezeit des deutschen Reiches (Quellen und Studien zur Verfassungsgeschichte des deutschen Reiches in Mittelalter und Neuzeit 7,4) Weimar 1939; erst MAURER (wie Anm. 13) hat hier entscheidende neue Aspekte erschlossen. Zum Herzogtum im frühdeutschen Reich s. u. S. 65–71.

[40] Zusammenfassend zuletzt KURT REINDEL, Königtum und Kaisertum der Liudolfinger und frühen Salier in Deutschland und Italien, in: Handbuch (wie Anm. 36) S. 665–730, S. 671 ff. Für Schwaben MAURER (wie Anm. 13) S. 129 ff., bes. S. 142; vgl. auch HANS CONSTANTIN FAUSSNER, Die Verfügungsgewalt des deutschen Königs über weltliches Reichsgut im Hochmittelalter, in: Deutsches Archiv für Erforschung des Mittelalters 29, 1973, S. 345–449, S. 403 ff. (allerdings auf der Grundlage ungesicherter Axiome und z. T. eigenwilligen Umgangs mit den Quellen). Für Bayern KURT REINDEL, Die politische Entwicklung, in: Handbuch der bayerischen Geschichte, hrsg. von MAX SPINDLER, 1, München 1967, S. 183–267, S. 208 ff. FRIEDRICH PRINZ, Die innere Entwicklung: Staat, Gesellschaft, Kirche, Wirtschaft, in: ebd. S. 268–426, S. 297 ff.

[41] Ekkehardi casus sancti Galli, hrsg. von GEROLD MEYER VON KNONAU (Mitteilungen zur vaterländischen Geschichte, hrsg. vom historischen Verein St. Gallen 15/16) St. Gallen 1877, c. 11, S. 42: *Nondum adhuc illo tempore Suevia in ducatum erat redacta; sed fisco regio pecalariter parebat, sicut hodie et Francia.* Zur Stelle WALTER SCHLESINGER, Die Entstehung der Landesherrschaft (Sächsische Forschungen zur Geschichte 1) Dresden 1941, S. 196; MAURER (wie Anm. 13) S. 142.

[42] Die Urkunden Otto des III. (MGH Diplomata 2,2) Berlin ²1957 (künftig: DD OIII), Nr. 344 (in Staffelsee für die bischöfliche Kirche zu Magdeburg), 346 (in Regensburg für den Kämmerer Reginher in Sachsen), 347 (ebd. für die Marienkapelle in Aachen), 348 (ebd. für das Kloster Burtscheid). Im Einzelfall lassen sich sicher Gründe für die Ausstellung der Urkunden in Bayern finden. So wurde die Urkunde für Magdeburg, eine Seelgerätstiftung für die Kaiserin Adelheid, genau einen Monat nach deren Tod ausgestellt; auch Erzbischof Giselher dürfte triftige Gründe gehabt haben, dem aus Rom nach Gnesen ziehenden Kaiser trotz einer schweren Erkrankung entgegenzuziehen. Aber es ist bemerkenswert, daß der *occursus* der nichtbayerischen Großen nicht erst an der Nordgrenze Bayerns, sondern bereits am Fuße der Alpen beginnt. Ebenso

hat Otto III. dann, bevor er nach Polen zog, nur in Regensburg länger Station gemacht, d.h. die wichtigen Besprechungen müssen auf einem Hoftag in Regensburg stattgefunden haben. RI II/3 (wie Anm. 9) Nr. 1340a–1348; Jbb. OIII (wie Anm. 9) S. 316ff. D OIII 346 ist ein Befehl an den Grafen Diemo, sich weiterer Schädigung des Klosters Tegernsee zu enthalten.

43 DD OIII 370 (auf Hohentwiel für Graf Adalbero von Kärnten auf Intervention Herzog Heinrichs von Bayern), 371–372 (ebd. für Kloster Lorsch auf Bitte des Abtes), 373 (in Chur für das Bistum Worms auf Bitten des Bischofs). Der Kaiser wurde offensichtlich von rheinfränkischen Großen bis nach Schwaben hinein, ja bis zum Aufstieg zu den Alpenpässen geleitet, während z.B. 966 das fränkische Gefolge im südlichen Elsaß umgekehrt war (wie Anm. 16).

44 Zu den Ereignissen Jbb. OIII S. 310–346. Vgl. Josef Fleckenstein, Das Reich der Ottonen im 10. Jahrhundert, in: Gebhardt, Handbuch der deutschen Geschichte, 1, Stuttgart 91970, S. 217–283, S. 275ff.; Reindel, Königtum (wie Anm. 40) S. 705f.; beide mit Literatur.

45 Die Urkunden Heinrichs II. und Arduins (MGH Diplomata 3) Berlin 21957 (künftig: DD HII), Nr. 21 (in Augsburg für Worms), Nr. 453–458 (in Augsburg für Bamberg und Obermünster/Regensburg). Für die Nachfolger s. u. Anm. 103.

46 DD HII Nr. 78 (für Sulzburg), 114–118 (für Chur, Lüttich, Niedermünster/Regensburg, Basel), 207–208 (für Würzburg, Bamberg), 353–355 (für Lure, Reichenau, Hohenburg), 394 (für Kaufungen), 494–499 (für Fruttuaria, Bergamo, Würzburg, Murbach, Rheinau, Erstein).

47 Osteraufenthalt 1009 in Augsburg: Johann Friedrich Böhmer, Regesta Imperii II, 4. Abteilung: Die Regesten des Kaiserreiches unter Heinrich II., neubearbeitet von Theodor Graff, Wien – Köln – Graz 1971 (künftig: RI II/4), Nr. 1699a–b; hier wird Thietmar von Merseburg zum Bischof eingesetzt. Auf der Rückkehr aus Burgund hält Heinrich 1018 einen Hoftag in Zürich ab: RI II/4 Nr. 1935a–1936. Im Zusammenhang von Italienzügen betritt der Herrscher Schwaben nachweislich in den Jahren 1004 und 1021: RI II/4 Nr. 1559b (Augsburg), 1570a–1572 (Zürich), 1998–2003 (Augsburg).

48 Zürich 1004 und 1018: RI II/4 Nr. 1570a, 1935c. Augsburg 1009: RI II/4 Nr. 1699a–b. Vgl. Kreuzer (wie Anm. 28) S. 97f.

49 Die Bedeutung Schwabens im Herrscheritinerar nimmt unter Konrad II. und Heinrich III. deutlich zu; vgl. die Itinerarkarten bei Mayer (wie Anm. 5) und Brühl (wie Anm. 5). Für Schwaben Hansmartin Schwarzmaier, Das Königsgut in karolingischer, ottonischer und salischer Zeit, in: Historischer Atlas von Baden-Württemberg, Beiwort zur Karte V,2, Stuttgart 1976. Statt vollständiger Einzelnachweise vgl. die Bemerkungen zu den Anmerkungen 66–70 und 103f. Zu den Aufenthalten in Augsburg s. o. Anm. 28, zu Zürich Anm. 66, zu Ulm Anm. 68, zu Konstanz Helmut Maurer, Der Bischofssitz Konstanz als Hauptstadt in Schwaben, in: Schriften des Vereins für Geschichte des Bodensees und seiner Umgebung 91, 1973, 1–15. In einem gewissen Gegensatz zur Bedeutung Schwabens im Herrscheritinerar steht die geringe Zahl der Urkunden für schwäbische Empfänger (vgl. Anm. 88–97).

50 Josef Fleckenstein, Die Hofkapelle der deutschen Könige, 2 (Schriften der Monumenta Germaniae historica 16,2) Stuttgart 1966, S. 52ff. Die Frage, ob die Herrschaftspraxis der italienischen Könige als Vorbild eingewirkt hat, ist noch nicht untersucht, obwohl die Einsetzung von Kapellänen als Bischöfe, die Zugehörigkeit einzelner Kapelläne zu bestimmten Domkapiteln und umfangreiche Verleihungen von Königsgut und Hoheitsrechten an die Bischöfe dort seit Berengar I. († 924) nachweisbar sind und obwohl die entscheidenden Daten für die qualitative Entwicklung der Hofkapelle – 952/53 (Rückkehr aus Italien nach der Vermählung mit Adelheid) und 965/66 (Rückkehr von der Kaiserkrönung) – einen Zusammenhang als möglich erscheinen lassen.

51 Fleckenstein (wie Anm. 50) S. 53. Zu beachten ist, daß unter den zehn zwischen

967 und 972 erhobenen Bischöfen, deren Zugehörigkeit zur Hofkapelle nachweisbar ist, fünf in den neugegründeten Bistümern Magdeburg, Merseburg und Meißen eingesetzt wurden, auf deren Besetzung Otto I. als Gründer wohl einen besonders starken Einfluß ausüben konnte. Insofern könnte der „Rückgang“ unter Otto II. (ebd., bes. S. 76) und während der Regentschaft für Otto III. (bes. S. 81) als weniger signifikant erscheinen und der von FLECKENSTEIN (S. 83ff.) herausgearbeitete Wandel mit der Wehrhaftmachung Ottos III. (994) noch deutlicher hervortreten.

52 Ebd. S. 83–117, bes. S. 111ff.

53 Ebd. S. 114f. (Regensburg, Augsburg, Straßburg unter Otto III.), S. 211ff., 225ff., 289ff.

54 Ebd. S. 121ff.

55 Ebd. S. 118–155, bes. S. 132ff., 134ff.; JOSEF FLECKENSTEIN, Zum Begriff der ottonisch-salischen Reichskirche, in: Geschichte – Wirtschaft – Gesellschaft. Festschrift für Clemens Bauer zum 75. Geburtstag, hrsg. von ERICH HASSINGER – J. HEINZ MÜLLER – HUGO OTT, Berlin 1974, S. 61–71; vgl. PRINZ (wie Anm. 40) S. 369.

56 HEUSINGER (wie Anm. 5) S. 67ff.; BRÜHL (wie Anm. 5) S. 127ff.

57 FLECKENSTEIN (wie Anm. 50) S. 139ff.

58 LEO SANTIFALLER, Zur Geschichte des ottonisch-salischen Reichskirchensystems (Sitzungsberichte der österreichischen Akademie der Wissenschaften, Philologisch-historische Klasse 229,1) Wien ^{2}1964, gibt in seinen Exkursen (S. 51–117) einen umfassenden Überblick.

59 SANTIFALLER (wie Anm. 58) S. 106ff. Die Verleihung der Grafschaft Bergell an das Bistum Chur durch Otto I. im Jahre 960 zeigt an, daß auch hier die Politik der italienischen Könige bzw. die durch sie entstandenen Verhältnisse in Oberitalien das Beispiel gegeben haben könnten. Vgl. GERHARD DILCHER, Bischof und Stadtverfassung in Oberitalien, in: Zeitschrift der Savigny-Stiftung für Rechtsgeschichte, Germanistische Abteilung 81, 1964, S. 225–266; MATHILDE UHLIRZ, Die italienische Kirchenpolitik der Ottonen, in: Mitteilungen des österreichischen Instituts für Geschichtsforschung 48, 1934, S. 201–321.

60 E. FAIRON, Les donations de forêts aux Xe et XIe siècles en Lotharingie et en Allemagne, in : Revue belge de Philologie et d'histoire 4, 1925, S. 91–107, 333–347. Zusammenstellung für Schwaben und Elsaß SCHWARZMAIER (wie Anm. 49) S. 11. Zur Reorganisation der königlichen Forste in ottonischer Zeit MICHAEL GOCKEL, Karolingische Königshöfe am Mittelrhein (Veröffentlichungen des Max-Planck-Instituts für Geschichte 31) Göttingen 1970, S. 72ff.

61 ERICH HERZOG, Die ottonische Stadt. Die Anfänge der mittelalterlichen Stadtbaukunst in Deutschland, Berlin 1964; HELMUT MAURER, Konstanz als ottonischer Bischofssitz (Veröffentlichungen des Max-Planck-Instituts für Geschichte 39) Göttingen 1973. Vgl. WERNER NOACK, Stadtbaukunst und geistlich-weltliche Repräsentation im 11. Jahrhundert, in: Festschrift Kurt Bauch, hrsg. von BERTHOLD HACKELSBERGER – GEORG HIMMELHEBER – MICHAEL MAIER, München 1957, S. 29–49; WINFRIED SCHICH, Würzburg im Mittelalter. Studien zum Verhältnis von Topographie und Bevölkerungsstruktur (Städteforschung. Veröffentlichungen des Instituts für vergleichende Städtegeschichte in Münster, Reihe A, 3) Köln – Wien 1977, S. 118ff.

62 WALTER STEIN, Handels- und Verkehrsgeschichte der deutschen Kaiserzeit (Abhandlungen zur Verkehrs- und Seegeschichte 10) Berlin 1922; WALTER SCHLESINGER, Der Markt als Frühform der deutschen Stadt, in: Vor- und Frühformen der europäischen Stadt im Mittelalter, hrsg. von HERBERT JANKUHN – WALTER SCHLESINGER – HEIKO STEUER (Abhandlungen der Akademie der Wissenschaften in Göttingen, Philologisch-historische Klasse, 3. Folge, 83) Göttingen 1973, S. 262–293; WOLFGANG HESS, Zoll, Markt und Münze im 11. Jahrhundert, in: Historische Forschungen für Walter Schlesinger, hrsg. von HELMUT BEUMANN, Köln – Wien 1974, S. 171–193; WOLFGANG METZ, Marktrechtfamilie

und Kaufmannsfriede in ottonisch-salischer Zeit, in: Blätter für deutsche Landesgeschichte 108, 1972, S. 28–55; FRIEDERUN HARDT-FRIEDRICHS, Markt, Münze und Zoll im ostfränkischen Reich bis zum Ende der Ottonen, in: Blätter für deutsche Landesgeschichte 116, 1980, S. 1–31; SCHICH (wie Anm. 61) S. 82 ff.

63 Die zunehmende Orientierung des Königsitinerars auf Marktorte betont WOLFGANG METZ, Das Servitium regis (Erträge der Forschung 89) Darmstadt 1978, S. 87 ff. Als Heinrich IV. 1065/66 beim Weihnachtsaufenthalt in Goslar nicht die gewohnten Servitien erhielt, wurde der Bedarf des Hofes täglich über den Markt gedeckt; ebenso geschah es Weihnachten 1072/73 in Worms, als außer den Servitien der Reichsfürsten sogar die Lieferung aus den königlichen Tafelgütern ausfiel: Lamperti monachi Hersfeldensis opera, hrsg. von OSWALD HOLDER-EGGER (MGH SS rer. Germ. in usum Schol.) Hannover 1894, ad aa. 1066, 1074, S. 100, 173; vgl. BRÜHL (wie Anm. 5) S. 210 f. Für die Pfalzen der Stauferzeit war die wirtschaftliche Grundlage stets eine städtische Siedlung: THOMAS MARTIN, Die Pfalzen im 13. Jahrhundert, in: Herrschaft und Stand, hrsg. von JOSEF FLECKENSTEIN (Veröffentlichungen des Max-Planck-Instituts für Geschichte 51) Göttingen 1977, S. 277–301. Die Orientierung der Verkehrswege und -organisation auf die Bischofsstädte dürfte auch die Zulieferung der auswärtigen Servitien (BRÜHL, wie Anm. 5, S. 205 ff.) erleichtert haben.

64 HANS-WALTER KLEWITZ, Die Festkrönungen der deutschen Könige, in: Zeitschrift der Savigny-Stiftung für Rechtsgeschichte 59, Kanonistische Abteilung 28, 1939, S. 48–96; KARL JOSEF BENZ, Untersuchungen zur politischen Bedeutung der Kirchweihe unter Teilnahme der deutschen Herrscher im hohen Mittelalter. Ein Beitrag zum Studium des Verhältnisses zwischen weltlicher Macht und kirchlicher Wirklichkeit unter Otto III. und Heinrich II. (Regensburger historische Forschungen 4) Kallmünz 1975; JOSEF FLECKENSTEIN, Rex canonicus. Über Entstehung und Bedeutung des mittelalterlichen Königskanonikats, in: Festschrift Percy Ernst Schramm zum 70. Geburtstag 1, Wiesbaden 1964, S. 57–71. Vgl. o. Anm. 10.

65 RI II/3 Nr. 1377–1379; Jbb. OIII S. 338 f.; ZOTZ (wie Anm. 13) S. 170; MAURER (wie Anm. 13) S. 52 mit Literatur. Vgl. o. Anm. 26.

66 RI II/1 Nr. 208. Zur Rolle Zürichs als „Vorort" des Herzogtums jetzt MAURER (wie Anm. 13) S. 57–75; zur Pfalz EMIL VOGT, Der Lindenhof in Zürich, Zürich 1948.

67 RI II/4 Nr. 1570a (Juni 1004), 1935c (August/September 1018). Thietmar (wie Anm. 11) VIII 34, S. 532: *Imperator noster ... unum in Suevia regione colloquium de re publica habuit et mox per Rhenum sollicitus descendit.*

68 JOHANN FRIEDRICH BÖHMER, Regesta Imperii III, 1. Abteilung: Die Regesten des Kaiserreiches unter Konrad II., neubearbeitet von HEINRICH APPELT, Graz 1951 (künftig: RI III/1), Nr. 40a, 112, 192c (Zürich), Nr. 109b–111, 232 (Ulm); HARRY BRESSLAU, Jahrbücher des deutschen Reiches unter Konrad II., 2 Bde., Leipzig 1879/84 (künftig: Jbb. KII), 1, S. 82, 217 ff., 221; 2, S. 71 f., 157. Zu Zürich vgl. Anm. 66. Zu Ulm (mit Regesten der Königsaufenthalte) URSULA SCHMITT, Villa regalis Ulm und Kloster Reichenau. Untersuchungen zur Pfalzfunktion des Klostergutes in Alemannien (Veröffentlichungen des Max-Planck-Instituts für Geschichte 42) Göttingen 1974, S. 90 f.; vgl. MAURER (wie Anm. 13) S. 91 ff.

69 Ulm: SCHMITT, S. 92 ff. – Zürich: ERNST STEINDORFF, Jahrbücher des deutschen Reiches unter Heinrich III., Leipzig 1874/81 (künftig: Jbb. HIII), 1, S. 219 f.; 2, S. 38 f. 107 f., 170, 261 ff., 324 f.; ausgestellt wurden die Urkunden Nr. 130, 216, 250, 290–294, 315–317: Die Urkunden Heinrichs III., hrsg. von HARRY BRESSLAU – PAUL KEHR (MGH Diplomata 5) Berlin [2]1957 (künftig: DD HIII); vgl. MAURER (wie Anm. 13) S. 94 ff., 104. – Rottweil: ebd. S. 105; DERS., Der Königshof Rottweil bis zum Ende der staufischen Zeit, in: Deutsche Königspfalzen 3 (Veröffentlichungen des Max-Planck-Instituts für Geschichte II/3) Göttingen 1979, S. 211–220) S. 217; vgl. MICHAEL BORGOLTE, Das Königtum am oberen Neckar (8.–11. Jahrhundert), in: Zwischen Schwarzwald und Schwäbischer Alb.

Das Land am oberen Neckar, hrsg. von FRANZ QUARTHAL (Veröffentlichungen des Alemannischen Instituts Freiburg 52) Sigmaringen 1984, S. 67–110.

70 VOGT (wie Anm. 66) S. 79 ff., bes. S. 95 ff., bringt keine zureichenden Argumente für eine Datierung des Neubaus in ottonischer Zeit und übersieht gleichzeitig, daß die Vorwegnahme des Goslarer Grundrisses (ebd. S. 104) selbst ein Datierungselement ist. Insofern wäre wohl an der älteren ortsgeschichtlichen Tradition festzuhalten, die in Heinrich III., der 1038–1045 zugleich Herzog von Schwaben war, den Erbauer sieht. Dazu paßt, daß die burgartige Befestigung der Pfalz, die vom archäologischen Befund her zeitlich nicht allzuweit von dem Neubau abgerückt werden kann (ebd. S. 104 ff.), wohl bereits in die Zeit nach der Jahrhundertmitte gehört und vielleicht mit den Ereignissen des Investiturstreites in Verbindung zu bringen ist. Da ich ebenso wie MAURER (wie Anm. 13, S. 66) der Auffassung bin, daß Herzog Ernst II. die Pfalz Zürich zum Kampf gegen Konrad II. befestigt hat, wäre auch eine Erklärung dafür gegeben, daß der ältere Pfalzbau einschließlich der Fundamente abgetragen und durch einen königlichen Neubau ersetzt wurde. Möglicherweise ist aus der Actum-Angabe einer auf 1036 datierten Urkunde zu erschließen, daß die Pfalz zu diesem Zeitpunkt nicht benutzbar war: Urkundenbuch der Stadt und Landschaft Zürich, hrsg. von J. ESCHER – PAUL SCHWEIZER, I, Zürich 1888, Nr. 231, S. 123: *Actum est in lapidea domo castri,* vielleicht zu beziehen auf den Befund bei VOGT S. 76 ff. Vgl. jetzt WOLFGANG ERDMANN, Zur archäologischen und baugeschichtlichen Erforschung der Pfalzen im Bodenseegebiet. Bodman, Konstanz, Reichenau, Zürich, in: Deutsche Königspfalzen 3 (wie Anm. 69) S. 136–210, S. 158 ff., der von der Benutzung her auf das letzte Drittel des 10. Jahrhunderts datiert. Vgl. auch EUGEN ROSENSTOCK, Königshaus und Stämme in Deutschland zwischen 911 und 1250, Leipzig 1914, S. 340 ff.

71 CARLRICHARD BRÜHL, Das 'Palatium' von Pavia und die 'Honorantiae civitatis Papiae', in: Atti del 4° Congresso internazionale di studi sull'alto medioevo, Spoleto 1969, S. 189–220, S. 206 ff.

72 Thietmar (wie Anm. 11) IV 52, S. 51. DIETRICH CLAUDE, Der Königshof Frohse, in: Blätter für deutsche Landesgeschichte 110, 1974, S. 29–42. Vgl. auch PETER CLASSEN, Pfalzenforschung am Mittelrhein, in: Deutsche Königspfalzen 1 (Veröffentlichungen des Max-Planck-Instituts für Geschichte 11,1) Göttingen 1963, S. 75–96, S. 92 f.

73 DIETRICH VON GLADISS, Die Schenkungen der deutschen Könige zu privatem Eigen, in: Deutsches Archiv für Geschichte des Mittelalters 1, 1937, S. 80–137, S. 87 f. Vgl. auch MATHILDE UHLIRZ, Das Deutsche Gefolge Kaiser Ottos III. in Italien, in: Gesamtdeutsche Vergangenheit. Festgabe für Heinrich Ritter von Srbik zum 60. Geburtstag, München 1938, S. 21–38.

74 SCHLESINGER (wie Anm. 62) S. 276 mit Anm. 87.

75 BRÜHL (wie Anm. 5) S. 151 ff. mit Anm. 147, 152, 164, S. 502 ff. mit Literatur; FLECKENSTEIN (wie Anm. 64); LUDWIG FALKENSTEIN, Karl der Große und die Entstehung des Aachener Marienstiftes (Quellen und Forschungen aus dem Gebiet der Geschichte, Neue Folge 3) Paderborn 1981, S. 120 ff.; PETER CLASSEN, Die Geschichte der Königspfalz Ingelheim bis zur Verpfändung an Kurpfalz 1375, in: Ingelheim am Rhein. Forschungen und Studien zur Geschichte Ingelheims, hrsg. von JOHANNE AUTENRIETH, Stuttgart 1964, S. 87–146, S. 112 ff.; RICHARD STROBEL, Regensburg als Bischofsstadt in bauhistorischer und topographischer Sicht, in: Bischofs- und Kathedralstädte des Mittelalters und der frühen Neuzeit, hrsg. von FRANZ PETRI (Städteforschung. Veröffentlichungen des Instituts für vergleichende Städtegeschichte in Münster, Reihe A, 1) Köln – Wien 1976, S. 60–83, S. 69 ff.; Kurt REINDEL, Regensburg als Hauptstadt im frühen und hohen Mittelalter, in: Zwei Jahrtausende Regensburg, hrsg. von DIETER ALBRECHT (Schriftenreihe der Universität Regensburg 1) Regensburg 1979, S. 37–54.

76 RODERICH SCHMIDT, Königsumritt und Huldigung in ottonisch-salischer Zeit, in: Vorträge und Forschungen 6, Konstanz 1961, S. 97–233.

[77] Ebd. S. 171 ff., 200 ff.

[78] Ebd. S. 223 ff. Die Feststellung ist allerdings dahingehend einzuschränken, daß der Umritt in frühottonischer Zeit noch nicht das gesamte Regnum erfaßt, sondern auf Franken und Sachsen Beschränkt bleibt; s. u. Anm. 202.

[79] PERCY ERNST SCHRAMM, Kaiser, Rom und Renovatio, Darmstadt ²1957, S. 135 ff. S. o. Anm. 44.

[80] MÜLLER-MERTENS (wie Anm. 6), zusammenfassend S. 160 ff., 239 ff., 247 ff. S. u. zu Anm. 201.

[81] MÜLLER-MERTENS (wie Anm. 6) S. 187 ff., 197 ff., 224 ff., 239 ff.

[82] MÜLLER-MERTENS S. 171 ff. mit Karte 3. Wenn bestimmte Kirchen als Empfänger nicht erscheinen, so ist stets für den Einzelfall zu untersuchen, ob die Lücke – wie bei Augsburg – auf Überlieferungsverluste zurückzuführen ist oder ob sich darin – wie wohl bei Straßburg – eine Zurückhaltung des Königs zeigt.

[83] Das bisher nicht identifizierte *actum in Tuingoburg* der in Chur überlieferten Urkunde vom 7. 4. 948 für den Abt Hartbert (D OI Nr. 99) ist ebenfalls auf Quedlinburg zu beziehen, wo der König am 1. 4. urkundete und das Osterfest verbrachte (2. 4.). Wie aus der Abschrift des 15. Jh. hervorgeht, war das Königsjahr nicht mehr zu lesen. Das unmittelbar folgende *actum* dürfte eine Ergänzung des Kopisten sein, der die Ortsangabe dann gegen die Gewohnheiten des Notars BA. mit *in* konstruiert. Vermutlich stand im Original *anno [XIII; actum Q]uitilingoburg* und der Kopist hat nach Ausfall von *XIII actum Q* das *ui* als *in* und *tili* als *tui* gelesen. Wegen der Verlesung von *il* zu *u* wäre dann allerdings wohl eine Abschrift in Buchminuskel als Zwischenglied anzunehmen. Zum Empfänger KELLER (wie Anm. 13) S. 19 f., 98 ff.; ZOTZ (wie Anm. 13) 32 ff.; MÜLLER-MERTENS (wie Anm. 6) S. 177 ff.

[84] MÜLLER-MERTENS (wie Anm. 6) S. 210 ff. Als Ausstellungsorte erscheinen in den DD HI Seelheim (Nr. 2), Worms (Nr. 11, 12), Mainz (Nr. 15), Aachen (Nr. 19, nach Datum) und Frankfurt (Nr. 22), in den DD OI vor 952 Mainz (Nr. 8), Werla (Nr. 22), Quedlinburg (Nr. 25, 26, 99), Fritzlar (Nr. 54), Frankfurt (Nr. 83, 94, 106, 107, 108), Magdeburg (Nr. 90), Dahlum (Nr. 116), Worms (Nr. 119, 120), Pavia (Nr. 139). Die Urkunden Konrad I., Heinrich I. und Otto I. (MGH Diplomata 1) Berlin ²1956 (zitiert: DD HI, DD OI).

[85] Verhältnismäßig häufig wurde der Königshof in Italien aufgesucht, vgl. für Otto I. MÜLLER-MERTENS (wie Anm. 6) S. 212 f., für die folgenden Herrscher die nachstehende Tabelle. Sachsen tritt als Ausstellungsgebiet der Urkunden für schwäbische Empfänger unter Otto II. und Otto III. ganz zurück, die kurzen Aufenthalte Ottos I. in Deutschland nach 962 lassen nicht erkennen, ob nicht bereits hier eine Zäsur zu setzen ist. Im Hinblick auf die Bedeutung des Gebietes für die politische Integration konstatiert MÜLLER-MERTENS S. 224 ff. bereits unter Otto I. ein Übergewicht Frankens. Für die Urkunden Ottos I. vgl. die Karte Fig. 1.

[86] Der Herzog interveniert 939 in Werla für Kempten (D 22), 940 in Quedlinburg für St. Gallen und Chur (DD 25, 26), 943 in Fritzlar für Kempten (D 54), 947 in Magdeburg für St. Gallen (D 90), in Frankfurt für Einsiedeln (D 94), 948 in Quedlinburg für Abt Hartbert (D 99). Vgl. KELLER (wie Anm. 13) S. 37 ff.; MÜLLER-MERTENS (wie Anm. 6) S. 231 f.

[87] Die Sachsengeschichte des Widukind von Korvei, hrsg. von PAUL HIRSCH – H.-E. LOHMANN (MGH SS rer. Germ. in usum Schol.) Hannover 1935, II 8, S. 72: *Ea tempestate defunctus est Arnulfus Boioariorum dux, et filii eius in superbiam elati regis iussu contempserunt ire in comitatum.* Vgl. II 10, S. 74: *Rex autem se contemptum ab eis animadvertens – neque enim ad placitum iuxta iussum venire dignati sunt – arma distulit;* durch dieses Verhalten geben sich Herzog Eberhard und andere Große als Aufrührer zu erkennen: *Ibi quoque pacis turbatores facti sunt manifesti, qui hactenus se negabant contra regiam potestatem aliquid fecisse, sed iniuriam tantummodo in socios vindicassent.*

[88] DD OI Nr. 146, 155, 233, 275, 276, 418, 419b, 420. Die Urkunden Otto des II. (MGH

Diplomata 2, 1) Berlin ²1956 (künftig: DD OII) Nr. 24, 25, 26, 236; DD OIII Nr. 48, 153, 157, 158.

[89] DD OI Nr. 147, 148, 163, 285; DD OII Nr. 121, 122, 123, 124, 181, 182; D OIII Nr. 161.

[90] DD OI Nr. 22, 25, 26, 90, 99, 116, 157, 175, 182, 189, 326; DD OII Nr. 63, 211; DD OIII Nr. 129, 175, 176.

[91] DD HI Nr. 11, 12, 15, 22; DD OI Nr. 8, 83, 94, 106, 107, 108, 119, 120, 208, 224, 225, 277; D OII Nr. 45; DD OIII Nr. 4, 38, 61, 83, 121, 126, 145, 152, 187, 231.

[92] DD OI Nr. 139, 236, 255, 343, 411 und Nachtrag zu RI II/1 (wie Anm. 8) S. 253 ('D 248 A'); DD OII Nr. 23, 237, 297, 303; DD OIII Nr. 279, 285, 311, 313.

[93] DD HII Nr. 76, 77, 78, 114, 354, 395, 498.

[94] DD HII Nr. 209, 348a, 378, 505.

[95] DD HII Nr. 76, 77, 395. Die Urkunden Konrads II. mit Nachträgen zu den Urkunden Heinrichs II., hrsg. von HARRY BRESSLAU (MGH Diplomata 4) Berlin ²1957 (künftig: DD KII), Nr. 24, 109, 224; DD HIII Nr. 34, 36, 37, 130, 250 und 251, 252 in dem nicht sicher identifizierten Nattheim.

[96] DD HII Nr. 78, 114, 354, 498; D KII Nr. 179; D HIII Nr. 56.

[97] DD HII Nr. 209, 378; D KII Nr. 42; D HIII Nr. 225.

[98] DD HII Nr. 117, 118, 355, 497, 499; D KII Nr. 39; DD HIII Nr. 218, 219, 365. Von der 'Itinerarlandschaft' her wird das Bistum Basel hier zu den 'elsässischen' Empfängern gerechnet.

[99] DD HII Nr. 18, 79, 80, 367; D KII Nr. 148; DD HIII Nr. 38 + 39, 58, 77, 220, 266.

[100] DD HII Nr. 34, 35, 188.

[101] D HIII Nr. 290. – D HIII Nr. 289. Schwer zu lokalisieren ist das auf 1013 oder 1014 datierte, auf Pavia als Ort der Handlung weisende D HII Nr. 277. Verhandlungen über die Schenkung des Klosters Schwarzach an das Bistum Straßburg waren, wie aus den Angaben des Diploms sicher zu erschließen ist, schon vor dem Aufbruch nach Italien geführt worden; das Diplom wurde jedoch erst am 17. Januar 1016 vollzogen, als der Kaiser sich in Westfalen (14. Januar: Dortmund) aufhielt.

[102] Die gleiche Feststellung ließe sich für Sachsen treffen, während der Befund für die bayerischen Großen nicht so eindeutig ist. Hier dürfte sich die Tatsache auswirken, daß das Herzogtum Bayern häufig vom König bzw. Königssohn verwaltet wurde. Insgesamt ergibt sich aber, wenn man die Urkunden Konrads II. oder Heinrichs III. Stück für Stück verfolgt, eine viel weitergehende Entsprechung von Itinerar und Empfängerkreis als für Otto I., Otto II. oder Otto III. Es kommt hinzu, daß in der Zeit nach 1000 Abweichungen sich oft als begründete Ausnahmen erweisen. Daß eine Urkunde Heinrichs II. für Schuttern in Bamberg ausgestellt ist, erklärt sich daraus, daß das Kloster dem Bistum geschenkt worden war (vgl. Anm. 94). Die 1045 in Köln ausgestellte Urkunde für Eberhard von Nellenburg (D HIII Nr. 138) ist wohl nicht nur aus der Vertrauensstellung des Grafen bei Heinrich III. zu erklären, sondern dürfte auch durch den mittelrheinischen Besitz der Familie bedingt sein; vgl. KURT HILS, Die Grafen von Nellenburg im 11. Jahrhundert (Forschungen zur oberrheinischen Landesgeschichte 19) Freiburg/Br. 1967, S. 48, 58 ff. Die Urkunden aus Köln und Aachen für Murbach und Rheinau (DD HIII 238, 240) wurden auf Intervention des Papstes Leo IX. ausgestellt, mit dem der Kaiser in Köln zusammentraf und nach Aachen zog (Jbb. HIII, 2, S. 82 f.). Da – wie die Beispiele zeigen – eine individualisierende Betrachtung erforderlich ist, verwischen Karten, welche die Urkundenausstellung mehrerer Herrscher zusammenziehen, das sonst recht klare Bild. Bei der Interpretation ist außerdem zu berücksichtigen, daß Heinrich II., Konrad II. und Heinrich III. auffallend wenig für schwäbische Empfänger geurkundet haben.

[103] In Augsburg für folgende Empfänger: D HII Nr. 455 (Obermünster/Regensburg), DD KII Nr. 49 (Seeon), 134 (Graf Wilhelm/Kärnten), 135 (Kirche Rinchnach), 225 (Prühl), DD HIII Nr. 21 (Weltenburg), 22–24 (Brixen), 25 (Niederaltaich), 30 (Freising), 260 (Salzburg), 261 (Ministerialer Rafold/Zeidlergau). – In Ulm: D KII Nr. 108 (Salz-

burg), DD HIII 87 (Kühbach), 209 (Brixen), 215 (Markgraf Adalbert/Ostmark), 361 (Passau).

[104] Augsburg: RI III/1 Nr. 25, 226; DD HIII Nr. 26, 131, 132. Konstanz: RI III/1 Nr. 38a–39. Zürich: RI III/1 Nr. 40a; DD HIII Nr. 216, 291, 292, 293, 294, 315, 316, 317, 318. Basel: RI III/1 Nr. 146, 186. Paul Fridolin Kehr, Vier Kapitel aus der Geschichte Kaiser Heinrichs III. (Abhandlungen der Preußischen Akademie der Wissenschaften, Jahrgang 1930, Philosophisch-historische Klasse, 3) Berlin 1931, S. 30 ff.

[105] Vgl. die Itinerarkarten bei Mayer und Brühl (wie Anm. 5) sowie: Walter Schlesinger, Die Pfalzen im Rhein-Main-Gebiet, in: Geschichte in Wissenschaft und Unterricht 16, 1965, S. 487–504; Wolfgang Metz, Städte am Mittelrhein als Stützpunkte salischer Reichspolitik (Geschichtliche Landeskunde 7) Wiesbaden 1972, S. 34–50. Vgl. auch Raymund Kottje, Zur Bedeutung der Bischofsstädte für Heinrich IV., in: Historisches Jahrbuch 97/98, 1978, S. 131–157, S. 134 ff.; Hans Schmitz, Pfalz und Fiskus Ingelheim (Untersuchungen und Materialien zur Verfassungs- und Landesgeschichte 2) Marburg 1974, S. 292 ff.; Marianne Schalles-Fischer, Pfalz und Fiskus Frankfurt. Eine Untersuchung zur Verfassungsgeschichte des fränkisch-deutschen Königtums (Veröffentlichungen des Max-Planck-Instituts für Geschichte 20) Göttingen 1969, S. 85–190, bes. S. 121 ff. und Karten S. 96 ff.

[106] Vgl. die beigegebene Tabelle. Mandate wurden nicht mitgezählt. Da den Zahlen nur indikative Bedeutung zukommt, sei auf Einzelnachweise verzichtet. S. u. Anm. 219.

[107] DD HII Nr. 283 (in Rom anläßlich der Kaiserkrönung, für Bamberg), 307 (in Pavia für Paderborn). Zu D HII Nr. 277 für Straßburg s. o. Anm. 101. D HII Nr. 67 (in Trient für Brixen) ist wohl zu den ‘deutschen’ Ausstellungen zu rechnen. DD KII Nr. 64 (in Cremona für Utrecht), 82 (in Rom anläßlich der Kaiserkrönung für Paderborn). DD HIII Nr. 195 (in Mantua für den Schwaben Megingod), 340 (in Borgo S. Donnino für St. Simon und Juda in Goslar); 336 (in Trient für Eichstätt) ist wohl wieder im deutschen Zusammenhang zu sehen.

[108] DD KII 255, 271.

[109] Eine differenzierende Untersuchung über Stammesversammlungen oder Stammestage im ottonisch-salischen Reich wäre wünschenswert. Vgl. (mit den Verweisen auf ältere Literatur) Tellenbach (wie Anm. 39) S. 93 ff. Für Schwaben: Maurer (wie Anm. 13) S. 209 ff. Für Bayern: Prinz (wie Anm. 40) S. 306 ff.; Andreas Kraus, Civitas regia. Das Bild Regensburgs in der deutschen Geschichtsschreibung des Mittelalters (Regensburger Historische Forschungen 3) Kallmünz 1972, S. 10 ff., bes. S. 25 ff. Für Sachsen: Rosenstock (wie Anm. 70) S. 37 ff.; Wilhelm Berges, Zur Geschichte des Werla-Goslarer Reichsbezirks vom 9. bis 11. Jahrhundert, in: Deutsche Königspfalzen 1 (wie Anm. 72) S. 113–157, S. 148 ff.; Walter Schlesinger, Die sogenannte Nachwahl Heinrichs II. in Merseburg, in: Geschichte in der Gesellschaft. Festschrift für Karl Bosl, hrsg. von Friedrich Prinz – Franz-Josef Schmale, Stuttgart 1974, S. 350–369; Lutz Fenske, Adelsopposition und kirchliche Reformbewegung im östlichen Sachsen (Veröffentlichungen des Max-Planck-Instituts für Geschichte 47) Göttingen 1977, S. 54 ff.; Giese (wie Anm. 111); Jordan (wie Anm. 133).

[110] Zu den Vorgängen Walter Schlesinger, Erbfolge und Wahl bei der Königserhebung Heinrichs II., in: Festschrift für Hermann Heimpel zum 70. Geburtstag 3 (Veröffentlichungen des Max-Planck-Instituts für Geschichte 36,3) Göttingen 1972, S. 1–36; Reinhard Schneider, Die Königserhebung Heinrichs II. im Jahre 1002, in: Deutsches Archiv für Erforschung des Mittelalters 28, 1972, S. 74–104; Eduard Hlawitschka, ‘Merkst Du nicht, daß dir das vierte Rad am Wagen fehlt?’ – Zur Thronkandidatur Ekkehards von Meißen (1002) nach Thietmar, Chronicon IV 52, in: Geschichtsschreibung und geistiges Leben im Mittelalter. Festschrift für Heinrich Löwe zum 65. Geburtstag, hrsg. von Karl Hauck – Hubert Mordek, Köln – Wien 1978, S. 281–311.

[111] Es ist zweifellos kein Zufall, wenn wir vom ersten Stammestag unter königlichem

Vorsitz unter Heinrich II. mit Bezug auf 1004 hören: Adalboldi vita Heinrici II imperatoris (hrsg. von GEORG WAITZ, MGH SS 4, 1841, S. 683–695) c. 42, S. 694; zu dem vom König gestifteten Frieden MAURER (wie Anm. 13) S. 213 (mit Literatur). Mit den Sachsen hat Heinrich II. eine *mutua pax* auf 5 Jahre geschlossen: Thietmar (wie Anm. 11) VI 59, S. 348. Heinrich II. berief sich auch darauf, daß der bayerische Herzog nur in Bayern selbst erhoben werden könne: Thietmar V 14, S. 236. Daß die Sachsen 1002 und 1024 der Königswahl fern blieben und den König in ihrem Herzogtum erwarteten, um sich ihr 'Recht' bestätigen zu lassen, ist bekannt; vgl. zuletzt WOLFGANG GIESE, Der Stamm der Sachsen und das Reich in ottonischer und salischer Zeit, Wiesbaden 1979, S. 26 ff., 31 ff. Ähnlich haben sich auch die Lothringer verhalten; vgl. MOHR (wie Anm. 118) S. 71 ff. Auch die Thüringer treten damals als Wähler eines eigenen Herzogs und durch gemeinsamen, gesonderten Beitritt zur Wahl Heinrichs II. hervor, bei dem sie Zugeständnisse des Herrschers erlangen: Thietmar V 7, V 14, S. 228, 236. HANS PATZE, Politische Geschichte im hohen und späten Mittelalter, in: Geschichte Thüringens, hrsg. von DEMS. – WALTER SCHLESINGER (Mitteldeutsche Forschungen 48, 2, 1) Köln – Wien 1974, S. 1–214, S. 5 f.

112 Es ist bemerkenswert, daß in dieser Zeit bei Thietmar erstmals Charaktereigenschaften der Stämme erwähnt werden, so die 'Schwabenstreiche' in V 21 (wie Anm. 11) S. 245 f. oder die Charakterisierung der *occidentales* im Gegensatz zu den Sachsen in VI 48, S. 335, vgl. V 2, S. 223. In den Urkunden Heinrichs II. erscheinen die *lex Alamannorum,* die *Bauuarici leges* bzw. die *leges Francorum* erstmals eindeutig als territoriales Recht: DD HII 55, 458, 505. GERHARD KÖBLER, Land und Landrecht im Frühmittelalter, in: Zeitschrift der Savigny-Stiftung für Rechtsgeschichte, Germanistische Abteilung 86, 1969, S. 1–40, S. 31 ff.; MAURER (wie Anm. 13) S. 206. Auch die Belege für eine Wahl des Herzogs durch den Stamm auf dem Boden des Herzogtums häufen sich in der Zeit um 1000 und werden erst hier ganz eindeutig (s. u. Anm. 181).

113 CHRISTOPH FRIEDRICH STÄLIN, Wirtembergische Geschichte, 1, Stuttgart – Tübingen 1841, S. 471 ff.; KARL SCHMID, Ernst II., Herzog von Schwaben, in: Neue Deutsche Biographie, 4, Berlin 1959, S. 624; MAURER (wie Anm. 49).

114 Kurt REINDEL, Die politische Entwicklung (wie Anm. 40) S. 227; PRINZ (wie Anm. 40) S. 303 ff.

115 STÄLIN (wie Anm. 113) S. 485 ff.; Jbb. HIII S. 43 f., 225 f.

116 GERD TELLENBACH, Vom karolingischen Reichsadel zum deutschen Reichsfürstenstand (1943, jetzt in: Herrschaft und Staat im Mittelalter [Wege der Forschung 2] Darmstadt 1956, S. 191–242) S. 214 ff. S. u. S. 65–71.

117 TELLENBACH (wie Anm. 116) S. 218 ff.; HANS JOACHIM FREYTAG, Die Herrschaft der Billunger in Sachsen (Studien und Vorarbeiten zum Historischen Atlas Niedersachsens 20) Göttingen 1951; ALBERT K. HÖMBERG, Westfalen und das sächsische Herzogtum (Schriften der Historischen Kommission Westfalens 5) Münster 1963; JORDAN, Herzogtum (wie Anm. 133). Neue Perspektiven eröffnet GERD ALTHOFF, Adels- und Königsfamilien im Spiegel ihrer Memorialüberlieferung. Studien zum Totengedenken der Billunger und Ottonen (Münstersche Mittelalter-Schriften 47) München 1984.

118 WALTHER MOHR, Geschichte des Herzogtums Lothringen, 1: Geschichte des Herzogtums Großlothringen (900–1048) Saarbrücken 1974, S. 51 ff., 80 ff.; EGON BOSHOF, Lothringen, Frankreich und das Reich in der Regierungszeit Heinrichs III., in: Rheinische Vierteljahrsblätter 42, 1978, S. 63–127.

119 S. o. S. 53–57.

120 MAURER (wie Anm. 13) S. 124 ff., für einzelne Orte S. 97 ff., 108 ff., 112 ff.

121 Zur Entwicklung in Regensburg SCHMID (wie Anm. 18) S. 76 ff. Für die Vororte des Herzogs von Schwaben MAURER (wie Anm. 120), sowie S. 218 ff., 268 ff., 301 ff. für das Aufgehen der ehemaligen Königsrechte in der fürstlichen Herrschaft.

122 MAURER (wie Anm. 13) S. 218 ff. Zum Charakter des Herzogtums im 12. Jh. bereits

Ders., Chiavenna und die 'Ehre' des Herzogtums Schwaben, in: Festschrift Friedrich Hausmann, hrsg. von Herwig Ebner, Graz 1977, S. 339–353.

123 Tellenbach (wie Anm. 116) S. 223 ff.

124 Maurer (wie Anm. 13) S. 153 ff.

125 Ebd. S. 155, 163, 177.

126 Fleckenstein (wie Anm. 51) S. 85 f.

127 Hagen Keller, Ottobeuren und Einsiedeln im 11. Jahrhundert, in: Zeitschrift für die Geschichte des Oberrheins 112, 1964, S. 373–411, S. 374 ff.

128 Althoff (wie Anm. 117).

129 Maurer (wie Anm. 13) S. 155, 170; Ders. (wie Anm. 49); vgl. Stälin (wie Anm. 113) S. 435 ff.

130 Karl Schmid, Adel und Reform in Schwaben, in: Investiturstreit und Reichsverfassung, hrsg. von Josef Fleckenstein (Vorträge und Forschungen 17) Sigmaringen 1973, S. 295–319, mit Literatur.

131 Tellenbach (wie Anm. 116) S. 218 ff. Heftigen Widerspruch hat diese Auffassung gefunden bei Goetz (wie Anm. 39) bes. S. 409–431. Seine Untersuchungsbasis reicht m. E. nicht aus, die Rolle der Herzogtümer im ottonischen Reich in der nötigen Differenzierung zu erfassen.

132 Hans Werle, Titelherzogtum und Herzogsherrschaft, in: Zeitschrift der Savigny-Stiftung für Rechtsgeschichte, Germanistische Abteilung 73, 1956, S. 225–299, S. 239 ff.; Ders., Herzogtum, in: Handwörterbuch zur deutschen Rechtsgeschichte, 2, Berlin 1978, Sp. 119–127, Sp. 122 ff.; Gerd Zimmermann, Vergebliche Ansätze zu Stammes- und Territorialherzogtum in Franken, in: Jahrbuch für fränkische Landesforschung 23, 1963, S. 379–408, S. 388 ff.

133 Vgl. die in Anm. 117 und 118 zitierte Literatur; ferner Karl Jordan, Herzogtum und Stamm der Sachsen während des hohen Mittelalters, in: Niedersächsisches Jahrbuch für Landesgeschichte 30, 1958, S. 1–27; Ders., Sachsen und das deutsche Königtum im hohen Mittelalter, in: Historische Zeitschrift 210, 1970, S. 529–559; Heinz Stoob, Die sächsische Herzogswahl des Jahres 1106, in: Landschaft und Geschichte. Festschrift für Franz Petri, Bonn 1970, S. 499–517.

134 Brunner (wie Anm. 39) S. 310 f.; Giese (wie Anm. 111) S. 128 ff. Vgl. Gerd Althoff, Das Bett des Königs in Magdeburg. Zu Thietmar II,28, in: Festschrift für Berent Schwineköper zu seinem siebzigsten Geburtstag, hrsg. von Helmut Maurer – Hans Patze, Sigmaringen 1982, S. 141–153.

135 Maurer (wie Anm. 13) S. 129 ff., 307 ff.; Prinz (wie Anm. 40) S. 298 ff.; Brunner (wie Anm. 39).

136 S. o. zu Anm. 113.

137 Das Problem wurde in der Forschung gerade im letzten Jahrzehnt neu diskutiert. Vgl. die in Anm. 39 zitierten Arbeiten von Kienast, Brunner, Stingl und Goetz sowie Maurer (wie Anm. 13); Giese (wie Anm. 111); Alois Schmid, Das Bild des Bayernherzogs Arnulf (907–937) in der deutschen Geschichtsschreibung von seinen Zeitgenossen bis zu Wilhelm von Giesebrecht (Regensburger Historische Forschungen 5) Kallmünz 1976. Hans-Joachim Bartmuss, Königtum und Feudaladel. Zum Wesen der Bindungen innerhalb der herrschenden Klasse im Rahmen der Herrschaftsordnung des frühfeudalen deutschen Staates im 10. Jahrhundert, in: Jahrbuch für Geschichte des Feudalismus 1, 1977, S. 65–88.

138 S. o. zu Anm. 36–40.

139 Das wohl sprechendste Zeugnis ist die Züricher Urkunde Herzog Burkhards von 924 (Urkundenbuch [wie Anm. 70] Nr. 188), die Maurer (wie Anm. 13) S. 317 reproduziert; zu Inhalt und Form ebd. S. 309 f. mit Literatur.

140 Daß Otto d. Gr. wohl von Anfang an das Verfügungsrecht über die Bistümer beansprucht hat, dürfte aus den Aussagen über Herzog Arnulfs Einsetzungsrecht und dem

Konflikt zwischen dem König und den Arnulf-Söhnen hervorgehen. REINDEL (wie Anm. 12) S. 186 ff. Dagegen können die 926 in Worms ausgestellten Urkunden (RI II/1 Nr. 13a–15) nicht belegen, daß der König damals die Verfügungsgewalt über die Reichskirche in Schwaben zurückgewonnen hat, da offensichtlich die Erhebung Herzog Hermanns damals erst erfolgt ist (s. u. Anm. 145) und weitere Urkunden bis 936 fehlen. Zu beachten sind folgende Beobachtungen: In Schwaben sind es während des 10. Jahrhunderts die dem Herzog besonders eng verbundenen Bistümer, die der König fördert; und die süddeutschen Bistümer bleiben bis unter Otto III. von der personellen Verflechtung mit der Hofkapelle ausgespart. S. o. zu Anm. 50–55 und MAURER (wie Anm. 13) S. 153 ff.

141 TELLENBACH (wie Anm. 116) S. 208 ff.

142 Vgl. die Stammtafel. Zum Problem SCHMID, Thronfolge (wie Anm. 31) S. 149 ff.

143 REINDEL (wie Anm. 12) S. 186 Nr. 93; SCHMID, Thronfolge, S. 153 f.

144 Insofern ist die in fast allen zusammenfassenden Darstellungen festgehaltene Formel unzutreffend, die Familienpolitik Ottos d. Gr. sei gescheitert, weil die neuen Herzöge rasch mit dem Stamm verwachsen seien und wiederum gegen den König rebellierten. Zutreffender hat – nach dem Bericht des Johannes von Gorze – ʻAbd ar-Rahman III. von Cordoba das Verhältnis charakterisiert: *unum est, in quo illum non satis providum esse constiterit. – Quid, inquit, illud est? – Quod potestatem virtutis suae non sibi soli retinet, sed passus ubere quemque suorum propria uti potestate, ita ut partes regni sui inter eos dividat, quasi eos sibi inde fideliores habeat et subiectiores. Quod longe est; exinde enim superbia et rebellio contra eum nutritur atque paratur, ut nunc in genero ipsius actum est, qui filio eius per perfiodiam subducto, publicam tirannidem contra eum exercuit …* (Vita Johannis abbatis Gorziensis auctore Johanne abbate S. Arnulfi, hrsg. von GEORG HEINRICH PERTZ [MGH Scriptores 4] c. 33, S. 376 f.). Zur Gesandtschaft KELLER (wie Anm. 29) S. 334 ff. Zu den Aufständen SCHMID, Thronfolge, S. 149 ff. GIESE (wie Anm. 111) S. 115 ff.; KARL J. LEYSER, Rule and Conflict in an Early Medieval Society. Ottonian Saxony, London 1979, S. 9 ff.; GERD ALTHOFF, Zur Frage nach der Organisation sächsischer coniurationes in der Ottonenzeit, in: Frühmittelalterliche Studien 16, 1982, S. 129–142.

145 Jbb. HI (wie Anm. 14) S. 89 ff.; HEINRICH BÜTTNER, Heinrichs I. Südwest- und Westpolitik, Konstanz 1964, S. 49 ff.; ZOTZ (wie Anm. 13) S. 89 ff. (mit älterer Literatur); FAUSSNER (wie Anm. 40) S. 409 f.

146 Vgl. das Urteil bei Liudprand, Antapodosis V 1 (Die Werke Liudprands von Cremona, hrsg. von JOSEPH BECKER, MGH SS rer Germ. in usum Schol., Hannover 1915) S. 130 f. Vgl. ZOTZ (wie Anm. 13) S. 106 mit Literatur.

147 DD HI Nr. 15, 19, 22; REINDEL (wie Anm. 12) Nr. 73, 75, 78, 82ab, S. 145 ff., bes. S. 158.

148 Jbb. OI S. 81 ff. FLECKENSTEIN (wie Anm. 44) S. 237 ff. REINDEL (wie Anm. 44) S. 681 f. Literatur wie Anm. 144 sowie KARL HAUCK, Adalbert von Magdeburg als Geschichtsschreiber, in: Festschrift für Walter Schlesinger, hrsg. von HELMUT BEUMANN (Mitteldeutsche Forschungen 74, 2) Köln – Wien 1974, S. 276–353, S. 292 ff.; ZOTZ (wie Anm. 13) S. 105 ff.

149 Widukind (wie Anm. 87) II, 11, S. 75: *Interfectus est autem ibi* (in einem Gefecht bei Belecke unter Führung Herzogs Eberhards) *Gevehardus Udonis filius, fratris Herimanni ducis; ob cuius necem Deo omnia ordinante duces Francorum inter se sunt divisi.* Jbb. OI S. 72 f.

150 Zur Verbindung zuletzt HANS CONSTANTIN FAUSSNER, Kuno von Öhningen und seine Sippe in ottonisch-salischer Zeit, in: Deutsches Archiv für Erforschung des Mittelalters 37, 1981, S. 20–139, S. 31 ff.

151 KELLER (wie Anm. 13) S. 37 ff.

152 S. u. Anm. 198.

153 ZIMMERMANN (wie Anm. 132) S. 386 ff. Zu beachten bleibt, daß Franken als Herzog-

tum auch vor 939 in anderer Beziehung zum König stand als Schwaben und Bayern. Vgl. BRUNNER (wie Anm. 39) S. 300 ff. S. auch u. Anm. 190.

154 Zur Abstammung Herzog Konrads jetzt: ARMIN WOLF, Wer war Kuno 'von Öhningen'? Überlegungen zum Herzogtum Konrads von Schwaben († 997) und zur Königswahl vom Jahre 1002, in: Deutsches Archiv für Erforschung des Mittelalters 36, 1980, S. 25–83; EDUARD HLAWITSCHKA, Wer waren Kuno und Richlind von Öhningen? Kritische Überlegungen zu einem neuen Identifizierungsvorschlag, in: Zeitschrift für die Geschichte des Oberrheins 128, 1980, S. 1–49; FAUSSNER (wie Anm. 150). Die These WOLFS, daß Herzog Konrad mit einer Tochter Liudolfs, d.h. mit einer Enkelin Ottos d. Gr., verheiratet war, teile ich nicht. Auch die von HLAWITSCHKA (wie Anm. 110) vorgetragene Hypothese, Markgraf Ekkehard von Meißen, den Thietmar als Herzog der Thüringer bezeichnet (s. o. Anm. 111), sei ein Liudolfinger gewesen, scheint mir nicht gesichert zu sein. Zu den Ezzonen URSULA LEWALD, Die Ezzonen. Das Schicksal eines rheinischen Fürstengeschlechts, in: Rheinische Vierteljahrsblätter 43, 1979, S. 120–168.

155 SCHMID, Thronfolge (wie Anm. 31) S. 154 ff.

156 BÜTTNER (wie Anm. 145) S. 26 ff., 57 ff., bes. S. 65 f.; SCHMID, Thronfolge, S. 102, 113 f.; MOHR (wie Anm. 118) S. 23; STINGL (wie Anm. 39) S. 176 ff.; GOETZ (wie Anm. 39) S. 334 ff.

157 MOHR (wie Anm. 118) S. 30 ff. Nach Widukind (wie Anm. 87) II 26, S. 89 wäre die Einsetzung Herzog Ottos im Sinne einer Regentschaft für den jungen Sohn Giselberts zu betrachten; vgl. BRUNNER (wie Anm. 39) S. 293 f.

158 MOHR S. 33 ff.; FLECKENSTEIN (wie Anm. 44) S. 239.

159 MOHR S. 36 ff.; FLECKENSTEIN S. 244 ff.

160 MOHR S. 35, 41 ff.; ULRICH NONN, Der lothringische Herzogstitel und die Annales Prumienses, in: Deutsches Archiv für Erforschung des Mittelalters 31, 1975 S. 546–555; BRUNNER (wie Anm. 39) S. 296 ff.

161 MOHR S. 43 ff.; NONN (wie Anm. 160). Zur Bestimmung der Liudolfinger-Verwandtschaft: EDUARD HLAWITSCHKA, Die Anfänge des Hauses Habsburg-Lothringen. Genealogische Untersuchungen zur Geschichte Lothringens und des Reiches im 9., 10. und 11. Jh. (Veröffentlichungen der Kommission für saarländische Landesgeschichte und Volksforschung 4) Saarbrücken 1969, S. 58 ff. Zum Herzogtum ebd. S. 55 ff.

162 KELLER (wie Anm. 13) S. 37 ff. Bei dem ebd. S. 41 ff. besprochenen Eintrag im Gedenkbuch des Klosters Pfäfers ist, wie ich bei einem Besuch im Stiftsarchiv von St. Gallen am 7. 3. 1966 feststellen konnte, die Zeile über den Arkadenbogen zwar von gleicher Hand geschrieben wie der mit *Liotolfus dux* beginnende Eintrag; die Tintenfarbe geht jedoch bei jener Zeile mehr gegen braun, beim eigentlichen Eintrag mehr gegen grau. Demnach sind die Namen König Heinrichs, König Ottos, Herzog Heinrichs und Bruns wohl nachgetragen worden. Liber Viventium Fabariensis. Stiftsarchiv St. Gallen. Fonds Pfäfers Codex 1.I. Faksimile-Edition, hrsg. von ALBERT BRUCKNER – HANS RUDOLF SENNHAUSER, in Verbindung mit FRANZ PERRET, Basel 1973, S. 117.

163 Vgl. u. nach Anm. 187. Nach FAUSSNER (wie Anm. 150) S. 34 war Herzog Burkhard II. kein Sohn Herzog Burkhards I., aber (S. 32) doch ein Sohn Reginlinds, die allerdings nach dem Tode des älteren Burkhard den Konradiner Hermann heiratete, mit dem sie nur eine Tochter hatte. Nach der Stammtafel XI (S. 138) wären beide Eltern Burkhards II. unbekannt. Auf Belege oder Begründungen wird ebenso verzichtet wie in der vorhergegangenen Arbeit (wie Anm. 40).

164 Jbb. OI S. 242; RI II/1 Nr. 239b. Der Zeitpunkt der Vermählung mit Hadwig ist nicht überliefert. Wenn man aus Widukind (wie Anm. 87) III 44, S. 125, schließen darf, daß der Herzog bereits 955 mit der Nichte des Königs verheiratet war, wäre die Hochzeit unmittelbar mit der Einsetzung in Verbindung zu bringen. Zum Herzogtum Burkhards II. und Hadwigs ZOTZ (wie Anm. 13) S. 140 ff.; MAURER (wie Anm. 13) S. 49 ff.

165 Jbb. OII S. 40; RI II/2 Nr. 643a; ZOTZ (wie Anm. 13) S. 132 ff.; MANFRED HELLMANN,

Der deutsche Südwesten in der Reichspolitik der Ottonen, in: Zeitschrift für württembergische Landesgeschichte 18, 1959, S. 193–216, S. 206 f.

[166] ZOTZ (wie Anm. 13) S. 138 ff. Zur Abstammung Herzog Konrads HLAWITSCHKA, anders WOLF und FAUSSNER (alle wie Anm. 154).

[167] REINDEL (wie Anm. 12) S. 170 f. DERS., Die politische Entwicklung (wie Anm. 40) S. 215.

[168] REINDEL (wie Anm. 12) S. 183 ff.; SCHMID, Thronfolge (wie Anm. 31) S. 124 f., 154.

[169] REINDEL (wie Anm. 12) S. 189 ff. 238 f.; DERS. (wie Anm. 40) S. 216 ff.

[170] REINDEL (wie Anm. 40) S. 218 ff.

[171] REINDEL (wie Anm. 40) S. 221; PRINZ (wie Anm. 40) S. 301 f.

[172] REINDEL (wie Anm. 40) S. 223 ff.

[173] REINDEL (wie Anm. 12) S. 245 f., 248 f.; DERS. (wie Anm. 40) S. 225 f.

[174] REINDEL (wie Anm. 12) S. 251 ff.

[175] TELLENBACH (wie Anm. 116); SCHMID, Thronfolge (wie Anm. 31) S. 154 ff.; FLECKENSTEIN (wie Anm. 44) S. 234 ff.

[176] Die bisherige Forschung hebt zu Recht darauf ab, daß neben der Verwandtschaft mit dem Königshaus fast immer eine verwandtschaftliche Beziehung zu früheren Herzögen bestand oder geschaffen wurde. Da aber die Einweisung in das Herzogtum mehrfach unmittelbar mit einer Eheschließung verbunden wurde, scheint man der Rangordnung im Reich und dem Verwandtschaftsbündnis zwischen Herrscherhaus und Herzogsfamilie das eigentliche Gewicht beigemessen zu haben. Ein solches Denken setzte sich über Verwandtschaftsansprüche im erbrechtlichen Sinne hinweg: s. u. zu Anm. 182 ff.

[177] Vgl. die Stammtafel, deren Auswahl dieses Verhältnis von Königshaus und Herzogsamt verdeutlicht.

[178] Zur *ordinatio imperii* von 817 zusammenfassend SCHIEFFER (wie Anm. 36) S. 585 ff. Zum *dux regni* TELLENBACH (wie Anm. 39) S. 21, 90 f.; DERS. (wie Anm. 181) S. 55 ff.; BRUNNER (wie Anm. 39) S. 289 ff. Vgl. EDUARD HLAWITSCHKA, Lotharingien und das Reich an der Schwelle der deutschen Geschichte (Schriften der MGH 21) Stuttgart 1968, S. 185 ff. Zu beachten ist vielleicht, daß den Liudolfingern die lothringische Figur des *dux regni* durch die Stellung Odas, der Gemahlin bzw. Witwe Zwentibolds, zweifellos vertraut war. KARL HAUCK, Die Ottonen und Aachen, in: Karl der Große, 4: Das Nachleben, hrsg. von WOLFGANG BRAUNFELS – PERCY ERNST SCHRAMM, Düsseldorf 1967, S. 39–53. Über Oda vgl. auch HLAWITSCHKA (wie Anm. 161) nach Register.

[179] GERD TELLENBACH, Die Unteilbarkeit des Reiches. Ein Beitrag zur Entstehungsgeschichte Deutschlands und Frankreichs, in: Historische Zeitschrift 163, 1941, S. 20–42; SCHMID, Thronfolge (wie Anm. 31) bes. S. 159 ff.; EDUARD HLAWITSCHKA, Zum Werden der Unteilbarkeit des mittelalterlichen Deutschen Reiches, in: Jahrbuch der Universität Düsseldorf 1969/70, S. 43–55.

[180] SCHMID, Thronfolge (wie Anm. 31) S. 149 ff.; vgl. die Nachträge zum Wiederabdruck (Königswahl und Thronfolge in ottonisch-frühdeutscher Zeit, hrsg. von EDUARD HLAWITSCHKA, Darmstadt 1971, S. 417–508) S. 505 ff.; HERMANN JAKOBS, Zum Thronfolgerecht der Ottonen (ebd., S. 509–528).

[181] Die Titulatur der Herzöge im ottonischen Reich hat durch die Arbeiten von BRUNNER, KIENAST und STINGL (wie Anm. 39) eine umfassende Behandlung erfahren; vgl. auch GOETZ (wie Anm. 39) und NONN (wie Anm. 160). Über herzogliche Insignien GERD TELLENBACH, Über Herzogskronen und Herzogshüte im Mittelalter, in: Deutsches Archiv für Geschichte des Mittelalters 5, 1942, S. 55–71; für Schwaben MAURER (wie Anm. 13) S. 308 ff. Zur Herzogswahl TELLENBACH (wie Anm. 39) S. 85 ff.; MAURER S. 129 ff.; PRINZ (wie Anm. 40) S. 297, 311 f.

[182] Widukind (wie Anm. 87) II 9, S. 73. SCHMID, Thronfolge (wie Anm. 31) S. 153 mit Literatur.

[183] SCHMID, Neue Quellen (wie Anm. 31) S. 211 ff.

[184] KARL SCHMID, Zur Problematik von Familie, Sippe und Geschlecht, Haus und Dynastie beim mittelalterlichen Adel, in: Zeitschrift für die Geschichte des Oberrheins 105, 1957, S. 1–62; DERS., Über die Struktur des Adels im früheren Mittelalter, in: Jahrbuch für fränkische Landesforschung 19, 1959, S. 1–23; GERD TELLENBACH, Zur Erforschung des mittelalterlichen Adels, in: Congrès international des sciences historiques. Rapports: I. Grands thèmes, Wien 1965, S. 317–337.

[185] Widukind (wie Anm. 87) II 4, S. 70f.; Jbb. OI S. 55ff.

[186] GERD ALTHOFF, Das Necrolog von Borghorst. Edition und Untersuchung (Westfälische Gedenkbücher und Nekrologien 1 = Veröffentlichungen der Historischen Kommission für Westfalen 40) Münster 1978, S. 246ff. DERS. (wie Anm. 117).

[187] HLAWITSCHKA (wie Anm. 110) sieht in ihm einen Liudolfinger, was die Parallele zum Verhalten Thankmars noch deutlicher hervortreten ließe.

[188] ALTHOFF (wie Anm. 134).

[189] Vgl. Widukind (wie Anm. 87) I 41, S. 60. Eine Änderung der Interpunktion würde das Handeln Heinrichs I. noch klarer hervorheben: *Cumque se iam gravari morbo sensisset, convocato omni populo designavit filium suum Oddonem regem; caeteris quoque filiis predia cum thesauris distribuens, ipsum vero Oddonem, qui maximus et optimus fuit, fratribus et omni Francorum imperio prefecit.*

[190] Während die letzten Karolinger nur noch selten in Bischofsstädten nachweisbar sind und vorwiegend in Pfalzen und Königshöfen Hof gehalten haben, läßt sich bei Heinrichs I. Aufenthalten am Mittelrhein das Gegenteil beobachten. Die einzigen gesicherten Weihnachtsaufenthalte aus seiner gesamten Regierungszeit fallen auf Mainz (927) und Straßburg (929), in Worms ist der König 925 und mit einem großen Hoftag wiederum 926 nachweisbar. Für den Osteraufenthalt 930 kommt wiederum Mainz in Frage (wie Anm. 31). Dagegen ist nur ein Aufenthalt in Frankfurt (Palmsonntag 930) gesichert; die Echtheit von D HI 35 vom 1. 6. 933 scheint mir trotz aller darum geführten Diskussionen nicht erwiesen. Der Itinerarnachweis von 930 erscheint aber im Zusammenhang der Einladung des Königs auf die Güter der fränkischen Großen (wie Anm. 33). Otto I. läßt sich am Mittelrhein 937 zum Pfingstfest in Mainz mit einem anschließenden Besuch in Ingelheim nachweisen, im Juni 940 wiederum in Mainz, im Mai 941 in Ingelheim, zu Weihnachten dann erstmals in Frankfurt, wo er die Unterwerfung Heinrichs annahm. Von da an sind Frankfurt und Ingelheim die bevorzugten Itinerarorte. So stellt sich die Frage, in welchem Umfang Heinrich I. den Fiskus in Franken beanspruchte und ob Otto I. hier von Anfang an oder erst nach der Auflösung des Herzogtums weitergehende Rechte geltend gemacht hat. Jedenfalls spielt das Servitium der Reichskirchen in der Frühphase der ottonischen Herrschaft die gewichtigere Rolle; für Schwaben gilt dies, wie FLECKENSTEIN (wie Anm. 34) nachgewiesen hat, für das ganze 10. Jahrhundert. Vgl. SCHALLES-FISCHER (wie Anm. 105) S. 120ff.; FLECKENSTEIN (wie Anm. 50) S. 223ff.; BRÜHL (wie Anm. 3) S. 34ff.

[191] MÜLLER-MERTENS (wie Anm. 6) S. 133ff., bes. S. 160ff., 248ff.

[192] BARBARA PÄTZOLD, „Francia et Saxonia" – Vorstufe einer sächsischen Reichsauffassung, in: Jahrbuch für Geschichte des Feudalismus 3, 1979, S. 19–49; GIESE (wie Anm. 111) S. 62ff., bes. 73ff.; MÜLLER-MERTENS (wie Anm. 191); BEUMANN (wie Anm. 240) S. 574f.

[193] Widukind (wie Anm. 87) I 19, I 22 (Rezension A), I 25, I 41, II 1, III 57, III 73, S. 29, 34, 38, 60, 66, 135, 150. Dem *populus Francorum atque Saxonum,* der 911, 919 und 936 den König wählt (I 16, I 26, II 1, S. 26, 39, 63), entspricht also kein Reich der Franken und Sachsen, sondern Franken und Sachsen handeln gemeinsam als Reichsvolk für das *regnum* bzw. *imperium Francorum.* In III 63, S. 137, könnte die Sequenz *per omnem Franciam Saxoniamque et vicinos circumquaque gentes* Sachsen und Franken unter Ausschluß auch Schwabens und Bayerns bezeichnen; vielleicht wird aber Sachsen nur hervorgehoben, weil unmittelbar vorher von sächsischen Aufständen die Rede war. Da Wi-

dukind hier das 'deutsche' Reichsgebiet Italien gegenüberstellt *(Rebus igitur rite compositis per omnem Franciam Saxoniamque et vicinos circumquaque gentes, Romam statuens proficisci, Longobardiam perrexit),* ist zu beachten, daß an anderen Stellen die *Francia* (im Sinne von Deutschland) Italien gegenübergestellt wird (III 6, S. 108, III 70, S. 147 = D OI Nr. 335). Zum Titel *imperator augustus Romanorum et Francorum* (DD OI Nr. 318, 322, 324–326, 329) BRÜHL (wie Anm. 205) S. 174. Vgl. auch die Widmungsverse Erzbischof Egberts in der durch ihre Herrscherdarstellung bekannten Handschrift des Regestrum Gregorii *Caesaris Ottonis Romana sceptra tenentis,/Italiae nec non Francorum iura regentis;* PERCY ERNST SCHRAMM – FLORENTINE MÜTHERICH, Denkmale der deutschen Könige und Kaiser (Veröffentlichungen des Zentralinstituts für Kunstgeschichte in München 2) München 1962, S. 147.

[194] Grundlegend Reinhard WENSKUS, Stammesbildung und Verfassung. Das Werden der frühmittelalterlichen gentes, Köln – Graz 1961. Für das Frühmittelalter: DERS., Die deutschen Stämme im Reich Karls des Großen, in: Karl der Große, 1: Persönlichkeit und Geschichte, hrsg. von HELMUT BEUMANN, Düsseldorf 1965, S. 178–219; WOLFGANG H. FRITZE, Universalis gentium confessio. Träger und Wege universalmissionarischen Denkens im 7. Jahrhundert, in: Frühmittelalterliche Studien 3, 1969, S. 78–130; DIETRICH CLAUDE, Gentile und territoriale Staatsideen im Westgotenreich, in: ebd. 6, 1972, S. 1–38. Für die ottonische Zeit Reinhard WENSKUS, Studien zur historisch-politischen Gedankenwelt Bruns von Querfurt (Mitteldeutsche Forschungen 5) Münster – Köln 1956, S. 106ff.; BEUMANN (wie Anm. 200).

[195] Rhythmus de obitu Ottonis et de electione Henrici (ERNST DÜMMLER, Anselm der Peripatetiker, nebst anderen Beiträgen zur Literaturgeschichte Italiens im 11. Jahrhundert, Halle 1872, S. 80ff.) = HERMANN BLOCH, Beiträge zur Geschichte Bischof Leos von Vercelli und seiner Zeit, in: Neues Archiv 22, 1897, S. 13–136, S. 121. Thietmar (wie Anm. 11) I 19, S. 24f.

[196] Widukind (wie Anm. 87) II 6, S. 71: *Saxones imperio regis facti gloriosi dedignabantur aliis servire nationibus quaesturasque quas habuerunt ullius alii nisi solius regis gratia habere contempserunt*; die Haltung der Sachsen richtet sich gegen Herzog Eberhard von Franken. Ebd. II 28, S. 90: Die Lothringer dienen den Sachsen, haben als *gens* eigene *principes;* nach der Unterwerfung fühlt sich einer ihrer Großen *pene ex libero servus factus.* Umgekehrt ist Sachsen durch das Königtum der Liudolfinger *ex serva facta libera et ex tributaria multarum gentium domina* (148, S. 48). Auch den Huldigungsszenen des Gregor-Registers und des Evangeliars Ottos III. (SCHRAMM – MÜTHERICH [wie Anm. 193] Nr. 82 und 108) liegt diese Vorstellung zugrunde; man erfaßt den Sinn der Darstellungen nicht voll, wenn man die huldigenden *nationes* – im Anschluß an SCHRAMM (wie Anm. 79) S. 118f. – nur als Repräsentanten von Ländern oder Reichen mit bestimmbaren Grenzen ansieht. Typologisch könnte die Vierzahl der *nationes* den vier Himmelsrichtungen entsprechen. Zur Darstellung KONRAD HOFFMANN, Das Herrscherbild im „Evangeliar Ottos III." (clm 4453), in: Frühmittelalterliche Studien 7, 1973, S. 324–341.

[197] Vgl. die Reaktion der Frankenherrscher auf Versuche tributär abhängiger Könige, sich den Königstitel zuzulegen; allerdings wächst seit Karl dem Kahlen unter der Vorstellung, daß Herrschaft über Könige imperialen Rang begründet, die Bereitschaft der Karolinger, den Königstitel selbst zu verleihen. Für die bretonischen Fürsten KIENAST (wie Anm. 39) S. 140ff.; vgl. FRANCIS J. BYRNE, Die keltischen Völker, in: Handbuch der europäischen Geschichte, 1 (wie Anm. 36) S. 448–493, S. 487ff. Zur spätkarolingischen Entwicklung WOLFRAM (wie Anm. 207) S. 103ff., bes. S. 109ff., 114ff., 122ff., 127ff.

[198] FLECKENSTEIN (wie Anm. 44) S. 224ff.; REINDEL (wie Anm. 44) S. 669ff.

[199] GIESE (wie Anm. 111) S. 63ff., bes. S. 71ff.

[200] HELMUT BEUMANN, Historiographische Konzeption und politische Ziele Widukinds von Corvey, in: La storiografia altomedievale 2 (Settimane di Studio del Centro italiano

di studi sull'alto medioevo 17,2) Spoleto 1970, S. 857–894, S. 880 ff.; DERS. (wie Anm. 234) S. 332 f.; DERS. (wie Anm. 240) S. 564 ff.

201 BRÜHL (wie Anm. 5) S. 18 ff., 33 ff., 83 ff. Vgl. JOSEF FLECKENSTEIN, Karl der Große und sein Hof, in: Karl der Große (wie Anm. 194) S. 24–50; GERD TELLENBACH, Vom Zusammenleben der abendländischen Völker im Mittelalter, in: Festschrift für Gerhard Ritter zu seinem 60. Geburtstag, Tübingen 1950, S. 1–60, S. 9.

202 Die Bewegung des Hofes vom Mittelrhein nach Aachen und von dort nach Sachsen, die 930 bei der Regelung der Thronfolge ebenso nachweisbar ist wie 961 nach der Königswahl Ottos II., verbindet die Herrschaftsschwerpunkte, die die Itinerarforschung (wie Anm. 5 und 6) stets anerkannt hat. Für Otto I. hat MÜLLER-MERTENS (wie Anm. 13) S. 148 ff. gezeigt, daß für diese Räume eine periodische Präsenz des Hofes im Jahreszyklus angestrebt wurde. Ein Umzug im Dreieck Sachsen – Mittelrhein – Aachen läßt sich auch 948 bei der Designation Liudolfs, 973 nach dem Tode Ottos d. Gr., 985 nach der Unterwerfung Heinrichs des Zänkers, 992 nach der Übernahme der Regentschaft durch Adelheid, 994/5 nach der Wehrhaftmachung Ottos III. beobachten; diese Bewegung scheint im 11. Jh. auch den Beginn des Umritts im ganzen Reich einzuleiten. Eine Untersuchung, die mit karolingischen Gewohnheiten vergleicht, wäre wünschenswert. Vgl. SCHMIDT (wie Anm. 78).

203 Zuletzt MÜLLER-MERTENS (wie Anm. 6) S. 179, 181, 183, 186 f., 248. Zur karolingischen Praxis GERD TELLENBACH, Der großfränkische Adel und die Regierung Italiens in der Blütezeit des Karolingerreiches, in: Studien und Vorarbeiten zur Geschichte des großfränkischen und frühdeutschen Adels, hrsg. von DEMS. (Forschungen zur oberrheinischen Landesgeschichte 4) Freiburg 1957, S. 40–70; DERS. (wie Anm. 39) S. 41 ff.; JOSEF FLECKENSTEIN, Fulrad von St. Denis und der fränkische Ausgriff in den süddeutschen Raum (ebd. S. 9–39); EDUARD HLAWITSCHKA, Franken, Alemannen, Bayern und Burgunder in Oberitalien (774–962). Zum Verständnis der fränkischen Königsherrschaft in Italien (Forschungen zur oberrheinischen Landesgeschichte 8) Freiburg 1960.

204 CARL ERDMANN, Das ottonische Reich als Imperium Romanum, in: Deutsches Archiv für Geschichte des Mittelalters 6, 1943, S. 412–441, S. 415 ff.; DERS., Forschungen zur politischen Ideenwelt des Frühmittelalters, hrsg. von FRIEDRICH BAETHGEN, Berlin 1951; HELMUT BEUMANN, Das imperiale Königtum im 10. Jahrhundert, in: Welt als Geschichte 10, 1950, S. 117–130; DERS. (wie Anm. 200) S. 862 ff.; KELLER (wie Anm. 29) mit Literatur; KURT-ULRICH JÄSCHKE, Königskanzlei und imperiales Königtum im 10. Jahrhundert, in: Historisches Jahrbuch 84, 1964, S. 288–333; HARTMUT HOFFMANN, Zur Geschichte Ottos d. Gr., in: Deutsches Archiv für Erforschung des Mittelalters 28, 1972, S. 42–73, S. 66 ff. Zum Wandel im Hochmittelalter TELLENBACH (wie Anm. 201) passim, bes. S. 20 ff.

205 CARLRICHARD BRÜHL, Die Anfänge der deutschen Geschichte (Sitzungsberichte der Wissenschaftlichen Gesellschaft an der Johann Wolfgang Goethe-Universität Frankfurt a. M. 10,5) Wiesbaden 1972, S. 20 ff. (S. 162 ff.).

206 Reinhard SCHNEIDER, Brüdergemeine und Schwurfreundschaft. Der Auflösungsprozeß des Karolingerreiches im Spiegel der caritas-Terminologie in den Verträgen der karolingischen Teilkönige des 9. Jahrhunderts (Historische Studien 388) Lübeck – Hamburg 1964; BEUMANN (wie Anm. 240) S. 535 ff.

207 FLECKENSTEIN (wie Anm. 44) S. 268 ff.; 274 ff. mit Literatur. HERWIG WOLFRAM, Lateinische Herrschertitel im 9. und 10. Jahrhundert, in: Intitulatio 2 (wie Anm. 39) S. 19–178, S. 153 ff.

208 Jbb. OIII S. 8 f.

209 GERHARD SCHWARTZ, Die Besetzung der Bistümer Reichsitaliens unter den sächsischen und salischen Kaisern, Leipzig – Berlin 1913, S. 3 ff.; FLECKENSTEIN (wie Anm. 50) S. 116.

210 HAGEN KELLER, Der Gerichtsort in oberitalienischen und toskanischen Städten, in:

Quellen und Forschungen aus italienischen Archiven und Bibliotheken 49, 1969, S. 1–72, S. 68 f.

211 Brühl (wie Anm. 71).

212 Harry Bresslau, Handbuch der Urkundenlehre für Deutschland und Italien, 1, Berlin 31958, S. 323 ff., 343 ff.; Fleckenstein (wie Anm. 50) S. 84 ff.

213 Fleckenstein (wie Anm. 44) S. 271, mit Literatur. Vgl. auch Helmut Beumann, Reformpäpste als Reichsbischöfe in der Zeit Heinrichs III., in: Festschrift Hausmann (wie Anm. 122) S. 21–37. Tilmann Schmidt, Kaiser Konrads II. Jugend und Familie, in: Festschrift Löwe (wie Anm. 110) S. 312–324.

214 Vita Bernwardi episcopi auctore Thangmaro, hrsg. von Georg Heinrich Pertz (MGH SS 4, 1841, S. 757–782) c. 25, S. 770. Zur Diskussion über die 'Echtheit' Hatto Kallfelz (Hrsg.), Lebensbeschreibung einiger Bischöfe des 10.–12. Jahrhunderts (Ausgewählte Quellen zur deutschen Geschichte des Mittelalters. Freiherr vom Stein-Gedächtnisausgabe 22) Darmstadt 1973, S. 266 ff. Zur Stelle Brühl (wie Anm. 205) S. 27 f. (169 f.); vgl. Wenskus, Studien (wie Anm. 194) S. 114 ff.; Beumann (wie Anm. 247) S. 76 f.

215 Die Veränderung gegenüber frühottonischen Vorstellungen (wie Anm. 196) wird selbst in der Wiedergabe durch die Vita Bernwardi deutlich, obwohl das gentile Denken gerade in Sachsen noch tief verwurzelt war (wie Anm. 194 f.).

216 DD OIII Nr. 386 (für Worms), 387 (für Paderborn), 390 + 409 (für Hildesheim), 391 (für Würzburg), 393 + 402 (für den sächsischen Grafen Dammo), 399 (für Cambrai), 401 (für den westfälischen Grafen Liutger), 407 (für Bremen), 417 (für den sächsischen Kapellan Maginward), 424 (für Eichstätt). Vgl. Uhlirz (wie Anm. 73); Müller-Mertens (wie Anm. 6) S. 202 ff., 227 f.

217 S.o. Anm. 107.

218 Vgl. Thietmar V 14 (wie Anm. 111). Für das 12. Jahrhundert Maurer (wie Anm. 13) S. 259 ff.

219 Schwartz (wie Anm. 209); Kehr (wie Anm. 104) S. 38 ff.

220 Fleckenstein (wie Anm. 50) S. 193, 257 f.; vgl. die (unvollständigen) Listen bei Siegfried Görlitz, Beiträge zur Geschichte der königlichen Hofkapelle (Historisch-diplomatische Forschungen 1) Weimar 1936, S. 118 ff. Zum 'internationalen' Charakter der Hofkapelle Ottos III. Fleckenstein S. 102 ff.

221 Fleckenstein, S. 159 ff., 166 ff., 238 ff., 247 ff.; Kehr (wie Anm. 104) S. 36 ff.

222 Kehr S. 41 f.; Keller (wie Anm. 210) S. 54 f., 59.

223 Die Briefe des Abtes Bern von Reichenau, hrsg. von Franz Josef Schmale (Veröffentlichungen der Kommission für Geschichtliche Landeskunde in Baden-Württemberg, Reihe A, 6) Stuttgart 1961, S. 36 f. Nr. 10. Zur Stellung Italiens im Imperium Beumann (wie Anm. 238); Keller (wie Anm. 210) S. 68 ff.; Hans-Dietrich Kahl, Der Chronist Arnulf von Mailand und das Problem der italienischen Königsweihen im 11. Jahrhundert, in: Forschungen für Schlesinger (wie Anm. 62) S. 420–437; Keller, Adelsherrschaft (wie Anm. 38) S. 270 ff.; Gerd Althoff, Gebetsgedenken für Teilnehmer an Italienzügen. Ein bisher unbeachtetes Trienter Diptychon, in: Frühmittelalterliche Studien 15, 1981, S. 36–67.

224 Helmut Beumann, Das Imperium und die regna bei Wipo, in: Aus Geschichte und Landeskunde. Franz Steinbach zum 65. Geburtstag, Bonn 1960, S. 11–36. Vgl. u. Anm. 239.

225 Zum römischen Reichsgedanken Erdmann, Das ottonische Reich (wie Anm. 204); Fleckenstein (wie Anm. 44) S. 224 ff.; Beumann (wie Anm. 247).

226 Keller (wie Anm. 29) passim.

227 Eugenio Duprè Theseider, Otto I. und Italien, in: Festschrift zur Jahrtausendfeier der Kaiserkrönung Ottos des Großen 1 (Mitteilungen des Instituts für österreichische Geschichtsforschung, Ergänzungsband 20,1) Graz – Köln 1963, S. 53–69. Zur Stellung in der Herrschaftspraxis Müller-Mertens (wie Anm. 13) S. 227 f.

[228] Zu den Vorbehalten gegen die Politik Ottos III. zuletzt GIESE (wie Anm. 111) S. 125 ff.; vgl. HELMUT LIPPELT, Thietmar von Merseburg. Reichsbischof und Chronist (Mitteldeutsche Forschungen 72) Köln – Wien 1973, S. 162 ff. Zur Inschrift der 1003–1007 nachweisbaren Königsbulle Heinrichs II. PERCY ERNST SCHRAMM, Die deutschen Kaiser und Könige in Bildnissen ihrer Zeit, 1, Leipzig – Berlin 1928, S. 196 mit Literatur; Robert FOLZ, Le souvenir et la légende de Charlemagne dans l'Empire germanique médiéval (Publications de l'Université de Dijon 7) Paris 1950, S. 95 ff.; BEUMANN (wie Anm. 247) S. 75 ff.

[229] JOACHIM EHLERS, Karolingische Tradition und frühes Nationalbewußtsein in Frankreich, in: Francia 4, 1976, S. 213–235; BERND SCHNEIDMÜLLER, Karolingische Tradition und frühes französisches Königtum. Untersuchungen zur Herrschaftslegitimation der westfränkisch-französischen Monarchie im 10. Jahrhundert (Frankfurter historische Abhandlungen 22) Wiesbaden 1979.

[230] GERD TELLENBACH, Kaiser, Rom und Renovatio. Ein Beitrag zu einem großen Thema, in: Tradition als historische Kraft. Interdisziplinäre Forschungen zur Geschichte des früheren Mittelalters – Karl Hauck zum 21. XII. 1981 gewidmet, hrsg. von NORBERT KAMP – JOACHIM WOLLASCH, Berlin – New York 1982, S. 231–248.

[231] ECKHARD MÜLLER-MERTENS, Regnum Teutonicum. Aufkommen und Verbreitung der deutschen Reichs- und Königsauffassung im früheren Mittelalter (Forschungen zur mittelalterlichen Geschichte 15) Berlin 1970; DERS. (wie Anm. 6) S. 250 ff.; BRÜHL (wie Anm. 205) S. 170 ff.; HELMUT BEUMANN, Regnum Teutonicorum und rex Teutonicorum in ottonischer und salischer Zeit, in: Archiv für Kulturgeschichte 55, 1973, S. 215–223; DERS. (wie Anm. 234); HEINZ THOMAS, Regnum Teutonicorum – diutiscono richi? Bemerkungen zur Doppelwahl des Jahres 919, in: Rheinische Vierteljahrsblätter 40, 1976, S. 17–45. Vgl. auch GERD TELLENBACH, Zur Geschichte des mittelalterlichen Germanenbegriffs, in: Jahrbuch für internationale Germanistik 7, 1975, S. 145–165, bes. S. 158 ff.; RUDOLF BUCHNER, Die frühsalische Geschichtsschreibung in Deutschland, in: La storiografia (wie Anm. 200) S. 895–945.

[232] WOLFGANG EGGERT, Das ostfränkisch-deutsche Reich in der Auffassung seiner Zeitgenossen (Forschungen zur mittelalterlichen Geschichte 21) Berlin 1973; HEINRICH REXROTH, Volkssprache und werdendes Volksbewußtsein im ostfränkischen Reich, in: Aspekte der Nationenbildung im Mittelalter, hrsg. von HELMUT BEUMANN – Werner SCHRÖDER (Nationes 1) Sigmaringen 1978, S. 275–315.

[233] SCHNEIDER (wie Anm. 206); WALTER SCHLESINGER, Die Auflösung des Karlsreiches, in: Karl d. Gr. (wie Anm. 194) S. 792–857, S. 838 ff., 846 ff.; PETER CLASSEN, Die Verträge von Verdun und Coulaines 843 als politische Grundlagen des westfränkischen Reiches, in: Historische Zeitschrift 196, 1963, S. 1–35; SCHIEFFER (wie Anm. 36) S. 601 ff., 617 ff.; GERD TELLENBACH, Die geistigen und politischen Grundlagen der karolingischen Thronfolge. Zugleich eine Studie über kollektive Willensbildung und kollektives Handeln im 9. Jahrhundert, in: Frühmittelalterliche Studien 13, 1979, S. 184–302, S. 213 ff., 253 ff., 272 ff.

[234] HELMUT BEUMANN, Die Bedeutung des Kaisertums für die Entstehung der deutschen Nation im Spiegel der Bezeichnungen für Reich und Herrscher, in: Aspekte (wie Anm. 232) S. 317–365, bringt S. 345 ff., S. 363 ff. auch neue Ergebnisse zu der umstrittenen Stelle aus den Salzburger Annalen.

[235] MÜLLER-MERTENS (wie Anm. 231) S. 44 ff. Vgl. o. Anm. 199.

[236] BEUMANN (wie Anm. 231) S. 218 f.

[237] MÜLLER-MERTENS (wie Anm. 231) S. 87 ff., 182 ff., 225 ff.

[238] HELMUT BEUMANN, Zur Entwicklung transpersonaler Staatsvorstellungen, in: Das Königtum. Seine geistigen und rechtlichen Grundlagen (Vorträge und Forschungen 3) Konstanz 1956, S. 185–224; DERS. (wie Anm. 224).

[239] EGON BOSHOF, Das Reich in der Krise. Überlegungen zum Regierungsausgang Heinrichs III., in: Historische Zeitschrift 228, 1979, S. 265–287. Wipos Darstellung ist zweifellos auf dem Hintergrund einer möglichen Neuwahl zu sehen.

[240] Wie Anm. 179 und HELMUT BEUMANN, Unitas ecclesiae – unitas imperii – unitas regni. Von der imperialen Reichseinheitsidee zur Einheit der Regna, in: Nascita dell' Europa ed Europa carolingia: un'equazione da verificare (Settimane di Studio del Centro italiano di studi sull'alto medioevo 27) Spoleto 1981, S. 531–571, mit Diskussion S. 573–582. Der Beitrag wurde mir ebenso wie die u. Anm. 247 zitierte Arbeit durch die freundliche Hilfe von Karl Hauck noch zum Manuskriptabschluß zugänglich.

[241] ALTHOFF (wie Anm. 117). Zur Bedeutung Ottos III. als „Schlüsselfigur" für die Frage nach dem Übergang von den frühmittelalterlichen *gentes* zur Nation BEUMANN (wie Anm. 234) S. 360f.

[242] Thietmar (wie Anm. 11) I 19, S. 26. HOFFMANN (wie Anm. 244) S. 71ff.; LIPPELT (wie Anm. 228) S. 138ff.

[243] Zu seiner Entwicklung jetzt BEUMANN (wie Anm. 234), der die Zusammenhänge mit dem Kaisertum hervorhebt.

[244] ULRICH HOFFMANN, König, Adel und Reich im Urteil fränkischer und deutscher Historiker des 9. bis 11. Jahrhunderts (Diss. phil. Freiburg/Br. 1966) Bamberg 1968, S. 109ff., bes. S. 143ff.; BEUMANN (wie Anm. 234) S. 325ff.

[245] S. o. Anm. 112.

[246] S. o. S. 60ff., 62ff.

[247] HELMUT BEUMANN, Der deutsche König als „Romanorum rex" (Sitzungsberichte der Wissenschaftlichen Gesellschaft an der Johann Wolfgang Goethe-Universität Frankfurt am Main 18,2) Wiesbaden 1981. Vgl. Anm. 240.

[248] BRÜHL (wie Anm. 205). WALTER SCHLESINGER, Die Königserhebung Heinrichs I., der Beginn der deutschen Geschichte und die deutsche Geschichtswissenschaft, in: Historische Zeitschrift 221, 1975, S. 529–552. Vgl. BEUMANN (wie Anm. 234). MÜLLER-MERTENS (wie Anm. 6) S. 247ff.

Widukinds Bericht über die Aachener Wahl und Krönung Ottos I.

[1] KARL SCHMID, Neue Quellen zum Verständnis des Adels im 10. Jahrhundert, in: Zeitschrift für die Geschichte des Oberrheins 108, 1960, S. 185–232, bes. S. 185–202; dieser Teil wieder abgedruckt (mit einem Nachtrag von 1970) in: EDUARD HLAWITSCHKA (Hrsg.), Königswahl und Thronfolge in ottonisch-frühdeutscher Zeit (Wege der Forschung 178) Darmstadt 1971, S. 389–416; DERS., Die Thronfolge Ottos des Großen, in: Zeitschrift der Savigny-Stiftung für Rechtsgeschichte, Germanistische Abteilung 81, 1964, S. 80–163; ebenfalls wieder abgedruckt (mit Nachtrag von 1970) in: HLAWITSCHKA, S. 417–508. Wie ich aus Gesprächen weiß, rechnete Karl Schmid seinen Beitrag über die Thronfolge Ottos d. Gr. und über die Königsherrschaft Heinrichs I. zu den wichtigsten Ergebnissen seiner wissenschaftlichen Arbeit, und er trug sich mit dem Gedanken, noch einmal auf die Probleme zurückzukommen (s. unten Anm. 100).

[2] Zu den Einträgen GERD ALTHOFF, Amicitiae und Pacta. Bündnis, Einung, Politik und Gebetsgedenken im beginnenden 10. Jahrhundert (Schriften der MGH 37) Hannover 1992, S. 107–123. Faksimile des Reichenauer Eintrags in: Das Verbrüderungsbuch der Abtei Reichenau, hrsg. von JOHANNE AUTENRIETH – DIETER GEUENICH – KARL SCHMID (MGH Libri memoriales et necrologia, NS 1) Hannover 1979, p. 63.

[3] SCHMID, Neue Quellen (wie Anm. 1) S. 189ff. (395ff.); DERS., Thronfolge (wie Anm. 1) S. 116 (455); ALTHOFF (wie Anm. 2) S. 124–127.

[4] Im erhaltenen Verbrüderungsvertrag mit St. Gallen heißt es von Bischof Keonwald von Worcester *omnibus monasteriis per totam Germaniam cum oblatione de argento non modica et in id ipsum a rege Anglorum eadem sibi tradita visitatis IDIBUS OCTOB. venit ad monasterium S. Galli;* MGH Libri Confraternitatum, hrsg. von PAUL PIPER, Berlin 1884, S. 136f. Es ist unvorstellbar, daß der Bischof und seine Begleiter ohne Geleit von

seiten des Königs in dieser Weise durch das Reich Heinrichs I. zogen, wie mir auch undenkbar erscheint, daß der eigene Herrscher als Wohltäter der Klöster dabei hinter dem fremden zurückstehen konnte. Insofern könnten die Familie Heinrichs I. und die englische Gesandtschaft aus demselben Anlaß und mehr oder weniger gleichzeitig in die Gedenkbücher eingetragen worden sein. Vgl. Karl Leyser, Die Ottonen und Wessex, in: Frühmittelalterliche Studien 17, 1983, S. 73–97; Eduard Hlawitschka, Untersuchungen zu den Thronwechseln der ersten Hälfte des 11. Jahrhunderts und zur Adelsgeschichte Süddeutschlands (Vorträge und Forschungen, Sonderband 35) Sigmaringen 1987, S. 88 ff.; s. auch unten Anm. 9.

[5] Die Sachsengeschichte des Widukind von Korvei, hrsg. von Hans-Eberhard Lohmann – Paul Hirsch (MGH Scriptores rerum Germanicarum [60]) Hannover [5]1935, I 37, S. 54; Schmid, Neue Quellen (wie Anm. 1) S. 191 (399). Hrotsvith von Gandersheim, Gesta Ottonis v. 66–124, würdigt die Verbindung in ungewöhnlicher Ausführlichkeit und bringt sie mit der Thronfolgeregelung und der Sicherung der Dynastie in ursächlichen Zusammenhang: Hrotsvithae Opera, hrsg. von Paul von Winterfeld (MGH Scriptores rerum Germanicarum [34]) Berlin – Zürich 1965, S. 206 ff. (nach dieser Edition künftig zitiert, vgl. aber auch: Hrotsvithae Opera, mit Einleitung und Kommentar von H. Homeyer, München – Paderborn 1970).

[6] Von Widukind I 8 (wie Anm. 5) S. 8 ff. wird die Zusammengehörigkeit nachdrücklich betont. Die Angelsachsen erscheinen dabei in der Herrschaft als Nachfolger der Römer. Vgl. das Lob Edgiths in II 41, S. 100; dazu Leyser (wie Anm. 4) S. 73 f. Beachtenswert scheint mir zu sein, daß in englischen Königstitulaturen aus der ersten Hälfte des 10. Jahrhunderts die gemeinsame Herkunft ebenfalls betont wird, indem beim Herrschertitel an Stelle des üblichen Volksnamens *Anglorum* mehrfach *Angulosaxonum* gesetzt wird; Harald Kleinschmidt, Die Titulaturen englischer Könige im 10. und 11. Jahrhundert, in: Intitulatio III: Lateinische Herrschertitel und Herrschertitulaturen vom 7. bis zum 13. Jahrhundert, hrsg. von Herwig Wolfram – Anton Scharer (Mitteilungen des Instituts für österreichische Geschichtsforschung, Ergänzungsband 29) Wien – Köln – Graz 1988, S. 75–129, S. 99 ff.

[7] Vgl. Schmid, Thronfolge (wie Anm. 1) S. 109 (447 f.); Leyser (wie Anm. 4) S. 75 ff., bes. S. 78 f.; Patrick Corbet, Les saints ottoniens. Sainteté dynastique, sainteté royale et sainteté feminine autour de l'an Mil, Sigmaringen 1986, S. 111 ff.

[8] Die Urkunden der deutschen Könige und Kaiser, 1: Die Urkunden Konrads I., Heinrichs I. und Ottos I. (MGH Diplomata 1) Hannover 1879–1884, D HI 20; Schmid, Neue Quellen (wie Anm. 1) S. 197 (406 f.); Ders., Thronfolge (wie Anm. 1) S. 101 ff. (439 ff.).

[9] D HI 21 (wie Anm. 8) = Johann Friedrich Böhmer, Regesta Imperii 2, Sächsisches Haus 919–1024, 1. Abteilung: Die Regesten des Kaiserreiches unter Heinrich I. und Otto I. 919–973, neu bearbeitet von Emil von Ottenthal mit Ergänzungen von Hans H. Kaminski, Hildesheim 1967, Nr. 25. Schmid, Neue Quellen (wie Anm. 1) S. 190 ff. (398 ff.) hatte zunächst angenommen, daß der Aufenthalt in Straßburg mit einem Besuch in den Bodenseeklöstern verbunden war, bei dem dann die Gedenkeinträge vom Herrscher selbst veranlaßt worden wären; vgl. die Ergänzungen in Ders., Thronfolge (wie Anm. 1) S. 110 Anm. 121 (S. 449). Von der Annahme eines derartigen Präsenzeintrags sind die neueren Untersuchungen abgerückt, vgl. Althoff (wie Anm. 2) S. 111 und S. 37 ff.; Hlawitschka (wie Anm. 4) S. 88 ff. Ders., Die verwandtschaftlichen Verbindungen zwischen dem hochburgundischen und dem niederburgundischen Königshaus. Zugleich ein Beitrag zur Geschichte Burgunds in der 1. Hälfte des 10. Jahrhunderts, in: Grundwissenschaften und Geschichte. Festschrift für Peter Acht, hrsg. von Waldemar Schlögl – Peter Herde (Münchener Historische Studien, Abteilung geschichtliche Hilfswissenschaften 15) Kallmünz 1976, S. 28–57, S. 52 ff., verweist darauf, daß die Schwester Edgiths einem Fürsten im Alpenraum, am ehesten König Rudolfs II. Bruder Ludwig, zur Ehe gegeben wurde, und bringt den Straßburger Aufenthalt Heinrichs I. mit der Reise der Prin-

zessin nach Hochburgund in Verbindung. Es ist in der Tat schwer vorstellbar, daß die englischen Königstöchter mit Bischof Keonwald von Kloster zu Kloster durch das ostfränkische Reich gezogen sind. Wahrscheinlich ist ein Aufenthalt am Königshof, bis der Bote des englischen Königs seinen Auftrag erfüllt hatte, so daß es als möglich erscheint, daß der sächsische Hof an Weihnachten im Elsaß wieder mit der angelsächsischen Gesandtschaft zusammentraf. Mit Recht erwägt HLAWITSCHKA, ebd. S. 56, ob nicht ein solcher Kontakt der Hintergrund für die Nachricht in den Lausanner Annalen ist, Otto I. sei 930 in Mainz geweiht worden. Da Rudolfs II. Bruder Ludwig, wenn er denn 930 Schwager Edgiths wurde, 929/30 als Graf in Alemannien nachweisbar ist (HLAWITSCHKA, ebd. S. 52), könnte er an den Mainzer Feierlichkeiten teilgenommen haben. Freilich werden in dieser Annahme mehrere Hypothesen kumuliert. Zum Kontext des Straßburger Aufenthalts auch HAGEN KELLER, Kloster Einsiedeln im ottonischen Schwaben (Forschungen zur oberrheinischen Landesgeschichte 13) Freiburg im Breisgau 1964, S. 18ff.

[10] SCHMID, Neue Quellen (wie Anm. 1) S. 195f. (404f.), mit Verweisen auf frühere Äußerungen in der Literatur. Daß sich aus der Eheverbindung „nichts weiter schließen" lasse, wie HOFFMANN (wie Anm. 22) S. 43f. meint, wird m. E. schon widerlegt durch die große Bedeutung, die der Verbindung trotz Edgiths frühem Tod im Umkreis der Ottonen beigemessen wurde (s. oben Anm. 6f.); falls Edgiths Schwester in das mit dem sächsischen König damals eng verbundene burgundische Königshaus heiratete (s. oben Anm. 9), würde auch dies die Bedeutung der Verbindung nur unterstreichen. Der flandrische Graf Balduin II., der eine Tochter König Alfreds d. Gr. geheiratet hatte, war immerhin Sohn der Karolingerin Judith, einer Tochter Karls d. Kahlen, die in erster Ehe mit König Aethelwulf von Wessex verheiratet gewesen war und dann sich mit dessen Stiefsohn Aethelbald verbunden hatte, ehe sie 862 die Ehe mit Balduin I. einging. Vgl. ECKHARD FREISE, Die 'Genealogia Arnulfi Comitis' des Priesters Witger, in: Frühmittelalterliche Studien 23, 1989, S. 203–243, S. 206f., 209ff., 241. Zur Qualität der dynastischen Verbindungen vgl. LEYSER (wie Anm. 4) S. 75ff.; JÜRGEN SARNOWSKY, England und der Kontinent im 10. Jahrhundert, in: Historisches Jahrbuch 114, 1994, S. 47–75, S. 51ff.

[11] GERD TELLENBACH, Die Unteilbarkeit des Reiches. Ein Beitrag zur Entstehungsgeschichte Deutschlands und Frankreichs, in: Historische Zeitschrift 163, 1941, S. 20–42, wieder abgedruckt in: DERS., Ausgewählte Abhandlungen und Aufsätze 2, Stuttgart 1988, S. 663–687; KARL SCHMID, Das Problem der 'Unteilbarkeit des Reiches', in: Reich und Kirche vor dem Investiturstreit, hrsg. von DEMS., Sigmaringen 1985, S. 1–15; EDUARD HLAWITSCHKA, Von der großfränkischen zur deutschen Geschichte. Kriterien der Wende (Sudetendeutsche Akademie der Wissenschaften und Künste, Geisteswissenschaftliche Klasse, Sitzungsberichte Jahrgang 1988, Heft 2) München 1988, S. 61ff. (vgl. zur vertretenen Auffassung aber schon SCHMID, Thronfolge [wie Anm. 1] Nachtrag 1970, S. 507f.); CARLRICHARD BRÜHL, Deutschland – Frankreich. Die Geburt zweier Völker, Köln – Wien 1990, S. 329–341, 461–464. STEFAN WEINFURTER, Idee und Funktion des „Sakralkönigtums" bei den ottonischen und salischen Herrschern (10. und 11. Jahrhundert), in: Legitimation und Funktion des Herrschers, hrsg. von ROLF GUNDLACH – HERMANN WEBER (Schriften der Mainzer Philosophischen Fakultätsgesellschaft 13) Stuttgart 1992, S. 99–127, S. 104, spricht (unter Berufung auf Brühl) von einer „Unteilbarkeit des Königtums".

[12] Um diese Frage drehte sich die gesamte ältere Forschungsdiskussion; vgl. dazu unten Anm. 108 sowie die in Anm. 97 zitierte Literatur.

[13] Wie Anm. 8, vgl. Anm. 10. Die Vorbereitungen hatten wohl bereits 927 begonnen, als Otto im 15. Lebensjahr stand, s. unten Anm. 295. Vgl. HERMANN JAKOBS, Zum Thronfolgerecht der Ottonen, in: HLAWITSCHKA (wie Anm. 1) S. 509–528, S. 519ff. Da Mathildes *dos* auch später als *pars regni* verstanden wurde, war die Zustimmung des künftigen Thronfolgers von besonderer Bedeutung; dazu GERD ALTHOFF, Probleme um die dos der Königinnen im 10. und 11. Jahrhundert, in: Veuves et veuvage dans le haut moyen âge, hrsg. von MICHEL PARISSE, Paris 1993, S. 123–133, bes. S. 128ff. Sehr konstruiert und von

unbeweisbaren Prämissen abhängig wirkt JOHANNES LAUDAGE, Hausrecht und Thronfolge. Überlegungen zur Königserhebung Ottos des Großen und zu den Aufständen Thankmars, Heinrichs und Liudolfs, in: Historisches Jahrbuch 112, 1992, S. 23–71, S. 46 ff.; S. 50 werden die auch von SCHMID (wie Anm. 1) festgehaltenen Fakten in ihrer Relevanz nicht erkannt. Vgl. noch DERS., „Liudolfingisches Hausbewußtsein". Zu den Hintergründen eines Kölner Hoftages von 965, in: Köln. Stadt und Bistum in Kirche und Reich des Mittelalters. Festschrift für Odilo Engels zum 65. Geburtstag, hrsg. von HANNA VOLLRATH – STEFAN WEINFURTER, Köln – Weimar 1993, S. 23–59, S. 55.

14 SCHMID, Thronfolge (wie Anm. 1) S. 102 f., 125 (441, 465).

15 SCHMID, Neue Quellen (wie Anm. 1) S. 199 f. (410); DERS., Thronfolge (wie Anm. 1) S. 118 (456 f.). Annales Lausannenses, hrsg. von CHARLES ROTH, Cartulaire du Chapitre de Notre-Dame de Lausanne (Mémoires et Documents publiés par la Société d'histoire de la Suisse Romande, troisième série, tome 3) Lausanne 1948, S. 5–9, S. 8; zur Handschrift vgl. FRANK M. BISCHOFF, Kodikologische Beiträge zum Lausanner Kartular, in: Mabillons Spur. Zweiundzwanzig Miszellen … zum 80. Geburtstag von Walter Heinemeyer, hrsg. von PETER RÜCK, Marburg 1992, S. 167–191. EDUARD HLAWITSCHKA, Die Ottonen-Einträge der Lausanner Annalen, in: Roma renascens. Beiträge zur Spätantike und Rezeptionsgeschichte. Festschrift für Ilona Opelt, hrsg. von MICHAEL WISSEMANN, Frankfurt 1988, S. 125–148, hat nachgewiesen, daß hier eine Quelle mit zuverlässigen Nachrichten zum 10. Jahrhundert ausgeschrieben worden ist (Randnotizen zu Computus-Tafeln). Außer der Königsweihe Ottos I. (930) hielt sie die Ungarnsiege Heinrichs I. (933) und Ottos I. (955) fest, die – unter dem Zeichen der von König Rudolf II. von Hochburgund an Heinrich I. übergebenen heiligen Lanze errungen – von den Herrschern selbst zum Zwecke der 'Kommemorierung' breit bekanntgegeben wurden, sowie die Königserhebung Ottos II. (961). Ebd. S. 130 f. versteht HLAWITSCHKA *benedictus* als „gutgeheißen", während er zuvor (wie Anm. 4, S. 91) von einer „kirchlichen Segnung" sprach. – Wie für 930 (s. oben Anm. 9) könnten auch für 961 unmittelbare Kontakte zwischen dem burgundischen und dem deutschen Königshof erklären, wie die Nachricht nach Lausanne kam. König Konrad hatte Otto I. Mauritius-Reliquien übersandt, die dieser Weihnachten 960 in Regensburg in Empfang nahm und – vermutlich geleitet auch von der burgundischen Delegation – nach Magdeburg überführen ließ. Dort könnte Otto I. selbst beim 'Einzug' der Reliquien anwesend gewesen sein (Fastenzeit – Ostern, 7. April), ehe er über Wallhausen nach Worms zog, wo Anfang Mai der Italienzug beschlossen und Otto II. zum König 'gewählt' wurde (BÖHMER – OTTENTHAL [wie Anm. 9] Nr. 293–299). In Worms beurkundete Otto I. einen Gütertausch zwischen dem Kloster Schwarzach und Bischof Hartbert von Chur (ebd. Nr. 298–299), der seinerseits die an Schwarzach vergebenen Güter durch die Hand Ottos von König Konrad eingetauscht hatte (vgl. ebd. Nr. 277a–280; dazu KELLER [wie Anm. 9] S. 101 ff.).

16 D HI 22 (wie Anm. 8) = BÖHMER – OTTENTHAL (wie Anm. 9) Nr. 26; KELLER (wie Anm. 9) S. 20. Da die Datum/actum-Zeile von D HI 35 = BÖHMER – OTTENTHAL, Nr. 44 (Frankfurt, 1. VI. 933) angesichts der Überlieferung des Diploms nicht als voll gesichert gelten kann, ist der Aufenthalt in Frankfurt vielleicht der einzige Beleg dafür, daß Heinrich I. die karolingischen Fiskalgüter am Mittelrhein genutzt hat.

17 Reginonis abbatis Prumiensis chronicon cum continuatione Treverensi, hrsg. von FRIEDRICH KURZE (MGH Scriptores rerum Germanicarum [50]) Hannover 1890, a. 931, S. 158 ff.; SCHMID, Neue Quellen (wie Anm. 1) S. 198 f. (409); DERS., Thronfolge (wie Anm. 1) S. 116 Anm. 136 (455 f. Anm. 141); ALTHOFF (wie Anm. 2) S. 29 f. Vgl. CARLRICHARD BRÜHL, Fodrum, Gistum, Servitium regis 1 (Kölner Historische Abhandlungen 14,1) Köln – Graz 1968, S. 179 f.

18 D HI 23 (wie Anm. 8) = BÖHMER-OTTENTHAL (wie Anm. 9) Nr. 27, wo der Hinweis fehlt, daß die Urkunde am Tag vor Pfingsten ausgestellt wurde. Da Eberhard als Intervenient vor Giselbert genannt wird, handelt es sich – zumal es ausdrücklich um die Bestäti-

gung von Schenkungen der karolingischen Herrscher geht – zweifellos um den Frankenherzog, der ja auch 926/27 beim Gewinn Lothringens eine wichtige Funktion übernommen hatte, und nicht um den Grafen Eberhard von Hamaland. Auch dies ist der einzige Beleg für die Nutzung des karolingischen Königsgutes in Lothringen aus der Regierungszeit Heinrichs I.

[19] Dazu grundlegend ALTHOFF (wie Anm. 2) S. 69 ff.

[20] SCHMID, Thronfolge (wie Anm. 1) S. 113 ff., 121 (452 ff., 461).

[21] SCHMID, Thronfolge (wie Anm. 1) bes. S. 136 ff. (476 ff.). Weitere Arbeiten von Schmid und Althoff haben die Neubewertung vertieft; sie ist heute fast allgemein angenommen. Vgl. ALTHOFF (wie Anm. 2) S. V f., mit Literaturhinweisen; JOHANNES FRIED, Der Weg in die Geschichte. Die Ursprünge Deutschlands. Bis 1024 (Propyläen Geschichte Deutschlands 1) Berlin 1994, bes. S. 475 ff., vgl. dazu unten zu Anm. 82 ff.

[22] SCHMID, Thronfolge (wie Anm. 1) S. 100 f., 111 ff. (438 f., 450 ff.). HARTMUT HOFFMANN, Zur Geschichte Ottos des Großen, in: Deutsches Archiv für Erforschung des Mittelalters 28, 1972, S. 42–73, unterstellt Schmid (vgl. das Mommsen-Zitat auf S. 42) unzulängliche Lateinkenntnisse, weil dieser – in seiner ausgeprägten Fähigkeit, in Texte hineinzuhören und Spannungen oder Inkonsequenzen aufzudecken – auf einen Widerspruch in Widukinds Bericht hingewiesen hatte: Während Widukind (wie Anm. 5) in I 41 schreibt, König Heinrich habe (kurz) vor dem Tode seinen ältesten Sohn zum Nachfolger bestimmt (S. 60: *designavit ... regem/fratribus et omni Francorum imperio prefecit*), heißt es im Bericht über die Königserhebung in II 1 *iam olim designatum regem a patre* (S. 63) bzw. *a domino rerum Heinrico olim designatum* (S. 65). Damit gebraucht der Autor kontextbezogen eine Wendung, mit der er anläßlich der Nachfolge Ottos II. im Jahr 973 auf 12 bzw. 6 Jahre zurückliegende Vorgänge verweist (III 76, S. 153): *licet iam olim unctus esset in regem et a beato apostolico designatus in imperatorem.* Man mag Schmids 'Textproblem' als solches anerkennen oder nicht; es führt aber sicher nicht weiter, wenn man – mit Beispielen aus dem 13. Jahrhundert beginnend – einer textimmanenten Begriffsdiskussion auf vielen Seiten entgegenhält, wie das Allerweltswort *olim* anderswo gebraucht worden ist. Wie eine Überprüfung zeigt, gebraucht Widukind – von der umstrittenen Stelle II 1 (S. 63 Z. 10 und S. 65 Z. 8 [*olim – nunc*]) abgesehen – *iam olim* durchgängig für Ereignisse oder Verhältnisse, die weiter, z. T. sehr weit zurückliegen: I 8, S. 8 Z. 3 und S. 9 Z. 23; I 9, S. 15 Z. 3; I 15, S. 25 Z. 12 f. (*olim – iam*); I 35, S. 50 Z. 3; I 38, S. 55 Z. 4/7 (*olim – nunc*); II 28, S. 91 Z. 1; III 2, S. 104 Z. 18; III 11, S. 110 Z. 14 ff. (*olim – tunc tamen*); III 17, S. 113 Z. 4; III 50, S. 130 Z. 8; III 54, S. 134 Z. 7 f. (*olim – iam tamen*); III 76, Z. 153 Z. 15. Vgl. KARPF (wie Anm. 26) S. 165 f. mit Anm. 125.

[23] Der Begriff „Kronzeuge" nach dem neuen Beitrag zur Widukindforschung von GERD ALTHOFF, Widukind von Corvey. Kronzeuge und Herausforderung, in: Frühmittelalterliche Studien 27, 1993, S. 253–272.

[24] S. unten zu Anm. 38 ff., 307–321 und 361 ff.

[25] JOHANN FRIEDRICH BÖHMER, Regesta Imperii 1, Die Regesten des Kaiserreiches unter den Karolingern 751–918, neu bearbeitet von ENGELBERT MÜHLBACHER, vollendet von JOHANN LECHNER, ergänzt von CARLRICHARD BRÜHL – HANS H. KAMINSKY, Hildesheim 1966, Nr. 2070e; BÖHMER – OTTENTHAL (wie Anm. 9) Nr. [0]q, 55h. Zusammenstellung auch in: WALTHER BÖHME, Die deutsche Königserhebung im 10.–12. Jahrhundert 1 (Historische Texte/Mittelalter 14) Göttingen 1970, S. 11 ff., 14 ff., 20 ff. Vgl. unten Anm. 365.

[26] ERNST KARPF, Herrscherlegitimation und Reichsbegriff in der ottonischen Geschichtsschreibung des 10. Jahrhunderts (Historische Forschungen 10) Wiesbaden 1985; NIKOLAUS STAUBACH, Graecae gloriae. Die Rezeption des Griechischen als Element spätkarolingisch-frühottonischer Hofkultur, in: Kaiserin Theophanu. Die Begegnung des Ostens und Westens um die Wende des 1. Jahrtausends, hrsg. von ANTON VON EUW – PETER SCHREINER, Köln 1991, 1, S. 343–367, S. 353 ff. Vgl. auch die einschlägigen Beiträge

in: Lateinische Kultur im 10. Jahrhundert, hrsg. von WALTER BERSCHIN, 1991 = Mittellateinisches Jahrbuch 24/25, 1989/1990.

[27] Grundlegend HELMUT BEUMANN, Widukind von Korvei. Untersuchungen zur Geschichtsschreibung und Ideengeschichte des 10. Jahrhunderts (Abhandlungen über Corveyer Geschichtsschreibung 3 = Veröffentlichungen der Historischen Kommission des Provinzialinstituts für Westfälische Landes- und Volkskunde 10,3) Weimar 1950; DERS., Historiographische Konzeption und politische Ziele Widukinds von Corvey, in: La storiografia altomedievale (Settimane di Studio del Centro italiano di studi sull'alto medioevo 17) Spoleto 1970, S. 857–894, wieder abgedruckt in: DERS., Wissenschaft vom Mittelalter. Ausgewählte Aufsätze, Köln – Wien 1972, S. 71–108; KARL HAUCK, Widukind von Korvei, in: Die deutsche Literatur des Mittelalters. Verfasserlexikon, hrsg. von KARL LANGOSCH, 4, Berlin 1953, Sp. 946–958; ALTHOFF (wie Anm. 23); HAGEN KELLER, Machabaeorum pugnae. Zum Stellenwert eines biblischen Vorbilds in Widukinds Deutung der ottonischen Königsherrschaft, in: Iconologia sacra. Mythos, Bildkunst und Dichtung in der Religions- und Sozialgeschichte Alteuropas. Festschrift für Karl Hauck zum 75. Geburtstag, hrsg. von DEMS. – NIKOLAUS STAUBACH (Arbeiten zur Frühmittelalterforschung 23) Berlin 1994, S. 417–437.

[28] BEUMANN, Widukind (wie Anm. 27) S. 205ff.; DERS., Das Kaisertum Ottos des Großen. Ein Rückblick nach tausend Jahren, in: Historische Zeitschrift 195, 1962, S. 529–573, S. 549ff., wieder abgedruckt in: DERS., Wissenschaft vom Mittelalter (wie Anm. 27) S. 411–458; JAMES ARTHUR BRUNDAGE, Widukind of Corvey and the „Non-Roman" Imperial Idea, in: Mediaeval Studies 22, 1960, S. 15–26; EDMUND E. STENGEL, Der Heerkaiser (Den Kaiser macht das Heer), in: DERS., Abhandlungen und Untersuchungen zur Geschichte des Kaisergedankens im Mittelalter, Köln – Graz 1965, S. 1–169, S. 56ff.; HAGEN KELLER, Das Kaisertum Ottos des Großen im Verständnis seiner Zeit, in: Deutsches Archiv für Erforschung des Mittelalters 20, 1964, S. 325–388.

[29] Erwähnt werden nur zwei Päpste der Vergangenheit, deren Namen mit der Mission bei den Angelsachsen bzw. mit der Einführung des Christentums bei den Sachsen verbunden sind: Widukind (wie Anm. 5) I 8, S. 10 (Gregor I.); II 11, S. 76 (Leo III.). Vor dem Hintergrund der umstrittenen Absetzung zweier Päpste – darunter des Coronators von 962! – und der römischen Wirren dieser Jahre bedarf Widukinds Schweigen wohl einer besonderen Erklärung; vgl. unten Anm. 63.

[30] Quellenstellen: Widukind (wie Anm. 5) I 21/22, S. 31; I 26, S. 39; II 1, S. 65; II 24, S. 87 (der Erzbischof von Mainz und der Bischof von Straßburg zusammen als *summi pontifices*); II 25, S. 87; II 37, S. 98; III 13, S. 111; III 16, S. 112; III 27, S. 117; III 32, S. 119; III 41, S. 122; III 73, S. 150; einmal erscheint Brun von Köln mit dem Titel; I 31, S. 43f. *Summus pontifex* wurde, wie üblich, von den Päpsten auch in den Privilegien für Empfänger im Reich Ottos I. als Selbstbezeichnung gebraucht. Man kann kaum daran zweifeln, daß dies Widukind und den Adressaten seines Werkes gerade damals geläufig war (s. unten Anm. 63).

[31] Papsturkunden 896–1046, bearbeitet von HARALD ZIMMERMANN, 1: 896–996 (Österreichische Akademie der Wissenschaften, Phil.-hist. Klasse, Denkschriften 174 = Veröffentlichungen der Historischen Kommission 3) Wien ²1988, Nr. 178, S. 349ff. HELMUT BEUMANN, Entschädigungen von Halberstadt und Mainz bei der Gründung des Erzbistums Magdeburg, in: Ex ipsis rerum documentis. Beiträge zur Mediävistik. Festschrift für Harald Zimmermann, hrsg. von KLAUS HERBERS – HANS HENNING KORTÜM – CARLO SERVATIUS, Sigmaringen 1991, S. 383–398, S. 395f., vermutet sogar mit guten Gründen, daß Widukind diese Papsturkunde gekannt hat!

[32] Zu entsprechenden Notizen GERD ALTHOFF, Adels- und Königsfamilien im Spiegel ihrer Memorialüberlieferung. Studien zum Totengedenken der Billunger und Ottonen (Münstersche Mittelalter-Schriften 47) München 1984, S. 226f.; HLAWITSCHKA (wie Anm. 15) S. 133f.

[33] Hlawitschka ebd. S. 132.

[34] So übergehen etwa die zeitgenössischen, gut unterrichteten Einsiedler Annalen (Annales Einsidlenses, hrsg. von Georg Heinrich Pertz [MGH Scriptores 3] Hannover 1839, S. 137–149, S. 142 Sp. 2) die Kaiserkrönung, obwohl sie vom Italienzug berichten; dazu Keller (wie Anm. 28) S. 332f.

[35] Die Einsiedler Annalen werden später in diesem Sinne von Hermann dem Lahmen ergänzt; die komplexen 'Umschreibungen' der Kaiserkrönung in anderen zeitgenössischen Werken werden von späteren Autoren vereinfacht in den für diesen Akt üblichen Wendungen geschildert; Keller (wie Anm. 28) S. 332ff.

[36] Literatur wie Anm. 28 und Keller (wie Anm. 27); ferner Helmut Beumann, Imperator Romanorum, rex gentium. Zu Widukind III 76, in: Tradition als historische Kraft. Interdisziplinäre Forschungen zur Geschichte des früheren Mittelalters, hrsg. von Norbert Kamp – Joachim Wollasch, Berlin – New York 1982, S. 214–230.

[37] Keller (wie Anm. 28).

[38] Vgl. Keller (wie Anm. 27).

[39] S. unten zu Anm. 312–321.

[40] Zu Widukinds 'Darstellung' der sächsischen Frühgeschichte Karl Hauck, Goldbrakteaten aus Sievern. Spätantike Amulett-Bilder der 'Dania-Saxonica' und die 'Sachsen-origo' bei Widukind von Korvey (Münstersche Mittelalter-Schriften 1) München 1970; Ders., Das Wissen Widukinds von Corvey von der Neubildung des sächsischen Stammes im 6. Jahrhundert, in: Ostwestfälische Forschungen zur geschichtlichen Landeskunde, Kunst und Kultur im Weserraum 3, hrsg. von Heinz Stoob (Veröffentlichungen des Provinzialinstituts für westfälische Landes- und Volkskunde 1,15) Münster 1970, S. 1–16.

[41] Vgl. insbes. Widukind I 34 (wie Anm. 5) S. 48; Praefatio II, S. 61.

[42] Widukind I 16, S. 27.

[43] Widukind I 21f., S. 30ff. Gerd Althoff, Verformung durch mündliche Tradition: Geschichten über Erzbischof Hatto von Mainz, in: Iconologia sacra (wie Anm. 27) S. 438–460.

[44] Widukind I 25 (wie Anm. 5) S. 38. Zur Interpretation der Szene s. unten zu Anm. 359ff. Vgl. Althoff (wie Anm. 23) S. 253ff.; Fried (wie Anm. 82).

[45] Widukind I 33f. (wie Anm. 5) S. 45ff.; Beumann (wie Anm. 31) S. 396f. mit Verweis auf eigene ältere Studien.

[46] Widukind I 41 (wie Anm. 5) S. 60.

[47] Widukind II 1, S. 66.

[48] Widukind II 1, S. 66 Z. 6ff., variiert die Schwertübergabeformel der Ordines so, daß ein Anklang an 2. Macc. 15,16 entsteht, und rückt dadurch die Aachener Einsetzung in den Zusammenhang der Ungarnschlachten, die er wesentlich nach den Entscheidungsschlachten der Makkabäer stilisiert; vgl. Keller (wie Anm. 27) S. 428f. und 421ff. Die ebd. aufgezeigten Bezüge scheinen mir im Hinblick auf das Kaisertum dadurch unterstrichen zu werden, daß nach Widukind Otto vom Erzbischof von Mainz bei der Schwertübergabe *omnis potestas totius imperii Francorum* zugesprochen wird, die diesem *divina auctoritate* übergeben worden sei, während er das *nomen imperatoris* eben durch die Akklamation des Heeres nach der Lechfeldschlacht erhalten hätte (Widukind III 49, S. 128 Z. 24: *pater patriae imperatorque appellatus est);* vgl. zum Verhältnis von *potestas* und *nomen* Helmut Beumann, Nomen imperatoris. Studien zur Kaiseridee Karls des Großen, in: Historische Zeitschrift 185, 1958, S. 515–549.

[49] Widukind I 33f. (wie Anm. 5) S. 46ff. Vgl. unten Anm. 368.

[50] Karl Hauck, Geblütsheiligkeit, in: Liber Floridus. Paul Lehmann zum 65. Geburtstag, hrsg. von Bernhard Bischoff – Suso Brechter, St. Ottilien 1950, S. 187–240, S. 230ff.; Beumann, Kaisertum (wie Anm. 28) S. 551. Als *pater patriae, hominum deliciae, spes populi* usf. preist ein Bruno im Dedikationsgedicht einer Frontinus-Handschrift

einen Kaiser *(cesar),* in dem Johannes Fried, Brunos Dedikationsgedicht, in: Deutsches Archiv für Erforschung des Mittelalters 43, 1987, S. 574–583, jetzt wieder Otto III. statt Otto I. sehen will; vgl. auch Keller (wie Anm. 28) S. 347 f. Zur Rolle der antiken Militär-Schriftsteller im Umfeld der karolingischen und nachkarolingischen Herrscher sowie zur Verbindung mit der 'Heiden-Abwehr' Keller (wie Anm. 27) S. 433 ff.

[51] Widukind III 49 (wie Anm. 5) S. 128 f. Vgl. Althoff (wie Anm. 2) S. 75 ff., 82 ff.

[52] Beumann, Kaisertum (wie Anm. 28) S. 553 ff.; vgl. oben Anm. 32.

[53] Vgl. Keller (wie Anm. 28) S. 347 ff.; s. auch unten zu Anm. 74 f.

[54] Friedrich Lotter, Die Vita Brunonis des Ruotger (Bonner Historische Forschungen 9) Bonn 1958, S. 95 ff.; Keller (wie Anm. 28); Karpf (wie Anm. 26) S. 70 ff.

[55] Papsturkunden 1 (wie Anm. 31) Nr. 154, S. 281 ff. Vgl. Beumann, Kaisertum (wie Anm. 28) S. 552 ff.; Keller (wie Anm. 28) S. 358 ff.

[56] Hans-Walter Klewitz, Die Festkrönungen der deutschen Könige, in: Zeitschrift der Savigny-Stiftung für Rechtsgeschichte 59, Kanonistische Abteilung 28, 1939, S. 48–96, S. 68 ff.; Beumann, Kaisertum (wie Anm. 28) S. 553 ff. Thomas Zotz, *Pallium et alia quaedam archiepiscopatus insignia.* Zum Beziehungsgefüge und zu Rangfragen der Reichskirchen im Spiegel der päpstlichen Privilegierung des 10. und 11. Jahrhunderts, in: Festschrift für Berent Schwineköper zu seinem 70. Geburtstag, hrsg. von Helmut Maurer – Hans Patze, Sigmaringen 1982, S. 155–175, S. 158 ff.

[57] Zur Frage der „Herrschaftsrepräsentation" des nicht anwesenden Herrschers vgl. meine Bemerkungen in der „Zusammenfassung" der Reichenau-Tagung vom März 1994: Hagen Keller, Herrschaftsrepräsentation im ottonischen Sachsen. Ergebnisse und Fragen, in: Herrschaftsrepräsentation im ottonischen Sachsen, hrsg. von Gerd Althoff – Ernst Schubert (Vorträge und Forschungen 46) Sigmaringen 1998, S. 431–452. Wer nach der Rolle und Präsenz von 'Geschichtswissen' in der 'oralen Kultur' des Ottonenreiches fragt, wird sein Augenmerk vor allem auch auf solche Situationen richten müssen. Vgl. unten zu Anm. 82 ff.

[58] Stengel, Abhandlungen (wie Anm. 28); Helmut Beumann, Das imperiale Königtum im 10. Jahrhundert, in: Welt als Geschichte 10, 1950, S. 117–130; Carl Erdmann, Die nichtrömische Kaiseridee, in: Ders., Forschungen zur politischen Ideenwelt des Frühmittelalters, hrsg. von Friedrich Baethgen, Berlin 1951, S. 1–51; Brundage (wie Anm. 28); Brühl (wie Anm. 11) S. 524 ff., 550 ff.

[59] Cyrille Vogel – Reinhard Elze (Hrsg.), Le Pontifical Romano-Germanique du dixième siècle, 3 Bde. (Studi e Testi 226, 227, 269) Città del Vaticano 1963–1972, 1, S. 265 f.; Die Ordines für die Weihe und Krönung des Kaisers und der Kaiserin, hrsg. von Reinhard Elze (MGH Fontes iuris germanici antiqui 9) Hannover 1960, S. 3 ff.; zur Datierungsfrage s. unten zu Anm. 134–144.

[60] Edmund E. Stengel, Imperator und Imperium bei den Angelsachsen (1962), in: Ders., Abhandlungen (wie Anm. 28) S. 287–342; Erdmann (wie Anm. 58) S. 38 ff.; Kleinschmidt (wie Anm. 6) S. 99 ff. (vgl. S. 89 ff. zu den *basileus*-Titulaturen). Es sind teilweise dieselben Urkunden, die auch die Herrschaft über die 'Angelsachsen' hervorheben (s. oben Anm. 6).

[61] Keller (wie Anm. 28) bes. S. 334 ff.; dazu Karpf (wie Anm. 26) S. 86 ff., vgl. auch S. 112 ff., dessen Kritik meine Argumentation nur teilweise trifft.

[62] Vgl. Lothar Bornscheuer, Miseriae regum. Untersuchungen zum Krisen- und Todesgedanken in den herrschaftstheologischen Vorstellungen der ottonisch-salischen Zeit (Arbeiten zur Frühmittelalterforschung 4) Berlin 1968, S. 18 ff., 22 ff.; Keller (wie Anm. 27).

[63] Keller (wie Anm. 28). Es darf wohl davon ausgegangen werden, daß diese Diskussionen erst nach der Rückkehr Ottos I. aus Italien richtig in Gang kamen, wo durch die großen Hoftage und „Familientreffen" in Köln (Juni 965) und Magdeburg (Juli 965) auch eine Kommunikationssituation gegeben war, in der die neuen Formen kaiserlicher

Herrschaftsrepräsentation wirken konnten (dazu auch unten zu Anm. 222ff.). Die Vorbereitung eines neuen Italienzugs im folgenden Jahr, der vor allem durch Wirren in Rom ausgelöst wurde, und der Kaiserkrönung Ottos II. waren geeignet, eine solche Diskussion wachzuhalten. Damit würden sich die wichtigsten Quellenaussagen auf ein unmittelbar aktuelles Problem beziehen. Eine Problematik, die bislang von der Forschung in diesem Kontext nie erörtert wurde, könnte einen wichtigen Hintergrund der Diskussion bilden: Otto war von einem Papst zum Kaiser gekrönt worden, den er wenig später vor allem wegen persönlicher Unwürdigkeit absetzen ließ, allerdings in einem kirchenrechtlich anfechtbaren Verfahren, für das es keine Präzedenzfälle gab. Johannes XII. hatte darauf im Februar 964 mit einer gut vorbereiteten Synode reagiert, welche die Erhebung des von Otto begünstigten Papstes Leo VIII. für ungültig erklärte. Nach dem Tod Johannes' XII. († 14. V. 964) wählten die Römer deshalb Benedikt V. zum Papst, den Otto nicht anerkannte und ins Exil nach Hamburg schickte; da aber am 1. III. 965, als der Kaiser die Alpen bereits überquert hatte, auch Leo VIII. starb, hätte die Möglichkeit der Anerkennung des in Deutschland weilenden Benedikt bestanden und dürfte auf den Hoftagen von Köln und Magdeburg erörtert worden sein. Mit Johannes XIII. wurde von der Partei Ottos ein anderer Papst erhoben, der aber noch 965 von einer Gegenpartei vertrieben wurde. Daß hier ein 'Rechtfertigungsbedarf' bestand, zeigt der ungewöhnliche 'Bericht' Liudprands über die römischen Vorgänge, der zur Zeit der Rückkehr des Kaisers nach Deutschland geschrieben wurde, ebenso wie die ungewöhnlich breite, apologetische Darstellung des Geschehens in Adalberts damals abgefaßter 'Fortsetzung Reginos'. Das Problem kann hier nicht breiter behandelt werden, scheint mir aber für das Verständnis der Geschichtsschreibung aus diesen Jahren wichtig zu sein und könnte vielleicht sogar Widukinds 'Verschweigen' des Papsttums miterklären. Zu den Vorgängen Ernst-Dieter Hehl, Der wohlberatene Papst. Die römische Synode vom Februar 964, in: Festschrift Harald Zimmermann (wie Anm. 31) S. 257–275, mit der älteren Literatur. Die Frage der Legitimität des Pontifikats vor allem Johannes' XII. konnte nicht nur Ottos Kaisertum tangieren, sondern auch die noch immer umstrittene Einrichtung des Erzbistums Magdeburg und des Bistums Merseburg. Insofern besaßen die römischen Vorgänge eine unmittelbare Relevanz für den sächsischen Adel und den ostfränkisch-deutschen Episkopat; sie konnten vielleicht sogar die Frage nach der Opportunität einer Mitkaisererhebung mit römischer Krönung aufwerfen. Vgl. auch unten Anm. 341. Die Quellen und Fakten leicht zugänglich über Johann Friedrich Böhmer, Regesta Imperii 2,5: Papstregesten 911–1026, bearbeitet von Harald Zimmermann, Wien – Köln – Graz 1969; zur Gründung Magdeburgs vgl. die Anm. 78f. genannte Literatur.

[64] Lotter (wie Anm. 54) S. 95f.; Keller (wie Anm. 28) S. 328ff.

[65] Helmut Beumann, Die sakrale Legitimierung des Herrschers im Denken der ottonischen Zeit, in: Zeitschrift der Savigny-Stiftung für Rechtsgeschichte, Germanistische Abteilung 66, 1948, S. 1–45, S. 39ff.; Ders., Die Historiographie des Mittelalters als Quelle für die Ideengeschichte des Königtums, in: Historische Zeitschrift 180, 1955, S. 449–488, S. 467f. (zur Mathilden-Vita; allerdings bezieht sich dem Wortlaut nach *diadema non legitime sed tumultuante milite impositum* auf einen Krönungsvorgang, nicht auf eine Akklamation nach der Schlacht, so daß trotz der Abhängigkeit der Formulierung von einer literarischen Vorlage vielleicht doch noch einmal die ältere Meinung zu überprüfen ist, hier würde auf römische Vorgänge angespielt; vgl. oben Anm. 63 und Die Chronik des Bischofs Thietmar von Merseburg IV 32, hrsg. von Robert Holtzmann [MGH Scriptores rerum Germanicarum, nova series 9] Berlin 1935, S. 169/171; dazu auch Bernd Schütte, Untersuchungen zu den Lebensbeschreibungen der Königin Mathilde [MGH Studien und Texte 9] Hannover 1994, S. 55ff.); Keller (wie Anm. 28) S. 339ff. (zur Ulrichs-Vita; Kritik bei Karpf [wie Anm. 26] S. 112ff.).

[66] Zu den Adressaten Althoff (wie Anm. 23).

[67] Ebd. S. 258ff., zur Datierung der Widmungsfassung.

68 Keller (wie Anm. 28). Ein solcher Diskussionszusammenhang, vermittelt wohl durch mündliche Kommunikation, ergibt sich m. E. auch aus den Feststellungen von Lorenz Weinrich, Tradition und Individualität in den Quellen zur Lechfeldschlacht 955, in: Deutsches Archiv für Erforschung des Mittelalters 27, 1971, S. 291–313. Da der Lechfeldsieg und die 'Makkabäer-Erfahrung' als Belege für ein 'Kaisertum' Ottos I. vor 962 angeführt werden, liegen hier wohl zusammengehörende Reflexe der in den 60er Jahren geführten Debatte um den Charakter des ottonischen 'Gottesgnadentums' vor, vgl. Keller (wie Anm. 27).

69 Grundlegend Beumann (wie Anm. 27); ferner Bornscheuer (wie Anm. 62) S. 16 ff.; Karpf (wie Anm. 26) S. 144 ff.; Keller (wie Anm. 27).

70 Beumann, Widukind (wie Anm. 27) S. 230 ff. (mit älterer Literatur); Erdmann (wie Anm. 58) S. 8 ff.

71 Beumann, Widukind (wie Anm. 27) S. 252 ff.; Keller (wie Anm. 27).

72 Beumann, Widukind (wie Anm. 27) S. 246 f., vgl. 230 ff., 252 f.; Erdmann (wie Anm. 58) S. 7 f.

73 Hrotsvith von Gandersheim, Gesta Ottonis, v. 93–97 (wie Anm. 5) S. 207; Leyser (wie Anm. 4) S. 78 f.; vgl. auch Erich Hoffmann, Die heiligen Könige bei den Angelsachsen und den skandinavischen Völkern (Quellen und Forschungen zur Geschichte Schleswig-Holsteins 69) Neumünster 1975, bes. S. 26 ff.

74 Adamnani Vita S. Columbae, hrsg. von Joseph T. Fowler, Oxford 1920, I 1, S. 91 f., bes. S. 92 S. 5 ff.: *[Ossualdus rex] cui a Domino, sicut ei promissum est, felix et facilis est concessa victoria, et, rege trucidato Catlone, victor post bellum reversus, postea totius Britanniae imperator a Deo ordinatus est.*

75 Weinrich (wie Anm. 68); Keller (wie Anm. 27).

76 Zu Recht ist stets betont worden, daß in den Diplomen Ottos I. erst seit der Kaiserkrönung der unter Karl d. Gr. gefundene Titel *imperator augustus* verwendet wird. Daß 962 für die urkundliche Selbstdarstellung des Herrschers eine neue Ära beginnt, wird durch die gleichzeitige Einführung eines neuen Siegeltyps unterstrichen (s. unten Anm. 222). Die Zäsur der Kaiserkrönung, aber auch die Existenz eines imperial verstandenen Königtums vor 962 spiegelt sich deutlich auch in der zeitgenössischen Geschichtsschreibung, wenn unterschieden wird zwischen *imperator* einerseits, das schon für die Zeit vor 962 verwendet werden kann, und *caesar augustus,* was Otto erst 962 durch die päpstliche Weihe wurde; vgl. Keller (wie Anm. 28) S. 329 ff. Dennoch bleibt zu bedenken, welche Konsequenzen die Ablehnung der Kaiserkrönung 951 für die Reaktion und das Selbstverständnis des Ottonenhofes hatte. Von der Zurückweisung berichtet nur Flodoard (wie Anm. 126, S. 135), nicht die ottonische Historiographie (Böhmer – Ottenthal [wie Anm. 9] Nr. 201a). Doch hat Widukind III 9 (wie Anm. 5) S. 109 für die 'Wissenden' den gescheiterten Versuch auch hier 'markiert', wenn er schreibt: *simulato itinere Romam proficisci statuit.* Zu dieser Technik s. unten zu Anm. 353 f., vgl. Anm. 125. Zu den Folgen Keller, S. 334 ff.

77 Beumann, Historiographische Konzeption (wie Anm. 27) S. 862 ff.; Ders. (wie Anm. 31) S. 391 ff. Welche Bedeutung die 'Königsnähe' für die geistlichen Gemeinschaften besaß, spiegelt sich in der ottonischen Historiographie besonders deutlich, wenn bei mehreren Werken eine Veränderung des Beziehungsfeldes als unmittelbarer Schreibanlaß erscheint: Althoff (wie Anm. 86); Ders., Gandersheim und Quedlinburg. Ottonische Frauenklöster als Herrschafts- und Überlieferungszentren, in: Frühmittelalterliche Studien 25, 1991, S. 123–144.

78 Zur Privilegierung der Neugründung seit 965/66 Dietrich Claude, Geschichte des Erzbistums Magdeburg bis in das 12. Jahrhundert 1 (Mitteldeutsche Forschungen 67,1) Köln – Wien 1972, S. 48, 56; zu den Vorgängen um die definitive Einrichtung Beumann (wie Anm. 31); Ders., Magdeburg und die Ostpolitik der Ottonen, in: Die historische Wirkung der östlichen Regionen des Reiches, hrsg. von Hans Rothe (Studien zum

Deutschtum im Osten 24) Köln – Weimar – Wien 1992, S. 9–29. Vgl. ECKHARD MÜLLER-MERTENS, Die Reichsstruktur im Spiegel der Herrschaftspraxis Ottos des Großen (Forschungen zur mittelalterlichen Geschichte 25) Berlin 1980, S. 168ff., bes. 187ff.

[79] ALTHOFF (wie Anm. 23) S. 262ff. Die nachträgliche Absetzung Johannes' XII. und die ungeklärten Verhältnisse in Rom (s. Anm. 63) mußten notwendig die kirchenrechtliche Legitimation des Kaisers bei der Einrichtung des Erzbistums schwächen und verliehen dadurch der Haltung des Erzbischofs von Mainz, des Bischofs von Halberstadt und der betroffenen sächsischen Kirchen ein erhebliches Gewicht.

[80] ALTHOFF (wie Anm. 23) S. 258 Anm. 18, S. 264.

[81] BEUMANN (wie Anm. 31); KARL HEINRICH KRÜGER, Dionysius und Vitus als frühottonische Königsheilige, in: Frühmittelalterliche Studien 8, 1974, S. 131–154. Zur Dionysius-Verehrung im Frankenreich STAUBACH (wie Anm. 26) S. 345ff.; ebd. S. 357 auch zur literarischen Gestaltung der Dionysius-Legende durch Hrotsvith von Gandersheim.

[82] JOHANNES FRIED, Die Kunst der Aktualisierung in der oralen Gesellschaft. Die Königserhebung Heinrichs I. als Exempel, in: Geschichte in Wissenschaft und Unterricht 44, 1993, S. 493–503, gekürzt, aber im Wortlaut weitgehend identisch in DERS. (wie Anm. 21) S. 460ff. DERS., Die Königserhebung Heinrichs I. Erinnerung, Mündlichkeit und Traditionsbildung im 10. Jahrhundert, in: Mittelalterforschung nach der Wende 1989 (Historische Zeitschrift, Beihefte, Neue Folge 20) München 1995, S. 267–318, hat nun eine „erheblich erweitert(e) und mit den nötigen Belegen versehen(e)" Fassung des Vortrags von 1993 vorgelegt. Es war meine Absicht, die schon vorher angekündigte, mit Anmerkungen versehene Fassung noch in den Anmerkungsapparat einzuarbeiten, was nach den Erweiterungen angesichts des Erscheinungstermins (der Beitrag wurde mir im Juni 1995 zugänglich) nur noch teilweise möglich war. Dabei gehe ich nur auf die Aspekte ein, die mir für das Anliegen dieses Beitrages relevant zu sein scheinen. Mein Text vom Oktober 1994 bleibt unverändert und ist als Auseinandersetzung mit den etwas plakativeren, in der Substanz aber deckungsgleichen Äußerungen Frieds in den zitierten Veröffentlichungen von 1993 und 1994 zu verstehen. Über den grundsätzlichen Dissens hinsichtlich der Interpretation von Widukinds Werk haben wir hier in Münster am 3. Februar 1995 in freundschaftlicher Atmosphäre gesprochen. Es ist mein Wunsch, bei allem sachlichen Widerspruch in einer mir sehr wichtigen Problematik die Auseinandersetzung auch weiterhin in diesem Geist zu führen. Die aufgeworfenen Grundsatzfragen der Quellenkritik am Beispiel zu erörtern, scheint mir um so notwendiger zu sein, als die Debatte um die Deutung von Quellenaussagen zum Ausgangspunkt programmatischer Äußerungen über moderne Geschichtsschreibung ausgeweitet wurde, in der mir vieles bislang nur 'angedacht' zu sein scheint. Nach der Rezension zu Fried (wie Anm. 21) von GERD ALTHOFF, Von Fakten zu Motiven. Johannes Frieds Beschreibung der Ursprünge Deutschlands, in: Historische Zeitschrift 260, 1995, S. 107–117, und der Replik von JOHANNES FRIED, Über das Schreiben von Geschichtswerken und Rezensionen, ebd. S. 119–130, HANNA VOLLRATH, Geschichtswissenschaft und Geschichtsschreibung. Zur Diskussion um das Buch „Der Weg in die Geschichte" von Johannes Fried, in: Zeitschrift für Geschichtswissenschaft 43, 1995, S. 451–459; MICHAEL BORGOLTE, Mittelalterforschung und Postmoderne. Aspekte einer Herausforderung, ebd. S. 615–627, S. 625ff.

[83] FRIED, Kunst (wie Anm. 82) S. 492; DERS. (wie Anm. 21) S. 461; ähnlich DERS., Königserhebung (wie Anm. 82) S. 270 („keine präzisen Geschehensberichte"), S. 277 („konstellationsgetreue Protokollaussagen ... keinesfalls"). Die gesamte Quellenkritik der moderneren Geschichtswissenschaft geht davon aus, daß dies nicht der Fall ist, ja bei „Traditionsquellen" nie der Fall sein kann – und hat deshalb die „kritische Methode" entwickelt, so unzulänglich sie in vieler Hinsicht auch sein mag. Zur Illustration vgl. etwa LINTZEL, Mathildenviten (wie Anm. 84) S. 152ff.

[84] Vgl. MARTIN LINTZEL, Die Mathildenviten und das Wahrheitsproblem in der Überlieferung der Ottonenzeit, hrsg. und eingeleitet von HERBERT GRUNDMANN, in: Archiv für

Kulturgeschichte 38, 1956, S. 152–166; vgl. auch DERS., Erzbischof Adalbert von Magdeburg als Geschichtsschreiber, in: Zur Geschichte und Kultur des Elb-Saale-Raumes. Festschrift für Walter Möllenberg, hrsg. von O. KORN, Burg 1939, S. 12–22. Gerade die fast unbeholfene Resignation Lintzels angesichts des „Wahrheitsproblems" kann die neuen Dimensionen des Quellenverständnisses verdeutlichen, die in der Geschichtswissenschaft seit dem Zweiten Weltkrieg erarbeitet wurden.

[85] So mit Nachdruck KELLER (wie Anm. 28) und DERS. (wie Anm. 100, Vortrag von 1972). Die ältere positivistische Geschichtsforschung hatte die Geschichtsschreibung – sieht man von den Arbeiten zu den „mittelalterlichen Zeitanschauungen" und ähnlichem ab – vor allem als Faktenlieferanten betrachtet und sie oft wie einen Steinbruch ausgebeutet, allerdings unter „kritischer" Sichtung jedes Bruchstücks. Nach 1945 haben vor allem die Forschungen von Helmut Beumann (vgl. Anm. 27) in Deutschland der Einsicht zum Durchbruch verholten, daß die Geschichtsschreiber zunächst einmal Vergangenheitsbilder zeichnen; diese müssen sowohl aus der literarischen Tradition als auch aus ihrem Entstehungskontext und ihrer Darstellungsabsicht heraus entschlüsselt werden, bevor sich der Stellenwert berichteter Fakten für eine Rekonstruktion des Geschehens abschätzen läßt. Beumanns Ansatz hat die neuere Forschung zur ottonischen Historiographie maßgeblich beeinflußt, vgl. ALTHOFF (wie Anm. 23). Einen weiteren, wesentlichen Schritt für das Verständnis bedeutete die Frage nach Schreibanlaß und Wirkungsabsicht des einzelnen Geschichtswerkes, die Gerd Althoff (wie Anm. 23, 86) in den Vordergrund der Interpretation gerückt hat. Darüber hinaus wird man mehr als bisher darauf achten müssen, welche Reflexe auf zeitgenössische Problemlagen in den historiographischen Zeugnissen der Ottonenzeit hervortreten, wenn man sie gewissermaßen 'synoptisch' betrachtet (vgl. oben Anm. 68). Dabei geht es nicht nur darum, innerliterarische Debatten und Abhängigkeiten aufzuzeigen, sondern in den unterschiedlichen literarischen Gestaltungen unserer Überlieferung vor allem Fragen und Positionen zu erkennen, die mündlich erörtert worden sind.

[86] Dieses Moment hat GERD ALTHOFF, Causa scribendi und Darstellungsabsicht: Die Lebensbeschreibungen der Königin Mathilde und andere Beispiele, in: Litterae medii aevi. Festschrift für Johanne Autenrieth, hrsg. von MICHAEL BORGOLTE – HERRAD SPILLING, Sigmaringen 1988, S. 117–133, erstmals mit Nachdruck hervorgehoben und seither durch weitere Studien illustriert (die vermeintlichen Gegenargumente bei SCHÜTTE [wie Anm. 65] S. 70ff., halten einer Überprüfung nicht stand). Die Tatsache, daß „ein (gegenwärtiges) Ereignis seine (vergangenen) Ursachen offenbart" (FRIED, Kunst [wie Anm. 82] S. 495; DERS., Königserhebung [wie Anm. 82] S. 285), ist m. E. in der ottonischen Geschichtsschreibung weniger ein Ausdruck der oralen Kultur als der Ausfluß eines biblisch-christlichen Geschichtsverständnisses, das jedes einzelne Ereignis als von Gott „vor der Erschaffung" der Welt vorherbestimmt sieht. Dieser Glaube an die Prädestination hat in der ottonischen Historiographie besonders starken Ausdruck gefunden. Ganz explizit wird die Überzeugung bei Liudprand von Cremona oder bei Hrotsvith von Gandersheim artikuliert; vgl. etwa Liudprands Antapodosis II 22–23, Die Werke Liudprands von Cremona, hrsg. von JOSEPH BECKER (MGH Scriptores rerum Germanicarum [41]) Hannover – Leipzig 1915, S. 48; KARL LEYSER, Liudprand of Cremona: Preacher and Homilist, in: The Bible in the Medieval World. Essays in honour of Beryl Smalley, hrsg. von KATHERINE WALSH – DIANA WOOD (Studies in Church History, Subsidia 4) Oxford 1985, S. 43–60; MARIANNE SCHÜTZE-PFLUGK, Herrscher- und Märtyrerauffassung bei Hrotsvith von Gandersheim (Frankfurter Historische Abhandlungen 1) Wiesbaden 1972, S. 65ff. Sie klingt aber auch bei Widukind vernehmlich an, am deutlichsten wohl in dem *a Deo electus* der Aachener Königserhebung: Widukind II 1 (wie Anm. 5) S. 65 Z. 7, dazu I 41, S. 60 Z. 10f.; vgl. BEUMANN, Widukind (wie Anm. 27) S. 244ff.; DERS. (wie Anm. 36) S. 226. Zum religiösen Kontext des 'Herrscherbildes', das auch die Geschichtsschreibung zeichnet, HAGEN KELLER, Herrscherbild und Herrschaftslegitimation. Zur

Deutung der ottonischen Denkmäler, in diesem Band, S. 167–183. Der Glaube an die göttliche Vorherbestimmung des Herrschers fand seit dem 9. Jahrhundert in der Liturgie starken Ausdruck; vgl. FOLZ (wie Anm. 205) S. 99ff.; TELLENBACH (wie Anm. 247) S. 208ff., 258f.; NIKOLAUS STAUBACH, Rex christianus. Hofkultur und Herrschaftspropaganda im Reich Karls des Kahlen (Pictura et Poesis 2,II) Köln – Weimar – Wien 1993, S. 188ff.; s. auch unten Anm. 329. Fried hat die Problematik einer solchen 'Geschichtsexegese', die zu bedenken für das Verständnis der Aussagen m. E. unverzichtbar ist, und damit die Frage nach der schriftkulturellen Tradition weitgehend ausgeklammert.

87 Daß der Vergleich mit Ergebnissen der Ethnologie und Ethnosoziologie dem Mediävisten nützliche Perspektiven zum Verständnis seiner Quellen und 'seiner' Epoche erschließen kann, ist seit langem meine Überzeugung; und die vergleichende Betrachtung ist besonders fruchtbar und notwendig, wo es um Fragen der Schriftlichkeit, Oralität und Vokalität geht. Gerade deshalb erscheint mir die Reflexion über Grundlagen und Möglichkeiten eines Vergleichs als unabdingbare Forderung; ungeprüfte Gleichsetzungen sind für ein tieferes Verständnis wenig hilfreich und m. E. methodologisch mehr als fragwürdig. Jedenfalls halte ich vor der Übertragung von Feststellungen der ethnologischen Feldforschung auf mittelalterliche Phänomene eine genaue Milieu- und Kontextanalyse für unerläßlich, die Ähnliches ebenso festhält wie Unterscheidendes. Im übrigen droht die verbreitete Tendenz, den früher allgemein üblichen Plural „schriftlose Kulturen" (oder ähnliche Begriffe) durch den Singular „orale Kultur" oder gar durch den problematischen Begriff „orale Gesellschaft" (in dem konstitutive andere Merkmale der Gesellschaftsstrukturen ausgeblendet werden) zu ersetzen, vorschnellen Gleichsetzungen und Fehlschlüssen Vorschub zu leisten.

88 Seine These von den „Grundbedingungen [geschichtlichen Wissens], die in der oralen Gesellschaft zu erwarten waren" (FRIED, Kunst [wie Anm. 82] S. 494; DERS., Königserhebung [wie Anm. 82] S. 273) stützt Fried vor allem auf eine Beobachtung, die Jack Goody bei den Gonja in Nord-Ghana aufgezeichnet hat und die in die mediävistische Diskussion eingeführt wurde durch den wegweisenden Aufsatz von HANNA VOLLRATH, Das Mittelalter in der Typik oraler Gesellschaften, in: Historische Zeitschrift 233, 1981, S. 571–594, S. 274f. Nach unveröffentlichten Feldnotizen Goodys aus den Jahren 1956/57, die dieser auf einer Seite referiert (Verweise bei VOLLRATH, ebd., und FRIED, Königserhebung, S. 273), wurde damals die Einteilung des Reiches der Gonja in fünf Bezirke, die in dieser Form durch die britischen Kolonialherren geschaffen worden war, so erklärt, daß der sagenhafte Reichsgründer seine fünf Söhne als Herrscher in den fünf Bezirken eingesetzt habe. Nach einer älteren Aufzeichnung aus der Zeit um 1900 wurde der Ursprungsmythos sechzig Jahre zuvor, als das Reich sich noch in sieben Bezirke gliederte, so erzählt, daß der Reichsgründer sieben Söhne hatte und sie zu Häuptern der sieben Bezirke bestellte. Goody macht keine Angaben dazu, wem die Geschichte in welcher Situation erzählt wurde und ob sie vielleicht auf (vermeintliche) Erwartungen eines kulturfremden Hörers zugeschnitten war; auch fehlt ein Hinweis, wieweit die Einteilung in reichsartige Provinzen zu den ursprünglichen Strukturen gehörte oder wieweit sie den Denkkategorien und administrativen Maßnahmen der Kolonialherren entsprang (zum Problem WINFRIED SPEITKAMP, Kolonialpolitik und Tribalismus in Afrika, in: Mythos und Nation, hrsg. von HELMUT BERDING, Frankfurt a. M. 1995, dem ich für die Überlassung des Manuskripts sehr danke). Auf dieser schmalen Basis formuliert FRIED (S. 273 Anm. 18) eine Art Gesetz: „Demnach besaß der Reichsgründer immer (Hervorhebung von mir) so viele Söhne, an die er sein Reich vererbte, wie es Provinzen gab" – und wendet die Folgerungen auf Formen historischer Erinnerung und historischer Argumentation an, die m. E. nicht vergleichbar sind.

89 Daß Fried aus der bei den Gonja beobachteten Aktualisierung eines Ursprungsmythos auf eine fortwährende flexible Anpassung erinnerter Geschichtsbilder auch der jüngeren Vergangenheit an die Umstände des jeweiligen Ortes und Augenblicks schließt

und daraus Gesetze für den Umgang mit den Aussagen mittelalterlicher Quellen ableitet, die den Versuch einer kritischen Faktenrekonstruktion grundsätzlich in Frage stellen (S. 273ff.), ist m. E. methodologisch eine Grenzüberschreitung, die durch die zitierte ethnologische Literatur nicht gestützt wird – auch wenn ich selbstverständlich nicht bestreiten will, daß sich Erinnerung an die selbsterlebte Vergangenheit von der jeweiligen Gegenwart her jeweils neu einfärbt (was dem Historiker z. B. aus dem Umgang mit Memoiren nur zu geläufig ist – doch das ist, wenn ich recht sehe, nicht das von Fried anvisierte Problem). Daß „die Vergangenheit nicht abgeschlossen und damit der Veränderbarkeit entzogen (ist), sondern in unmittelbaren Funktionszusammenhängen mit der Gegenwart (steht)", wurde bereits von Vollrath (wie Anm. 88) formuliert. Ihre differenzierten Erörterungen sind bei Fried vergröbert, Einzelformulierungen verabsolutiert worden. Wenn man auf die Aktualisierung von Geschichtswissen und Vergangenheitsbildern und auf ihr ständiges Fließen abhebt, ohne den funktionalen Kontext und den Traditionshintergrund überlieferter Fixierungen zu erörtern, verflüchtigen sich die Kriterien, um kontrolliert Zugang zu gewinnen zur Rolle der Geschichtsschreibung in einem Milieu, das geprägt war durch die Spannung zwischen Buchautorität und Mündlichkeit, zwischen traditionsgeleiteter Schriftproduktion und vokaler Erzähltradition und dessen Leben in starkem Maße bestimmt wurde durch eine auf das Gedächtnis der Älteren gegründete 'öffentliche' Kommunikation und eine religiös verankerte Memorialkultur.

90 Intentionale Um- und Überformungen des anderweitig Rekonstruierbaren sind in Widukinds Werk nicht nur in der Darstellung des Kaisertums klar erkennbar. Deshalb ist es unerläßlich, Darstellungs- bzw. Wirkungsabsicht und damit die Kommunikationssituation so weit wie irgend möglich zu ermitteln, wenn man über Widukinds Text einen methodisch kontrollierten Zugang zu den Formen oraler Vermittlung und zur Funktion seines 'Geschichtsbildes' in einem näher zu bestimmenden Kontext, d. h. einer zunächst offensichtlich kleinen Zielgruppe, gewinnen will. Mit Fried bin ich der Meinung, daß man mit Konzepten wie „Fälschung" oder auch nur „Verfälschung" den Charakter und Sinn der Aussagen verfehlen würde – doch bleibt dann die Frage, wie man eine solche Art der 'Geschichtsdarstellung' in einer konkreten Kommunikationssituation verstehen muß.

91 Belege bei Fried, Königserhebung (wie Anm. 82) S. 281 f. Auch hier ist teilweise mit intentionaler Verformung zu rechnen; vgl. Althoff (wie Anm. 32) S. 224f.

92 Widukind (wie Anm. 5) I 25, S. 38. Vgl. Fried, Königserhebung (wie Anm. 82) S. 282. Die 'Verwechslung' wird vielleicht verständlicher vor dem Hintergrund der Tatsache, daß sich die Ottonen in Quedlinburg und Magdeburg eigene Begräbniskirchen schufen; Widukind hätte dementsprechend das Grab Konrads in eine konradinische Familienstiftung verlegt.

93 Althoff (wie Anm. 43). Zur 'Funktion' der alten Sagenstoffe in Widukinds 'Sachsengeschichte' s. unten die Bemerkungen zu Anm. 357–360.

94 Es ist schwer verständlich, weshalb Fried (wie Anm. 82) beim Versuch, Widukinds Geschichtsschreibung als typisch für Erinnerung und Traditionsbildung in einer „oralen Gesellschaft" zu deuten, auf eine Auseinandersetzung mit den bisherigen Bemühungen um ein adäquates Verständnis des Werkes weitgehend verzichtet und insbesondere nicht auf die Aktualitätsbezüge und Darstellungsabsichten eingeht, die vor allem von Helmut Beumann, ferner Karl Hauck, Hagen Keller, Lothar Bornscheuer, Ernst Karpf, Gerd Althoff und anderen nachgewiesen worden sind. Dabei stellt Fried (Königserhebung, S. 280, vgl. S. 306) selbst die auch für mich entscheidende Frage: „Warum wurde es um 960/970 gerade so erzählt, wie es erzählt wurde?" Zur Verdeutlichung möchte ich aber hinzufügen, daß die Beantwortung der Frage nicht möglich ist, wenn nicht zugleich bedacht wird: Was wollte der Autor sagen, und an wen war die Aussage – in welcher Absicht – gerichtet?

95 Es kann nicht nachdrücklich genug betont werden, daß es 967/68 noch 'Zeitzeugen'

gab, welche die Geschehnisse von 919, 929/30, 936 als 'Betroffene' miterlebt hatten. Zu ihnen gehörte die Königin Mathilde, die ursprünglich wohl zum Adressatenkreis der 'Sachsengeschichte' gerechnet werden muß, denn sie starb, unmittelbar bevor Widukind das ihrer Enkelin gewidmete Werk zum Abschluß brachte; zu ihnen gehörte Kaiser Otto I. selbst. Wenn auch unter den Großen noch einzelne Männer nachzuweisen sind, die – wie beispielsweise die Bischöfe Bernhard von Halberstadt oder Ulrich von Augsburg – bereits unter Heinrich I. amtiert hatten oder – wie Erzbischof Adaldag von Hamburg-Bremen oder Markgraf Hermann Billung – schon tätig waren, durfte Widukind auf jeden Fall unter seinen Rezipienten mit Menschen rechnen, welche eine eigene Erinnerung an die von ihm geschilderte 'Geschichte' Heinrichs I. und Ottos I. besaßen. Auch in italienischen Zeugenverhören des 12./13. Jahrhunderts geben die Ältesten unter den Befragten oft an, ihre Erinnerung reiche 60 oder 70 Jahre zurück; vgl. zum Problem ARNOLD ESCH, Zeitalter und Menschenalter, in: Historische Zeitschrift 239, 1984, S. 309–351, S. 336 ff.

96 Wie Anm. 48.

97 Widukind II 1–2 (wie Anm. 5) S. 63–67. Textanalyse bei SCHMID, Thronfolge (wie Anm. 1) S. 85–101, in Einzelpunkten kritisiert von HOFFMANN (wie Anm. 22); vgl. auch KARPF (wie Anm. 26) S. 162 ff. Wichtige Beiträge zur Erforschung der Problematik in HLAWITSCHKA (wie Anm. 1); vgl. ferner HEINRICH MITTEIS, Die deutsche Königswahl. Ihre Rechtsgrundlagen bis zur Goldenen Bulle, Wien ²1944, bes. S. 55 ff.; WALTER SCHLESINGER, Die Anfänge der deutschen Königswahl, in: Zeitschrift der Savigny-Stiftung für Rechtsgeschichte, Germanistische Abteilung 66, 1948, S. 381–440; UTA REINHARDT, Untersuchungen zur Stellung der Geistlichkeit bei den Königswahlen im fränkischen und deutschen Reich (751–1250) (Untersuchungen und Materialien zur Verfassungs- und Landesgeschichte 4) Marburg 1975, S. 155 ff.; ULRICH REULING, Die Kur in Deutschland und Frankreich. Untersuchungen zur Entwicklung des rechtsförmlichen Wahlaktes bei der Königserhebung im 11. und 12. Jahrhundert (Veröffentlichungen des Max-Planck-Instituts für Geschichte 64) Göttingen 1979, S. 36 ff.; JOSEF SEMMLER, Francia Saxoniaque oder Die ostfränkische Reichsteilung von 865/76 und die Folgen, in: Deutsches Archiv für Erforschung des Mittelalters 46, 1990, S. 337–374, S. 357 ff.; vgl. auch EGON BOSHOF, Königtum und Königsherrschaft im 10. und 11. Jahrhundert (Enzyklopädie deutscher Geschichte 27) München 1993, S. 64 ff.

98 Die Skepsis vieler älterer Forscher spitzt zu FEDOR SCHNEIDER, Das Mittelalter bis zur Mitte des 13. Jahrhunderts (Handbuch für den Geschichtslehrer 3) Leipzig – Wien 1929, S. 171: „Von den meisten Einzelheiten, die Widukind berichtet, wird gewissenhafte Forschung abzusehen haben." Seit den 30er Jahren stieg die Wertschätzung Widukinds rasch; vgl. wiederum zusammenfassend z. B. PERCY ERNST SCHRAMM, Die Kaiser aus dem sächsischen Hause im Lichte der Staatssymbolik, in: Mitteilungen des Instituts für österreichische Geschichtsforschung, Ergänzungsband 20,1, Graz – Köln 1962, S. 31–52, S. 33. Gegen diesen Trend wandte sich mit Nachdruck MARTIN LINTZEL, zuletzt – bezogen auf Einzelfragen der beschriebenen Königserhebungen – DERS., Miszellen zur Geschichte des 10. Jahrhunderts (1953), jetzt in: HLAWITSCHKA (wie Anm. 1) S. 309–388. Im Grunde kehrt FRIED (wie Anm. 82) zu den Positionen von Schneider (S. 164 ff.), der sich mit Widukinds Werk als Ganzem nicht auseinandergesetzt hatte, und Lintzel zurück, versucht aber dann trotz der Beteuerung, daß man im Grunde nichts wissen könne, eine Verlaufsrekonstruktion in alter Manier, aber mit sehr willkürlichen Entscheidungen und Prämissen hinsichtlich der Quellenbewertung (vgl. dagegen LINTZEL, S. 346: „Es liegt mir fern, zu behaupten, daß die Designationsgeschichte von 918 ein Märchen ist. Genauso fern sollte es aber unserer Forschung liegen, zu behaupten, daß sie kein Märchen ist.").

99 Trotz der durch Schmids Veröffentlichungen verstärkten Skepsis gegenüber Widukind sind die Ergebnisse, soviel ich sehe, bisher nicht für eine vertiefte Widukindkritik fruchtbar gemacht worden. Gegen meine Intention wurden eigene, unpublizierte Ergeb-

nisse (wie Anm. 100) bei Brühl (wie Anm. 11) und, auf diesen gestützt, bei Fried (wie Anm. 82) benutzt, um seine Aussagen nach Belieben beiseite zu schieben.

[100] 1969 hatte ich im Historischen Seminar der Universität Freiburg einen Vortrag „Widukinds Bericht über die Wahl und Krönung Ottos I." gehalten, von dem ich wesentliche Ergebnisse in einen Vortrag „Aachen als zentraler Ort der Kaisergeschichte: Die Sicht Widukinds von Corvey" einarbeitete, den ich auf Einladung von Karl Hauck 1972 zu einer Vortragsreihe des Historischen Vereins zu Münster beisteuerte. Grundgedanken der Vorträge basierten auf Überlegungen aus der Zeit, in der ich den Aufsatz über das Kaisertum Ottos des Großen (wie Anm. 28) abschloß, und zwar in engem Kontakt mit Karl Schmid, meinem Mentor aus der Freiburger Studienzeit, der damals seine Arbeit über die Thronfolge Ottos d. Gr. (wie Anm. 1) zum Druck brachte. Im Anschluß an den Münsteraner Vortrag vereinbarten Karl Schmid und ich, daß mein Vortrag zusammen mit einem Beitrag aus seiner Feder über die Lausanner Annalen (vgl. Anm. 15) veröffentlicht werden sollte, der jedoch nicht zum Abschluß gebracht wurde. So blieben die Vortragsmanuskripte liegen, bis ich Carlrichard Brühl im Mai 1989 auf telefonische Bitte Kopien zur Verfügung stellte. Der hat die Ergebnisse unter Zitierung meiner Manuskripte, aber ohne mich darüber zu verständigen, in seine große, 1990 erschienene Darstellung aufgenommen: Brühl (wie Anm. 11) S. 446 ff. (s. S. 446 Anm. 38). Seither war es meine Absicht, selbst zum Problem Stellung zu nehmen (vgl. die Vorschau auf die kommenden Bände in den Frühmittelalterlichen Studien seit Band 25, 1991), und ich hoffte, Karl Schmid dadurch zu einer neuen Arbeit zum Thema anregen zu können. Es war ihm nicht mehr vergönnt, auf die Fragen zurückzukommen. Um so mehr ist es mir ein Anliegen, die bislang nicht abgeschlossene Diskussion, die durch Schmids neue Einsichten ausgelöst wurde, weiterzuführen und meine Arbeit dem Andenken eines verehrten Freundes zu widmen, dem ich für meine wissenschaftliche Formung viel verdanke.

[101] Brühl (wie Anm. 11) S. 465 ff.; darauf aufbauend Fried (wie Anm. 21) S. 480 ff.

[102] Vgl. die Besprechung des Buches von Brühl durch Hans K. Schulze in: Mediaevistik 5, 1992, S. 294–301, bes. S. 301.

[103] Widukind I 41 (wie Anm. 5) S. 60 f. und II 1–2, S. 63 ff. Dazu Schmid, Thronfolge (wie Anm. 1) S. 85 ff. (422 ff.). Weitere spezielle Literatur wie Anm. 97, doch könnte jede allgemeine Darstellung ebenfalls genannt werden, vgl. statt vieler Helmut Beumann, Die Ottonen, Stuttgart 1987, [3]1994, S. 53 ff. (und S. 42 f. zur „Hausordnung" von 929); zu offenen Fragen Gerd Althoff – Hagen Keller, Heinrich I. und Otto der Große. Neubeginn auf karolingischem Erbe (Persönlichkeit und Geschichte 122–125) Göttingen 1985, [2]1994 S. 113 ff., bes. S. 116 ff.

[104] Die „rechtliche" Bedeutung der Akte wird in der älteren Literatur (vgl. Anm. 97) heftig und kontrovers diskutiert, ohne daß nach der Darstellungsabsicht Widukinds gefragt würde. Angesichts der Tatsache, daß es Kontroversen um die Thronfolge Ottos gab, die wohl die Königsfamilie spalteten (s. unten zu Anm. 126 ff., 291 f.), könnte Widukind mit der Betonung der alleinigen Entscheidung Heinrichs seine Adressaten durchaus an reale Vorgänge erinnern. Als persönliche Entscheidung des Königs heben mit besonderem Nachdruck Liudprand, Antapodosis IV 16 (wie Anm. 86) S. 116, und Hrotsvith, Gesta Ottonis, v. 35 f., vgl. v. 66 ff. (wie Anm. 5) S. 205 f., die Nachfolgeregelung hervor, während Adalbert, Continuatio ad 936 (wie Anm. 17) S. 159, davon nichts andeutet, sondern Otto nach dem Tode des Vaters von den Großen des Reiches gewählt werden läßt.

[105] Dazu Wolfgang Eggert, „Franken und Sachsen" bei Notker, Widukind und anderen, in: Historiographie im frühen Mittelalter, hrsg. von Anton Scharer – Georg Scheibelreiter, München 1994, S. 514–530, S. 524 ff. Da gleichzeitig Adalbert von Magdeburg – in Übereinstimmung mit Quellenäußerungen des frühen 10. Jahrhunderts – eine 'multigentile', auf alle 'Stämme' gegründete Reichskonzeption vertritt, muß der *omnis populus Francorum atque Saxonum* zunächst als 'Eigengut' Widukinds interpretiert werden, mit dem der Autor aber auf andere, ähnliche Vorstellungen und Strukturen seiner Zeit

Bezug nimmt; vgl. HELMUT BEUMANN, Sachsen und Franken im werdenden Regnum teutonicum, in: Angli e Sassoni al di qua e al di là del mare (Settimane di Studio del Centro italiano di studi sull'alto medioevo 32) Spoleto 1986, S. 887–912; KARL FERDINAND WERNER, Volk, Nation, Nationalismus, Masse, in: Geschichtliche Grundbegriffe. Historisches Lexikon zur politisch-sozialen Sprache in Deutschland, hrsg. von OTTO BRUNNER – WERNER CONZE – REINHART KOSELLECK, 7, Stuttgart 1992, S. 141–281, S. 195 ff., bes. 199 f.; s. auch unten Anm. 111, 365.

106 Zu *iam olim* s. oben Anm. 22.

107 SCHMID, Thronfolge (wie Anm. 1) S. 95 ff. (433 ff.); vgl. BEUMANN (wie Anm. 36) S. 218 f. Zur Verwendung von *princeps* und *dux* im Zusammenhang der Königserhebung vgl. 1. Macc. 9,30: *Nunc itaque te eligimus hodie esse nobis principem et ducem ad bellandum bellum nostrum* ('Wahl' Jonathans nach dem Tod des Judas Makkabäus); vgl. KELLER (wie Anm. 27) S. 428 mit Anm. 72. Zum Gebrauch *von princeps* s. auch unten Anm. 301.

108 Bei Widukind II 1 (wie Anm. 5) S. 63, erläutert *Universalisque electionis notantes locum*, wie das *-que* zeigt, die voraufgehende Aussage *elegit sibi in principem.* Entsprechend fährt Widukind nach einer Erläuterung der Lage Aachens (vgl. unten Anm. 133) wiederum mit einem *-que*-Anschluß fort: *Cumque illo ventum esset …* Die Forschung hat zu Unrecht hier zwei getrennte Vorgänge herausgelesen und eine „Wahl am unbekannten Ort" postuliert; so z. B. noch BEUMANN (wie Anm. 103) S. 53. Dagegen zu Recht EGGERT (wie Anm. 105) S. 528 ff.

109 Vgl. Anm. 107.

110 Zum Karlsthron vgl. die Literaturhinweise bei KARPF (wie Anm. 26) S. 163 mit Anm. 115.

111 BRÜHL (wie Anm. 11) S. 469, hält Widukinds Angaben zum Krönungsmahl für „ein Produkt von dessen schöpferischer Phantasie". Die S. 467 ff. vorgetragenen Argumente können aber m. E. Widukinds Angaben nicht entkräften oder widerlegen – wenngleich man eine präzise Erinnerung an die Zuweisung der Ämter nur dann sicher voraussetzen wird, wenn beispielsweise 961 darauf zurückgegriffen oder darüber diskutiert wurde. Vgl. auch HAGEN KELLER, Die Investitur. Ein Beitrag zum Problem der 'Staatssymbolik' im Hochmittelalter, in: Frühmittelalterliche Studien 27, 1993, S. 51–86, S. 72 f., 83 f. Daß Widukind die *universalis electio* durch den *populus Francorum atque Saxonum* vollziehen, aber dann alle Herzöge den Hofdienst versehen läßt, hat m. E. noch keine erschöpfende Erklärung gefunden; vgl. aber BEUMANN (wie Anm. 105); WERNER (wie Anm. 105).

112 Sieht man von Ereignisketten wie den sagenhaften Thüringerkriegen, dem Anschlag Hattos von Mainz auf Herzog Heinrich oder dem Liudolfaufstand ab, so hat bei Widukind kein Einzelvorgang eine so ausführliche Schilderung erhalten wie der Aachener Akt von 936. Bezeichnenderweise ließe sich damit allenfalls die Schilderung der Lechfeldschlacht vergleichen; dazu KELLER (wie Anm. 27).

113 Vgl. Continuatio Reginonis (wie Anm. 17) S. 159; HARALD WUNDER, Adalbert von Magdeburg, in: Die deutsche Literatur des Mittelalters. Verfasserlexikon, 2. Aufl., hrsg. von KURT RUH, 1, Berlin – New York 1978, Sp. 32–35; KARPF (wie Anm. 26) S. 47 ff. Zur Darstellung Adalberts auch SEMMLER (wie Anm. 97) S. 349.

114 Wie Anm. 126.

115 Vgl. Ruotgers Lebensbeschreibung des Erzbischofs Bruno von Köln cap. 5 und 41, hrsg. von IRENE OTT (MGH Scriptores rerum Germanicarum, nova series 10) Weimar 1951, S. 6, 43; RUDOLF SCHIEFFER, Ruotger von Köln, in: Verfasserlexikon (wie Anm. 113) 8, 1992, Sp. 400 ff.; ODILO ENGELS, Ruotgers Vita Brunonis, in: Kaiserin Theophanu (wie Anm. 26) 1, S. 33–46.

116 Vgl. Hrotsvith, Gesta Ottonis v. 125 ff. (wie Anm. 5) S. 208; Liudprand, Antapodosis IV 15–16 (wie Anm. 86) S. 112 ff.

[117] Als erster Thietmar von Merseburg, Chronik II 1 (wie Anm. 65) S. 38, von dessen Werk dann teilweise die weitere Vermittlung ausgeht.

[118] MGH Diplomata 1 (wie Anm. 8) S. 80; Böhmer – Ottenthal (wie Anm. 9) Nr. 55h.

[119] D OI 466 (wie Anm. 8); Böhmer – Ottenthal (wie Anm. 9) Nr. 56.

[120] Vgl. den 'Frühdeutschen Ordo' bzw. das 'Mainzer Pontifikale' bei Vogel – Elze (wie Anm. 59) 1, S. 260, 262: *Sequitur ordo missarum, si in feria evenerit, sed melius et honorabilius (est) die dominico.* Geht man davon aus, daß die Einladung auf einen Termin im Heiligenkalender Bezug nahm, so könnte man am ehesten an „acht Tage vor Maria Himmelfahrt" denken; eine Orientierung am Fest des hl. Oswald (5. August) kann damals im ostfränkischen Reich wohl kaum vorausgesetzt werden.

[121] Brühl (wie Anm. 11) S. 467; zum Begriff und zu dem Akt ausführlicher Ders., Kronen- und Krönungsbrauch im frühen und hohen Mittelalter, in: Historische Zeitschrift 254, 1982, S. 1–31, S. 13 ff. Angesichts der Bedeutung der Zeremonie ist über ihren Ablauf zu wenig bekannt; vgl. Klewitz (wie Anm. 56) S. 70 ff.

[122] Hildibert von Mainz (†31. V. 937) starb neun Monate nach den Aachener Vorgängen; Wichfried von Köln amtierte von 924 bis zum 9. VII. 953.

[123] Innerhalb eines Jahres starb Arnulf von Bayern († 14. VII. 937). Eberhard von Franken († 2. X. 939); Giselbert von Lothringen († 2. X. 939); Hermann von Schwaben (926–10. XII. 949).

[124] Widukind II 2 (wie Anm. 5) S. 67. Siegfried starb 937, also ebenfalls schon ein Jahr später: Widukind II 9, S. 73; zur Person Schmid, Neue Quellen (wie Anm. 1) S. 221 ff.; Althoff (wie Anm. 2) S. 142 ff.

[125] Widukind II 2 (wie Anm. 5) S. 67. Es gibt sachlich keinerlei Anlaß, Heinrich an dieser Stelle zu nennen. Indem Widukind die Abwesenheit des Königsbruders ausdrücklich erwähnt, wies er im Adressatenkreis zweifellos auf den dort bekannten Konflikt innerhalb der Königsfamilie hin. Zur 'literarischen Technik' s. unten zu Anm. 353 f.

[126] Les Annales de Flodoard, hrsg. von Philippe Lauer (Collection de textes [39]) Paris 1905, S. 64 zu 936: *Heinrico rege sub isdem diebus obeunte, contentio de regno inter filios ipsius agitatur; rerum tandem summa natu majori, nomini Ottoni, obvenit.* Davor wurden Wahl und Krönung Ludwigs IV. von Westfranken (19.VII.936) ausführlich geschildert.

[127] Die Lebensbeschreibungen der Königin Mathilde, hrsg. von Bernd Schütte (MGH Scriptores rerum Germanicarum 66) Hannover 1994, Vita posterior, cap. 9, S. 161.

[128] Zu Heinrichs Ansprüchen und Aufständen Laudage (wie Anm. 13); vgl. Karl J. Leyser, Herrschaft und Konflikt. König und Adel im ottonischen Sachsen (Veröffentlichungen des Max-Planck-Instituts für Geschichte 76) Göttingen 1984, S. 20 ff. (engl. Original: Rule and Conflict in an Early Medieval Society. Ottonian Saxony, London 1979, S. 9 ff.); Gerd Althoff, Zur Frage nach der Organisation sächsischer coniurationes in der Ottonenzeit, in: Frühmittelalterliche Studien 16, 1982, S. 129–142; Ders., Königsherrschaft und Konfliktbewältigung im 10. und 11. Jahrhundert, in: Frühmittelalterliche Studien 23, 1989, S. 265–290; vgl. auch Glocker (wie Anm. 145) S. 53 ff.

[129] Widukind II 1 (wie Anm. 5) S. 65 f.

[130] S. unten zu Anm. 212 ff.

[131] Vgl. Schramm (wie Anm. 135) S. 198; Fried (wie Anm. 21) S. 482 f. Dem häufig formulierten Eindruck kann sich der unbefangene Leser nicht entziehen. Wenn aber Widukind 936 allenfalls als Kind dabeigewesen sein könnte und eine derart präzise Erinnerung auch im Detail nach 30 Jahren kaum angenommen werden darf, ist es legitim, nach einem jüngeren Ereignis zu fragen, dem Widukinds Darstellung ihre Anschaulichkeit verdankt.

[132] So vermutlich anläßlich der Königskrönung Ottos II., s. unten zu Anm. 143 f.

[133] Jülich lag eine Tagesetappe von Köln bzw. Neuss entfernt am Übergang der nach Aachen führenden Straßen über die Rur und war von Aachen nach Einhards 'Translatio

sanctorum Marcellini et Petri' 8 Meilen (*leugae*) entfernt (Distanz ca. 30 km); vgl. MARIA KRANZHOFF, Aachen als Mittelpunkt bedeutender Straßenzüge zwischen Rhein, Maas und Mosel in Mittelalter und Neuzeit, Diss. Bonn, Aachen 1930. Die Autorin vermutet (S. 16) aufgrund der Erwähnung bei Widukind, „daß bei der Krönung Ottos I. diese Straße über Jülich benutzt wurde". Zur Zeit Heinrichs I. amtierten im Jülichgau Pfalzgraf Gottfried, durch seine Mutter Oda ein Neffe König Heinrichs I., sowie dessen namensgleicher Sohn, d. h. Verwandte der Liudolfinger; vgl. EGON BOSHOF, Ottonen- und frühe Salierzeit, in: Rheinische Geschichte, hrsg. von FRANZ PETRI – GEORG DROEGE, I, 3, Düsseldorf 1983, S. 7, 63 f. Nach Gislebert von Mons übten in der Barbarossa-Zeit die Grafen von Jülich das Geleitrecht von Aachen bis Koblenz aus. Vgl. auch HEINZ GÜNTER HORN (Hrsg.), Die Römer in Nordrhein-Westfalen, Stuttgart 1987, S. 148 ff. mit Karte S. 152, S. 447 ff.

134 Widukind II 1 (wie Anm. 5) S. 66 Z. 4–17.

135 MICHEL ANDRIEU, Les Ordines romani du haut moyen âge, 1: Les manuscrits, Louvain 1931, S. 494 ff.; PERCY ERNST SCHRAMM, Die Krönung in Deutschland bis zum Beginn des salischen Hauses (1028), in: Zeitschrift der Savigny-Stiftung für Rechtsgeschichte, Kanonistische Abteilung 34, 1935, S. 184–332, S. 187 ff.; CARL ERDMANN, Königs- und Kaiserkrönung im ottonischen Pontificale, in: DERS., Forschungen (wie Anm. 58) S. 52–91, S. 52 ff.; C. A. BOUMAN, Sacring and Crowning. The Development of the Latin Ritual for the Anointing of Kings and the Coronation of an Emperor before the Eleventh Century, Groningen 1957, S. 27 ff.; zum Forschungsstand GUY LANOË, Les *ordines* de couronnement (940–1050): retour au manuscrit, in: Le roi de France et son royaume autour de l'an mil, hrsg. von MICHEL PARISSE – XAVIER BARRAL I ALTET, Paris 1992, S. 65–72.

136 ERDMANN (wie Anm. 135) S. 66 f.; REINHARDT (wie Anm. 97) S. 156 ff., bes. S. 160 f., deren Schematisierung für den Überblick hilfreich ist, auch wenn sie die komplexen Verschränkungen der Überlieferung und die differenzierte Forschungsdiskussion vielleicht nicht voll wiedergibt.

137 Literatur wie Anm. 135. Zur Rolle von St. Alban im ottonischen Reich vgl. auch HELMUT MAURER, St. Margarethen in Waldkirch und St. Alban in Mainz. Zur Rolle der Liturgie bei der Eingliederung eines Klosters in die ottonische Reichskirche, in: Festschrift für Helmut Beumann zum 65. Geburtstag, hrsg. von KURT-ULRICH JÄSCHKE – REINHARD WENSKUS, Sigmaringen 1977, S. 215–233, S. 219 ff.

138 VOGEL – ELZE (wie Anm. 59) 3, S. 3 ff.; ELZE (wie Anm. 59) S. XV ff.; vgl. H. SCHNEIDER – H. H. ANTON, Ordo (Ordines) II–III, in: Lexikon des Mittelalters 6, München – Zürich 1993, Sp. 137–141; M. KLÖCKENER, Pontifikale, in: Lexikon des Mittelalters 7, München – Zürich 1995, Sp. 96; auch BOSHOF (wie Anm. 97) S. 111 ff.

139 ERDMANN (wie Anm. 135); BOUMAN (wie Anm. 135). Vgl. auch BRÜHL (wie Anm. 11) S. 465.

140 ALTHOFF (wie Anm. 23).

141 PAUL HIRSCH, Einleitung, in: Widukind (wie Anm. 5) S. VII.

142 BOUMAN (wie Anm. 135) S. 27 ff.

143 So schon meine Ausführungen von 1969 und 1972 (wie Anm. 100); vgl. BRÜHL (wie Anm. 11) S. 466 ff.

144 Wenn man aus Widukind I 31 (wie Anm. 5) S. 43 f. (*Brunonem, quem pontificis summi ac ducis magni vidimus officium gerentem*), schließen will, daß Widukind Erzbischof Brun von Köln „in Amt und Würden" gesehen hat, ließe sich dies dann auch auf die Vorgänge in Aachen ('Wahl' Ottos II. zum König durch die Lothringer, Königsweihe) beziehen. Welche Konsequenzen es für die Diskussion um die Datierung des Mainzer Pontifikale hat, wenn man annimmt, Widukind habe 961 in Aachen eine Krönung nach dem 'Frühdeutschen Ordo' gesehen, kann hier nicht weiter erörtert werden.

145 Zusammenstellung der Nachrichten und Daten bei WINFRIED GLOCKER, Die Ver-

wandten der Ottonen und ihre Bedeutung in der Politik. Studien zur Familienpolitik und zur Genealogie des sächsischen Kaiserhauses (Dissertationen zur mittelalterlichen Geschichte 5) Köln – Wien 1989, S. 18 ff., 101 ff.

146 Thietmar, Chronik II 1 (wie Anm. 65) S. 38.

147 Vgl. Anm. 148, 152. Über den Aufenthalt von Adelheid von Turin, der zweiten Gemahlin Rudolfs von Rheinfelden, zum Zeitpunkt der Forchheimer Wahl scheint nichts Sicheres bekannt zu sein; jedenfalls muß die von Tumulten begleitete Mainzer Krönung am 26. III. 1077 als Ausnahmesituation gelten. Vgl. T. Struve, Rudolf von Rheinfelden, in: Lexikon des Mittelalters 7, München – Zürich 1995, Sp. 1070 f.; Reinhardt (wie Anm. 97) S. 211 ff.; zu den Ehebruchsvorwürfen gegen Adelheid, ihrer Verstoßung und ihrer Wiederannahme durch Rudolf Eduard Hlawitschka, Zur Herkunft und zu den Seitenverwandten des Gegenkönigs Rudolf von Rheinfelden, in: Die Salier und das Reich, hrsg. von Stefan Weinfurter, Sigmaringen 1991, 1, S. 175–220, S. 192 f., 217 f.

148 Gunther Wolf, Königinnen-Krönungen des frühen Mittelalters bis zum Beginn des Investiturstreits, in: Zeitschrift der Savigny-Stiftung für Rechtsgeschichte, Kanonistische Abteilung 76, 1990, S. 62–88, S. 70 ff.; vgl. Franz-Reiner Erkens, Die Frau als Herrscherin in ottonisch-frühsalischer Zeit, in: Kaiserin Theophanu (wie Anm. 26) S. 245–259, S. 258.

149 Vogel – Elze (wie Anm. 59) 1, S. 267 ff.

150 Franz-Reiner Erkens, „*Sicut Esther regina*". Die westfränkische Königin als *consors regni*, in: Francia 20,1, 1993, S. 15–38; vgl. Reinhard Elze, Ein vergessener Ordo für die Trauung und Krönung eines karolingischen Herrscherpaares, in: Festschrift Harald Zimmermann (wie Anm. 31) S. 69–72; Richard A. Jackson, Manuscripts, Texts and Enigmas of Medieval French Coronation Ordines, in: Viator 23, 1992, S. 35–71, bes. S. 38 ff.

151 Theophanu wurde anläßlich ihrer Vermählung mit Otto II. 972 in Rom gekrönt: Nikolaus Gussone, Trauung und Krönung. Zur Hochzeit der byzantinischen Prinzessin Theophanu mit Kaiser Otto II., in: Kaiserin Theophanu (wie Anm. 26) 2, S. 161–173. Adelheid war als Witwe König Lothars von Italien bei ihrer Vermählung mit Otto I. bereits Königin und als solche vermutlich geweiht. Den offiziellen Herrschaftsbeginn Ottos in Italien – und damit vielleicht auch das Datum der Hochzeit mit Adelheid – legt Gunther Wolf, Nochmals zur Frage nach dem *rex Francorum et Langobardorum* und dem *regnum Italiae* 951, in: Archiv für Diplomatik 35, 1989, S. 171–236, S. 212 ff., auf den Dionysius-Tag (9.X.) 951; dies deckt sich mit eigenen, unpublizierten Ergebnissen. Wolf, S. 216, 220, 235, nimmt dabei eine „Affirmativkrönung" – wohl des Herrscherpaares – an. Zur Dionysius-Verehrung im Reich Ottos I. s. oben Anm. 81.

152 Heinrichs II. Gemahlin Kunigunde wurde 1002 – noch vor der Thronsetzung des neuen Königs in Aachen – vom Erzbischof von Mainz in Paderborn gekrönt und empfing 1014 in Rom an der Seite Heinrichs die Kaiserkrone; vgl. A. Wendehorst, Kunigunde, hl., Ksn., in: Lexikon des Mittelalters 5, München – Zürich 1991, Sp. 1570 f. (mit Literatur); Gisela erhielt am 21. IX. 1024 vom Erzbischof von Köln die Weihe, die ihr der Erzbischof von Mainz bei der Krönung Konrads II. verweigert hatte, und wurde zusammen mit ihrem Gemahl 1027 in Rom gekrönt; vgl. T. Struve, Gisela, dt. Ksn., in: Lexikon des Mittelalters 4, München – Zürich 1989, Sp. 1465.

153 Widukind II 1 (wie Anm. 5) S. 64. Der Vorgang wird in der Anm. 97 genannten Literatur lebhaft diskutiert; vgl. noch Heinrich Mitteis, Die Krise des deutschen Königswahlrechts (1950), in: Hlawitschka (wie Anm. 1) S. 216–302, S. 271 ff.; Joseph Otto Plassmann, Princeps und Populus. Die Gefolgschaft im ottonischen Staatsaufbau nach den sächsischen Geschichtsschreibern des 10. Jahrhunderts, Göttingen 1954, S. 117 ff.

154 Widukind III 76 (wie Anm. 5) S. 153.

155 Zur Parallelität der Stellen Schmid, Thronfolge (wie Anm. 1) S. 95 ff. (433 ff.), in Anlehnung an ältere Arbeiten, aber mit weiterführender Deutung des *princeps*-Titels,

den Widukind dem Herrscher offensichtlich genau vom 'Regierungsantritt' an zukommen läßt. Auch hierin könnte eine eigenwillige Interpretation liegen (vgl. oben Anm. 107 und unten Anm. 301), mit der den Adressaten etwas gesagt werden sollte.

[156] Für Widukind fand nach dem Tode Heinrichs I. kein Akt der Willensbildung oder Entscheidungsfindung statt: Über die Nachfolge Heinrichs war entschieden, und der *populus Francorum atque Saxonum* hatte nach seiner Darstellung daran keinen aktiven Anteil (I 41, S. 60). Da das Reich, das der sterbende König seinem Sohn übergibt, ihm nach Widukind *a solo Deo concessum* war, ist es letztlich auch nicht Heinrich, der Otto zum König macht (vgl. oben Anm. 86 und unten Anm. 329). Von dem durch Widukinds absichtsvolle Darstellung gegebenen Bild sind direkte Schlüsse auf den faktischen Ablauf und die tatsächliche Bedeutung der Rechtsakte kaum möglich. Doch muß das Beschriebene für die zeitgenössischen Rezipienten durch den Bezug auf Vorgänge und Verhältnisse, die ihnen bekannt waren, verständlich gewesen sein – hier liegt der erste Ansatzpunkt für eine auf 'historische Sachverhalte' zielende wissenschaftliche Rekonstruktion.

[157] Böhmer – Ottenthal (wie Anm. 9) Nr. 297a.

[158] Ebd. Nr. 299a. Darauf hat die Forschung mit Blick auf Widukind II 1 mehrfach hingewiesen (vgl. Anm. 97 und 153).

[159] Reuling (wie Anm. 97) S. 36f.; vgl. Boshof (wie Anm. 97) S. 74, 77, 78f.

[160] Kritik an der Annahme einer bewußten Scheidung der weltlichen und kirchlichen Akte, die gar zum Ausschluß der geistlichen Fürsten von Thronsetzung und Huldigung, d. h. der *electio,* geführt haben soll, übt bereits Mitteis (wie Anm. 97) S. 56ff., allerdings aus einer durchaus anfechtbaren Gesamtdeutung des Erhebungsvorgangs heraus.

[161] Egon Boshof, Köln, Mainz, Trier – Die Auseinandersetzung um die Spitzenstellung im deutschen Episkopat in ottonisch-salischer Zeit, in: Jahrbuch des kölnischen Geschichtsvereins 49, 1978, S. 19–48, S. 23ff.; vgl. Reinhardt (wie Anm. 97) S. 233ff.; Zotz (wie Anm. 56) S. 163ff.

[162] S. unten zu Anm. 219ff., bes. 229ff.

[163] S. unten zu Anm. 298ff.

[164] Die Orientierung an der Tradition läßt dabei durchaus Raum für situationsbezogene Änderungen und für Fortbildungen, wie ja schon die Entwicklung der Ordines (wie Anm. 135, 201, 205) zeigt; auch die liturgischen Ordines sind keine Vorschriften, sondern geben lediglich Modelle von relativer Verbindlichkeit; vgl. Jackson (wie Anm. 150). Dennoch dürfte angesichts der damaligen Einstellungen zur Tradition die 'Rückprojektion' von 961 auf 936 ein naheliegendes Verfahren gewesen sein.

[165] S. oben Anm. 111. Zumindest in der Debatte um das Krönungsrecht wurden zweifellos Präzedenzfälle erörtert.

[166] Georg Waitz, Deutsche Verfassungsgeschichte 6[2], bearbeitet von Gerhard Seeliger, Berlin 1896, S. 186ff.

[167] Thietmar von Merseburg, Chronik III 20ff. (wie Anm. 65) S. 124ff.; Karl Uhlirz, Jahrbücher des Deutsches Reiches unter Otto II. und Otto III., 1: Otto II. 973–983, Leipzig 1902, S. 185ff.; Mathilde Uhlirz, Jahrbücher des Deutschen Reiches unter Otto II. und Otto III., 2: Otto III. 983–1002, Berlin 1954, S. 7ff.; Beumann (wie Anm. 103) S. 121ff. Nach Mathilde Uhlirz, Der Fürstentag zu Mainz im Februar–März 983, in: Mitteilungen des Instituts für österreichische Geschichtsforschung 58, 1950, S. 267–284, bes. S. 281ff., war die Thronfolgeregelung von Otto II. mit den Großen ebenfalls schon im Mittelrheingebiet verhandelt worden, wo man dann die 'Wahl' Ottos III. auf der Reichsversammlung in Verona beschlossen habe; doch wurde das Ergebnis – ein Fürstentag zu Mainz im Februar–März 983 – von der Forschung nicht allgemein angenommen. Vgl. Brühl (wie Anm. 11) S. 574f.

[168] Vgl. die Überlegungen bei Wolfgang Giese, Zu den Designationen und Mitkönigserhebungen der deutschen Könige des Hochmittelalters (936–1237), in: Zeit-

schrift der Savigny-Stiftung für Rechtsgeschichte, Germanistische Abteilung 92, 1975, S. 174–183.

169 FRANZ-REINER ERKENS, Fürstliche Opposition in ottonisch-frühsalischer Zeit, in: Archiv für Kulturgeschichte 64, 1982, S. 307–370, S. 338 ff.; DERS. (wie Anm. 235); ALTHOFF (wie Anm. 32) S. 94 ff.; vgl. auch GLOCKER (wie Anm. 145) S. 72 ff.; JOHANNES FRIED, Kaiserin Theophanu und das Reich, in: Festschrift Odilo Engels (wie Anm. 13) S. 139–185, S. 163 ff. (vgl. dazu ALTHOFF [wie Anm. 82] S. 113 f. und FRIED, Über das Schreiben [wie Anm. 82] S. 123 ff.).

170 Vgl. HAGEN KELLER, Reichsstruktur und Herrschaftsauffassung in ottonisch-frühsalischer Zeit, in diesem Band, S. 51–90, S. 72 ff.; BEUMANN (wie Anm. 103) S. 122 f.

171 Wie oben Anm. 153 ff.

172 Wie Anm. 108.

173 Die ältere Forschung hatte dabei eine Wahl durch Franken und Sachsen „am unbekannten Ort" der allgemeinen Wahl durch „alle Stämme" in Aachen gegenübergestellt. Versteht man Widukinds *omnis populus Francorum atque Saxonum* als das 'wählende Reichsvolk', ist eine solche Harmonisierung der Aussagen durch begriffliche Differenzierung weder möglich noch nötig. Zum „Reichsvolk" s. oben Anm. 105.

174 Das wahrscheinlichste Argument scheint mir der Hinweis auf den Konflikt im Königshaus um die Thronfolge zu sein, den man wohl tiefer und grundsätzlicher sehen muß als bisher. Vgl. oben zu Anm. 125–128 und die unten zu Anm. 269 ff. und 293 gegebene Deutung von D OI 1. Daneben könnte der Herrschaftsantritt Ludwigs IV. im westfränkischen Reich eine Rolle spielen (s. unten zu Anm. 201 f.).

175 Wie Anm. 9.

176 Die Aufenthalte in Frankfurt und Aachen sind die einzigen gesicherten Zeugnisse für die Nutzung der karolingischen Fiskalgüter und Pfalzen durch Heinrich I. außerhalb seines sächsisch-thüringischen Einflußbereiches (s. oben Anm. 16, 18).

177 Wie Anm. 15.

178 Wie Anm. 8; dazu SCHMID, Thronfolge (wie Anm. 1) S. 101 ff. (439 ff.) und die oben Anm. 13 genannte Literatur.

179 Wie Anm. 18.

180 Weder unter Otto I. noch unter Konrad II. entspricht diese Abfolge einer regelmäßigen Itinerarwahl, so daß die Häufung im Zusammenhang der Königserhebungen und Herrschaftswechsel als signifikant gelten darf. Vgl. die Itinerarkalender und ihre Auswertung bei MÜLLER-MERTENS (wie Anm. 78) S. 270 ff. mit S. 148 ff.; DERS. – WOLFGANG HUSCHNER, Reichsintegration im Spiegel der Herrschaftspraxis Kaiser Konrads II. (Forschungen zur mittelalterlichen Geschichte 35) Weimar 1992, S. 397 ff. mit S. 175 ff.; rascher Überblick auch bei HANS-JÜRGEN RIECKENBERG, Königsstraße und Königsgut in liudolfingischer und frühsalischer Zeit (919–1056), in: Archiv für Urkundenforschung 18, 1941, S. 32–154, S. 145 f.

181 BÖHMER – OTTENTHAL (wie Anm. 9) Nr. 297a, 299a; RUDOLF KÖPKE – ERNST DÜMMLER, Kaiser Otto der Große (Jahrbücher der Deutschen Geschichte) Leipzig 1876, S. 322 f. MÜLLER-MERTENS (wie Anm. 78) S. 131 f., dem sich BRÜHL (wie Anm. 11) S. 468, anschließt, hält eine Anwesenheit Ottos I. bei der Aachener Krönung seines Sohnes mit Hinweis auf D OI 226 (wie Anm. 8) für „so gut wie unmöglich". Doch ist erstens die Frage, ob das Tagesdatum der Urkunde wirklich gesichert ist (Original erhalten, aber Lücke vor *IIII. kal. iun.*, so daß vielleicht auch mit *XIIII. kal.* zu rechnen wäre); zweitens könnte auch eine uneinheitliche Datierung vorliegen. Jedenfalls scheint mir die Krönung Ottos II. angesichts der Ungewöhnlichkeit des Vorgangs (*contra morem*) und im Hinblick auf ein kriegerisches Unternehmen mit längerer Abwesenheit ohne die Präsenz des Herrschers kaum vorstellbar, zumal wenn in der Wahl Aachens eine imperiale Programmatik lag (vgl. unten zu Anm. 219 ff.).

182 KARL UHLIRZ, Jahrbücher (wie Anm. 167) S. 34 ff.; vgl. WOLFGANG HUSCHNER, Kir-

chenfest und Herrschaftspraxis, Teil 2: Otto II., in: Zeitschrift für Geschichtswissenschaft 41, 1993, S. 117–134, S. 131.

183 Mathilde Uhlirz, Jahrbücher (wie Anm. 167) S. 151 ff.

184 Ebd. S. 176 f., 179 f.

185 Ebd. S. 9.

186 Quellen bei Böhme (wie Anm. 25) S. 31 ff., 42 ff.; vgl. auch: Quellentexte zur Aachener Geschichte, Heft 3: Die Aachener Königskrönungen, hrsg. von Walter Kaemmerer, Aachen 1961, S. 12 ff., 16; Egon Boshof, Aachen und die Thronerhebung des deutschen Königs in salisch-staufischer Zeit, in: Zeitschrift des Aachener Geschichtsvereins 79, 1991, S. 5–32.

187 S. oben zu Anm. 15–20.

188 Heinrich Büttner, Heinrichs I. Südwest- und Westpolitik, Konstanz – Stuttgart 1964, S. 38 ff., 57 ff.; Brühl (wie Anm. 11) S. 439 ff.

189 Martin Meyer, Ein übersehenes Diplom Heinrichs I., in: Neues Archiv 23, 1898, S. 120 f.; Hinweis auf die Urkunde vom 1. XII. 929 bei Schmid, Neue Quellen (wie Anm. 1) S. 110 f. Anm. 121. Zu den Urkunden mit Herzogstitel Giselberts Schneidmüller (wie Anm. 191) S. 101 f.

190 Glocker (wie Anm. 145) S. 28 ff.

191 Bernd Schneidmüller, Regnum und Ducatus. Identität und Integration in der lothringischen Geschichte des 9. bis 11. Jahrhunderts, in: Rheinische Vierteljahrsblätter 51, 1987, S. 81–114; Egon Boshof, Lotharingien – Lothringen. Vom Teilreich zum Herzogtum, in: Zwischen Gallia und Germania, Frankreich und Deutschland, hrsg. von Alfred Heit, Trier 1987, S. 129–153.

192 Pfingstaufenthalt: wie Anm. 18.

193 Böhmer – Ottenthal (wie Anm. 9) Nr. 299a, vgl. Brühl (wie Anm. 11) S. 466 ff.

194 Widukind II 1 (wie Anm. 5) S. 63. Zum Textverständnis s. oben Anm. 108; vgl. Anm. 173.

195 Zur Bedeutung der Regna-Struktur für die ottonische 'Herrschaftspraxis' vgl. Keller (wie Anm. 170) S. 51–62, 72 ff.; grundsätzlich Karl Ferdinand Werner in mehreren maßgeblichen Beiträgen, Ders., Von den 'Regna' des Frankenreiches zu den 'deutschen Landen', in: LiLi. Zeitschrift für Literaturwissenschaft und Linguistik 24, 1994 (= Heft 94: Deutsch – Wort und Begriff), S. 69–81; Ders. (wie Anm. 105).

196 Ph. Lauer, Robert Ier et Raoul de Bourgogne, rois de France (923–936) (Bibliothèque de l'École des Hautes Études 188) Paris 1910, S. 56 f. Die Ereignisse fallen also exakt in die Zeit, in der die Gesandtschaft des englischen Königs im Reich Heinrichs I. weilte und das Ehebündnis zwischen dem sächsischen und dem angelsächsischen Königshaus geschlossen wurde; vgl. oben zu Anm. 3–9.

197 Vgl. Widukind I 39 (wie Anm. 5) S. 58: *Rothulfus, contra ius fasque rex constitutus.*

198 Vgl. Schramm (wie Anm. 135) S. 271; Fritz Rörig, Geblütsrecht und freie Wahl in ihrer Auswirkung auf die deutsche Geschichte (1948), in: Hlawitschka (wie Anm. 1) S. 71–147, S. 92 ff.; Mitteis (wie Anm. 153) S. 283 ff.; Schlesinger (wie Anm. 273) S. 26 ff.; Hlawitschka (wie Anm. 4) S. 11 ff. Vgl. Elze (wie Anm. 59) S. 5 § 2, 4 (nach einer Vorlage aus der zweiten Hälfte des 9. Jahrhunderts, ebd. S. 4).

199 Dieses Argument wird der Sache nach bereits von Liudprand, Antapodosis IV 18 (wie Anm. 86) S. 114, angeführt: [Der Satan läßt Heinrich durch Reden dieser Art zum Aufstand gegen seinen Bruder, König und Herrn reizen:] '*Rectumne patrem egisse rere regia tibi in dignitate genito non in eadem genitum praeponendo? Plane non discretionis hoc censura ponderavit, verum passionis magnitudine aberravit. Ergo age, neque enim tibi deerunt copiae; fratrem deice, regnum accipe; sitque tibi regnandi facultas, cui accidit Deo largiente et in eadem dignitate nativitas*'. Es ist also nicht erst eine Erklärung aus der Zeit, in der Heinrichs gleichnamiger Enkel zum Königtum gelangt war und die Vita der Königin Mathilde (wie Anm. 127) auf diese Situation umgeschrieben wurde (dazu Althoff

[wie Anm. 86]). Insofern ist dies kein Beispiel für eine Anpassung der Geschichte an die Gegenwart (s. oben zu Anm. 82ff.), wie FRIED, Königserhebung (wie Anm. 82) S. 292f. Anm. 108, anzunehmen scheint. Zur Sache und zur Verwendung des Arguments in der Mathildenvita SCHÜTTE (wie Anm. 65) S. 104ff. und S. 88f., mit der älteren Literatur. Es scheint mir wahrscheinlicher zu sein, daß Liudprand auf gehörte Argumentationen Bezug nimmt, wie sie immerhin in bezug auf Liudolf und Otto II. erneut gebraucht worden sein könnten (vgl. Flodoard [wie Anm. 126] S. 135 zu 953), als daß er – ohne seine Byzanzerfahrung wie sonst herauszustellen – Argumente erfunden hat, die dann unter Heinrich II. ohne nachweisbare literarische Vermittlung wieder auftauchen. Daß Liudprand wahrscheinlich schon 951 zu Otto übergegangen ist und dann am Ottonenhof weilte, zeigt STAUBACH (wie Anm. 26) S. 364f.

200 Zum späteren Ausgleich BRÜHL (wie Anm. 11) S. 455ff.; vgl. BÜTTNER (wie Anm. 188) S. 63ff.; auch SCHMID (wie Anm. 259).

201 Flodoard (wie Anm. 126) S. 63f.; vgl. ROBERT-HENRI BAUTIER, Sacres et couronnements sous les Carolingiens et les premiers Capétiens. Recherches sur la genèse du sacre royal français, in: Annuaire-Bulletin de la Société de l'histoire de France ann. 1987–1988, 1989, S. 7–56, S. 50f.

202 Vgl. BEUMANN (wie Anm. 103) S. 53f.

203 CARL ERDMANN, Der ungesalbte König, in: Deutsches Archiv für Geschichte des Mittelalters 2, 1938, S. 311–340, S. 334ff.; REINHARDT (wie Anm. 97) S. 57ff.; KARPF (wie Anm. 211) S. 10ff.; vgl. SEMMLER (wie Anm. 97) S. 350; BRÜHL (wie Anm. 11) S. 422f. Da sowohl die Salbung (vgl. Anm. 296) wie auch Krönungsakte (BRÜHL [wie Anm. 121]) im Frankenreich seit der frühen Karolingerzeit eine feste Tradition haben, sei zur Verdeutlichung noch einmal darauf hingewiesen, daß die Geschichtsforschung nach der Zusammenführung beider Rituale in einem Zeremoniell sucht, und zwar in einem Zeremoniell, das den Herrschaftsantritt markiert und das – in Parallele zur Weihe bei der geistlich-kirchlichen Amtseinsetzung – als Zeichen der Einweisung in ein Amt verstanden wird. Dies scheint mir nicht nur wichtig zu sein zum Verständnis des historischen Kontexts, in dem ein derartiger Einsetzungsakt aufgekommen sein dürfte, sondern die Verbindung von Salbung, Krönung und Amtseinweisung dürfte auch unmittelbar für die Überlieferung relevant sein: Sie kennzeichnet die Situation, in der man mit dem Aufkommen spezifischer, in die Liturgie eingebundener Ordines rechnen darf. Dagegen ist die Erwähnung von Salbung oder Krönung in den historiographischen Quellen – auch bei 'gesicherten' Fällen – so unregelmäßig und auch terminologisch so variabel, daß mir das argumentum e silentio seit der zweiten Hälfte des 9. Jahrhunderts kaum noch zulässig zu sein scheint (allenfalls beim Vergleich der Schilderungen von Königseinsetzungen in ein und derselben Quelle). Zur weiteren Klärung wäre es zweifellos hilfreich, den Sprachgebrauch der Quellen im Kontext ihrer jeweiligen Darstellungen noch einmal vergleichend zu untersuchen. Für die Anfänge vgl. FOLZ (wie Anm. 205); NELSON (wie Anm. 205) S. 239–257; DIES., Hincmar of Reims on King-making. The Evidence of the Annals of St. Bertin, in: Coronations. Medieval and Early Modern Monarchic Ritual, hrsg. von JÁNOS M. BAK, Berkeley – Los Angeles – Oxford 1990, S. 16–34.

204 Vgl. BAUTIER (wie Anm. 201) und die oben Anm. 150 und 148 genannten Arbeiten.

205 JACKSON (wie Anm. 150); LANOË (wie Anm. 135); ROBERT FOLZ, Les trois couronnements de Charles le Chauve, in: Byzantion 61, 1991 = Hommage à la mémoire de Maurice Leroy, S. 93–111; vgl. die Arbeiten von JANET L. NELSON, Politics and Ritual in Early Medieval Europe, London 1986.

206 BÖHMER – MÜHLBACHER (wie Anm. 25) Nr. 1908a, 1955d. WALTER SCHLESINGER, Zur Erhebung Karls des Kahlen zum König von Lothringen 869 in Metz, in: Landschaft und Geschichte. Festschrift für Franz Petri zu seinem 65. Geburtstag, hrsg. von GEORG DROEGE u. a., Bonn 1970, S. 454–475, S. 474f., bestreitet eine Salbung.

207 BÖHMER – MÜHLBACHER (wie Anm. 25) Nr. 2070e. Vgl. HORST FUHRMANN, Die Syn-

ode von Hohenaltheim (916) – quellenkundlich betrachtet, in: Deutsches Archiv für Erforschung des Mittelalters 43, 1987, S. 440–468, S. 448 ff.; vgl. Brühl (wie Anm. 11) S. 403 f. (dazu oben Anm. 203).

208 S. unten zu Anm. 312 ff.

209 Zur Darstellung Konrads bei Liudprand und Adalbert s. unten Anm. 365.

210 Zur Gegenüberstellung vgl. die unten zu Anm. 361–369 gegebene Interpretation.

211 Zur vieldiskutierten Frage des 'Salbungsverzichts' vgl. Anm. 203 und neuerdings Ernst Karpf, Königserhebung ohne Salbung. Zur politischen Bedeutung von Heinrichs I. ungewöhnlichem Verzicht in Fritzlar (919), in: Hessisches Jahrbuch für Landesgeschichte 34, 1984, S. 1–24; Althoff – Keller (wie Anm. 103) S. 56 ff.; Beumann (wie Anm. 103) S. 32 ff.; Brühl (wie Anm. 11) S. 415 ff.; Wolfgang Giese, Ensis sine capulo. Der ungesalbte König Heinrich I. und die an ihm geübte Kritik, in: Festschrift für Eduard Hlawitschka zum 65. Geburtstag, hrsg. von Karl Rudolf Schnith – Roland Pauler (Münchener Historische Studien, Abteilung Mittelalterliche Geschichte 5) München 1993, S. 151–164; Fried (wie Anm. 82).

212 Vgl. Erdmann (wie Anm. 58) S. 61 f., vgl. S. 60. Zur westfränkischen Entwicklung Bautier (wie Anm. 201).

213 Widukind I 26 (wie Anm. 5) S. 39; II 1, S. 65 f. Vgl. Anm. 233.

214 Ruotger c. 41 (wie Anm. 115) S. 43; Widukind II 1 (wie Anm. 5) S. 66.

215 Wie Anm. 167 und 170; vgl. unten Anm. 235.

216 S. oben zu Anm. 15 ff.

217 S. oben zu Anm. 135 ff.

218 Vgl. die von Erdmann als 'Frühdeutscher Ordo' bezeichnete Überlieferungsgruppe cap. 6 und 14: Erdmann (wie Anm. 135) S. 84, 86 = Vogel – Elze (wie Anm. 59) 1, S. 260; in den Haupthandschriften des 'Pontifical romano-germanique' finden sich die Angaben in cap. 6 und 24, Vogel – Elze, S. 247, 258. Vgl. Erdmann, S. 60.

219 Liudprandi Historia Ottonis cap. 2 (wie Anm. 86) S. 160.

220 Die erste Urkunde Ottos II. datiert bereits vom 25. VII. 961; aus der Zeit vor dem Tode Ottos I. haben sich 27 Diplome erhalten: Die Urkunden der deutschen Könige und Kaiser 2,1: Die Urkunden Ottos II. (MGH Diplomata 2,1) Hannover 1888.

221 Die Urkunden der Karolinger, 3: Die Urkunden Lothars I. und Lothars II., bearbeitet von Theodor Schieffer (MGH Diplomata Karolinorum 3) Berlin – Zürich 1966; Die Urkunden der deutschen Karolinger, 1,1–3: Die Urkunden Ludwigs des Deutschen, Karlmanns, Ludwigs des Jüngeren, bearbeitet von Paul Kehr (MGH Diplomata regum Germaniae ex stirpe Karolinorum 1) Berlin 1932–1934; 2,1: Die Urkunden Karls III., bearbeitet von Dems. (ebd. 2,1) Berlin 1937.

222 Percy Ernst Schramm, Die deutschen Kaiser und Könige in Bildern ihrer Zeit 751–1190, Neuauflage unter Mitarbeit von Peter Berghaus, Nikolaus Gussone, Florentine Mütherich, hrsg. von Florentine Mütherich, München 1983, S. 72 f., 186 f., S. 333 Abb. 81–83; vgl. Bernward von Hildesheim und das Zeitalter der Ottonen. Katalog der Ausstellung Hildesheim 1993, Hildesheim – Mainz 1993, 2, S. 17–19 [Rainer Kahsnitz]. Zur Selbstdarstellung des Herrschers in den Urkunden gerade der ottonischen Zeit Peter Rück, Die Urkunde als Kunstwerk, in: Kaiserin Theophanu (wie Anm. 26) 2, S. 311–333, bes. S. 333 (dessen pejorative Bewertung der ottonischen Entwicklung mir allerdings dem historischen Verständnis im Wege zu stehen scheint). Zu den Siegeln jetzt Hagen Keller, in diesem Band, S. 131–166.

223 Schramm (wie Anm. 222) S. 72 f.; Überblick über die früheren Formen ebd., Tafelteil mit Kommentar.

224 Wilhelm Messerer, Zur byzantinischen Frage in der ottonischen Kunst, in: Byzantinische Zeitschrift 52, 1959, S. 32–60, S. 42 (mit Abb. 20 und 23).

225 Es erscheint bereits auf Urkunden, die nach der Handlung auf 961 datiert sind, aber „frühestens 962 angefertigt" wurden: DD OII 2–4 mit Vorbemerkung; Julius

FICKER, Beiträge zur Urkundenlehre 1, Innsbruck 1877, S. 158f. Vgl. SCHRAMM (wie Anm. 222) S. 193, 340f. Abb. 87–89; Bernward (wie Anm. 222) S. 19–21 [Kahsnitz], bes. Abb. II-3. Auch Brun von Köln verwendete dann ein Siegel mit frontalem Bildnis; vgl. TONI DIEDERICH, Die Siegel der Kölner Erzbischöfe von Bruno I. bis zu Hermann II., in: Kaiserin Theophanu (wie Anm. 26) S. 89–108, S. 92f., 94f.

226 Die Übernahme ist schon 966 – nach dem großen „ottonischen Familientreffen" 965 in Köln, an dem auch die westfränkische Königsfamilie teilgenommen hatte – für König Lothar nachweisbar; vgl. zum Kontext BERND SCHNEIDMÜLLER, Karolingische Tradition und frühes französisches Königtum. Untersuchungen zur Herrschaftslegitimation der westfränkisch-französischen Monarchie im 10. Jahrhundert (Frankfurter Historische Abhandlungen 22) Wiesbaden 1979, S. 100, 158ff. Der entscheidende Übergang zum Thronsiegel erfolgt unter Otto III.; vgl. SCHRAMM (wie Anm. 222) S. 198ff., 347ff. Abb. 96–100; R[ainer] Ka[hsnitz] in: Bernward (wie Anm. 222) S. 21–29.

227 Ruotger (wie Anm. 214); vgl. Continuatio Reginonis (wie Anm. 17) S. 171.

228 Vgl. WERNER OHNSORGE, Das Mitkaisertum in der abendländischen Geschichte des früheren Mittelalters, in: Zeitschrift der Savigny-Stiftung für Rechtsgeschichte, Germanistische Abteilung 67, 1950, S. 309–335, S. 314f. Ein Mitkönigtum hatte es im Regnum Italiae seit König Hugo gegeben, der 931 – wohl im Zusammenhang einer geplanten, aber dann gescheiterten Kaiserkrönung – seinen Sohn Lothar, d.h. den ersten Gemahl Adelheids, der Mutter Ottos II., zum Mitkönig erhob; nach der kurzen Alleinherrschaft Lothars (947–950) hat dann Berengar II. seinen Sohn Adalbert sofort zum Mitkönig erheben lassen. Die Königsdiplome wurden jeweils im Namen beider Herrscher ausgestellt, Lothar und Adalbert haben zu Lebzeiten ihrer Väter nicht selbständig geurkundet; vgl. unten Anm. 250.

229 BÖHMER – MÜHLBACHER (wie Anm. 25) Nr. 479a, 479b; 649a, 650. WOLFGANG WENDLING, Die Erhebung Ludwigs d. Fr. zum Mitkaiser im Jahre 813 und ihre Bedeutung für die Verfassungsgeschichte des Frankenreiches, in: Frühmittelalterliche Studien 19, 1985, S. 201–238; KARL FERDINAND WERNER, *Hludowicus Augustus.* Gouverner l'empire chrétien – Ideés et réalités, in: Charlemagne's Heir. New Perspectives on the Reign of Louis the Pious (814–840), hrsg. von PETER GODMAN – ROGER COLLINS, Oxford 1990, S. 3–123, S. 28ff.

230 Regino, dessen Chronik Adalbert fortsetzte (wie Anm. 17 und 113) und so im ottonischen Reich präsent hielt, verfügte nur über eine bis 813 reichende geschlossene Vorlage karolingischer Annalistik, so daß bei ihm (wie Anm. 17, S. 72) lediglich die Mitkaisererhebung von 813 verzeichnet war. Die Annales Fuldenses, hrsg. von FRIEDRICH KURZE (MGH Scriptores rerum Germanicarum [7]) Hannover 1891, S. 19f., erwähnen, den sogenannten 'Annales Laurissenses' folgend, die Mitkaisererhebungen Ludwigs und Lothars, allerdings ohne Nennung Aachens. Die Hildesheimer Annalen dagegen, die hier ein vor 959 in Hersfeld begonnenes, verlorenes Annalenwerk ausschreiben, entnahmen ihren karolingischen Vorlagen die Aachener Mitkaisererhebungen mit großer Präzision: Annales Hildesheimenses, hrsg. von GEORG WAITZ (MGH Scriptores rerum Germanicarum [8]) Hannover 1878, S. 15f.; vgl. zur Entstehungsgeschichte WILHELM WATTENBACH – ROBERT HOLTZMANN, Deutschlands Geschichtsquellen im Mittelalter. Die Zeit der Sachsen und Salier 1,1, 1938, Nachdruck Darmstadt 1967, S. 40ff. Sowohl durch diese 'Ableitungen' wie auch durch die handschriftliche Überlieferung ist die Existenz karolingischer Annalen im ottonischen Reich bezeugt.

231 Wie Anm. 48. Obwohl der Übergang der Herrschermacht und des *imperium Francorum* an die Sachsen in Widukinds Darstellung eine Leitlinie bildet, hebt er nirgends auf die Karlstradition als für die Ottonen relevante Größe ab (vgl. PHILIPPE BUC, Italian Hussies and German Matrons. Liutprand of Cremona on Dynastie Legitimacy, in: Frühmittelalterliche Studien 29, 1995, S. 207–225). Selbst anläßlich der 'Königserhebung' Ottos I. 936 wird die Karlstradition nur gestreift, vgl. HERBERT ZIELINSKI, Zur Aachener

Königserhebung von 936, in: Deutsches Archiv für Erforschung des Mittelalters 28, 1972, S. 210–222. Daß Aachen für den Herrscher selbst mehr bedeutete, zeigt das auffallende Hervortreten der Pfalz Karls d. Gr. im Itinerar Ottos I. in der zweiten Hälfte der 40er Jahre, vor allem mit den glanzvollen Osterhoftagen von 947, 949 und 950 (Böhmer – Ottenthal [wie Anm. 9] Nr. 148a, 174a, 194a) und dem Hoftag unmittelbar vor der Synode von Ingelheim 948 (April, Böhmer – Ottenthal, Nr. 163a). Es ist die Phase, in der die hegemoniale Stellung Ottos hervortritt und der imperiale Charakter seiner Herrschaft erstmals Ausdruck findet. Dazu Keller (wie Anm. 28) S. 334 ff., 345 ff.; vgl. die folgende Anmerkung.

232 Widukind II 1 (wie Anm. 5) S. 65 Z. 12 f. Der Anspruch auf imperiale Herrschaft in fränkisch-karolingischer Tradition tritt nicht nur in der Politik Ottos I. gegenüber dem Westfrankenreich oder bei Ereignissen wie der Synode von Ingelheim 948 zutage; vgl. Brühl (wie Anm. 11) S. 478 ff.; Beumann (wie Anm. 103) S. 63 ff. Die Orientierung wird unterstrichen durch Akte, die etwas über das Selbstverständnis des ottonischen Hofes aussagen, wie z. B. die Dionysius-Verehrung (wie Anm. 81 und 151), und findet vor allem auch in imperialen 'Proklamationen' ihren Ausdruck; dazu Keller (wie Anm. 28) S. 334 ff.; vgl. Anm. 231.

233 Ulrich Stutz, Der Erzbischof von Mainz und die deutsche Königswahl, Weimar 1910; Reinhardt (wie Anm. 97) S. 220 ff.; Boshof (wie Anm. 161); Ders. (wie Anm. 186).

234 S. oben Anm. 161; zum Vorgang Anm. 121.

235 S. oben zu Anm. 167 ff., 215. Wenn hier ein „Ehrenrecht", d. h. ein Anspruch des Kölners mißachtet wurde, böte dies eine Erklärung dafür, daß sich Erzbischof Warin von Köln sofort Heinrich dem Zänker anschloß, als dieser nach dem Tode Ottos II. aus der Haft entlassen wurde, und ihm den Königsknaben und die Insignien auslieferte. Vgl. Heribert Müller, Die Kölner Erzbischöfe von Bruno I. bis Hermann II. (953–1056), in: Kaiserin Theophanu (wie Anm. 26) S. 15–32, S. 23 f.; Franz-Reiner Erkens, ... *more Grecorum conregnantem instituere vultis?* Zur Legitimation der Regentschaft Heinrichs des Zänkers im Thronstreit von 984, in: Frühmittelalterliche Studien 27, 1993, S. 273–289.

236 Quellen bei Böhme (wie Anm. 25) S. 31 ff., 42 ff., 65 ff.; Reinhardt (wie Anm. 97) S. 191 ff., 204 ff., 211 ff.; vgl. Boshof (wie Anm. 161).

237 Daten über Giese (wie Anm. 168); vgl. Böhme (wie Anm. 25); Kaemmerer (wie Anm. 186); ferner Boshof (wie Anm. 186).

238 Karl Schmid, Zum Haus- und Herrschaftsverständnis der Salier, in: Die Salier (wie Anm. 147) 1, S. 21–54.

239 Karl Schmid, Die Salier als Kaiserdynastie, in: Iconologia sacra (wie Anm. 27) S. 461–495.

240 Zur Problematik Nora Gädeke, Zeugnisse bildlicher Darstellung der Nachkommenschaft Heinrichs I. (Arbeiten zur Frühmittelalterforschung 22) Berlin 1992, S. 87 ff.; vgl. Struve (wie Anm. 152).

241 Reinhardt (wie Anm. 97) S. 229 ff.; Boshof (wie Anm. 186); ferner Rudolf Schieffer, Erzbischöfe und Bischofskirche von Köln, in: Die Salier (wie Anm. 147) 2, S. 1–29.

242 Boshof (wie Anm. 186); vgl. Louis Carlen, Krönungskirchen, in: Studia in honorem Eminentissimi Cardinalis Alphonsi M. Stickler, hrsg. von Rosalio Iosepho Card. Castillo Lara (Studia et textus historiae iuris canonici 7) Roma 1992, S. 51–78, S. 60 f. mit Literatur. Zum Problem des „rechten Ortes" vgl. Jürgen Petersohn, „Echte" und „falsche" Insignien im deutschen Krönungsbrauch des Mittelalters? Kritik eines Forschungsstereotyps (Sitzungsberichte der Wissenschaftlichen Gesellschaft an der Johann Wolfgang Goethe-Universität Frankfurt a. M. 30,3) Stuttgart 1993.

243 Soviel ich sehe, ist die Weitergabe dieses 'Wissens' im Geschichtsbild der mittelalterlichen Chronistik bislang nicht untersucht; meine Angabe formuliert einen auf einzelne Stichproben gegründeten Eindruck.

244 Erdmann (wie Anm. 203) S. 328 ff.; Althoff (wie Anm. 2) S. 69–87.

[245] FRIED (wie Anm. 82) kennzeichnet Heinrich I. durchgängig durch das Epitheton „der Zauderer". Von der Problematik derartiger Charakterzuschreibungen an Personen dieser Zeit, von denen wir so wenig wissen, einmal abgesehen, scheint mir weder die 'Personendarstellung' in der ottonischen Historiographie noch das, was man an Aktionen des Herrschers erkennen kann, diese 'Kennzeichnung' Heinrichs zu rechtfertigen. Vgl. SCHMID (wie Anm. 259) S. 142f.

[246] Vgl. WERNER (wie Anm. 229); EGON BOSHOF, Einheitsidee und Teilungsprinzip in der Regierungszeit Ludwigs d. Fr., in: Charlemagne's Heir (wie Anm. 229) S. 161–189.

[247] Grundlegend GERD TELLENBACH, Die geistigen und politischen Grundlagen der karolingischen Thronfolge. Zugleich eine Studie über kollektive Willensbildung und kollektives Handeln im 9. Jahrhundert, in: Frühmittelalterliche Studien 13, 1979, S. 184–302; vgl. RUDOLF SCHIEFFER, Väter und Söhne im Karolingerhause, in: Beiträge zur Geschichte des Regnum Francorum, hrsg. von DEMS. (Beihefte der Francia 22) Sigmaringen 1990, S. 149–164. Vgl. auch SCHLESINGER (wie Anm. 206); SEMMLER (wie Anm. 97).

[248] Daß mit Odo in Westfranken, mit Berengar I. in Italien und später mit Konrad I. in Ostfranken als erste Nichtkarolinger jeweils Männer ohne Söhne zu Königen erhoben wurden, ist auffallend; da aber mit ihnen jeweils die mächtigsten, an der Lenkung des Reiches maßgeblich beteiligten Großen die Königsherrschaft erlangten, verbietet sich ein Rückschluß auf planvolles Handeln der 'Wähler'. Zur Bedeutung der Kräfteverhältnisse bei diesen Vorgängen TELLENBACH (wie Anm. 247) bes. S. 276ff.

[249] Nach seiner Kaiserkrönung ließ Wido von Spoleto 891 seinen Sohn Lambert zum Mitkönig erheben, 892 zum Mitkaiser krönen. LUDO MORITZ HARTMANN, Geschichte Italiens im Mittelalter 3,2, Gotha 1911, S. 111f.; vgl. BRÜHL (wie Anm. 11) S. 514f.; H. ZIELINSKI, Lambert v. Spoleto, Ks., in: Lexikon des Mittelalters 4, München – Zürich 1991, Sp. 1623f.

[250] BRÜHL (wie Anm. 11) S. 519ff., 532; ROBERT-HENRI BAUTIER, L'avènement d'Hugues Capet et le sacre de Robert le Pieux, in: Le roi de France (wie Anm. 135) S. 27–37; ANDREW W. LEWIS, Successions ottoniennes et robertiennes: un essai de comparaison, ebd. S. 47–53.

[251] BÖHMER – OTTENTHAL (wie Anm. 9) Nr. 131b; GLOCKER (wie Anm. 145) S. 101ff.

[252] KELLER (wie Anm. 9) S. 37ff.

[253] Wie Anm. 198.

[254] Dies hat bei Regino zu 888 (wie Anm. 17) S. 129 einen 'klassischen' Ausdruck gefunden; vgl. Widukind I 16 (wie Anm. 5) S. 26. Vgl. TELLENBACH (wie Anm. 247) S. 276ff.

[255] Hierfür wird man auch die Zeugnisse der Herrscherliturgie (wie Anm. 198) in Anspruch nehmen dürfen. Vgl. KARL SCHMID, Heirat, Familienfolge, Geschlechterbewußtsein, in: Il matrimonio nella società altomedievale (Settimane di Studio del Centro italiano di studi sull'alto medioevo 24) Spoleto 1977, S. 103–137, S. 120ff.

[256] Widukind I 9 (wie Anm. 5) S. 10f.

[257] Widukind 128, S. 41.

[258] Widukind I 16, S. 26; vgl. ALTHOFF (wie Anm. 91).

[259] Widukind I 29 (wie Anm. 5) S. 41f. Mit beiden hatte Heinrich I. einen Freundschaftspakt *(amicitia)* geschlossen; dazu KARL SCHMID, Unerforschte Quellen aus quellenarmer Zeit. Zur amicitia zwischen Heinrich I. und dem westfränkischen König Robert im Jahre 923, in: Francia 12, 1985, S. 119–147; ALTHOFF (wie Anm. 2) S. 363ff.

[260] Widukind I 39 (wie Anm. 5) S. 58 (Text oben Anm. 197).

[261] Widukind I 41, S. 60.

[262] Widukind I 41, S. 60; III 1, S. 104; auffallend, daß bei Otto II. die Einsetzung durch den Vater nicht erwähnt wird (vgl. III 75–76, S. 153f.).

[263] S. oben zu Anm. 125ff.

[264] HOFFMANN (wie Anm. 22); ähnlich WALTER SCHLESINGER, Erbfolge und Wahl bei der Königserhebung Heinrichs II. 1002, in: Festschrift für Hermann Heimpel zum

70. Geburtstag, Göttingen 1972, 3, S. 1–36, S. 20ff. (vgl. aber unten Anm. 273). Diejenigen, die das Ergebnis von Schmid (wie Anm. 265) nicht übernommen haben, berufen sich meist pauschal auf Hoffmann, ohne sich auf das Problem des Textsinns selbst einzulassen; Semmler (wie Anm. 97) S. 344 Anm. 36, spricht gar von einer „kasuistischen Interpretation" – was immer dies angesichts des Textproblems bedeuten mag. Wie mir berichtet wird, bereitet Hartmut Hoffmann eine neue Stellungnahme zu den Problemen vor [Hartmut Hoffmann, Ottonische Fragen, in: Deutsches Archiv für Erforschung des Mittelalters 51, 1995, S. 53–82. Vgl. Gerd Althoff, Die Ottonen, Stuttgart 2000, S. 55–60, 69–77; Ders. – Joachim Wollasch, Bleiben die Libri Memoriales stumm? Eine Erwiderung auf H. Hoffmann, in: Deutsches Archiv für Erforschung des Mittelalters 56, 2000, S. 33–53, S. 33–40].

[265] Schmid, Thronfolge (wie Anm. 1) S. 126ff. (466ff.).

[266] D OI 1 (wie Anm. 8) S. 90 Z. 11–16: *Et si aliquis generationis nostrae in Francia ac Saxonia regalem potestativa manu possideat sedem, in illius potestate sint ac defensione praenuncupatum monasterium et sanctimoniales inibi in dei servitio congregate; si autem alter e populo eligatur rex, ipse in eis suam regalem teneat potestatem sicut in ceteris catervis in obsequium sanctae trinitatis simili modo congregatis, nostrae namque cognationis qui potentissimus sit, advocatus habeatur et loci praedicti et eiusdem catervae.*

[267] Vgl. Hlawitschka (wie Anm. 4) S. 17ff.; anders Hoffmann und Schlesinger (wie Anm. 264). Auch hier (vgl. oben Anm. 22) scheint es mir methodisch verfehlt zu sein, einer Diskussion, die sich auf Wortgebrauch, Gedankenführung, innere Struktur und Intention eines Textes – eines stark formalisierten Textes von erheblicher Bedeutung für das Königshaus, in dem Regelungen für die Zukunft vorgesehen werden – bezieht, den Sprachgebrauch anderer Quellen ganz verschiedener Herkunft entgegenzustellen, wie dies Hoffmann (wie Anm. 22) S. 58ff. tut (vgl. Hlawitschka, S. 19).

[268] So – nach zunächst zutreffender Interpretation der Textstelle aus dem Gegensatz von *generatio* und *cognatio* – Schmid, Thronfolge (wie Anm. 1) S. 130ff. (470ff.).

[269] Das Problem hat zuerst diskutiert Jakobs (wie Anm. 13) S. 515ff.; dazu ferner Keller (wie Anm. 284) S. 125 Anm. 15; Hlawitschka (wie Anm. 267); Laudage, Hausrecht (wie Anm. 13) S. 29f. In diesem Sinne würde Herzog Otto von Kärnten als Tochtersohn des Herrschers wohl zu dessen *generatio* zählen.

[270] Mit dieser Präzisierung entfällt auch ein Teil der „Gegenbeispiele", die Hoffmann (wie Anm. 22) S. 58ff., gegen eine begriffliche Differenzierung in D OI 1 ins Feld führen zu können meinte.

[271] S. oben zu Anm. 125ff. sowie Anm. 199.

[272] Vgl. Althoff (wie Anm. 86); Ders. (wie Anm. 77); Schütte (wie Anm. 65); vgl. Josef Fleckenstein, Pfalz und Stift Quedlinburg. Zum Problem ihrer Zuordnung unter den Ottonen, in: Nachrichten der Akademie der Wissenschaften in Göttingen, Philologisch-Historische Klasse, 1992, Nr. 2, S. 9–21.

[273] Thietmar, Chronik I 19 (wie Anm. 65) S. 24/26. Thietmar vertritt also ein erweitertes Erbrecht, auf das sich auch Heinrich II. selbst berufen hatte. Dazu: Stefan Weinfurter, Der Anspruch Heinrichs II. auf die Königsherrschaft 1002, in: Papstgeschichte und Landesgeschichte. Festschrift für Hermann Jakobs zum 65. Geburtstag, hrsg. von Joachim Dahlhaus u.a., Köln – Weimar – Wien 1995, S. 121–134. Schlesinger (wie Anm. 264) S. 26ff., bes. S. 28, betont, daß das von Heinrich II. reklamierte *ius hereditarium* im „Recht der Sippe" gründete und damit „ursprünglich gegen die Sohnesfolge" gerichtet war, und nimmt damit genau die Unterscheidung vor, die er im Hinblick auf D OI 1 bestreitet. Zweifellos lag den Vorstellungen nicht ein quellenmäßig nicht belegtes „Geblütsrecht" zugrunde, sondern das Konsanguinitätsdenken, wie es bei der Feststellung von Ehehindernissen oder bei der Geltendmachung von Erbansprüchen relevant war. Infolgedessen hat Heinrich II. 1002 sich des Verzichtes Ottos von Kärnten versichert, ehe er sich auf sein Erbrecht berief. Auch 1024 wäre die Nähe der Verwandt-

schaft zu Heinrich II. für das Erbe relevant gewesen, nicht einfach die Abstammung von Heinrich I. oder Otto I., die konsequenterweise von den Saliern nicht betont wurde.

[274] Daß das alte karolingische Teilungsprinzip die Position der fürstlich-herzoglichen Mittelgewalten ständig neu in Frage gestellt hätte, wurde von SCHMID, Thronfolge (wie Anm. 1) S. 138ff., 149ff., 159ff. (S. 478ff., 490ff., 501ff.) hervorgehoben. Vgl. KELLER (wie Anm. 170) S. 77ff., ALTHOFF – KELLER (wie Anm. 103) S. 66ff.

[275] TELLENBACH (wie Anm. 247) S. 288f.; SCHMID (wie Anm. 11) S. 12; SCHIEFFER (wie Anm. 247) S. 155, 162.

[276] Wie Anm. 11; ferner HELMUT BEUMANN, Unitas ecclesiae – unitas imperii – unitas regni. Von der imperialen Reichseinheitsidee zur Einheit der Regna, in: Nascità dell' Europa ed Europa carolingia: un'equazione da verificare (Settimane di Studio del Centro italiano di studi sull'alto medioevo 27) Spoleto 1981, S. 531–571.

[277] KELLER (wie Anm. 170).

[278] EDUARD HLAWITSCHKA, Zum Werden der Unteilbarkeit des mittelalterlichen Deutschen Reiches (1970), in: DERS., Stirps regia. Ausgewählte Aufsätze, hrsg. von GERTRUD THOMA – WOLFGANG GIESE, Frankfurt a. M. 1988, S. 247–268, S. 256f.; vgl. KARL FERDINAND WERNER, La genèse des duchés en France et en Allemagne, in: Nascità dell'Europa (wie Anm. 276) S. 175–207, S. 197ff.; DERS., Les Robertiens, in: Le roi de France (wie Anm. 135) S. 15–26. Vgl. BRÜHL (wie Anm. 11) S. 332, doch kommt es hier m. E. nicht auf ein „Teilungsprinzip", sondern auf ein Verhalten in den Adelsfamilien an, das nicht nur Ämter, sondern durch Kumulation verschiedenartiger Positionen geschaffene Machtkomplexe betraf.

[279] Liudolf, dem 'Stammvater' des sächsischen Königsgeschlechts, folgte zunächst Brun in der Führung der Sachsen, nach dessen Tod sein jüngerer Bruder Otto; „Herzog" Luitpold von Bayern folgte dessen ältester Sohn Arnulf. Vgl. auch die Zusammenstellungen bei GERD TELLENBACH, Königtum und Stämme in der Werdezeit des Deutschen Reiches (Quellen und Studien zur Verfassungsgeschichte des Deutschen Reiches 7,4) Weimar 1939, S. 41–69.

[280] Widukind I 21 (wie Anm. 5) S. 30.

[281] Widukind I 30, S. 43.

[282] Widukind III 21, S. 115.

[283] Da hier bei Widukind kein intentionales Moment erkennbar ist, wird man seine Äußerungen als Ausdruck verbreiteter Vorstellungen werten dürfen. Das 10. Jahrhundert muß zugleich als Phase der Verfestigung erbrechtlicher Strukturen im Bereich der Herrschaftsordnung gelten; dazu zusammenfassend ALTHOFF – KELLER (wie Anm. 103) S. 44f., 222ff. Sie bereitet die Verfestigung der Adelsgeschlechter vor, die im 11. Jahrhundert zutage tritt; dazu KARL SCHMID, Über die Struktur des Adels im frühen Mittelalter, in: Jahrbuch für fränkische Landesforschung 19, 1959, S. 1–23.

[284] So betont, aber in Weiterführung älterer Ansätze, WALTER SCHLESINGER in mehreren Studien, vgl. vor allem DERS. (wie Anm. 97) und DERS., Die Königserhebung Heinrichs I., der Beginn der deutschen Geschichte und die deutsche Geschichtswissenschaft, in: Historische Zeitschrift 221, 1975, S. 529–552. Zur Forschungsdiskussion EDUARD HLAWITSCHKA, Vom Frankenreich zur Formierung der europäischen Staaten- und Völkergemeinschaft 840–1046, Darmstadt 1986, S. 186ff., der allerdings selbst dem Gegensatz verhaftet bleibt. Die Gegenüberstellung wird erst im 11. Jahrhundert möglich, als sich die Vorstellung der Wahl unter kirchlichem Einfluß klärt und zugleich die erbrechtlichen Kategorien sich präzisieren; vgl. HAGEN KELLER, Schwäbische Herzöge als Thronbewerber: Hermann II. (1002), Rudolf von Rheinfelden (1077), Friedrich von Staufen (1125). Zur Entwicklung von Reichsidee und Fürstenverantwortung, Wahlverständnis und Wahlverfahren im 11. und 12. Jahrhundert, in: Zeitschrift für die Geschichte des Oberrheins 131, 1989, S. 123–162.

[285] S. oben zu Anm. 265ff. Auch vorher wird man die 'Wahlmöglichkeiten' nur sehr

eingeschränkt sehen können. Geht man davon aus, daß Machtposition, bisherige 'Königsnähe', Ansehen, Altersvorrang und familiäre Verbindungen sowie die Führungsrolle in einem 'Stammes'-Regnum von entscheidendem Gewicht waren, so erscheint durchaus plausibel, daß 911 – wie Widukind schreibt – nur Konrad von Franken, der bisher schon maßgeblich an der Regierung des Reiches beteiligt war, und der gut siebzigjährige Sachsenherzog Otto († 912) als ernsthafte Kandidaten in Frage kamen und daß 918/19 eine Entscheidung zwischen Heinrich von Sachsen und Arnulf von Bayern fallen mußte – es sei denn, es gab eine Kandidatur Eberhards von Franken, die alle bisherigen – im Hinblick auf die Herzogsfamilien in Bayern und Schwaben wohl unversöhnlichen – Feindschaften verlängert hätte (vgl. die andersartige Erklärung von Fried, unten Anm. 306). Zum Problem der Machtstrukturen Hagen Keller, Zur Struktur der Königsherrschaft im karolingischen und nachkarolingischen Italien. Der „consiliarius regis" in den italienischen Königsdiplomen des 9. und 10. Jahrhunderts, in: Quellen und Forschungen aus italienischen Archiven und Bibliotheken 47, 1967, S. 123–223, S. 181 ff., bes. 194 ff.

286 Tellenbach (wie Anm. 247) S. 190 ff., 258 ff.

287 Gerd Althoff, Demonstration und Inszenierung. Spielregeln der Kommunikation in mittelalterlicher Öffentlichkeit, in: Frühmittelalterliche Studien 27, 1993, S. 27–50; Keller (wie Anm. 111).

288 Tellenbach (wie Anm. 247) bes. S. 258–271; Gerd Althoff, *Colloquium familiare – colloquium secretum – colloquium publicum.* Beratung im politischen Leben des früheren Mittelalters, in: Frühmittelalterliche Studien 24, 1990, S. 145–167.

289 So wird bei den Königswahlen von 1024 und 1125 die *unanimitas* der Wähler durch schwierige Verhandlungen hergestellt – die Wahl erfolgt 'einhellig', obwohl eine gewichtige Minderheit daran nicht teilnimmt und den Wahlort 'unversöhnt' verläßt. Vgl. Keller (wie Anm. 284) S. 140 ff., 153 ff.; auch Ulrich Reuling, Zur Entwicklung der Wahlformen bei den hochmittelalterlichen Königserhebungen im Reich, in: Wahlen und Wählen im Mittelalter, hrsg. von Reinhard Schneider – Harald Zimmermann (Vorträge und Forschungen 37) Sigmaringen 1990, S. 227–270, S. 235 ff., 257 ff.

290 S. oben Anm. 245. Das Ergebnis einer „Hausordnung" Heinrichs I. im Jahre 929, in der es vor allem auch um die Thronfolge ging, ist allgemein akzeptiert worden. Doch wird der Vorgang von den Kritikern Schmids meist als „Vorentscheidung" verstanden, der noch die „rechtliche Verbindlichkeit" fehlte. Die Kategorien bleiben dabei der älteren rechtshistorischen Analyse der Königswahl und ihren Deutungskonstrukten verhaftet, die mir sehr weit von den Rechtshandlungen und Rechtsvorstellungen des 10. Jahrhunderts entfernt zu sein scheinen. Eine öffentliche Handlung, an der ja Große des Reiches und Sachsens beteiligt waren, schuf verbindliche Fakten. Sie waren – wie jede menschliche Entscheidung und jede rechtliche Vereinbarung – nicht unumstößlich, aber eine Revision hätte zweifellos in der Königsfamilie wie im Reich eine tiefe Spaltung mit 'bewaffneter Selbsthilfe' provoziert. Karl Schmid bedauerte später, das Wort „rechtsverbindlich" gebraucht zu haben, in das sich die Kritik verbissen hat, weil er es sachlich für überflüssig hielt: die Hausordnung entschied über die Thronfolge, und sie wäre allenfalls im Streit durch eine neue Entscheidung umzustoßen gewesen.

291 Zum Geburtsdatum Böhmer – Ottenthal (wie Anm. 9) Nr. 4; Althoff (wie Anm. 77) S. 129 f.

292 Böhmer – Ottenthal (wie Anm. 9) Nr. 52a, 54g; s. oben zu Anm. 125 ff.

293 S. oben zu Anm. 265 ff.

294 Wie Anm. 244.

295 Die Wittumszuweisung, die am 16. September 929 in der „Hausordnung" Heinrichs I. unter Mitwirkung Ottos und der Großen des Reiches festgeschrieben wurde (s. oben Anm. 8), war bereits am 13. Mai 927 unter Zustimmung Ottos erfolgt; vgl. Böhmer – Ottenthal (wie Anm. 9) Nr. 17 und das mit D HI 20 S. 56 wiedergegebene Regest von 1661. Der 13. Mai fiel 927 auf Pfingsten, die Wittumszuweisung könnte also im Zuge

der Wehrhaftmachung des am 23. X. 912 geborenen Otto erfolgt sein. Auch Liudolf wurde wohl im Alter von 15 Jahren zu Ottos Nachfolger bestimmt (vgl. Anm. 251f.).

296 ARNOLD ANGENENDT, Rex et sacerdos. Zur Genese der Königssalbung, in: Tradition (wie Anm. 36) S. 100–118; ferner NELSON (wie Anm. 205).

297 Bekanntlich zählt Heinrich III. in seinen Diplomen sowohl das Jahr seit seiner Königsweihe am 14. IV. 1028 *(annus ordinationis)* wie das Jahr seiner Regierung *(annus regni)* seit dem Tode Konrads II. am 4. VI. 1039. Vgl. WEINFURTER (wie Anm. 11) S. 115ff.

298 FRIED (wie Anm. 82) in zugespitzter Form; ähnlich aber auch BRÜHL (wie Anm. 11) mehrfach beim Versuch der Rekonstruktion der 'tatsächlichen Vorgänge'. Vgl. oben Anm. 98.

299 Widukind II 1 (wie Anm. 5) S. 63ff. Von den Gebeten, die während der Prozession zu sprechen waren, schreibt Widukind nichts; aus der Befragung von Herrscher und Volk, die nach den Ordines vor der Weihe erfolgte, und dem abschließenden Ruf *Fiat, Fiat. Amen* ist eine Aufforderung zur Zustimmung und die tosende Akklamation des Heeres geworden, dessen Führer vor der Kirche Otto gehuldigt hatten.

300 Zur Reihenfolge der Akte in den verschiedenen Ordines REINHARDT (wie Anm. 97) S. 155ff. FRIED (wie Anm. 21) S. 481ff., betont, wie „unsinnig" (S. 483) die Angaben des sich „redselig, fast geschwätzig gebärde(nden) … Mönch(s) von Corvey" (S. 481) seien – ohne zu fragen, welche Akzente Widukind setzen will, wenn er „gleichsam (den) Gründungsmythos von Ottos I. Reich" formulierte. Vgl. oben zu Anm. 82ff.

301 Widukind II 1 (wie Anm. 5) S. 65 Z. 7ff. Im 'Frühdeutschen Ordo' wird der zu weihende Herrscher *designatus princeps* und *princeps* genannt; auch die bischöfliche Frage an das Volk lautet: *si tali principi ac rectori se subicere … velint* (§ 6–7); vom Beginn der Weihehandlung an (§ 8ff.) erscheint in den Orationen und Benediktionen sowie in der Beschreibung der Symbolhandlungen *rex*. Vgl. ERDMANN (wie Anm. 135) S. 84f. = VOGEL – ELZE (wie Anm. 59) 1, S. 260. Der Sprachgebrauch ist auch in den Mainzer Ordo eingegangen; vgl. REINHARDT (wie Anm. 97) S. 99ff. Ob Widukind hier bewußt gegen derartige Vorstellungen 'argumentiert', ist freilich schwer zu entscheiden. Eher könnte man bei Flodoard einen Vorbehalt gegen den 'ungesalbten König' vermuten, wenn er Heinrich zunächst nur als *princeps* und nicht als *rex* bezeichnet; Annales (wie Anm. 126) S. 3, 6, 42 zu 920, 921, 928; *rex* anläßlich des Todes 936 (S. 64). Die fortgesetzte Gegenüberstellung des westfränkischen Königs Rudolf als *rex* und des meist ohne Titel genannten *Heinricus* ist auffallend; da auch dem westfränkischen 'Usurpator' Robert sowie Rudolf von Hochburgund und Hugo von Italien der Königstitel zugestanden wird, bedarf die Behandlung Heinrichs einer Erklärung, die nicht einfach in einem westfränkisch-ostfränkischen Gegensatz zu suchen ist. Vgl. PETER CHRISTIAN JACOBSEN, Die Titel *princeps* und *domnus* bei Flodoard von Reims (893/94–966), in: Mittellateinisches Jahrbuch 13, 1978, S. 50–72, bes. S. 62f.; SCHNEIDMÜLLER (wie Anm. 226) S. 51f.; KARPF (wie Anm. 211) S. 7f.; DERS. (wie Anm. 26) S. 95f.; FRIED, Königserhebung (wie Anm. 82) S. 287f.

302 Widukind II 1 (wie Anm. 5) S. 66 Z. 7ff.

303 Widukind I 41, S. 60 Z. 10f.

304 Widukind I 41, S. 60 Z. 8f. *(relinquens filium sibi ipsi maiorem);* I 34, S. 48 Z. 9–13.

305 KELLER (wie Anm. 28) S. 328f.; vgl. KARPF (wie Anm. 26) S. 101ff.

306 Literatur wie Anm. 211. FRIED (wie Anm. 82) führt den Übergang Eberhards zu Heinrich und seinen Verzicht auf Thronansprüche auf eine Spaltung der Konradiner zurück. Die von DEMS., Königserhebung (wie Anm. 82) S. 294ff., angeführten Quellen reichen m. E. nicht aus, um auch nur die begründete Vermutung einer solchen Spaltung in der Zeit um 918/19 zu stützen. Insofern läßt sich hieraus auch nichts für die Widukind-Kritik ableiten.

307 Widukind I 26 (wie Anm. 5) S. 39: *Cumque ei offerretur unctio cum diademate a summo pontifice … non sprevit, nec tamen suscepit: 'Satis', inquiens, 'mihi est, ut pre maioribus meis rex dicar et designer, divina annuente gratia et vestra pietate; penes meliores*

vero unctio et diadema sit: tanto honore nos indignos arbitramur.' Das *pre maioribus meis* haben Gerd Althoff und ich (ALTHOFF – KELLER [wie Anm. 103] S. 65) nach langer Diskussion – abweichend vom bisherigen Verständnis – auf die Großen bezogen, die sich Heinrichs Herrschaft unterstellten, weil es uns philologisch korrekter erschien, dem Begriff hier denselben Sinn zu unterstellen wie in dem im Satz davor (S. 39 Z. 5) gebrauchten *natu maiores exercitus Francorum,* als ihn mit „die Vorfahren" zu übersetzen. Widukinds sonstiger Sprachgebrauch läßt keine sichere Entscheidung zu (vgl. z. B. III 2, S. 106 Z. 9f.: *natu maior* für den Großvater), so daß m. E. hier der Kontext entscheiden muß. Zustimmend WEINFURTER (wie Anm. 11) S. 101. FRIED, Königserhebung (wie Anm. 82) S. 306 Anm. 157, kehrt zum älteren Textverständnis zurück, das, wie Althoff und ich durchaus sehen, für die Darstellungsabsicht Widukinds einen Sinn ergäbe – wie auch unsere Deutung im Hinblick auf die Sprechsituation und auf die gesamte Herrschaft Heinrichs I. einen guten Sinn ergibt. Vgl. JOACHIM EHLERS, Die Entstehung des deutschen Reiches (Enzyklopädie deutscher Geschichte 31) München 1994, S. 77 ff.

308 Widukind I 16 (wie Anm. 5) S. 27.

309 Widukind I 21–22, S. 30 ff. Vgl. ALTHOFF (wie Anm. 43).

310 Widukind I 23–24 (wie Anm. 5) S. 35 ff.

311 Widukind I 25, S. 38. Im Kontrast hierzu steht die 'Szene' vom Tod Heinrichs I.; s. unten zu Anm. 369.

312 Widukind I 9, S. 10 ff.

313 Widukind I 9, S. 10 f.: *Populus autem Francorum … Thiadricum ungunt in regem. Thiadricus autem designatus rex …* Zum Gebrauch von *designare* in diesem Kontext vgl. III 76, S. 153, wo es von Otto II. zu 973 heißt: *licet iam olim unctus esset in regem et a beato apostolico designatus in imperatorem.*

314 Widukind I 9, S. 11 Z. 15–21.

315 Ebd. S. 12 Z. 14: *quomodo usurpare vellet prius imperium quam libertatem.*

316 Thiadricus wird vom *populus Francorum* zum König gemacht (s. Anm. 313), was den sonstigen Angaben Widukinds zur rechtmäßigen Königserhebung entspricht.

317 Widukind I 9, S. 15 ff.

318 Widukind I 9, S. 16 Z. 2 ff., läßt einige Ratgeber Theuderichs die Befürchtung aussprechen, schon bevor das Kriegsbündnis mit den Sachsen gegen die Thüringer geschlossen wird; in I 10, S. 17, argumentieren die Thüringer, daß dem fränkischen Imperium von ihrem geschlagenen Volk nie mehr eine Gefahr erwachsen würde, während die Franken gesehen hätten, wie unüberwindlich die Sachsen seien, so daß es besser wäre, die Thüringer in Gnade aufzunehmen und zusammen mit ihnen die Sachsen aus dem Herrschaftsbereich der Franken zu vertreiben.

319 Widukind I 11–12, S. 18 ff.

320 Widukind I 13, S. 22: *reversi sunt ad Thiadricum regem in castra, et ab eo suscepti satisque laudati et terra presenti in aeternam possessionem donati sunt. Socii quoque Francorum et amici appellati urbem … primum incoluerunt.*

321 HAUCK (wie Anm. 50) S. 230 ff.; DERS. (wie Anm. 27) Sp. 951 f.

322 Jedenfalls scheint mir die begriffliche Scheidung nicht immer klar zu sein: vgl. Widukind I 9 (wie Anm. 5) S. 10 f.: … *Thiadricum ungunt sibi in regem. Thiadricus autem designatus rex …*; I 41, S. 60 und II 1, S. 63 f.: *designavit filium suum Oddonem regem … omni Francorum imperio prefecit. … iam olim designatum regem a patre … more suo fecerunt eum regem*; III 70, S. 147 und III 76, S. 153: *Filius noster … coronam a beato apostolico in imperii dignitatem suscepit … licet iam olim unctus esset in regem et a beato apostolico designatus in imperatorem … ab omni populo electus in principem …* Die 'Designation' Liudolfs dagegen erscheint in der Wendung *factoque testamento creavit eum regem post se* (III 1, S. 104). Vgl. BRIGITTA SCHREYER, Zum Begriff der Designation bei Widukind, in: Zeitschrift der Savigny-Stiftung für Rechtsgeschichte, Germanistische Ab-

teilung 67, 1950, S. 407–417; ferner GUNTHER WOLF, „Designation" und „designare" bei Widukind von Corvey, ebd. 73, 1956, S. 372–375; DERS., Über Wort und Rechtsbedeutung von „designare" im 9. und 10. Jahrhundert, ebd. 75, 1958, S. 367–372. Zur Tradition der Vorstellungen und Terminologie vgl. z. B. Annales Fuldenses ad 840 (wie Anm. 230) S. 31: *Hunc [= Hlutharium] enim ferunt imperatorem morientem designasse, ut post se regni gubernacula susciperet, missis ei insigniis regalibus, hoc est sceptro imperii et corona.*

323 Widukind II 1 (wie Anm. 5) S. 66: *Perfususque ilico oleo sancto et coronatus diademate auro ...* Vgl. unten zu Anm. 327.

324 VOGEL – ELZE (wie Anm. 59) 1, S. 257, § 22 *(particeps ministerii nostri – cum redemptore ac salvatore Iesu Christo, cuius nomen vicemque gestare crederis).* Vgl. PHILIPP OPPENHEIM, Die sakralen Momente in der deutschen Herrscherweihe bis zum Investiturstreit, in: Ephemerides Liturgicae 58, 1944, S. 42–49; SCHRAMM (wie Anm. 135) S. 266 ff., leicht überarbeitet in DERS., Kaiser, Könige und Päpste 3, Stuttgart 1969, S. 81 ff.; KELLER (wie Anm. 86).

325 VOGEL – ELZE (wie Anm. 59) 1, S. 257 § 22 *(Accipe coronam regni, quae licet ad indignis episcoporum tamen manibus capiti tuo imponitur ... per officium nostrae benedictionis ... regnator proficuus semper appareas).* Die geistliche Vermittlung könnte für Widukind zum Problem geworden sein im Hinblick auf Otto II., der ja als Sechsjähriger zum König geweiht und mit zwölf Jahren zum Kaiser gekrönt wurde, also bevor er sein 'Gottesgnadentum' im Kampf erfahren und beweisen konnte.

326 VOGEL – ELZE (wie Anm. 59) 1, S. 255 f.

327 Vgl. die liturgischen Mahnungen bei Widukind II 1 (wie Anm. 5) S. 66, mit den §§ 19–21 des ottonischen Pontifikale (VOGEL – ELZE [wie Anm. 59] 1, S. 255 ff.), die aus dem älteren 'Ordo der sieben Formeln' (ERDMANN [wie Anm. 135] S. 87 ff.) stammen; zu dessen Entwicklung aus einem fünfteiligen 'Ordo' REINHARD ELZE, Ein Krönungsordo aus Portugal, in: Memoriam sanctorum venerantes. Miscellanea in onore di Monsignor Victor Saxer (Studi di antichità cristiana 48) Città del Vaticano 1992, S. 323–334 (mit Text S. 330 ff.). Im 'Frühdeutschen Ordo' ist lediglich eine Formel für die Übergabe des Schwertes angedeutet; vgl. ERDMANN, S. 86.

328 KELLER (wie Anm. 27) S. 428 f.

329 Widukind I 41 (wie Anm. 5) S. 60 Z. 10 f. Widukind nimmt hier m. E. auf eine in den karolingischen Diplomen (wie Anm. 221) häufig gebrauchte Formel Bezug, vgl. vor allem D LdD 26 (840 Dez 10) für Corvey *(pro statu regni nobis divinitus et paterno iure commissi);* dazu z. B. D LdD 15 (834 Febr 5) für Fulda *(infra regnum divinitus nobis commissum),* wo in den Bestätigungen dann *commissum* durch *concessum* ersetzt wird (D LdJ 8, D Karl III 69, D KI 6, D HI 1, D OI 2). Ludwig der Deutsche übernahm derartige Formulierungen wohl bereits aus Diplomen seines Vaters; vgl. D LdD 15 und D LoI 111 *(regnum divinitus nobis conlatum)* mit den Verweisen in der Vorbemerkung. Der 'offiziöse' Sprachgebrauch ist auch in der Herrscherliturgie faßbar, z. B. bei der Befragung nach dem Pontificale romano-germanicum § 7 *(Vis regnum tibi a Deo concessum secundum iustitiam patrum tuorum regere et defendere?)* VOGEL – ELZE (wie Anm. 59) 1, S. 249. Zum besseren Verständnis der 'Sprechsituation' verdiente die Nähe von Vorstellungen bzw. Deutungen der ottonischen Geschichtsschreiber zu den in Arengen der Königsdiplome ausgesprochenen Legitimationsformeln größere Beachtung; vgl. etwa D Zwentibold 14 für St. Maximin *(quanto ... tanto domini claementiam regnum nobis caelitus commissum latius diffundere ... confidimus),* D 16 für Nivelles (*nostrum in hoc labenti seculo regnum dilatari et undique corroborari provide certissime scimus*); Die Urkunden der deutschen Karolinger 4, hrsg. von THEODOR SCHIEFFER (MGH Diplomata regum Germaniae ex stirpe Karolinorum 4) Berlin 1960, S. 43, 46. Vgl. etwa auch Widukind I 36, S. 54: [Die sächsischen Heerführer gegen die Slawen] *qui parvis copiis divina favente clementia magnificam perpetraverint victoriam*; die biblische Vorstellung vom gottgewährten Sieg der wenigen über die vielen (nach Widukind 200000 getötete 'Barbaren') wird

hier mit der Legitimationsformel der Königsurkunden verbunden. Zum *a Deo electus* TELLENBACH (wie Anm. 247) S. 208ff., 258f.; zur Legitimation KELLER (wie Anm. 86); DERS. (wie Anm. 27).

330 SCHRAMM (wie Anm. 135) S. 202f. REINHARDT (wie Anm. 97) S. 157, folgert aus Widukinds 'Bericht', den sie als Beschreibung des faktischen Ablaufs nimmt, der Ring sei 936 weggelassen worden, weil man „eine zu starke Angleichung an das Bischofsamt vermeiden" wollte.

331 Die ältere Forschungsmeinung in Zitaten bei MITTEIS (wie Anm. 332).

332 Die Frage, wo die Huldigung durch die geistlichen Fürsten bliebe, hatte schon Martin Lintzel gestellt; vgl. BRÜHL (wie Anm. 11) S. 467 Anm. 39; eine Beteiligung der Geistlichkeit setzt voraus MITTEIS (wie Anm. 97) S. 56ff.

333 BEUMANN, Widukind (wie Anm. 27) S. 244ff.; KELLER (wie Anm. 27).

334 Vgl. Anm. 86 und die oben zu Anm. 307ff. und 317f. gegebenen Interpretationen.

335 Widukind I 22 (B/C) (wie Anm. 5) S. 34 Z. 1; I 17, S. 27 Z. 5.

336 Widukind I 34, S. 48; Praefatio II, S. 61.

337 Vgl. oben Anm. 86.

338 Widukind Praefatio I (wie Anm. 5) S. 1. Wie er sein Werk eingeschätzt hat, gibt Widukind in den Vorreden an Mathilde deutlich zu erkennen: Er spricht von einem *ingens opus* (II, S. 61 Z. 8) und weiß, daß es nicht auf ungeteilte Zustimmung stoßen wird (III, S. 100 Z. 19f.: *laboris nostri opus quod a diversis moribus diverse accipitur;* vgl. II, S. 61 Z. 12: *quicquid in eo invenitur minus idoneum).* Wohl deshalb betont Widukind, der sich ohne Vermittler an die Kaisertochter wendet, in den Vorreden seine *devotio* gegenüber der Adressatin mit besonderem Nachdruck. Vgl. BEUMANN, Widukind (wie Anm. 27) S. 28ff.; ALTHOFF (wie Anm. 23).

339 Liudprandi historia Ottonis cap. 3, in: Werke Liudprands (wie Anm. 86) S. 160; dazu SCHRAMM, Kaiser (wie Anm. 324) S. 185–199.

340 Wie Anm. 222ff.

341 Vgl. den Brief Erzbischofs Wilhelms von Mainz vom Oktober 955: Bibliotheca rerum Germanicarum, 3: Monumenta Moguntina, hrsg. von PHILIPP JAFFÉ, Berlin 1866, S. 347ff.; BÖHMER – ZIMMERMANN (wie Anm. 63) Nr. 249. Die Blendung Erzbischof Herolds von Salzburg im Kontext des Liudolf-Aufstandes, die Wilhelm in diesem Brief angeprangert hatte, wurde auf der päpstlichen Synode von Ravenna am 25. IV 967 erneut verhandelt und endete mit der Exkommunikation des Erzbischofs (BÖHMER – ZIMMERMANN, Nr. 420); vgl. HEINZ WOLTER, Die Synoden im Reichsgebiet und in Reichsitalien von 916 bis 1056, Paderborn 1988, S. 91f., vgl. S. 64f., 67f. Die schon 955 virulenten Fragen hatten also zur Entstehungszeit der 'Sachsengeschichte' erneut unmittelbare Aktualität. Dazu kam das kirchenrechtlich problematische, umstrittene Vorgehen Ottos gegen zwei Päpste und die unkanonische Einsetzung eines eigenen Favoriten; vgl. auch oben Anm. 63 und KELLER (wie Anm. 28) S. 370ff.

342 S. oben Anm. 78f.

343 Ruotger (wie Anm. 115). Dazu ENGELS (wie Anm. 115) S. 39ff., bes. S. 44f.

344 KELLER (wie Anm. 28).

345 ALTHOFF (wie Anm. 23); vgl. schon KELLER (wie Anm. 28) S. 374ff.

346 WILHELM WATTENBACH – ROBERT HOLTZMANN, Deutschlands Geschichtsquellen im Mittelalter. Die Zeit der Sachsen und Salier, Neuausgabe, besorgt von FRANZ-JOSEF SCHMALE, 3 Bde., Darmstadt 1967–1971, 1, S. 25ff.; 3, S. 11ff.

347 KELLER (wie Anm. 28).

348 S. oben zu Anm. 118ff.

349 So z.B. HERMANN HEIMPEL, Bemerkungen zur Geschichte König Heinrichs I. (1936), in: HLAWITSCHKA (wie Anm. 1) S. 1–45, S. 36f. Nachdem die Synode von Hohenaltheim durch FUHRMANN (wie Anm. 207) eine überzeugende neue Beurteilung gefunden hat und zugleich von KARPF (wie Anm. 211) Möglichkeiten einer religiösen

Begründung des Verzichts aufgezeigt worden sind, müssen ältere, eher 'antikirchliche' Deutungshypothesen aufgegeben werden.

350 Wenn man eine Salbung Ottos I. für 930 annimmt (vgl. oben zu Anm. 15ff., 212ff.), hätte m. E. ein Nebeneinander von regierendem ungesalbtem König und künftigem, bereits gesalbtem Thronfolger ein Rangproblem geschaffen, das in den zeitgenössischen Denkkategorien wohl nur schwer zu handhaben gewesen wäre. Will man eine nachträgliche Weihe – was durch die Polemik der späteren Zeit gegen ein Königtum ohne Salbung (wie Anm. 211) keineswegs ausgeschlossen würde – wenigstens als Möglichkeit in Rechnung stellen, so wären dafür sicher verschiedene Gelegenheiten in Erwägung zu ziehen. Beachtenswert scheint mir auf jeden Fall die qualitative Veränderung der Herrschaft Heinrichs I. seit der Zeit um 926/27 zu sein, seit der auch Aufenthalte Heinrichs in den mittelrheinischen Bischofsstädten bezeugt sind und mit der auf dem Mainzer Bischofsstuhl der Wechsel von Heriger († 1. XII. 927; Lebensdaten in Lexikon des Mittelalters 4, München – Zürich 1989, Sp. 2156f.) auf Hildebert zusammenfällt. – Neuerdings will Fried, Königserhebung (wie Anm. 82) S. 318, das Problem durch den Hinweis auflösen, daß bei Kaiser Arnulf und dem gesalbten König Zwentibold von Lothringen (s. oben Anm. 206) ein vergleichbares Nebeneinander von ungesalbtem Senior und gesalbtem, abhängigem Königssohn bestanden habe. Beachtet man, wo und wie zufällig die Nachricht über Zwentibolds Weihe überliefert ist, wird man kaum Sicheres über die Frage einer Salbung Arnulfs aussagen können (vgl. oben Anm. 203). D Arnulf 64 (Die Urkunden der deutschen Karolinger 3, hrsg. von Paul Kehr [MGH Diplomata regum Germaniae ex stirpe Karolinorum 3] Berlin 1940, S. 94ff.) stiftet eine in Lüttich und Lobbes zu feiernde Memoria am Todestag von Arnulfs Vater und am Tag, an dem Arnulf die Königswürde erlangt hat *(eo die, quo divina praeordinante misericordia ad dignitatem regiam promoti sumus),* was auf einen förmlichen, wohl auch kirchlichen Einsetzungsakt deuten könnte. DD Arnulf 64 und 65, das Schenkungen Ludwigs d. Dt. und Karls III. an die Reichenau, Karls Grabkloster, bestätigt, wurden exakt zwei Jahre (am 15. XI. und 18. XI. 889) nach der Auflehnung Arnulfs gegen Kaiser Karl III. ausgestellt, und zwar in Frankfurt, wo die Erhebung öffentlich gemacht worden war; ihre Ausstellung dürfte mit einer Form des Gedenkens (Sühne/Buße?) an die damaligen Vorgänge zusammenhängen. Vgl. auch Hagen Keller, Zum Sturz Karls III., in: Deutsches Archiv für Erforschung des Mittelalters 22, 1966, S. 333–384, S. 369ff.

351 Widukind, Praefatio I (wie Anm. 5) S. 1f.; Praef. II, S. 61; Praef. III, S. 100; vgl. I 34, S. 48.

352 Carl Erdmann, Das ottonische Reich als Imperium Romanum, in: Deutsches Archiv für Geschichte des Mittelalters 6, 1943, S. 412–444, S. 421ff.; Keller (wie Anm. 28) S. 329ff.

353 Widukind III 63 (wie Anm. 5) S. 137, vgl. S. 138 *(imperium cum filio quam magnifice dilataverit).* Ähnlich verfährt Widukind auch an anderen 'heiklen Punkten', vgl. oben Anm. 76, 125.

354 Widukind I 37, S. 54; das Kapitel wird eingefügt unmittelbar nach dem Bericht über die Slawenfeldzüge des Jahres 929 und vor den Vorbereitungen zum Ungarnkampf (ca. 932).

355 Widukind I 2, S. 4f.

356 Widukind I 8, S. 10 *(historia gentis Anglisaxonum);* I 14, S. 24f. *(historia Langobardorum; gesta Francorum);* I 18, S. 28 *(ut Iordanis narrat).* Da Widukind den Poeta Saxo benutzt hat, könnte er mit den *gesta* der Franken, auf die er seine Leser verweist, auch dessen *Annales de gestis Caroli Magni imperatoris* meinen; da dieses Werk wohl in Corvey um 890 auf der Basis karolingischer Annalen und der von Widukind ebenfalls herangezogenen 'Vita Karoli' Einhards verfaßt wurde, könnte Widukind auch direkten Zugriff auf die Quelle des Poeta Saxo gehabt haben. Zu letzterem Wattenbach – Levison, Deutschlands Geschichtsquellen im Mittelalter. Vorzeit und Karolinger, 6. Heft, bearbei-

tet von HEINZ LÖWE, Weimar 1990, S. 862 ff.; zu Widukinds 'Quellen' HIRSCH (wie Anm. 141) S. XIV ff.

[357] BEUMANN (wie Anm. 358); vgl. die Translatio sancti Viti martyris, hrsg. von IRENE SCHMALE-OTT (Veröffentlichungen der Historischen Kommission für Westfalen 41) Münster 1979.

[358] Widukind 115 (wie Anm. 5) S. 25; dazu HELMUT BEUMANN, Die Hagiographie 'bewältigt': Unterwerfung und Christianisierung der Sachsen durch Karl den Großen, in: Cristianizzazione ed organizzazione ecciesiastica delle campagne nell'alto medioevo: espansione e resistenze (Settimane di studio del Centro italiano di studi sull'alto medioevo 28) Spoleto 1982, S. 129–163, bes. S. 133 ff. Die ganze Episode des Vernichtungskampfs gegen die Thüringer unter Führung des *pater patrum* Hathagat mit der anschließenden Siegesfeier (I 11–12, S. 18–21) ist von Widukind in bewußter Parallele zu den Ungarnschlachten Heinrichs I. und Ottos I. gestaltet worden; vgl. HAUCK (wie Anm. 321); KELLER (wie Anm. 27). Insofern könnte die jährliche Erinnerung an den Tag des Sieges ebenfalls eine Parallele zur liturgischen Kommemorierung der Ungarnsiege (s. oben Anm. 56) sein. Die Frage ist, ob die 'Verwandlung' dieses 'heidnischen Tages' *(dies erroris = secundum errorem paternum*, I 12, S. 20 Z. 4 f., S. 21 Z. 9) 'in Fasten, Gebete und Almosen' nicht eine Deutung Widukinds darstellt, die aus der zeitlichen Koinzidenz des Siegtages mit der „gemeinen Woche" abgeleitet ist.

[359] Widukind erwähnt: den Untergang Herzog Bruns und des sächsischen Heerbanns im Kampf gegen die Wikinger (880) im Zusammenhang von Angaben zur Liudolfingergenealogie (I 16, S. 26); den Sieg Karls d. Gr. über die Awaren und das Bündnis Kaiser Arnulfs mit den Ungarn gegen den Mährerkönig Svatopluk bei Erläuterungen zur Herkunft der Ungarn (I 18–19, S. 28 f.); die Söhne Ludwigs d. Fr., ihre Kämpfe um das Erbe, die Schlacht von Fontenoy und die anschließende Reichsteilung, die letzte Vereinigung des Gesamtreiches unter Karl (Widukind vermengt Karl den Kahlen von Westfranken und Karl III. von Ostfranken), dessen Sturz durch Kaiser Arnulf, die Rolle des [Grafen] Odo [von Paris] im Reich Kaiser Karls und bei der Wikingerabwehr, sowie – mit mancherlei Verwechslungen – die Anerkennung Odos als Herrscher Westfrankens durch Arnulf und den Streit um das westfränkische Königtum zwischen Odo und dem nachgeborenen Karl dem Einfältigen, alles um anläßlich der Eroberung Lothringens durch Heinrich I. den Namen des *regnum Lotharii* und den Streit zwischen den Karolingern und den ostfränkischen Königen um Lothringen zu erklären (I 38–39, S. 40 ff.); den Erwerb der Vitus-Reliquien durch Fulrad [von St. Denis] und deren Translation nach Sachsen unter Ludwig d. Fr. im Kontext des Hilfsersuchens des westfränkischen Königs Karl an Heinrich I. (I 34, S. 48; auch III 2, S. 106, vgl. unten Anm. 368); die Weihe der Kirche auf der Eresburg durch Papst Leo III. anläßlich des Todes Thankmars in dieser Kirche beim Aufstand gegen König Otto (II 11, S. 76; vgl. BÖHMER – MÜHLBACHER [wie Anm. 25] Nr. 830). Mit der Angabe, kein König habe während der letzten zweihundert Jahre einen so großen Sieg errungen wie Otto 955 auf dem Lechfeld, blickt Widukind auf die gesamte karolingische Geschichte zurück (III 49, S. 129) und übergeht dabei auch Karl d. Gr. Wie betont Widukind eine Geschichte seines Volkes schreiben wollte und wie bewußt er dabei disponiert hat, wird angesichts dieser eingestreuten Fragmente seines 'Wissens' von der Geschichte des Karolingerreiches besonders deutlich – auch hierin liegt eine Botschaft an die Adressaten des Werkes, die für dessen Verständnis wichtig ist. Daß eine solche Sicht der Vergangenheit nicht selbstverständlich war, zeigen die rechtfertigenden Wendungen an die Kaisertochter Mathilde (Praefatio I, S. 1 f.).

[360] Widukind I 12 (wie Anm. 5) S. 21. Zur Verwendung von Liedern über 'zeitgeschichtliche' Ereignisse vgl. ALTHOFF (wie Anm. 43); FRIED, Königserhebung (wie Anm. 82) S. 293 f.

[361] Allgemein dazu die Anm. 27 gegebene Literatur sowie BORNSCHEUER (wie Anm. 62) S. 16–41; KARPF (wie Anm. 26) S. 144–175.

362 Zur Sache ALTHOFF (wie Anm. 2) S. 18 ff. Vgl. BEUMANN (wie Anm. 103) S. 29 f. Vgl. oben Anm. 306.

363 In diesem Sinne mag es möglich sein, aus den schriftlich fixierten 'Geschichten' auf Elemente einer mündlichen 'Hausüberlieferung' oder, wie die ältere Forschung gern sagte, auf in kollektiver Erinnerung und lebendiger Erzähltradition verankerte 'Hoflegenden' zu schließen. Daß die historiographischen Werke der Zeit selbst keine direkte 'Hausüberlieferung' bieten, sondern sie eher für eigene Absichten instrumentalisieren, hat GERD ALTHOFF mehrfach gezeigt: DERS. (wie Anm. 86); DERS. (wie Anm. 77); DERS., Anlässe zur schriftlichen Fixierung adligen Selbstverständnisses, in: Zeitschrift für die Geschichte des Oberrheins 134, 1986, S. 34–46.

364 Widukind I 25–26 (wie Anm. 5) S. 37 ff.

365 Auch Liudprand und Adalbert haben die 'Hoflegende' ihren Darstellungsabsichten angepaßt. Im Gegensatz zur Aussage Widukinds zeigt Liudprand, Antapodosis II 17–20 (wie Anm. 86) S. 45 ff., Konrad als kriegstüchtigen Herrscher *(strenuus bellorum exercitio edoctus)*, der seine Gegner, auch Herzog Heinrich, *tam sapientiae vigore quam fortitudinis robore* überwand und zu loyaler Anerkennung seiner Herrschaft *(fidelitas)* beziehungsweise den widerspenstigen Bayernherzog zur Flucht zu den Ungarn *(nimio terrore coactus)* zwang. Konrad ist ein imperialer König: Hätte der Tod ihn nicht so früh dahingerafft, hätte er vielen Völkern geboten *(is esset, cuius nomen multis mundi nationibus imperaret)*. Konrad befiehlt den Großen des Reiches, Heinrich, den Herzog der Sachsen und Thüringer, zum König zu wählen, und setzt ihn zum Erben und zum Träger der Königswürde *(regiae dignitatis vicarius)* ein und mahnt die Großen zu Frieden und Eintracht *(pacem concordiamque sectari)*. Als Ursachen des Unfriedens erscheinen die *regnandi cupiditas* und die *praesidendi ambitio* (Heinrich verhält sich dagegen vorbildlich: *regiae dignitatis culmen et prius humiliter declinavit ac paulo post non ambitiose suscepit)*. Die *regnandi cupiditas* wird sofort zum Motiv für den – durch Einsicht Arnulfs dann friedlich beigelegten – Versuch des Bayernherzogs, Heinrich die Herrschaft streitig zu machen. Liudprands 'konradinerfreundliche' Version der 'Geschichte' ist zehn Jahre früher entstanden als die 'konradinerfeindliche' Widukinds. Gleichzeitig mit Widukind kontrastiert Adalbert (wie Anm. 17) S. 155 ff. die Herrschaft Konrads und Heinrichs nicht durch Kritik an dem mit positiven Epitheta gewürdigten Konrad selbst, der vor seinem Tod mit Gottes Hilfe die rebellierenden Bayern, Alamannen und Sachsen besiegt habe. Die Jahresberichte zu 912–917 zeigen jedoch das Chaos im Reich, das überwunden wird durch den *praecipuus pacis sectator* Heinrich, den der sterbende Konrad als den für das Königsamt Geeignetsten zum Nachfolger empfohlen hatte und der – nach der Wahl durch Franken, Alamannen, Bayern, Thüringer und Sachsen – seine Herrschaft mit der Durchsetzung des inneren Friedens und der Abwehr der Slawen beginnt, während im westfränkischen Reich weiterhin Kämpfe toben. Vgl. KARL HAUCK, Erzbischof Adalbert von Magdeburg als Geschichtsschreiber, in: Festschrift für Walter Schlesinger, hrsg. von HELMUT BEUMANN, 2, Köln – Wien 1974, S. 276–353, S. 292 ff.

366 Wie Anm. 358. Zum Bund zwischen Franken und Sachsen vgl. auch KELLER (wie Anm. 27) S. 427 mit Anm. 66.

367 Widukind I 36 (wie Anm. 5) S. 39; nach I 16, S. 26, habe bereits 911 *omnis populus Francorum atque Saxonum* dem Sachsenherzog die Königswürde angetragen; vgl. die Nennung bei der Königserhebung Ottos (II 1, S. 63). Zur „Reichsvolk"-Vorstellung Widukinds vgl. BEUMANN (wie Anm. 105); EGGERT (wie Anm. 105); allgemein WERNER (wie Anm. 105).

368 Widukind I 33–34 (wie Anm. 5) S. 45–48. Den Gesandten Karls des Einfältigen läßt Widukind (S. 46 Z. 10 ff.) nur den Niedergang des Frankenreiches seit der Translation des hl. Vitus nach Sachsen aussprechen. Widukind selbst gibt die Deutung (S. 48 Z. 8–15), daß damit der Aufstieg Sachsens korrespondierte, und verweist auf die Stellung Ottos I., des Vaters der Adressatin: *ut videmus in amore mundi et totius orbis capite, patre tuo,*

cuius potentiae maiestatem non solum Germania, Italia atque Gallia, sed tota fere Europa non sustinet.

369 Vgl. Widukind I 41 (wie Anm. 5) S. 60 und I 25, S. 37 f. Den Bericht über Konrads Tod leitet Widukind mit einem Hinweis auf den Feldzug gegen Herzog Arnulf von Bayern ein, auf dem der König die todbringende Wunde empfangen hatte – Heinrich dagegen unterwirft unmittelbar nach seiner Erhebung zum König auf Feldzügen die süddeutschen Herzöge, die selbst erkennen, daß sie seiner Macht nicht standhalten könnten (I 27, S. 39 f.).

370 Die Frage der Geschichtserinnerung und Traditionsbildung im 'kulturellen Klima' der Ottonenzeit, die FRIED (wie Anm. 82) angeschnitten hat, bedarf zweifellos einer eingehenderen Diskussion vor dem Hintergrund der Gesamtstruktur der damaligen 'Gesellschaft', die durch das Attribut 'oral' höchst unvollkommen gekennzeichnet ist (s. oben Anm. 87). Zu möglichen und notwendigen Ansätzen vgl. – neben vielen anderen hier zitierten Arbeiten – VOLLRATH (wie Anm. 88); DIES., Christliches Abendland und archaische Stammeskultur. Zu einer Standortbestimmung des früheren Mittelalters (Bertha-Benz-Vorlesung 4) Ladenburg 1990; JOHANNES FRIED, Der karolingische Herrschaftsverband im 9. Jahrhundert zwischen 'Kirche' und 'Königshaus', in: Historische Zeitschrift 235, 1982, S. 1–43; DERS. (wie Anm. 21) S. 632–732, 808–852; KELLER (wie Anm. 86); DERS., Die Entwicklung der europäischen Schriftkultur im Spiegel der mittelalterlichen Überlieferung. Beobachtungen und Überlegungen, in: Geschichte und Geschichtsbewußtsein. Festschrift Karl-Ernst Jeismann zum 65. Geburtstag, hrsg. von PAUL LEIDINGER – DIETER METZLER, Münster 1990, S. 171–204; DERS., Vom 'heiligen Buch' zur 'Buchführung'. Lebensfunktionen der Schrift im Mittelalter, in: Frühmittelalterliche Studien 26, 1992, S. 1–31; DERS., Reichsorganisation, Herrschaftsformen und Gesellschaftsstrukturen im Regnum Teutonicum, in: Il secolo di ferro: mito e realtà del secolo X (Settimane di studio del Centro italiano di studi sull'alto medioevo 38) Spoleto 1991, S. 159–195; HARTMUT HOFFMANN, Buchkunst und Königtum im ottonischen und frühsalischen Reich (Schriften der MGH 30) Stuttgart 1986; OTTO GERHARD OEXLE, Deutungsschemata der sozialen Wirklichkeit im frühen und hohen Mittelalter. Ein Beitrag zur Geschichte des Wissens, in: Mentalitäten im Mittelalter, hrsg. von FRANTIŠEK GRAUS (Vorträge und Forschungen 35) Sigmaringen 1987, S. 67–117; GERD ALTHOFF, Verwandte, Freunde und Getreue. Zum politischen Stellenwert der Gruppenbindungen im früheren Mittelalter, Darmstadt 1990; DERS., Huld. Überlegungen zu einem Zentralbegriff der mittelalterlichen Herrschaftsordnung, in: Frühmittelalterliche Studien 25, 1991, S. 259–289; JOACHIM EHLERS, Tradition und Integration. Orte, Formen und Vermittlung kollektiven Erinnerns im früheren Mittelalter, in: Mittelalterforschung (wie Anm. 82) S. 363–386.

371 ALTHOFF (wie Anm. 23).

372 Anregungen verdanke ich den Diskussionen in meinem Seminar „Geschichtsschreibung und 'Politik' im ottonischen Reich" während des Sommersemesters 1995. Von den weiterführenden Überlegungen konnte allerdings nur noch weniges in die Anmerkungen nachgetragen werden. Manfred Nollmann danke ich für seine Beiträge beim ersten Abschluß des Manuskripts im Herbst 1994.

Ottonische Herrschersiegel Beobachtungen und Fragen zu Gestalt und Aussage und zur Funktion im historischen Kontext

1 Allgemeine Überblicke: WILHELM EWALD, Siegelkunde (Handbuch der mittelalterlichen und neueren Geschichte, hrsg. von GEORG V. BELOW – FRIEDRICH MEINECKE, Abt. IV, Teil 4) München – Berlin 1914; WILHELM ERBEN, Die Kaiser- und Königsurkunden des Mittelalters in Deutschland, Frankreich und Italien (ebd., Abt. IV, Teil 1, 1907)

S. 170–180 (mit vielfach ungenauen oder sogar unzutreffenden Angaben!); Harry Bresslau, Handbuch der Urkundenlehre für Deutschland und Italien 2, Abt. 2, hrsg. von Hans-Walter Klewitz, Berlin – Leipzig ²1931, S. 548–624; Erich Kittel, Siegel (Bibliothek für Kunst- und Antiquitätenfreunde 11) Braunschweig 1970. Vgl. Rainer Kahsnitz, Artikel 'Bildnis V', in: Lexikon des Mittelalters 2, München – Zürich 1983, Sp. 170–173; Joachim Spiegel, Artikel 'Siegel I', in: Lexikon des Mittelalters 7, München 1995, Sp. 1848–1850. Vgl. unten Anm. 89f., 93.

Bei Vorbereitung und Abschluß der Studie hat mich Udo Göllmann M.A. tatkräftig in selbständiger Mitarbeit unterstützt. Herr Dr. Peter Veddeler leistete Hilfe bei der Besichtigung der Siegel an den Kaiserurkunden im Nordrhein-Westfälischen Staatsarchiv Münster, Herr Dr. Konrad Krimm im Generallandesarchiv Karlsruhe. Mein Marburger Kollege Peter Rück hat mir sein einschlägiges neues Buch über die Kanzlerzeichen und Monogramme (Anm. 180) noch am Tag der Auslieferung zugeschickt. Allen Genannten sei aufrichtig gedankt.

2 Die Siegelbilder wiedergegeben bei Percy Ernst Schramm, Die deutschen Kaiser und Könige in Bildern ihrer Zeit. 751–1190, Neuauflage hrsg. von Florentine Mütherich, München 1983. Grundlegendes Corpus noch immer: Die Siegel der deutschen Kaiser und Könige von 751 bis 1806, hrsg. von Otto Posse, 5 Bde., Dresden 1909–1913. Katalog mit präziser Beschreibung: Karl Foltz, Die Siegel der deutschen Könige und Kaiser aus dem sächsischen Hause 911–1024. Mit einem Vorwort von Theodor Sickel, in: Neues Archiv der Gesellschaft für ältere deutsche Geschichtskunde 3, 1878, S. 9–45; hier auch die Angaben zum Durchmesser (S. 31 sowie bei der Beschreibung der einzelnen Siegeltypen). Die Siegel und Bullen der früh- und hochkarolingischen Zeit, der westfränkischen bzw. französischen sowie der lothringischen und hochburgundischen Könige jetzt in: Corpus des sceaux français du moyen âge, 2: Les sceaux des rois et de régence, hrsg. von Martine Dalas, Paris 1991; dazu ergänzend Robert-Henri Bautier, Chartes, sceaux et chancelleries. Études de diplomatique et de sigillographie médiévales, 2 Bde. (Mémoires et documents de l'École des Chartes 34) Paris 1990. S. unten Anm. 218.

3 Siegelurkunde: Peter Johanek, Zur rechtlichen Funktion von Traditionsnotiz, Traditionsbuch und früher Siegelurkunde, in: Recht und Schrift im Mittelalter, hrsg. von Peter Classen (Vorträge und Forschungen 23) Sigmaringen 1977, S. 131–162. Siegel geistlicher Fürsten: Friederike Zaisberger, Die Frühzeit der geistlichen Siegelurkunden in Deutschland (10. und 11. Jahrhundert), in: Mitteilungen des Instituts für Österreichische Geschichtsforschung 74, 1966, S. 257–291; Kittel (wie Anm. 1) S. 389–412; Manfred Groten, Das Aufkommen der bischöflichen Thronsiegel im deutschen Reich, in: Historisches Jahrbuch 100, 1980, S. 163–197; Toni Diederich, Die Siegel der Kölner Erzbischöfe von Bruno I. bis zu Hermann II., in: Kaiserin Theophanu. Begegnung des Ostens und Westens um die Wende des ersten Jahrtausends. Gedenkschrift des Kölner Schnütgen-Museums zum 1000. Todesjahr der Kaiserin, hrsg. von Anton von Euw – Peter Schreiner, 2 Bde., Köln 1991, 1, S. 89–108.

4 Zur Entwicklung des Typus s. unten Anm. 169. Zu den Gemmensiegeln der Karolinger Gerta Hiebaum, Gemmensiegel und andere in Steinschnitt hergestellte Siegel des Mittelalters (Veröffentlichungen des Historischen Seminars der Universität Graz 9) Graz – Wien – Leipzig 1931, S. 13ff. Zur 'Gebärde des Schulterns' und zum *vexillum triumphale* Johannes Fried, Otto III. und Boleslaw Chrobry. Das Widmungsbild des Aachener Evangeliars, der 'Akt von Gnesen' und das frühe polnische und ungarische Königtum. Eine Bildanalyse und ihre historischen Folgen (Frankfurter historische Abhandlungen 30) Wiesbaden 1989, S. 137ff.

5 Werner Goez, Zur Entstehung des Thronsiegels, in: Festschrift für Gerhard Bott zum 60. Geburtstag, Nürnberg 1987, S. 211–221 mit Literatur; vgl. Schramm (wie Anm. 2) S. 72f., 74, 77, 80ff., 92ff.; Robert-Henri Bautier, Échanges d'influences dans les chancelleries souveraines du Moyen Age, d'après les types des sceaux de majesté, in: Ders.,

Chartes (wie Anm. 2) 2, S. 563–591. Als Kunstwerke, die gleichermaßen den byzantinischen Einfluß und die innere Entwicklung der ottonischen Kunst demonstrieren, wurden die ottonischen Kaisersiegel gewürdigt von WILHELM MESSERER, Zur byzantinischen Frage in der ottonischen Kunst, in: Byzantinische Zeitschrift 52, 1950, S. 32–60, bes. S. 41–46. Vgl. auch den Hinweis auf „das Siegel als Bedeutungsträger" bei TONI DIEDERICH, Prolegomena zu einer neuen Siegel-Typologie, in: Archiv für Diplomatik 29, 1983, S. 242–284, S. 255 ff., wo freilich nur allgemein auf „die Beziehung des Siegelführers zu seinem Siegel" hingewiesen und die Wirkung auf andere, d. h. die Kommunikationsfunktion, nicht angesprochen wird. Weiterführend MICHAEL T. CLANCHY, From memory to written record. England 1066–1307, Oxford – Cambridge/Mass. [2]1993, S. 308 ff.

[6] S. unten zu Anm. 136 ff.

[7] Entwicklung jetzt mit hervorragenden Fotos dokumentiert von RAINER KAHSNITZ, in: Bernward von Hildesheim und das Zeitalter der Ottonen. Katalog der Ausstellung Hildesheim 1993, 2 Bde., hrsg. von MICHAEL BRANDT – ARNE EGGEBRECHT, Hildesheim – Mainz 1993, 2, S. 17–29; vgl. SCHRAMM (wie Anm. 2) S. 198–200 Nr. 96–102 und S. 210–211 Nr. 114–119. Angaben zum Zeitpunkt der Ingebrauchnahme und der Verwendungsdauer bei FOLTZ (wie Anm. 2) und bei POSSE (wie Anm. 2) 5.

[8] Daß mit dem Kaisertum Ottos I. und Ottos II. die Siegel Herrscherbildern angeglichen werden, die sich auf byzantinischen Goldmünzen der Zeit und wohl auch auf entsprechenden kaiserlichen Bullensiegeln finden, ist zweifellos ein Faktum von hoher Signifikanz; vgl. MESSERER (wie Anm. 5); GOEZ (wie Anm. 5) zu Anm. 36 ff. (mit Literaturhinweisen). Doch scheint mir die Bedeutung, d. h. die Aussage des Siegelbildes gegenüber dem Adressatenkreis, damit noch nicht geklärt zu sein. Zum politischen Kontext vgl. WERNER OHNSORGE, Otto I. und Byzanz, in: DERS., Konstantinopel und der Okzident, Darmstadt 1966, S. 218 ff.

[9] Einzelheiten s. unten zu Anm. 36 f., 49 ff.

[10] Corpus (wie Anm. 2) S. 123 Nr. 46. BERND SCHNEIDMÜLLER, Karolingische Tradition und frühes französisches Königtum. Untersuchungen zur Herrschaftslegitimation der westfränkisch-französischen Monarchie im 10. Jahrhundert (Frankfurter Historische Abhandlungen 22) Wiesbaden 1979, S. 98 ff.; DERS. Ottonische Familienpolitik und französische Nationsbildung im Zeitalter der Theophanu, in: Kaiserin Theophanu (wie Anm. 3) 2, S. 345–359, bes. 350 f. (mit Abb.). Die Imitation des Siegelbildes en face und später des Thronsiegels behandelt zusammenfassend BAUTIER (wie Anm. 5). Allerdings hält Bautier S. 568 und S. 566 Abb. 2 das von Otto I. seit 965 geführte und von Otto II. 973 weiterbenutzte Kaisersiegel unzutreffenderweise auch für das von Otto II. 968 in Gebrauch genommene Siegel. Ältere Angaben über ein en face-Siegel König Lothars von 958 sind zu korrigieren.

[11] Corpus (wie Anm. 2) S. 139 ff. Nr. 60 ff. Wie die Salier halten später die Capetinger (nachweisbar seit 1035) statt Szepter und Globus auch Szepter und Stab, desgleichen Rudolf III. von Hochburgund (ab 996); nach der Beschreibung hält auch König Lothar auf dem en face-Siegel von 966 rechts ein Szepter mit Blütenkelch, links einen Stab mit verdicktem Kopf (Corpus S. 141 Nr. 62 ff., S. 123 Nr. 46, S. 135 Nr. 59).

[12] Corpus (wie Anm. 2) S. 134 f. Nr. 58 f.

[13] Die Urkunden Konrad I., Heinrich I. und Otto I., hrsg. von THEODOR SICKEL (MGH Diplomata regum et imperatorum Germaniae 1) Hannover 1879–1884; Die Urkunden Otto II., hrsg. von DEMS. (MGH Diplomata 2,1) Hannover 1888; Die Urkunden Otto des III., hrsg. von DEMS. (MGH Diplomata 2,2) Hannover 1893.

[14] RAINER KAHSNITZ, Imagines et signa. Romanische Siegel aus Köln, in: Ornamenta Ecclesiae. Kunst und Künstler der Romanik in Köln. Katalog zur Ausstellung des Schnütgen-Museums in der Josef-Haubrich-Kunsthalle, hrsg. von ANTON LEGNER, 2 Bde., Köln 1985, 2, S. 21–60, mit hervorragendem Bildmaterial.

[15] S. unten zu Anm. 27 ff., 89 ff. Vgl. KELLER, Das neue Bild (wie Anm. 218) S. 195 ff.

[16] HARALD ZIMMERMANN, Papstabsetzungen des Mittelalters, Graz – Köln – Wien 1968, S. 77 ff. mit Literatur; HORST FUHRMANN, Konstantinische Schenkung und abendländisches Kaisertum, in: Deutsches Archiv für Erforschung des Mittelalters 22, 1966, bes. S. 123–142; DERS., Einfluß und Verbreitung der pseudoisidorischen Fälschungen. Von ihrem Auftauchen bis in die neue Zeit, 2 (Schriften der MGH 24,II) Stuttgart 1973, S. 354–407; vgl. CARLRICHARD BRÜHL, Deutschland – Frankreich. Die Geburt zweier Völker, Köln – Wien 1990, [2]1995, S. 539 ff.

[17] Liudprand, Historia Ottonis (Liber de Ottone rege), in: Die Werke Liudprands von Cremona, hrsg. von JOSEPH BECKER (MGH Scriptores rerum Germanicarum in usum scholarum 41) Hannover [3]1915, c. 2, S. 160: *contra morem.*

[18] HAGEN KELLER, Widukinds Bericht über die Aachener Wahl und Krönung Ottos I., in diesem Band, S. 91–130, bes. S. 102 ff., 113 ff.

[19] Liudprand (wie Anm. 17) c.3, S. 160.

[20] Liudprand (wie Anm. 17): Als Epitheta sind verwendet 12 x *sanctus,* 5 x *sanctissimus,* 2 x *iustus;* außerdem wird in der Anrede *sanctissima prudentia vestra* verwendet (c. 10), von der *misericordia piissimi imperatoris* gesprochen (c. 19) und der Kaiser eindringlich als *misericors* geschildert (c. 22). Vgl. auch D OI 263 (5. II. 964): *retulerunt sacratissimis auris nostris,* D OI 268 (8. VIII. 964): *sicut a Karolo magno piissimo rege … per suam sacratissimam paginam … conlata esse cognovimus.* Nach Register der Edition (wie Anm. 13) sind dies – vom *iudex sacri palatii* in den italienischen Placita abgesehen – in den Diplomen Ottos I. die einzigen Belege für *sacer* mit Bezug auf den Herrscher.

[21] ZIMMERMANN (wie Anm. 16) S. 84 ff.; vgl. ERNST-DIETER HEHL, Der wohlberatene Papst. Die römische Synode Johannes' XII. vom Februar 964, in: Ex ipsis rerum documentis. Beiträge zur Mediävistik. Festschrift für HARALD ZIMMERMANN zum 65. Geburtstag, hrsg. von KLAUS HERBERS – HANS HENNING KORTÜM – CARLO SERVATIUS, Sigmaringen 1991, S. 257–275.

[22] HANSMARTIN DECKER-HAUFF (in Zusammenarbeit mit PERCY ERNST SCHRAMM), Die 'Reichskrone', angefertigt für Kaiser Otto I., in: PERCY ERNST SCHRAMM, Herrschaftszeichen und Staatssymbolik. Beiträge zu ihrer Geschichte vom dritten bis zum sechzehnten Jahrhundert, 2 (Schriften der MGH 13/II) Stuttgart 1955, S. 560–637, hier S. 578 und 635–637; PERCY ERNST SCHRAMM, Die Kaiser aus dem Sächsischen Hause im Lichte der Staatssymbolik, in: Mitteilungen des Instituts für Österreichische Geschichtsforschung, Ergänzungsband 20,1, Graz – Köln 1962, S. 31–52; überarbeitet in: DERS., Kaiser, Könige und Päpste. Gesammelte Aufsätze zur Geschichte des Mittelalters, 3, Stuttgart 1969, S. 153–199. Vgl. REINHART STAATS, Theologie der Reichskrone. Ottonische 'Renovatio Imperii' im Spiegel einer Insignie (Monographien zur Geschichte des Mittelalters 13) Stuttgart 1976, der eine Herstellung für die Kaiserkrönung Ottos II. 967 und Erzbischof Brun von Köln als Auftraggeber wahrscheinlich machen wollte.

[23] Eine neue Diskussion um die Datierung der Reichskrone wurde ausgelöst von MECHTHILD SCHULZE-DÖRRLAMM, Die Kaiserkrone Konrads II. (1024–1039). Eine archäologische Untersuchung zu Alter und Herkunft der Reichskrone (Römisch-Germanisches Zentralmuseum. Forschungsinstitut für Vor- und Frühgeschichte. Monographien 23) Sigmaringen 1991; älterer Stand: GEORG JOHANNES KUGLER, Die Reichskrone (Die Kronen des Hauses Österreich 5) Wien – München [2]1986; zuletzt HERMANN FILLITZ, in: Zeitschrift für Kunstgeschichte 56, 1993, S. 313–334. Zum Ornat und den Insignien: PERCY ERNST SCHRAMM – FLORENTINE MÜTHERICH, Denkmale der deutschen Könige und Kaiser. Ein Beitrag zur Herrschergeschichte von Karl dem Großen bis Friedrich II. 768–1250 (Veröffentlichungen des Zentralinstituts für Kunstgeschichte in München 2) München [2]1981.

[24] CYRILLE VOGEL – REINHARD ELZE, Le pontifical romano-germanique du dixième siècle, 3 Bde. (Studi e testi 226, 227 und 269) Città del Vaticano 1963, 1972.

[25] KELLER (wie Anm. 18) S. 105 ff. mit Literatur; vgl. bes. S. 106 Anm. 144.

[26] Zur Diskussion um den Charakter des Kaisertums in den 60er Jahren des 10. Jahrhunderts HAGEN KELLER, Das Kaisertum Ottos des Großen im Verständnis seiner Zeit, in: Deutsches Archiv für Erforschung des Mittelalters 20, 1964, S. 325–388; zuletzt: DERS. (wie Anm. 18) bes. S. 95 ff.

[27] KAHSNITZ (wie Anm. 7) S. 17 Nr. II-1. Zum Siegel vgl. auch WILHELM MESSERER, Ottonische Einzelfiguren unter byzantinischem Einfluß. Studien zur byzantinischen Frage in ottonischer Zeit, Diss. phil. (masch.) München 1949, S. 51 f.

[28] FOLTZ (wie Anm. 2) S. 31 Nr. 2; POSSE (wie Anm. 2) 1, Tafel 7,3; SCHRAMM (wie Anm. 2) S. 187 Nr. 82 mit Abb. auf S. 333.

[29] FOLTZ (wie Anm. 2) S. 31 Nr. 3; POSSE (wie Anm. 2) 1, Tafel 7,4; SCHRAMM (wie Anm. 2) S. 187 Nr. 82 (ohne Abbildung). Das erste 'provisorische' Kaisersiegel ist letztmalig auf einer am 29. Juli 962 während der Belagerung von S. Giulio d'Orta gegebenen Urkunde nachweisbar (D OI 243, wie Anm. 13), das verbesserte Siegel erstmals am 12. September 963 (D 260). Der Wechsel könnte verbunden sein mit der Aufnahme des Epithetons *magnus* in die Signum-Zeile der Diplome *(magnus et invictissimus imperator)*. Es begegnet erstmals in einer am 9. Dezember 962 ausgestellten Urkunde für Pfäfers (D 250), dann regelmäßig seit der Belagerung König Berengars in S. Leo, erstmals am 10. Mai 963 (D 253, vgl. DD 254, 256–263, 265). Zu den Ereignissen RUDOLF KÖPKE – ERNST DÜMMLER, Kaiser Otto der Große (Jahrbücher der deutschen Geschichte 9) Leipzig 1876, S. 340 ff.; vgl. LUDO MORITZ HARTMANN, Geschichte Italiens im Mittelalter, 4,1, Gotha 1915, S. 4 ff. In die Zeit der neuen Akzente in den Kaiserurkunden fallen die Anfänge des Konflikts mit Johannes XII. um die kaiserliche Stellung im Patrimonium Petri.

[30] FOLTZ (wie Anm. 2) S. 34 Nr. 1; POSSE (wie Anm. 2) 1, Tafel 8,2; SCHRAMM (wie Anm. 2) S. 193 Nr. 87 mit Abb. auf S. 340; KAHSNITZ (wie Anm. 7) S. 19 Nr. II-3.

[31] SCHRAMM (wie Anm. 2) S. 184 f. Nr. 76–79 mit Abb. auf S. 331.

[32] FOLTZ (wie Anm. 2) S. 31–33 Nr. 4–6; POSSE (wie Anm. 2) 1, Tafel 7,5–7; SCHRAMM (wie Anm. 2) S. 187 Nr. 82–83 mit Abb. auf S. 333; KAHSNITZ (wie Anm. 7) S. 18 f. Nr. II-2.

[33] Zu den Ereignissen KÖPKE – DÜMMLER (wie Anm. 29) S. 369–377; vgl. JOHANNES LAUDAGE, 'Liudolfingisches Hausbewußtsein'. Zu den Hintergründen eines Kölner Hoftages von 965, in: Köln – Stadt und Bistum in Kirche und Reich des Mittelalters. Festschrift für Odilo Engels zum 65. Geburtstag, hrsg. von HANNA VOLLRATH – STEFAN WEINFURTER, Köln – Weimar – Wien 1993, S. 23–54; vgl. SCHNEIDMÜLLER, Familienpolitik (wie Anm. 10).

[34] KÖPKE – DÜMMLER (wie Anm. 29) S. 488 ff.

[35] FOLTZ (wie Anm. 2) S. 35–36 Nr. 4–5; POSSE (wie Anm. 2) 1, Tafel 8, 5–6; SCHRAMM (wie Anm. 2) S. 193 Nr. 89 mit Abb. auf S. 341; KAHSNITZ (wie Anm. 7) S. 20 f. Nr. II-5.

[36] FOLTZ (wie Anm. 2) S. 37–38 Nr. 2; POSSE (wie Anm. 2) 1, Tafel 9,4; SCHRAMM (wie Anm. 2) S. 199 Nr. 97 mit Abb. auf S. 347. Zuvor verwendete die Kanzlei ein 'provisorisches', nur auf einer Urkunde vom 27. X. 984 nachgewiesenes Siegel: D OIII 4 (wie Anm. 13); vgl. FOLTZ (wie Anm. 2) S. 36 Nr. 1; SCHRAMM (wie Anm. 2) S. 199 Nr. 96 mit Abb. auf S. 347; POSSE (wie Anm. 2) 1, Tafel 9,3.

[37] FOLTZ (wie Anm. 2) S. 34–35 Nr. 2–3; POSSE (wie Anm. 2) Tafel 8,3–4; SCHRAMM (wie Anm. 2) S. 193 Nr. 88 mit Abb. auf S. 340.

[38] Auch die klaren Profilbüsten auf den frühkarolingischen Siegeln, Bullen und Münzen scheinen eine programmatische Bedeutung zu haben, löst doch der antikisierende Kopf im Seitenprofil (oft eine antike Gemme mit einer Anrufung Christi in der Umschrift) die rohen, en face und mit langen Haaren wiedergegebenen 'Gesichter' der merowingischen *reges criniti* ab. Vgl. die Abbildungen in: Corpus (wie Anm. 2) S. 77 ff. und S. 91 ff.; Schramm (wie Anm. 2) S. 273 ff. Münzen mit Frontalbildnissen des Herrschers kommen seit Otto III. vor und nehmen unter seinen Nachfolgern zu; die rheinisch-lothringischen Münzstätten scheinen dabei voranzugehen; s. u. zu Anm. 184 ff.

[39] Die Beispiele dafür sind – bis auf die Bulle Karls des Großen – nur in Nachzeichnungen überliefert. Schramm (wie Anm. 2) S. 149 Nr. 5c,e,g mit Abb. auf S. 274 (Karl der Große); S. 157 Nr. 14a,c mit Abb. auf S. 288 (Ludwig der Fromme); S. 163 Nr. 26c mit Abb. auf S. 301 (Ludwig II.); S. 165 f. Nr. 34a,c mit Abb. auf S. 305 (Karl der Kahle); die Abbildungen auch in Corpus (wie Anm. 2) S. 97 ff. (mit Wiedergabe der Bulle Karls des Großen S. 97 Nr. 18).

[40] Messerer (wie Anm. 5) zu den Münzbildern und Bullen, denen die Gestaltung der ottonischen Siegel folgt; Goez (wie Anm. 5) S. 215 ff. Vgl. Schramm (wie Anm. 2) S. 199 f.; Franz Dölger – Johannes Karayannopulos, Byzantinische Urkundenlehre, 1: Die Kaiserurkunden (Byzantinisches Handbuch, Teil 3, Bd. 1, Abschn. 1 = Handbuch der Altertumswissenschaft XII.3.1.1) München 1968, S. 40 ff. und Abb. 28 ff.

[41] Schramm (wie Anm. 2) Nr. 71–75, S. 183 mit Abb. S. 329–330. Vgl. Luigi Schiaparelli, I diplomi dei re d'Italia. Ricerche storico-diplomatiche IV: Un diploma inedito di Rodolfo II, in: Bullettino dell'Istituto Storico Italiano 30, 1909, S. 7–37, zum Siegel S. 37; Ders., I diplomi dei re d'Italia. Ricerche storico-diplomatiche V: I diplomi di Ugo e di Lotario, in: ebd. 34, 1914, S. 7–255, zu den Siegeln S. 160 f.; Abbildungen der Siegel in: Archivio paleografico ix, 45, 1920, Tafel 90. Zur Entwicklung eigener Siegeltraditionen in den nachkarolingischen Reichen s. unten zu Anm. 169 f., 197 ff.

[42] Vgl. die Vorbemerkung zu D OI 136 (wie Anm. 13). Zu den Ereignissen Köpke – Dümmler (wie Anm. 29) S. 194 ff.; Brühl (wie Anm. 16) S. 531 ff. Zur Kanzlei während des Italienaufenthalts vgl. auch Hermann Weisert, War Otto der Große wirklich *rex Langobardorum?*, in: Archiv für Diplomatik 28, 1982, S. 23–37; Gunther Wolf, Nochmals zur Frage nach dem *rex Francorum et Langobardorum* und dem *regnum Italiae* 951, ebd. 35, 1989, S. 171–236.

[43] D OI 138, 141 (wie Anm. 13).

[44] Lothar Bornscheuer, Miseriae Regum. Untersuchungen zum Krisen- und Todesgedanken in den herrschaftstheologischen Vorstellungen der ottonisch-salischen Zeit (Arbeiten zur Frühmittelalterforschung 4) Berlin 1968; Marianne Schütze-Pflugk, Herrscher- und Märtyrerauffassung bei Hrotsvith von Gandersheim (Frankfurter Historische Abhandlungen 1) Wiesbaden 1972; Wilhelm G. Busse, Kriegerfürst oder Bruder der Mönche? Zum Wandel des Herrscherbildes im England des 10. Jahrhunderts, in: Der Herrscher. Leitbild und Abbild in Mittelalter und Renaissance, hrsg. von Hans Hecker (Studia humaniora 13) Düsseldorf 1990, S. 121–139; Henry Mayr-Harting, Ottonische Buchmalerei. Liturgische Kunst im Reich der Kaiser, Bischöfe und Äbte, Darmstadt 1991, S. 75 ff. (= Ottonian Book Illumination. An Historical Study, 2 Bde., London – New York 1991, 1, S. 57 ff.). Zum Charakter des Kriegerfürsten in der ersten Hälfte des 10. Jahrhunderts Hagen Keller, Machabeorum pugnae. Zum Stellenwert eines biblischen Vorbildes in Widukinds Deutung der ottonischen Königsherrschaft, in: Iconologia sacra. Mythos, Bildkunst und Dichtung in der Religions- und Sozialgeschichte Alteuropas. Festschrift für Karl Hauck zum 75. Geburtstag, hrsg. von Dems. – Nikolaus Staubach (Arbeiten zur Frühmittelalterforschung 23) Berlin 1994, S. 417–437. Vgl. Mayr-Harting, a. a. O., S. 50 (= 1, S. 37 f.).

[45] Hagen Keller, Herrscherbild und Herrschaftslegitimation. Zur Deutung der ottonischen Denkmäler, in diesem Band, S. 167–183, S. 180 f.; Ders. (wie Anm. 44) S. 430 f. Zu Liudprand vgl. auch Philippe Buc, Italian Hussies and German Matrons. Liutprand of Cremona on Dynastic Legitimacy, in: Frühmittelalterliche Studien 29, 1995, S. 207–225.

[46] Foltz (wie Anm. 2) S. 31 = Posse (wie Anm. 2) 5, S. 12. Vgl. Messerer (wie Anm. 5) S. 41 f. Dieselbe Haltung auch bei den herrscherlichen Standfiguren auf dem Reichsschwert aus dem 11. Jahrhundert; Schramm – Mütherich (wie Anm. 23) S. 390 f. Nr. 159.

[47] Zum Eindruck auf den heutigen Betrachter vgl. Posse (wie Anm. 2) 5, S. 151: „Ernst blickt das bärtige Antlitz den Beschauer an." Vgl. Widukinds 'literarisches Bildnis' in: Die Sachsengeschichte des Widukind von Korvei, hrsg. von Paul Hirsch (MGH Scripto-

res rerum Germanicarum in usum scholarum 60) Hannover [5]1935, II 36 S. 97 Z. 4 f: *oculi rutilantes et in modum fulguris cita repercussione splendorem quendam emittentes*. Das wohl topische Bild der 'glänzenden' und 'blitzenden' Augen auch in Byzanz; vgl. den Text bei HANS BELTING, Bild und Kult. Eine Geschichte des Bildes vor dem Zeitalter der Kunst, München 1990, S. 572 (Nr. 19, Beschreibung des Kaisers Alexios durch seine Tochter Anna Komnena). Vgl. unten zu Anm. 153 ff.

[48] Widukind (wie Anm. 47) Z. 6: *prolixior barba, et haec contra morem antiquum.*

[49] Der Unterschied wird oft nicht beachtet, geht teilweise nicht einmal aus den Beschreibungen in der Literatur hervor. Auch für diese Szepterhaltung gibt es Modelle in Byzanz, vgl. MESSERER (wie Anm. 5) S. 42 und Abb. 19. Die Siegelbilder Ottos II. wie oben Anm. 36 f.

[50] SCHRAMM (wie Anm. 2) S. 199 Nr. 97 mit Abb. auf S. 347, vgl. Nr. 96 ebd.

[51] Ähnlich wird auf dem Avers der 2. Kaiserbulle Konrads II. Heinrich III. vom Vater unterschieden: SCHRAMM (wie Anm. 2) S. 223 Nr. 138a mit Abb. auf S. 387. Diese Haltung des rechten Armes mit dem Szepter auch bei den französischen Königen Lothar (966) und Hugo Capet, der mit der linken den hochgehaltenen Globus zeigt (undatierte Nachzeichnung). Corpus (wie Anm. 2) S. 123 Nr. 46, S. 139 Nr. 60.

[52] FOLTZ (wie Anm. 2) S. 37–38 Nr. 3–4; POSSE (wie Anm. 2) Tafel 9,5–6; SCHRAMM (wie Anm. 2) S. 80 ff. und S. 199 Nr. 98–99 mit Abb. S. 348; KAHSNITZ (wie Anm. 7) S. 22 ff. Nr. II-7. Zur Ikonographie MESSERER (wie Anm. 5) S. 37 f., 45.

[53] MATHILDE UHLIRZ, Jahrbücher des Deutschen Reiches unter Otto II. und Otto III., 2: Otto III. 983–1002 (Jahrbücher der Deutschen Geschichte 11) Berlin 1954, S. 174 ff. und 188 f.; HELMUT BEUMANN, Die Ottonen, Stuttgart u. a. [2]1991, S. 136 f.; GERD ALTHOFF, Otto III., Darmstadt 1996, S. 78 f. Zum Zeitpunkt der Wehrhaftmachung stellte Otto Heribert, den späteren Erzbischof von Köln, an die Spitze der italienischen Kanzlei; Heribert war dann auf dem Romzug einer der wichtigsten Berater des jungen Herrschers: PAUL KEHR, Die Urkunden Ottos III., Innsbruck 1890, S. 65 ff., 72 ff.; JOSEF FLECKENSTEIN, Die Hofkapelle der deutschen Könige, 2 Teile (Schriften der MGH 16) Stuttgart 1959–66, 2, S. 84 f.; HERIBERT MÜLLER, Heribert, Kanzler Ottos III. und Erzbischof von Köln (Veröffentlichungen des Kölnischen Geschichtsvereins 33) Köln 1977 S. 88–107.

[54] UHLIRZ (wie Anm. 53) S. 199 ff. Vgl. KNUT GÖRICH, Otto III. Romanus Saxonicus et Italicus. Kaiserliche Rompolitik und sächsische Historiographie (Historische Forschungen 18) Sigmaringen 1993, S. 228 ff. Wichtigste Berater des jungen Königs waren auf dem Romzug Erzbischof Willigis von Mainz, der Erzkanzler, und Hildibald, der auch als Bischof von Worms noch Kanzler war; beide haben als Beauftragte Ottos Brun zur Wahl und Inthronisation nach Rom begleitet und an der Kaiserkrönung teilgenommen. Vgl. WERNER GOEZ, Leben und Werk des heiligen Willigis, in: 1000 Jahre St. Stephan in Mainz. Festschrift, hrsg. von HELMUT HINKEL, Mainz 1990, S. 15–32.

[55] KAHSNITZ (wie Anm. 7) S. 23.

[56] UHLIRZ (wie Anm. 53) Exkurs XIV, S. 511 ff., ALTHOFF (wie Anm. 53) S. 93 ff. und 100 ff., BEUMANN (wie Anm. 53) S. 147 f. Es ist die Zeit, in der Otto III. Gerbert von Aurillac dauerhaft an seinen Hof zog: Die Briefsammlung Gerberts von Reims, hrsg. von FRITZ WEIGLE (MGH Briefe der deutschen Kaiserzeit 2) Berlin – Zürich – Dublin 1966, Nr. 186 f. Zum historischen Kontext: PERCY ERNST SCHRAMM, Kaiser, Rom und Renovatio. Studien und Texte zur Geschichte des römischen Erneuerungsgedankens vom Ende des karolingischen Reiches bis zum Investiturstreit, 2 Teile, Leipzig – Berlin 1929, 1, S. 96 ff.; GÖRICH (wie Anm. 54) S. 209 ff.

[57] *Romanorum* vorher nur in DD OIII 209, 231 und 233 (wie Anm. 13) sowie in den Cremonenser Diplomen DD 198, 204–206, 222, die alle aus derselben kopialen Quelle des 13. Jahrhunderts stammen. Mit D 235 (Nimwegen 996 Dez 18) wird *Romanorum imperator augustus* die reguläre Intitulatio; *Romanorum* fehlt nur noch selten (D 239, 268, 269, vgl. 263), bis später der Titel Ottos III. tiefergreifend verändert wird.

[58] Uhlirz (wie Anm. 53) S. 230 ff.; Beumann (wie Anm. 53) S. 144 ff.; Althoff (wie Anm. 53) S. 86 f. und 100 ff.; Görich (wie Anm. 54). Der mehrmonatige Aufenthalt in Aachen wird von Uhlirz (S. 230) damit erklärt, daß der Kaiser wegen der Unruhen in Rom an einem bekannten Orte sicher erreichbar sein wollte.

[59] DD OIII 239 (9. 4. 97) und 242 (18. 4. 97).

[60] Uhlirz (wie Anm. 53) S. 237 ff. Ein Brief Gerberts zeigt, in welchem Dilemma sich Otto III. befand: Briefsammlung Gerberts (wie Anm. 56) Nr. 219.

[61] Kahsnitz (wie Anm. 7) S. 24 f. Nr. II-8; Goez (wie Anm. 5); Werner Ohnsorge, Ottos III. Legation an Basileios II. vom Jahre 998. Ein Beitrag zur Frage des byzantinischen Einflusses auf die Metallsiegelpraxis des Westens, in: Ders., Abendland und Byzanz. Gesammelte Aufsätze zur Geschichte der byzantinisch-abendländischen Beziehungen und des Kaisertums, Weimar 1958, S. 288–299, hier 293 f.

[62] Das auf die Kugel aufgezeichnete bzw. in sie eingeritzte Kreuz zeigen auch die drei bekannten Miniaturen mit dem thronenden Otto und huldigenden Provinzen (Schramm [wie Anm. 2] Nr. 106, 109, 110), ebenso das Thronbild der Bamberger Apokalypse (ebd. Nr. 112) und die Kaiserfigur der Aachener Situla (ebd. 113). Heinrich II. trägt im Bamberger Pontifikale einen derartigen Globus, im Thronbild des Sakramentars aber den 'Reichsapfel' (ebd. Nr. 123, 124), der dann für Herrscherbilder und Siegel zur Norm wird. Einen Globus mit eingeritztem Kreuz hält der Erzengel Michael auf dem Basler Antependium, während Christus einen Globus mit dem XP-Monogramm und Alpha und Omega 'vorzeigt' (Schramm Nr. 128; Schramm – Mütherich [wie Anm. 23] S. 359 ff. Nr. 138).

[63] Schramm (wie Anm. 2) S. 349 Nr. 100, S. 367 Nr. 114–116 (Nr. 115 Sonderform!), S. 386 Nr. 132, 133; Kahsnitz (wie Anm. 7) S. 24 Nr. II-8, S. 27 Nr. II-10 (Sonderform!), S. 28 Nr. II-11. Zum 'Ergreifen' des Szepters s. unten zu Anm. 136 ff.

[64] Zu den Ereignissen und ihrer Bewertung v. a. Althoff (wie Anm. 53) S. 100–114. Zum Verständnis des Strafgerichtes im Umkreis der Ottonen vgl. die Äußerung der Quedlinburger Annalen: Annales Quedlinburgenses, in: MGH Scriptores 3, hrsg. von Georg Heinrich Pertz, Hannover 1939, S. 74: *Tunc quidam non tantum imperatoris quantum Christi amici insequentes Johannem, comprehenderunt eum, et timentes, ne, si eum ad augustum destinarent, impunitus abiret, linguam ei et nares pariter absciderunt oculosque illi penitus eruerunt.* Zur Bestrafung vgl. auch August Nitschke, Der mißhandelte Papst. Folgen ottonischer Italienpolitik, in: Staat und Gesellschaft in Mittelalter und Früher Neuzeit. Gedenkschrift für Joachim Leuschner, Göttingen 1983, S. 40–53.

[65] Schramm (wie Anm. 2) S. 81 f. sowie S. 199 f. Nr. 101–102 mit Abb. auf S. 349; Kahsnitz (wie Anm. 7) S. 25 ff. Nr. II-9. Politische Deutung bei Ohnsorge, Legation (wie Anm. 61). Zu erklären bleibt freilich, weshalb Otto III. beim Übergang zur kaiserlichen Bullierung der Urkunden eine von den byzantinischen Vorbildern völlig abweichende, an die karolingische Tradition anknüpfende Form der Bildgestaltung wählte. Feinfühlig, aber mit anachronistischen Kategorien versucht Gertrud Bäumer, Der Jüngling im Sternenmantel. Größe und Tragik Ottos III., München 1949, S. 93 ff., die Wirkung eines solchen Wechsels des Bildes an einer fiktiven Debatte zwischen Markgraf Ekkehard von Meißen, Gerbert von Aurillac und Otto III. – nach Gesprächen des Herrschers mit seiner Tante Mathilde von Quedlinburg – einzufangen; vgl. Althoff (wie Anm. 53) S. 17 f. Daß Otto III. eine Bulle Karls des Großen zum unmittelbaren Vorbild seiner 1. Kaiserbulle genommen hätte, wie Schramm annahm, ist wohl nicht aufrechtzuerhalten. Vgl. auch Corpus (wie Anm. 2) S. 97.

[66] Angaben bei Schramm (wie Anm. 2) S. 299, z. T. abweichend von der älteren Literatur; Deutungsversuch ebd. S. 88 f.

[67] Schramm (wie Anm. 56) S. 155 ff.

[68] DD OIII 389, 390 (wie Anm. 13). Schramm (wie Anm. 56) S. 161 ff.; in vielem zu korrigieren nach Kurt Zeilinger, Otto III. und die Konstantinische Schenkung. Ein Beitrag

zur Interpretation des Diploms Kaiser Ottos III. für Papst Silvester II. (D OIII 389), in: Fälschungen im Mittelalter. Internationaler Kongreß der Monumenta Germaniae Historica (Schriften der MGH 33,II) Hannover 1988, S. 509–536; Görich (wie Anm. 54) S. 194 ff.; Althoff (wie Anm. 53) S. 171 ff.

69 Schramm (wie Anm. 2) S. 368 Nr. 117–119.

70 Daß die sofortige Übernahme kaiserlicher Attribute durch den König Heinrich II. stärkere Beachtung verdient, als ihr bisher geschenkt wurde, habe ich auch betont in Diskussionen während der Tagung 'Otto III. und Heinrich II. – eine Wende?', die am 6.–8. Juni 1996 in Bamberg veranstaltet wurde; vgl. Otto III. – Heinrich II.: eine Wende?, hrsg. von Bernd Schneidmüller – Stefan Weinfurter (Mittelalter-Forschungen 1) Sigmaringen 1997. Bei Heinrich II. darf man das Thronsiegel wohl mit der gesteigerten Bedeutung verbinden, die dem *solium regni* in den Schriftquellen und im Herrscherzeremoniell zuerkannt wurde. Vgl. Stefan Weinfurter, Der Anspruch Heinrichs II. auf die Königsherrschaft 1002, in: Papstgeschichte und Landesgeschichte. Festschrift für Hermann Jakobs zum 65. Geburtstag, hrsg. von Joachim Dalhaus u.a., Köln u.a. 1995, S. 121–134; Hagen Keller, Das Bildnis Kaiser Heinrichs im Regensburger Evangeliar aus Montecassino (Bibl. Vat., Ottob. lat. 74). Zugleich ein Beitrag zu Wipos Tetralogus, in: Frühmittelalterliche Studien 30, 1996, S. 173–214, S. 179 ff.

71 Grundlegend Messerer (wie Anm. 5); vgl. die übrige in Anm. 5 genannte Literatur.

72 Frank Kämpfer, Der mittelalterliche Herrscher zwischen Christus und Untertan, in: Der Herrscher (wie Anm. 44) S. 201–223; Belting (wie Anm. 47) S. 117 ff. Grundlegend André Grabar, L'empereur dans l'art byzantin. Recherches sur l'art officiel de l'Empire d'Orient, Paris 1936; vgl. Deér (wie Anm. 74).

73 Messerer (wie Anm. 5) S. 41 f.; Kämpfer (wie Anm. 72) S. 211 f.

74 Eduard Eichmann, Die Kaiserkrönung im Abendland. Ein Beitrag zur Geistesgeschichte des Mittelalters, 2 Bde., Würzburg 1942, 2, S. 119 ff. Percy Ernst Schramm, Sphaira, Globus, Reichsapfel. Wanderung und Wandlung eines Herrschaftszeichens von Caesar bis Elisabeth II., Stuttgart 1958; dazu mit grundsätzlicher, weiterführender Kritik, die v.a. das byzantinische Material nutzt, Josef Deér, Der Globus des spätrömischen und byzantinischen Kaisers: Symbol oder Insignie?, in: Byzantinische Zeitschrift 54, 1961, S. 53–85 und 291–318, jetzt in: Byzanz und das abendländische Herrschertum. Ausgewählte Aufsätze von Josef Deér, hrsg. von Peter Classen (Vorträge und Forschungen 21) Sigmaringen 1977, S. 70–124; vgl. Messerer (wie Anm. 5) S. 41 ff.

75 Schramm (wie Anm. 2) S. 310 Nr. 38, S. 313 Nr. 41, S. 314 Nr. 42, S. 316 Nr. 43; Ders. (wie Anm. 74) S. 57 ff.

76 Schramm (wie Anm. 2) S. 348 f. Nr. 98–100 = Foltz (wie Anm. 2) S. 37 f. Nr. 3–5; Schramm S. 358 Nr. 106, S. 361 Nr. 109, S. 363 Nr. 110, S. 365 Nr. 112, S. 366 Nr. 113; der 'Reichsapfel' dagegen im Herrscherbild des Aachener Evangeliars, Schramm, S. 359 Nr. 107.

77 Schramm (wie Anm. 74) S. 76 ff.

78 Schramm (wie Anm. 74); Deér (wie Anm. 74).

79 Schramm (wie Anm. 2) S. 298 f. Nr. 21–22, S. 360 Nr. 36.

80 Schramm (wie Anm. 2) S. 293 f. Nr. 16; dazu Mayr-Harting (wie Anm. 44) S. 84 f. (= 1, S. 67). Vgl. die Miniatur des Märtyrers Victor im Gebetbuch des Erzbischofs Arnulf II. von Mailand (998–1018), in: Vor dem Jahr 1000. Abendländische Buchkunst zur Zeit der Kaiserin Theophanu. Eine Ausstellung des Schnütgen-Museums, Köln 1991, S. 170 f. (Anton von Euw).

81 Messerer (wie Anm. 5) S. 37 f.; Kahsnitz (wie Anm. 7) S. 22 ff. Nr. II-7.

82 Nachweisbar bereits in der ersten erhaltenen Urkunde (D OI 236, 12. II. 962 [wie Anm. 13]), die nach der Kaiserkrönung (2. II. 962) ausgestellt wurde (GLA Karlsruhe, Kaiserurkunden A40). Falls die Ankündigung *Iussimus quoque hoc preceptum … bulla nostra sigillari* in D OI 135 (Pavia, 23. IX. 951) wörtlich zu nehmen ist, hatte Otto I. für

seinen ersten, als Romzug geplanten Italienzug bereits einen Bullenstempel anfertigen lassen. Die Urkunde wurde ausgestellt unmittelbar nach der – wohl überraschenden – Einnahme von Pavia, wo Berengar II. und Adalbert noch am Vortag geurkundet hatten; I diplomi di Ugo e Lotario, di Berengario II e di Adalberto, hrsg. von LUIGI SCHIAPARELLI (Fonti per la storia d'Italia 38) Rom 1924, D B+A Nr. 3, S. 296–301. Bullen der italischen Könige des 10. Jahrhunderts sind nicht überliefert; eine Bulle (Goldbulle mit dem Bildnis beider Könige) kündigt lediglich das Diplom Hugos und Lothars Nr. 64 an, mit dem die Könige am 15. VIII. 942 (Mariä Himmelfahrt) eine Stiftung an S. Ambrogio in Mailand als ihrem künftigen Begräbnisort vollzogen. Allerdings wird die Bullierung auch in ottonischer Zeit im Text der Corroboratio meist als 'Besiegelung' verzeichnet.

[83] KÖPKE – DÜMMLER (wie Anm. 29) S. 369 ff. Zur 'Einholung' des Herrschers an den Grenzen Frankens und Lothringens vgl. KELLER (wie Anm. 95) S. 53 ff.

[84] KÖPKE – DÜMMLER (wie Anm. 29) S. 488 ff. Vgl. WERNER OHNSORGE, Die Heirat Kaiser Ottos II. mit der Byzantinerin Theophano (972), in: Braunschweigisches Jahrbuch 54, 1973, S. 24–60, S. 46 f.

[85] KÖPKE – DÜMMLER (wie Anm. 29) S. 423 ff.

[86] FOLTZ (wie Anm. 2) S. 36 ff., Nr. 2–3; POSSE (wie Anm. 2) 1, Tafel 9,3–4; SCHRAMM (wie Anm. 2) S. 199 Nr. 96–97 mit Abb. auf S. 347; KAHSNITZ (wie Anm. 7) S. 21 f. Nr. II-6. Zur Geschichte Ottos III. in diesen Jahren jetzt ALTHOFF (wie Anm. 53) S. 37 ff., 54 ff.

[87] S. oben zu Anm. 52–65.

[88] SIEGFRID HIRSCH, Jahrbücher des Deutschen Reichs unter Heinrich II., 3 Bde. (Jahrbücher der Deutschen Geschichte 13) 1862–1875, ND Berlin 1975, 1, S. 193 ff., 243 ff.; REINHARD SCHNEIDER, Die Königserhebung Heinrichs II. im Jahre 1002, in: Deutsches Archiv für Erforschung des Mittelalters 28, 1972, S. 74–104; STEFAN WEINFURTER (wie Anm. 70). Es ist vielleicht mehr als ein Zufall, wenn die Königsbulle – eine Neuerung! – nach unserer Überlieferung erstmals an D HII 34 (MGH Diplomata regum et imperatorum Germaniae 3, hrsg. von HARRY BRESSLAU u. a., Hannover 1903, Diedenhofen 15. I. 1003) nachweisbar ist, mit dem der König, seinen Thronanspruch programmatisch verkündend, die zweieinhalb Monate zuvor erfolgte Unterwerfung Herzog Hermanns von Schwaben 'besiegelte'. HARTMUT HOFMANN, Eigendiktat in den Urkunden Ottos III. und Heinrichs II., in: Deutsches Archiv für Erforschung des Mittelalters 44, 1988, S. 390–423, S. 414 ff. sieht im Urkundentext Elemente eines 'Eigendiktats' des Herrschers.

[89] DIEDERICH (wie Anm. 3) S. 92–95 und Abb. 1. Zu Brun: FLECKENSTEIN (wie Anm. 53) 2, S. 24 ff., 30 ff., 51 f.; DERS., Artikel 'Brun 3', in: Lexikon des Mittelalters 2, München – Zürich 1983, Sp. 753–755; HERIBERT MÜLLER, Die Kölner Erzbischöfe von Bruno I. bis Hermann II. (953–1056), in: Kaiserin Theophanu (wie Anm. 3) 1, S. 15–32.

[90] Vgl. DIEDERICH (wie Anm. 3) S. 91. Abb. bei WILHELM EWALD, Rheinische Siegel II: Die Siegel der Erzbischöfe von Trier (956–1795), Bonn 1910, Taf. 1,3. Erzbischof Heinrich war ein Verwandter des Herrscherhauses und begleitete den Kaiser während der römischen Synoden von 963/64 (wie Anm. 21); sein Bruder Poppo war – als Vorgänger Bruns – der erste Kanzler Ottos. Vgl. ALFRED HEIT, Artikel 'Heinrich I., Ebf. V. Trier', in: Lexikon des Mittelalters 4, München – Zürich 1989, Sp. 2086.

[91] Ornamenta Ecclesiae (wie Anm. 14) S. 227 f. Nr. E 21. (ROLF LAUER); Bernward von Hildesheim (wie Anm. 6) 2, S. 220 f. Nr. IV-52. (ARNE EFFENBERGER).

[92] EGON BOSHOF, Köln, Mainz, Trier – Die Auseinandersetzung um die Spitzenstellung im deutschen Episkopat in ottonisch-salischer Zeit, in: Jahrbuch des Kölnischen Geschichtsvereins 49, 1978, S. 19–48.

[93] Zur Übernahme von Monogramm und Siegel in Herzogs- und Bischofsurkunden der frühottonischen Zeit BRESSLAU (wie Anm. 1) S. 788; 2, 191; OSWALD REDLICH, Die Privaturkunden des Mittelalters (Handbuch [wie Anm. 1] Abt. IV, Teil 3) München – Berlin 1911, S. 93 f.; EWALD (wie Anm. 1) S. 39. Vgl. auch BRIGITTE BEDOS-REZAK, Ritual in the Royal Chancery: Text, Image and Representation of Kingships in Medieval French

Diplomas (700–1200), in: European Monarchy. Its Evolution and Practice from Roman Antiquity to Modern Times, hrsg. von Heinz Duchhardt – Richard A. Jackson – David Sturdy, Stuttgart 1992, S. 27–40, S. 31 ff.

[94] Wie Anm. 89; ferner Odilo Engels, Der Reichsbischof (10.-11. Jh.), in: Der Bischof in seiner Zeit. Bischofstypus und Bischofsideal im Spiegel der Kölner Kirche. Festgabe für Josef Kardinal Höffner, Erzbischof von Köln, hrsg. von Peter Berglar – Odilo Engels, Köln 1986, S. 41–94.

[95] Lothringen wurde von Brun verwaltet; in Bayern 'regierte' nach dem Tode von Ottos Bruder Heinrich († 955) wohl dessen Gemahlin Judith für den 951 geborenen Sohn Heinrich; in Franken gab es keine Herzöge mehr; der sächsische Herzog Hermann war der Position nach nicht in gleicher Weise Repräsentant des 'Stammes', dessen Herzöge ja die Liudolfinger-Ottonen selbst gewesen waren. Nur Schwaben hatte mit dem 955 eingesetzten Burkhard II. in den Jahren vor der Kaiserkrönung einen eigenen Herzog, der dann in der 'Italienpolitik' ab 962 eine wichtige Rolle spielte. Vgl. Hagen Keller, Reichsstruktur und Herrschaftsauffassung in ottonisch-frühsalischer Zeit, in diesem Band, S. 51–90, bes. S. 65 ff.

[96] Vergleichsmaterial bei Joachim Prochno, Das Schreiber- und Dedikationsbild in der deutschen Buchmalerei. 1. Teil: Bis zum Ende des 11. Jahrhunderts (800–1100) (Veröffentlichungen der Forschungsinstitute an der Universität Leipzig. Institut für Kultur- und Universalgeschichte: Die Entwicklung des menschlichen Bildnisses 2) Leipzig – Berlin 1929; Mayr-Harting (wie Anm. 44).

[97] Vgl. die in Anm. 92 und Anm. 160 zitierte Literatur; ferner Thomas Zotz, Pallium et alia quaedam archiepiscopatus insignia. Zum Beziehungsgefüge und zu Rangfragen der Reichskirchen im Spiegel der päpstlichen Privilegierung des 10. und 11. Jahrhunderts, in: Festschrift für Berent Schwineköper zu seinem 70. Geburtstag, hrsg. von Helmut Maurer – Hans Patze, Sigmaringen 1982 S. 155–175; Knut Görich, Der Gandersheimer Streit zur Zeit Ottos III. Ein Konflikt um die Metropolitanrechte des Erzbischofs Willigis von Mainz, in: Zeitschrift der Savigny-Stiftung für Rechtsgeschichte, Kanonistische Abteilung 110, 1993, S. 56–94.

[98] Gerhard B. Ladner, Die Papstbildnisse des Altertums und des Mittelalters, 3 Bde. (Pontifico Istituto di Archeologia Cristiana. Monumenti di antichità cristiana 2,4) Città del Vaticano 1941–1984, 1. Mit vergleichbaren Darstellungen ist auch im ostfränkischen Reich zu rechnen; für die ottonische Zeit vgl. etwa die Rundmedaillons im Zwickel über den Stützen in der Oberzeller St. Georgs-Kirche auf der Insel Reichenau; Josef und Konrad Hecht, Die frühmittelalterliche Wandmalerei des Bodenseegebietes, Sigmaringen 1979.

[99] Kahsnitz (wie Anm. 14); vgl. Groten (wie Anm. 3).

[100] Schramm (wie Anm. 2) S. 50 ff., 166 ff., 310 ff. Nr. 38–41. Zur Hofschule und zu den Herrscherbildnissen mit tiefdringender Interpretation Nikolaus Staubach, Rex christianus. Hofkultur und Herrschaftspropaganda im Reich Karls des Kahlen, 2: Die Grundlegung der 'religion royale' (Pictura et Poesis 2/II) Köln – Weimar – Wien 1993, S. 219–281.

[101] Schramm (wie Anm. 2) S. 48 f., 161 ff., 298 f. Nr. 21–22.

[102] Schramm (wie Anm. 2) S. 310 Nr. 38; Wiedergabe der Doppelseite mit dem Herrscher links (fol. 3v) und dem hl. Hieronymus rechts (fol. 4r) bei Staubach (wie Anm. 100) Abb. 13–14, dazu die Interpretationen ebd., S. 229 ff., 252 ff.

[103] Schramm (wie Anm. 2) S. 168 Nr. 38. Für die Interpretation der Siegelbilder sei festgehalten, daß die Hand Gottes in der Miniatur keine direkte Verbindung mit der Krone hat. Im Schlußteil der Handschrift heißt es in der Litanei: *Ut mihi Karolo a te regi coronato vitam et prosperitatem atque victoriam dones, te rogo, audi me!* Es ist der 'König der Könige', der allein der Herrschaft Erfolg verleiht: *Rex regum Karolo pacem tribuatque salutem.*

[104] Schramm (wie Anm. 2) S. 141 ff. Nr. 41. Eingehende Interpretation bei Staubach

(wie Anm. 100) S. 234–261, mit Erörterung auch der Datierungsprobleme. Vgl. KELLER (wie Anm. 45) S. 173.

[105] Thronbilder: SCHRAMM (wie Anm. 2) S. 358 ff. Nr. 106–112. Die Diskussion um die Chronologie der Darstellungen kann derzeit nicht als abgeschlossen gelten.

[106] KELLER (wie Anm. 45).

[107] Zur Tradition BELTING (wie Anm. 47) S. 92 ff.

[108] Die Frontalität ist ein Wesensmerkmal der Majestas-Domini-Darstellungen, in ihnen ist auch die Zentrierung auf das Gesicht Christi am deutlichsten; ebenso werden der thronende Christus oder Christus als Weltenrichter frontal dargestellt; in den Zyklen des Lebens Jesu findet sich die Frontalansicht vor allem bei der Verklärung und bei der Himmelfahrt. Vgl. GERTRUD SCHILLER, Ikonographie der christlichen Kunst, insbesondere 3: Die Auferstehung und Erhöhung Christi, Gütersloh 1971. Im Hinblick auf die Frage des 'Stellvertreterbildes' (s. oben zu Anm. 96 ff.) sei darauf hingewiesen, daß in ottonischen Darstellungen des Pfingstwunders häufiger Petrus – frontal sitzend – die Bildmitte einnimmt. Vgl. auch ANTON VON EUW, Die Maiestas-Domini-Bilder der ottonischen Kölner Malerschule im Licht des platonischen Weltbildes. Codex 192 der Kölner Dombibliothek, in: Kaiserin Theophanu (wie Anm. 3) 1, S. 379–398.

[109] GOEZ (wie Anm. 5) S. 216 f. mit Literatur; vgl. KÄMPFER (wie Anm. 72), S. 210 f. Vgl. auch die Darstellung der Dornenkrönung (nach Matthäus 27, 28–29) auf der goldenen Altartafel in Aachen; dazu MAYR-HARTING (wie Anm. 44) S. 121 ff. (= 1, S. 109 ff.).

[110] SCHRAMM (wie Anm. 74) S. 63 ff. mit dem Hinweis: „In der gleichen Zeit, als der Kaiser wieder mit dem Globus abgebildet wurde, haben die Buchmaler diesen auch in die Hand Christi gelegt. Das ist weder in der voraufgehenden Kunst noch bei den Byzantinern nachzuweisen, verlangt also eine Erklärung". Vgl. MESSERER (wie Anm. 5) S. 37, 41 ff.; EICHMANN (wie Anm. 74).

[111] BORNSCHEUER (wie Anm. 44); KELLER (wie Anm. 45); MAYR-HARTING (wie Anm. 44); STEFAN WEINFURTER, Idee und Funktion des 'Sakralkönigtums' bei den ottonischen und salischen Herrschern (10. und 11. Jahrhundert), in: Legitimation und Funktion des Herrschers. Vom ägyptischen Pharao bis zum neuzeitlichen Diktator, hrsg. von ROLF GUNDLACH – HERMANN WEBER (Schriften der Mainzer Philosophischen Fakultät 13) Stuttgart 1992, S. 99–127.

[112] KELLER (wie Anm. 45) S. 171 ff.

[113] Obwohl die sakralen Elemente der Urkunde nie übersehen wurden, hat die Diplomatik den durch sie gegebenen Charakter der Urkunden nie voll reflektiert. Zu tieferreichenden Konsequenzen haben die Hinweise einzelner Forscher jedenfalls nicht geführt, obwohl das Problem deutlich markiert worden war; vgl. HEINRICH FICHTENAU, Beiträge zur Mediävistik. Ausgewählte Aufsätze, 2: Urkundenforschung, Stuttgart 1972, S. 14 ff., 23 ff., 30 ff., 41 ff., 49 ff. Angesichts der sakralen Elemente in der Urkunde und des möglicherweise zeremoniellen Rahmens der Privilegierung (s. unten zu Anm. 190 ff.) war es vielleicht weniger eine Frage der Literalität und Bildung als der 'geistlichen Kompetenz', wenn mit der Übernahme des Königtums durch die Karolinger das 'Beurkundungsgeschäft' zum Aufgabenbereich der Hofkapelle wurde. Zur – häufig unterbewerteten – Bedeutung der graphischen Symbole PETER RÜCK, Die Urkunde als Kunstwerk (wie Anm. 180) S. 320 ff., 333; dabei ist auch zu beachten, in welchem Umfang damals Monogramme der Nomina sacra oder Buchstabensymbole wie Alpha-Omega als Evokationen eines ganzen Bedeutungshorizontes in der Bildkunst verwendet wurden. In ähnlicher Weise evozierte in bildlichen Darstellungen jede Geste als Symbol für Haltungen und Intention Bedeutungen (s. unten Anm. 128), so daß wohl auch die Gesten des Siegelbildes (s. unten zu Anm. 128–150) die Handlung 'im Namen des Herrn' zeichenhaft verdeutlichten. Der sakrale Kontext der Übung herrscherlicher *clementia*, *pietas* und *devotio* wurde häufig durch die Handlung am 'heiligen Tag' noch unterstrichen; vgl. HANS-MARTIN SCHALLER, Der heilige Tag als Termin mittelalterlicher Staatsakte, in: Deutsches

Archiv für Erforschung des Mittelalters 30, 1974, S. 1–24. Wie jüngst gezeigt wurde, läßt sich das Konzept des 'heiligen Tages' durch den Festkalender so ausweiten, daß auch die scheinbaren Alltagsgeschäfte der Beurkundung oft miterfaßt werden; MICHAEL SIERCK, Festtag und Politik. Studien zur Tagewahl karolingischer Herrscher (Beihefte zum Archiv für Kulturgeschichte 39) Köln u. a. 1995. Neue Wege zum Verständnis der Urkunden erschließt PETER RÜCK, Beiträge zur diplomatischen Semiotik, in: DERS. (Hrsg.), Graphische Symbole in mittelalterlichen Urkunden (Historische Hilfswissenschaften 3) Sigmaringen 1996, S. 13–47.

114 In Bekräftigungen vom Typ *ut ... amodo ac deinceps omni tempore firmissimam teneat potestatem* (D OI 125, wie Anm. 13), *ut ... stabilior cunctis permaneat temporibus* (D OIII 387), wird häufig auch *perenniter, perpetim, in perpetuum, in aevum* verwendet. Unter Otto III. scheit mir die Betonung *in eternum* (DD OIII 388, 389) oder *ut in eternum vivat verissime* (D OIII 384) beachtenswert zu sein; am Diktat der zitierten Diplome war Leo von Vercelli beteiligt, doch habe ich die Editionen nicht systematisch auf vergleichbare Formeln durchgesehen. Gelegentlich findet sich in der Corroboratio noch einmal die Invokation *in Dei nomine* (z.B. DD OI 127, 227, 233, D OIII 304); die Formel ist karolingisch (vgl. D OI 297 mit Verweis auf D Ludwig d. Dt. 57; Die Urkunden Ludwigs des Deutschen, Karlmanns und Ludwigs des Jüngeren, hrsg. von PAUL KEHR [MGH Diplomata regum Germaniae ex stirpe Karolinorum 1] Berlin 1932–1934, S. 78 f.).

115 Hierauf wird in den Arengen immer wieder abgehoben; auch der häufig apostrophierte *mos regum* oder *mos praedecessorum* ist vor allem aus dieser Perspektive zu verstehen. Vgl. FRIEDRICH HAUSMANN – ALFRED GAWLIK, Arengenverzeichnis zu den Königs- und Kaiserurkunden von den Merowingern bis Heinrich VI. (MGH Hilfsmittel 9) München 1987; auch HEINRICH FICHTENAU, Arenga. Spätantike und Mittelalter im Spiegel von Urkundenformeln (Mitteilungen des Instituts für Österreichische Geschichtsforschung. Ergänzungsband 18) Graz – Köln 1957.

116 Artikel 'Michael, Erzengel', in: Lexikon der christlichen Ikonographie 3, Rom – Freiburg – Wien 1971, Sp. 255–265.

117 Wie Anm. 91.

118 EICHMANN (wie Anm. 74) 2, S. 82 ff.; HERVÉ PINOTEAU, Les insignes du roi vers l'an Mil, in: Le roi de France et son royaume autour de l'an Mil. Actes du colloque Hugues Capet 987–1987. La France de l'an Mil, 1987, hrsg. von MICHEL PARISSE – XAVIER BARRAL I ALTET, Paris 1992, S. 73–88, S. 80 ff.; HAGEN KELLER, Die Investitur. Ein Beitrag zum Problem der 'Staatssymbolik' im Hochmittelalter, in: Frühmittelalterliche Studien 27, 1993, S. 51–86, S. 67 ff.

119 Zu den Stufen der Entwicklung: TILMAN STRUVE, Die Entwicklung der organologischen Staatsauffassung im Mittelalter (Monographien zur Geschichte des Mittelalters 16) Stuttgart 1978, S. 87 ff.; GERD TELLENBACH, Die Unteilbarkeit des Reiches. Ein Beitrag zur Entstehungsgeschichte Deutschlands und Frankreichs, in: Historische Zeitschrift 163, 1941, S. 20–42, jetzt in: DERS., Ausgewählte Abhandlungen und Aufsätze 2, Stuttgart 1988, S. 663–687; KELLER, Zum Charakter (wie Anm. 172) S. 12 ff.; HELMUT BEUMAN, Zur Entwickung transpersonaler Staatsvorstellungen, in: Das Königtum. Seine geistigen und rechtlichen Grundlagen, hrsg. von THEODOR MAYER (Vorträge und Forschungen 3) Konstanz 1956, S. 185–224, bes. S. 203 ff., jetzt in: DERS., Wissenschaft vom Mittelalter. Ausgewählte Aufsätze, Köln – Wien 1972, S. 135–174, S. 153 ff.

120 HASSO HOFMANN, Repräsentation. Studien zur Wort- und Begriffsgeschichte von der Antike bis ins 19. Jahrhundert (Schriften zur Verfassungsgeschichte 22) Berlin 1974. Zur 'Vergegenwärtigung' des Königs vor den Augen des Betrachters des Siegelbildes vgl. unten zu Anm. 153 ff.

121 Wie Anm. 5.

122 ERNST H. KANTOROWICZ, The King's Two Bodies. A Study in Medieval Political Theology, Princeton 1957, [2]1966, dt. Übersetzung: Die zwei Körper des Königs, München

1990, S. 64ff., bes. S. 81ff.; BORNSCHEUER (wie Anm. 44) bes. S. 194ff., 213ff., 232ff.; KARL J. LEYSER, Rule and Conflict in an Early Medieval Society. Ottonian Saxony, London 1979, dt. Übersetzung: Herrschaft und Konflikt. König und Adel im ottonischen Sachsen (Veröffentlichungen des Max-Planck-Instituts für Geschichte 76) Göttingen 1984, S. 124ff., bes. 135ff., 157ff.; KELLER (wie Anm. 45); MAYR-HARTING (wie Anm. 44).

123 KELLER (wie Anm. 45).

124 Vgl. GOEZ (wie Anm. 5) S. 217f.; KÄMPFER (wie Anm. 72) S. 217; KELLER (wie Anm. 45) S. 180f. Zu Recht betont MAYR-HARTING (wie Anm. 44) S. 75ff., 116ff. (= 1, S. 57ff., 105ff.), daß die ikonographische Angleichung des Herrscherbildes an Darstellungen Christi mit der zentralen Stellung der christologischen Zyklen in der ottonischen Kunst zusammengesehen werden muß und daß moderne Sichtweisen, die hier eine Instrumentalisierung der Religion zugunsten der politischen Macht sehen, den zu beobachtenden Phänomenen kaum gerecht werden (vgl. bes. S. 85 = 1, S. 68: „In other words, one cannot understand why the ideal of Christ-centred kingship should have had emotive power unless one looks at the place of Christ in Ottonian art and religion.“; S. 118 = 1, S. 105: „It is the atmosphere of rule and emperorship which the Christ of Ottonian illustration breathes.“)

125 BORNSCHEUER (wie Anm. 44); KELLER (wie Anm. 45) passim; MAYR-HARTING (wie Anm. 44) S. 78ff. 149ff. (= 1, S. 60ff., 135ff.).

126 SCHRAMM (wie Anm. 56) S. 141ff. 147ff., bes 157ff.; zuletzt ALTHOFF (wie Anm. 53) S. 171ff.

127 KLAUS GUTH, Die heiligen Heinrich und Kunigunde. Leben, Legende, Kult und Kunst, Bamberg 1986; HARTMUT HOFFMANN, Mönchskönig und *rex idiota*. Studien zur Kirchenpolitik Heinrichs II. und Konrads II. (MGH Studien und Texte 8) Hannover 1993.

128 FRANÇOIS GARNIER, Le langage de l'image au moyen âge, 1: Signification et symbolique, Paris 1982, 2: Grammaire des gestes, Paris 1989; JEAN CLAUDE SCHMITT, La raison des gestes dans l'Occident médiéval, Paris 1990 (Die Logik der Gesten im europäischen Mittelalter, üb. von ROLF SCHUBERT – BODO SCHULZE, Stuttgart 1992); ANDREAS KUHN, Der Teppich von Bayeux und seine Gebärden: Versuch einer Deutung, in: Studi medievali, 3ª serie, 33, 1992, S. 1–71. Vgl. schon KARL VON AMIRA, Die Handgebärden in den Bilderhandschriften des Sachsenspiegels, in: Abhandlungen der Königlich Bayerischen Akademie der Wissenschaften. Philosophisch-Philologische Klasse 23, Abteilung 2, München 1905, S. 161–264; RUTH SCHMIDT-WIEGAND, Gebärdensprache im mittelalterlichen Recht, in: Frühmittelalterliche Studien 16, 1982, S. 363–379. Wie die Gebärden ihrerseits zu stereotypen Formeln in der Rechtssprache und der Sprache überhaupt werden, zeigt DIES., Mit Hand und Mund. Sprachgebärden aus dem mittelalterlichen Rechtsleben, in: Frühmittelalterliche Studien 25, 1991, S. 283–299. Dieser Zusammenhang scheint mir zum Verständnis der Urkundensprache – insbesondere von 'Chiffren' in Form von Adverbien oder Attributen – relevant zu sein, und zwar überall dort, wo Formen der Interaktion im Zusammenhang der Privilegienerteilung erwähnt werden. S. unten zu Anm. 190.

129 Vgl. KELLER (wie Anm. 70) S. 204ff. für eine Geste.

130 Es kann hier nicht verfolgt werden, wie etwa das Bild des Mars ultor mit der nach unten stoßenden Lanze im Kaiserbild aufgenommen und in einen Triumphalgestus verwandelt wird, der den Sieger nicht mehr im 'martialischen' Vollzug, sondern in der Frieden ausstrahlenden Herrschaftsfülle zeigt. Als Beispiel vgl. oben Anm. 80 und die zugehörige Passage im Text.

131 S. oben zu Anm. 49ff. Vergleichbar wäre die Tatsache, daß Ludwig d. Kind seit 902 mit Speer und Schild, aber erst seit Erreichen des 15. Lebensjahres im Jahre 908 mit der Fahnenlanze dargestellt wurde, s. unten Anm. 169.

132 SCHRAMM (wie Anm. 2) S. 366 Nr. 113; BERNWARD VON HILDESHEIM (wie Anm. 7) 2,

S. 77ff. Nr. II-31. Darstellungen, in denen der Herrscher den Globus in der Rechten, das Szepter in der Linken trägt, finden sich auf dem nur im Juni/Juli 1002 nachweisbaren 'provisorischen' Königssiegel Heinrichs II. (Halbfigur), auf je einem Kaisersiegel Konrads II. und Heinrichs III., dem Kaisersiegel Heinrichs IV. (alles Thronsiegel), auf der 2. Kaiserbulle Konrads II. mit den Standfiguren des Kaisers und seines Sohnes sowie auf den beiden Kaiserbullen Heinrichs III. (Büste nur mit Reichsapfel ohne Szepter); vgl. SCHRAMM S. 367 Nr. 114, S. 386 Nr. 135, S. 387 Nr. 138a, S. 397 Nr. 147, S. 398 Nr. 152, ebd. Nr. 153a, S. 419 Nr. 169. In der Buchmalerei findet sich der Reichsapfel in der Rechten des Herrschers zunächst nur in zwei sehr signifikanten Darstellungen, in denen die linke Hand freibleibt und zum Betrachter geöffnet ist, nämlich auf dem Bildnis Ottos III. 'in der Mandorla' im Aachener Evangeliar und bei dem Bild Kaiser Heinrichs (eher des III. als des II.) 'im Vierpaßkreuz' im Regensburger Evangeliar aus Montecassino; SCHRAMM S. 359 Nr. 107, S. 383 Nr. 130. Insbesondere die beiden letzten Darstellungen sprechen m. E. gegen die Annahme, daß die Insignien 'zufällig' vertauscht erscheinen; KELLER (wie Anm. 70) S. 202f. Christus selbst erhebt den Globus mit der Rechten auf einer Reichenauer Darstellung 'im Lebensbaum' vom Anfang des 11. Jahrhunderts (SCHRAMM – MÜTHERICH [wie Anm. 23] S. 351 Nr. 112), mit der Linken auf dem von Heinrich II. gestifteten Basler Antependium (ebd. S. 359f. Nr. 138), wo der neben ihm stehende Erzengel Michael den Globus in der Rechten hält. Vgl. noch die huldigende Roma unter der 'Himmelszone', in der Christus Heinrich II. und Kunigunde unter Assistenz von Petrus und Paulus krönt (ebd. S. 374 Nr. 122, vgl. SCHRAMM [wie Anm. 74] S. 60f.), sowie die 'Standfiguren' Kaiser Heinrichs IV. und seiner Söhne Heinrich und Konrad im Krakauer Evangeliar (SCHRAMM [wie Anm. 2] S. 429 Nr. 173).

133 Vgl. SCHRAMM (wie Anm. 2) S. 349 Nr. 100 (Otto III.) und ähnlich die Aachener Elfenbeinsitula (ebd. S. 366 Nr. 113) mit S. 367 Nr. 114–116 (Heinrich II.) und dann S. 386f. Nr. 132–136 (Konrad II.), S. 396f. Nr. 145–148 (Heinrich III.), S. 418f. Nr. 166–169 (Heinrich IV.).

134 S. oben Anm. zu 80, 130.

135 Im Codex Aureus Epternacensis nehmen in der Darstellung der Speisung der 5000 (fol. 53r) die am Boden Lagernden mit nahezu derselben Handhaltung die kugelförmigen Brote entgegen, die ihnen von den stehenden Jüngern gereicht werden: Das Goldene Evangelienbuch von Echternach. Codex Aureus Epternacensis. Hs. 156142 aus dem Germanischen Nationalmuseum, Faksimile und Kommentarband, Zürich 1982; Abb. auch in: Germanisches Nationalmuseum Nürnberg. Bibliothek, Das Goldene Evangelienbuch von Echternach. Eine Prachthandschrift des 11. Jahrhunderts, von RAINER KAHSNITZ – URSULA MENDE – ELISABETH RÜCKER, Frankfurt a. M. 1982, Tafel 21. Zum Globus s. oben Anm. 110.

136 In ähnlicher Weise 'empfangen und ergreifen' in Darstellungen der Zeit Märtyrer die Siegespalme, so z. B. auf einer Kölner Elfenbeintafel aus der Zeit um 1000 Gereon und Victor in dem Augenblick, in dem sie von Christus mit einem Krönungsgestus 'aufgenommen' werden; dagegen halten die Märtyrer in der Schar der darunter versammelten Heiligen die Palme mit festem Griff in der geschlossenen Hand. Vgl. WOLFGANG CHRISTIAN SCHNEIDER, Christus Victor in der Roma Caelestis. Antike Siegesmotivik im ottonischen Kölner 'Thebäer-Elfenbein', in: Kaiserin Theophanu (wie Anm. 3) 1, S. 227–249; RAINER KAHSNITZ, in: BERNWARD (wie Anm. 7) 2, S. 224f. In einem 'Stifterbild' für New Minster, Winchester (British Library, MS Cotton Vespasian A.viii, fol. 2v, um 966), das König Edgar im Orantengestus zwischen Maria und Petrus 'vor' der Majestät Christi zeigt, faßt die Gottesmutter mit der Rechten in gleicher Weise eine Palme und trägt auf der nach oben offenen Linken ein Kreuz, ähnlich wie der Herrscher auf den ottonischen Siegeln den Globus 'empfängt': 'Insignien' der 'Mitherrschaft im Himmel' für Edgar, dem Petrus mit überdimensionalen Schlüsseln die Himmelspforte öffnet? Farbtafel in: The Anglo-Saxons, hrsg. von JAMES CAMPBELL, Harmondsworth 1991, S. 187.

[137] SCHRAMM – MÜTHERICH (wie Anm. 23) S. 155 Nr. 106 mit Abb. auf S. 319; Farbabbildung in BERNWARD VON HILDESHEIM (wie Anm. 7) 1, S. 177. Das Adlerszepter erscheint bereits auf einem 'Schmuckbrakteaten' Ottos III., der einen Trier Follis aus der Zeit Konstantins II. mitsamt dem Namen 'Konstantinus' nachahmt (SCHRAMM [wie Anm. 2] S. 202 Nr. 103/19 mit Abb. auf S. 352). Es wird von Konrad II. in seine Kaisersiegel, von Heinrich III. in das Königssiegel übernommen (SCHRAMM Nr. 134–136, 145–146, Bullen 150–151; auf den Kaisersiegeln ebd. Nr. 147–149 Heinrich III. mit Stab und Reichsapfel; dieselbe Differenzierung bei Heinrich IV., ebd. Nr. 166–170; vgl. auch Nr. 176). Unter Heinrich III. ist das Adlerszepter auch in der Buchmalerei verwendet worden (SCHRAMM Nr. 156, 158; vgl. 174, 183, dazu 173); einen Stab mit Vogelbekrönung hält Otto III. auf dem Thronbild im Münchener Evangeliar (SCHRAMM S. 363 Nr. 110). Zur Interpretation der Augustus-Kamee im Lothar-Kreuz JOSEF DEÉR, Das Kaiserbild im Kreuz, in: Schweizer Beiträge zur allgemeinen Geschichte 13, 1955, S. 48–110, jetzt in: Byzanz (wie Anm. 74) S. 125–177; BORNSCHEUER (wie Anm. 44) S. 232 ff.; MAYR-HARTING (wie Anm. 44) S. 149 ff. (= 1, S. 135 ff.). Zu Bedeutung, Form und Haltung des Adlerzepters in der römischen Kaiserzeit vgl. ANDREAS ALFÖLDI, Die monarchische Repräsentation im römischen Kaiserreiche, Darmstadt 1970, S. 230 ff.

[138] SCHRAMM (wie Anm. 2) S. 354 Nr. 104, S. 367 Nr. 114 (provisorisches Siegel Heinrichs II.), S. 375 Nr. 123 (Szepter zu ergänzen), S. 377 Nr. 124, S. 404 Nr. 156, S. 416 Nr. 165, S. 429 Nr. 173. Vgl. Anm. 136.

[139] SCHRAMM (wie Anm. 2) S. 408 Nr. 158, vgl. S. 430 Nr. 174, S. 438 Nr. 183.

[140] Es erscheint als beachtenswert, daß die Hand Gottes über dem thronenden Herrscher in der ottonisch-salischen Buchmalerei nur zweimal nachweisbar ist: in der kühnen Darstellung Ottos III. im Aachener Evangeliar, ikonographisch eine völlig eigene Schöpfung, und im Thronbild des Sakramentars Heinrichs II., wo die entsprechende Darstellung Karls des Kahlen im Codex Aureus als Modell gedient hat; vgl. SCHRAMM (wie Anm. 2) S. 359 Nr. 107, S. 377 Nr. 124, dazu S. 312 Nr. 40 und weitere karolingische Darstellungen mit der Hand Gottes über dem Herrscher: S. 295 Nr. 17, S. 306 Nr. 36, S. 310 Nr. 38, S. 311 Nr. 39, S. 319 Nr. 46. Dagegen werden in der ottonischen Kunst die Herrscher in so unmittelbarer Verbindung mit Christus und Heiligen dargestellt, wie dies in der Karolingerzeit nicht üblich war; KELLER (wie Anm. 45) S. 173 ff. Wenn man will, kann man in den Herrscherurkunden die Legitimations'formel' und weiteres 'Formelgut' in Arengen und Kontext als Verbalisierung der 'Hand Gottes' sehen.

[141] SCHMITT (wie Anm. 128) S. 289 ff. (274 ff.); GARNIER (wie Anm. 128) 1, S. 223 ff.; GERHARD SEIB, Artikel 'Orans, Orante', in: Lexikon der christlichen Ikonographie 3, Rom u. a. 1971, Sp. 352–354.

[142] SCHRAMM (wie Anm. 2) S. 357 Nr. 105; Bayerische Staatsbibliothek. Gebetbuch Ottos III. Clm 30111 (Kulturstiftung der Länder. Patrimonia 84) München 1995, Tafel 2 und ELISABETH KLEMM, Das Gebetbuch Ottos III., ebd., S. 39–87, bes. S. 54 ff.

[143] SCHRAMM (wie Anm. 2) S. 404 Nr. 156, vgl. S. 375 Nr. 123.

[144] SCHRAMM (wie Anm. 2) S. 376 Nr. 124; dazu KELLER (wie Anm. 45) S. 177 ff. Vgl. ERNST JERG, Die 'sustentatio' in der römischen Liturgie vor dem Hintergrund des kaiserlichen Hofzeremoniells, in: Zeitschrift für katholische Theologie 80, 1958, S. 316–324; KARL HAUCK, Erzbischof Adalbert von Magdeburg als Geschichtsschreiber, in: Festschrift für Walter Schlesinger 2, hrsg. von HELMUT BEUMANN (Mitteldeutsche Forschungen 75/II) Köln – Wien 1974, S. 276–353, S. 299 ff.

[145] SCHRAMM (wie Anm. 2) S. 404 Nr. 156. JOHANNES FRIED, Tugend und Heiligkeit. Beobachtungen und Überlegungen zu den Herrscherbildern Heinrichs III. in Echternacher Handschriften, in: Mittelalter. Annäherungen an eine fremde Zeit, hrsg. von WILFRIED HARTMANN, Regensburg 1993, S. 41–85, S. 58 ff.

[146] Als eine Grundüberzeugung des Gottesgnadentums und karolingisch-ottonischer Herrschaftstheologie kann gelten, was in der Arenga einer von Ludwig d. Dt. ausgestell-

ten, von seinen Nachfolgern wiederholten Urkunde für Fulda so ausgedrückt ist: *Constat nos divina dispensante gratia ceteris mortalibus supereminere, unde oportet ut cuius praecellimus munere, eius studeamus modis omnibus parere voluntati* (D LdDt 15 = DD LdJ 8, 16 = D Karl III 69 = D KI 6 = D HI 1 = D OI 2 = D OII 103); vgl. etwa auch D LdDt 107 = D HI 15 = D OI 22 für Kempten. In der 'Predigt' an Otto I., die Liudprand von Cremona in den Bericht über die Ereignisse von 939 eingefügt hat (Antapodosis IV 26–39 [wie Anm. 17] S. 119ff.), ist eine lange, panegyrisch-paränetische Passage dem Gehorsam des Herrschers gegenüber Gott gewidmet (IV 28–29, S. 123ff.), durch den er Gottes Hilfe gewinnt.

147 Messerer (wie Anm. 5) S. 37. Die Tradition des byzantinischen Kaiserbildes seit dem 9. Jh. legt nahe, daß der Gestus Christi im Basler Antependium vom Kaiserbild herstammt, wie Messerer annimmt.

148 Messerer (wie Anm. 5) S. 37, allerdings ohne Hinweis auf die Bedeutung des wehenden Mantels. Vgl. Schramm (wie Anm. 2) S. 348 Nr. 99 (= Kahsnitz [wie Anm. 7] S. 23 Nr. II-7) und S. 380 Nr. 128. Vom 'Wind' bewegte Umhänge, Mäntel, Kopftücher sind ein in der Reichenauer Malerei, aber auch anderswo beliebtes Zeichen, um göttliche Verkündigung (Engel), visionäre Eingebung (Evangelisten) oder die Gegenwart göttlicher Kraft auszudrücken; vgl. etwa bei Mayr-Harting (wie Anm. 44) die Abb. 3, 6, 23, 64, 128, 130, 138, 143, 147/48, 152, 157, 158, 172, 176, 178, 179, 185, 186, 241, 250, 259, 259, 271, 273, 274, wohl auch Abb. 8, 39, 40, 132.

149 Schramm (wie Anm. 2) S. 380 Nr. 128.

150 Man vergleiche etwa die zweifache Darstellung Christi auf fol. 60v des Münchener Evangeliars Ottos III.: mit 'natürlich' fallendem Mantel in der oberen Bildzone (Christus redet zu den Jüngern), mit 'aufgewehtem' Mantelsaum bei der Schlüsselübergabe an Petrus (vgl. Mt. 16, 13–19): Das Evangeliar Ottos III. Clm 4453 der Bayerischen Staatsbibliothek München, Faksimile und Begleitband, Frankfurt a. M. 1978.

151 Fleckenstein (wie Anm. 53) 2, passim.

152 Zum Problem der Vermittlung an Laien und der Rolle des Hofes vgl. Hagen Keller, Vom 'heiligen Buch' zur 'Buchführung'. Lebensfunktionen der Schrift im Mittelalter, in: Frühmittelalterliche Studien 26, 1992, S. 1–31, S. 18ff., 29f., mit Literaturhinweisen. Zur Überlieferung der Urkunden für weltliche Empfänger vgl. Hansmartin Schwarzmeier, Schriftlichkeit und Überlieferung. Zu den urkundlichen Quellen des Mittelalters aus der Sicht des Archivars, in: Heidelberger Jahrbücher 36, 1992, S. 35–57, S. 49ff.

153 Gerd Althoff, Huld. Überlegungen zu einem Zentralbegriff der mittelalterlichen Herrschaftsordnung, in: Frühmittelalterliche Studien 25, 1991, S. 259–282.

154 MGH Constitutiones et acta publica imperatorum et regum 1, hrsg. von Ludwig Weiland, Hannover 1893, Nr. 1, S. 1f. Dazu Brühl (wie Anm. 16) S. 171ff., 43 1ff.; Gerd Althoff, Verwandte, Freunde und Getreue. Zum politischen Stellenwert der Gruppenbindungen im früheren Mittelalter, Darmstadt 1990 S. 105f.

155 Annales regni Francorum inde ab a. 741 usque ad a. 829, hrsg. von Friedrich Kurze (MGH Scriptores rerum Germanicarum in usum scholarum 6) Hannover 1895, a. 763 S. 22 Z. 1f.: *[Tassilo] nusquam amplius faciem supradicti regis videre voluit;* ebd. a. 786 S. 74: *[Arighis dux Beneventanus] timore perterritus non fuit ausus per semet ipsum faciem domni regis Caroli videre. Sed mittens missos et ambos filios suos proferens …;* Widukind (wie Anm. 47) III 10. Nach DO III 235 (wie Anm. 13; Nimwegen, 18. XII. 996) wird der Streit um das Kloster Elten u. a. dadurch beigelegt, daß die Äbtissin der Gräfin Adela als 'Rekompensation' vier Höfe zu Eigen schenkt als *pacis et amicicie pignus,* welche dann Adelas Gemahl Balderich *grata et hilari fronte* entgegennimmt, den Kaiser bittend, daß er nun dem Kloster die umstrittene Freiheit der Äbtissinnenwahl bestätige, wie sie Essen, Quedlinburg und Gandersheim besaßen; vgl. Karl Leyser, Ritual, Zeremonie und Gestik: das ottonische Reich, in: Frühmittelalterliche Studien 27, 1993, S. 1–26, hier S. 20f.

156 Widukind (wie Anm. 47) II 1, S. 66 Z. 22f.: *unde ipse omnes videre et ab omnibus ipse videri posset.*

157 Die Chronik des Bischofs Thietmar von Merseburg und ihre Korveier Überarbeitung, hrsg. von Robert Holtzmann (MGH Scriptores rerum Germanicarum, Nova Series 9) Berlin ²1955, IV 47, S. 185ff.

158 Schramm (wie Anm. 2) S. 298 Nr. 21; dazu Joachim Wollasch, Kaiser und Könige als Brüder der Mönche. Zum Herrscherbild in liturgischen Handschriften des 9. bis 11. Jahrhunderts, in: Deutsches Archiv für Erforschung des Mittelalters 40, 1984, S. 1–20, S. 19f.

159 Thietmar (wie Anm. 157) III 1, S. 96f.

160 Thietmar (wie Anm. 157) III 11–16, S. 109–119. Zu den Vorgängen Robert Holtzmann, Die Aufhebung und Wiederherstellung des Bistums Merseburg. Ein Beitrag zur Kritik Thietmars, in: Sachsen und Anhalt 2, 1926, S. 35–75; mit neuen Gesichtspunkten jetzt Gerd Althoff, Magdeburg – Halberstadt – Merseburg. Bischöfliche Repräsentation und Interessenvertretung im ottonischen Sachsen, in: Herrschaftsrepräsentation im ottonischen Sachsen, hrsg. von Dems. – Ernst Schubert (Vorträge und Forschungen 46) Sigmaringen 1998, S. 267–293; Ernst-Dieter Hehl, Merseburg – eine Bistumsgründung unter Vorbehalt. Gelübde, Kirchenrecht und politischer Spielraum im 10. Jahrhundert, in: Frühmittelalterliche Studien 31, 1997, S. 96–119.

161 Zu vergleichen vielleicht der Buchdeckel des Goldenen Evangelienbuches von Echternach (wie Anm. 135) mit dem Bildnis König Ottos III. und der Kaiserin Theophanu: Schramm (wie Anm. 2) S. 353ff. Nr. 104. Wie die Geste der rechten Hand zeigt, stehen der Herrscher und seine Mutter auf dem Bildnis ‘vor Gott’; dazu Keller (wie Anm. 70) S. 204ff. In der Linken trägt Otto – leicht erhoben – ein Blütenszepter, das er in der Mitte der unteren Hälfte mit der Hand umschließt.

162 D OII 207 (wie Anm. 13).

163 S. unten zu Anm. 180ff. Das Privileg wird im Text als *scriptionis titulus* bezeichnet (S. 236 Z. 1).

164 *... ius speciale, quotienscumque successionis usus exigat, ac singulare arbitrium eligendi inter se pastorem, quod rex nullus aut imperialis deinceps potestas nisi sub anathemate a suo iure demere possit, hoc privilegio firmiter concessimus, ea videlicet ratione ut divina per singulos dies servitute congregatio eiusdem loci presens ac futura devotior existat atque pro statu imperii nostri ac pro animabus parentum et prosapiae nostrae vel etiam pro aliis fidelibus iugiter eam exorare deum melius delectet.* Vgl. schon den feierlichen Eingang der Narratio. Zum Verständnis hilfreich Wollasch (wie Anm. 158) gerade auch wenn man das Siegelbild in dem hier vorgeschlagenen Sinne interpretiert.

165 S. oben Anm. 114.

166 Daß das Siegel die Autorität des Herrschers verkörpert, auch wenn er persönlich nicht anwesend ist, wird in der gesamten Literatur zur Besiegelung angesprochen. Mir geht es hier um die Frage, ob seit dem 10. Jahrhundert dem Bildnis selbst eine spezifische Bedeutung zukommt, ob es m. a. W. als Träger einer eigenen Botschaft an den Empfänger verstanden werden muß, vielleicht sogar eine ‘Erinnerungsfunktion’ angenommen hat. Vgl. Beumann (wie Anm. 119) S. 204 (= S. 154).

167 S. oben S. 150–156.

168 Zu den Herrschaftsstrukturen Keller (wie Anm. 172). Karl Ferdinand Werner, Missus – marchio – comes. Entre l’administration centrale et l’administration locale de l’Empire carolingien, in: Histoire comparée de l’administration (IVᵉ–XVIIIᵉ siècles), hrsg. von Werner Paravicini – Dems. (Beihefte der Francia 9) Zürich – München 1980, S. 191–239, S. 194, sieht einen Unterschied zur Herrschaftsorganisation im römisch-deutschen Reich darin, daß die Karolinger auf Grund ihres Herrschaftsapparats über ihre ‘Funktionäre’ eine ‘présence morale’ besaßen, auch wenn ihre ‘présence physique’ nicht gegeben war. Vielleicht könnte man sinngemäß die Invokation der von Gott verliehenen

maiestas im Siegelbild für die ottonische Zeit als 'présence morale' des Herrschers auch in Zeiten seiner Abwesenheit umschreiben – bezogen auf die persönliche Interaktion des von Gott zur Herrschaft Berufenen mit seinen Großen.

[169] Kaiserbullen Karls des Großen, Ludwigs des Frommen, Ludwigs II. und Karls des Kahlen, von denen es freilich meist nur Nachzeichnungen gibt (s. oben Anm. 39) bringen neben der Herrscherbüste Schild und Speer als verkleinerte, der linken Körperseite zugeordnete Chiffren; vgl. die Abbildungen bei SCHRAMM (wie Anm. 2) S. 274, 288, 301, 305; Corpus (wie Anm. 2) S. 97 ff. In allen Fällen wird der Kopf des Herrschers in Dreiviertelansicht gegeben, was an das Silbermedaillon erinnert, das Konstantin der Große 312 nach dem Sieg über Maxentius prägen ließ (dazu KONRAD KRAFT, Das Silbermedaillon Constantins des Großen mit dem Christusmonogramm auf dem Helm, in: Jahrbuch für Numismatik und Geldgeschichte 5/6, 1954/55, S. 151–178). Die Chiffre der Miniaturwaffen gelangt – mit dem Profilkopf verbunden – unter Ludwig d. Deutschen (weiterbenutzt von Ludwig d. Jüngeren), Karl III. (vgl. Corpus, S. 112 Nr. 34), Arnulf sowie Berengar I. von Italien vereinzelt ins Siegelbild; vgl. SCHRAMM, a. a. O., S. 64 f. Während Zwentibold von Lothringen noch ein Gemmensiegel vom karolingischen Typus, allerdings nun in runder statt ovaler Form, benutzt hatte, wurde für Ludwig d. Kind der neue Typus des Profilbildes mit Diadem sowie mit Schild und Lanze, auf beide Arme verteilt und im Maßstab der Personendarstellung wiedergegeben, geschaffen. Die Urkunden des unmündigen Herrschers wurden zunächst und auch weiterhin mit dem Gemmensiegel Ludwigs d. Deutschen (= Ludwigs d. Jüngeren) beglaubigt; doch erscheint bereits 902 das neue Bild mit Schild und Lanze, diese zunächst noch ohne Wimpel (erstmals D 14, 902 Aug. 6). Nachdem der 893 geborene Ludwig das wehrfähige Alter von 15 Jahren erreicht hatte, zeigte er sich von da an ausschließlich in dem neuen Siegelbild mit Fahnenlanze (zuerst D 65, 909 Jan. 7); vgl. Die Urkunden Zwentibolds und Ludwigs des Kindes, hrsg. von THEODOR SCHIEFFER (MGH Diplomata regum Germaniae ex stirpe Karolinorum 4) Berlin 1960, S. 92 f. Diesen Typus behielten Konrad I., Heinrich I. und Otto der Große bis 962 mit jeweils neu geschnittenen Stempeln bei. Es scheint mir beachtenswert zu sein, daß nach dieser relativ langen Phase der Bildkontinuität dann die 'ottonischen Kaisersiegel' wiederum bis zur Kaiserkrönung Ottos III. eine große Bildkonstanz zeigen. Trotz der absoluten Dominanz des Thronsiegels seit Heinrich II. sind die salischen Siegel variantenreicher.

[170] S. oben zu Anm. 41.

[171] Zuletzt: Schriftkultur und Reichsverwaltung unter den Karolingern, hrsg. von RUDOLF SCHIEFFER (Nordrhein-Westfälische Akademie der Wissenschaften. Abhandlungen 97) Opladen 1996.

[172] HAGEN KELLER, Grundlagen ottonischer Königsherrschaft, in diesem Band, S. 22–33; DERS., Zum Charakter der 'Staatlichkeit' zwischen karolingischer Reichsreform und hochmittelalterlichem Herrschaftsausbau, in diesem Band, S. 11–21; DERS., Reichsorganisation, Herrschaftsformen und Gesellschaftsstrukturen im Regnum Teutonicum, in: Il secolo di ferro: Mito e realtà del secolo X (Settimane di studio del Centro italiano di studi sull'alto medioevo 38) Spoleto 1991, S. 159–203.

[173] THEODOR MAYER, Das deutsche Königtum und sein Wirkungsbereich, in: Das Reich und Europa, Leipzig ²1941, S. 52–74; CARLRICHARD BRÜHL, Fodrum, Gistum, Servitium regis. Studien zu den wirtschaftlichen Grundlagen des Königtums etc. (Kölner Historische Abhandlungen 14) Köln – Graz 1969, S. 116 ff.; KELLER (wie Anm. 95). Zur Struktur und Interpretation des Herrscheritinerars grundsätzlich ECKHARD MÜLLER-MERTENS, Die Reichsstruktur im Spiegel der Herrschaftspraxis Ottos des Großen (Forschungen zur mittelalterlichen Geschichte 25) Berlin 1980.

[174] HANS-WALTER KLEWITZ, Die Festkrönungen der deutschen Könige, in: Zeitschrift der Savigny-Stiftung für Rechtsgeschichte, Kanonistische Abteilung 28, 1939, S. 48–96; CARLRICHARD BRÜHL, Kronen- und Krönungsbrauch im Mittelalter, in: Historische Zeit-

schrift 234, 1982, S. 1–31; HAGEN KELLER, Zwischen regionaler Begrenzung und universalem Horizont. Deutschland im Imperium der Salier und Staufer 1024–1250 (Propyläen Geschichte Deutschlands 2) Berlin 1986, S. 109 ff.; DERS., Die Investitur (wie Anm. 118).

175 GERD ALTHOFF, Demonstration und Inszenierung. Spielregeln der Kommunikation in mittelalterlicher Öffentlichkeit, in: Frühmittelalterliche Studien 27, 1993, S. 27–50; DERS. Empörung, Tränen, Zerknirschung. Emotionen in der öffentlichen Kommunikation des Mittelalters, ebd. 30, 1996, S. 60–79.

176 S. oben zu Anm. 107 ff., 116 ff.

177 Für derartige Vorstellungen z. B. Liudprand, Antapodosis II 22–23 (wie Anm. 17) S. 48 ff.; vgl. WERNER AFFELDT, Die weltliche Gewalt in der Paulus-Exegese. Röm. 13, 1–7 in den Römerbriefkommentaren der lateinischen Kirche bis zum Ende des 13. Jahrhunderts (Forschungen zur Kirchen und Dogmengeschichte 22) Göttingen 1969, S. 129 ff.; WOLFGANG STÜRNER, Peccatum und Potestas. Der Sündenfall und die Entstehung der herrscherlichen Gewalt im mittelalterlichen Staatsdenken (Beiträge zur Geschichte und Quellenkunde des Mittelalters 11) Sigmaringen 1987, S. 115 ff.

178 Wie Anm. 172, vgl. auch Anm. 119.

179 KLEWITZ (wie Anm. 174); KELLER (wie Anm. 118).

180 PETER RÜCK, Die Urkunde als Kunstwerk, in: Kaiserin Theophanu (wie Anm. 3) 2, S. 311–333, Zitat S. 326 (mit Literaturhinweisen). Noch weiterführend DERS., Bildberichte vom König. Kanzlerzeichen, königliche Monogramme und das Signet der salischen Dynastie (Elementa diplomatica 4) Marburg 1996. Der Autor hat mir dankenswerterweise sein Buch unmittelbar nach Erscheinen zugedacht. Die zahlreichen Anregungen nachträglich einzuarbeiten, hätte die Gedankenführung dieses Beitrags gesprengt; um so nachdrücklicher sei der Leser auf die Ausführungen Rücks hingewiesen, durch die neues Licht auf Bedeutung und Verständnis der Urkunde fällt, das manches hier Vorgetragene zusätzlich stützt.

181 Zitate nach RÜCK (wie Anm. 180) S. 333; zur „Visualisierung der Macht" ebd. S. 316 ff. Als gute Illustration vgl. man das wohl von Bernward von Hildesheim verfaßte D OIII 32, in: Bernward (wie Anm. 7) 2, S. 252 ff. Nr. V-4 (HANS JAKOB SCHUFFELS). Siegelbild und Urkunde partizipieren hier gleichzeitig an Tendenzen, welche die Entwicklung der ottonischen Kunst – nicht zuletzt in rezipierender Auseinandersetzung mit byzantinischen Vorbildern – insgesamt bestimmen. Vgl. HANS JANTZEN, Ottonische Kunst, München 1947, Hamburg ²1959; WERNER WEISBACH, Ausdrucksgestaltung in mittelalterlicher Kunst, Einsiedeln – Zürich 1948, bes. S. 34 ff.; ferner RAINER KAHSNITZ, Koimesis – dormitio – assumptio. Byzantinisches und Antikes in den Miniaturen der Liuthargruppe, in: Florilegium in honorem Carl Nordenfalk octogenarii contextum, Stockholm 1987, S. 91–122; ANTON VON EUW, Die ottonische Kölner Malschule. Synthese der künstlerischen Strömungen aus West und Ost, in: Kaiserin Theophanu (wie Anm. 3) 1, S. 251–280; MAYR-HARTING (wie Anm. 44).

182 Einen guten Überblick über die Bildnismünzen jetzt bei BERND KLUGE, Deutsche Münzgeschichte von der späten Karolingerzeit bis zum Ende der Salier (ca. 900 bis 1125) (Publikationen zur Ausstellung 'Die Salier und das Reich' = Römisch-Germanisches Zentralmuseum. Forschungsinstitut für Vor- und Frühgeschichte. Monographien 29) Sigmaringen 1991.

183 Überblick durch die Beiträge von PETER BERGHAUS in: SCHRAMM (wie Anm. 2) hier S. 275 f. Nr. 6, S. 289–292 Nr. 15, S. 297 Nr. 20, S. 303 Nr. 30, S. 305 Nr. 35 (mit zugehörigen Beschreibungen im Katalog).

184 Sie stammen aus Breisach und Straßburg: SCHRAMM (wie Anm. 2) S. 334; KLUGE (wie Anm. 182) S. 206 f., Tafel 42 Abb. 247; S. 282 f., Tafel 80 Abb. 478 f. In Zürich wurde unter Herzog Burkhard II. (955–973) eine Münze mit dem thronenden Christus geprägt mit der Beischrift IHS XPC RX; KLUGE S. 208 f., Tafel 43 Abb. 254. Die Mainzer Münze auf den Namen des Herzogs Cuono mit einem wohl als Bildnis des Königs zu verstehen-

den Profilkopf (Kluge S. 198f., Tafel 38 Abb. 224) kann eigentlich nur aus der Zeit des Liudolf-Aufstandes (953/54) stammen.

185 KLUGE (wie Anm. 182) S. 79ff., 82ff. Für die Herrscherbilder vgl. PETER BERGHHAUS, in: SCHRAMM (wie Anm. 2); ferner: Das Reich der Salier 1024–1125. Katalog zur Ausstellung des Landes Rheinland-Pfalz, Sigmaringen 1992, S. 229–242 (BERND KLUGE).

186 Für die Herrscher vgl. die in Anm. 185 zitierten Werke. Die Münzstätten längs des Rheins und in (Nieder-)Lothringen scheinen bei der Verwendung der en face-Bilder voranzugehen, möglicherweise auch bei der Verwendung des Brustbildes im Profil für fürstliche Münzen. Nach KLUGE (wie Anm. 182, 185) haben im niederlothringisch-niederdeutschen Raum teilweise Vorbilder aus England eingewirkt, wo die Bildnismünze im letzten Viertel des 10. Jahrhunderts zum Regeltyp wird; vgl. The Anglo-Saxons (wie Anm. 136) S. 204f. und 130f. Insignien wie Szepter und Globus werden zunächst nur bei Frontalbildern hinzugefügt, seit Heinrich IV. auch bei Profilköpfen.

187 KLUGE (wie Anm. 182) S. 83f.

188 Z.B. KLUGE (wie Anm. 182) S. 144f., Tafel 11 Abb. 65 (aus Deventer); S. 150f., Tafel 14 Abb. 84 (Esslingen). Die Beispiele gehören in die Zeit Heinrichs II.

189 S. oben Anm. 184.

190 Manche Urkundentexte ‘inszenieren’ den Vorgang geradezu verbal: Die Bitte, der *imperialis clementia, magnificentia celsitudo, excellentia* etc. oft *humiliter, suppliciter,* ja manchmal unter Tränen vorgetragen, wird vom Herrscher unter Berufung auf den *mos regum* in seiner *clementia* gütig aufgenommen *(benigne, gratuita mente, decenter)* und durch ein *largitatis munus* beantwortet usf. Hier werden m. E. offensichtlich die tatsächlichen Interaktionen sprachlich verdeutlicht (vgl. dazu oben Anm. 128) und für die Zukunft festgehalten, was zu den Momenten der Sicherung des Hulderweises gehört haben könnte. Es scheint mir beachtenswert zu sein, daß hierbei die *clementia divina* der Intitulatio in der oft unmittelbar folgenden herrscherlichen *clementia* gespiegelt wird. Trotz des Titels bringt auch BEDOS-REZAK (wie Anm. 93) hierzu keine Angaben.

191 Die Literatur zur Intervenienz unter einzelnen Herrschern hat das Problem der Interaktion – möglicherweise in der Öffentlichkeit – ebensowenig erörtert wie die Handbücher zur Urkundenlehre und zur Verfassungsgeschichte. Hier könnten die Forschungen über die Bedeutung der Vermittler Verständnishilfen bieten, vgl. GERD ALTHOFF, Spielregeln der Politik im Mittelalter. Kommunikation in Frieden und Fehde, Darmstadt 1997. Wenn man jedoch nach der rituellen oder zeremoniellen Komponente des Vorgangs fragt, könnte zu beachten sein, daß die Nennung von Intervenienten erst seit der Zeit Ludwigs d. Frommen häufiger wird; vgl. BRESSLAU (wie Anm. 1) 2, S. 194. Zur Illustration auch PROCHNO (wie Anm. 96); weiterführend RAINER KAHSNITZ, Donum fert Ruodprecht. Stifter- und Huldigungsbilder in der ottonischen und salischen Buchmalerei (Vortrag zur Herbsttagung 1996 des Konstanzer Arbeitskreises für mittelalterliche Geschichte e.V., Insel Reichenau 1.–4. 10. 1996).

192 Auch hier bietet die einschlägige Literatur nur Angaben zur technischen und ‘bürokratischen’ Handhabung. Temperamentvolle und berechtigte Kritik an den modernen ‘Behörden’-Kategorien, unter denen die Kanzleien der mittelalterlichen Herrscher und Fürsten in der Forschung seit dem 19. Jahrhundert behandelt worden sind, übt ELLEN WIDDER, Kanzler und Kanzleien. Ein Beitrag zur Strukturgeschichte der spätmittelalterlichen Landesherrschaft, masch. Habil-Schrift Münster 1995, bes. S. 8–58.

193 Vgl. das bei Anm. 160ff. besprochene Beispiel oder Erwähnungen, daß die Urkunde auf dem Heiligengrab deponiert wurde. Für Urkunden zur Sicherung der *dos* und für Prachtausfertigungen ist wohl in jedem Fall mit feierlicher, ja zeremonieller Überreichung zu rechnen; dies ist für Privaturkunden im Rahmen des Rechtsrituals überall bezeugt. Vgl. auch HANSMARTIN SCHWARZMAIER, Das ‘salische Hausarchiv’, in: Die Salier und das Reich, hrsg. von STEFAN WEINFURTER, Sigmaringen 1991, 1, S. 97–115. Zur Rezitation von Urkunden vgl. FICHTENAU (wie Anm. 113) S. 15, 30, sowie oben zu Anm. 160f.

194 S. oben S. 150–156. Vgl. auch die Bemerkungen zu den merowingischen Königssiegeln bei Peter Classen, Kaiserreskript und Königsurkunde. Diplomatische Studien zum Problem der Kontinuität zwischen Altertum und Mittelalter (Byzantine Texts and Studies 15) Thessaloniki 1977, S. 182ff., 229ff.

195 Wann die neue Technik für die Herstellung des Siegels aufkam, ließ sich in den Nachschlagewerken nicht sicher ermitteln. Nach Bresslau (wie Anm. 1) 1, S. 561, war dies „schon seit dem 9. Jahrhundert der Fall"; Ewald (wie Anm. 1) S. 165, sieht „die Zunahme der Größenverhältnisse seit dem 10. Jahrhundert" als die Ursache an. Jedenfalls besteht schon das Siegel an D OI 2 (14. X. 936) aus einem vorbereiteten Wachsbett mit eingedrücktem Siegelbild in anderem Wachs, vgl. Kahsnitz (wie Anm. 7) S. 17 Nr. II-1. Statt des einfachen Kreuzschnitts zur Befestigung des Siegels wurde seit 972 das Pergament durch einen Sternschnitt geöffnet, durch den 8 Lappen zum Umbiegen entstanden; vgl. Posse (wie Anm. 2) 5, S. 144 Anm. 7. Seit dem frühen 11. Jahrhundert wurde die Haftung der schwerer gewordenen Siegel durch eine neue Technik weiter verbessert, vgl. Theodor Ilgen, in: Ders. – Erich Gritzner – Ferdinand Friedensburg, Sphragistik. Heraldik. Deutsche Münzgeschichte (Grundriß der Geschichtswissenschaft, hrsg. von Aloys Meister, 1, Abt. 4) Leipzig – Berlin ²1912, S. 24.

196 S. oben, Text vor Anm. 71. Beachtenswert scheint mit zu sein, daß – wie die Urkundenlehre seit langem festgehalten hat – 'um 940', d. h. etwa seit der Kanzlerschaft Bruns – der Zusammenhang des Siegelortes mit dem Rekognitionszeichen 'vergessen' wird und sich das Siegel nach dem Verschwinden des Rekognitionszeichens unter Otto II. „ziemlich frei in dem Raume rechts von den Unterschriften bewegt", bis er unter Otto III. wieder einen festeren Ort „rechts von Signums- und Rekognitionsformel" findet; Posse (wie Anm. 2) 5, S. 143f.; vgl. z. B. Erben (wie Anm. 2) S. 173. Dadurch wird es aber möglich, das Layout der Urkunde zu verändern und das Siegel besser 'ins Bild zu setzen', d. h. es mehr in die Mitte oder höher zu rücken und vom Schriftkontext freizustellen. Vgl. die schönen Abbildungen in: Bernward (wie Anm. 7) 2, S. 30 Nr. II-12 (D OI 366), 251 Nr. V-2 (D OII 170), 253 Nr. V-3 (D OII 181), 255 Nr. V-4 (D OIII 32), 398 Nr. VI-61 (D OIII 66). Die Angaben der genannten Handbücher zum Verschwinden des Rekognitionszeichens sind nicht in Übereinstimmung zu bringen mit den Nachzeichnungen bei Rück, Bildberichte (wie Anm. 180) S. 87ff., die bis in die Zeit Ottos III. reichen.

197 S. oben Anm. 169.

198 S. oben zu Anm. 41.

199 Vgl. Schneidmüller (wie Anm. 10). Eine Differenzierung ergibt sich auch daraus, daß die westfränkischen Herrscher am ovalen Format der älteren Gemmensiegel festhielten, während im ostfränkischen Reich – nach einzelnen runden Stempeln unter Karl III. und Arnulf – sich unter Ludwig d. Kind endgültig ein rundes Siegel durchsetzt, ebenso in Italien seit Berengar I. und Kaiser Ludwig von der Provence. Angaben zur Form in: Corpus (wie Anm. 2). Die Siegel der westfränkischen Könige tragen in der Umschrift seit Karl dem Kahlen durchgängig die Gottesgnadenformel (zuerst bezeugt 843), was im Regnum Italiae erst im frühen 10. Jahrhundert, im ostfränkischen Reich erst 936 von Otto I. übernommen wird; s. unten Anm. 214. Die Differenzierung nach Ludwig dem Frommen, die auch in anderen Merkmalen zum Ausdruck kommt, wird also in diesem Punkt im 10. Jahrhundert aufgehoben. Vgl. auch unten zu Anm. 207.

200 S. oben zu Anm. 10–12.

201 Vgl. Schneidmüller, Ottonische Familienpolitik (wie Anm. 10), der auf die Betonung der Gleichrangigkeit abhebt. Die einzige Urkunde Lothars, auf der das 'Imperialsiegel' enthalten ist, wurde am 5. V. 966 für einen Empfänger auf Reichsgebiet, für das Kloster St. Bavo in Gent, ausgestellt, und zwar auf Intervention Gerbergas, der Schwester Ottos I. und Mutter Lothars, sowie Emmas, der Tochter der Kaiserin Adelheid aus ihrer ersten Ehe mit König Lothar von Italien und Gemahlin des westfränkischen Königs.

[202] Bautier (wie Anm. 2); Goez (wie Anm. 5).
[203] S. oben Anm. 5 sowie zu Anm. 71 ff.
[204] Thietmar (wie Anm. 157).
[205] S. oben zu Anm. 52 ff.
[206] S. oben zu Anm. 71 ff.
[207] Vgl. Schramm (wie Anm. 2); Corpus (wie Anm. 2).
[208] Staubach (wie Anm. 100).
[209] Keller (wie Anm. 45).
[210] Wolfram von den Steinen, Der Mensch in der ottonischen Weltordnung, in: Vierteljahresschrift für Literaturwissenschaft und Geistesgeschichte 38, 1964, S. 1–23; Bornscheuer (wie Anm. 44); Keller (wie Anm. 45); Kämpfer (wie Anm. 72); Mayr-Harting (wie Anm. 44).
[211] Messerer (wie Anm. 5); Kahsnitz (wie Anm. 181); van Euw (wie Anm. 181); Nikolaus Staubach, Graecae gloriae. Die Rezeption des Griechischen als Element spätkarolingisch-frühottonischer Hofkultur, in: Kaiserin Theophanu (wie Anm. 3) 1, S. 343–367.
[212] Keller, Reichsorganisation (wie Anm. 172); Ders. (wie Anm. 118); Weinfurter (wie Anm. 111).
[213] Keller (wie Anm. 118), bes. S. 79 ff.
[214] Im 9. Jahrhundert hatte zuerst Karl der Kahle die Gottesgnadenformel auf seinen beiden Siegeln regelmäßig benutzt (Königssiegel: *gratia dei rex;* Kaisersiegel: *misericordia dei imperator aug(ustus);* seine Nachfolger im westfränkischen Reich haben dies beibehalten; Corpus (wie Anm. 2) S. 103 ff. Außerdem erscheint die Formel im ostfränkischen Reich auf provisorischen Siegeln Karlmanns (878) und Arnulfs (887/88); Schramm (wie Anm. 2) S. 179, 181. Regelmäßiger Bestandteil der Siegelumschrift wurde *dei gratia* mit dem Herrschaftsantritt Ottos I., der also in diesem Merkmal das sonst übernommene Vorbild Heinrichs I., Konrads I. und Ludwigs d. Kindes erweiterte; vgl. die Belege bei Schramm (a. a. O.). Die Gottesgnadenformel blieb allerdings auf das Königssiegel beschränkt und wurde erst unter Otto III. auch in das Kaisersiegel übernommen; s. oben zu Anm. 52 f. Im Regnum Italiae bildete *gra(tia) dei pius rex* seit König Rudolf II. die reguläre Titulatur der Siegelumschrift, nachdem schon Kaiser Ludwig III. die *gratia dei*-Formel verwendet hatte; vgl. Corpus (wie Anm. 2) S. 130; Schramm, a. a. O., S. 329 und die Verweise S. 183; s. auch oben zu Anm. 41 und 197 ff. Zur *clementia* Althoff (wie Anm. 153); Keller (wie Anm. 70).
[215] Rück (wie Anm. 180) S. 333.
[216] Widder (wie Anm. 192).
[217] Hagen Keller, Die Idee der Gerechtigkeit und die Praxis königlicher Rechtswahrung im Reich der Ottonen, in diesem Band, S. 34–50; Ders. (wie Anm. 70).
[218] Da hier nur eine begrenzte Zahl von Siegeln wiedergegeben werden kann, sei – außer auf die zitierten älteren Arbeiten – auf folgende neuere Publikationen verwiesen: Hagen Keller, Das neue Bild des Herrschers. Zum Wandel der „Herrschaftspräsentation“ unter Otto dem Großen, in: Ottonische Neuanfänge. Symposion zur Ausstellung „Otto der Große, Magdeburg und Europa“, hrsg. von Bernd Schneidmüller – Stefan Weinfurter, Mainz 2001, S. 189–211; Ders., Die Siegel und Bullen Ottos III., in: Europas Mitte um 1000. Handbuch zur Ausstellung, hrsg. von Alfried Wieczorek – Hans-Martin Hinz, Stuttgart 2000, 2, S. 767–773; Rainer Kahsnitz, Herrschaftsrepräsentation der ottonischen Familie III 1–6 (Siegel Ottos I. und Ottos II.), in: Otto der Große, Magdeburg und Europa. Katalog, hrsg. von Matthias Puhle, Mainz 2001, S. 106–111.

Herrscherbild und Herrschaftslegitimation
Zur Deutung der ottonischen Denkmäler

[1] PERCY ERNST SCHRAMM, Die deutschen Kaiser und Könige in Bildern ihrer Zeit: 751–1190, Neuauflage hrsg. von FLORENTINE MÜTHERICH, München 1983 (künftig zitiert: SCHRAMM, wie Anm. 1); katalogartige Erfassung der ottonischen Herrscherbilder auch bei KURT RUPPERT, Das Herrscherbild der ottonischen Zeit, in: Bericht des Historischen Vereins für die Pflege der Geschichte des ehemaligen Fürstbistums Bamberg 112, 1976, S. 9–56. Zur Typologie und Bedeutung der frühmittelalterlichen Herrscherbildnisse trotz aller Korrekturen noch immer unentbehrlich PERCY ERNST SCHRAMM, Das Herrscherbild in der Kunst des frühen Mittelalters, in: Vorträge der Bibliothek Warburg, hrsg. von Fritz Saxl, 2, Teil 1, 1922–23, Leipzig – Berlin 1924, S. 146–226.

[2] JOACHIM WOLLASCH, Kaiser und Könige als Brüder der Mönche. Zum Herrscherbild in liturgischen Handschriften, 9.–11. Jh., in: Deutsches Archiv für Erforschung des Mittelalters 40, 1984, S. 1–20.

[3] SCHRAMM, Das Herrscherbild (wie Anm. 1) hat einen entscheidenden Impuls gegeben und durch die erstmals 1928 erschienene Monographie (Die deutschen Kaiser, wie Anm. 1) auch die Grundlage für jede weitere Behandlung geschaffen. Zum Gang der Diskussion und zum heutigen Forschungsstand vgl. insbesondere HANS JANTZEN, Ottonische Kunst, München 1947, S. 100 ff. (= Hamburg 1959, S. 91 ff.); ERNST H. KANTOROWICZ, The King's Two Bodies. A Study in Medieval Political Theology, Princeton 1957, S. 61 ff.; WILHELM MESSERER, Zum Kaiserbild im Aachener Ottonencodex, in: Nachrichten der Akademie der Wissenschaften in Göttingen, Philologisch-historische Klasse, Jg. 1959, H. 2, S. 27–36; WOLFRAM VON DEN STEINEN, Der Mensch in der ottonischen Weltordnung, in: Deutsche Vierteljahrsschrift für Literaturwissenschaft und Geistesgeschichte 38, 1964, S. 1–23; HARALD KELLER, Das Nachleben des antiken Bildnisses von der Karolingerzeit bis zur Gegenwart, Freiburg – Basel – Wien 1970, bes. S. 62–75; KONRAD HOFFMANN, Taufsymbolik im mittelalterlichen Herrscherbild (Bonner Beiträge zur Kunstwissenschaft 9) Düsseldorf 1968; DERS., Das Herrscherbild im „Evangeliar Ottos III." (clm 4453), in: Frühmittelalterliche Studien 7, 1973, S. 324–341; AUGUST NITSCHKE, Ottonische und karolingische Herrscherdarstellungen. Gestik und politisches Verhalten, in: Beiträge zur Kunst des Mittelalters. Festschrift für Hans Wentzel, Berlin 1975, S. 157–172; GEORGES DUBY, Le temps des cathédrales. L'art et la société 980–1420, Genève 1976, S. 19 ff. (zuerst 1966–67); nur zusammenfassend JOACHIM WIEDER, Über die Kaiserbilder in der ottonischen Buchmalerei, in: Studi di biblioteconomia e storia del libro in onore di Francesco Barberi, Roma 1976, S. 629–647. Vgl. PETER BLOCH, Bildnis im Mittelalter. Herrscherbild – Grabbild – Stifterbild, in: Menschen in der Kunst des Abendlandes, Berlin 1980, S. 107–120.

[4] Von der Studie von JOACHIM WOLLASCH erfuhr ich, als die diesem Vortrag zugrundeliegende Untersuchung weitgehend abgeschlossen war. Wir haben unsere Ergebnisse am 20. 1. 1984 im Mittelalterkreis des Historischen Seminars Münster gemeinsam zur Diskussion gestellt. Ich publiziere die Vortragsfassung, aus der ich nur einige unmittelbare Bezugnahmen auf die Ausführungen von Joachim Wollasch herausgenommen habe. Herrn Wollasch danke ich für die Überlassung des Manuskripts seines Vortrags, den er zuvor schon in München gehalten hatte, und für anregende Gespräche. Anregungen erhielt ich ferner bei der Diskussion der Problematik in meinem Oberseminar des Wintersemesters 1983/84; meine Mitarbeiter Josef Steinhart und Thomas Behrmann leisteten wertvolle Hilfe beim Abschluß dieser Studie. Weitere Untersuchungen, die der Frontalität der Herrscherdarstellung und den Begleitfiguren gelten, kann ich auf Grund anderer Verpflichtungen zur Zeit nicht zur Veröffentlichung bringen. Der Bayerischen Staatsbibliothek München danke ich für rasche Erfüllung meiner Bitte um Aufnahmen.

[5] Abbildungen: SCHRAMM (wie Anm. 1) S. 298 Nr. 21 mit Literatur S. 161; DERS. – FLO-

RENTINE MÜTHERICH, Denkmale der deutschen Könige und Kaiser, München [2]1981, S. 230 Nr. 25 (mit Literatur S. 123, 479); FLORENTINE MÜTHERICH – JOACHIM E. GAEHDE, Karolingische Buchmalerei, München 1976, S. 84. Vgl. WILHELM KÖHLER, Die karolingischen Miniaturen, Bd. I: Die Schule von Tours T. 1, Taf. 98–105. Zu den Beischriften WOLLASCH (wie Anm. 2). Die Texte in MGH Poetae latini aevi carolini 2, Berlin 1884, S. 670f.

[6] Vgl. Darstellung und Beischriften im Londoner Lothar-Psalter, wo auf das Bildnis Lothars das Bildnis Davids folgt; dazu WILHELM KÖHLER – FLORENTINE MÜTHERICH, Die karolingischen Miniaturen, Bd. IV: Die Hofschule Lothars, Einzelhandschriften aus Lothringen, Berlin 1971, Textband S. 11f., 20ff., 35ff. Zu den karolingischen Herrscherbildnissen – auch zu dem hier besprochenen Lothars I. – und ihrem Verhältnis zur Tradition des Kaiserbildes vgl. DONALD BULLOUGH, 'Imagines regum' and their significance in the early medieval West (Studies in memory of David Talbot Rice, hrsg. von GILES ROBERTSON – GEORGE HENDERSON, Edinburgh 1975, S. 223–276).

[7] SCHRAMM (wie Anm. 1) S. 359 Nr. 107, dazu S. 78f., 204f.; SCHRAMM – MÜTHERICH (wie Anm. 5) S. 315 Nr. 103; Doppelseite bei MESSERER (wie Anm. 3) Taf. I; VON DEN STEINEN (wie Anm. 3) Abb. 4/5; HOFFMANN, Taufsymbolik (wie Anm. 3) Abb. 3; ERNST GÜNTER GRIMME, Der Aachener Domschatz (= Aachener Kunstblätter 42) Düsseldorf [2]1973, S. 32f.; hier Abb. 51.

[8] SCHRAMM (wie Anm. 1) S. 376 Nr. 124, dazu S. 96f., 215f. VON DEN STEINEN, (wie Anm. 3) Abb. 3; hier Abb. 52.

[9] SCHRAMM (wie Anm. 1) S. 365 Nr. 112, dazu S. 89f., 208; Doppelseite VON DEN STEINEN (wie Anm. 3) Abb. 2; Faksimileausgabe: ALOIS FAUSER (Hrsg.), Die Bamberger Apokalypse (Die Miniaturen der Apokalypse und des Evangelistars in der Staatl. Bibl. Bamberg, Bibl. 140 [A II 42]), Wiesbaden 1958, S. 51f. Zu beachten ist, daß die Handschrift die Apokalypse und ein Evangelistar enthält. Will man das Kaiserbild nicht aus seiner Stellung zwischen diesen beiden Teilen interpretieren, so gehört es wohl eher zu dem folgenden Evangelistar (VON DEN STEINEN, S. 6 Anm. 7).

[10] Die Krönung einer sitzenden Gestalt begegnet später bei der Marienkrönung, die aber theologisch in andere Zusammenhänge gehört: H. W. VAN OS, 'Krönung Mariens', in: Lexikon der christlichen Ikonographie, 2, Rom – Freiburg – Basel – Wien 1970, Sp. 671–676.

[11] Im Münchener Perikopenbuch Heinrichs II., ebenfalls aus der Reichenauer Schule; SCHRAMM (wie Anm. 1) S. 374 Nr. 122, dazu S. 94f., 215; SCHRAMM – MÜTHERICH (wie Anm. 5) S. 326 Nr. 110; VON DEN STEINEN (wie Anm. 3) Abb. 3. Die mit der Strahlen-(Zacken-)krone des Sol ausgezeichneten Ganzfiguren rechts und links der Roma sind vielleicht als Oriens und Occidens, d. h. zusammen mit der zentralen Gestalt der Roma als Verkörperung des Erdkreises zu deuten, dessen gabenbringende Gentes zwischen diesen drei Figuren nur im Brustbild gezeigt werden.

[12] Zur Tradition der Kaiserdarstellung im Kreuz grundlegend JOSEF DEÉR, Das Kaiserbild im Kreuz, in: Schweizer Beiträge zur allgemeinen Geschichte 13, 1955, S. 48–110, jetzt auch in: DERS., Byzanz und das abendländische Herrschertum (Vorträge und Forschungen 21) 1977, S. 125–177; zum Lothar-Kreuz ferner HOFFMANN, Taufsymbolik (wie Anm. 3) S. 62–66; SCHRAMM (wie Anm. 1) bes. S. 79f.; GRIMME (wie Anm. 7) S. 24ff.; WOLFRAM VON DEN STEINEN, Der Kosmos des Mittelalters, Bern 1959, S. 50, 363f.; wichtig jetzt LOTHAR BORNSCHEUER, Miseriae Regum. Untersuchungen zu den herrschaftstheologischen Vorstellungen der ottonisch-salischen Zeit (Arbeiten zur Frühmittelalterforschung 4) Berlin 1968, S. 232ff. mit Literatur.

[13] Vgl. VON DEN STEINEN (wie Anm. 3) S. 6f.: „Denken wir noch hinzu, daß die Bilder ja nicht für die sogenannte Öffentlichkeit oder die Kunstfreunde existierten, sondern Altarhandschriften feierlich vorangesetzt, für die Augen Gottes selber und die des Kaisers als ihres Besitzers. Entsprechend geben sie keine Realismen, natürlich auch nicht Expressionen einer Künstlerseele, sondern das Signifikative: geistige, vor der Gottheit

verantwortete Bedeutung." DERS., Homo Caelestis. Das Wort der Kunst im Mittelalter 1, Bern – München 1965, S. 120 f.

[14] Ordo der sieben Formeln, hrsg. von CARL ERDMANN, in: DERS., Forschungen zur politischen Ideenwelt des Frühmittelalters, Berlin 1951, S. 87–89, hier S. 88 (2): *Christus ... per presentem sacri unguinis infusionem Spiritus paracliti super caput tuum infundat benedictionem ... quatinus hoc visibili et tractabili dono invisibilia percipere et temporali regno iustis moderaminibus executo eternaliter cum eo regnare merearis ...* Zur unterschiedlichen Konnotation der Salbung im Abendland und in Byzanz vgl. JANET L. NELSON, Symbols in context: rulers' inauguration rituals in Byzantium and the West in the early middle ages, in: DEREK BAKER (Hrsg.), The orthodox Churches and the West (Studies in Church History 13) Oxford 1976, S. 97–119.

[15] Zum Folgenden HAGEN KELLER, Grundlagen ottonischer Königsherrschaft, in: Reich und Kirche vor dem Investiturstreit, hrsg. von KARL SCHMID, Sigmaringen 1985, S. 17–34; in diesem Band, S. 22–33.

[16] FRANÇOIS LOUIS GANSHOF, Was waren die Kapitularien?, Darmstadt 1961; DERS., Charlemagne et les institutions de la monarchie franque, in: Karl der Große. Lebenswerk und Nachleben, hrsg. von WOLFGANG BRAUNFELS, Bd. 1: Persönlichkeit und Geschichte, hrsg. von HELMUT BEUMANN, Düsseldorf 1965, S. 349–393; DERS., Charlemagne et l'administration de la justice dans la monarchie franque (ebd., S. 394–419); REINHARD SCHNEIDER, Schriftlichkeit und Mündlichkeit im Bereich der Kapitularien, in: Recht und Schrift im Mittelalter, hrsg. von PETER CLASSEN (Vorträge und Forschungen 23) Sigmaringen 1977, S. 257–279; JOHANNES SCHMITT, Untersuchungen zu den liberi homines der Karolingerzeit, Frankfurt a. M. – Bern 1977, S. 180–244; JOSEF FLECKENSTEIN, Die Struktur des Hofes Karls d. Gr. im Spiegel von Hinkmars de ordine palatii, in: Zeitschrift des Aachener Geschichtsvereins 83, 1976, S. 5–22; KARL FERDINAND WERNER, Missus – marchio – comes. Entre l'administration centrale et l'administration locale de l'Empire carolingien, in: Histoire comparée de l'administration, IVe–XVIIIe siècles, hrsg. von WERNER PARAVICINI–K. F. WERNER (Beihefte der Francia 9) Zürich – München 1980, S. 191–239.

[17] Vgl. HERMANN KRAUSE, Königtum und Rechtsordnung in der Zeit der sächsischen und salischen Herrscher, in: Zeitschrift der Savigny-Stiftung für Rechtsgeschichte, Germanistische Abteilung 82, 1965, S. 1–98; KARL LEYSER, Ottonian Government, in: The English Historical Review 96, 1981, S. 721–753.

[18] In Anknüpfung an ältere Auffassungen von der 'staufischen Staatsreform' und vom Wandel der Staatlichkeit betont den Neuansatz sehr scharf KARL BOSL in: BRUNO GEBHARDT, Handbuch der deutschen Geschichte, 9. Aufl., hrsg. von HERBERT GRUNDMANN, 1, Stuttgart 1970, S. 781 ff. §§ 241–243, und in seinen anderen zusammenfassenden Darstellungen der Epoche. Vgl. DERS., Die Reichsministerialität der Salier und Staufer, 2 Bde. (Schriften der MGH 10) Stuttgart 1950/51; ELMAR WADLE, Reichsgut und Königsherrschaft unter Lothar III. (Schriften zur Verfassungsgeschichte 12) Berlin 1969; FRIEDRICH HAUSMANN, Die Anfänge des staufischen Zeitalters unter Konrad III., in: Probleme des 12. Jahrhunderts (Vorträge und Forschungen 12) Konstanz – Stuttgart 1968, S. 53–78; ALFRED HAVERKAMP, Herrschaftsformen der Frühstaufer in Reichsitalien, 2 Bde. (Monographien zur Geschichte des Mittelalters 1) Stuttgart 1970/71; CARLRICHARD BRÜHL, Die Finanzpolitik Friedrich Barbarossas in Italien, in: Historische Zeitschrift 213, 1971, S. 13–37; DIETER VON DER NAHMER, Zur Herrschaft Friedrich Barbarossas in Italien, in: Studi medievali, ser. 3a, 15/II, 1974, S. 587–703; HANS PATZE, Friedrich Barbarossa und die deutschen Fürsten, in: Die Zeit der Staufer. Katalog der Ausstellung Stuttgart 1977, Bd. 5, Stuttgart 1979, S. 35–75; WOLFGANG METZ, Staufische Güterverzeichnisse. Untersuchungen zur Verfassungs- und Wirtschaftsgeschichte des 12. und 13. Jahrhunderts, Berlin 1964; ELISABETH NAU, Münzen und Geld in der Stauferzeit, in: Die Zeit der Staufer, Bd. 3, 1977, S. 87–102; JOHANNES FRIED, Der Regalienbegriff im 11. und 12. Jahrhundert, in: Deutsches Archiv für Erforschung des Mittelalters 29, 1973, S. 450–528.

[19] WOLFGANG METZ, Das karolingische Reichsgut. Eine verfassungs- und verwaltungsgeschichtliche Untersuchung, Berlin 1960; DERS., Zur Erforschung des karolingischen Reichsgutes, Darmstadt 1971; CARLRICHARD BRÜHL, Fodrum, Gistum, Servitium regis. Studien zu den wirtschaftlichen Grundlagen des Königtums im Frankenreich und in den fränkischen Nachfolgestaaten (Kölner Historische Abhandlungen 14) Köln – Graz 1968, 1, S. 18ff., bes. 72ff.; vgl. auch WALTER SCHLESINGER, Die Hufe im Frankenreich, in: Untersuchungen zur eisenzeitlichen und frühmittelalterlichen Flur in Mitteleuropa und ihrer Nutzung, hrsg. von HEINRICH BECK – DIETRICH DENECKE – HERBERT JANKUHN (Abhandlungen der Akademie der Wissenschaften zu Göttingen, Phil.-hist. Kl., 3. Folge 115) Göttingen 1979, 1, S. 41–70, bes. S. 59ff.

[20] BOSL in GEBHARDT (wie Anm. 18) S. 802ff. § 247; HERMANN KRAUSE, Gesetzgebung, in: Handwörterbuch zur deutschen Rechtsgeschichte 1, Berlin 1971, Sp. 1606–1620, Sp. 1608ff.; ELMAR WADLE, Heinrich IV. und die deutsche Friedensbewegung, in: Investiturstreit und Reichsverfassung, hrsg. von JOSEF FLECKENSTEIN (Vorträge und Forschungen 17) Sigmaringen 1973, S. 141–173; HEINZ ANGERMEIER, Landfriedenspolitik und Landfriedensgesetzgebung unter den Staufern, in: Probleme um Friedrich II., hrsg. von JOSEF FLECKENSTEIN (Vorträge und Forschungen 16) Sigmaringen 1974, S. 167–186; KARL KROESCHELL, Recht und Rechtsbegriff im 12. Jahrhundert, in: Probleme des 12. Jahrhunderts (wie Anm. 18) S. 309–335; BERNHARD DIESTELKAMP, Reichsweistümer als normative Quellen?, in: Recht und Schrift (wie Anm. 16) S. 281–310. Vgl. auch JOSEPH R. STRAYER, On the Medieval Origins of the Modern State, Princeton 1970 (dt.: Die mittelalterlichen Grundlagen des modernen Staates, hrsg. von HANNA VOLLRATH, Köln – Wien 1975).

[21] HEINRICH APPELT, Die Kaiseridee Friedrich Barbarossas, in: Sitzungsberichte der Österreichischen Akademie der Wissenschaft, Phil.-hist. Klasse, 252, 4, Wien 1967, S. 3–32, mit Nachtrag jetzt in: Friedrich Barbarossa, hrsg. von GÜNTHER WOLF, Darmstadt 1975, S. 208–244; GOTTFRIED KOCH, Auf dem Wege zum Sacrum Imperium. Studien zur ideologischen Herrschaftsbegründung der deutschen Zentralgewalt im 11. und 12. Jahrhundert, Wien – Köln – Graz 1972; HANS MARTIN SCHALLER, Die Kaiseridee Friedrichs II., in: Probleme um Friedrich II. (wie Anm. 20) S. 109–134; WOLFGANG STÜRNER, Rerum necessitas und divina provisio. Zur Interpretation des Prooemiums der Konstitutionen von Melfi (1231), in: Deutsches Archiv für Erforschung des Mittelalters 39, 1983, S. 467–554. Vgl. HEINRICH FICHTENAU, Monarchische Propaganda in Urkunden, in: DERS., Beiträge zur Mediävistik. Ausgewählte Aufsätze, 2: Urkundenforschung, Stuttgart 1977, S. 18–36.

[22] HANS HUBERT ANTON, Fürstenspiegel und Herrscherethos in der Karolingerzeit (Bonner Historische Forschungen 32) Bonn 1968; OTTO EBERHARDT, Via Regia. Der Fürstenspiegel Smaragds von St. Mihiel und seine literarische Gattung (Münstersche Mittelalter-Schriften 28) München 1977. Vgl. WALTER ULLMANN, Law and Politics in the Middle Ages. An Introduction to the Sources of Medieval Political Ideas, London 1975, S. 237ff.

[23] ROSAMOND MCKITTERICK, The Frankish Church and the Carolingian Reforms 789–895, London 1977. NIKOLAUS STAUBACH, Das Herrscherbild Karls des Kahlen. Formen und Funktionen monarchischer Repräsentation im früheren Mittelalter, 1. Teil, Diss. Phil. Münster/W. 1981 (Dissertationsdruck). Vgl. JOHANNES FRIED, Der karolingische Herrschaftsverband im 9. Jh. zwischen „Kirche" und „Königshaus", in: Historische Zeitschrift 235, 1982, S. 1–43 mit Literatur; auch NITSCHKE (wie Anm. 3).

[24] KARL SCHNITH, Recht und Friede. Zum Königsgedanken im Umkreis Heinrichs III., in: Historisches Jahrbuch 81, 1962, S. 22–57; PAUL GERHARD SCHMIDT, Heinrich III. – Das Bild des Herrschers in der Literatur seiner Zeit, in: Deutsches Archiv für Erforschung des Mittelalters 39, 1983, S. 582–590; HANS PETER LAQUA, Traditionen und Leitbilder bei dem Ravennater Reformer Petrus Damiani 1042–1052 (Münstersche Mittelalter-Schriften 30) München 1976, S. 280ff. (Diss. Münster 1974); EGON BOSHOF, Das Reich in der

Krise. Überlegungen zum Regierungsausgang Heinrichs III., in: Historische Zeitschrift 228, 1979, S. 265–287; vgl. auch Wadle (wie Anm. 18) S. 159 ff.

[25] Gerd Tellenbach, Libertas. Kirche und Weltordnung im Zeitalter des Investiturstreites (Forschungen zur Kirchen- und Geistesgeschichte 7) Stuttgart 1936; Josef Fleckenstein, Heinrich IV. und der deutsche Episkopat in den Anfängen des Investiturstreites, in: Adel und Kirche. Gerd Tellenbach zum 65. Geburtstag, hrsg. von Dems. – Karl Schmid, Freiburg – Basel – Wien 1968, S. 221–236; Laqua (wie Anm. 24); Christian Schneider, Prophetisches Sacerdotium und heilsgeschichtliches Regnum im Dialog 1073–1077. Zur Geschichte Gregors VII. und Heinrichs IV. (Münstersche Mittelalter-Schriften 9) München 1972; Rudolf Schieffer, Gregor VII. – ein Versuch über die historische Größe, in: Historisches Jahrbuch 97/98, 1979, S. 87–107; Ders., Die Entstehung des päpstlichen Investiturverbots für den deutschen König (Schriften der MGH 28) Stuttgart 1981; Jörgen Vogel, Gregor VII. und Heinrich IV. nach Canossa. Zeugnisse ihres Selbstverständnisses (Arbeiten zur Frühmittelalterforschung 9) Berlin – New York 1983.

[26] Carl Mirbt, Die Publizistik im Zeitalter Gregors VII., Leipzig 1894; Carl Erdmann, Die Anfänge der staatlichen Propaganda im Investiturstreit, in: Historische Zeitschrift 154, 1936, S. 491–512; Ullmann (wie Anm. 22) S. 245 ff.; Ian Stuart Robinson, Authority and Resistance in the Investiture Contest. The Polemical Literature of the Late Eleventh Century, New York 1978; Irene Schmale-Ott (Hrsg.), Quellen zum Investiturstreit, 2. Teil (Ausgewählte Quellen zur deutschen Geschichte des Mittelalters. Freiherr vom Stein-Gedächtnisausgabe XII b) Darmstadt 1984, Einleitung. Vgl. die in Anm. 25 genannte Literatur.

[27] Wie Anm. 21; ferner Ullmann (wie Anm. 22) S. 75 ff., 210 ff., 259 ff.; Ders., Von Canossa nach Pavia. Zum Strukturwandel der Herrschaftsgrundlagen im salischen und staufischen Zeitalter, in: Historisches Jahrbuch 93, 1973, S. 265–300; Karl Schmid, De regia stirpe Waiblingensium. Bemerkungen zum Selbstverständnis der Staufer, in: Zeitschrift für die Geschichte des Oberrheins 124, 1976, S. 63–73.

[28] Wilhelm Berges, Die Fürstenspiegel des hohen und späten Mittelalters (Schriften des Reichsinstituts für ältere deutsche Geschichtskunde 2) Leipzig 1938, Neudruck Stuttgart 1952.

[29] Dazu Keller (wie Anm. 15).

[30] Percy Ernst Schramm, Kaiser, Könige und Päpste. Gesammelte Aufsätze zur Geschichte des Mittelalters, Bd. 2, Stuttgart 1968, S. 140 ff., 287 ff., Bd. 3, Stuttgart 1969, bes. S. 59 ff., 106 ff.; Carl Erdmann, Forschungen zur politischen Ideenwelt des Frühmittelalters, hrsg. von Friedrich Baethgen, Berlin 1951, S. 52–91; Reinhard Elze (Hrsg.), Die Ordines für die Weihe und Krönung des Kaisers und der Kaiserin (MGH. Fontes juris Germanici antiqui in usum scholarum 9) Hannover 1960; Cyrille Vogel – Reinhard Elze (Hrsg.), Le pontifical romano-germanique du Xe siècle (Studi e Testi 226) Città del Vaticano 1963; Ullmann (wie Anm. 22) S. 261 ff.

[31] Hermann Fillitz, Die Insignien und Kleinodien des Heiligen Römischen Reiches, Wien – München 1954; Percy Ernst Schramm, Herrschaftszeichen und Staatssymbolik, 3 Bde. (Schriften der MGH 13) Stuttgart 1954–56; Ders., Die Kaiser aus dem sächsischen Hause im Lichte der Staatssymbolik (Mitteilungen des Instituts für österreichische Geschichtsforschung, Ergänzungsband 20/1, 1964, S. 31–52, jetzt in: Ders., wie Anm. 30, 3, S. 153 ff.); Reinhard Elze, I segni del potere ed altre fonti dell' ideologia politica del medioevo recentenente utilizzate, in: Atti del Congresso internazionale tenuto in occasione del 90^{e} anniversario delle fondazione dell'istituto storico italiano, Roma 1973, S. 283–300; Schramm – Mütherich (wie Anm. 5).

[32] Bornscheuer (wie Anm. 12) S. 232 ff. Vgl. Carlrichard Brühl, Kronen- und Krönungsbrauch im frühen und hohen Mittelalter, in: Historische Zeitschrift 234, 1982, S. 1–31; Reinhard Elze, Die Herrscherlaudes im Mittelalter, in: Zeitschrift der Savigny-Stiftung für Rechtsgeschichte 71, Kan. Abt. 40, 1954, S. 201–224; Peter Willmes, Der

Herrscher-„Adventus" im Kloster des Frühmittelalters (Münstersche Mittelalter-Schriften 22) München 1976; KARL JOSEF BENZ, Untersuchungen zur politischen Bedeutung der Kirchweihe unter Teilnahme der deutschen Herrscher im hohen Mittelalter (Regensburger historische Forschungen 4) Lassleben 1975. Zum Königskanonikat JOSEF FLECKENSTEIN, Rex canonicus. Über Entstehung und Bedeutung des mittelalterlichen Königskanonikates, in: Festschrift Percy Ernst Schramm zu seinem 70. Geburtstag, hrsg. von PETER CLASSEN – PETER SCHEIBERT, Wiesbaden 1964, Bd. 1, S. 57–71; MANFRED GROTEN, Von der Gebetsverbrüderung zum Königskanonikat, in: Historisches Jahrbuch 103, 1983, S. 1–34; HORST FUHRMANN, Rex canonicus – rex clericus?, in: Institutionen, Kultur und Gesellschaft im Mittelalter. Festschrift Josef Fleckenstein zu seinem 65. Geburtstag, hrsg. von LUTZ FENSKE – WERNER RÖSENER – THOMAS ZOTZ, Sigmaringen 1984, S. 321–326; HARTMUT BOOCKMANN, Eine Urkunde für das Damenstift Obermünster in Regensburg. Zu einem verschenkten Königszepter und zum Königskanonikat (ebd. S. 207–219).

[33] Die Sachsengeschichte des Widukind von Korvei, hrsg. von PAUL HIRSCH in Verbindung mit H.-E. LOHMANN (MGH Scriptores rerum Germanicarum) Hannover 1935, S. 97 Z. 9 ff. (II 36).

[34] Die Werke Liudprands von Cremona, hrsg. von JOSEPH BECKER (MGH Scriptores rerum Germanicarum) Hannover – Leipzig [3]1915, S. 118 f. (Antapodosis IV c. 25): *Heinricus itaque rex … audito Rodulfum* (II. von Hochburgund) *tam inaestimabile donum habere caeleste nuntiis directis temptavit, si praemiis aliquibus id posset adquirere … Quia vero, quod petebatur, munus erat, quo caelestibus terrea Deus coniunxerat, lapis scilicet angularis faciens utraque unum, Rodulfi regis cor emollivit …*

[35] BERENT SCHWINEKÖPER, Christus-Reliquien-Verehrung und Politik, in: Blätter für deutsche Landesgeschichte 117, 1983, S. 183–281.

[36] Vgl. VON DEN STEINEN (wie Anm. 3) S. 10 f. mit dem Hinweis auf Wipos Gesta Chuonradi (wie Anm. 53) Prolog S. 7 Z. 5 ff.: *Si enim nostri catholici reges, verae fidei defensores, legem ac pacem Christi, quam nobis per evangelium suum tradidit, sine periculo erroris gubernant: qui eorum benefacta scriptis suis manifestabunt, quid aliud quam evangelium Christi praedicabunt?* Vgl. auch Liudprands Antapodosis I 1 (wie Anm. 34) S. 4 Z. 20 ff.; dazu HAUCK (wie Anm. 40) S. 301. KANTOROWICZ (wie Anm. 3) charakterisiert die Epoche als „christocentric age of the Ottonians and Salians".

[37] Vgl. aber ERICH MEUTHEN, Karl der Große – Barbarossa – Aachen. Zur Interpretation des Karlsprivilegs für Aachen, in: Karl der Große, Lebenswerk und Nachleben, hrsg. von WOLFGANG BRAUNFELS, Bd. 4: Das Nachleben, hrsg. von DEMS. – PERCY ERNST SCHRAMM, Düsseldorf 1967, S. 54–76; HELMUT BEUMANN, Friedrich II. und die heilige Elisabeth, in: Sankt Elisabeth. Fürstin – Dienerin – Heilige, hrsg. von der Philipps-Universität Marburg, Sigmaringen 1981, S. 137–150; ferner die o. Anm. 21 (insbes. SCHALLER) genannte Literatur.

[38] JOSEF FLECKENSTEIN, Friedrich Barbarossa und das Rittertum. Zur Bedeutung der großen Mainzer Hoftage von 1184 und 1188, in: Festschrift für Hermann Heimpel zum 70. Geburtstag, 2, Göttingen 1972, S. 1023–1041; JOACHIM BUMKE, Mäzene im Mittelalter. Die Gönner und Auftraggeber der höfischen Literatur in Deutschland 1150–1300, München 1979. Vgl. auch KARL-BERNHARD KNAPPE, Repräsentation und Herrschaftszeichen. Zur Herrscherdarstellung in der vorhöfischen Epik (Münchener Beiträge zur Mediävistik und Renaissance-Forschung 17) München 1974.

[39] Hierzu vor allem BORNSCHEUER (wie Anm. 12). Vgl. HELMUT BEUMANN, Die sakrale Legitimierung des Herrschers im Denken der ottonischen Zeit, in: Zeitschrift der Savigny-Stiftung für Rechtsgeschichte, Germanistische Abteilung 66, 1948, S. 1–45; mit Nachtrag 1970 in: Königswahl und Thronfolge in ottonisch-frühdeutscher Zeit, hrsg. von EDUARD HLAWITSCHKA, Darmstadt 1971, S. 148–198; MARIANNE SCHÜTZE-PFLUGK, Herrscher und Märtyrerauffassung bei Hrotsvit von Gandersheim (Frankfurter Historische Abhandlungen 1) Wiesbaden 1972; vgl. auch HAGEN KELLER, Das Kaisertum Ottos des

Großen im Verständnis seiner Zeit, in: Deutsches Archiv für Erforschung des Mittelalters 20, 1964, S. 325–388; Karl Leyser, Die Ottonen und Wessex, in: Frühmittelalterliche Studien 17, 1983, S. 73–97.

[40] Karl Hauck, Erzbischof Adalbert von Magdeburg als Geschichtsschreiber, in: Festschrift für Walter Schlesinger, hrsg. von Helmut Beumann, Köln – Wien 1974, Bd. 2, S. 276–353, bes. S. 299 ff.

[41] Frauke Steenbock, Der kirchliche Prachteinband im frühen Mittelalter, Berlin 1965. Vgl. Deér (wie Anm. 12) S. 96 ff.

[42] Wie Anm. 1 und Anm. 3. Die formalen Zusammenhänge mit der byzantinischen Kunst bleiben im folgenden unerörtert. Sie sollen damit nicht negiert werden. Doch die starken Impulse, die von der byzantinischen Herrscherdarstellung und von byzantinischer Bildtradition überhaupt auf das ottonische Herrscherbild eingewirkt haben, wurden bei ihrer Aufnahme so verändert, daß man die Aussage der ottonischen Bildnisse als eine Neuformulierung verstehen muß, die aus einer eigenen Vorstellungswelt heraus erfolgt ist und im Hinblick auf den Sinngehalt die byzantinischen Vorbilder tiefgreifend veränderte. Auch erweisen sich die Herrscherdarstellungen der ottonisch-frühsalischen Epoche fast alle als eigenwillige Schöpfungen, von denen in der Gesamtkomposition nur wenige voneinander abhängig sind; das heißt aber, daß hier – genau wie in der ottonischen Historiographie – Überzeugungen der Zeit immer wieder neu in bildliche Darstellung umgesetzt wurden, um Inhalte auszudrücken, die in dieser Form nirgends vorformuliert waren.

[43] Vgl. Kantorowicz (wie Anm. 3), der – im gesamteuropäischen Kontext – die Zeit des „Christ-centered kingship“ von der des „law-centered kingship“ trennt; vgl. auch Von den Steinen (wie Anm. 13) S. 177 f. Schon früh beobachtete Schramm, Herrscherbild (wie Anm. 1) S. 176 f., daß in den von ihm so bezeichneten Devotionsbildern die herrscherliche Demut in der Verehrung Christi in der zweiten Hälfte des 11. Jahrhunderts zurückgeht. Umgekehrt kann Jantzen (1947, wie Anm. 3) S. 104 in den Bildnissen der ersten beiden Salier ein Zurücktreten der „Repräsentation der Macht“ beobachten. Vgl. auch Joachim Wieder, Von den Kaiserbildern der Echternacher Buchmalerei, in: Bibliothek – Buch – Geschichte. Kurt Köster zum 65. Geburtstag, hrsg. von Günther Pflug – Brita Eckert – Heinz Friesenhahn, Frankfurt am Main 1977, S. 199–210. Von sicheren Kriterien scheint die kunsthistorische Diskussion noch entfernt zu sein. Wichtig dürfte sein, von der Darstellung des lebenden Herrschers auszugehen und dabei sowohl auf den Zusammenhang, in dem er mit Christus, mit Heiligen oder mit Attributen Gottes gezeigt wird, als auch auf Charakter und Bildschmuck der Handschrift zu achten. Königsgebetbücher sind wohl nicht ohne weiteres mit liturgischen Handschriften vom Charakter des Evangeliars oder Sakramentars gleichzusetzen. Wie ein Nachklang wirkt das bereits in einen anderen Kontext gehörende Krönungsbild Heinrichs des Löwen im Evangeliar aus Helmarshausen (gegen 1188, Schramm, wie Anm. 1, S. 259, 459 Nr. 201), wo aber Heinrich und Mathilde, von der Hand Gottes gekrönt, mit ihren königlichen Vorfahren dargestellt sind. Zum historischen Kontext vgl. Karl Schmid, Welfisches Selbstverständnis, in: Adel und Kirche. Gerd Tellenbach zum 65. Geburtstag, hrsg. von Josef Fleckenstein – Karl Schmid, Freiburg – Basel – Wien 1968, S. 389–416, S. 413 f.; Johannes Fried, Königsgedanken Heinrichs des Löwen, in: Archiv für Kulturgeschichte 55, 1973, S. 312–351, S. 321 ff. mit Tafel 3 (Krönungsbild, f. 17 v), vgl. Tafel 2 (f. 19 r: Heinrich und Mathilde, von den Heiligen Blasius und Ägidius geleitet, unter der Madonna, Johannes dem Täufer und Bartholomäus). Vgl. auch Von den Steinen (wie Anm. 3) S. 13 f. Die Darstellung ist – wie auch die übrigen Miniaturen des Codex – farbig reproduziert im Auktionskatalog der Sotheby Parke Bernet & Co zum 6. 12. 1983: The Gospels of Henry the Lion, S. 68.

[44] Schramm (wie Anm. 1) S. 257 f., 453 Nr. 199. Zum Memorialcharakter des Codex im Zusammenhang seiner Bildfiguren Peter Johanek, Zur rechtlichen Funktion von Tradi-

tionsnotiz, Traditionsbuch und früher Siegelurkunde, in: Recht und Schrift (wie Anm. 16) S. 131 –162, S. 150f. Für die Geschichtsschreibung sei auf die bekannten Darstellungen in den Chroniken von Ekkehard von Aura und Otto von Freising verwiesen.

45 SCHRAMM (wie Anm. 1) S. 115, 119f., 249f. mit Abb. 173 und 183.

46 SCHRAMM (wie Anm. 45) Abb. 183; vgl. ebd. Abb. 174.

47 SCHRAMM (wie Anm. 45) Abb. 173, vgl. ebd. Abb. 214. Zu den in spätsalischer Zeit einsetzenden Bildstammbäumen der karolingischen und deutschen Kaiser NORA GÄDEKE, Zeugnisse bildlicher Darstellung der Nachkommenschaft Heinrichs I. (Arbeiten zur Frühmittelalterforschung 22) Berlin – New York 1992; vgl. SCHMID (wie Anm. 43).

48 Die bekannte Mailänder Elfenbeintafel *Otto imperator* (SCHRAMM, wie Anm. 1, S. 195, S. 344 Abb. 93) ist als „dynastische Darstellung" nicht mit den zu Anm. 47 genannten Denkmälern vergleichbar. Eher käme das Ciborium in Sant'Ambrogio in Betracht (SCHRAMM, S. 189, S. 339f. Nr. 86), wenn man es auf Otto I. und Otto II. beziehen will.

49 SCHRAMM, Herrscherbild (wie Anm. 1) S. 205f.; DERS. (wie Anm. 1) S. 198f.

50 Zur Bedeutung für die Thronfolge vgl. insbesondere KARL SCHMID, Die Thronfolge Ottos d. Gr., in: Zeitschrift der Savigny-Stiftung für Rechtsgeschichte, Germanistische Abteilung 81, 1964, S. 80–163; HERMANN JAKOBS, Zum Thronfolgerecht der Ottonen, in: Königswahl und Thronfolge, wie Anm. 39, S. 509–528; ebd. S. 417–509 auch Wiederabdruck des Aufsatzes von SCHMID, mit Nachtrag 1970; vgl. auch GERD ALTHOFF, Adels- und Königsfamilien im Spiegel ihrer Memorialüberlieferung. Studien zum Totengedenken der Billunger und Ottonen (Münstersche Mittelalter-Schriften 47) München 1984. Zur Rolle des Erbrechts im Thronstreit von 1002 und beim Dynastiewechsel von 1024 WALTER SCHLESINGER, Erbfolge und Wahl bei der Königserhebung Heinrichs II. 1002, in: Festschrift Heimpel (wie Anm. 38) 3, S. 1–36; HAGEN KELLER, Schwäbische Herzöge als Thronbewerber: Hermann II. (1002), Rudolf von Rheinfelden (1077), Friedrich von Staufen (1125). Zur Entwicklung von Reichsidee und Fürstenverantwortung, Wahlverständnis und Wahlverfahren im 11. und 12. Jahrhundert, in: Zeitschrift für die Geschichte des Oberrheins 131, 1983, S. 123–162. Für die ausschlaggebende Bedeutung eines 'Geblütsrechts' bei den Königswahlen von 1002 und 1024 plädiert nachdrücklich EDUARD HLAWITSCHKA (zuletzt in: Reich und Kirche vor dem Investiturstreit, hrsg. von KARL SCHMID, Sigmaringen 1985, S. 49–64).

51 So in den Münzbild-Medaillons im Evangeliar der Sainte-Chapelle und im Evangeliar in Manchester: SCHRAMM (wie Anm. 1) S. 207f., 215, 364, 373 mit Abb. 111 und 121; Münzen in Brauch und Aberglauben (Ausstellung im Germanischen Nationalmuseum Nürnberg 11. 9.–10. 11. 1982) Mainz 1982, S. 146ff. und Tafel S. 42.

52 So bringt die erste Kaiserbulle Konrads II. bereits die Aufschrift *HEINRICUS SPES IMPERII,* die zweite zeigt den Kaiser zusammen mit dem Sohn *HEINRICUS REX* (SCHRAMM, wie Anm. 1, S. 223, 387 Nrn. 137–138); in Speyer wurden unter Heinrich III. Münzen mit dem Bildnis zweier Herrscher geschlagen, die als Konrad und Heinrich benannt sind (ebd. S. 231, S. 402 Nr. 154/32 a–c). Dem entspricht die betonte 'Gedenkstiftung' Heinrichs III. im Evangeliar aus Speyer des Escorial, das außer dem Bild des regierenden Herrscherpaares auch das der verstorbenen Eltern Heinrichs bringt (ebd. S. 143, 232, S. 394, 406 Nr. 143, 157). Auch betonen die Medaillonbilder auf fol. 3 r und 4 r (ebd. S. 407 Nr. 157) mit der Umschrift *Heinricus rex Cuonradi regis filius* den dynastischen Zusammenhang, der in ottonischer Zeit (wie Anm. 51) nur durch die Bild-Namen-Konstellation aufgezeigt wird.

53 So schon in der Betonung der Karolingerabstammung Heinrichs III.: Die Briefe des Abtes Bern von Reichenau, hrsg. von FRANZ-JOSEF SCHMALE (Veröffentlichungen der Kommission für geschichtliche Landeskunde in Baden-Württemberg A 6) Stuttgart 1961, Nr. 26 S. 55f.; Wipo, Gesta Chuonradi c. 4 und Tetralogus S. 157ff. Die Werke Wipos, hrsg. von HARRY BRESSLAU (MGH Scriptores rerum Germanicarum) Hannover – Leip-

zig 1915, S. 25, 80. Unter Heinrich IV. beginnt man – so wie man bisher schon die Päpste seit Petrus gezählt hatte – in der Chronistik, die 'römischen' Kaiser von Augustus bis in die Gegenwart durchzuzählen: zuerst Marianus Scotus, dann – die Herrscherreihe durch eine zum Herrschaftsantritt gegebene Charakteristik der Regierung betonend – Frutolf von Michelsberg bzw. Ekkehard von Aura in ihrer weitverbreiteten Chronik, dann vor allem Otto von Freising usf. Vgl. Anna-Dorothee von den Brincken, Studien zur lateinischen Weltchronistik bis in das Zeitalter Ottos von Freising, Düsseldorf 1957, bes. S. 172, 190. Zugleich bringt eine Anfang des 12. Jahrhunderts entstandene Fassung der Chronik Ekkehards Bildstammbäume der Liudolfinger- und der Salier-Dynastie (diesen bei Schramm, wie Anm. 1, S. 184, 440 Nr. 184); vgl. Gädecke (wie Anm. 47). Vgl. auch Odilo Engels, Beiträge zur Geschichte der Staufer im 12. Jahrhundert, in: Deutsches Archiv für Erforschung des Mittelalters 27, 1971, 373–456, S. 375 ff.; Schmid (wie Anm. 27).

54 Zum Armreliquiar Karls des Großen und zum Karlsschrein in Aachen Grimme (wie Anm. 7) S. 64 ff.; zur Bauplastik Willibald Sauerländer, Das Königsportal in Chartres, Frankfurt a. M. 1984, bes. S. 56 ff.; A. Mann, 'Königsgalerie', in: Lexikon der christlichen Ikonographie, 2, 1970, Sp. 545 f.; vgl. auch Bloch (wie Anm. 3) S. 110 f.; zu den Straßburger Fenstern Schramm (wie Anm. 1) S. 270 Nr. 221 mit Literatur. Zu mittelalterlichen Herrscherdarstellungen in Königskirchen Nikolaus Grass, Königskirche und Staatssymbolik. Begegnungen zwischen Griechischem Osten und Lateinischem Westen im Bereich von Staatsrepräsentation und Sakralkultur, in: Gedächtnisschrift Hans Peters, hrsg. von H. Conrad u. a., Berlin 1967, S. 66–96, S. 91 ff.

55 Schramm – Mütherich (wie Anm. 5) S. 175, 390 f. Nr. 159; Schramm (wie Anm. 1) S. 234, S. 411 Abb. 160.

56 Kantorowicz (wie Anm. 43); Ullmann (wie Anm. 27).

57 Dazu jetzt Wollasch (wie Anm. 2).

58 Die Darstellung Ludwigs des Frommen, die als Miniatur aus einer angeblich 'karolingischen' Handschrift reproduziert wird, in: Deutsche Geschichte 1, hrsg. von Joachim Herrmann, Köln (bzw. Berlin/Ost) 1982, S. 326, entstammt der Handschrift Paris Bibl. Nat. Cod. 5927 und steht dort – chronologisch richtig eingeordnet – in der Chronik des Ademar von Chabannes; die Handschrift ist nach Karl-Ferdinand Werner, Ademar von Chabannes und die Historia pontificum et comitum Engolismensium, in: Deutsches Archiv für Erforschung des Mittelalters 18, 1963, S. 297–326, S. 299, auf die Mitte des 11. Jahrhunderts zu datieren.

59 Schramm (wie Anm. 1) S. 54 f., 170, 312 Nr. 40; Schramm – Mütherich (wie Anm. 5) 134 f., 259 Nr. 52; Mütherich – Gaehde (wie Anm. 5) S. 37 f.; Wilhelm Köhler – Florentine Mütherich, Die karolingischen Miniaturen, Bd. V: Die Hofschule Karls des Kahlen, Berlin 1982, S. 175 ff. mit Tafel V, 46 und 47. Faksimileausgabe: Georg Leidinger (Hrsg.), Der Codex Aureus der bayerischen Staatsbibliothek in München, 5 Bde., München 1921–1925; 1, Taf. 10/11 (fol. 5v/6r). Die Doppelseite auch bei Hoffmann, Taufsymbolik (wie Anm. 3) Taf. 31/32.

60 MGH Poetae latini aevi carolini, 3, hrsg. von Ludwig Traube, Berlin 1886, Nachdruck München 1978, S. 252: *Istius imperio hic codex resplendet et auro.*

61 Die Auswertung der zeitgenössischen Karolingerbildnisse und der karolingischen Darstellungen biblischer Könige zeigt eindeutig, daß der Schwertträger das Schwert des Königs hält; entsprechend wird man auch den Krieger mit Schwert und Schild eher als Waffenträger denn als Thronwächter deuten müssen. Trotz der Kontinuität in der Ikonographie haben die waffenführenden Beifiguren der ottonischen Herrscherdarstellungen eine andere Funktion; doch verbietet die Parallelisierung mit Geistlichen (erz-)bischöflichen Ranges auch hier die Deutung als Thronwächter.

62 *Francia grata tibi, rex inclite, munera defert./Gotia te pariter cum regnis inchoat altis* (wie Anm. 60).

[63] *Arma tibi faveant Christi stabilita per aevum,/Muniat et clipeus semper ab hoste suus* (wie Anm. 60).

[64] *Et princeps Karolus vultu speculatur aperto / Orans, ut tecum vivat longevus in aevum* (MGH Poetae 3, S. 253). Man beachte die direkte Anrede des Lammes in dem Gedicht. Zum Gebetsbuch Karls d. Kahlen vgl. Robert Deshman, The exalted Servant: the Ruler Theology of the Prayerbook of Charles the Bald, in: Viator 11, 1980, S. 385–471.

[65] Die allgemeine Überzeugung der Zeit wurde programmatisch in der durch ihre Stellung hervorgehobenen Emailplatte *Per me reges regnant* der Reichskrone zum Ausdruck gebracht: Schramm – Mütherich (wie Anm. 5) S. 141, 280, 481 Nr. 67; vgl. Bornscheuer (wie Anm. 12) S. 222; Reinhart Staats, Theologie der Reichskrone (Monographien zur Geschichte des Mittelalters 13) Stuttgart 1976, S. 47 ff.

[66] Von den Steinen (wie Anm. 3) S. 4 ff. Für die Deutung von größtem Gewicht ist die Verwendung des Herrscherbildes in Codices, deren Bildschmuck sich – neben der Darstellung der Evangelisten – ganz auf Szenen aus dem Leben Christi konzentriert. Durch diesen Kontext kann auch das Elfenbeintäfelchen, das einen Kaiser (Otto I.?) als Kirchenstifter vor Christus und Heiligen zeigt (Schramm – Mütherich, wie Anm. 5, Nr. 68, dazu S. 141 f.), als vielleicht schon frühottonisches Zeugnis für die gleichen Auffassungen gewertet werden; denn von dem zugehörigen Zyklus des Christuslebens haben sich mindestens 17 Darstellungen erhalten. Die Deutung der Tafeln als Teile eines ehemaligen Magdeburger Antependiums ist nicht allgemein akzeptiert. Vgl. jetzt Charles T. Little, The Magdeburg Ivory Group: A Tenth Century New Testament Narrative Cycle, Diss. New York 1977.

[67] Wie Anm. 7; zur Deutung insbesondere Messerer (wie Anm. 3). Zur Datierung Schramm (wie Anm. 1) 204 f., mit Literatur.

[68] Schramm (wie Anm. 1) S. 51 f., 166. 306 Nr. 36.

[69] Vgl. auch Nitschke (wie Anm. 3). Er unterscheidet eine triumphierend-machtbewußte Gebärdensprache der Ottonen von einer empfänglich-lernwilligen Gestik der Karolinger. Die Frontalität der ottonischen Herrscherdarstellung erschließt sich in ihrem Sinn nur, wenn man sie im Vergleich zu anderen frontal gezeigten Figuren (z. B. Evangelisten) – insbesondere auch zu den Szenen, in denen Christus frontal dargestellt wird – betrachtet.

[70] MGH Poetae 5 (wie Anm. 78), S. 431 Nr. 6: *Hoc, auguste, libro tibi cor deus induat, Otto;* dazu Messerer (wie Anm. 3).

[71] F. van der Meer, 'Majestas Domini', in: Lexikon der christlichen Ikonographie, 3, 1971, Sp. 136–142; Ders., Maiestas Domini. Théophanies de l'Apocalypse dans l'art chrétien (Studi di Antichità christiana 13) Rom – Paris 1938; zu Majestas-Domini-Darstellungen der Kölner Schule Peter Bloch – Hermann Schnitzler, Die ottonische Kölner Malerschule 2, Düsseldorf 1970, S. 85–93 sowie Abb. 310–329; Von den Steinen (wie Anm. 13) S. 146–149.

[72] Peter Bloch, Der Darmstädter Hitda-Codex. Bilder und Zierseiten aus der Handschrift 1640 der hessischen Landes- und Hochschulbibliothek (= Propyläen Faksimile, hrsg. von Bernhard Bischoff u. a.) Frankfurt a. M. – Berlin 1968, Erläuterungen, S. 73–111, hier S. 89, bezweifelt, daß „der Bildtyp [der Majestas Domini] in den Evangeliaren heimisch war … Im übrigen ist die Darstellung in den Sakramentaren zu Hause, und zwar vor allem als Illustration zur Präfation des Canon Missae". Für die ottonisch-frühsalische Buchmalerei trifft die erste Aussage nicht zu: die Majestas Domini findet sich im Hitda-Codex ebenso wie in den kostbaren Evangeliaren Heinrichs III. aus der Echternacher Schule (Escorial, Uppsala, Nürnberg), im Evangeliar der Sainte-Chapelle, in den Evangeliaren Paris Bibl. Nat. Ms. lat. 10 438 und nouv. acq. 2196; in das karolingische Evangeliar aus Sta. Maria ad Martyres in Trier (Stadtbibl. Cod. 23) wurde zu Beginn des 11. Jh. die Majestas Domini als Einzelblatt eingefügt usf. Vgl. Rainer Kahsnitz im Kommentarband (S. 37 ff.) zur Faksimile-Edition: Das goldene Evangelienbuch von

Echternach. Codex Aureus Epternacensis Hs. 156142 aus dem Germanischen Nationalmuseum Nürnberg, Zürich 1982. Um so auffallender ist das Fehlen der Darstellung in den Prachthandschriften mit den Herrscherdarstellungen. S. u. nach Anm. 89.

73 Hoffmann, Taufsymbolik (wie Anm. 3) S. 23–25; Ders., Herrscherbild (wie Anm. 3) S. 329. Im wenige Jahrzehnte später entstandenen Echternacher Perikopenbuch Heinrichs III. sind das Dedikationsbild des Herrschers und die Majestas Domini getrennt, wenngleich ein kompositioneller Zusammenhang vorliegt; Joachim Plotzek, Das Perikopenbuch Heinrichs III. in Bremen und seine Stellung innerhalb der Echternacher Buchmalerei, Diss. Köln 1970, S. 22.

74 Vgl. Erdmann (wie Anm. 30), insbes. den „Ordo der sieben Formeln“ (S. 87 ff., in allen Gebetsformeln), „Der frühdeutsche Ordo“, c. 5, 8, 11 (S. 83 ff.); Vogel – Elze, wie Anm. 30, S. 246 ff. bes. c.5, 10, 14, 17–22.

75 Zu dieser Metapher Hans Hattenhauer, Das Herz des Königs in der Hand Gottes. Zum Herrscherbild in Spätantike und Mittelalter, in: Zeitschrift der Savigny-Stiftung für Rechtsgeschichte, Germanistische Abteilung 67, 1981, S. 1–35. Von Rhaban und Hinkmar im Sinne kirchlichen Vorrangsanspruchs gedeutet, diente die alttestamentliche Formel (Salomo, Spr. 21,1) jedoch in erster Linie zur Stützung herrscherlicher Gewalt, so schon im Codex Justinianus (1,1,8,3) und im Edictus Rothari, schließlich im Krönungsordo (Vogel – Elze, wie Anm. 30, Bd. 1, Nr. 75 S. 264 Z. 11).

76 Zum Codex grundlegend Georg Swarzenski, Die Regensburger Buchmalerei des X. und XI. Jahrhunderts, Leipzig 1901, bes. S. 63 ff.; vgl. Schramm (wie Anm. 1) S. 96 f., 215 f., 376 f. Nr. 124; Schramm – Mütherich (wie Anm. 5) S. 157, 329 Nr. 111.

77 S. o. Anm. 59.

78 MGH Poetae latini 5, hrsg. von Karl Strecker, Berlin 1937/39, Nachdr. Dublin – Zürich 1970, S. 435 Nr. 12 II: *Ecce triumphatis terrarum partibus orbis / Innumere gentes dominantia iussa gerentes / Muneribus multis venerantur culmen honoris. / Talia nunc gaude fieri, rex o benedicte, / Nam ditione tua sunt omnia iura subacta. / Hec modo suscipias, celi sumpture coronas.*

79 Dazu Schramm, Herrscherbild (wie Anm. 1) S. 222 ff., erweitert Ders., „Mitherrschaft im Himmel“: ein Topos des Herrscherkults in christlicher Einkleidung, in: Polychronion, Festschrift Franz Dölger zum 75. Geburtstag, hrsg. von Peter Wirth, Heidelberg 1966, S. 480–485.

80 Schramm (wie Anm. 1) S. 376 Nr. 124; Von den Steinen (wie Anm. 3) S. 7 ff. mit Abb. 3; vgl. Hauck (wie Anm. 40) Taf. 3.

81 S. o. den zu Anm. 67–75 gehörenden Text. Vgl. auch die in Anm. 12 zitierte Literatur zum Kaiserbild im Kreuz und zum Bezug zwischen Vorder- und Rückseite des Lothar-Kreuzes.

82 Hauck (wie Anm. 40) S. 299 ff., bes. Anm. 308 ff.

83 MGH Poetae 5, S. 434 Nr. 12 Z. 3 f.: *Huius Odalricus cor regis signet et actus. / Emmeramus ei faveat solamine dulci.* Hauck (wie Anm. 40) S. 309 Anm. 130, vgl. S. 316 f., stellt die Frage, ob nicht in einer anzunehmenden Vorlage Mauritius und Laurentius an Stelle der beiden Bischofsheiligen standen. Vom Sinn des Gezeigten her besteht m. E. kein Grund, hier „kriegerische Heilige“ einzusetzen, auch wenn sie sich in vergleichbaren byzantinischen Darstellungen finden.

84 Ebd. Z. 7 f.: *Clemens, Christe, tuo longum da vivere christo, / Ut tibi devotus non perdat temporis usus.*

85 MGH Poetae 5, S. 434 Nr. 12 Z. 5 f.: *Propulsans curam sibi confert angelus hastam, / Aptat et hic ensem cui praesignando timorem.*

86 Hauck (wie Anm. 40) S. 310 f., 314 ff.

87 Hauck, S. 306 ff.

88 MGH Poetae 5, S. 434 Nr. 12 I Z. 1 f.: *Ecce coronatur divinitus atque beatur / Rex pius Heinricus proavorum stirpe polosus.*

[89] SWARZENSKI (wie Anm. 76).

[90] Diese Verbindung ist auch in ottonischer Zeit nicht selten. Vgl. URSULA NILGEN, 'Evangelistensymbole', in: Reallexikon zur deutschen Kunstgeschichte 6, 1973, Sp. 517–572, Sp. 540 ff.

[91] SWARZENSKI, (wie Anm. 76) S. 67.

[92] Matth. 28, 5 f. Die Abbildung von zwei Frauen sichert, daß das Matthäus-Evangelium der Bezugstext der Darstellung ist.

[93] Matth. 28, 18–20. Zur Bedeutung des Missionsgedankens für das herrscherliche Selbstverständnis im Frühmittelalter vgl. jetzt ARNOLD ANGENENDT, Kaiserherrschaft und Königstaufe (Arbeiten zur Frühmittelalterforschung 15) Berlin – New York 1984.

[94] Vgl. JANTZEN (1947, wie Anm. 3) S. 94. Zur Handschrift ausführlich BLOCH – SCHNITZLER (wie Anm. 71) Bd. 1, Düsseldorf 1967, S. 44–53, das Zitat S. 46 (f. 6 v): *Hoc visibile imaginatum / figurat illud invisibile verum / cuius splendor penetrat mundum / cum bis binis candelabris / ipsius novi sermonis.* Faksimileausgabe s. o. Anm. 72.

[95] Liudprand, Antapodosis IV 26 (wie Anm. 34) S. 122: *Bone itaque rex, non ab tuam hoc, sed ob infirmorum actum est fidem, qui victoriam non nisi in multitudine putant consistere et humanas res non nisi fortuitu provenire. Scimus enim, quia, et si cum XII milibus legionibus transires ac victoriam optineres, non eam tibi, sed Domino imputares. Et haec ratio est, quod te in paucis orando voluit vincere, ut et in se sperantes ad amorem sui magis accenderet et, te quantum diligeret, nescientibus indicaret.* Dazu HAUCK (wie Anm. 40) S. 304 ff.

[96] Antapodosis IV 28 S. 123: *Unum autem, unum, pater egregie, velim diligenter adtendas; quod cum audieris, plus eum animi passiones quam hostes vicisse miraberis. Huiusmodi vincere adversarios permittente Deo nonnumquam et peccatores possunt; inconcussam autem animi tenere virtutem, prosperis scilicet non elevari et adversis non frangi perfectorum solummodo est. Audi igitur in tanta hoc fluctuante procella, quo fidei supra petram, quae Christus est, sit ardore fundatus.* Man darf Antapodosis IV 26 nicht interpretieren, ohne diese Stelle mit heranzuziehen, die die dort gegebene theologische Deutung unmittelbar fortführt. Daß Otto 'Gott mehr gehorcht als den Menschen' (IV 28), daß er es vorzieht, nach dem Beispiel des Judas Makkabäus 'für Wahrheit und Recht den Tod zu erdulden, als ihn fliehend mit Schande zu leben' (IV 27), macht ihn gleichermaßen der göttlichen Hilfe würdig, wie diese Haltung bereits göttliche Hilfe beweist. Von hier her wird auch ein Weg sichtbar, auf dem scheinbar 'weltliche' Herrschertugenden in die Vorstellungswelt einer sakral legitimierten Königsherrschaft aufgenommen werden: in den Beischriften zu den Herrscherdarstellungen Ottos III., Heinrichs II. und Heinrichs III. tritt diese Entwicklung klar zutage (vgl. auch u. Anm. 103).

[97] Texte wie Anm. 30.

[98] Diese Feststellung gilt auch für das Herrscherbild im Aachener 'Lothar'-Kreuz (s. o. Anm. 12), das als Vortragekreuz ebenfalls bittend Gott bzw. Christus gezeigt wird. Diese 'Perspektive', d. h. der wichtigste, der eigentliche 'Betrachter', fehlt bei VON DEN STEINEN (wie Anm. 12), wenn er schreibt (S. 50): „Sehen sollte das Volk, wenn das Kreuz vor dem Kaiser einhergetragen wurde, mitten in dem herrlichen Siegeszeichen Christi das Idealbild dessen, der irdisch für ihn einzustehen hatte, des Christus domini. Der Kaiser aber, der dahinter zum Hochamt schritt, sah, er allein, auf der schmucklosen Rückseite des Kreuzes eingeritzt: das tödlich mahnende Bild des Gekreuzigten.“ Im übrigen ist wohl zu beachten, daß auch das Stirnkreuz der Reichskrone (SCHRAMM – MÜTHERICH, wie Anm. 5, S. 376 Nr. 147) auf der Schauseite das triumphale Gemmenkreuz im Filigran des Lebensbaumes zeigt (vgl. BORNSCHEUER, wie Anm. 12), während auf der für den Beschauer verdeckten Rückseite ebenfalls das Bildnis des gekreuzigten IHC NAZARENUS REX IVDEORUM eingraviert ist (Hinweis von Roland Roelker in meinem Oberseminar).

[99] Vgl. WOLLASCH (wie Anm. 2). Man beachte auch die Schilderung, die Thietmar von

Merseburg in seiner Chronik (III 1, hrsg. von Robert Holtzmann [MGH Scriptores rerum Germanicarum, Nova Series] Berlin ²1955, S. 96) gibt: Otto II. verleiht dem Domkapitel von Magdeburg das Wahlrecht und bekräftigt dieses 'Geschenk' durch die Gabe einer Prachthandschrift, in der bzw. auf der das Bild des Herrscherpaares 'in Gold gebildet glänzte'. Die gottgefällige Stiftung und die Übergabe der Cimelie mit dem Kaiserbild gehören zusammen.

100 Schramm (wie Anm. 1) S. 109, 232 f. Nr. 157; Faksimileausgabe: Albert Böckler, Das Goldene Evangelienbuch Heinrichs III., Berlin 1933; hier S. 16 ff. auch die zugehörigen Verse, unter denen sich S. 18 die 'Widmungsinschrift' von fol. 4r findet: *HEINRICVS CAESAR / CVI NON VIRTVTIBVS EST PAR. / QVI REX SIT FVNCTVS / QVO NON SAPIENTIOR VLLVS. / REGI CVNCTORVM / FERT HOC DIADEMA LIBRORVM. / AVRO QVOD SCRIPSIT / QVONIAM SAPIENTIA DIXIT. / OMNIA TRANSIBVNT / NVMQVAM MEA VERBA PERIBVNT.* Zum Codex auch Wollasch (wie Anm. 2), Wieder (wie Anm. 43) und der Kommentar zur o. Anm. 72 genannten Faksimile-Edition des Nürnberger Evangelienbuches.

101 S. o. Anm. 59.

102 Zum Anm. 100 zitierten Text auch das Gedicht fol. 3r (Boeckler, S. 17): *HIC LIBER EST VITAE / QVIA VITAM CONTINET IN SE. / CAELESTI RORE / XPI DIFFVSVS AB ORE. / OMNES AD GENTES / AD NOS N(ost)ROSQVE PARENTES. / VT MALA VITEMVS / BONA CONDITA MENTIS AMEM(us). / QVI FACIT HAEC VERBA / CAPIET CAELESTIA REGNA.*

103 Abb. auch bei Schramm (wie Anm. 1) S. 407 Nr. 157; vgl. Boeckler (wie Anm. 100) S. 18. Der Darstellung, in der Heinrich III. zusammen mit seiner Gemahlin der Gottesmutter den Codex im Dom von Speyer überreicht, sind im Rahmen Medaillons mit den vier Kardinaltugenden beigegeben worden (s. o. Anm. 96).

104 Wie Anm. 2.

105 MGH Poetae 5, S. 433 Nr. 11 Z. 7–12: *Princeps aeclesiae, caelestis claviger aulae, / O Petre cum Paulo gentis doctore benigno, / Hunc tibi devotum prece fac super astra beatum / Cum Cunigunda sibi conregnante serena. / Hoc pater, hoc natus necnon et Spiritus almus / Annuat aeternus semper deus omnibus unus.*

106 MGH Poetae 5, S. 434 Nr. 11 II a: *Tractando iustum discernite semper honestum, / Utile conveniat, consultum legis ut optat.* Vgl. Von den Steinen (wie Anm. 3) S. 4 f., der das *utile conveniat* etwas anders deutet.

107 S. o. Anm. 79.

108 MGH Poetae 5, S. 432 Nr. 9 I: *Utere terreno, caelesti postea regno.* Von den Steinen, S. 5 ff.

109 Schramm (wie Anm. 79).

110 Wie Anm. 9. Die Darstellung nimmt das Psychomachiemotiv auf, das zahlreiche mittelalterliche Bilderhandschriften des Prudentius illustrieren; vgl. Josef Deér, Ein Doppelbildnis Karls des Großen, in: Forschungen zur Kunstgeschichte und christlichen Archäologie 2: Wandlungen christlicher Kunst im Mittelalter, Baden-Baden 1953, S. 103–156, S. 104 ff. mit Anm. 11.

111 Von den Steinen (wie Anm. 3) S. 7 deutet die beiden oberen Gestalten als Personifikationen des Gehorsams *(oboedientia)* und der Keuschheit, die unteren als Darstellungen der Reue oder Buße *(poenitentia)* und der Geduld *(patientia).* Zur *humilitas* als herrschaftslegitimierende Tugend bei Ottonen und Saliern Bornscheuer (wie Anm. 3) passim, bes. S. 93–107. Zur Wirkung auf das Verhalten des Herrschers auch Keller (wie Anm. 15).

Nachweis der Erstveröffentlichungen

Zum Charakter der ‚Staatlichkeit' zwischen karolingischer Reichsreform und hochmittelalterlichem Herrschaftsausbau (Frühmittelalterliche Studien 23, Berlin – New York: Walter de Gruyter, 1989, S. 248–264).

Grundlagen ottonischer Königsherrschaft (Reich und Kirche vor dem Investiturstreit. Vorträge beim wissenschaftlichen Kolloquium aus Anlaß des achtzigsten Geburtstags von Gerd Tellenbach, hrsg. von Karl Schmid, Sigmaringen: Jan Thorbecke Verlag, 1985, S. 17–34).

Die Idee der Gerechtigkeit und die Praxis königlicher Rechtswahrung im Reich der Ottonen (La giustizia nell'alto medioevo 2 [Settimane di studio 44] Spoleto: Centro italiano di studi sull'alto medioevo, 1997, S. 91–128).

Reichsstruktur und Herrschaftsauffassung in ottonisch-frühsalischer Zeit (Frühmittelalterliche Studien 16, Berlin – New York: Walter de Gruyter, 1982, S. 74–128).

Widukinds Bericht über die Aachener Wahl und Krönung Ottos I. (Frühmittelalterliche Studien 29, Berlin – New York: Walter de Gruyter, 1995, S. 390–453).

Ottonische Herrschersiegel. Beobachtungen und Fragen zu Gestalt und Aussage und zur Funktion im historischen Kontext (Bild und Geschichte. Studien zur politischen Ikonographie. Festschrift für Hansmartin Schwarzmaier zum fünfundsechzigsten Geburtstag, hrsg. von Konrad Krimm – Herwig John, Sigmaringen: Jan Thorbecke Verlag, 1997, S. 3–51).

Herrscherbild und Herschaftslegitimation. Zur Deutung der ottonischen Denkmäler (Frühmittelalterliche Studien 19, Berlin – New York: Walter de Gruyter, 1985, S. 290–311).

Register

Personen

'Abd-ar-Rahman III., Khalif von Cordoba 20, 25, 194 A 7, 229 A 144
Adalbero, Hzg. von Kärnten 46, 211 A 57, 220 A 43
Adalbert, Kg. von Italien 55, 139f., 262 A 228, 284 A 82
Adalbert, Ebf. von Magdeburg, Geschichtsschreiber 53, 68, 71, 104, 128, 157, 212 A 69, 245 A 63, 252 A 104, 252 A 105, 262 A 230
Adaldag, Ebf. von Hamburg-Bremen 251 A 95
Adela von Elten, Gemahlin Gf. Balderichs 291 A 155
Adelheid, Gemahlin Ottos I. 53, 68, 90, 110, 139f., 148, 163, 219 A 42, 234 A 202, 256 A 151
Adelheid von Turin, Gemahlin Hzg. Rudolfs von Rheinfelden 256 A 147
Ademar von Chabannes 306 A 58
Aethelstan, Kg. von England 92, 98, 111
Agnes, Gemahlin Heinrichs III. 155
Alamannen/Schwaben 60f., 80, 274 A 365
Angelsachsen 93, 99f., 244 A 60
Arduin von Ivrea, Kg. von Italien 146
Aribo, Ebf. von Mainz 49
Arnulf, ostfränk. Kg., Ks. 116, 272 A 350, 273 A 359, 293 A 169, 296 A 199, 297 A 214
Arnulf, Hzg. von Bayern 65, 67, 68, 94, 105, 216 A 12, 228 A 140, 254 A 123, 266 A 279, 267 A 285, 274 A 365, 275 A 369
Arnulf-Söhne 60, 66, 68 (Eberhard), 118 (Arnulf), 229 A 140
Arnulf II., Ebf. von Mailand 283 A 80

Babenberger 62
Balderich, Gf. von Drenthe 291 A 155
Balduin II., Gf. von Flandern 239 A 10
Bayern 56f., 60, 80, 274 A 365
Benedikt V., Papst 245 A 63
Berengar I., Kg. von Italien, Ks. 159, 220 A 50, 264 A 248, 293 A 169, 296 A 199
Berengar II., Kg. von Italien 55, 116, 139f., 262 A 228, 279 A 29, 284 A 82
Bernhard, Bf. von Halberstadt 251 A 95
Bernward, Bf. von Hildesheim 145
Berthold, Hzg. von Bayern 67f.
Billunger 63, 64
Brun, Sohn Gf. Liudolfs 266 A 279, 273 A 359
Brun, Bruder Ottos I., Ebf. von Köln 68, 90, 125, 148f., 262 A 225, 296 A 196
Brun, Sohn Ottos von Worms (Papst Gregor V.) 74, 93f., 143, 145
Burchhard, Bf. von Worms 43
Burkhard I., Hzg. von Schwaben 65, 66, 230 A 163
Burkhard II., Hzg. von Schwaben 68, 90, 217 A 18, 230 A 163, 285 A 95, 294 A 184

Capetinger 80, 83, 133, 277 A 11
Crescentius (Nomentanus) 143, 144, 212 A 64

Deutsche 61, 75, 77, 79f.

Eberhard, Hzg. von Franken 22, 55, 66, 67, 94, 105, 122, 128, 224 A 85, 233 A 196, 254 A 123, 267 A 285
Eberhard, Gf. von Nellenburg 225 A 102
Edgith, Gemahlin Ottos I. 90, 92, 100, 107, 120
Edward d. Ä., Kg. von Wessex 90, 92
Egbert, Ebf. von Trier 233 A 193
Ekkehard, Sohn Liudolfs 70
Ekkehard, Mgf. von Meißen 230 A 154, 282 A 65
Ekkehard IV. von St. Gallen 56
Ekkehard von Aura 306 A 53

Emma, Tochter Adelheids und Kg. Lothars von Italien 296 A 201
Ernst II., Hzg. von Schwaben 223 A 70

Flodoard von Reims 104, 105, 119, 246 A 76, 268 A 301
Franken 17, 56f., 72–74, 76, 77, 80, 96f., 103, 122f., 127, 128, 232 A 193, 257 A 156, 258 A 173, 274 A 365
Friedrich I. Barbarossa, Kg., Ks. 49f.
Friedrich I., Hzg. von Oberlothringen 68, 90
Frutolf von Michelsberg 306 A 53
Fulrad, Abt von St. Denis 273 A 359

Gerberga, Schwester Ks. Ottos I. 90, 92, 111, 296 A 201
Gerbert von Aurillac (Papst Silvester II.) 145, 282 A 60, A 65
Gero, Mgf. der sächs. Ostmark 70
Gisela, Gemahlin Konrads II. 107, 115, 256 A 152
Giselbert, Hzg. von Lothringen 67, 90, 92, 94, 105, 111, 118, 254 A 123
Giselher, Bf. von Merseburg, Ebf. von Magdeburg 157f., 219 A 42
Gottfried, Hzg. in Lothringen 68, 90
Guntram, Gf. am Oberrhein 217 A 21, 218 A 30
Gunzo, Hzg. 216 A 16

Hadwig, Hzgn. von Schwaben 54, 59, 68, 90, 217 A 18, 230 A 164
Hartbert, Bf. von Chur 224 A 83, 240 A 15
Hatto I., Ebf. von Mainz 253 A 112
Heinrich I., Kg. 13, 32, 47, 55, 56, 65–67, 69, 72, 74, 80f., 90, 92f., 97, 103f., 110–112, 115–120, 122, 123, 124, 126f., 128f., 136, 157, 190 A 39, 216 A 12, A 17, 232 A 189, A 190, 240 A 15, 253 A 112, 257 A 156, 258 A 176, 267 A 285, 272 A 350, 274 A 365, 293 A 169, 297 A 214
Heinrich II. (IV., Hzg. von Bayern), Kg., Ks. 32f., 42, 43, 44, 48, 57–63, 68, 73, 75f., 81, 82, 83, 90, 110, 115, 117, 132, 141, 144, 145, 146, 148, 150, 152, 153, 154, 155, 156, 164, 168, 177, 180, 182, 209 A 40, 215 A 11, 220 A 43, 225 A 102, 227 A 111, 265f. A 273, 282 A 62, 289 A 132, 290 A 140, 309 A 96
Heinrich III., Kg., Ks. 33, 44, 46, 48f., 59, 62f., 81, 107, 120, 155, 169, 181, 211 A 57, 220 A 49, 223 A 70, 225 A 102, 281 A 51, 289 A 132, 290 A 137, 305 A 52, A 53, 308 A 73, 309 A 96
Heinrich IV., Kg., Ks. 29, 33, 47, 63, 107, 169, 222 A 63, 289 A 132, 290 A 137
Heinrich V., Kg., Ks. 289 A 132
Heinrich I., Bruder Ottos I., Hzg. von Bayern 67, 68, 90, 105, 111f., 116f., 118, 119f., 216 A 17, 285 A 95
Heinrich II., der Zänker, Hzg. von Bayern 54f., 68, 90, 109, 217 A 18, 234 A 202, 263 A 235, 285 A 95
Heinrich III., der Jüngere, Hzg. von Kärnten und Bayern 54, 68
Heinrich, Sohn Hzg. Giselberts 67, 90
Heinrich der Löwe, Hzg. von Sachsen und Bayern 301 A 43
Heinrich I., Ebf. von Trier 149
Heribert, Ebf. von Köln 281 A 53
Heriger, Ebf. von Mainz 272 A 350
Hermann I., Hzg. von Schwaben 55, 60, 66f., 105, 217 A 22, 229 A 140, 230 A 163, 254 A 123
Hermann II., Hzg. von Schwaben 64
Hermann IV., Hzg. von Schwaben 64
Hermann Billung, Hzg. in Sachsen 64, 70, 71, 251 A 95, 285 A 95
Hermann der Lahme 243 A 35
Herold, Ebf. von Salzburg 271 A 341
Hildebert, Ebf. von Mainz 95, 97, 104f., 113, 254 A 122, 272 A 350
Hildibold (Hildebald), Bf. von Worms 281 A 54
Hinkmar von Reims 308 A 75
Hitda, Äbt. von Meschede 180
Hrabanus Maurus, Abt von Fulda, Ebf. von Mainz 147, 308 A 75
Hrotsvith von Gandersheim 104, 129, 248 A 86, 252 A 104
Hugo, Kg. von Italien 116, 139f., 163, 262 A 228, 268 A 301, 284 A 82
Hugo Capet, Kg. von Frankreich 116, 281 A 51

Isidor von Sevilla 48
Italiener 61, 74

Johannes XII., Papst 134f., 245 A 63, 247 A 79, 279 A 29
Johannes XIII., Papst 245 A 63
Johannes Philagathos (Papst Johannes XVI.) 143, 144

Johannes, Mönch des Klosters Gorze 20, 25, 194 A 7, 229 A 144
Judith, Tochter Karls des Kahlen 239 A 10
Judith, Gemahlin Hzg. Heinrichs I. von Bayern 285 A 95

Karl der Große, fränk. Kg., Ks. 15, 16, 17, 81, 127, 128, 161, 246 A 76, 273 A 359, 280 A 39, 293 A 169, 306 A 54
Karl II., der Kahle, westfränk. Kg., Ks. 147, 150f., 165, 173, 176, 177, 190 A 43, 203 A 70, 233 A 197, 280 A 39, 293 A 169, 296 A 199, 297 A 214
Karl III., der Dicke, ostfränk. Kg., Ks. 116, 272 A 350, 273 A 359, 296 A 199
Karl III., der Einfältige, westfränk. Kg. 97, 111, 116, 157, 273 A 359
Karlmann, ostfränk. (Teil-)Kg. (Bayern), Kg. von Italien 272 A 350, 297 A 214
Karolinger 19f., 23, 27, 30, 66, 74, 81, 93, 94, 111, 115f., 119, 120, 139, 145, 232 A 190, 233 A 197, 244 A 50, 273 A 359, 286 A 113, 292 A 168, 306 A 61, 307 A 69
Keonwald, Bf. von Worcester 237 A 4
Konrad I., ostfränk. Kg. 22, 66, 96f., 102, 112, 122, 128f., 136, 240 A 15, 264 A 248, 267 A 285, 274 A 365, 293 A 169, 297 A 214
Konrad II., Kg., Ks. 46, 49, 59–61, 64, 81, 110, 115, 120, 144, 154, 220 A 49, 223 A 70, 225 A 102, 258 A 180, 281 A 51, 289 A 132, 290 A 137, 305 A 52
Konrad, Sohn Ks. Heinrichs IV. 289 A 132
Konrad, Kg. von Burgund 133
Konrad der Rote, Hzg. von Lothringen 20, 68, 90
Konrad, Hzg. von Schwaben 230 A 154
Konradiner 62, 66f., 68, 69, 268 A 306
Kunigunde, Gemahlin Heinrichs II. 107, 168, 182, 256 A 152, 289 A 132

Leo III., Papst 273 A 359
Leo VIII., Papst 245 A 63
Leo IX., Papst 225 A 102
Leo von Vercelli 287 A 114
Liudolf, Gf., Großvater Kg. Heinrichs I. 266 A 279
Liudolf, Sohn Ottos I., Hzg. von Schwaben 20, 67, 68, 90, 216 A 17, 217 A 22, 234 A 202, 268 A 295
Liudprand, Bf. von Cremona, Geschichtsschreiber 31, 104, 128, 134f., 141, 181, 202 A 62, 245 A 63, 248 A 86, 252 A 104, 260 A 199, 291 A 146
Liutpold, Mgf. 266 A 279
Liutpoldinger 67
Lothar I., fränk. Kg., Ks. 113, 150, 157, 167, 181, 262 A 230
Lothar II., fränk. Kg. 116
Lothar, Kg. von Frankreich 133, 163, 262 A 226, 277 A 11, 281 A 51, 296 A 201
Lothar, Kg. von Italien 139f., 284 A 82
Lothringer 56, 108, 111, 120, 227 A 111, 233 A 196
Ludwig I., der Fromme, fränk. Kg., Ks. 69, 114, 147, 161, 190 A 41, A 43, 191 A 55, 203 A 70, 262 A 230, 270 A 329, 280 A 39, 293 A 169, 295 A 191, 296 A 199, 306 A 58
Ludwig II., Kg. von Italien, Ks. 113
Ludwig II., der Deutsche, ostfränk. Kg. 77, 113, 270 A 329, 280 A 39, 290f. A 146, 293 A 169
Ludwig III., der Jüngere, ostfränk. Kg. 293 A 169
Ludwig IV., das Kind, ostfränk. Kg. 116, 159, 163, 288 A 131, 293 A 169, 296 A 199, 297 A 214
Ludwig IV., westfränk. Kg. 90, 112, 258 A 174
Ludwig der Blinde, Ks. 296 A 199, 297 A 214
Ludwig, Bruder Rudolfs II. 238f. A 9

Marianus Scottus 306 A 53
Mathilde, Gemahlin Heinrichs I. 92, 93, 117, 119, 125f., 129, 251 A 95
Mathilde, Tochter Ottos I., Äbt. von Quedlinburg 95, 121, 125, 126, 128, 251 A 95, 282 A 65
Mathilde, Gemahlin Hzg. Heinrichs des Löwen 304 A 43
Merowinger 116, 279 A 38, 296 A 194

Oda, Schwester Heinrichs I. 68, 90, 231 A 178
Odo, Gf. von Paris, westfränk. Kg. 116, 264 A 248, 273 A 359
Oswald, angelsächs. Kg. 100
Otto der Erlauchte, Hzg. von Sachsen 96, 116, 118, 122, 266 A 279, 267 A 285

Otto I., der Große, Kg., Ks. 27, 31, 32, 44, 45, 47, 53, 55, 57, 59–61, 67, 68, 70, 71, 72, 74, 80f., 90, 92, 93, 94, 95, 96, 98, 99, 100, 103–105, 110–117, 120, 121, 123f., 125f., 131–141, 143, 146–152, 159, 163, 164f., 208 A 24, A 26, 210 A 43, 215 A 10, 216 A 17, 216 A 18, 217 A 20, 221 A 59, 224 A 85, 228 A 140, 229 A 144, 240 A 15, 244f. A 63, 251 A 95, 252 A 104, 256 A 151, 257 A 156, 272 A 350, 273 A 359, 274f. A 368, 277 A 8, 291 A 146, 293 A 169, 296 A 199, 297 A 214, 305 A 48, 307 A 66, 309 A 96
Otto II., Kg., Ks. 32, 53, 61, 68, 74, 81, 90, 107f., 109, 110–115, 120, 129, 132–134, 136f., 139, 141, 143, 147f., 157f., 164, 168, 215 A 10, 216 A 16, 217 A 18, A 20, 224 A 85, 234 A 202, 240 A 15, 258 A 180, A 181, 277 A 8, 290f. A 146, 296 A 196, 305 A 48
Otto III., Kg., Ks. 32, 54f., 56f, 57–61, 64, 74–76, 81, 82, 90, 107, 109, 110, 115, 131, 132f., 133, 136–139, 141–148, 150–157, 161, 164, 165, 168, 182, 217 A 18, A 20, 219 A 42, 224 A 85, 234 A 202, 281 A 53, 282 A 65, 290 A 140, 292 A 161, 293 A 169, 296 A 196, 297 A 214, 309 A 96, 310 A 99
Otto von Worms, Hzg. von Kärnten 74, 90, 217 A 18, 265 A 269, 265f. A 273
Otto, Hzg. von Schwaben und Bayern 68, 90
Otto, Bf. von Freising 49f., 306 A 53
Ottonen/Liudolfinger 17, 23, 26–29, 53, 66–69, 71, 73, 74, 79, 81, 92–95, 121, 128, 172, 196 A 15, 231 A 178, 233 A 196, 238 A 4, 282 A 64, 285 A 95, 306 A 53, A 61, 307 A 69, 310 A 111

Poppo, Kanzler Ottos I., Bf. von Würzburg 284 A 90

Reginlind, Gemahlin der Herzöge Hermann I. und Burkhard von Schwaben 230 A 163
Regino von Prüm 262 A 230
Robert I., westfränk. Kg. 268 A 301
Römer 75, 127, 143
Rudolf II., Kg. von Hochburgund, Kg. von Italien 139, 163, 240 A 15, 268 A 301, 297 A 214
Rudolf III., Kg. von Burgund 133, 194 A 7, 217 A 20, 277 A 11
Rudolf, Kg. von Westfranken 111f., 116, 268 A 301
Rudolf von Rheinfelden, Hzg. von Schwaben, Gegenkg. 115
Ruotger 104, 125, 192 A 67

Sachsen 56, 73–77, 80, 96f., 100, 103, 126, 127f., 227 A 111, 232 A 193, 233 A 196, 257 A 156, 258 A 173, 262 A 231, 273 A 359, 274 A 365
Salier 23, 27, 64, 152, 266 A 273, 277 A 11, 293 A 169, 306 A 53, 310 A 111
Siegfried, sächs. Mgf. 70, 105, 119

Thankmar, Sohn Heinrichs I. 70, 232 A 187
Theophanu, Gemahlin Ottos II. 74, 148, 157f., 164, 215 A 10, 217 A 20, 256 A 151, 292 A 161
Thietmar, Bf. von Merseburg, Geschichtsschreiber 43, 45, 46, 48, 59, 73, 107, 117f., 157f., 164, 210 A 46, 215 A 10, 220 A 47, 230 A 154, 254 A 117, 309f. A 99
Thüringer 96, 122f., 227 A 111, 273 A 358, 274 A 365

Ulrich, Bf. von Augsburg 218 A 29, 251 A 95

Warin, Ebf. von Köln 263 A 235
Wichfried, Ebf. von Köln 104f., 254 A 122
Wichmann der Ältere, sächs. Gf., Billunger 70
Wido von Spoleto, Kg. von Italien, Ks. 116
Widukind von Corvey 72, 91–130, 141, 192 A 67, 242 A 31
Wilhelm, Ebf. von Mainz 53, 126, 148, 216 A 16, 271 A 341
Willigis, Ebf. von Mainz 281 A 54
Wipo 48f., 59f., 75, 78f., 190 A 45

Zwentibold, Kg. von Lothringen 112, 272 A 350, 293 A 169

Orte

Aachen 57, 59f., 73f., 93f., 96f., 102–115, 119ff., 123, 134, 143, 157, 168, 215 A 11, 224 A 84, 225 A 102
- Pfalz 103
- Münster 103
Alemannien (s. auch Schwaben) 52, 53, 54f., 57, 60f., 65, 71, 148, 239 A 9
Alpen 55, 75, 77, 129, 146, 148, 220 A 43, 245 A 63
Aschaffenburg 64
Augsburg (s. auch Lechfeld) 55f., 61, 217 A 18, A 20, 220 A 47, 224 A 82

Bamberg 54, 61, 168, 225 A 102, 226 A 107
Basel 61, 225 A 98
Bayern (Hzm.) 41, 53, 56f., 63–66, 68ff., 71, 74, 81, 118, 226 A 109, 267 A 285, 285 A 95
Bergell 61
Bodensee 55, 92, 215 A 10, 217 A 18
Böhmen 13
Bonn 157
Borgo S. Donnino 226 A 107
Breisach 294 A 184
Bremen 235 A 216
Britannien 100
Brixen 226 A 107
Bruchsal 217 A 20
Burgund 13, 61, 77, 112, 133, 163, 220 A 47, 239 A 9
Burscheid (Kl.) 219 A 42
Byzanz 132f., 144, 147, 152, 164f., 281 A 47, 300 A 14

Cambrai 235 A 216
Chiavenna 61
- Grafschaft 13
Chur 61, 215 A 10, 220 A 43, 224 A 83, 224 A 86
Cordoba 19, 25, 194 A 7
Corvey 270 A 329
Cotrone 109
Cremona 227 A 107, 281 A 57

Dahlum 224 A 84
Dänemark 13
Deutschland/Regnum Teutonicum 11, 12f., 26, 51, 61, 80, 83, 91, 136, 143, 146, 148. 245 A 63
Dortmund 143, 225 A 101
Duisburg 215 A 11

Eichstätt 226 A 107, 235 A 216
Einsiedeln (Kl.) 64, 216 A 18, 224 A 86
Elsaß 53f., 57, 61, 221 A 60, 239 A 9
Elten (Kl.) 291 A 155
Engadin (Gft.) 67
England 92, 112
Eresburg 273 A 359
Essen 291 A 155
Europa 11, 35, 128f., 141

Fontenoy 273 A 359
Forchheim 256 A 147
Franken (Reich) 14, 16, 53, 55, 56f., 72, 81, 83, 91, 120, 124
Franken (Hzm.) 67, 71ff., 82, 110f., 134, 141, 149, 265 A 266, 285 A 95
Frankfurt 60, 94, 110, 224 A 84, A 86, 232 A 190, 272 A 350
Frankreich 11, 14, 83
Fritzlar 60, 122, 124, 126ff., 224 A 84, 86
Frohse 59
Fulda 147, 210 A 47, 270 A 329, 291 A 146

Gandersheim 291 A 155
Gent
- St. Bavo (Kl.) 296 A 201
Ghana 249 A 88
Gnesen 57f.
Goslar 29, 59f., 222 A 63, 223 A 70, 226 A 107

Harz 60
Hersfeld (Kl.) 210 A 47
Hohenaltheim 126
Hohentwiel 54, 59, 217 A 18, 220 A 43

Ingelheim 59, 136, 148, 215 A 10, 217 A 20, 232 A 190, 263 A 231f.
Italien/Regnum Italicum 13, 42, 53, 55, 56f., 60f., 66, 72, 74–77, 81, 83, 114, 125ff., 136, 139f., 142–146, 148f., 159, 163f., 225 A 101, 244 A 63, 297 A 214
Italienzüge 76, 127, 244 A 63

Jülich 105

Kärnten (Hzm.) 70f.
- Mark 217 A 18
Karolingisches Reich 11
Kempten (Kl.) 67, 224 A 86
Köln 104, 136, 143, 148, 152, 225 A 102, 244 A 63, 262 A 226
- Hoftag 240 A 13, 245 A 63
Konstantinopel (s. Byzanz) 143
Konstanz 61, 64, 215 A 10, 217 A 18
Krakau 172
Kroatien 13

Laon 112
Lausanne 240 A 15
Lechfeld 55, 95–99, 126, 147, 253 A 112, 273 A 359
Lobbes 272 A 350
Lorsch (Kl.) 43
Lothringen 57, 60, 61, 63f., 66, 68ff., 71, 91, 104, 110ff., 118, 120, 129, 149, 241 A 18, 273 A 359, 295 A 186
Lüneburg 64
Lüttich 272 A 350

Magdeburg 60, 71, 100, 157, 215 A 10, 217 A 18, 219 A 42, 221 A 51, 224 A 84, A 86, 240 A 15, 244 A 63, 250 A 92, 310 A 99
- Ebm. 24, 100, 125
Mailand
- S. Ambrogio 284 A 82, 305 A 48
Mainz 94, 110–115, 120, 224 A 84, 232 A 190, 239 A 9, 256 A 147, 257 A 167, 294 A 184
- Ebm. 109
- St. Alban (Kl.) 64, 106
Mantua 226 A 107
Meißen 221 A 51
Memleben 110
Merseburg 157, 221 A 51
- Bm. 245 A 63
Metz 148, 152
Montecassino 44, 48f.
Murbach 225 A 102

Nimwegen 281 A 57
Nivelles 270 A 329

Oberzell s. Reichenau
Osnabrück 200 A 47
Ostfränkisch-deutsches Reich 34, 37, 42, 77, 81, 107, 110f., 146, 148
Ostfränkisches Reich 56, 65, 67, 76, 91f., 96, 100, 111f., 118, 136, 140, 159, 163, 297 A 214
Ottonisches Reich 12, 30

Paderborn 226 A 107, 235 A 216, 256 A 152
Pavia 59, 140, 143, 195 A 11, 224 A 84, 225 A 101, 226 A 107, 284 A 83
Pfäfers (Kl.) 230 A 162, 279 A 29
Polen 11, 220 A 42

Quedlinburg 60, 110, 117f., 120, 126, 200 A 45, 215 A 10, 224 A 83f., A 86, 250 A 92
- Kl. 95, 224 A 86, 291 A 155

Ravenna (Ebm.) 109, 271 A 341
Regensburg 49, 168, 172, 177, 180, 216 A 17, A 18, 219 A 42, 240 A 15
- Bm. 64
- St. Emmeram 173
Reichenau (Kl.) 55, 64, 92f., 215 A 10, 225 A 102, 272 A 350
- St. Georg 285 A 98
Rhein 53, 148, 152, 157, 295 A 186
- Mittelrhein 53, 60f., 64, 66, 71, 73, 94, 110, 120
- Oberrhein 93
Rom 59, 72, 74, 83, 95f., 102, 106, 114, 127, 134, 148f., 226 A 107, 245 A 63, 256 A 152
- Engelsburg 145
Rottweil 59

Sachsen 28, 41, 57, 63f., 70–74, 77, 82, 97, 105, 110, 119, 126ff., 134, 141, 148, 226 A 109, 265 A 266
Schwaben (Hzm.) 52, 53, 54–57, 60, 62–70, 74, 81, 220 A 47, A 49, 221 A 60, 226 A 109, 229 A 140, 267 A 285, 285 A 95
Schwarzach (Kl.) 225 A 101, 240 A 15
Seelheim 224 A 84
S. Giulio d'Orta 279 A 29
S. Leo 279 A 29
Solothurn 61
Speyer 181, 305 A 52, 310 A 103
Staffelsee 219 A 42
St. Gallen 55, 92, 215 A 10, 224 A 86
Straßburg 93, 226 A 107, 232 A 190, 294 A 184
- Bm. 225 A 101

Tegernsee (Kl.) 220 A 42
Thüringen 60, 123
Tours 157
– St. Martin (Kl.) 167
Trient 226 A 107
Trier 152
– Ebm. 149
– St. Maximin 270 A 329

Ulm 59
Ungarn 13, 20, 98
Utrecht 93, 226 A 107

Verona 109f.
– S. Zeno 217 A 18
Veroneser Mark 13
Villingen 201 A 49
Vintschgau (Gft.) 67

Wallhausen 240 A 15
Werla 60, 224 A 84, A 86
Westfranken 13, 56, 74, 112, 116, 133
Worms 54, 60, 110ff., 148, 222 A 63, 224 A 84, 229 A 140, 235 A 216, 240 A 15
– Hoftag 53, 108, 110, 232 A 190
– Bm. 43
Würzburg 235 A 216

Zürich 59, 61, 63, 71, 220 A 47f., 228 A 139, 294 A 184
– Pfalz 218 A 34, 223 A 70
Zurzach 215 A 10